EL HUERTO FAMILIAR ECOLÓGICO

El huerto familiar ecológico

Autor: Mariano Bueno
Edición: Juan Carlos García
Diseño: Mar Prieto
Maquetación: María Torres (Babel)
Diseño de cubierta: Idee
Fotografía de cubierta: Jordi García / RBA
Dibujos: Lola Besses, Carles Puche, Mariano Bueno
Realización: RBA Realizaciones, S.L.
Fotomecánica: Aura Digit

2ª edición

ISBN: 84-7901-367-2
Referencia: GO-18
Depósito legal: B.50.417-2001
Impresión y encuadernación: BIGSA

Mariano Bueno

EL HUERTO FAMILIAR ECOLÓGICO

La gran guía práctica del cultivo natural

integral

Sumario

Prólogo

Nos hallamos en un momento histórico en el que empezamos a tomar verdadera conciencia de que lo que sucede en el planeta está estrechamente relacionado con nuestros actos cotidianos y que en las manos de cada uno de nosotros, está el aportar soluciones locales a los problemas globales. En ese contexto, la práctica de la agricultura ecológica y el huerto familiar ecológico se plantean como una excelente herramienta al alcance de todos.

Los conocimientos y experiencias que se describen en este libro son el resultado de años de práctica de agricultura ecológica para consumo doméstico y para venta en mercados locales y tiendas en grandes ciudades. Tuve la suerte de haber nacido en una familia de agricultores tradicionales, sintiendo a temprana edad la vocación por la tierra, viviendo y participando directamente en los cambios operados en los campos de una España inmersa en el afán de progreso, de modernidad y de desarrollismo sin límites. De unas formas de cultivo que tenían en cuenta la luna para las tareas agrícolas, utilizaban el estiércol y los restos de cosechas para fertilizar los campos, y se seleccionaban las semillas de las plantas más sanas y mejor adaptadas, nos encontramos de golpe cambiando el mulo por el tractor, el estiércol por abonos químicos, la sabiduría y la experiencia por plaguicidas y los consejos de los ingenieros agrónomos, y las plantas y semillas adaptadas al clima y al lugar por variedades híbridas comercializadas por multinacionales de la agroquímica.

La dura crisis vivida en ese proceso conllevó un enfrentamiento familiar y el tener que salir fuera de las fronteras natales para aprender los principios de una agricultura más natural y respetuosa con la tierra y con la salud de los consumidores. Esos mismos padres que no comprendían mis ideas fueron quienes me apoyaron y facilitaron que me estableciera como agricultor ecológico, dedicándome durante años a la horticultura intensiva. Últimamente mi actividad profesional se ha centrado en la investigación y divulgación de la geobiología –la casa sana–, alejándome de la agricultura comercial, aunque manteniendo el huerto familiar e incluso cultivando algunas hortalizas en el balcón de casa.

Este libro es un compendio de todo lo que me hubiese gustado conocer y saber cuando me inicié en la agricultura ecológica, ya que la mayoría de los libros sobre el tema existentes en nuestro país son simples textos introductorios o traducciones de libros extranjeros, cuyo contenido no siempre se corresponde con nuestra realidad ni resulta muy aplicable. Por ello, aparte de la experiencia personal, también cito las experiencias de otros agricultores y de algunos manuales cuya lectura resultará recomendable para quienes deseen profundizar un poco más –al final del libro hay una amplia bibliografía–. Aunque no cabe duda de que tan importante o más que leer es practicar. Es en la práctica cotidiana cuando realmente se aprende. También resulta crucial el contacto personal con quienes practican la agricultura ecológica y con los expertos que en su dilatada trayectoria personal han aprendido a encontrar respuesta a muchas de las preguntas que se nos plantean al empezar este tipo de actividad.

Soy consciente de que hay muchas personas que han contribuido al desarrollo de la agricultura ecológica en nuestro país y que no aparecen en este libro; algunas por no haberlas conocido personalmente, otras por no tenerlas presentes en mi memoria en estos momentos; a todas, gracias. A pesar de las limitaciones señaladas, no puedo reprimirme de mencionar a algunos de los amigos y compañeros de camino con quienes he vivido el placer de compartir alegrías y penas, ilusiones y frustraciones, aunque al final, con el paso de los años, la balanza se decanta del lado de las ilusiones. De lo otro, si hubo ya no me acuerdo.

Amigos en la sencillez de vida, como Xema y Carmen de Escalera, o el radical Felip de Lérida. Recuerdo con nostalgia las largas conversaciones con Carlos Nogueroles, tanto en su casa de Candelaria, como recorriéndonos el país en coche para asistir a remotos congresos de agricultura ecológica, donde coincidíamos con investigadores de la talla de José Luis Porcuna, Alfonso Domínguez o Alberto García, el ingeniero agrónomo que recopiló los Diez temas de agricultura ecológica *y primer inspector del Consejo Regulador de la Agricultura Ecológica (CRAE).*

Es igualmente reconfortante sumergirse en el recuerdo de los momentos compartiendo proyectos que con el tiempo son realidades; recuerdo con agrado el paseo por Can Ricastell, analizando las posibilidades y limitaciones con el pragmático Eduardo Sánchez, o las visitas a la nueva finca –un antiguo vivero forestal– de Cinto y Àngels, allí en plena montaña, cerca de El Vendrell, donde un día llevaríamos a Blanc, el caballo de La Senieta. Josep Maria y su familia de Lérida nos suministraban el trigo con el que hacíamos el pan en La Senieta y por allí también pasaron los amigos de Mallorca, Gaspar Caballero y el ya fallecido Biel. ¡Cuánta gente interesante y profunda puedes conocer dedicándote a una labor en principio tan sencilla como cultivar la tierra de forma respetuosa e intentando vivir lo más coherentemente que te es posible en cada momento!

Las circunstancias han querido que siga compartiendo la vida con algunas personas, como Marcelino, del Mas de Noguera, o Pepe Barrachina, el defensor a ultranza de la necesidad de informar y formar. En la lejanía del recuerdo me vienen a la memoria sencillas personas como Serafín Sanjuan o el octogenario Joaquín de Sémola, el tío Sémola, naturista desde los catorce años. Con él aprendí los secretos de una apicultura romántica, alejada de la apicultura productivista y comercial.

A lo largo del libro –que pretende ser tan práctico como teórico– descubriréis diferentes visiones de la agricultura ecológica, algunas muy concretas y otras más globalizadoras, como el planteamiento de la Permacultura que durante años han sido difundidos en nuestro país por personas valientes como Emilia Hazelip, ferviente seguidora de la revolucionaria «senda natural de Fukuoka» o Richard Wade, quien junto a su mujer Inés y un grupo de gente afín, llevan adelante Permacultura Montsant.

No he podido sustraerme a la morriña y al agradecimiento generalizado hacia tanta gente –incluidos todos los que se quedan en el tintero– sin los que mi vida nunca hubiese sido tan dichosa y plena de sencilla felicidad. Lo cierto es que no necesitamos mucho más que una sandía bien madura o un trozo de pan con un par de tomates y un buen aceite de oliva para compartir el más exquisito banquete en el más exuberante palacio que nunca haya existido: la naturaleza. Y, ya que me he puesto bucólico, no quiero terminar sin el agradecimiento expreso a esos dos compañeros de viaje iniciático –Jesús y Álvaro– que en su día llegamos a ser el Colectivo de La Senieta y, aunque la vida haya querido que luego sigamos caminos separados, a pesar de todo nos sigue uniendo una profunda e imbricada amistad. Y gracias también a mi familia (gracias Ángela, Alba , Anay) que tanto me ha ayudado, apoyado y soportado durante los casi tres años que ha supuesto la gestación y alumbramiento de este libro.

¡Gracias vida por todo lo que nos das día a día!

MARIANO BUENO

El cultivo de alimentos naturales y ecológicos es la mejor garantía para comer salud y disfrutar de un contacto pleno con la naturaleza.

Tanto en sabor como en calidad nutritiva no hay punto de comparación entre los productos de la agricultura convencional –química– y los del huerto familiar ecológico.

Cultivar salud

Esta obra se centra en la posibilidad de producir por nosotros mismos la mayor cantidad de alimentos básicos para una alimentación sana en el contexto del huerto familiar, haciéndolo de la forma más ecológica y saludable. De poco nos sirve disponer de abundantes alimentos si no nos aportan salud o incluso contribuyen a enfermarnos, algo frecuente con muchos de los productos que podemos hallar en el comercio hoy en día. Por ejemplo, una manzana Golden recibe un promedio de 23 tratamientos químicos en el árbol, más dos o tres inmersiones antes de ser guardada en la cámara frigorífica, así como la aplicación de gas etileno para forzar su maduración justo antes de salir al mercado. Este libro va dirigido a toda persona que mantenga o quiera mantener una mínima relación con la tierra o que desee iniciarse en el arte de cultivar sus propios alimentos. Tal vez quienes ya se dedican al cultivo de hortalizas de modo ecológico consideren parte de esta información como ya sabida, pero siempre se aprende compartiendo experiencias.

¿Qué es cultivar salud?

El concepto de «cultivar salud» es muy simple en sí mismo, pero no por ello deja de ser vital para nuestra existencia. Como seres humanos, nos dedicamos durante años a trabajar para ganarnos un sustento, cultivando y abonando el presente y también el futuro; intentamos por muchos medios ser personas cultas y cultivadas, tanto social como intelectualmente; cultivamos las relaciones y las amistades, y siempre esperamos que florezcan la felicidad, el amor, el cariño... Podemos llegar a disponer de todo ello al mismo tiempo: un trabajo próspero y una gran fortuna, un alto nivel cultural y reconocimiento social o incluso fama, además de amigos, familia y personas queridas con las que compartir y disfrutar de todo ello... Pero si no tenemos lo más básico, y no cabe duda de que lo más básico es la salud, será imposible disfrutarlo realmente.

¿De qué nos sirven cuentas millonarias si el cuerpo ya no responde a sus funciones vitales? ¿Cómo podemos disfrutar de los placeres simples o sofisticados de la vida, como la comida o el arte, si nuestra atención está alterada por el estrés, la ansiedad, el dolor de cabeza crónico, las deficiencias cardiacas, las insuficiencias renales, la artrosis, un tumor o una hernia discal, que nos atormentan sin cesar? Quienes han tenido la suerte de recibir de la vida o del código genético de sus padres un cuerpo y un metabolismo a prueba de todo, quizá no tengan por qué preocuparse demasiado por los temas abordados en este libro. En cambio, para la inmensa mayoría, con una

Desde que la humanidad descubrió las posibilidades que le ofrecía el cultivo de plantas para su consumo, el huerto familiar ha supuesto una creativa y participativa forma de obtener alimentos indispensables para nutrirnos y mantenernos sanos.

herencia genética, un cuerpo y unas vivencias más bien adversas, nos es prioritario aprender a gestionar correcta y coherentemente nuestra vida en general y nuestra salud en particular. La salud, según la escueta descripción de la Organización Mundial de la Salud, es «un estado de bienestar pleno, tanto físico, como psíquico y social». Por esto no podemos abordarla desde ángulos separados o inconexos. En esta línea globalizadora han ido apareciendo métodos, escuelas y técnicas que tienen el objetivo de cultivar el cuerpo, la mente o el espíritu, por lo que no serán el tema central en esta obra, algunos temas los reseñaremos como complementarios o anexos para recordar que la realidad es global y muy plural. El cuerpo principal del libro se centra en lo imprescindible para disponer de un mínimo de herramientas con las que aportar a nuestro organismo los alimentos que mejor y de forma más simple, sana y natural, le proporcionen el equilibrio, la salud y la felicidad que se merece.

No podemos dejar nuestra alimentación en manos de las multinacionales de la agroquímica, cuyo objetivo principal es el máximo rendimiento económico al mínimo coste, sin valorar las consecuencias sociales y ambientales o los imprevisibles problemas de salud.

La agricultura actual: un pulso con la vida y la naturaleza

El panorama de la agricultura actual no puede ser más desolador, pues si bien en las últimas décadas se ha conseguido aumentar la producción agrícola mundial, ello ha sido a costa de un grave y en algunos casos irreversible deterioro ambiental: grandes regiones desertizadas, aguas subterráneas y ríos contaminados por los nitratos, lagos eutrofizados por exceso de fosfatos o suelos intoxicados por plaguicidas organoclorados de larga persistencia, son algunas de las realidades cotidianas que asoman como la punta de un gigantesco iceberg, cuyas consecuencias a largo plazo son a todas luces imprevisibles.
Durante años la falta de conciencia ciudadana no ha hecho más que empeorar la situación al exigir al agricultor –incluido al ganadero– mayor producción a menor precio. Pero, a la larga, el precio pagado por esos alimentos termina siendo muy elevado si tenemos en cuenta los graves trastornos para la salud que ocasiona a corto o largo plazo el consumo de alimentos desequilibrados por el abuso de abonos químico-sintéticos y saturados de restos de plaguicidas, muchos de los cuales tienen claros efectos cancerígenos o confunden nuestros sistemas hormonales.
De vez en cuando, el «chicle» no puede estirarse más y termina por romperse: estalla el escándalo de las vacas locas inglesas alimentadas con piensos hechos con restos de animales, que causan la encefalopatía espongiforme; millones de pollos «honconenses» tienen que ser sacrificados para cortar la transmisión de un virus gripal, mortal para el consumidor humano; se retiran del mercado miles de toneladas de carne porque en el pienso de los animales se ha introducido un aceite industrial contaminado con dioxinas...
Estos hechos no deberían habernos cogido por sorpresa. De la cría de terneras y pollos con hormonas, habitual en la década de los setenta, se ha pasado a la cría a base de antibióticos, por lo que no ha de extrañar que

Resulta preocupante que incluso en los huertos familiares se estén empleando grandes dosis de abonos químicos y plaguicidas –la mayoría de veces innecesarios–, que están perjudicando la salud de sus consumidores y del entorno.

Las prácticas agroquímicas, los monocultivos y la exagerada mecanización que ha experimentado la agricultura en el siglo XX, obligando a millones de agricultores a emigrar hacia las ciudades, se han convertido en los factores más relevantes de erosión y deterioro medioambiental.

cepas bacterianas o víricas se hagan resistentes o muten, con consecuencias imprevisibles y muy poco tranquilizadoras.

Estamos manteniendo un pulso con la vida y con la naturaleza del que creíamos poder salir vencedores, aprovechándonos de lo que pensábamos que eran sus ilimitados recursos y dominándola a fin de obtener el máximo de beneficios para la humanidad..., o para algunos bolsillos.

Somos al mismo tiempo espectadores y protagonistas de grandes y rápidas transformaciones de consecuencias tanto positivas como negativas. En las últimas décadas todos hemos podido apreciar los grandes cambios sociales que se han sucedido en nuestro planeta, empujados por la esperanza de una mayor calidad de vida gracias a la industrialización de todos los procesos de producción y comercialización. Vemos como en un país donde en los años cuarenta cerca del 70% de la población vivía del campo, tras el éxodo a las grandes ciudades y a las zonas industriales o turísticas, hoy menos del 17% vive de la agricultura. Y aun así, para el ministerio de agricultura, sobra la mitad de los agricultores. El mismo concepto de agricultor ha cambiado. A quien estudiaba formación profesional agrícola en los años setenta se le recalcaba insistentemente que no era ni debía llamarse labrador ni agricultor o campesino, sino «empresario agrícola» y que debía tener muy presente que las tierras eran «explotaciones agrícolas». La productividad y el máximo rendimiento al mínimo coste eran los únicos criterios tenidos en cuenta. La modernización de los sistemas productivos, la mecanización y el uso y abuso de abonos químicos e insecticidas de gran poder destructor se planteaban como imperativos sin los cuales la explotación agrícola se vería abocada al fracaso absoluto. Después de varias décadas explotando la tierra, drogándola con infinidad de sustancias químicas e intentando controlar su gradual deterioro (una vez roto el sutil equilibrio que sostiene toda vida) con un cada día mayor arsenal de plaguicidas, herbicidas, etc., los resultados son contradic-

torios: quien abandonó los abonos orgánicos y el estiércol vio como sus tierras, tras unos años de vacas gordas en cuanto a productividad, menguaban hasta la desesperación, lo que se podría resumir en la frase de un vecino: «Hace unos años le echaba a la tierra la mitad (de abonos químicos) y recogía el doble, hoy echo el doble y apenas logro recoger la mitad».
De todos modos, no es el propósito básico de este libro cuestionar la viabilidad de la agroquímica que tanto ha enriquecido a las multinacionales y a las entidades bancarias que se prestan a «ayudar» al pobre agricultor con sistemas de créditos para su mecanización y modernización, esclavizándolo con unos intereses que llevan a pensar que el agricultor actual, en vez de ser un «trabajador autónomo», en realidad trabaja para los bancos que tanto le «ayudan».

El huerto ecológico: una alternativa muy válida

El propósito de esta obra es acercar el cultivo de la tierra, la agricultura –«cultura del agro»– a toda persona que se interesa por una mayor calidad de vida y sobre todo por la calidad de lo que come. Es evidente que en ese camino hacia una felicidad y un bienestar plenos que todos anhelamos alcanzar son de capital importancia para nuestro equilibrio físico y psíquico, así como para nuestra salud general, el ejercicio físico y una actitud mental positiva, pero cada vez tenemos más claro el importante papel que juegan los alimentos que ingerimos, el agua que bebemos y el aire que respiramos.
Quizá sea importante darse cuenta de que la mayoría de los factores de salud mencionados confluyen en el huerto. El trabajar la tierra para obtener unos frutos, sea para consumo familiar o para venderlos, nos ofrece la posibilidad de desarrollar integralmente todos nuestros potenciales. Además es una de las actividades más creativas, pues para obtener unos resultados aceptables se requiere un profundo conocimiento de la vida de las plantas y del medio en donde se desarrollan, al tiempo que resulta necesario planificar adecuadamente para prever las mejores rotaciones y asociaciones y las fechas de las siembras y cosechas. La relación cotidiana con las plantas, con sus ciclos de crecimiento y con las necesidades específicas de cada una, hace improbable el aburrimiento; más bien fascina poder introducirse y cooperar en el apasionante mundo de los procesos vivos, con todas sus múltiples dimensiones y su constante transformación.
Nuestra sociedad moderna adolece de un gran sedentarismo. Hemos alcanzado las mayores cotas de comodidades y todo tipo de tareas se han facilitado hasta niveles jamás soñados: usamos ascensores que nos permiten prescindir de subir penosos escalones; vehículos

Contacto íntimo con la naturaleza, ejercicio físico, entretenimiento, creatividad y fascinación se entrelazan de forma magistral en la saludable práctica del huerto familiar ecológico.

motorizados que nos evitan tener que andar –aunque sólo tengamos que desplazarnos 200 metros–; interruptores y mandos a distancia que ponen en funcionamiento lámparas, equipos de música, televisores; y máquinas creadas para no fatigarnos: lavavajillas, lavadoras, trituradoras de alimentos, etc. Se acabó el masticar, el mover los brazos y cualquier otro ejercicio. Consecuencias: anquilosamiento general y problemas circulatorios o cardiovasculares. Esto lo agrava una alimentación cada día más deficiente, que se ha ido empobreciendo debido a los sistemas de producción industriales y a los abusos de sustancias tóxicas en su producción o elaboración; además, los alimentos también se han desvitalizado en el «imprescindible» procesado que permite una distribución al consumidor regulada y «racional».

Por todo ello, practicar cualquier forma de agricultura, sea la del pequeño huerto familiar o la de la finca de cultivo ecológico que permita vivir honradamente a toda la familia, siempre deparará una serie de beneficios inestimables. Pues aparte de proveernos de alimentos sanos y nutritivos –cada día más escasos–, nos permitirá al mismo tiempo desarrollar y hacer uso de todos nuestros potenciales, tanto físicos como mentales y, ¿por qué no?, también espirituales. Los seres humanos nos hemos alejado demasiado del entorno natural, convencidos como estábamos de que éramos algo aparte de la naturaleza. Pero parece ser que algo está cambiando en la conciencia colectiva, hasta el punto que ya empezamos a vislumbrar que somos el resultado de un constante proceso de integración o superación de las circunstancias y del medio en que nos desenvolvemos, y poco a poco nos vamos dando cuenta de que nuestro alejamiento de la tierra está conllevando serios desequilibrios, tanto físicos como psíquicos y también sociales.

André Voisin decía: «El animal y el hombre son la fotografía bioquímica del suelo de donde salen sus alimentos». No se trata de ofrecer panaceas de felicidad absoluta. Cultivar un pequeño huerto exige un cierto esfuerzo, y ser agricultor requiere a menudo enormes sacrificios personales, a pesar de que también da grandes satisfacciones. El propósito de las páginas que siguen es abrir las puertas a cualquier persona del amplio abanico de posibilidades que la tierra y el cultivo de hortalizas ofrecen, dispongamos sólo de unos maceteros en una terraza o balcón o queramos llevar adelante la transformación de una finca al cultivo ecológico para vivir de la tierra.

Trabajar por una realidad futura mejor que la presente, con el serio compromiso de dejar a nuestros hijos una tierra y un planeta en mejor estado del que los recibimos, no resulta una tarea fácil en nuestra sociedad de progreso desmesurado y deshumanizado, pero a cada cual le corresponde aportar su granito de arena. Trabajar la tierra una hora al día, los fines de semana o cada jornada de sol a sol puede aportarnos más beneficios personales y sociales que la mayoría de las falsas promesas

El huerto familiar ecológico supone un reto y un compromiso personal, gracias al cual podemos colaborar en la mejora del entorno en que vivimos, procurando un mundo mejor a las generaciones futuras.

de la sociedad actual, basadas casi exclusivamente en el consumo sin límites, una sociedad que ha ido anclándose en la angustia, el agobio y el estrés permanentes, en constante lucha competitiva por alcanzar metas de triunfo social o acopio de artilugios electrónicos que nos deleiten con músicas más agradables que el canto de los pájaros o imágenes más bellas que las puestas de sol en los apacibles atardeceres junto a los manzanos en flor. Una sociedad que se ufana de nutrir más fácil e instantáneamente, gracias a unos alimentos enlatados, calentados con el microondas, que cocina rapidísimamente los transgénicos de la *fast food* (comida rápida).

Ante tal panorama, unos tomates recién cogidos de la mata o unas crujientes y frescas lechugas, se las ven y desean para competir por seducirnos, pero curiosamente lo consiguen. Intenta comer una hortaliza o una fruta cultivada con tus manos y tu sudor. Únicamente entonces podrás elegir con plena libertad de conciencia y conocerás una parte de la realidad que quizás ahora te estés perdiendo. Tu propia salud física y mental te lo agradecerán.

Del autoconsumo a vivir de la tierra

Para producir nuestros propios alimentos no son necesarias una gran superficie de tierra, ni maquinaria o herramientas especiales, ni siquiera haber nacido y crecido en una familia de agricultores de toda la vida. Sólo se requiere interés y mucha curiosidad para aprender en cada momento tanto de los aciertos obtenidos como de los errores cometidos. El espacio para cultivar no es algo problemático: se puede empezar en el balcón o la terraza de casa o en un trozo de tierra que ceda alguien. Aunque al principio sólo cultivemos «simbólicamente» cuatro lechugas en un macetero o unas exuberantes tomateras en una jardinera de buenas dimensiones, siempre resultará algo mágico y enriquecedor. Cada planta, cada ser vivo, es un mundo y un libro abierto que nos enseña sin cesar. Sólo nos pide atención, observación y una cierta dosis de cariño hacia lo que estamos haciendo.

Cuando se dispone de la información adecuada resulta relativamente fácil transformar un huerto convencional en un huerto ecológico.

Es evidente que existe una clara diferencia entre cultivar unas hortalizas para sustentar a la familia y regalar a amigos y parientes, y cultivar varias hectáreas para sacar adelante a toda la familia y hacer frente a los innumerables pagos que salen por doquier. En el huerto familiar que exige poca inversión e incluso no demasiada dedicación, la economía familiar no depende directamente de los resultados obtenidos, e incluso puede beneficiarse al reducir los gastos en la cesta de la compra. Pero cuando se vive de la tierra un error en la elección del cultivo, en las fechas de plantación o los ataques de las plagas, suponen perder una cosecha y poner en peligro la subsistencia de la familia. Por eso, en la agricultura para la venta experimentar o improvisar suelen quedar en segundo término, y se va a lo seguro y a lo rentable, por lo menos en los productos que se prevé vender.

Estas parcelas, que se hallan en un parque público, serían fácilmente convertibles en huertos urbanos.

En la mayoría de jardines adosados a las viviendas se puede sacrificar una parte del antiecológico césped y convertir ese espacio en un productivo y saludable huerto familiar ecológico.

Dónde cultivar un huerto familiar

Los deseos o la necesidad de disponer de un espacio para cultivar tus hortalizas pueden verse limitados ante la dificultad de conseguir una parcela que resulte apropiada, aunque siempre existen múltiples opciones y seguro que alguna está a tu alcance.

El patio o jardín de vivienda unifamiliar

Si eres de las personas afortunadas que disponen de una casa unifamiliar con amplio jardín, puedes sacrificar alguna parte destinada a césped o a jardín ornamental para convertirla en un jardín productivo, el cual puede resultar tan vistoso y ornamental como los arriates florales.

La terraza

Si vives en un piso, puedes aprovechar la terraza para colocar unas amplias jardineras y cultivar en ellas algunas hortalizas básicas: una tomatera, un par de matas de pimientos o unos rabanitos, y experimentar con lo que más te guste.

El balcón

En un balcón o en maceteros colgados del alféizar de la ventana también pueden crecer plantas comestibles, que llegan a ser tan decorativas como las plantas ornamentales.

Los huertos urbanos

Si deseas disponer de una parcelita que provea las hortalizas –y tal vez alguna fruta– para toda la familia durante la mayor parte del año y la economía no te permite comprarla cerca de donde vives, tal vez tengas la opción de los huertos urbanos, iniciativas que en muchas ciudades llevan a cabo los ayuntamientos y, a veces, algunos particulares. Consisten en espacios más o menos grandes, parcelados y puestos a disposición de quienes deseen cultivar su trozo de tierra. A menudo se exigen condiciones como pagar un mínimo mensual de mantenimiento y estar obligados a practicar métodos de cultivo respetuosos y no hacer uso de abonos ni plaguicidas de síntesis. En algunas ciudades habrá que tener paciencia porque hay una larga lista de espera.
Si en tu ciudad no existiera la opción de los huertos urbanos, puedes tratar de crearla dirigiéndote al ayuntamiento y preguntando si existen parcelas públicas abandonadas o que no vayan a ser usadas en varios años, y plantear la posibilidad de crear un huerto urbano para los ciudadanos interesados.

Las parcelas abandonadas

Si no dan resultado las gestiones con el ayuntamiento o te hallas ante la inoperancia o las interminables dilaciones y trabas políticas, puedes salir en busca de la parcela de tus sueños sin que te preocupe demasiado no disponer de fondos económicos para adquirirla. De hecho, existen muchas parcelas alrededor de las ciudades que están abandonadas porque sus dueños no tienen tiempo para trabajarlas, no les es rentable o quizá se han hecho mayo-

HUERTOS ESCOLARES

Esta es una de las opciones más interesantes para las personas comprometidas con la agricultura ecológica, ya que aparte de que en casi todas las escuelas hay algún patio que se puede transformar en parte en un «huerto escolar ecológico», ello supone el aliciente de acercar las nuevas generaciones a la naturaleza de forma cotidiana, animándoles a que pongan en práctica tales enseñanzas en el futuro. Los huertos escolares suelen dividirse en parcelas que son trabajadas por grupos de niños, y siempre puedes poner la condición de prestar tus servicios y asesoramiento regular a cambio de poder disponer de una de esas parcelas en exclusiva.

Apenas existen limitaciones para la práctica del huerto ecológico: este huerto del Centro de Educación Especial Juan XXIII, de Inca, Mallorca, está gestionado por un grupo de jóvenes con deficiencias.

res y ya no pueden cultivarlas como hicieron antaño. Sea como fuere, una vez localizada la parcela que crees que reúne condiciones para tus propósitos, investiga, busca a sus dueños y propónles el usufructo por un tiempo determinado; tal vez acepten un alquiler moderado o se contenten con recibir parte de las cosechas, encargándote tú de cubrir los gastos de contribución, agua y electricidad si la hubiere.

Si no encuentras a los propietarios del terreno, puedes optar por colocar un cartel en la parcela en cuestión, ofreciéndote a cuidarla y cultivarla y dejando un número de teléfono en el que puedan contactar contigo. En caso de que pase el tiempo y no lo consigas o te impongan condiciones económicas exageradas (una finca se revaloriza cuando está bien cuidada y tú estarás haciendo un mantenimiento de la misma), puedes recurrir a poner un anuncio en la prensa local o en los periódicos de anuncios gratuitos. Algo así como «busco cesión temporal de parcela cerca de la ciudad para cultivo de huerto familiar. Condiciones a convenir. Contactar con...».

Otra opción es trabajar una parcela claramente abandonada, como las que se suelen crear en los «espacios muertos» cerca de vías férreas o en zonas de caos urbanístico (también hay muchas cerca de autopistas, carreteras y zonas industriales, pero suelen estar demasiado expuestas a la contaminación atmosférica). Conozco a varias personas que llevan años cultivando su huerto familiar en parcelas que no hay forma de saber a quién pertenecen y, como nunca les han llamado la atención, no tienen problemas. Sin embargo, si actuamos de este modo, debemos tomarnos las cosas con filosofía y estar preparados para perderlo todo de la noche a la mañana.

Decídete

Es muy probable que alguna de estas vías dé buenos resultados y en poco tiempo dispongas del espacio deseado. Incluso puede suceder que tengas más ofrecimientos de los que esperabas o a los que puedas dedicarles el tiempo y la energía necesarios para su cultivo y mantenimiento correcto. Aunque el cultivo de un huerto familiar no requiere enormes esfuerzos, siempre hay que dedicarle un mínimo de tiempo y de energía y más al principio. ¡Ánimo y mucha suerte!

La agricultura ecológica supone una enriquecedora y gratificante forma de vida, ya sea cultivando unas pocas tomateras en el balcón o la terraza, o en una finca con fines comerciales.

La cultura del agro o agricultura es una actividad humana que ha permitido el desarrollo de pueblos y culturas a lo largo de miles de años.

Las campañas en contra de la manipulación genética de las plantas cultivadas están plenamente justificadas si tenemos en cuenta que la producción de alimentos transgénicos se realiza a costa de riesgos imprevisibles para la salud de los consumidores y del ya muy castigado medioambiente.

2

Agricultura y vida

A través de los siglos hemos ido aprendiendo a gestionar los recursos que la naturaleza nos ofrece, y no es fácil entender una sociedad sin agricultura, ya que de ella parten la mayoría de los recursos básicos. Pero observamos con estupor cómo las prácticas agrícolas se han convertido en agresores ambientales, comprometiendo gravemente la salud del planeta. Del loable intento de producir suficientes alimentos para aplacar el hambre de la creciente población mundial, asistimos hoy en día a una farsa encubierta en la que unas pocas multinacionales intentan acaparar el gran negocio agroalimentario. Mediante costosas campañas intentan convencernos de que sin el empleo de fertilizantes químicos, plaguicidas y el uso de plantas manipuladas genéticamente, estaríamos abocados a la miseria. Ante tal avalancha de despropósitos, no queda más remedio que movilizarse en apoyo de la agricultura ecológica y de los sistemas de gestión de los recursos respetuosos con el entorno y la salud de los consumidores.

Retos de la agricultura

Incrementar la productividad y la rentabilidad de los cultivos a base de envenenarlos y degradar los ecosistemas agrarios resulta tan irracional como insostenible, a corto y largo plazo.

A lo largo de la dilatada evolución del ser humano sobre el planeta, el progresivo incremento de la población obligó a buscar alternativas que fueran más allá de la tradicional sociedad de recolectores-cazadores. Al parecer, llevamos sobre el planeta de tres a cinco millones de años, aunque sólo hace unos diez mil empezamos a domesticar masivamente a los animales y a seleccionar y cultivar cereales y otras plantas. El ancestral miedo al hambre por un lado y la continua industrialización por otro, han llevado en las últimas décadas a industrializar también el campo, valorándose una finca tan sólo en términos de producción, rendimiento, rentabilidad y competitividad. Todo ello ha permitido reducir el número de personas dedicadas exclusivamente a las labores agrícolas –que constituyen el sector primario– y trasladarlas al sector servicios: industrias de agroquímicos, maquinaria agrícola, empresas procesadoras, administración, servicios, etc.

En principio se tiende a pensar y a exaltar el haber conseguido incrementar notablemente la producción de cada agricultor a partir de la revolución verde de los años sesenta. Pero la realidad es otra: después de unos años de claro incremento de la producción por hectárea,

merced a mecanización y el uso indiscriminado de agroquímicos, se entra en una fase de deterioro del suelo que invierte la curva, hasta el punto en que en estos momentos se siguen incrementando las cantidades de abonos químicos y plaguicidas empleados pero decrece la producción por hectárea y año. Más triste aún es el hecho de que el uso y abuso de plaguicidas no evita las pérdidas de producción agrícola, que a nivel mundial se sitúan en torno al 30%, cifra similar a la del siglo pasado, cuando no se hacía uso de la química sintética.

Quizá lo más preocupante de la situación a la que ha conducido la práctica agrícola-industrial imperante en nuestros días, sea el deterioro de la calidad nutricional y organoléptica, al tiempo que progresa a pasos agigantados la pérdida de suelos cultivables por salinización, nitrificación de las aguas, erosión y desertificación en las zonas más sobreexplotadas, con el deterioro del entorno y el perjuicio del equilibrio ecológico. Esto puede considerarse como una degradación global de la calidad de vida, a costa de primar la cantidad de alimentos disponibles y los beneficios económicos. Cada día que pasa las multinacionales agroquímicas consiguen un mayor control de los hábitos alimenticios, estandarizando los gustos y las necesidades personales para abaratar los gastos de producción y distribución. Podemos observar el creciente deterioro ambiental, incluida la irrefrenable disminución o destrucción de la biodiversidad del planeta, con la desaparición anual de miles de especies animales y vegetales.

Los libros del agrónomo francés Voisin mostraron ya en los años sesenta una relación estrecha entre los procesos de producción agrícola y la salud de la población, concretamente entre el abonado químico de los pastos y la proliferación de enfermedades y cánceres en las vacas alimentadas con tales pastos, así como las carencias o los bloqueos de determinados microelementos del suelo, provocados por el exceso de otros elementos aportados por medio del abonado de síntesis (nitrógeno, fósforo y potasio o N-P-K). Por ejemplo, un exceso de potasio –muy frecuente en los campos actuales– impide la absorción del magnesio por parte de las plantas, lo que no sólo se traduce en problemas de crecimiento o desarrollo de las mismas, sino en carencias nutricionales en los seres humanos que se alimentan de ellas. Hoy está médicamente aceptado que la carencia de magnesio en la dieta actual contribuye a agravar el nerviosismo, el estrés y el cansancio crónico, al tiempo que reduce las defensas del sistema inmunitario.

La problemática aquí planteada ha llevado a determinadas personas y grupos sociales de diferentes épocas y países a buscar alternativas reales y viables para obtener alimentos suficientes para la población sin destruir el suelo, el entorno ni la salud de los consumidores. Gracias al tesón y al esfuerzo de muchos pioneros y muchísimos más agricultores anónimos, nació y se sigue desarrollando sin cesar la agricultura ecológica. De su inagotable acervo de conocimientos y experiencias bebemos los que practicamos o deseamos practicar una agricultura más sana y respetuosa con la vida, sea en el contexto del sencillo huerto familiar o en la finca de cultivo comercial.

ABONOS QUÍMICOS Y PLAGAS

Uno de los problemas resultantes del fuerte desequilibrio del suelo por el uso y abuso de los abonos químicos y el monocultivo que deteriora los suelos ha sido la proliferación de plagas devastadoras, propiciada también en parte por el desequilibrio de los ecosistemas. Al recurrir a la química para intentar contrarrestar las pérdidas que ocasionan las plagas en las plantas, se ahonda aún más en el deterioro del equilibrio ecológico, haciendo desaparecer los mecanismos naturales de control que ejercen los microorganismos del suelo así como la fauna útil de depredadores, verdaderos policías de la naturaleza. La situación se ha agravado recientemente con la irrupción en el mercado de alimentos irradiados para su mayor conservación y de alimentos manipulados genéticamente, de los que ya se empieza a denunciar sus efectos negativos comprobados sobre la salud y sus imprevisibles consecuencias en las cadenas naturales.

En numerosas regiones de todo el planeta la disponibilidad de abonos químicos se considera un símbolo de progreso, por lo que se prefiere seguir ignorando los efectos secundarios de su empleo masivo.

QUÍMICA Y SALUD

El libro *Nuestro futuro robado*, escrito por el biólogo John Peterson, el químico Theo Colborn y Dianne Dumanoski, muestra cómo las numerosas sustancias químicas de síntesis presentes en la vida cotidiana, aun en dosis que no son consideradas tóxicas, llegan a causar degeneraciones genéticas y cáncer. Pero sobre todo y mucho más preocupante aún es que algunos compuestos químicos ampliamente usados en la agricultura trastornan el sistema hormonal y reproductor e incluso deterioran el desarrollo de la inteligencia. En las investigaciones sobre el descenso de la fertilidad masculina de las últimas décadas se observa una caída en picado de la producción de espermatozoides en el varón occidental medio, comprobándose que tanto la cantidad como la calidad de su esperma se ha reducido en más del 50% en los últimos cuarenta años. Entre estas investigaciones destacan las estadísticas publicadas en Suecia en 1993, que relacionan el descenso de fertilidad con las actividades profesionales. En ellas aparece claramente que los únicos profesionales que mantienen sus tasas de espermatozoides en los mismos niveles que sus abuelos son los agricultores ecológicos, mientras que los agricultores convencionales están entre los más empobrecidos. Estos datos reforzarían la hipótesis de que la química es la responsable directa de ciertos desequilibrios hormonales y del deterioro de las funciones reproductoras humanas.

Tendencias agrícolas

En la actualidad existen tres tendencias agrícolas claramente diferenciadas: la agricultura convencional, la agricultura integrada y la agricultura ecológica, que engloba tanto la biodinámica como la permacultura.

La escalada progresiva que ha vivido la agricultura convencional con el uso masivo de abonos químicos, plaguicidas de síntesis, hormonas vegetales y plantas hibridadas se completa, hoy en día, con la irrupción de los cultivos transgénicos que tantas dudas y controversias están suscitando. En la foto, un campo de maíz alterado genéticamente en Alemania.

La agricultura convencional

La agricultura convencional basa sus prácticas en una continua explotación de los recursos del suelo y de las plantas, forzando al máximo la productividad por metro cuadrado de tierra –o incluso prescindiendo de la tierra en los llamados «cultivos hidropónicos»– y acelerando o acortando los períodos productivos y los ciclos vegetativos. Para obtener estos resultados se recurre a un arsenal de abonos químicos de rápida asimilación por parte de las plantas, así como a forzar su absorción de agua, cultivando sobre todo variedades híbridas –e incluso transgénicas– y estimulando su desarrollo con hormonas vegetales que aceleran su crecimiento.

Dado que estas prácticas conllevan un fuerte deterioro de la vida de la tierra en donde se desarrollan, las plantas ven alterada su constitución y crecen mucho más rápido de lo que les sería propio, pero también se desarrollan desequilibradas y débiles, por lo que frecuentemente enferman y son pasto de plagas, que son combatidas mediante otro poderoso arsenal de productos químicos: los fitosanitarios o plaguicidas (insecticidas, acaricidas, fungicidas, nematicidas, etc.). Para aumentar los beneficios y el rendimiento de los cultivos se tiende a mecanizar todos los procesos agrícolas, reduciendo al máximo la mano de obra y recurriendo continuamente a los herbicidas para el control de las malas hierbas o adventicias.

El resultado final de este sistema de producción agrícola es el progresivo deterioro de la microbiología del suelo y la alteración de los ciclos biológicos. Se provoca así una constante erosión genética o disminución de la diversidad, unida a una continua erosión y pérdida de suelo, al cultivar tan sólo las variedades más productivas, de mejor apariencia visual o de más rápido crecimiento, descuidándose la calidad nutritiva y organoléptica. Además, los productos cosechados retienen parte de los agroquímicos empleados para su producción, pudiendo contener altos niveles de sustancias tóxicas.

La agricultura integrada

Se trata de una agricultura convencional en todos los términos antes expuestos, pero que garantiza no superar la mitad de la cantidad máxima permitida de residuos tóxicos presentes en los productos obtenidos. Para ello, quienes practican esta agricultura siguen los consejos de los técnicos que estudian las fases del desarrollo de cada cultivo y se ciñen a aportar los fertilizantes químicos que se les indican como necesarios en cada momento, en vez de hacerlo de cualquier forma como sucede en la agricultura convencional. En cuanto al control de plagas también siguen las recomendaciones de los técnicos que investigan las épocas críticas a fin de controlarlas aplicando los plaguicidas químicos en las dosis mínimas indispensables en los momentos más adecuados. De este modo, se puede decir que la agricultura integrada es una agricultura más racional y respetuosa con el entorno, pero agresiva a fin de cuentas.

Los cultivos hidropónicos consiguen cultivar hortalizas con las raíces sumergidas en el agua «fertilizada», prescindiendo totalmente de la tierra. Las plantas así cultivadas se asemejan a enfermos graves que permanecen en la UCI conectados a goteros las veinticuatro horas del día.

En estos momentos se están realizando campañas para potenciarla, tras las cuales están las multinacionales de la química, deseosas de sintonizar con la creciente preocupación ambiental del consumidor pero sin perder el control y los suculentos beneficios económicos que peligrarían en caso de que se generalizase la producción ecológica. Muchos agricultores y cooperativas de producción hortofrutícola se han visto obligados a adherirse a la agricultura integrada para que sus productos pasen los controles de otros países y no sean rechazados –como ocurre con frecuencia– por exceso de residuos tóxicos acumulados –lo triste es que esas frutas u hortalizas rechazadas en Alemania, Austria u Holanda vuelven a nuestro país y son consumidas por nuestra población inconsciente y poco exigente.

Parece positivo que muchos agricultores se comprometan a envenenar menos, pero no lo es que en sus campañas publicitarias no se distinga bien la diferencia de calidad entre la producción integrada y la ecológica, ya que los productos de la primera siguen siendo cultivados con profusión de abonos químicos y herbicidas, y en menor cantidad otros plaguicidas químico-sintéticos cuyos efectos sobre el organismo humano tanto a corto como a largo plazo se ignoran.

*Aparte de lo que cultivamos en el huerto familiar ecológico, los **productos con certificación ecológica**, biológica o biodinámica son la única garantía de que estamos consumiendo alimentos sin restos de pesticidas tóxicos ni manipulación genética.*

La agricultura ecológica

Con esta denominación se engloba oficialmente en España al conjunto de sistemas agrícolas encaminados a producir alimentos saludables para el consumidor y para el entorno sin el empleo de productos químicos de síntesis. Esta denominación es equivalente a las de agricultura biológica y agricultura orgánica, adoptadas por otros países de la Unión Europea. En realidad, no debería importar cómo la denominemos, sino que lo importante es su esencia y los resultados finales.

Definición

En el *Informe sobre granjas orgánicas* del Departamento de Agricultura de Estados Unidos, la agricultura ecológica se define como un sistema de producción que evita o excluye de una manera amplia el uso de fertilizantes y plaguicidas sintéticos, así como los reguladores del crecimiento o aditivos en los piensos para la cría de animales. Hasta donde sea posible, se utiliza la rotación de cultivos, adición de subproductos agrícolas, estiércol, abonos verdes, desechos orgánicos, rocas o minerales triturados sin transformar, así como el control biológico de plagas. Todo ello para mantener la productividad del suelo y del cultivo, proporcionando los nutrientes adecuados para las plantas y consiguiendo el control de los parásitos, las malas hierbas y las enfermedades, sin agredir ni deteriorar el entorno ni los consumidores de tales productos.

La reglamentación europea

En Europa, la práctica de estos sistemas de producción lleva muchos años extendiéndose, y dadas las características y diferencias observadas de un país a otro o de un sistema a otro, en Bruselas se aprobó en 1991 el reglamento CE 2092/1991 para regular la certificación de la agricultura ecológica en la Unión Europea, por lo que también concierne a España. El

OBJETIVOS DE LA AGRICULTURA ECOLÓGICA

La agricultura ecológica persigue un agrosistema equilibrado, estable y productivo. Para lograrlo, es necesario cumplir una serie de objetivos.

- Crear y mantener la fertilidad del suelo.
- Frenar la degradación de su estructura.
- Utilizar técnicas de cultivo adecuadas.
- No usar productos tóxicos ni contaminantes.
- Controlar las plagas y enfermedades biológicamente.
- Producir alimentos de gran calidad nutricional.
- Optimizar los recursos y los potenciales locales.

reglamento establece una serie de normas para la producción, elaboración y etiquetado de los productos comercializados, incluidos los importados procedentes de la agricultura ecológica. También establece que la certificación sea realizada por la autoridad competente, que en España, por decisión estatal, pasa a manos de la administración de cada comunidad autónoma a través de los Comités o Consejos de Agricultura Ecológica.

El reglamento de la Unión Europea define algunos de los objetivos de la agricultura ecológica, así como las técnicas y los productos utilizables. El suelo es y funciona como un organismo vivo, y como tal debe ser nutrido adecuadamente. La mejor forma de hacerlo es añadiéndole materiales orgánicos, que con su degradación aportan a la planta elementos minerales y sustancias fisiológicamente activas. Además, la materia orgánica favorece la consolidación de la estructura del suelo, frenando el efecto erosivo del agua y haciéndolo más mullido y aireado. Una vez preparado el suelo, hay que continuar trabajándolo con técnicas adecuadas, como la realización de rotaciones, la alternancia de cultivos aprovechando los residuos que generan, evitando labores que alteren el orden natural de los horizontes del suelo o el realizarlas en fechas incorrectas, y mejorando los sistemas de riego y el aprovechamiento racional del agua.

Está prohibido el uso de abonos químicos; en cambio, se puede emplear estiércol, compost, minerales en estado natural y abonos verdes. También está prohibido el uso de plaguicidas químico-sintéticos. Para luchar contra las plagas se llevan a cabo una serie de métodos preventivos, y para erradicar las hierbas se emplean sistemas de escarda y térmicos. En los casos de ataques de parásitos se recurre a medios de lucha de menor toxicidad para el ser humano y el medio, como los preparados a base de plantas –rotenona, pelitre, cuasia, etc.– y los fungicidas a base de cobre y azufre, o bien a la lucha biológica (liberación de enemigos naturales de los parásitos).

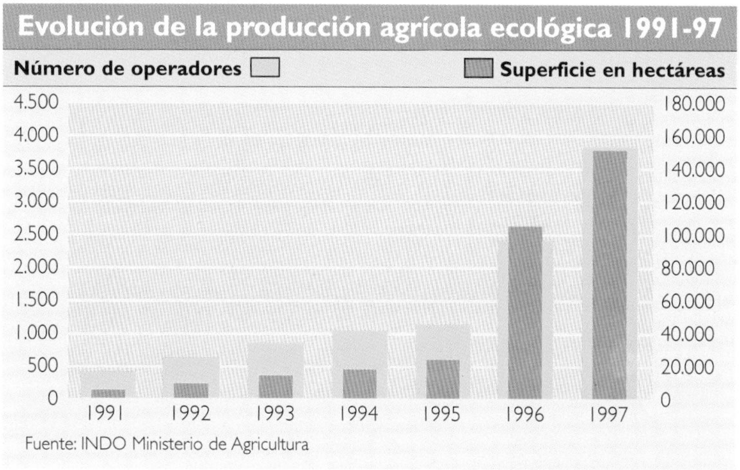

La agricultura ecológica no se restringe a los pequeños huertos familiares; existen grandes extensiones de cultivos donde se aplican ***estrictamente*** *las normas de producción ecológica. En la mayoría de regiones la superficie de cultivos ecológicos se ha incrementado en los últimos años, destinándose más del 90% de la producción a la exportación, y hoy empieza a ser fácil encontrarlos en tiendas, mercados y cooperativas de consumidores.*

Con el objetivo de que las zonas de cultivo se vayan aproximando lo más posible a la autosuficiencia, se reciclan nutrientes y se utilizan al máximo los recursos propios del lugar, encaminándose a una disminución de la energía consumida en la mecanización de las labores agrícolas y al aumento del uso de las energías limpias y renovables.

La agricultura biodinámica

Rudolf Steiner –creador de la antroposofía– dio una serie de pautas a un nutrido grupo de agricultores en unas conferencias dictadas en

La ***agricultura biodinámica*** *se ha caracterizado por cultivos de gran extensión, pero a partir de los trabajos realizados en Estados Unidos en los años 70 se desarrolló una variante de los bancales profundos de gran producción (denominada horticultura intensiva biodinámica), que ha servido de modelo para numerosos huertos familiares.*

1924, y que luego se publicarían con el título de *Conferencias sobre agricultura*. A partir de ahí, algunos de estos agricultores antropósofos empezaron a aplicar estos consejos y a experimentar e investigar la profunda interacción que ejercían los aspectos cósmicos sobre los seres vivos, las plantas y el suelo.

Dentro de las corrientes de prácticas agrícolas respetuosas, los seguidores de la agricultura biodinámica aplican los conocimientos de una profunda visión cosmológica y astrológica que va más allá de la simple observación de la parte visible de las cosas. Son expertos agricultores que han demostrado durante varias décadas que se pueden obtener excelentes resultados en la gestión y producción de los campos. En Alemania y otros países existen fincas biodinámicas de más de cien hectáreas cuyos rendimientos anuales son idénticos, y en algunos casos superiores, a otras fincas cultivadas químicamente, mientras que en Australia se cultivan más de 500.000 hectáreas según los métodos biodinámicos.

Los análisis de cristalizaciones sensibles llevados a cabo en Francia durante diez años sobre productos elaborados y hortalizas procedentes de cultivos convencionales, biológicos y biodinámicos han mostrado que la calidad de la producción biodinámica es diferente y a menudo superior a la de los otros dos sistemas de cultivo. ¿Dónde radica el secreto? Las claves de esa superioridad vital estriban en la concepción misma de la agricultura biodinámica, ya que no sólo se trata de un conjunto de técnicas y labores puestas al servicio del máximo rendimiento o producción, sino que nos hallamos más bien ante una concepción del ser humano y del cosmos aplicable a los trabajos agrícolas cotidianos. En muchos aspectos de la práctica cotidiana de la agricultura biodinámica, se observan pocas diferencias en cuanto a nociones básicas, técnicas o prácticas agrícolas concretas, con respecto a los postulados de la agricultura ecológica.

Esto es así porque ya en los mismos inicios de la agricultura biodinámica se enunciaban muchos de los postulados que tan revolucionariamente ahora se promulgan y se están popularizando por medio de la permacultura. Pero en los aspectos más sutiles, vitales y vibracionales, la biodinámica no ha sido asimilada aún. Aprender a conjugar la dimensión material de los procesos vivos con los aspectos cósmicos y ser capaces de ponerlo en práctica día a día, y además obtener excelentes resultados con estas prácticas, no es una tarea simple o fácil. Sobre todo hay un aspecto que se suele ignorar o desdeñar desde la agricultura más oficial o convencional: la interacción ser humano-planta. La energía vital y las vibraciones de quienes realizan un trabajo relacionándose con la tierra y las plantas, lo impregna todo.

En el aspecto filosófico de la agricultura biodinámica encontramos al ser humano colaborando con la naturaleza con una finalidad que va más allá de sacarle el máximo rendimiento. Primero se trata de conocer «el alma del lugar», la «aptitud del terreno» en donde deseamos cultivar y, a partir de ahí, conjugar todos los medios y las energías para que, con lucidez, conciencia, inteligencia y en sintonía con las fuerzas del cosmos y de la tierra, procurar en cada acto colaborar con los seres invisibles que construyen la naturaleza.

Los practicantes de la agricultura biodinámica son conscientes de que la labor de un agricultor transforma el entorno, que lo puede mejorar o desequilibrar y dañar irremediablemente; «culturizan el agro» –practican la agricultura– con una intención clara y consciente que va más allá de «hacer producir a la tierra»: mejorar física y espiritualmente el espacio e integrar la vida humana con ese espacio sin «pervertirlo», sino elevando su calidad vital y volviéndolo más sublime intro-

DOTTENFELDERHOF

Un ejemplo práctico de finca biodinámica es la dirigida por Manfred Klett, jefe del Departamento de Agricultura de la Sección de Ciencias Naturales del Goetheanum (en Dornach, Suiza), quien ha impulsado desde sus comienzos y durante más de veinte años la granja de Dottenfelderhof, de 150 hectáreas, gestionada íntegramente bajo el modelo biodinámico, llevada adelante por cinco familias y en la que trabajan ochenta personas. En sus inicios partieron de la premisa de cuántas vacas serían necesarias para fertilizar correctamente aquella tierra, y decidieron que requerían ochenta vacas. La segunda cuestión fue cuánto forraje necesitarían aquellas vacas para vivir y cómo lo obtendrían sin tener que comprarlo. Así se estableció una rotación de cultivos de forrajes repartidos en períodos de doce años. Luego se plantearon qué cantidad de cerdos podrían ser alimentados con los restos, y también cuántas gallinas podrían mantenerse con el cereal roto o de desecho, una vez separados los mejores granos de cada cosecha. Para decidir la cantidad de frutas y verduras se ajustaron a las necesidades que tenían para alimentar a las personas que vivían allí. Lo mismo hicieron con los cereales y las hortalizas. Junto a otros agricultores y fincas, elaboran un catálogo con las semillas que producen y van creando nuevas variedades (tres variedades nuevas de hortalizas y una de cereales).

En las diferentes investigaciones que se realizan en torno a Dottenfelderhof se ha observado que los gastos veterinarios son tan sólo del 10% de los que tiene la finca de la universidad de Dornach. En otro estudio se ha comprobado que, mientras en la agricultura convencional había cuatro lombrices de tierra por metro cuadrado, y 25 en las tierras con abundancia de animales y vegetales, en Dottenfelderhof hay 600. La fertilidad de la finca es duradera y se incrementa año tras año. El motivo de esta riqueza es que los preparados biodinámicos aportan fuerzas en diferentes niveles; existe el nivel eléctrico, el nuclear, el vital, el psíquico... Cuanto más subimos en la escala, menos cantidad de sustancia es necesaria, pues mayor es la calidad. Se necesita menos para conseguir mejores resultados. Podríamos llamar «biocatalizadores» a estos preparados biodinámicos empleados para estimular las fuerzas del suelo, del compost y de las plantas, ya que son como enzimas que empiezan un proceso.

En Dottenfelderhof se producen 60 toneladas de cereales al año y más de mil litros diarios de leche. La finca cuenta con un vivero forestal, un centro de investigación y una tienda para la venta de sus productos.

duciendo la dimensión humana, cósmica y sagrada en cada uno de nuestros actos. De lo contrario, los alimentos obtenidos sólo son aptos para nutrir la parte física de nuestro ser, volviéndonos poco a poco más materialistas. Debemos nutrirnos con alimentos que contengan una «información superior». Únicamente algunos agricultores con una «magia especial» y muchos de los practicantes de la agricultura biodinámica lo consiguen de forma habitual.
Los preparados biodinámicos son una especie de preparados homeopáticos confeccionados a base de plantas medicinales que se incorporan en la elaboración del compost en fermentación o se dinamizan con agua –braceándola y removiéndola en sucesivas espirales– para luego ser esparcidos sobre la tierra o sobre las plantas. De hecho, los preparados biodinámicos no pueden catalogarse de enmendantes orgánicos ni de abonos foliares o insecticidas; son una especie de biocatalizadores que generan y movilizan las fuerzas vitales –cósmicas y terrestres– estimulando la vida.
La agricultura biodinámica quizá sea la más compleja de todas las que conocemos, pero tenemos que reconocer que bien practicada, es la que entiende y aplica las constantes interacciones entre las fuerzas cósmicas y terrestres al son de cuya música todos los seres vivos bailamos sin cesar, seamos conscientes de ello o no.

BASES DE LA PERMACULTURA

Siguiendo el artículo de Permacultura Montsant aparecido en la revista GEA número 7, se pueden señalar las siguientes bases del diseño permacultural.

- Dar más importancia a las plantas perennes que a las anuales, especialmente a los árboles, minimizando así el esfuerzo de plantar y replantar cada año.
- Combinar diversas actividades en la misma finca (huerto, invernadero, aves, árboles y arbustos, etc.), de forma que unas abastezcan las necesidades de las otras.
- Reciclar todos los materiales. Todo lo que se produzca debe tener un fin dentro de la misma finca o debe proporcionar un beneficio al propietario.
- Diversificar las plantaciones, colocándolas muy juntas, de forma que varios elementos satisfagan la misma función (así si falla uno, los demás ayudarán a resolver la carencia) y que cada elemento cumpla muchas funciones.
- Usar el espacio disponible de modo tridimensional. Si se cultivan árboles altos y bajos, arbustos, plantas de tallo, rastreras, raíces y trepadoras se aprovechan los diferentes niveles del suelo y del sol.
- Mínima labranza (en el sentido de remover la tierra una o varias veces al año). Deben ser las lombrices, los microorganismos y otros animales quienes realicen esta labor.
- Uso de maquinaria pequeña y herramientas manuales.
- Planear la finca para un mínimo esfuerzo de desplazamientos y transporte de materiales.
- Debe existir una fuerte relación entre el uso de la tierra y las características climáticas de la zona.

La permacultura

La permacultura se está abriendo paso en estos últimos años como una vía de desarrollo agrícola más respetuosa con el medioambiente, aplicable tanto en pequeñas como en grandes extensiones. Los principios de la permacultura, cultivo y cultura permanentes, son simples: observar a la naturaleza y aliarse con ella para obtener los mejores resultados. La permacultura podría enmarcarse como una variante dentro de la agricultura ecológica ya que la mayoría de sus postulados son coincidentes, aunque intenta ser más globalizadora que la agricultura biológica.
Desde Australia, Holmgren y Mollison impulsaron esta corriente de «cultura permanente» que está implantándose en todo el mundo y que intenta la integración del ser humano con su entorno. Es una visión globalizadora, que mira más hacia la incorporación del máximo de elementos disponibles en un lugar determinado, para que al hacerlos actuar en conjunto, es decir, sinérgicamente, el resultado sea siempre superior a la suma de los elementos aislados.
En permacultura se prima el diseño y la distribución de los espacios, que se reparten armónicamente entre la casa, el huerto, los campos de cultivo extensivo, los frutales, el bosque y los animales, para que todo se ayu-

ANTES

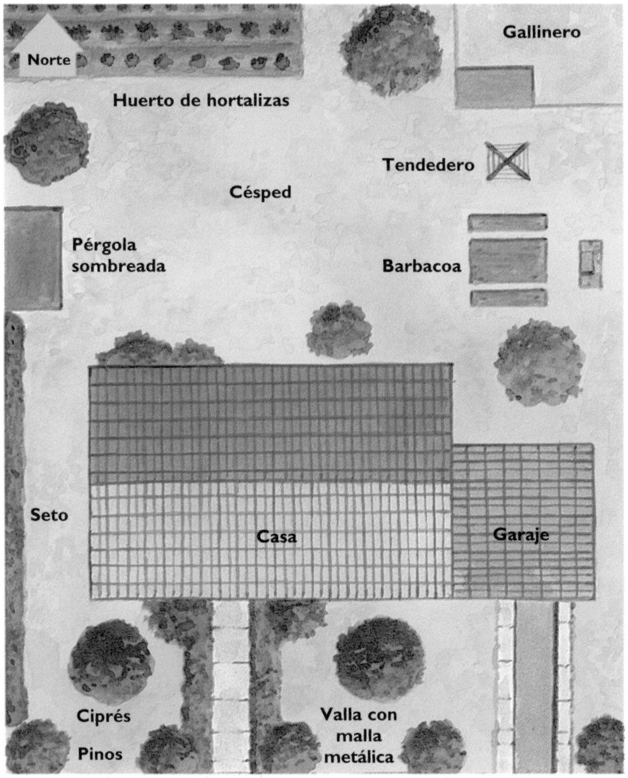

DESPUÉS

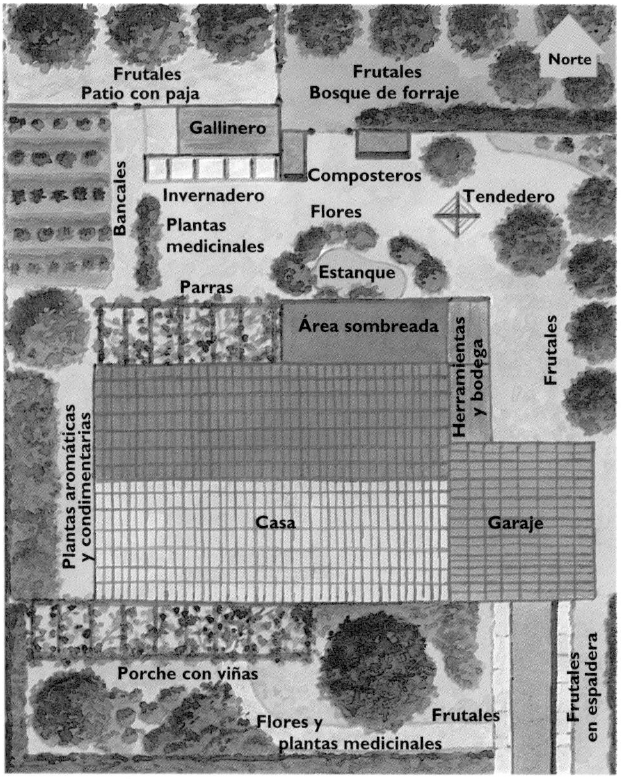

Diseño de la parcela de una vivienda unifamiliar clásica según los consejos de la ***permacultura*** *(adaptado de un dibujo de Robyn Francis): Antes: elevado mantenimiento y bajísimo rendimiento. Después: Escaso mantenimiento y elevado rendimiento.*

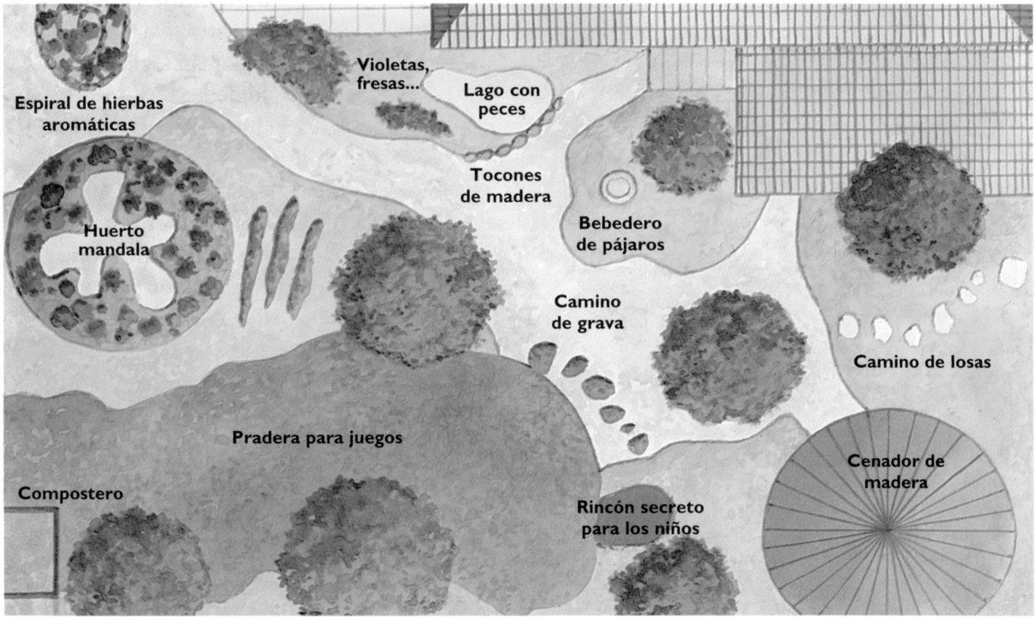

Diseño de un jardín con huerto, realizado por Miracles y Nona en Mallorca, siguiendo las pautas permaculturales a fin de aprovechar al máximo el espacio, creando armonía y biodiversidad.

de mutuamente y se aprovechen al máximo los recursos disponibles con el mínimo esfuerzo posible y se optimicen realmente los resultados.

La idea principal es la de una agricultura realmente «sostenible», basada en el diseño de la finca a cultivar, combinando nuevas y antiguas formas de producir alimentos que conserven el suelo, los nutrientes..., al tiempo que minimicen el uso de combustibles fósiles, abonos y plaguicidas químicos, etc., de forma que la producción de alimentos dentro de una región sea autosuficiente y que en el sistema global se cree más energía de la que se consume.

Según Bill Mollison, la filosofía sería «trabajar con la naturaleza en lugar de ir en contra de ella; observación reflexiva, en vez de trabajo a ciegas; y mirar las plantas y animales en todas sus funciones de forma global, en lugar de tratar cada zona como un sistema aislado de producción de un solo producto o monocultivo».

*El australiano **Bill Mollison** es uno de los más conocidos pioneros de la permacultura o «cultura permanente» y ha realizado una gran labor divulgadora en sus libros* Permacultura 1, 2 *y* 3. *Mollison ha profundizado y desarrollado los conceptos expuestos inicialmente por uno de sus alumnos David Holgram, quien realizó una tesis de doctorado de estudios ambientales como herramienta ecológica a la que denominó **Permacultura**.*

Los pioneros

Si bien existe una tradición agrícola que podemos llamar ecológica debido a que la mayoría de prácticas agrícolas anteriores a la irrupción de la química sintética eran más respetuosas con el entorno y carecían de residuos tóxicos para la salud, y se aprovechan muchas de sus técnicas y conocimientos, la agricultura ecológica actual no es una remembranza del pasado, sino que está basada en observaciones e investigaciones constantes, la mayoría de las cuales parten o partieron de personas con una profunda visión de la realidad y sus múltiples interacciones. Gracias a la labor investigadora y divulgadora de estas personas y al trabajo realizado por sus seguidores, se ha ido estructurando una realidad sólida en torno a la agricultura ecológica. Por ello, desde aquí me gustaría reseñar de forma breve a algunos de estos personajes que nos sirvieron de ejemplo y de inspiración, o que en su día nos animaron a seguir profundizando y aprendiendo de cada nueva labor. Son muchos los que se van a quedar en el tintero, pero me siento agradecido por su labor y deseo dar testimonio de ello, dejando claro también que de mis padres, de los vecinos y de algunos viejos agricultores anónimos que he ido conociendo a través de los años, he aprendido tanto o más que de los «maestros».

Albert Howard

Es uno de los padres del compost, ya que fue de los primeros en preconizar su elaboración a base de mezclar restos vegetales, excrementos animales, hojas secas, paja, etc. Y hacerle seguir una fermentación correcta para obtener un abono excelente.

Albert Howard era hijo de un agricultor inglés y fue un investigador y botánico renombrado que basó su trabajo científico en la observación de los hechos. Su obra *Testamento agrí-*

cola para una agricultura natural, es el fruto de los experimentos que emprendió en la India, en el estado de Indora, donde vivió y trabajó desde 1873 hasta 1947. Tras muchos análisis y comprobaciones, Howard sentó las bases de la mayoría de los métodos modernos de compostaje, basando la fertilización de los campos en imitar a la naturaleza. En las selvas de la India estudió con detalle la progresiva descomposición de la materia orgánica hasta convertirse en humus, el verdadero nutriente de las plantas, y se dio cuenta de que la fertilidad de los bosques exuberantes dependía directamente de la masa vegetal que cubría el suelo y que estaba en continua descomposición.

El movimiento en torno a las enseñanzas de Albert Howard ha desembocado en la creación, en los países sajones, de los movimientos y las prácticas de la agricultura orgánica, el equivalente de la agricultura ecológica en nuestro país.

Jean Pain

En los años setenta, Jean Pain fue una revelación para muchos, al resucitar lo que él llamaba el compost de los templarios, un método para elaborar gran cantidad de compost lo sufientemente rico en nutrientes y vida como para cultivar hortalizas encima de un suelo estéril. Con esta técnica Jean Pain creó un huerto en Provenza, donde en verano se alcanzan con facilidad los 35 °C a la sombra y el agua hay que extraerla de 95 m de profundidad, en el que crecían excelentes y lozanas hortalizas, sin trabajar la tierra, sin desherbar, con muy poco riego y sin necesidad de tratamientos. La base del compost la obtenía del desbroce de los bosques de su zona. Para muchos ecologistas, el desbroce no es aconsejable, pero en zonas en que los incendios arrasan anualmente cientos o miles de hectáreas boscosas, la limpieza y desbroce de los bosques se plantea como una opción de lucha anti-incendio. El método podría aplicarse al menos para aprovechar las limpiezas regulares que se efectúan a lado de las carreteras o en zonas de alto riesgo de incendio.

Su método se popularizó entre los agricultores ecológicos a finales de los setenta y principios de los ochenta. Varios gobiernos encargaron estudios sobre el método Jean Pain e incluso se creó en Bélgica un centro de investigación Jean Pain. Por desgracia, un accidente aéreo segó la vida de este hombre y su método quedó relegado al olvido. En el primer extra monográfico de *Integral*, titulado *Volver a la tierra* (así como en el número 71) se recoge el método y la polémica que suscitó en su día. En realidad, el descubrimiento del método lo hizo Laurent Dailliez en códices de la Biblioteca Nacional de Madrid, en archivos de abadías cistercienses y en diversos archivos provinciales y privados de Extremadura y Andalucía.

STEINER Y LA AGRICULTURA

Filósofo de origen croata, Rudolf Steiner poseía una capacidad de percepción excepcional, trabajó la obra científica de Goethe y coincidió plenamente con su enfoque. Fue secretario de la Sociedad Teosófica alemana, de la que se separó para iniciar la antroposofía. En unas conferencias que dio a un grupo de agricultores antropósofos en 1924 sentó las bases del método que tras su muerte en 1925 pasaría a denominarse biológico-dinámico o biodinámico. Con la publicación de las conferencias (bajo el título *Curso sobre agricultura biológica-dinámica*) se inició una agricultura basada en una relación más estrecha y consciente entre el hombre y las fuerzas de la naturaleza. Para cultivar biodinámicamente hay que aprender a conjugar las fuerzas cósmicas –luz y calor– y las fuerzas terrestres –tierra, agua y nutrientes–. Los preparados biodinámicos a base de plantas y materiales orgánicos, dinamizados ayudan a activar las fuerzas cósmicas, matizadas por los planetas, para revitalizar la tierra.

Muy ligado a Rudolf Steiner, hay que reseñar el trabajo de Ehrenfried Pfeiffer, que profundizó el método y fijó muchos de sus postulados actuales. Pfeiffer es autor de varios trabajos, entre los que destacan *La fertilidad de la tierra, su conservación y renovación* y *El semblante de la tierra*.

El ingeniero agrónomo francés ***Claude Aubert*** *es bien conocido por la mayoría de agricultores ecológicos de nuestro país. Su libro* El huerto biológico, *traducido por Serafín Sanjuán y publicado por* Integral *en los años ochenta, fue uno de los primeros textos que, de forma sencilla, amena y llena de sabiduría, nos introdujo en la práctica de una agricultura más respetuosa con la vida.*

Claude Aubert

Para los españoles interesados en la agricultura ecológica, el ingeniero agrónomo francés Claude Aubert quizá sea una de las personas más populares por el simple hecho de que su libro *El huerto biológico* fue uno de los primeros libros que aparecieron en el mercado en lengua española. Tanto en su libro como en los artículos publicados en revistas y monográficos, Claude Aubert muestra ser un gran divulgador y defensor de los métodos naturales y de la agricultura biológica, como se denomina en Francia a las prácticas agrícolas respetuosas con el entorno y la salud de los consumidores. Fue miembro activo de la asociación Nature et Progrès y uno de los primeros impulsores de la International Federation of Organic Agriculture Movements. Es fundador y director de la editorial Terre Vivante, editora desde los años ochenta de la revista *Les Cuatre Saisons du Jardinage* y especializada en la publicación de libros sobre agricultura biológica y salud. También dirige el centro de información y enseñanza Terre Vivante en la localidad francesa de Isere, cerca de Grenoble.

EL HUERTO BIOLÓGICO
Cómo cultivar todo tipo de hortalizas sin productos químicos ni tratamientos tóxicos
CLAUDE AUBERT
integral

Rusch-Müller

Las investigaciones sobre la fertilidad natural realizadas por el doctor Rusch y llevadas a la práctica por los agricultores de la cooperativa del doctor Müller, en Suiza, hizo que en ese país más de 1.500 fincas agrícolas practicaran el método que recibiría el nombre de Rusch-Müller. «La investigación biológica –afirma el doctor Rusch– debe tener objetivos que integren el ciclo biológico completo y global, que incluyan el suelo, las plantas, los animales y las personas». Ante la tendencia de la agroquímica a nutrir las plantas de forma forzada y artificial, sin tener demasiado en cuenta el suelo, plantea que el cultivo ecológico debe nutrir el suelo, considerándolo como un organismo vivo y dejándolo al cuidado de la nutrición de las plantas cultivadas.

Para la práctica del método Rusch-Müller se realizan recuentos periódicos de la actividad microbiana del suelo y análisis cualitativos de la flora bacteriana presente en él. Todo ello con el objetivo de «medir» la fertilidad del suelo que, a fin de cuentas, será lo que permitirá «a los seres vivos (animales y seres humanos) alimentarse de las plantas y disfrutar de una buena vida, plena en salud y fecundidad». Debe tenerse en cuenta que su concepto de fecundidad se aleja bastante del de la productividad o el rendimiento aislados. El doctor Rusch hizo observaciones parecidas a las de Albert Howard, pero llegó a conclusiones distintas: «En la naturaleza sólo se da el compostaje en superficie. ¡Imitémosla!». Como salvedad cabría señalar que este método se desarrolló en Suiza, donde el clima –con lluvias regulares que aseguran una gran humedad– es mucho más propicio para la descomposición de la materia orgánica en superficie. Debido al clima que tenemos en la mayor parte de nuestro país –a excepción del norte y de las zonas montañosas– su aplicación aquí está condicionada a disponer de unos sistemas de riego adecuados –aspersión, microaspersión o goteo–.

Serafín Sanjuán Roca

Para los que nos iniciamos en la agricultura respetuosa en la década de los setenta, la aparición de la revista *Integral* en 1978 fue una bendición del cielo. Desde su primer número en que comenzó a aparecer capítulo a capítulo *El huerto biológico*, de Claude Aubert, y en las páginas del primer monográfico que publicó la revista, con el sugerente título de *Volver a la tierra*, descubrimos a un humilde jefe de telecomunicaciones y de la estación de control del aeropuerto de Barcelona, dedicado en sus horas libres a aprendiz de hortelano. Era nativo de Catí, pequeño pueblo del Maestrazgo castellonense, y se acababa de afincar en Cubelles (cerca de Barcelona), en donde practicaba con éxito, y sigue practicando a pesar de su edad, la agricultura ecológica, con sus múltiples técnicas y variantes.

A él le debemos –en colaboración estrecha con Álvaro Altés– la traducción y publicación en *Integral* de infinidad de artículos relacionados con las prácticas agrícolas respetuosas, la geobiología, la bioelectrónica... Somos muchos los que tomamos ejemplo de él y aprendimos de sus sabias palabras. Con los años su nombre ha quedado un poco olvidado, aunque el Congreso Valenciano de Agricultura Ecológica le ha rendido recientemente el merecido homenaje. Personalmente le estoy muy agradecido por haber sido el primero en este país en interesarse por la geobiología y por haberme animado a profundizar en esa apasionante disciplina, a partir de esos artículos de 1981. ¡Gracias, Serafín!

***Serafín Sanjuán** no sólo tiene el mérito de ser uno de los mejores divulgadores de la agricultura ecológica en España, sino que, además, nos descubrió el apasionante mundo de la geobiología y de la radiestesia aplicadas al huerto y a la vivienda. (En la fotografía le vemos en su finca de Cubelles, en 1985, enseñando a buscar corrientes de agua con unas varillas en forma de L.)*

EL MÉTODO RUSCH-MÜLLER

Después de haber preparado durante años montones de compost con métodos y técnicas muy diversos y analizado sistemáticamente los resultados en cuanto a fertilidad, el doctor Rusch llegó a la conclusión de que el compost no era más rico que el suelo, sino que en el proceso de compostaje en montón se pierden no sólo nutrientes básicos–como el nitrógeno–sino que la actividad microbiana que se produce en el montón es infinitamente mejor aprovechada por las plantas cuando se produce directamente en el suelo en donde crecen. De ahí que el método Rusch-Müller aconseje el compostaje en superficie, o sea, la aportación de la materia orgánica disponible directamente esparcida –finamente triturada– para que la actividad bacteriana del suelo –productora de humus– se potencie al máximo y cree una fertilidad permanente y siempre en aumento.

Jean Marie Roger

Roger es un agrónomo francés que ha sabido entender y explicar las bases de la fertilidad del suelo. Su trabajo no ha consistido en idear un método de agricultura ecológica, sino en promulgar la comprensión de los procesos a través de los cuales, partiendo de materia mineral, se va desarrollando la vida vegetal que luego servirá de alimento a toda la cadena animal. El paralelismo que siempre expuso entre la actividad del suelo y los procesos digestivos de los animales, indicando que «el suelo es el tubo digestivo de la planta», resulta sumamente esclarecedor y permite enfocar de forma sabia y coherente la base de la fertilidad correcta en las prácticas de la agricultura ecológica.

Para no alterar los procesos digestivos del suelo y las plantas, Jean Marie Roger ha sido un gran defensor del mínimo laboreo, de la no utilización de arados de vertedera ni del volteo de las diferentes capas del suelo, «respetando la vocación del suelo». Para ello propugna el uso de los abonos verdes y la fermentación en superficie –sin enterrar la materia orgánica–, así como el uso de la horca de doble mango –patentada en Francia como *grelinette*– para los cultivos hortícolas, ya que ésta permite remover y airear los bancales y el suelo cultivado sin voltear las diferentes capas que lo componen.

El semblante feliz del octogenario ***Masanobu Fukuoka*** *es el reflejo vivo de la aplicación cotidiana de toda una filosofía de vida vinculada al respeto de la madre naturaleza.*

Masanobu Fukuoka

Fukuoka es un científico que en los años 30 trabajó como microbiólogo, renunciando a su puesto para iniciar «el regreso a la senda natural» y convertirse en punta de lanza de un gran movimiento en torno a una agricultura más acorde con las leyes de la naturaleza, que la comprenda y colabore con ella, en vez de intentar dominarla y explotarla. Masanobu Fukuoka planteó una verdadera revolución agronómica basada en la autofertilidad de la tierra, y adquirió gran renombre a partir de la publicación de su libro *La revolución de una brizna de paja*, que en los años 80 distribuía la Coordinadora de Agricultura Ecológica, al igual que un vídeo en donde Fukuoka recorre sus campos explicando las técnicas y la base filosófica de su método.

La productividad de su sistema es notable en el cultivo de cítricos sin poda ni laboreo y, sobre todo, de cereales: el arroz da rendimientos idénticos a la media de la agricultura química de Japón; en centeno y cebada, los rendimientos son superiores a la media nacional. Y ello sin labrar la tierra, sin abonos químicos ni tratamientos antiparasitarios, con dos cosechas anuales y manteniendo e incluso aumentando la fertilidad del suelo tras cuarenta años de práctica continua. No hace mucho, un amigo que viajó a Japón me regaló una cinta de vídeo titulada *Un legado para los agricultores japoneses del siglo XXI*, en la que se entrevista a este insigne personaje. Me sorprendió no hallar grandes cambios en la fiso-

EL MÉTODO FUKUOKA

El método de Fukuoka, fruto de la profunda observación de la naturaleza y el respeto a sus leyes, consiste en síntesis en una sabia utilización de las técnicas de cobertura permanente, combinando el trébol como cobertura verde y el sistemático esparcido de la paja sobre el suelo tras cada cosecha. Con su técnica, ajustada tras largos años de experiencia a las condiciones climáticas y de suelo, consigue cada año una cosecha de arroz y una de cereal de invierno –centeno y cebada– en la misma parcela. Fukuoka no inunda sus campos de arroz más que un breve período de tiempo, durante las lluvias monzónicas, a fin de debilitar las hierbas y el trébol.

Uno de sus secretos consiste en mezclar los granos de cereal y arroz con arcilla, humedeciendo la mezcla hasta formar unas bolitas de «semillas rebozadas» (en la foto), que esparce sobre la capa acolchada de paja en descomposición, esparciendo después la paja de arroz o del cereal recién cosechado, una vez extraídos sus granos. Las semillas no necesitan enterrarse en la tierra y la humedad que retiene la arcilla que las envuelve es suficiente para que las raíces lleguen hasta el suelo y los brotes atraviesen la capa de paja. El trébol, nitrificador natural, termina por rebrotar sobre la paja, pero ello sucede cuando el cereal ya tiene un buen porte, por lo que más que competir entre ellos, se complementan y ayudan.

nomía y el aspecto general de ese anciano de barba blanca, de 84 años, que parecía el mismo que veíamos en el vídeo grabado hace veinte años. Su filosofía y sus prácticas agrícolas siguen siendo las mismas; su sencillo modo de vida, también: vive en una humilde cabaña de madera sin electricidad ni agua corriente y cocinando con la leña de los árboles viejos o con la de las ramas que el viento arranca.

André Voisin

Cuando nos referimos al equilibrio de nutrientes en el suelo y al mantenimiento de la salud de la tierra, es obligado referirse a las aportaciones que realizó Voisin en sus obras *Suelo, hierba, cáncer* y *Nuevas leyes científicas en la aplicación de los abonos*, en las cuales mostró cómo «el elemento mineral del suelo modifica la composición orgánica de las plantas», sentenciando que «el suelo hace al animal y al hombre». Una de sus mayores aportaciones a la comprensión de cómo se producen fuertes desequilibrios del suelo y de la vida vegetal en las prácticas agrícolas convencionales –agroquímicas– está en su «ley del máximo», que se podría resumir en que «el exceso en el suelo de un elemento asimilable reduce la eficacia de otros elementos presentes en ese suelo y, por consiguiente, disminuye el rendimiento de las cosechas». De ello se deduce que la práctica habitual entre agricultores convencionales de «cuanto más, mejor» llega a ser desastrosa por los graves desequilibrios que produce; como ejemplo, es bien conocido el bloqueo y la dificultad de absorción del magnesio por las plantas cuando el suelo presenta un exceso de potasio.

Como profesor de la Escuela Nacional de Veterinaria de Alfort (París), André Voisin centró sus investigaciones sobre la ganadería. Observó que aplicando los postulados de la agronomía oficial la salud del ganado se iba deteriorando progresivamente. Nunca estuvo vinculado a la agricultura ecológica y, posiblemente, no llegó a conocer sus métodos, pero sus obras son una buena fuente de conocimientos e inspiración para quienes nos dedicamos a una agricultura más respetuosa y para quienes se interesen por una ganadería más sana para los animales y con el entorno.

Coordinadora de Agricultura Ecológica (CAE)

En España, los pioneros de la agricultura ecológica nos aglutinamos a principios de los ochenta en torno a esta asociación de ámbito estatal en un intento de promover y potenciar un cambio en los métodos agrícolas convencionales, aprendiendo y llevando a la práctica lo aprendido y lo compartido en cursos, congresos y encuentros. El boletín de la CAE –luego llamado *EcoAgricultura*–, difundido entre sus socios, resultó una iniciativa que ha permitido mantenernos en estrecha relación a agricultores apartados geográficamente.

Consciente de que son y han sido muchos más de los que aquí puedo mencionar, me gustaría de todos modos reseñar algunos de los nombres que impulsaron la CAE en su inicio, como Feliu Madaula, Alberto García, Bertomeu Parellada o Álvaro Altés... La CAE desapareció en 1999, pero los Amics de la Escola de Manresa continuaron la edición de la revista –que ahora se llama *Agro-cultura* y se edita en catalán–. A pesar de las grandes dificultades vividas, juntos y cada uno por su lado, la agricultura ecológica ha ido evolucionando y, poco a poco, ha ido abriéndose un hueco en esta sociedad dominada por la máxima productividad y los macrobeneficios. Gracias a todos, los mencionados y los no mencionados.

La revista **Integral** *ha sido y sigue siendo una de las mejores vías de contacto con la vida natural, la alimentación sana, la agricultura ecológica y las actitudes conscientes y respetuosas con la vida y el entorno.*

Integral

Las páginas de esta revista, pionera en nuestro país, no sólo nos abrían los ojos, las mentes y las posibilidades de actuación, sino que servían y siguen sirviendo de ventana y de punto de referencia de todo el movimiento que se expande en torno a formas de pensar, vivir o trabajar más acordes con los aspectos profundos del ser humano y en donde se plantean las opciones de mayor respeto e integración con el entorno global y de la naturaleza, de la que formamos parte integrante.

En las páginas de *Integral* y en sus libros y extras monográficos han aparecido la mayoría de los nombres y las ideas hoy conocidos en torno a la agricultura ecológica. A Álvaro Altés, presidente de la cooperativa que divulgó la agricultura ecológica y las nuevas tecnologías desde la fundación de *Integral* hasta 1997, mis respetos y agradecimiento, pues siempre ha estado dispuesto para ayudar, apoyar u ofrecer sus medios y su información.

Vida Sana

Aunque para muchos siempre fue una asociación problemática, con tendencia a enzarzarse en pleitos con *Integral*, con la CAE o con quien se prestase, y reticente a aceptar el nombre de agricultura ecológica frente al de agricultura biológica, fue loable la labor de la Asociación Vida Sana, «para el fomento de la cultura y el desarrollo biológicos», en cuanto a divulgación a través de los medios de comunicación y a incentivar a las ad-

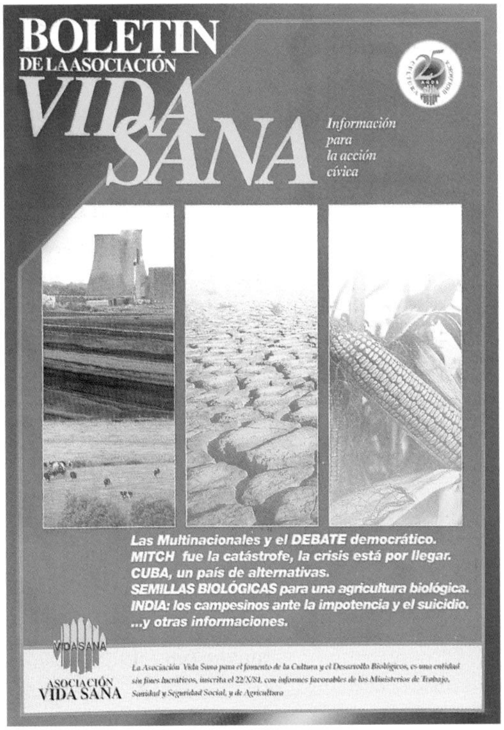

A la izquierda, portada de un boletín divulgador y de contacto entre los socios de **Vida Sana**. *Al lado, portada de la revista de agricultura ecológica* **La Fertilidad de la Tierra**, *canalizadora del movimiento agroecológico en España, y fuente de valiosa información para quienes se interesen o dediquen al cultivo ecológico.*

ministraciones, a los consumidores y a los agricultores convencionales a convertirse a una agricultura más respetuosa y natural. La mayoría veíamos con muchas reticencias el hecho de mezclar aspectos divulgativos de una asociación sin fines de lucro con aspectos comerciales, como las empresas vinculadas o asociadas a Vida Sana. Con el tiempo, algunos de estos aspectos han ido clarificándose, y la labor divulgadora y defensora de la alimentación y las formas de vida más sanas y respetuosas siguen defendiéndose desde esta asociación cuyo caballo de batalla actual es la oposición a los trangénicos o OMG (organismos modificados genéticamente).

Las ferias Biocultura de Madrid, Barcelona y Sevilla, organizadas por Vida Sana, son grandes exponentes sociales de estas tendencias, al igual que otras ferias de características similares que de forma independiente se han ido creando por el territorio nacional: Agro Orense, Naturexpo (en San Sebastián), Ibernatura (en Málaga), etc., así como otras más alternativas: la Feria Alternativa de Castellón, Econavarra, Ecoambiente (en Teruel), Ecoviure (en Manresa), Bionekarava (en Álava)...

La Fertilidad de la Tierra

Es la continuación de la pionera revista Savia y puede considerarse la revista por excelencia de los que amamos y practicamos la agricultura ecológica. En sus páginas hallamos artículos de actualidad y experiencias prácticas, al tiempo que sirve de punto de encuentro y puesta al día sobre todo lo referente a las prácticas agrícolas respetuosas con el entorno. Ha pasado por momentos difíciles, pero se ha ido consolidando y hoy ofrece un excelente contenido con una periodicidad trimestral. Su labor es loable y en la medida de nuestras posibilidades debemos apoyar una iniciativa tan válida como necesaria. ¡Adelante!

Calidad vital de los alimentos

Desde siempre ha existido una necesidad imperiosa de hallar el modo de comprobar con claridad las diferencias de calidad de frutas y hortalizas cultivadas. Los clásicos análisis físico-químicos de los laboratorios pueden darnos una visión de las diferencias sustanciales en la calidad de los alimentos. Por ejemplo, pueden decirnos si una lechuga contiene más nitratos que otra; es fácil que una lechuga de cultivo ecológico de invernadero o abonada con profusión de purines muestre niveles más elevados de nitratos que otra de cultivo químico al aire libre.

Pero rastrear los restos de plaguicidas, metales tóxicos u otros contaminantes es una tarea compleja y costosa. Además, si la hortaliza o la fruta en cuestión está saturada de algún plaguicida tóxico que no está dentro de la lista a buscar, puede aparecer como exenta de sustancias tóxicas. Es más, que en un análisis convencional no aparezcan trazas de contaminantes químicos o estén por debajo de los niveles permitidos, no quiere decir que a nivel nutricional u organoléptico esa fruta o verdura sea excelente o tenga una vitalidad aceptable. Ante estos retos, diferentes investigadores han ensayado métodos y técnicas alternativas; desde la bioelectrónica de Claude Vicent a la sofisticada éspectrografía de gases, pasando por métodos poco ortodoxos como el biómetro de Bovis, que recurre a la sensibilidad del experimentador haciendo uso de la ancestral radiestesia.

La cristalización sensible

La cristalización sensible es un método para apreciar la vitalidad de un alimento y una de las pocas técnicas que permiten distinguir su método de cultivo, aportando pistas sobre las manipulaciones o transformaciones que ha sufrido y las deficiencias o enfermedades del cultivo en cuestión. Todos hemos visto cristales de cuarzo, calcita o diamante. Prácticamente todo mineral tiene su cristal, una particular disposición geométrica de las moléculas que al solidificarse forman estructuras ordenadas (las cuales están en estrecha relación con los patrones vibratorios, fuerzas y energías que actúan sobre tales elementos). Este fenómeno natural podemos observarlo en casa disolviendo sal común (cloruro sódico) en un recipiente plano con agua; al evaporarse el agua, se van formando infinitos cubos regulares de cristales de sal.

En 1925, el investigador austríaco Ehrenfried Pfeiffer puso a punto la técnica de la cristalización sensible con cloruro de cobre. De todas las sales que probó Pfeiffer, siguiendo una indicación de Rudolf Steiner, el cloruro de cobre –fácil de hallar en droguerías– se muestra

A la izquierda, cristalograma de ***lechuga convencional,*** *con texturas compactas y aplastadas, lo que corresponde a un vegetal-hoja de escasa vitalidad. En el centro, cristalograma de* ***lechuga ecológica,*** *con una textura prieta y bien tallada, lo que denota un vegetal-hoja en el que se manifiestan los procesos que tienen su origen en el elemento luz. A la derecha, cristalograma de* ***lechuga biodinámica,*** *con textura bien diferenciada y un centro bien conformado; se trata de un vegetal-hoja de excelente calidad vital.*

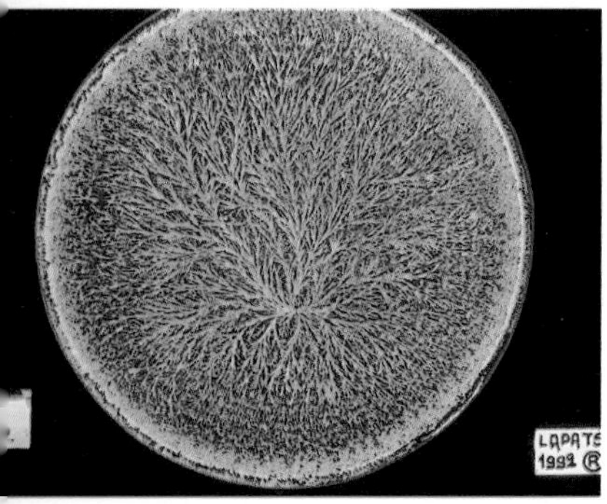

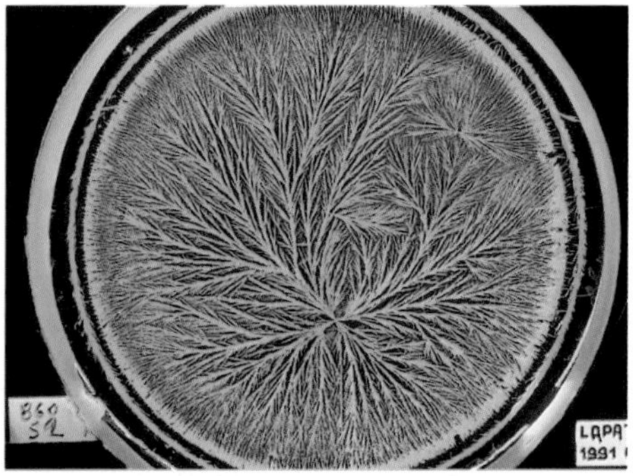

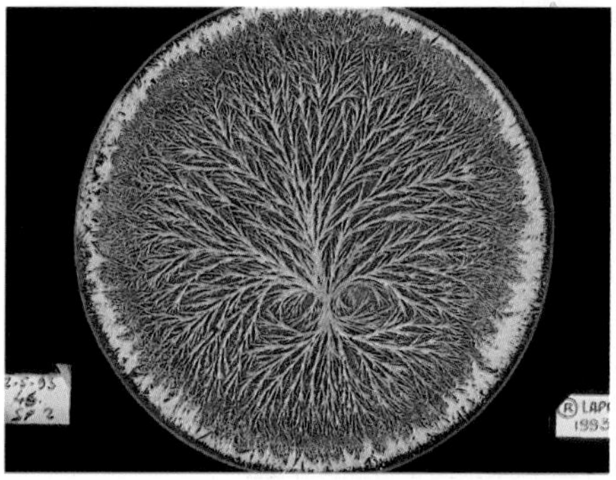

capaz de reaccionar al mínimo cambio o alteración de la composición de un extracto de una sustancia procedente de un ser vivo, cristalizando sobre una placa de vidrio con una gama de complejas formas geométricas. La cristalización de una simple disolución de cloruro de cobre no da dibujo alguno, pero en cuanto añadimos a la disolución unas gotas de savia de una planta o unas gotas de sangre, el líquido cristaliza formando una serie de formas geométricas espectacularmente curiosas (a las que se ha dado el nombre de «cristalografías» o «imágenes de cristalización»). Al principio, ni Pfeiffer ni sus colaboradores sabían cómo interpretar estas figuras cristalinas. Tras largos años de metódica investigación empezaron a descifrar los patrones referenciales básicos que hoy día permiten «leer» con cierta nitidez una cristalización y extraer de ella información útil.

Actualmente, existen laboratorios especializados en el diagnóstico por cristalización sensible sanguínea, que con la gota de sangre de una persona permiten determinar la salud general y detectar el tipo de patologías que padece e incluso enfermedades latentes que

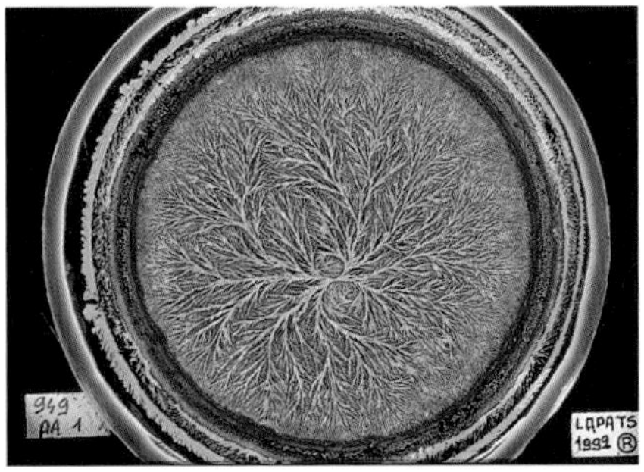

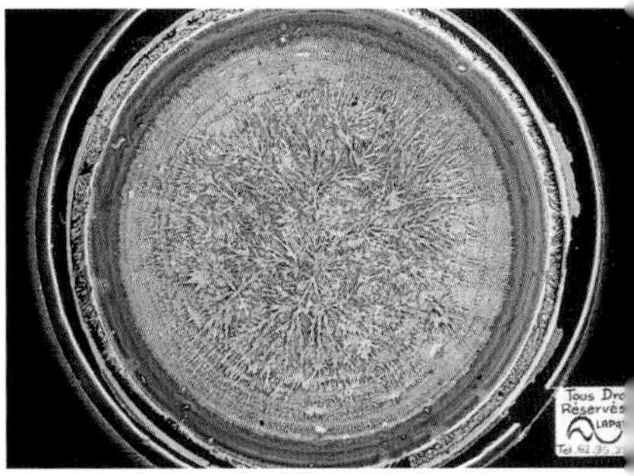

A la derecha, ***pan integral convencional,*** *con una textura compacta, sin diferenciación y una zona periférica demasiado fina y muy ancha y centros atrofiados; es un alimento de baja calidad. A la izquierda,* ***pan integral de origen agrobiológico*** *(hecho con levadura madre natural), con una textura abundante y bien diferenciada y un centro amplio y bien conformado, lo que traduce las características de un alimento de buena calidad nutritiva.*

aún tardarán varios años en manifestarse físicamente. Otros laboratorios e investigadores se han centrado en las múltiples aplicaciones que ofrece la cristalización sensible en campos como la agricultura ecológica o la viticultura y la enología. Cabe señalar el trabajo realizado en Francia por Marie-Françoise Tesson, la cual, ayudada por su marido el español Miguel Ángel Fernández Bravo, aparte de investigar en otras áreas de la alimentación como la calidad de los huevos o de la leche, ha realizado diariamente durante casi diez años cristalizaciones de hortalizas procedentes de cultivos convencionales químicos, biológicos y biodinámicos.

CRISTALIZACIÓN Y CALIDAD VITAL

Marie-Françoise Tesson resume así algunas de sus conclusiones: «Vemos con claridad la desvitalización de los productos congelados, la harina refinada o el azúcar blanco. Algo similar se detecta en las leches UHT, los alimentos cocinados con microondas y de forma general en la mayoría de productos provenientes de la agricultura dominante. Pero no podemos sistematizar ni generalizar; se dan casos en los que las peores imágenes se obtienen con productos de la agricultura biológica, lo cual significa tal vez una falta de experiencia y quizá de sensibilidad por parte del agricultor biológico, o nos indica que proceden de producciones intensivas o forzadas en invernaderos fuera de su estación. En cierto orden de cosas apreciamos que el alimento ideal debe tener un buen equilibrio entre las fuerzas de crecimiento, influenciadas por la tierra –que en las cristalizaciones se aprecia por la intensidad de las estrías– y las fuerzas organizadoras dependientes del cosmos –las cuales se aprecian en las cristalizaciones por medio de la nitidez de las estructuras–». Al analizar los productos de diferentes procedencias, es frecuente que las imágenes más equilibradas que aparecen sean de los productos provenientes de la agricultura biodinámica. Los productos procedentes de huertos familiares, sobre todo si se han cultivado en zonas rurales, pero también los situados dentro de las ciudades, a menudo proporcionan imágenes de cristalización de mucha armonía (lo que indica que tales productos están generalmente bien equilibrados).

El huerto familiar, situado en un contexto global, es un espacio vivo en el que confluyen e interactúan infinidad de elementos en constante transformación.

Tierra, luz, agua, plantas, animales, seres microscópicos, personas, energías sutiles e incluso duendes se dan cita en torno a cualquier huerto. De sus armónicas interacciones dependen los resultados que en él se pueden apreciar.

3 El huerto ecológico y su contexto

Con el doble objetivo de planificar nuestro huerto del mejor modo posible y obtener resultados satisfactorios (cosechas que respondan a nuestras expectativas en calidad y cantidad), será indispensable conocer su ubicación y los condicionantes de su entorno, siendo también conveniente tener algunos conocimientos de cómo y por qué suceden determinados fenómenos naturales: la vida del suelo, el desarrollo vegetal, los problemas más frecuentes en los cultivos, etc. Circunstancias tan diversas –aunque estrechamente relacionadas– como el microclima local, la luz de que dispone cada parcela a lo largo del año, los rigores estivales o invernales que sufrirán los cultivos, las posibilidades de lluvias, la presencia de vientos fuertes o moderados, el tipo y la textura de la tierra, e incluso las energías sutiles del lugar donde se ubica el huerto, crean unas condiciones peculiares que conviene conocer mínimamente si deseamos realizar una planificación acertada y en función de los objetivos de producción buscados.

La conciencia del huerto

El huerto tiene que ser consciente de que es un huerto. Nuestro huerto de cultivo ecológico tiene que ser consciente de que es un huerto de cultivo ecológico.

Hace unos años el físico Rupert Sheldrake revolucionó la ciencia ortodoxa al plantear su hipótesis de los campos morfogenéticos. Según sus postulados, todo elemento que durante mucho tiempo tenga una estructura de forma coherente, sea un animal, una planta o un ser humano, tiene a su alrededor un campo morfogenético o una especie de conciencia individual que le es propia y que le permite mantener esa estructura coherente y perpetuarla en el tiempo, transmitiendo esa información a su descendencia, en caso de seres vivos, o permitiendo réplicas similares (en caso de minerales), más allá del concepto clásico de la información contenida en los genes.

En cierto modo, sus hipótesis recuerdan al subconsciente colectivo del psicólogo Carl Gustav Jung, siendo aquél una especie de campo de información (en donde estarían contenidas todas las experiencias, ideas o logros) con el que podemos conectar y acceder a la información en él contenida. Ese subconsciente colectivo explicaría por qué un mismo invento se ha desarrollado al mismo tiempo en dos partes alejadas del planeta o se han producido simultáneamente cambios sociales similares en poblaciones humanas que no mantenían ningún tipo de relación. Rupert Sheldrake apoyó la similitud de sus campos morfogenéticos con la teoría del subconsciente colectivo mediante infinidad de investigaciones científicas y estudios de psicología del comportamiento humano y animal.

El huerto debe verse como algo más que un espacio en el que crecen un conjunto de plantas mejor o peor cultivadas. El huerto, en tanto que ***entidad global****, llega a tener una conciencia propia, muy vinculada a la de sus cuidadores.*

El centésimo mono y otros experimentos

Una de las claves la hallamos en el experimento llamado del «centésimo mono». En una de las diversas islas de Japón en donde viven colonias de macacos, se enseñó a los monos a limpiar de polvo y arena los cereales que se les daba para comer, cogiendo puñados del suelo y echándolos al agua de un charco: los granos comestibles flotaban en el agua y los granos de arena y piedrecitas se precipitaban al fondo. Al principio tan sólo unos pocos macacos aprendieron o tenían la suficiente habilidad para realizar con éxito la operación, pero poco a poco el resto de monos, viendo las ventajas que suponía el lavado del grano, también aprendieron a lavarlo. Paralelamente, a los monos de las otras islas se les echaba cereales al suelo, cerca de charcas, pero sin enseñarles ni sugerirles la posibilidad de que podían lavarlos para consumirlos mejor. Y ocurrió que cuando aproximadamente unos cien monos adiestrados de la primera isla aprendieron a lavar los granos en el agua de las charcas, el resto de monos de esa isla y algunos monos de las otras islas empezaron a realizar la operación sin que nadie se lo hubiera sugerido ni enseñado. De ahí parte el nombre del experimento: el «centésimo mono».

La hipótesis es que cuando una operación, por compleja que sea, es aprendida por un número de individuos suficientemente grande, existe un punto de inflexión a partir del cual resultará relativamente fácil para el resto aprender la operación, aunque no se les haya enseñado directamente. A fin de apoyar esta hipótesis, Sheldrake hizo varios experimentos con estudiantes de diversas universidades de Inglaterra, lo suficientemente distantes entre sí como para que no les fuera fácil la comunicación. Pasó un complejo examen de matemáticas a la casi totalidad de alumnos de una universidad y al día siguiente les pasó el mismo examen a los alumnos de otra universidad alejada varios cientos de kilómetros de la primera. En todas las evaluaciones aparecieron mejores notas y mayor número de respuestas correctas en los exámenes realizados por los alumnos de la segunda universidad. O sea, de aquellos que supuestamente se beneficiaron del esfuerzo mental realizado por los otros estudiantes el día antes.

En la misma línea de experimentación, les dio a leer a los alumnos de literatura de diferentes universidades la traducción de dos textos de sendas canciones infantiles japonesas para que luego las escribieran de memoria. Una era una canción antigua cantada por los niños japoneses durante cientos de años. La otra era una canción similar a la primera, pero de nueva invención, o sea, que no había sido cantada por ningún niño. El resultado fue que a la mayoría de alumnos les resultó más fácil recordar la canción ancestral que la nueva.

El huerto familiar es una creación humana y, consecuentemente, su desarrollo y evolución dependen en gran medida de la conciencia, las ideas y los objetivos que en él plasme su creador.

BUENOS EJEMPLOS

Si tienes poca experiencia en agricultura y cultivo ecológico y deseas obtener buenos resultados desde el inicio, es conveniente que leas libros teóricos y prácticos, pero sobre todo que visites huertos, muchos huertos y de todo tipo, y compartas impresiones con agricultores experimentados de la región y de otros lugares, o sea, que vivas de cerca y te impregnes de la sabiduría agrícola, de los campos morfogenéticos de las tierras, plantas y personas que viven la agricultura en todas sus facetas y dimensiones. Con ello adquirirás experiencia –madre de la sabiduría– y te será mucho más fácil emprender cualquier labor, pues la visualizarás en tu mente antes de realizarla y facilitarás así su materialización posterior. Y recuerda: el huerto tiene que tener conciencia de que es un huerto, y por ello, el horticultor tiene que tener plena conciencia de que es un buen horticultor, de lo que hará y de los resultados que puede obtener.

*La **sabiduría** es la mejor herramienta de que dispone el horticultor. Y esta sabiduría proviene tanto de la experiencia como de la paciente y constante observación.*

*La experiencia personal es un factor clave y decisivo; de los primeros ensayos de «feixa fonda» a los actuales huertos de «parades en crestall», sencillos, prácticos y muy productivos, **Gaspar Caballero** –al igual que la mayoría de agricultores de mente abierta– ha recorrido un camino de más de veinte años aprendiendo, día a día, tanto de los aciertos como de los errores.*

¿Qué nos sugieren estos experimentos? ¿Adónde queremos llegar al plantear la hipótesis de los campos morfogenéticos en un libro como éste? Muy sencillo: «El huerto tiene que ser consciente de que es un huerto» y «el agricultor tiene que tener una idea muy clara en su mente de lo que está haciendo y de cómo quiere que sea su huerto», tiene que tener plena conciencia de los resultados positivos que desea obtener y de que sus plantas, por el hecho de cuidarlas bien, respetar sus ciclos y necesidades y practicar una agricultura respetuosa, se criarán sanas y sin problemas, dando excelentes cosechas. Esta información tiene que estar clara en la mente y tiene que llegar a impregnar cada rincón del huerto.

Tiempo y mano verde

Todos los que nos hemos dedicado a la agricultura ecológica hemos experimentado que los primeros años de consolidación de un huerto ecológico siempre son más difíciles, aparecen más dificultades que en años posteriores, hay más problemas, más plagas, más pérdidas de cosechas. Y ello sucede tanto en huertos de nueva creación en terrenos vírgenes, sin química previa, como en huertos transformados a partir de cultivos convencionales, con uso de productos químicos. Ello podría deberse en parte a la inexperiencia, pero incluso en agricultores experimentados, los primeros años suelen ser muy problemáticos. ¿No es posible que el huerto aún no sepa que es un huerto ecológico y que allí existirá un equilibrio y una armonía global diferente de la que existe en una tierra yerma, en un campo sin cultivar o en un huerto convencional, en donde se emplea con profusión los productos químicos?

Suele ocurrir que a partir del segundo año, y sobre todo a partir del tercer y cuarto año, las cosas parecen equilibrarse y ponerse en su sitio. Lo que al principio costaba mucho esfuerzo y daba pocos resultados, pasa a convertirse en poco esfuerzo para obtener excelentes resultados. Ese tiempo de toma de conciencia del huerto varía mucho de una persona a otra; hay quien desde el primer momento tiene las cosas muy claras y transmite esa lucidez al entorno que maneja y hay quien requiere un largo proceso hasta llegar al punto óptimo. También hay espacios, tierras o parcelas que toman rápida conciencia de su estado y finalidad, y otros, por el contrario, resultan rebeldes a los cambios o están tan sometidos a presiones negativas externas –contaminación ambiental, clima adverso, química residual– que les cuesta mucho alcanzar el punto de equilibrio necesario para el fin que se plantea.

Puede que todo esto sean sólo hipótesis, pero se trata de hechos innegables que surgen en la práctica. La «mano verde» de algunos agricultores no sólo es una habilidad manual, sino que parte de su mente, de su conciencia y de la capacidad para sintonizar con los campos morfogenéticos del suelo, de las plantas que en él se desarrollan, sin excluir al resto de seres vivos que comparten ese espacio.

Los cinco elementos básicos

Para cultivar adecuadamente hortalizas o frutales, habrá que tener presentes cinco elementos básicos: la luz y el calor, el aire, el agua, la tierra y las energías sutiles del lugar. Gracias a su buen conocimiento podremos realizar cultivos y prácticas agrícolas acertadas, evitaremos problemas y obtendremos excelentes cosechas.

El clima

El microclima propio de cada lugar está regido por su exposición solar, la orientación cardinal, los vientos, la orografía, etc. Es relativamente fácil prever el microclima de determinado lugar si llevamos varios años viviendo en él, pues aproximadamente conocemos las horas de exposición solar del terreno durante las diferentes estaciones. De no ser así, podemos preguntar y asesorarnos por los vecinos o los agricultores de la zona.
Existen momentos y épocas críticas que demandarán el máximo de atención, como los tórridos días de verano por el exceso de evaporación de agua, o las frescas noches de invierno susceptibles de heladas o escarcha. Conocer las condiciones climáticas locales y prever las fechas aproximadas de frío, calor o lluvias permitirá prever los momentos que resultan propicios para la aparición de plagas (pulgones, ácaros...) o enfermedades (mildiu, oídio...), para aplicar medidas preventivas de protección o refuerzo de los cultivos que eviten situaciones desastrosas.
En muchas poblaciones se recogen periódicamente los datos de temperaturas medias, pluviometría, intensidad y dirección de los vientos y cambios de presión atmosférica, para entregarlos al Instituto Meteorológico Nacional (pregunta en el ayuntamiento). Si te apasiona la meticulosidad puedes instalar un termómetro de los que registran las temperaturas máximas y mínimas e ir elaborando tu propio calendario térmico. Existen también sencillos pluviómetros que se pueden instalar en un rincón del huerto.

Hortalizas y clima

Plantas muy resistentes al frío	Plantas resistentes al frío	Plantas idóneas para el clima templado	Plantas idóneas para el clima cálido
Ajos	Acelgas	Albahaca	Berenjenas
Berzas	Alcachofas	Alcachofas	Boniatos
Cardos	Apios	Alubias	Calabacines
Cebolletas	Brócolis	Apionabos	Calabazas
Coles de Bruselas	Canónigos	Borrajas	Melones
Endibias	Cebollas	Cacahuetes	Pepinos
Espárragos	Cebollino francés	Calabacines	Pimientos
Espinacas	Coles de repollo	Col china	Sandías
Fresas	Coliflores	Judías verdes	
Habas	Colirrábanos	Patatas	
Nabos	Diente de león	Perejil	
Puerros	Escarolas	Perifollo	
Rábanos	Hinojos de bulbos	Tomates	
	Lechugas		
	Rabanitos		
	Remolacha roja		
	Salsifí		
	Tupinambos		
	Zanahorias		

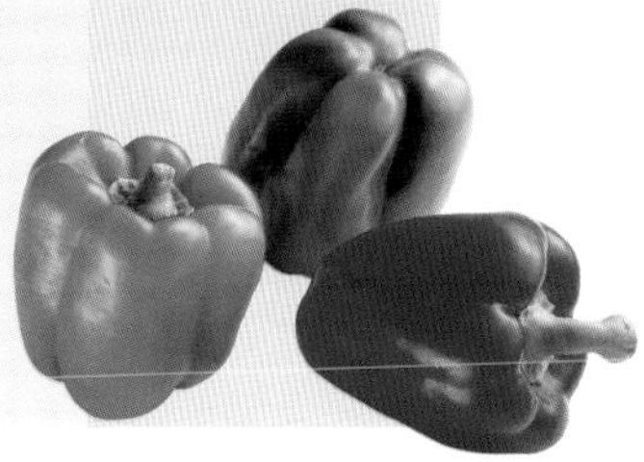

La luz y el calor

La duración de la exposición solar condiciona la actividad vegetal, determinando el inicio y la duración de las fases vegetativas: germinación, desarrollo, floración, fructificación y maduración. En nuestras latitudes las horas de exposición solar varían a lo largo de las diferentes estaciones, aunque también pueden verse afectadas por la sombra de árboles cercanos, muros o casas próximas al huerto. Aparte de las horas de exposición, conviene conocer la intensidad de la luz, pues ésta actúa directamente sobre la eficacia de tal exposición y el adecuado desarrollo vegetal, determinando la cantidad y calidad de lo cultivado. Por regla general, los huertos precisan de un

*Los tomates son tan dependientes de **la luz y del calor** que, para que maduren bien en climas fríos, suele cubrirse el suelo con mantillo o plástico negro para calentar la tierra y que el calor llegue a las raíces.*

*Los experimentos llevados a cabo en el Servicio de Sanidad Vegetal de la Generalitat Valenciana, en Silla, muestran el efecto negativo de la **contaminación** del aire en el desarrollo vegetal.*

mínimo de exposición solar que ronda las seis horas diarias, o por lo menos deberán disponer de una luminosidad (reflejada por alguna pared, luz indirecta) prolongada y lo más intensa posible. Aprovecharemos los espacios más soleados y cálidos para las plantas que requieren de mayor cantidad de luz y calor, como las tomateras y demás plantas de fruto. Las raíces y plantas de hoja se conforman con espacios suficientemente iluminados aunque tengan poco sol directo. Tendremos en cuenta las temperaturas medias de nuestra zona o región a la hora de las siembras y de ciertas labores, ya que cada especie se desarrolla mejor con unos niveles de temperatura determinados. La media idónea para casi todas las plantas ronda entre los 20 y 25 °C, mientras que por debajo de 10 °C suele producirse un «parón» vegetativo y por encima de los 35 °C la mayoría de plantas empiezan a sufrir y requerirán nuestro auxilio en forma de riego copioso o para compensar la evapotranspiración, e incluso podemos vernos obligados a sombrearlas. La temperatura crítica de helada varía de unas plantas a otras. Algunas, como las tomateras, pueden sucumbir con escasos 3 o 4 °C, mientras ciertas coles pueden soportar varios grados bajo cero.

COMBATIR EL ESTRÉS

Los cambios climáticos bruscos provocan cierto estrés a las plantas, sobre todo a las más tiernas y sensibles. Es frecuente que en primavera y otoño pasemos de un día soleado, con 22 °C en alguna hora del día, a un frente frío que baje bruscamente la temperatura a 8 °C. Estos cambios súbitos alteran más la actividad vegetal de las plantas que una temperatura media fría durante largos períodos. Se trata de situaciones estresantes en las cuales se ha podido constatar que las plantas fabrican grandes cantidades de ácido salicílico –la base de la aspirina–, lo que explicaría por qué las flores cortadas se mantienen frescas y lozanas durante más tiempo cuando se añade aspirina al agua del jarro. Los preparados biodinámicos a base de sílice y valeriana compensan estas situaciones de estrés por frío excesivo. El purín de ortigas también se usa habitualmente para reforzar las plantas en situaciones críticas.

El aire

El hecho de que forme parte de la mayoría de procesos biológicos hace que la cantidad de aire que respiramos sea tan vital para nosotros como para cualquier ser vivo y las plantas no son una excepción, aunque sus necesidades en elementos absorbidos del aire sean distintas a las de los animales. La calidad de aire asimilado es tan importante como la cantidad, y el que a menudo el aire se llegue a convertir en enemigo, en vez de en alimento necesario para las plantas, es especialmente preocupante, sobre todo si tenemos en cuenta que constituye el primer y último combustible de la vida. Las nubes de humo procedentes de refinerías, centrales térmicas, fábricas de abonos, quema de basuras, tráfico rodado y de algunas grandes ciudades se transforman, en condiciones de luz intensa, en exceso de radiación ultravioleta y en diversos contaminantes, entre los que destaca el ozono, que, transportado por los vientos a grandes distancias, puede llegar a cualquier parte dificultando la evolución de los cultivos.

También podemos aprovechar las plantas como filtros naturales del aire en la vivienda. De hecho, muchas plantas descontaminan la atmósfera al absorber infinidad de sustancias tóxicas presentes en el aire. Dado que en las ciudades actuales el grado de contaminación es en ocasiones preocupante, las plantas ejercen un factor limpiador nada desdeñable, aunque ello implique una cierta acumulación de sustancias tóxicas en su organismo. Algunas de estas sustancias peligrosas (como el benceno, el formaldehído, etc.) son absorbidas y metabolizadas por las plantas, que las integran y metabolizan hasta el punto de perder su toxicidad cuando ingerimos el vegetal en cuestión.

Pero el problema es preocupante cuando las cantidades de sustancias peligrosas (como el plomo) son excesivas y se acumulan sin posibilidad de neutralización. En algunos casos, un concienzudo lavado de las hortalizas será suficiente para limpiarlas un poco; en otras ocasiones, podremos apreciar que las plantas se resienten hasta el punto de enfermar o bloquear su correcto desarrollo.

Ventilación y viento

La ventilación regular de los espacios, sean abiertos o cerrados, es vital y muy beneficiosa, pues asegura la renovación correcta del aire y la disminución de su humedad, que en caso de ser excesiva favorecería la aparición de enfermedades criptogámicas (hongos), mientras que la correcta ventilación en espacios excesivamente soleados permite refrescarlo haciendo descender algunos grados la temperatura del lugar. El viento muy fuerte suele ser perjudicial para muchas plantas al quebrar sus tallos o ramas, deshidratándolas en exceso y haciendo caer las flores e incluso los frutos. Sobre todo, habrá que vigilar la excesiva evaporación del suelo por la acción de vientos continuados.

El viento moderado, y sobre todo algunos vientos fríos, ejercen una acción desinfectante de las plantas, limpiando impurezas y polvo depositado sobre las mismas, deshidratando pulgones, inhibiendo las condiciones de desarrollo de hongos y enfermedades criptogámicas y reforzando los vegetales. Ahora bien, los gélidos vientos siberianos o del norte pueden helar o «quemar» literalmente las partes más sensibles de las plantas.

Hojas de sandía dañadas por la elevada concentración de ***ozono*** *en el aire.*

EL OZONO EN EL AIRE

En los últimos cuarenta años se han estudiado en profundidad numerosos compuestos químicos presentes en el aire que podrían ser fitotóxicos aislados del complejo fotoquímico. El ozono ha resultado ser uno de los más importantes y agresivos en relación con los efectos que produce su presencia sobre las plantas, ya sea solo o acompañado de otros contaminantes del aire. Los estudios realizados por el CEAM (Centro de Estudios Ambientales del Mediterráneo), el CIEMAT y el Servicio de Sanidad Vegetal de la Generalitat Valenciana aportan claras evidencias de que el agrosistema mediterráneo está bajo la influencia de concentraciones elevadas de fotooxidantes, que se producen, principalmente, en primavera y verano. Se estima que la formación de ozono proviene mayoritariamente de las complejas reacciones químicas que se producen al exponerse a las radiaciones ultravioletas solares los humos ricos en óxidos de nitrógeno, procedentes de la combustión de combustibles fósiles, como carbón, gas, petróleo y sus derivados. Los daños sobre los cultivos pueden observarse a simple vista: quemaduras, manchas blancas y sequedad de las hojas más expuestas, lo que afecta al desarrollo normal y a la vitalidad de casi todo tipo de plantas. A menudo se confunden los daños producidos por el ozono con virosis o enfermedades criptogámicas.

Concentraciones medias de ozono en los años 1995-1996 en el litoral mediterráneo valenciano

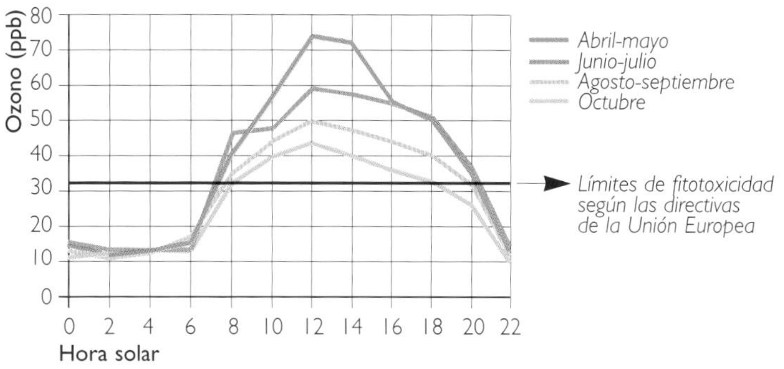

Fuente: J. L. Porcuna. Centro de Estudios Ambientales del Mediterráneo (CEAM)

EVITAR LOS CHOQUES TÉRMICOS

En algunas ocasiones el daño de la escarcha o las heladas nocturnas está asociado a la aparición súbita de los rayos solares matinales, que producen un choque térmico en el cual las dilataciones de las paredes revientan las células que estaban heladas. Este fenómeno puede evitarse en parte sombreando las plantas heladas, para que se deshielen progresivamente. Tradicionalmente se empleaba el humo de la quema de rastrojos o restos de poda en la zona más propicia para que el aire lo dispersara hacia el cultivo aumentando la temperatura local e interceptando la intensidad de los rayos solares. En los cultivos industriales se recurre a quemadores de gas o gasoil para invernaderos y de grandes aspas, como molinos de viento, que mueven el aire y evitan la congelación de las plantas en los cultivos al aire libre.

*Algunas plantas cultivadas, como las coles, son capaces de soportar situaciones climáticas extremas, como las **heladas** o la **escarcha**.*

El agua

En plena naturaleza, donde no intervienen directamente los seres humanos, suele ser la lluvia la forma más habitual de aporte hídrico para las plantas. En cada región o zona, con sus microclimas específicos, crecen especies vegetales adaptadas a tales condiciones climáticas; las cuales han desarrollado sistemas específicos para aprovechar cada recurso –luz, aire, agua– y evitar las condiciones que le son adversas: excesivo sol o elevadas temperaturas; vientos fuertes o muy fríos y abundancia o escasez de agua. Pues bien, las plantas hortícolas fueron seleccionadas y «condicionadas» en función del desarrollo de unos órganos particulares, alterando sus circunstancias de adaptación espontánea, por lo que requerirán una mayor atención por nuestra parte en el aporte del elemento que mejor podemos controlar de todos: el agua.

Si bien existen zonas geográficas en donde la lluvia se encargará del riego, lo habitual es que tengamos que recurrir a algún sistema de apoyo. En las zonas con abundantes lluvias, quizá tengamos que recurrir a un buen drenaje para que el exceso de agua no provoque estragos por asfixia de raíces y proliferación de enfermedades criptogámicas.

Nieve, granizo y escarcha

Otras formas de presencia de agua menos apetecibles son las nevadas, los granizos y las escarchas. La nieve no tiene por qué ser un problema para algunos cereales, coles o raíces forrajeras, pues crea una cámara aislante que las protege de heladas, aunque a partir de capas muy gruesas, impide cualquier labor en el huerto.

El granizo suele verse como una maldición divina y en parte es normal que se le tenga como una de las peores calamidades, pues reduce a casi nada cultivos que habían requerido mucho esfuerzo, energía y dinero para llevarlos adelante. En los árboles frutales suele producir heridas en hojas y ramas que tardan en cicatrizar y dañan la vitalidad general de los mismos. Embadurnarlos con arcilla, purín de ortigas y decocciones de cola de caballo puede reparar en parte el trauma sufrido. Los frutos y verduras que se salvan de la granizada suelen presentar un aspecto deplorable y, aunque son comestibles, pierden todo valor comercial. Por suerte, se trata de un fenómeno localizado que sólo afecta a zonas concretas de una región, especialmente en los meses cálidos (suele ir unido a algunas tormentas de verano).

La escarcha es la cristalización en forma de hielo del agua condensada por la noche sobre las hojas. Se produce en las tranquilas noches invernales, en las que el cielo está completamente limpio y despejado de nubes (que hubieran ejercido un efecto invernadero protector), por lo que la tierra pierde intensamente su calor en forma de radiación infrarroja. Las bajas temperaturas provocadas al recubrirse de hielo las hojas, pueden producir necrosis celulares.

La tierra

La tierra suele considerarse el alimento de las plantas, aunque en realidad, como veremos en el capítulo dedicado al abonado, es más bien un órgano que las nutre, aparte de ser el espacio vital en donde se desarrollan. Los modernos cultivos hidropónicos podrían hacernos pensar que las hortalizas pueden cultivarse en ausencia de tierra, simplemente sumergiendo las raíces en un baño de agua y nutrientes sintetizados de modo artificial especialmente para tales plantas. También se pretende que el ser humano viva fuera de la Tierra, en el espacio, e incluso colonizar otros planetas. La experiencia muestra lo difícil y complejo que es llevar a cabo tal pretensión. Además de los clásicos trastornos fisiológicos que han padecido la mayoría de astronautas, hoy en día se constatan trastornos nerviosos y psicológicos que sufren en estancias prolongadas alejados de la Tierra, de su campo magnético y gravitatorio y de su propio entorno social.

Como no tenemos conciencia de los trastornos reales que vive o sufre una planta cultivada fuera de su contexto idóneo, se llega a pensar que puede vivir aislada del suelo conectada con tubos a sus fuentes de alimentación y encerrada en jaulas de plástico. A pesar de que no todo el mundo está de acuerdo, pues muchas investigaciones (véase el libro *La vida secreta de las plantas* de P. Tompkins y C. Bird) demuestran cómo las plantas tienen su propia sensibilidad y reaccionan a estímulos externos como la presencia de otras plantas, de personas o incluso a la música (la música clásica o músicas suaves pueden estimular su crecimiento, mientras que la música estridente puede frenarlo).

En los centros de enseñanza y en los libros de agricultura convencional se llega a decir que la tierra es un elemento inerte en sí mismo, al que hay que aportar todos los nutrientes indispensables para el desarrollo correcto de las plantas cultivadas y para obtener el máximo de producción. La aportación de nutrientes por medio del tradicional estiércol, se considera de inferior calidad por el hecho de tener menos unidades fertilizantes (N-P-K) que los abonos químico-sintéticos, ignorando por completo las aportaciones de ingentes cantidades de microorganismos con sus enzimas, disolviendo oligoelementos y aportando múltiples elementos vitales. La experiencia demuestra que la tierra está viva y que su función básica es albergar la vida, por lo que debemos considerarla como un ecosistema en donde se desarrollan una serie de seres vivos en simbiosis y estrechas interdependencias, entre los que se hallan las plantas destinadas al consumo humano.

Los desequilibrios del suelo inducen graves alteraciones en las plantas que en él viven. Ello conlleva su debilitamiento general y las hace más vulnerables a plagas y enfermedades. Un suelo compacto y poco aireado asfixia las raíces y favorece la presencia de hongos; también se debilitan las plantas al crecer en suelos sin estructura estable, erosionados, demasiado mineralizados o carentes de materia orgánica. El exceso de nitrógeno en la tierra hace que la planta absorba más agua y crezca más deprisa pero la vuelve débil y sensible a ataques de hongos y pulgones.

*La **tierra** es un elemento vivo y lleno de vida, muy sensible a la actividad humana y fácilmente erosionable, como consecuencia de prácticas agrícolas inadecuadas.*

PERFIL DEL SUELO

Horizonte superficial
Es la capa fértil del suelo. La tierra suele ser oscura ya que contiene humus, materia orgánica en descomposición y ya descompuesta, lombrices, insectos, hongos, bacterias y todo tipo de microorganismos activadores de la vida vegetal.

Subsuelo
La tierra del subsuelo suele tener un color más claro que la de la capa superficial debido a que no contiene humus ni materia orgánica.

Roca madre
Está formada básicamente por roca maciza o grandes masas rocosas.

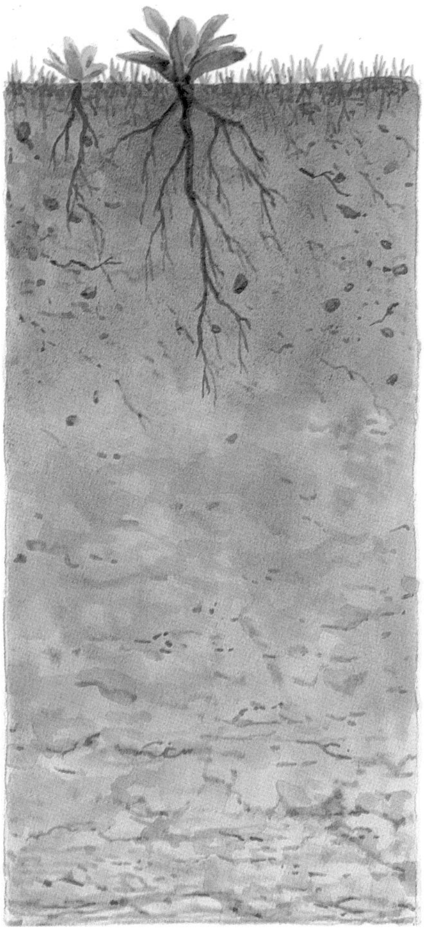

La vitalidad del suelo

Jean Marie Roger, agrónomo francés y gran investigador de la agricultura ecológica, considera el suelo como el estómago y el tubo digestivo (intestino) de las plantas, el lugar en donde se digieren los alimentos que ellas consumen para desarrollarse. Dice textualmente: «El vegetal no puede desplazarse para encontrar el medio más favorable para su desarrollo. Este es el motivo por el cual tenemos que hacer coincidir y armonizar las exigencias del cultivo con las posibilidades del suelo; es lo que llamo "respetar la vocación del suelo". Sin embargo, el vegetal sabe modificar, en cierta medida, las características del suelo para que se acerquen al máximo a lo que necesita y le es propio. Para tal fin segrega a través de sus raíces jugos, geles, ácidos, enzimas y elementos estimuladores de la vida microbiana del suelo, en función del tipo de suelo y de sus necesidades. Los animales producen sustancias y elementos similares en las glándulas digestivas y éstas están en función del tipo de alimentos ingeridos».

Con este símil, podemos establecer la vitalidad de un suelo en función de su microflora o microfauna, compuesta por lombrices de tierra y un sinfín de microorganismos encargados de descomponer la celulosa y otros materiales orgánicos en minerales, en sustancias útiles para el correcto desarrollo de las plantas que crecen en él. Así como las personas que consumen ciertos antibióticos destruyen parte de la flora bacteriana de sus intestinos, creando serios trastornos digestivos y nutricionales, con el uso de plaguicidas, como fungicidas y nematicidas, y de abonos químicos, se destruye la microflora y la microfauna de la tierra, debilitando por consiguiente a la planta al impedirle la absorción adecuada de los nutrientes imprescindibles para su desarrollo.

En caso de empezar a cultivar un huerto en cuya tierra se hayan esparcido anteriormente abonos y plaguicidas químicos, nos veremos obligados a acelerar el proceso de degradación de los residuos que puedan quedar. Para ello lo más adecuado es instalar abonos verdes y realizar grandes aportes de materia orgánica. La actividad bioquímica de las raíces y los enzimas de las bacterias de la materia orgánica en descomposición, aceleran la metabolización y eliminación de los residuos. Un huerto en el que durante mucho tiempo se haya empleado sustancias químicas de síntesis, no podrá obtener el certificado de producción ecológica hasta que no hayan pa-

COMPROBACIÓN DEL PH DE LA TIERRA

1. Recoger al azar muestras de tierra del huerto y mezclarlas con el reactivo de pH.

2. Dejar precipitar la dilución del reactivo y la tierra bien mezcladas.

3. Comparar el color de la dilución con los colores de la tabla del test.

sado varios años, en un proceso que se llama de «conversión a la agricultura ecológica».

Características generales del suelo

Existen una serie de características específicas que predominan en determinados suelos y que confieren a la tierra una mayor o menor aptitud para ciertos cultivos y por tanto condicionarán la forma de tratarla o trabajarla. Las tierras se clasifican por su textura o tamaño de las partículas en arenosas o ligeras, francas (suelen considerarse las mejores para huertos y jardines) y arcillosas; además cabe señalar las tierras calcáreas. En principio no debería preocuparnos mucho el tipo de suelo que disponemos, pues la buena práctica del cultivo ecológico se encargará de mejorar su estructura y de aumentar progresivamente su fertilidad. Todos los tipos de suelo mejoran con el aporte de materia orgánica y con la actividad radicular de las plantas cultivadas, sobre todo cuando se siembran de vez en cuando abonos verdes o se intercalan entre las plantas cultivadas.

Los suelos muy calcáreos o muy arcillosos son los que más necesitan grandes aportaciones orgánicas para mejorar su estructura. Las tierras calcáreas con un elevado pH se acidifican poco a poco con las aportaciones de materia orgánica en descomposición, que además ayuda a retener mejor el agua de lluvia a riego, que en los suelos calcáreos tiende a filtrarse hacia el subsuelo con gran facilidad. Los suelos arcillosos suelen compactarse con facilidad, dificultando el trabajo e incluso asfixiando las raíces de las plantas; además, pueden retener demasiada agua por drenarse mal y propiciar los ataques de los hongos parásitos. Estos suelos también se benefician con las aportaciones orgánicas, pues los esponjan, permitiendo un mejor drenaje y aireación de las raíces, facilitando también su trabajo por parte del agricultor. Los suelos arcillosos muy compactos se pueden mejorar desde el principio mezclándoles arena. Los suelos también pueden clasificarse en fríos o calientes, secos o húmedos, soleados o umbríos, etc.

Existen técnicas de cultivo idóneas para suelos especialmente pobres –muy pedregosos, arenosos o duros y compactos– como el cultivo en montón, compost de los templarios y otros recomendados en permacultura. Un suelo pedregoso puede considerarse malo y

difícil de cultivar, pero tiene ciertas ventajas, como que drena con mucha facilidad el agua y se puede pisar casi inmediatamente después de una lluvia o un riego, al absorber las piedras el calor de la radiación solar durante el día y retenerlo una vez puesto el sol; algunos cultivos como los tomates adelantan su maduración. Por el contrario, las lechugas, las acelgas y el resto de plantas de hoja prefieren suelos húmedos y algo sombreados, pues esto evita el exceso de evaporación de agua de sus hojas y retrasa su espigado.
En posteriores capítulos veremos algunos de los sistemas más usuales de trabajar la tierra, y en los capítulos descriptivos de cada tipo de planta y cultivo señalamos las condiciones idóneas de preparación del suelo que necesitan, la cantidad de materia orgánica que prefieren, el estado de descomposición de la misma –poco o muy fermentada–, así como las preferencias en cuanto a tierras calcáreas, arcillosas, sueltas, compactas, calientes, frescas o húmedas.

Las energías sutiles del lugar

Tradicionalmente se habla de los cuatro elementos básicos para el desarrollo de la vida: tierra, aire, agua y la sinergia luz-calor. Pero lo cierto es que existe un nexo de unión o mejor dicho, una realidad que engloba a todos y cada uno de estos elementos: la energía. A fin de cuentas, todo es energía, energía en movimiento y en intercambio constante. La radiación solar fruto de las explosiones radiactivas en la corteza del Sol, llega a la Tierra en forma de fotones u ondas de luz de la radiación infrarroja que genera calor, radiación ultravioleta alteradora de códigos genéticos y bactericida, y un sinfín de ondas o partículas de las que la mayoría conocemos realmente muy poco. La Tierra también emite radiaciones: radiación infrarroja, microondas y radiactividad (radiación gamma y partículas radiactivas alfa y beta), y genera campos magnéticos y cargas eléctricas. Ese bombardeo cósmico y terrestre hace que estemos inmersos constantemente en un campo eléctrico de cierta intensidad, que oscila entre 100 a 200 voltios/metro en días calmados y llega a más de 100.000 voltios/metro en días tormentosos, en los que llegan a saltar rayos.
Las zonas en las que existe abundancia de minerales cristalinos suelen incrementar considerablemente las cargas electroestáticas ambientales en los períodos de fuertes cambios de presión atmosférica. Ello se debe a que la mayoría de minerales cristalinos, como el cuarzo, son piezoeléctricos, es decir, que cuando se golpean o son presionados generan un movimiento de electrones (fenómeno observable cotidianamente en las descargas

CLASIFICACIÓN DE LAS TIERRAS

Los distintos tipos de tierras (arenosas, francas, arcillosas y calcáreas) dependen de su estructura y composición elemental. El análisis granulométrico, que evidencia los porcentajes en que están presentes los distintos constituyentes de la tierra, ofrece los siguientes resultados:

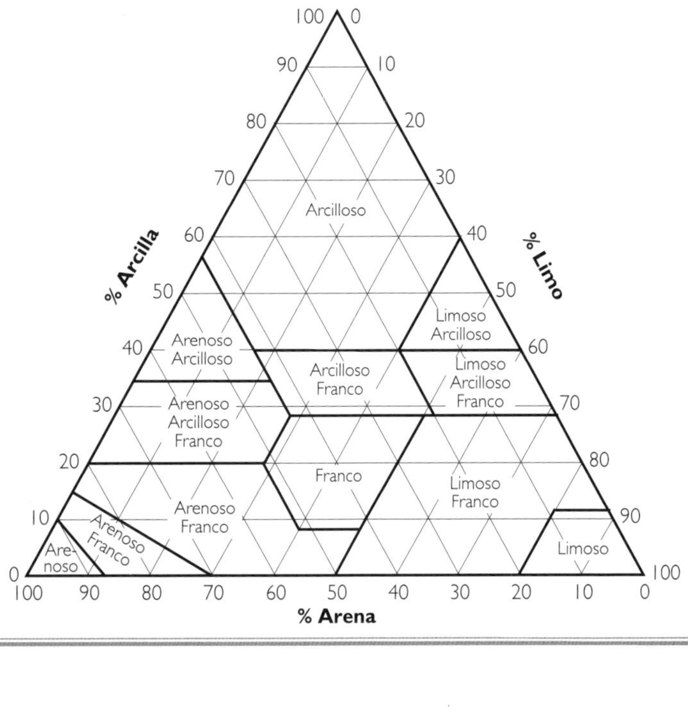

USO DE LAS VARILLAS EN FORMA DE L

Existen métodos y aparatos geofísicos, como el geomagnetómetro, que pueden cumplir las funciones de «zahorí electrónico», pero dado que todos poseemos una mayor o menor sensibilidad a estas radiaciones provenientes de la Tierra y que a todos nos afectan, lo más coherente será hacer uso de nuestra propia sensibilidad para su localización. Para ello no se requiere más que una mínima predisposición, saber relajarse y un par de varillas de latón o cobre en forma de L.

Cogemos una varilla en cada mano, empuñada por el lado más corto. En actitud relajada y respirando adecuadamente iniciamos la marcha en el sentido de la zona a prospectar. Mientras el lugar donde nos hallamos sea neutro o energéticamente favorable, la musculatura corporal no sufrirá tensiones bruscas, permaneciendo relajada. Por consiguiente, las varillas se mantendrán paralelas o ligeramente abiertas.

Si seguimos caminando, puede suceder que en un momento dado observemos ligeras oscilaciones en las varillas. Cuando tiendan a cerrarse o se crucen claramente, estaremos sobre una zona de alteración telúrica: corriente de agua subterránea, fisura geológica, cambio brusco de la composición del subsuelo (arena-arcilla), fuerte alteración magnética, etc. Este cambio en el magnetismo terrestre o la ionización del aire sobre ese punto concreto provoca una reacción neuromuscular, haciendo que ciertos músculos se contraigan y ocasionen inconscientemente el cruce de las varillas. Esto significa que ese lugar nos está perjudicando al crearnos una tensión muscular –imperceptible de forma consciente– y la larga permanencia en tales zonas acarrearía trastornos de salud de mayor o menor gravedad.

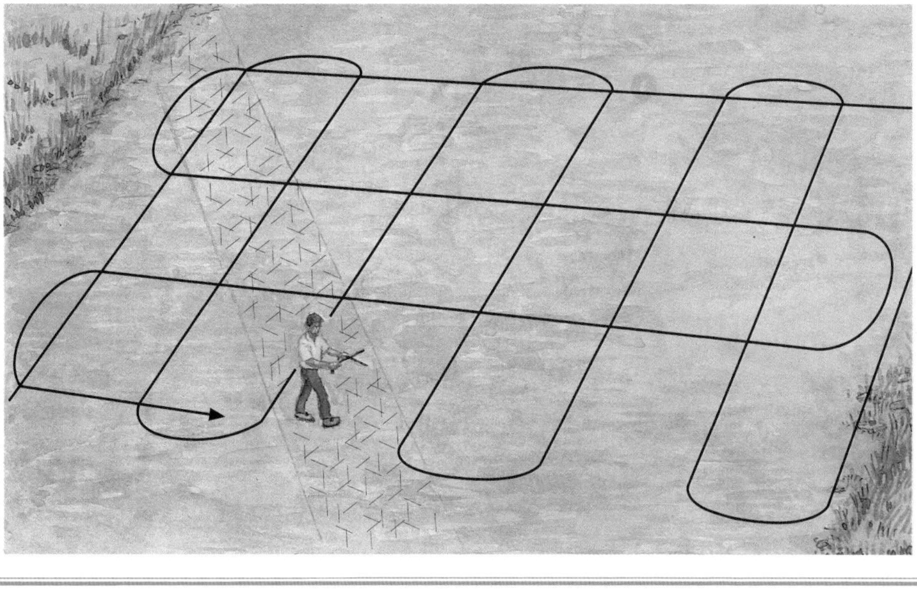

Seguiremos recorriendo el espacio a investigar marcando en el suelo las zonas en donde se cruzan las varillas. Lo ideal es efectuar un recorrido en zig-zag, cuadriculando la totalidad de la parcela.

LAS LÍNEAS HARTMANN

Las líneas Hartmann constituyen un reticulado del electromagnetismo terrestre descubierto por el doctor Hartmann al constatar trastornos de salud recurrentes en algunos pacientes que mejoraban sorprendentemente al cambiar de vivienda o salir algún tiempo de vacaciones. Se detectan con facilidad con las varillas Hartmann: surgen verticales del suelo como paredes de energía de unos 21 cm de espesor y se distribuyen en forma de líneas paralelas, con separaciones de alrededor de 2,5 m las líneas orientadas Norte-Sur y unos 2 m entre las líneas Este-Oeste. La mayor incidencia negativa se constata en los cruces de las líneas Hartmann, que se detectan con la varilla Hartmann o de lóbulo antena.

1. Nos situamos mirando un punto y caminamos en su dirección (Norte-Sur o Este-Oeste) muy tranquilos y despacio con los extremos de la varilla Hartmann sujetos por la yema de los dedos índices, apuntando el lóbulo hacia donde caminamos.

2. Al cruzar una línea Hartmann, la varilla oscilará a la derecha o a la izquierda, colocándose transversal a nuestra trayectoria. Probablemente habremos «chocado» con una línea Hartmann; la marcamos y seguimos adelante.

3. Al dar unos pasos más, la varilla vuelve a su posición inicial.

4. Cuadriculamos yendo y viniendo por toda la parcela –como lo haríamos con las varillas en L– y vamos señalando cada punto en que gire la varilla. Luego, unimos las marcas del suelo y nos saldrá una red Hartmann, con los cruces que deberemos evitar. Las líneas en sí mismas no son preocupantes.

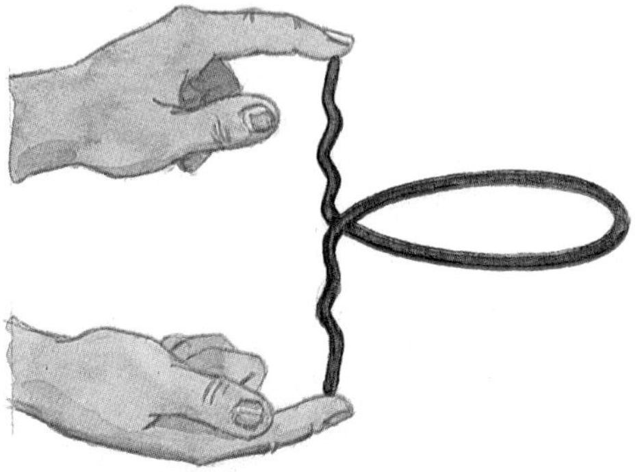

eléctricas de los encendedores «de cuarzo»). Por otro lado, el agua se disocia en iones, es decir, átomos y moléculas cargadas eléctricamente, y en forma de iones llegan también los elementos químicos disueltos, procedentes de los minerales de la tierra. De este modo, la presencia de agua vuelve conductor eléctrico un determinado espacio del suelo, propiciando la circulación de corrientes eléctricas a través de la tierra (corrientes telúricas).

Un conjunto de fenómenos de este tipo contribuyen a la existencia de zonas determinadas con radiaciones y cargas eléctricas atmosféricas diferentes. Cada lugar tiene su propia energía: cuando lo investigamos detenidamente y medimos las radiaciones y alteraciones electromagnéticas de ese espacio, descubrimos notables diferencias a pocos metros de distancia. Todo ser vivo, a lo largo de su evolución, se ha adaptado a estas energías cósmicas y terrestres (cosmotelúricas) y especialmente las plantas, ya que al estar ancladas en un determinado lugar se ven mucho más afectadas por tales radiaciones y energías. Los estudios geobiológicos de los lugares construidos y cultivados muestran los efectos favorables o desfavorables de estas radiaciones.

Existen plantas resistentes a zonas de fuerte alteración telúrica, como coníferas (pinos, abetos), leguminosas (acacias, mimosas), higueras y ficus en general. En cambio, la mayoría de frutales que suelen podarse son muy susceptibles a estas zonas de fuerte radiación y habrá que buscarles un «buen sitio» (las llamadas «zonas neutras»). En las verduras y hortalizas no se aprecian estas incidencias con la misma claridad que vemos en los árboles, aunque las plantas que crecen coincidiendo con un cruce de líneas Hartmann suelen desarrollarse con más dificultad y muestran más trastornos, enfermedades y parásitos, especialmente ataques de pulgón.

Es muy importante que la zona de ubicación del gallinero esté exenta de zonas telúricas intensas, sobre todo en el lugar de descanso nocturno y los ponederos, si deseamos mantener una correcta salud de las gallinas. En el recuadro adjunto mostramos cómo localizar de forma sencilla las zonas «alteradas» telúricamente y las zonas «neutras» favorables. Una vez familiarizados con el uso de las varillas, averiguaremos los buenos sitios del huerto (y quizá valga la pena mirar bien el dormitorio y los lugares de larga permanencia, como el sofá, el despacho, etc.).

Planificación del huerto familiar

Son tantas y tan variadas las posibilidades en cuanto a tamaños, diseños y distribuciones de un huerto, que quizá parezcan simplistas las sugerencias que siguen. Ante todo será necesario disponer de un espacio cultivable, ya que en función del mismo se podrá realizar cualquier planificación posterior. Podemos empezar con experimentos hortícolas en el balcón o en la terraza y animarnos posteriormente a conseguir o adecuar una pequeña parcela para nuestros cultivos. A menos que tengamos cierta experiencia agrícola, tal vez sería más interesante empezar con parcelas pequeñas, fáciles de manejar y que sirvan de rodaje o banco de pruebas, para ir animándonos progresivamente a asumir superficies de cultivo más extensas y plantas más delicadas o complicadas.

Aquí nos centraremos en el pequeño huerto familiar de entre 50 y 300 m^2 que, bien llevado, producirá más que suficiente para el abastecimiento de la mayoría de las necesidades de una familia media. Además, con una buena planificación, así como con las herramientas y los medios adecuados, sólo requerirá –una vez establecido– unas pocas horas de dedicación a la semana. Recordemos que es más coherente mantener bien cuidada una pequeña parcela, que dispersar la energía en una gran superficie mal cuidada y que suponga esfuerzos agotadores sin resultados apreciables.

En climas templados, una ***parcela básica*** *de 60 o 70 m^2 puede proveernos de la mayoría de hortalizas de consumo familiar a lo largo de todo el año.*

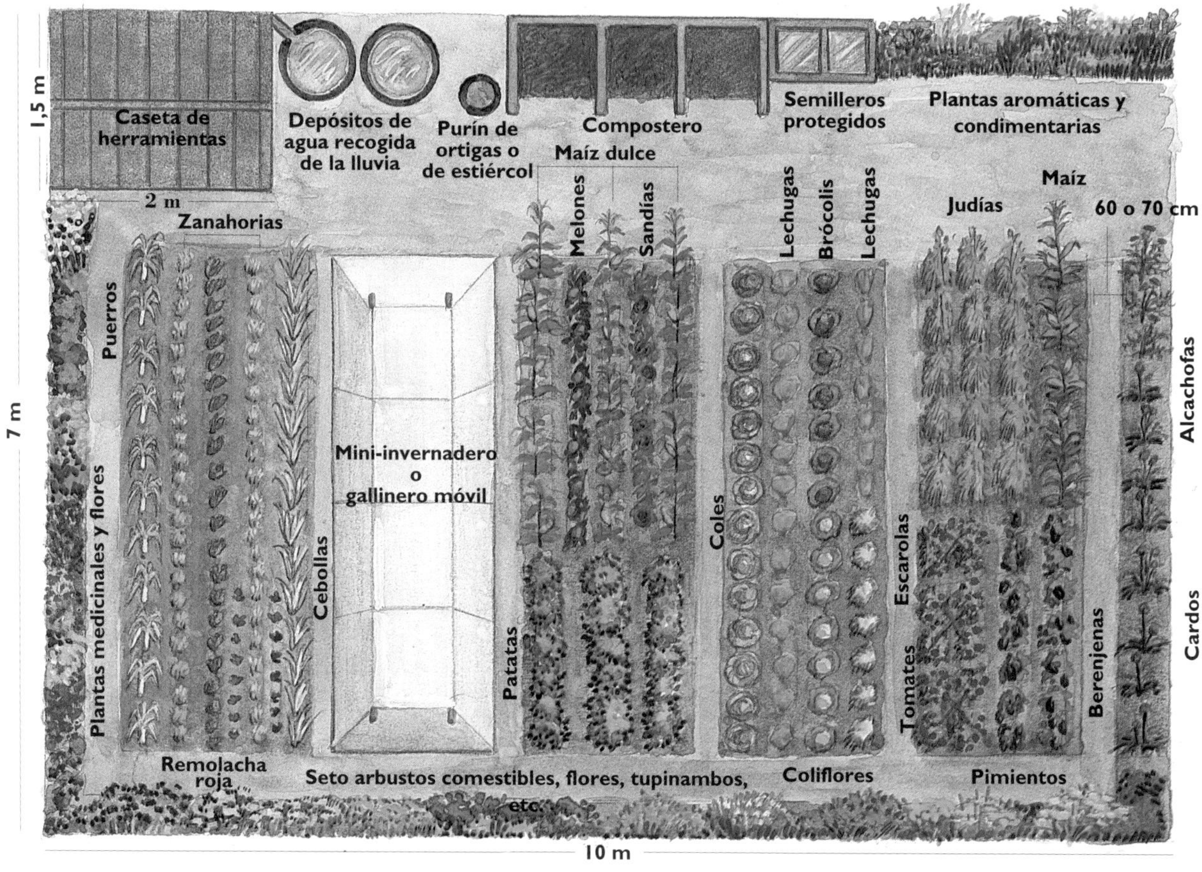

DIMENSIONES DE LOS HUERTOS

Para una familia de cuatro personas que desee proveerse de la mayoría de hortalizas de consumo regular, será suficiente una parcela cultivada de entre 100 y 300 m^2. Con apenas 40 o 50 m^2 podemos conseguir una elevada producción de hortalizas básicas: lechugas, coles, judías, tomates, calabacines, zanahorias, etc., pero en cuanto deseemos cosechar suficientes patatas para guardar y consumir regularmente, o sembrar más judías de las que podemos consumir en fresco a fin de congelarlas o dejarlas madurar para disponer de alubias secas, o si queremos cosechar suficientes fresas con objeto de regalarlas a familiares y amigos, entonces tendremos que ampliar el área cultivada. Y si además de las verduras y hortalizas básicas, deseamos disfrutar de un pequeño vergel de árboles frutales, necesitaremos entre 300 y 500 m^2, y si tenemos intención de cultivar más legumbres o cereales, ya se requiere una superficie superior a los 500 m^2. En caso de que nuestro proyecto sea mucho más ambicioso y nos planteemos la producción comercial, tendremos que prever cifras con algunos ceros más; lo mínimo quizá ronde los 10.000 m^2, es decir, la hectárea. A partir de superficies mayores nos hallamos ante huertos comerciales que sólo tienen sentido en función de proyectos agrícolas de envergadura y que exigen tener en cuenta algunos aspectos a menudo poco valorados en el huerto familiar, como las vías de comercialización, la planificación de la producción en función de la demanda, la mecanización y la mano de obra, etc.

Aspectos a tener en cuenta

El consumo real

Al planificar los cultivos y sus rotaciones en un huerto familiar, habrá que tener muy presente el consumo real de la familia, pues de lo contrario podemos hallarnos con una avalancha de rabanitos, que resultan muy fáciles de cultivar pero se consumen poco, por lo que habrá que sembrarlos escalonadamente, en función de la demanda, cada quince días para no hallarnos de golpe con demasiados y pasarnos luego un mes sin ninguno.

Una col grande da mucho de sí y en una familia de cuatro miembros puede consumirse una a la semana. Si hacemos cálculos nos daremos cuenta de que las necesidades familiares rondarán en torno a las 50 o 60 coles al año, por lo que no tiene sentido plantar 20 o 30 coles de una vez, simplemente porque teníamos las semillas, nos regalaron las plantitas o estaban de oferta en el viverista. El resultado de tal acción sería que la décima o duodécima col que cosecháramos nos sorprendería con bonitos racimos florales, pero poco comestibles. Podemos plantar 20 o 25 coles el mismo día, si éstas son de tres o cuatro variedades distintas; por ejemplo, seis o siete coles de Milán o de siete semanas, otras seis o siete de corazón de buey, otras tantas lombardas y otras tantas coles de Bruselas. De hecho, existen numerosas variedades de coles y adaptadas a cada estación del año, por lo que es lógico sembrar o plantar en cada estación eligiendo variedades precoces junto a variedades de ciclo largo.

El huerto familiar requiere una ***planificación*** *que debe estudiarse muy bien dada la gran variedad de plantas cultivadas durante todo el año, con características diferentes en cuanto a exposición solar, riego, abonado, espacio ocupado, tiempo de permanencia desde la siembra hasta la cosecha...*

Así como de las coles suele hacerse un consumo relativamente restringido –según familias–, a pesar de ser una de las verduras más sanas y nutritivas –rica en calcio y con propiedades anticancerosas–, las lechugas, por el contrario, suelen estar presentes en nuestra mesa casi los 365 días del año, de ahí la importancia de planificar bien su siembra de forma regular y escalonada, para que no falten nunca.

La complicación del cultivo

Quizás interese empezar con las hortalizas más fáciles de cultivar: lechugas, coles, rabanitos, cebollas y tal vez las judías de mata baja. Aunque, dado que el huerto es la fuente de parte de nuestra alimentación y es conveniente llevar una dieta variada, tenemos que ir experimentando todas y cada una de las hortalizas posibles. Si elegimos variedades bien adaptadas a la zona y les dedicamos los cuidados y la atención necesarias, no tenemos por qué tener demasiados problemas. De todas formas, la experiencia hace maestros y, como dice el refrán, «haciendo y deshaciendo se va aprendiendo», por lo que no tenemos que temer a los fracasos, sino más bien aprender de ellos. ¡Adelante!

Las rotaciones y asociaciones

Siempre interesa tener muy presentes –o en la medida de las posibilidades– los aspectos abordados en otros capítulos, como la rotación de cultivos, las asociaciones favorables y mezclar plantas con sistemas radiculares y follajes distintos, para que aprovechen mejor los nutrientes sin competir por el espacio disponible. Todo ello, en mayor o menor medida, deberá ser tenido en cuenta al planificar tanto una parcela como todo el huerto y si bien esa planificación anual o estacional requiere una experiencia previa o acumular el máximo de información, también podemos ser flexibles e ir experimentando.

La adecuada planificación implica tener presente las rotaciones de cultivos, las asociaciones favorables y las siembras o trasplantes escalonados que permiten disponer de ***cosechas regulares****.*

Tanto la creación como el mantenimiento cotidiano del huerto familiar ecológico es una fuente inagotable de enriquecedoras experiencias y sencillos y profundos placeres.

El disfrute personal

Aparte del placer de cosechar, tenemos que disfrutar de cada actividad y de cada momento pasado en nuestro huerto, sea cavando, sembrando, desherbando o simplemente paseando plácidamente mientras observamos cada rincón, cada planta, cada flor, o empapamos las retinas con los ocres de un espléndido y majestuoso atardecer. El huerto deberá ser un espacio de disfrute, tanto en él, como de él, al comer sus frutos. En los apartados del capítulo «En torno al huerto» se plantean los elementos considerados básicos –aunque algunos no sean imprescindibles– como las flores, los setos, los espacios silvestres o los animales auxiliares. Por ello, aquí nos centraremos casi exclusivamente en la parcela o parcelas cultivadas, aunque es importante prever todos los elementos en su conjunto y entorno global, a fin de realizar un diseño coherente, eficiente y lleno de vida. El huerto familiar es el polo opuesto de la explotación agrícola basada en monocultivos o en la rotación de varios cultivos muy especializados. Últimamente, algunos agricultores convencionales comentan irónicamente: «¿Para qué voy a perder tiempo en unas verduritas para mi casa si produciendo 5 hectáreas de lechugas puedo comprar todos los alimentos que me apetezcan?». De acuerdo, pero no sabes lo que estás comiendo ni eres capaz de disfrutar del profundo placer que produce entablar una relación sabia e íntima con esa tierra que te da de comer.

En la agricultura convencional se elimina cualquier ser vivo que no sean las plantas cultivadas con destino a su comercialización: los setos que bordean las fincas, los árboles de los linderos, los macizos florales, los estanques o puntos de agua donde viven ranas y pueden ir a beber abejas y pájaros. Todas estas cosas que son en definitiva las que pueden convertir los huertos en espacios llenos de vida, color y encanto y a los que apetezca ir no sólo para trabajar. Pero todo ello es eliminado sistemáticamente de las fincas «productivas», por considerarlo estorbos inútiles o factores de pérdida de un tiempo no computable en las tablas de «rentabilidad».

Diseño y distribución del huerto

Al diseñar el huerto y la distribución de sus espacios, prestaremos suma atención a todas las posibilidades de realizar una integración global que potencie la biodiversidad y cuya riqueza pueda valorarse más allá del rendimiento por metro cuadrado. Un seto de especies variadas alrededor del huerto cumple infinidad de funciones, aparte de la puramente estética o como vallado natural, pues sirve de refugio a pájaros, erizos y depredadores de los parásitos, protege los cultivos de los fuertes vientos y de las pulverizaciones de plaguicidas de un agricultor vecino poco respetuoso. Además, si en el seto hay intercalados arbustos de bayas o frutales de crecimiento libre, resultará una fuente de cosechas adicionales, las cuales serán siempre muy bien recibidas. Podemos ver a los pájaros como enemigos a combatir o como interesantes aliados: ¡una pareja de gorriones se zampan la friolera de 300 gusanos al día en la época de alimentar a sus crías!

El cultivo de plantas aromáticas, condimentarias y medicinales intercaladas entre los cultivos, en el margen de los bancales, bajo el seto o en una parcela adecuada a tal efecto, proporcionará los aliños indispensables para una cocina sana y exquisita, además de cuidar nuestra salud aportándonos remedios para la mayoría de los trastornos más comunes. Ciertamente, no existe punto de comparación entre una finca convencional, en donde sólo se cultivan una o dos variedades de plantas y la hierba no crece ni en los linderos, y un huerto familiar ecológico, del que si quisiéramos inventariar la gran variedad de plantas que allí crecen, aparte del resto de seres vivos que comparten tal espacio, nos faltarían páginas en este libro.

Vale la pena realizar un diseño de huerto global y, aunque en un principio no tengamos tiempo, energía o disponibilidad para acometerlo todo a la vez, podemos ir haciéndolo poco a poco, en la medida de las disponibilidades de cada momento. Si no lo planificamos desde el principio, puede ocurrir que nos regalen un arbolito o una variedad interesante de planta medicinal, y no sabiendo dónde ubicarlos, los plantemos en un espacio que luego necesitaremos para otros fines, obligándonos a trasplantarlos, si aún es posible, o a arrancarlos, debido a esa falta de previsión en el diseño. En los tratados de permacultura se cuida mucho el diseño general. Dispongamos de un pequeño huerto familiar de 200 m^2 o de una finca de 20 hectáreas, siempre existen diseños globales más propicios, coherentes y funcionales, sin tener que renunciar a la estética o a la productividad. A menudo un diseño «sinérgico» resulta más eficiente, productivo y da menos trabajo que una distribución de los espacios «racional» y geométrica.

Gracias a una adecuada planificación del huerto familiar y al buen hacer obtendremos los mejores resultados. La diversidad de cultivos y las prácticas ecológicas mantendrán la constante fertilidad del huerto.

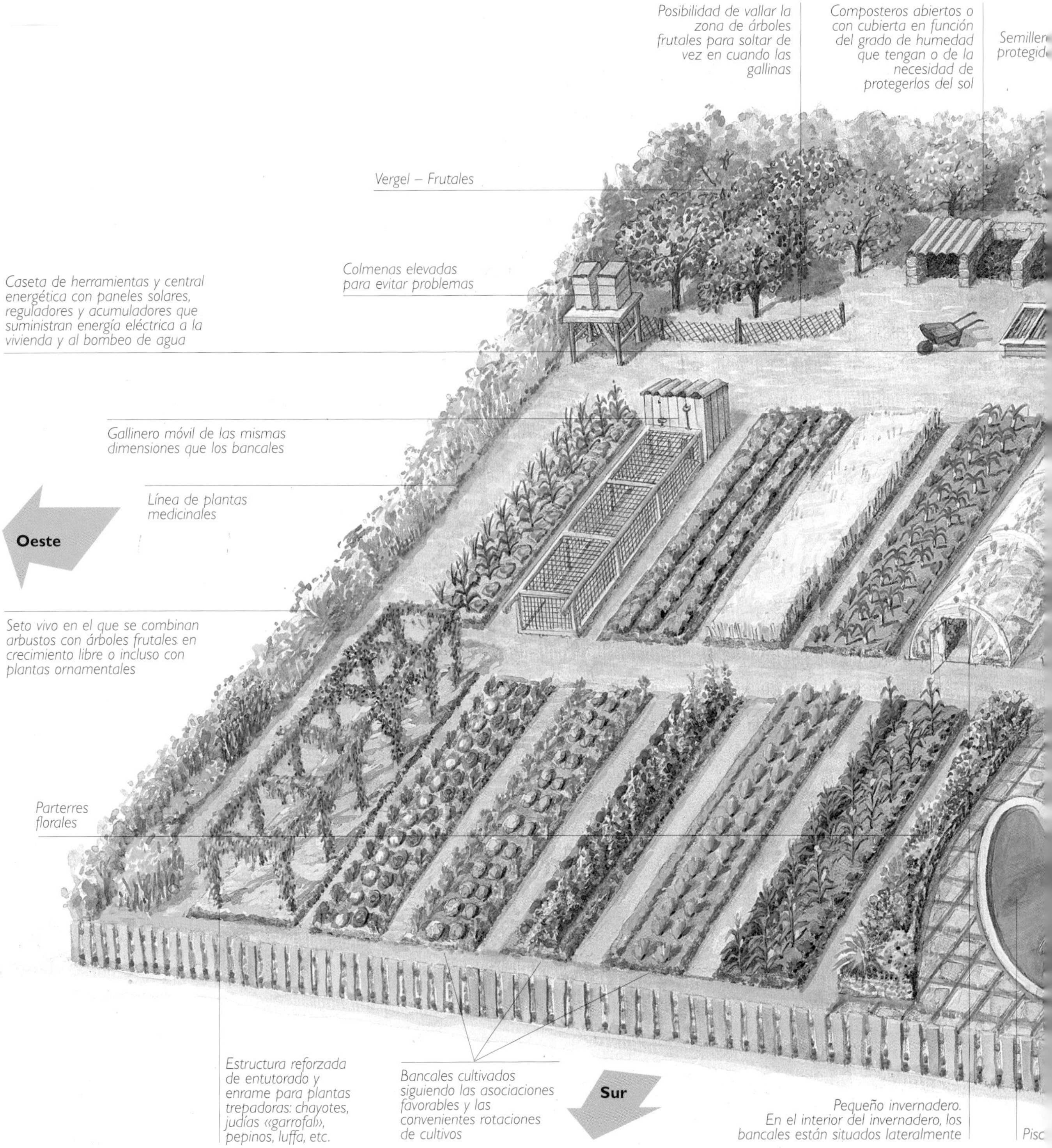
Posibilidad de vallar la zona de árboles frutales para soltar de vez en cuando las gallinas
Composteros abiertos o con cubierta en función del grado de humedad que tengan o de la necesidad de protegerlos del sol
Semille
protegid
Vergel – Frutales
Colmenas elevadas para evitar problemas
Caseta de herramientas y central energética con paneles solares, reguladores y acumuladores que suministran energía eléctrica a la vivienda y al bombeo de agua
Gallinero móvil de las mismas dimensiones que los bancales
Línea de plantas medicinales
Oeste
Seto vivo en el que se combinan arbustos con árboles frutales en crecimiento libre o incluso con plantas ornamentales
Parterres florales
Estructura reforzada de entutorado y enrame para plantas trepadoras: chayotes, judías «garrofal», pepinos, luffa, etc.
Bancales cultivados siguiendo las asociaciones favorables y las convenientes rotaciones de cultivos
Sur
Pequeño invernadero. En el interior del invernadero, los bancales están situados lateralmente
Pisc

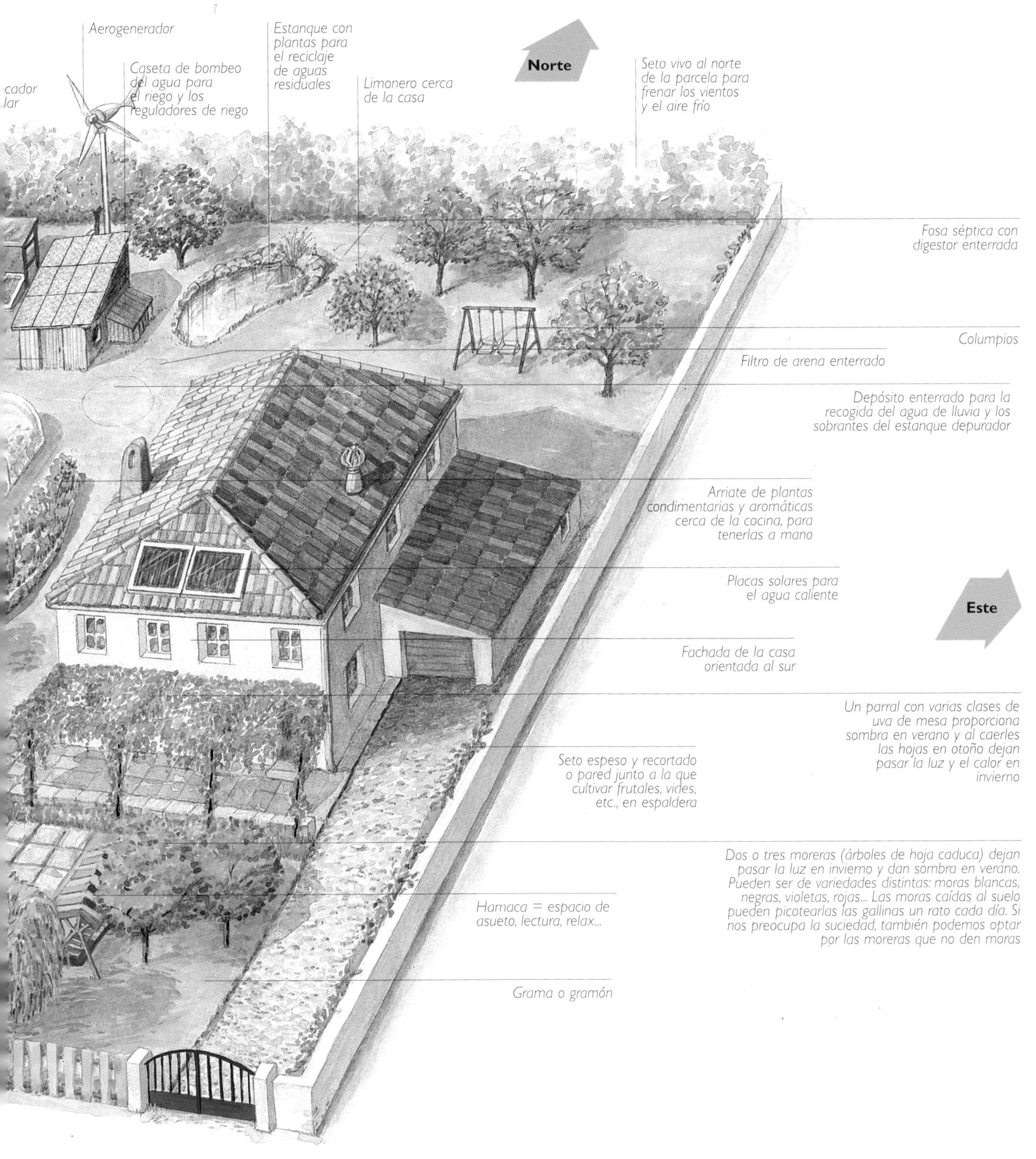
cador
lar
Aerogenerador
Caseta de bombeo del agua para el riego y los reguladores de riego
Estanque con plantas para el reciclaje de aguas residuales
Limonero cerca de la casa
Norte
Seto vivo al norte de la parcela para frenar los vientos y el aire frío
Fosa séptica con digestor enterrada
Columpios
Filtro de arena enterrado
Depósito enterrado para la recogida del agua de lluvia y los sobrantes del estanque depurador
Arriate de plantas condimentarias y aromáticas cerca de la cocina, para tenerlas a mano
Placas solares para el agua caliente
Este
Fachada de la casa orientada al sur
Un parral con varias clases de uva de mesa proporciona sombra en verano y al caerles las hojas en otoño dejan pasar la luz y el calor en invierno
Seto espeso y recortado o pared junto a la que cultivar frutales, vides, etc., en espaldera
Dos o tres moreras (árboles de hoja caduca) dejan pasar la luz en invierno y dan sombra en verano. Pueden ser de variedades distintas: moras blancas, negras, violetas, rojas... Las moras caídas al suelo pueden picotearlas las gallinas un rato cada día. Si nos preocupa la suciedad, también podemos optar por las moreras que no den moras
Hamaca = espacio de asueto, lectura, relax...
Grama o gramón

Parcela básica: los bancales

A la hora de crear el huerto familiar podemos basarnos en el diseño de bancales profundos de la parcela básica que aparece en la página 55 o en la 60 (en la doble página siguiente describimos su realización paso a paso). Podemos ir repitiendo esta parcela compuesta de cinco o seis bancales cuantas veces nos interese o nos sea posible. La experiencia sugiere que para el huerto familiar, el mejor sistema de preparación del suelo y de cultivo es el llamado de bancal profundo.

Los bancales profundos ya fueron usados en varias épocas y en regiones muy distintas. En el París del siglo XIX se popularizaron los bancales elevados en los que se empleaba básicamente el estiércol fermentado, que en aquella época era abundante dado el uso masivo de tracción animal. Entre 1970 y 1980 se desarrolló en Estados Unidos una variante denominada «biodinámica» en bancal profundo o «biointensiva», en la que, con características de diseño similares a las de los bancales franceses, se abonaba la tierra con profusión de compost y se sembraba muy junto para conseguir el máximo rendimiento en el mínimo espacio disponible.

John Seymour, en su libro, *El horticultor autosuficiente*, hace mención y recomienda el uso de los bancales profundos. Por su parte, el mallorquín Gaspar Caballero ha adaptado el sistema de bancales profundos a las condiciones climáticas mediterráneas, denominándolo «parades en crestall», y procurando no elevar el bancal para reducir la evaporación del agua. Cada uno puede experimentar con las variables que considere oportunas en función de las peculiaridades intrínsecas del suelo y de la climatología del huerto.

El uso de un ***motocultor*** *resulta de gran ayuda la primera vez que se crea un bancal profundo. En el método de «parades en crestall» se rotura la tierra y luego se esparce el compost por encima sin realizar una doble cava; en cambio, en los bancales profundos clásicos se rotura el compost junto a la tierra elevándolo al añadirle la tierra de los pasillos.*

Forma y dimensiones

Básicamente, el bancal profundo consiste en preparar unos bancales semielevados, abonados con compost o estiércol descompuesto y, a ser posible, cavados en profundidad. Es muy importante que la anchura no exceda los 150 cm –lo ideal son unos 120 cm–, ya que ello permite trabajar los bancales desde los «pasillos» habilitados a tal efecto. No se debe pisar la tierra del bancal, para evitar así su compactación o apelmazamiento. Permitiendo que se mantenga mullida, aireada y esponjosa, retendrá mejor la humedad y el desarrollo radicular de los cultivos se verá facilitado. La colocación de piedras o ladrillos en el centro del bancal permitirá trabajar cómodamente sin tener que pisar los bancales.

La longitud de los bancales es irrelevante, aunque si son muy largos se hará un poco pesado dar la vuelta a la hora de trabajar el otro lado o en el momento de cosechar. Las medidas ideales preconizadas por los americanos son de 6,5 m de largo por 1,5 de ancho, ya que esto da una superficie aproximada de cultivo de unos 10 m^2, y permite realizar continuos cálculos de rendimientos y de productividad de los bancales –también se pueden conseguir los 10 m^2 con 1,25 m de ancho por 8 m de largo–.

La separación entre bancales debe ser lo suficientemente ancha como para andar por ella y acceder cómodamente a los bancales, e incluso para poder circular con la carretilla. La tierra de los pasillos –que es tierra fértil– se cava y se apila sobre los bancales en el momento de

*Unos **ladrillos** planos en el centro del bancal permiten trabajar cómodamente sin pisar la tierra.*

su realización, ahondando de 40 a 60 cm. Cuando rastrillamos la tierra de los bancales podemos depositar las piedras que nos salgan en el fondo de los pasillos, lo cual facilitará el drenaje del agua en las épocas de lluvia y evitará embarrarnos cuando el suelo esté húmedo.

Rendimiento

Según numerosos estudios llevados a cabo en distintos lugares y países, el rendimiento por superficie que se consigue con el sistema de bancal profundo, duplica o triplica el que se consigue con sistemas convencionales de cultivo en surcos o líneas. El secreto estriba en que, abonando profusamente el bancal y con un suelo mullido que no se pisa, se siembra o planta más espeso de lo habitual, asociando plantas con sistemas radiculares y foliares de distintos tamaños. Con ello, aparte de ocupar mejor el espacio y aprovechar al máximo los nutrientes, se consigue mantener más eficazmente la humedad –reduciendo la periodicidad de los riegos y la cantidad de agua empleada–, al tiempo que la sombra de la masa vegetal en continuo desarrollo dificulta la proliferación de hierbas, y las pocas que crecen son arrancadas fácilmente gracias a lo mullida que permanece la tierra.

Complementos

Los cultivos en bancal profundo se complementan con abonados de cobertura y con acolchados de materiales orgánicos. Los cultivos asociados se van sucediendo, intercalándose nuevas plantas en los huecos o en los espacios dejados libres por las cosechadas. Una vez al año se realiza un abonado de fondo con compost o estiércol descompuesto y se cava de nuevo todo el bancal. Para ello es recomendable el uso de la horca de doble mango –descrita en el capítulo de las herramientas–, pues nos permite mullir, airear e incorporar la materia orgánica sin invertir los perfiles del suelo o voltear la tierra, además de requerir mucho menos esfuerzo que el tradicional azadón o la pala. Cada dos o tres años también podemos sembrar un abono verde en todo el bancal dados los múltiples beneficios que ello reporta.

El riego puede efectuarse con los habituales sistemas de regadera, manguera o aspersión, aunque lo ideal es instalar un sistema de riego por goteo, por resultar más eficiente y práctico –sobre todo cuando se le instala un programador de riego–.

*Para la **creación de bancales básicos** se esparce el compost y se rotura la tierra.*

Con una cuerda y un pala les damos forma rectangular, dejando un pasillo entre cada bancal.

Una vez terminados los bancales rastrillamos echando las pierdras en el fondo de los pasillos, y ya podemos plantar.

La facilidad de manejo de los bancales y su alta productividad en poco espacio los hace ideales para huertos familiares.

BANCALES ELEVADOS

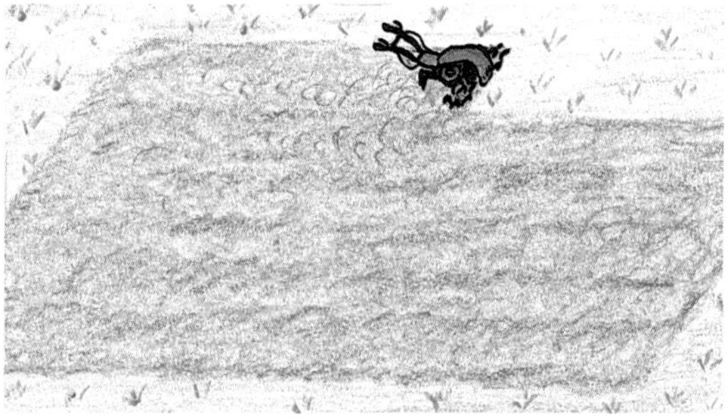

1. Se cava lo más profundo posible el espacio destinado a bancales. Antes de cavar podemos esparcir compost para que se mezcle con la tierra. Aunque es preferible el compost en superficie (sin mezclar con la tierra).

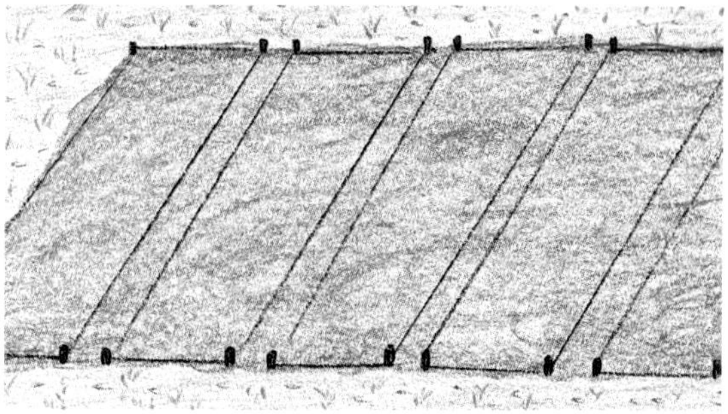

2. Se delimitan las medidas de los bancales, procurando que no sobrepasen los 120 cm. de ancho y dejando pasillos como mínimo de 50 cm. La longitud de los bancales puede oscilar entre 4 y 6 m.

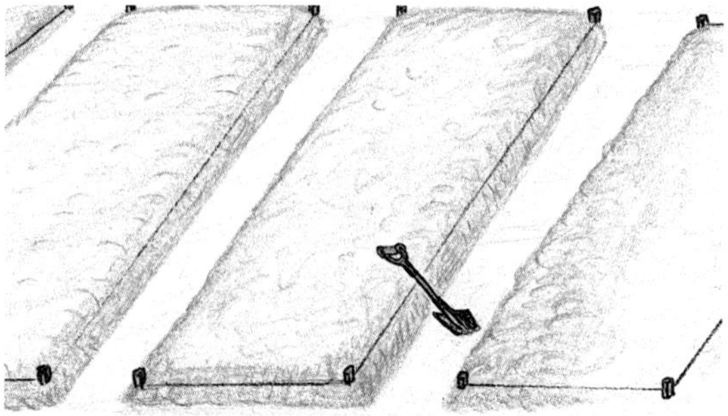

3. Con la pala cogemos la tierra de los pasillos y la depositamos sobre los bancales, los cuales pueden alcanzar una altura entre 25 y 50 cm.

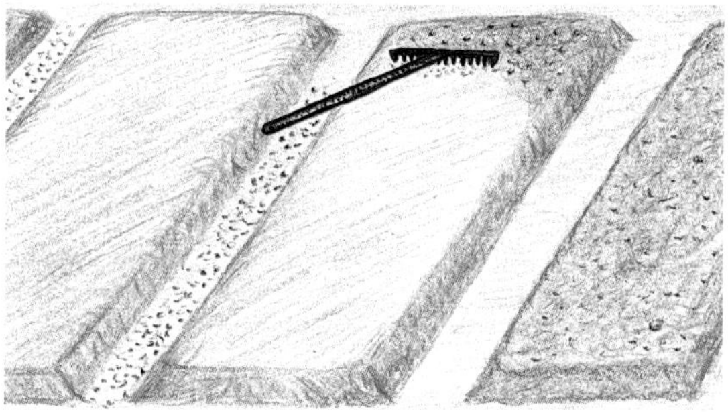

4. Se le da la forma a los bancales y se rastrillean depositando las piedras y terrones en los pasillos. Tras esta operación el bancal suele tener entre 105 y 110 cm. de ancho en la parte superior.

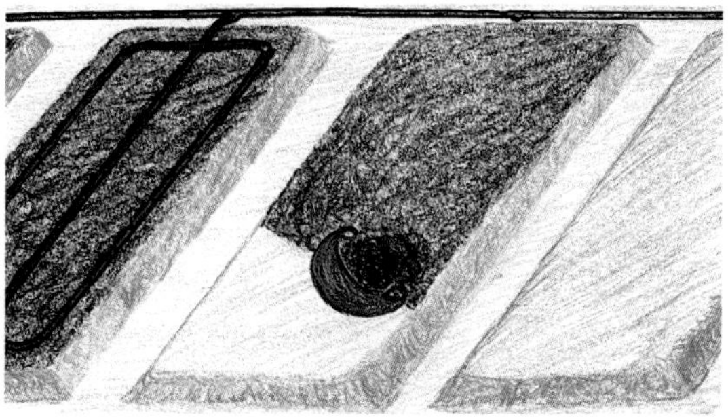

5. Esparcimos de 2 a 4 cm. de compost e instalamos sobre él las mangueras de riego por goteo interlinea –goteros cada 33 cm.– o mangueras de exudación.

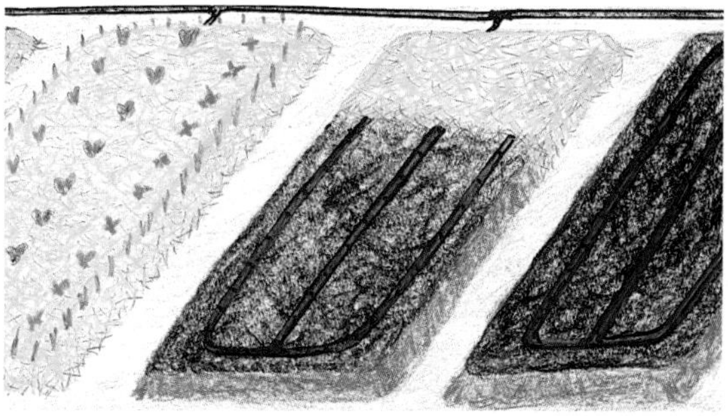

6. Los bancales están listos para plantar: procuraremos que al trasplantar, las raices queden cerca de las goteras. Conviene acolchar los bancales con paja para evitar la evaporación del agua y que no germinen las hierbas.

BANCALES GASPAR CABALLERO

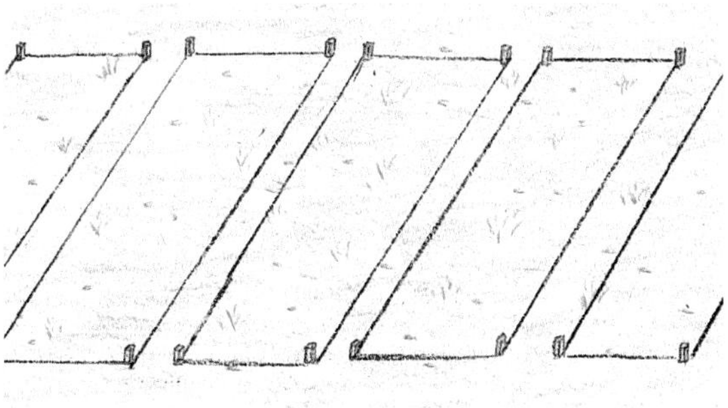

1. Se delimitan las medidas de los bancales por medio de estacas y cordeles. Cada bancal tiene 1,50 m. de ancho y una longitud variable no superior a 6 m. Los pasillos pueden ser de 50 a 70 cm.

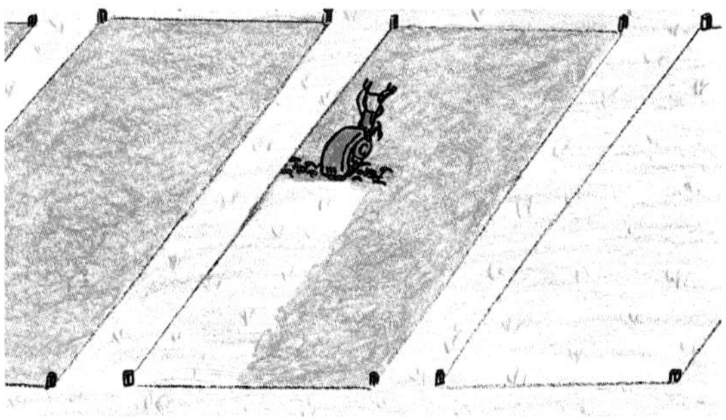

2. Se caban los espacios destinados a bancales, procurando alcanzar una profundidad de entre 25 y 40 cm. como mínimo.

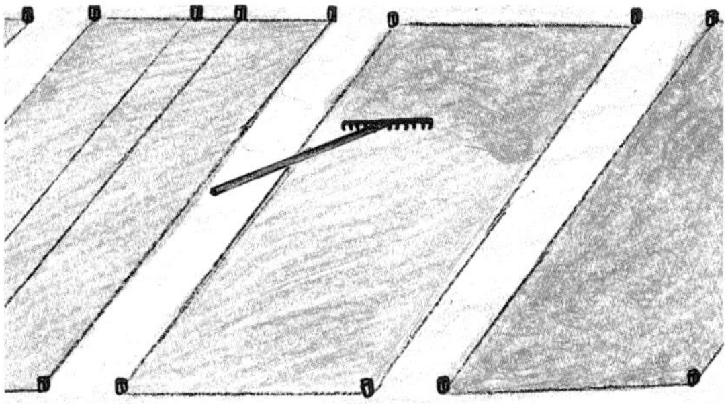

3. Se alisan con el rastrillo y se retiran las piedras y terrones. Colocamos cordeles centrales a una separación de 30 cm. entre ellos y 60 cm. de cada lado.

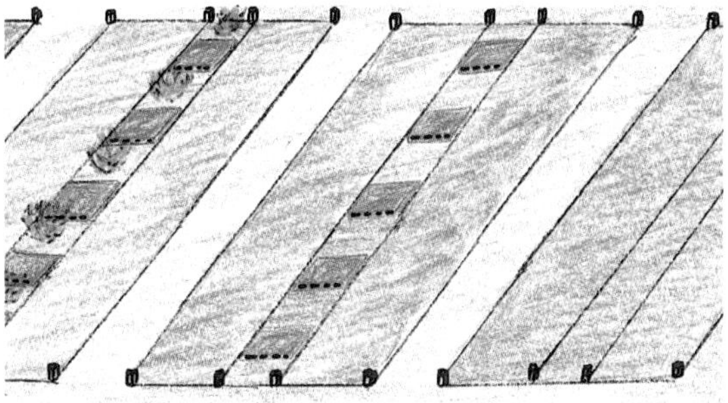

4. Entre las lineas centrales se colocan ladrillos separados 60 cm. uno de otro y entre estos se plantan plantas aromáticas , ornamentales o medicinales.

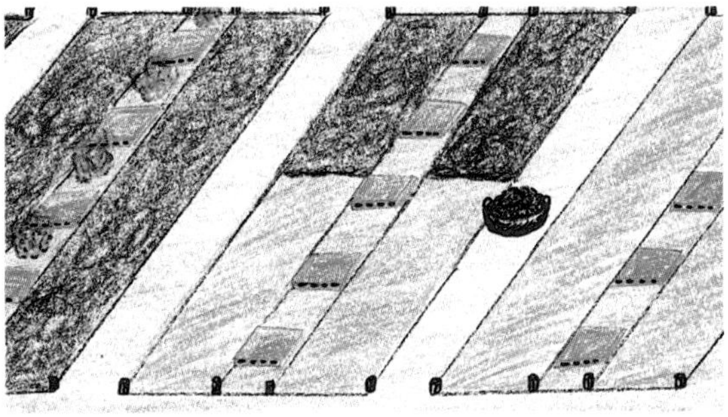

5. En las filas laterales de cada bancal se depositan de 2 a 4 cm. de compost, repartiéndolo uniformemente y procurando en adelante no pisar la zona de cultivo.

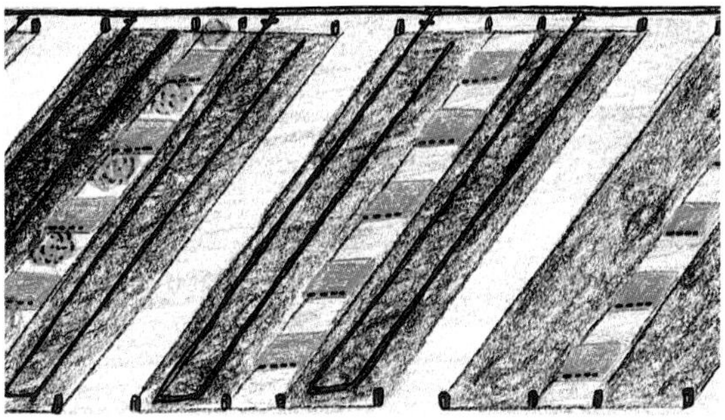

6. El riego más indicado es el de mangueras de exudación colocadas en paralelo en cada franja, a 30 cm. de los bordes y 60 cm. entre ellas. Los bancales están listos para empezar a plantar.

Desde la preparación de la tierra hasta la cosecha intervienen una serie de labores y prácticas agrícolas que determinan los resultados obtenidos.

En agricultura ecológica está muy difundida la práctica del ***acolchado*** *con materia orgánica, pues reduce las necesidades de riego y las labores de desherbado, y protege la tierra de la radiación solar, estimulando la vida microbiana y nutriendo el suelo.*

4 Prácticas agrícolas

Para conseguir un huerto familiar sano y productivo, no esperéis que alguien os dé recetas mágicas o secretos especiales, ya que las únicas vías realmente válidas y eficaces son la práctica y la experiencia, y ello sólo se consigue dedicando tiempo y mucha observación. Conociendo la tierra que disponemos y sabiendo cómo mejorar sus condiciones vitales hasta hacer de ella el sustento de plantas sanas, vigorosas y productivas, tendremos la mayor parte del trabajo hecho. Desconocer la vida del suelo y su relación con las plantas o cometer errores en el laboreo de la tierra, suele conllevar serios desequilibrios que inducen al desarrollo de plantas débiles y por tanto propensas a enfermar con facilidad, lo cual implicará mayores dosis de trabajo para terminar obteniendo resultados mediocres. Los abonos verdes, las rotaciones de cultivos, las asociaciones favorables, la protección de los cultivos o el reconocer el buen momento para la cosecha de cada planta, son algunas de las muchas claves que aseguran el éxito de nuestra labor.

Preparación de la tierra

El sueño de todo agricultor sería poder cultivar sin tener que labrar, cavar, desherbar ni aporcar, o sea, sin realizar acciones mecánicas destinadas a conseguir las condiciones ideales del suelo para el desarrollo óptimo de cada cultivo. Los seguidores de la permacultura y de Masanobu Fukuoka parece que lo han conseguido en zonas y cultivos concretos. Claro que si incluimos en el laboreo el triturado mecánico de la hierba o la paja para mantener una cobertura permanente, no podemos decir que hemos dejado por completo el laboreo. En la agricultura química resuelven el «no laboreo» por medio del empleo masivo de herbicidas y el goteo localizado, que incorpora el abono disuelto en el agua de riego. Pero, aparte de las ventajas de abaratar costes en mano de obra e inicialmente aumentar rendimientos por hectárea, lo cierto es que se trata de sistemas muy contaminantes y agresivos con el ambiente. La casi inexistencia de materia orgánica en la tierra acelera el lavado de nutrientes y fertilizantes, con lo que se incrementa la contaminación de los acuíferos; el no laboreo, unido a la inexistencia de hierbas –cultivadas o adventicias–, acelera los procesos erosivos –acción del viento, lluvias torrenciales– con la consiguiente pérdida de suelo fértil; además, la tierra se va endureciendo y compactando progresivamente.

De todos modos, no deja de ser lógico que nos cuestionemos el laboreo si pensamos que en la naturaleza no existe como tal, entendiendo el laboreo como las acciones mecánicas destinadas a conseguir las condiciones ideales del suelo para el desarrollo óptimo de las plantas que en él crecen; porque en la naturaleza estas acciones son ejercidas por los agentes climáticos, como el hielo y el deshielo, los cambios hídricos o las variaciones de temperatura, y especialmente por medios biológicos, como las galerías que hacen las raíces y los animales (so-

Una de las tareas más penosas suele ser el ***laboreo*** *de la tierra, aunque siempre podemos tomárnosla como una forma sana de hacer ejercicio.*

bre todo las lombrices) y el movimiento de partículas realizado por microorganismos y toda clase de animales. Aunque en un huerto convencional, sea pequeño o grande, se dan también los procesos propios de la naturaleza, tendremos que realizar algunas labores para acondicionarlo e incluso para su mínimo mantenimiento, sin perder de vista que el objetivo final es aumentar su fertilidad respetando sus aptitudes inherentes. Lo ideal sería potenciar los procesos naturales, aunque a menudo tendemos a modificarlos acelerando algunos (como la descomposición de la materia orgánica en humus) o reduciendo el impacto negativo de otros (heladas, lluvias torrenciales).

Algo reiteradamente desaconsejado en la práctica de la agricultura ecológica es la inversión de los perfiles del suelo, o sea, el volteo o enterramiento en profundidad de las capas superiores donde se alberga en mayor proporción la vida microbiana, la materia orgánica y el humus; o sea, la fertilidad de la tierra. Cuando enterramos la capa fértil a nivel de subsuelo nos hallamos con una gran pérdida de nutrientes disponibles por las plantas cultivadas a posteriori; además, si enterramos materia orgánica fresca, ésta fermentará anaeróbicamente, resultando perjudicial y tóxica para la vegetación que allí establezcamos. Por todo ello, no es aconsejable el uso del arado de vertedera, que trabaja volteando la tierra desde gran profundidad –de 50 a 80 cm–; se preferirán sistemas como el cultivador o la grada, que remueven la tierra sin alterar los perfiles del suelo.

Cuándo y cómo realizar el laboreo

Todo agricultor que se precie conoce el estado óptimo de sazón o tempero, cuyo nivel de humedad de la tierra resulta ideal para la mayoría de labores. Trabajar un suelo seco no sólo es más difícil y pesado, sino que supone un mayor gasto energético y suele dejar la tierra desmenuzada, con agregados muy finos que provocan la obturación de los poros y la falta de oxigenación del suelo. Trabajarlo con exceso de humedad suele ser peor aún, pues amasa y cementa la tierra que, al secarse, queda dura y compactada.

De todos modos, hay labores que precisan un estado distinto al de sazón o tempero; por ejemplo, cuando se labra un campo en otoño-invierno con la intención de que la acción de las heladas meteorice y disgregue la tierra se suele hacer con suelos algo húmedos para obtener terrones y prismas de tierra grandes, que expondrán mejor el conjunto del suelo a la intemperie y, además, al no estar la superficie lisa, evitarán la erosión que podría devenir por lluvias torrenciales o vientos intensos. Otro caso específico es el de desear una fina capa de tierra superficial que permita la buena germinación de las se-

OBJETIVOS DEL LABOREO

- Mejorar la estructura para que la tierra retenga durante más tiempo la humedad y favorecer el drenaje en suelos húmedos o pesados.
- Preparar el suelo para la siembra o el trasplante.
- Incorporar a la tierra materia orgánica, enmiendas o abonos verdes.
- Controlar las hierbas adventicias.
- Favorecer las condiciones que permiten el control de patógenos.
- Crear y distribuir los espacios de cultivo, con surcos, regueras, bancales, eras, etc.
- Incorporar al suelo restos de cosechas.
- Cosechar tubérculos y raíces.
- Aporcar, recalzar o desaporcar algunas plantas.

A menudo, la tierra en donde se instala el huerto no presenta las condiciones idóneas para los cultivos, siendo necesarias unas labores previas de acondicionamiento y preparación.

millas sembradas; en este caso procuraremos que la tierra esté más seca de lo normal, a fin de que se desmenuce mejor.
De hecho, en el tema del laboreo –como en el del resto de técnicas agrícolas– no existen recetas universales y aplicables de forma generalizada. Cada tipo de suelo requerirá un trato particularizado en función de su estructura, de lo que se desea cultivar, del clima previsible y del resto de técnicas que acompañarán al ciclo del cultivo en cuestión. Con toda esa información y mucha experiencia –o dejándose aconsejar por quienes la tengan–, podremos determinar el trabajo específico a realizar en un momento dado para obtener las mejores condiciones –a corto y largo plazo– de desarrollo de las plantas cultivadas.

Condicionantes del laboreo

Entre los condicionantes que inducirán a elegir un momento y una técnica de labor específicos tenemos los siguientes.

Con el paso de los años, la tierra del huerto adquiere una textura y unas características idóneas para el cultivo que, además, facilitan enormemente su laboreo.

El cultivo
En función del cultivo que queremos establecer en ese suelo deberemos conseguir unas características concretas tras la labor. Por ejemplo, para patatas, zanahorias o guisantes interesa que quede suelto en profundidad; para los cereales es mejor que quede asentado; algo fuerte para abonos verdes, prados y crucíferas; y ligero en la superficie pero firme en profundidad para las judías verdes.

Las peculiaridades de cada tierra
Un suelo arcilloso y pesado interesa disgregarlo y romper su compacta estructura e incluso facilitar su drenaje (subsolando); en un suelo ligero o arenoso interesará potenciar su cohesión, evitando las labores con la tierra seca y el uso de fresadoras y aperos disgregadores.

Las condiciones climáticas
Según suelos y cultivos se realizarán las labores necesarias en función de retener la humedad o drenarla. En zonas con tendencia a largos períodos de sequía, como el Levante español o las Canarias, realizar una pasada de cultivador a los pocos días de cualquier lluvia en los árboles de secano (olivos, almendros, algarrobos); con ello se rompe la capilaridad superficial del suelo y se retiene la humedad en profundidad, mejorando las condiciones de desarrollo de los árboles. En cambio, en los prados húmedos se suele realizar cada varios años un subsolado en profundidad con el sistema de torpedo, para facilitar el drenaje y evitar el excesivo compactado de esos suelos.

La acción sobre la materia orgánica
El laboreo suele acelerar la vida bacteriana y la actividad de los microorganismos digestores de la materia orgánica presente en el suelo al aportarles grandes dosis de oxígeno; esto acelera la descomposición y mineralización de la materia orgánica, cosa que deberemos tener muy presente en función de si deseamos que haya una mayor disponibilidad de nutrientes en un momento dado para un cultivo en particular, o si deseamos man-

Si realizamos un acolchado con escasa materia orgánica y descuidamos las hierbas en sus primeras etapas de desarrollo terminaremos por invertir más tiempo y energía en las labores posteriores de acondicionamiento del huerto.

tener estables los niveles de materia orgánica y humus.

Las hierbas adventicias

Éstas pueden regularse mediante ciertas técnicas de laboreo. Para las adventicias de germinación estacional se recurre a los sistemas de presiembra y laboreo tras su germinación. Para las plurianuales con raíces profundas y muy arraigadas, recurriremos a labores sucesivas de agotamiento vegetativo. Las binas, las escardas y los aporcados pueden considerarse labores de control de adventicias eficaces y bien conocidas por la mayoría de agricultores, aunque cumplen la doble función de remover la tierra rompiendo sus capilares y evitando así la evaporación del agua del suelo, ahorrándonos riegos.

La fertilización

La técnica del laboreo –y los aperos– también estará condicionada en función de la profundidad a la que deseemos incorporar un determinado abono, el compost o enterrar un abono verde.

El control de parásitos del suelo

Aunque éste no suele conllevar técnicas ni momentos específicos; más bien es el resultado de las diferentes labores del suelo en mo-

CONSEJOS PARA UN LABOREO CORRECTO

- Profundizar en labores sucesivas, ya que el laboreo no debe producir alteraciones bruscas en las condiciones del suelo.
- No remover la tierra o labrar por rutina, pues es una tontería trabajar más de lo necesario y supone un gasto energético evitable.
- Conservar los perfiles del suelo, evitando su volteo y la mezcla de horizontes.
- Trabajar la tierra en el momento adecuado, según lo que deseemos conseguir.
- Procurar no incorporar en profundidad la materia orgánica fresca (restos de cosechas, abonos verdes, compost, estiércoles, etc.).
- Estimular el laboreo natural que efectúan las raíces y los organismos vivos del suelo. Esto se consigue con abonos verdes, con aportes de materia orgánica y con rotaciones de plantas con sistemas radiculares de distintas profundidades.
- No trabajar nunca la tierra cuando está demasiado seca o demasiado húmeda –buscar, o provocar con el riego, el punto de tempero o sazón–.
- Evitar la compactación del suelo con maquinaria pesada o por labores sucesivas, si no recurrir al subsolado si se llega a una excesiva compactación –algo que no debería suceder–.
- Que todas y cada una de las labores que hagamos tengan como objetivo final la mejora de las condiciones de la tierra, creando y manteniendo su fertilidad y consiguiendo las condiciones óptimas para el buen desarrollo de las plantas cultivadas.

mentos concretos. Al destruir el nicho ecológico de algunos insectos, gusanos, larvas, crisálidas, huevos, esporas o nematodos, muchos mueren o se les desvitaliza hasta el punto de que pierden capacidad infestadora o parasitaria. De todos modos, si se diera el caso de alguna plaga persistente, susceptible de alojarse o infestar nuestro suelo –algo muy raro en agricultura ecológica–, podemos, conociendo sus ciclos biológicos, realizar labores destinadas a su control. También se puede recurrir a la solarización.

*El riego con **microaspersión** es la solución idónea para regar simulando la lluvia, ya que requiere poca inversión y funciona bien con agua a poca presión.*

El tiempo disponible y las herramientas

Tan importante como desear realizar una labor en un momento dado y con un apero concreto, es disponer de tiempo para realizarlo y de las herramientas adecuadas y en buen estado. A menudo, la falta de tiempo retrasa una labor y luego, por cuestiones climáticas (lluvia) o de dureza del suelo, no podemos realizarla convenientemente. En otras ocasiones, el abandono o el poco mantenimiento de ciertas herramientas o aperos impedirán su uso en el momento más preciso o se nos romperán en medio de una labor decisiva, retrasándola o impidiendo su finalización.

El riego

El agua es la sangre de la tierra y, en definitiva, de las plantas. Se trata del líquido básico, precioso y al mismo tiempo sutil, del que dependen la mayoría de procesos biológicos (concernientes a la vida), y que junto al aire, la tierra y la luz (calor, fuego) suponen los cuatro elementos clásicos. El agua es el elemento en que se disuelven las sustancias nutritivas presentes en la tierra y facilita tanto su absorción por parte de las raíces –e incluso las hojas gracias a la humedad del aire– como también –y quizá lo más importante– permite y estimula la proliferación de microorganismos y de las micorrizas, que se encargan de asimilar estos elementos químicos «brutos» y nutrir con ellos a las plantas. Además, las frutas y hortalizas, para desarrollarse de la forma más adecuada, necesitan una considerable disponibilidad de agua, la cual se halla en gran proporción en estos productos.

El agua es un bien abundante y fácilmente asequible en algunos lugares, y escaso o de difícil obtención en otros. Se rumorea que las próximas grandes guerras y conflictos internacionales girarán en torno al control del agua. Algo evidente es que la agricultura, junto a la industria, son los mayores consumidores de agua en la sociedad actual. Se han recibido airadas críticas por el uso y abuso del agua en prácticas agrícolas, sobre todo en épocas de sequía o escasez que han conllevado restricciones de agua en algunos núcleos urbanos.

Otro de los grandes males aportados por las prácticas agrícolas poco respetuosas, es la contaminación de los acuíferos o capas freáticas del subsuelo, que en su mayoría están nitrificándose a pasos agigantados, lo que ha llevado incluso, por ejemplo, a prohibir el uso del agua de la red urbana para el consumo o la preparación de biberones en algunas poblaciones de la Comunidad Valenciana, debido a su alta toxicidad por la presencia de altos niveles de nitratos e incluso de nitritos. No cabe duda de que es importante e incluso crucial el correcto manejo del agua en las prácticas agrícolas, dado que se trata de un elemento vital para el desarrollo vegetal. Esto implica que hay que tener conocimientos profundos de las necesidades de cada planta en cada uno de sus ciclos vegetativos; es obvio que no tienen las mismas necesidades hídricas una lechuga, un naranjo o un cereal. Por ello, en función de las posibilidades del agricultor, será importante conocer y adaptar las formas y técnicas de cultivo hacia los sistemas que permitan la mejor gestión que sea posible en el uso del agua y el mayor aprovechamiento.

Técnicas de riego

El riego por goteo, ya sea con el sistema interlínea o por exudación, está consiguiendo los mejores rendimientos con el mínimo uso de agua, al permitir que cada planta tenga el grado de humedad óptimo en todo momento, pudiendo regularse en cada período de su ciclo vegetativo.

*El riego localizado por **goteo** interlínea es uno de los sistemas de dosificación y ahorro de agua más prácticos y eficientes.*

El riego por inundación, en surcos, bancales y acequias, ofrece el balance más desfavorable en el consumo de agua por hectárea: aporta grandes cantidades de agua en un día determinado, pero las plantas pueden permanecer sedientas durante largos períodos.

El acolchado del suelo (*mulching*) con materias vegetales como paja, restos de cosechas,

*El riego por **inundación** o a manta está muy desacreditado ya que requiere mayores dosis de agua, aunque en algunas tierras es el sistema de riego que da mejores resultados, y su empleo no implica los costes económicos de la aspersión o el goteo.*

etc., o en casos concretos con plásticos evitará la excesiva y rápida evaporación e implicará un gran ahorro de agua.
El acolchado verde también es práctica frecuente, y se realiza con leguminosas como el trébol, que crecen junto a las plantas cultivadas. Evitan la radiación directa del sol sobre la tierra y reducen sus efectos evaporadores, aunque el calor y el aire ejercen una evapotranspiración que en la mayoría de ocasiones no nos permite ahorrar riegos; las ventajas de este sistema nos vienen dadas por el hecho conocido de que las leguminosas absorben nitrógeno atmosférico y lo incorporan al suelo gracias a las bacterias nitrificadoras que viven en sus raíces.

Labores ahorradoras de riego

En el cultivo de hortalizas se realiza tradicionalmente una labor de bina o escarda en las primeras etapas de crecimiento. Esta operación se aprovecha simultáneamente para retener la humedad del suelo y para destruir todas las hierbas adventicias en su primera fase de desarrollo, que es cuando sus raíces tienen menos oportunidades de adherirse de nuevo a la tierra; ello nos permite no tener que regar en un par de semanas más o menos (según cultivos, suelos o climas). Esta operación es muy importante en la época de floración de algunos cultivos, como judías y tomates, en los que un riego abundante en el momento de la primera floración dificulta el cuajado de las flores, provocando lo que en Valencia se denomina la *asporga*, o sea, la caída masiva de flores sin cuajar, produciendo una gran merma en el rendimiento de la cosecha.
En las tierras de secano que no se pueden regar, es habitual hacer uso del gradeo o binado

*El **acolchado** con paja o materiales orgánicos reduce considerablemente las necesidades de riego, manteniendo la tierra húmeda mucho más tiempo.*

CÓMO REGAR

▲ La experiencia demuestra que si podemos disponer de un sistema de goteo interlínea con un programador de riego ajustable conseguiremos los mejores resultados con el mínimo esfuerzo y el menor desperdicio de agua.

▲ Los sistemas de aspersión son ideales en cultivos forrajeros, en las plantas de hoja ancha (acelgas), en las raíces (zanahorias, remolachas) y en la germinación de semillas sembradas a voleo. Es el riego más parecido al natural: la lluvia. Pero tiene sus inconvenientes, sobre todo el hecho de ser muy aparatoso su uso, en particular si no disponemos de una buena instalación y debemos ir moviendo manualmente los aspersores de sitio –aunque existen sistemas de microaspersión muy manejables–. También tiene el problema de que muchas plantas hortícolas son sensibles a las enfermedades criptogámicas y el agua retenida en las hojas de tomates, pepinos o melones favorece la proliferación de estas enfermedades.

▲ El riego a manta o por inundación de los surcos o bancales, tiene en su contra ser un gran consumidor de agua y no permite regular bien la cantidad de agua presente en el suelo, pasando de períodos de exceso a otros de carencia. A su favor tiene que no requiere grandes inversiones en infraestructura o tecnologías de riego y en las zonas en donde no haya escasez de agua puede seguir siendo el sistema más adecuado.

del suelo para romper su capilaridad. Es una práctica frecuente y muy favorable en los cultivos arbóreos de almendros, olivos y algarrobos, así como en la vid. Básicamente consiste en pasar una grada o «cultivador» algunos días después de haber llovido –incluso después de un riego–. Dado que la capa superior de la tierra tiende a compactarse creando minúsculos capilares que con la acción de la radiación solar evaporan rápidamente el agua retenida en el suelo, al romperla y desorganizar los poros capilares conseguimos mantener a nivel de las raíces durante mayores períodos de tiempo el agua suficiente para el desarrollo adecuado de las plantas.

Dosificación y periodicidad

Este es un tema importante y quizás un tanto complejo, sobre todo dada la gran variedad de plantas cultivadas en un huerto y las características específicas de cada planta en cada ciclo de su desarrollo respecto a sus necesidades hídricas, e incluso las diferentes exigencias de agua de una variedad a otra dentro de la misma familia –los tomates para ensalada requieren más riego que las variedades destinadas para conserva, mientras que los tomates «de colgar», que se cosechan en julio-agosto, deben regarse poco si queremos conservarlos hasta enero–. Ello hace casi imposible dar unas pautas generales de los volúmenes de agua a emplear y del espaciado de tiempo entre riegos. Además, la periodicidad o el espacio de tiempo que dejamos pasar entre riegos, no dependen solamente de las necesidades de cada planta, sino que están ligados a la climatología local; siendo más frecuentes cuanto más seca y calurosa o ventosa sea y reduciéndose en tiempos fríos húmedos y lluviosos.

Otro factor que entra en juego es la estructura y la textura del suelo. Un suelo arcilloso retiene con facilidad el agua e incluso tiende al encharcamiento con el posible peligro de asfixia de las raíces; mientras que un suelo arenoso o pedregoso se drena con suma facilidad y requerirá aportes de agua con más regularidad. La adición a la tierra de abundante materia orgánica, facilita la retención del agua en el suelo haciendo un efecto esponja, siendo favorable tanto para los suelos arcillosos como para los arenosos. La densidad de plantación o de cultivo también influyen. Cuando las plantas crecen muy juntas, en principio necesitan más agua por metro cuadrado de suelo, pero al hacer sombra sobre la tierra, evitan la evaporación por la acción de los rayos solares y el calor,

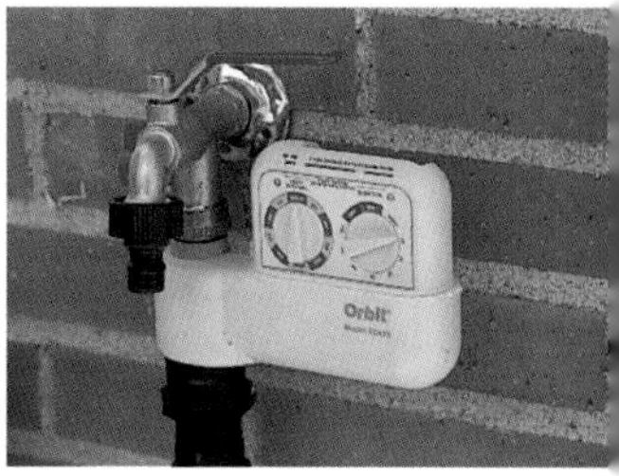

*Los **programadores** de riego pueden ser un buen complemento para huertos a los que no acudimos a menudo y para zonas donde escasean las lluvias.*

CUÁNDO REGAR

▲ El momento idóneo para el riego depende del sistema empleado, de la climatología y de la estación. El agua suele tener en la mayoría de lugares una temperatura que ronda los 14-15 °C, por lo que podemos usarla para modular o atemperar las temperaturas ambientales.

▲ En verano no es conveniente regar al mediodía o con calor intenso, pues puede producir un choque térmico desfavorable para las plantas. Será preferible hacerlo al amanecer y sobre todo al atardecer, lo que reducirá el exceso de calor acumulado en el suelo y por la noche se evaporará menos agua.

▲ En invierno podemos regar a cualquier hora, aunque quizá sea preferible hacerlo alrededor del mediodía, evitando el atardecer en las zonas muy frías, pues podría helarse el agua que no haya sido absorbida por la tierra y causar daños a las plantas.

▲ Durante los períodos de vientos intensos habrá que evitar los sistemas de riego por aspersión, pues la fuerte evaporación que se produce en esas circunstancias enfriaría demasiado las plantas o la tierra.

▲ En las horas de pleno sol tampoco conviene regar por aspersión o con regadera o manguera que mojen las hojas, porque pueden producir quemaduras en ellas por el efecto lupa de las gotas o por la drástica evaporación provocada por el calor.

▲ Con los sistemas de riego por goteo o exudación no tenemos que preocuparnos mucho de la hora de riego, pues la temperatura del agua suele estar pareja a la del suelo y es raro que se produzcan choques térmicos.

▲ Cuando algún cultivo ha padecido una deshidratación excesiva, cosa que observamos por lo marchito de sus hojas, la inclinación de los tallos y la caída de las flores y frutos, hay que intervenir con rapidez. En casos de emergencia sombrearemos las plantas o esperaremos a la puesta del sol para regarlas con aspersión a intervalos regulares y esperando que entre una aplicación y otra las hojas absorban el agua. Después las regaremos en abundancia.

*Las plantas con **suficiente humedad** en la tierra permanecen erguidas, incluso en las horas de más calor, mientras que la excesiva **falta de riego** se aprecia fácilmente porque las hojas empiezan a marchitarse.*

con lo que reducen la periodicidad de los riegos. Un suelo desnudo evapora el agua con gran facilidad.

Un exceso de riego no sólo perjudica en cuanto que drena o «lixivia» nutrientes del suelo, sino que favorece la aparición de enfermedades criptogámicas (hongos) y fuerza a las plantas a absorber más agua de la realmente necesaria para su correcto desarrollo, lo que las hace crecer más deprisa, pero también las vuelve más frágiles a las inclemencias, más vulnerables a las enfermedades y parásitos, y llegan a perder parte de su calidad nutritiva general. La observación y la experiencia son los grandes secretos de un riego correcto. En caso de no tener mucha experiencia con el riego, recomendamos observar y preguntar a los agricultores de la zona que sin duda tienen más experiencia al respecto, así como estudiar las necesidades hídricas de cada planta en sus diferentes fases de desarrollo. Los vegetales de hojas anchas y los jugosos, suelen tener más necesidad de aportes abundantes y regulares de agua. En cambio, si deseamos que un melón, una sandía o un melocotón, sean más dulces, les dosificaremos bien el agua.

Las plantas suelen indicarnos su falta de riego con el marchitamiento general de sus hojas, lo cual se observa sobre todo en los brotes más tiernos. Las tardes son el mejor momento para observar el marchitamiento de las plantas, porque por la mañana pueden engañarnos ya que se han recuperado gracias a la humedad de la noche. Como ya señalamos, la mayoría de plantas son muy sensibles al exceso de agua en sus primeras fases de floración, por ello controlaremos bien el riego en esos momentos, para facilitar el cuajado en aquellas plantas cultivadas por sus frutos. Una vez están en plena producción y ya los estamos cosechando (tomates, judías, pepinos...) no suelen tener los mismos problemas de cuajado.

La calidad del agua de riego

El agua es fuente de vida y tanto su pureza como su calidad están estrechamente ligadas a la vitalidad de los seres vivos. Difícilmente podemos hablar de cultivo ecológico si el agua con la que regamos nuestras frutas y hortalizas contiene altas dosis de contaminantes. Las plantas ejercen hasta cierto punto una acción de filtro y algunos contaminantes del suelo o del agua pueden penetrar en su

*Las **depuradoras verdes** permiten el reciclado y aprovechamiento de las aguas grises o negras de la vivienda para el riego del huerto o el jardín.*

savia. Esas sustancias tóxicas pueden producir desequilibrios graves en la vida del suelo y en el desarrollo de las plantas. En ocasiones es posible observar a simple vista sus efectos; por ejemplo, el exceso de boro en el agua de riego procedente del pantano María Cristina, en Castellón, produce un amarilleamiento general de las hojas de los naranjos.

Sustancias que suelen abundar en muchas aguas son los nitratos y en algunos casos incluso los nitritos. En principio podemos pensar que los nitratos en el agua de riego no son malos, pues ayudarán al rápido desarrollo de las plantas regadas, reduciendo su aporte por nuestra parte. Pero la experiencia muestra que este exceso de nitrógeno casi siempre provoca alteraciones en la calidad de las plantas y propicia los ataques parasitarios, sobre todo de pulgones. La calidad general y el sabor de las cosechas también queda mermado, pues un exceso de nitrógeno implica un desequilibrio entre otros elementos y un

LAS AGUAS NEGRAS

El empleo de aguas negras sin tratar o depurar queda descartado, pues si bien son ricas en materia orgánica y nutrientes, también contienen altas concentraciones de contaminantes que pueden resultar nocivos para las personas e incluso para las plantas. En caso de uso de aguas negras o de purín de estiércol los aplicaremos sólo a las plantas de las que se consumen sus frutos (tomates, berenjenas, alcachofas); nunca a las raíces (zanahorias, rábanos, patatas), ni a las de hojas comestibles (acelgas, lechugas, espinacas), pues podrían ser foco de nefastas infecciones. En caso de tener acceso sólo a aguas de riego negras, sucias o «sospechosas», podemos recurrir a su depuración con «depuradoras verdes», con sus fases anaerobias y aerobias, filtros de arena y plantas oxigenadoras, pudiendo acumularse al final del ciclo en un estanque con plantas y peces y de ahí distribuirse para el riego.

aumento de la cantidad de agua retenida por la planta, además de una mala conservación del producto.

La fuerte mineralización natural del agua también es problemática. En las aguas duras o calcáreas, con un pH superior a 8, se bloquea la capacidad de absorción de nutrientes y sobrevienen serias clorosis vegetales (nombre que recibe el amarilleamiento general de las plantas por falta de hierro). Cuando el contenido en sales minerales en el agua es superior al 0,1%, tenemos un agua salobre y hay muy pocas plantas que se desarrollen bien con un agua de estas características: melones, remolachas o tomates. Otras plantas son extremadamente sensibles y requieren aguas poco mineralizadas: zanahorias, fresas, judías, lechugas o cebollas. Este problema se reduce con el riego por goteo, que concentra las sales en el fondo de la tierra, en los bordes hasta donde llega el agua. La presencia de altas concentraciones de cloro cuando se riega con el agua de suministro urbano también puede perjudicar el desarrollo normal de las plantas cultivadas. En este caso podemos embalsar el agua en una alberca durante el tiempo suficiente para que se evapore el cloro.

La calidad sutil o energética del agua va más allá de su composición físico-química. El agua, además de ser un disolvente universal de los elementos con los que entra en contacto, también puede llevar información en su estructura molecular según el principio de «la memoria del agua», que explicaría la homeopatía y que puede usarse para conferir cualidades especiales al agua de riego y, por ende, a las plantas por ella regadas.

LA FUENTE VIRBELA

Si no tenemos la suerte de disponer de agua pura de manantial, podremos recrear algunos fenómenos de la naturaleza y dinamizar el agua con sorprendentes resultados. Entre las posibilidades para energizar el agua de riego figuran las fuentes Virbela, que consiguen este fenómeno gracias a que a través de sus diversos cuencos corre el agua formando remolinos. En el calendario de siembras biodinámico de Maria Thun de 1982 se reproduce una experiencia en la que empleando el agua procedente de un pozo, se riegan unos campos de cultivo divididos en dos partes iguales. La mitad de cada cultivo se riega con el agua salida directamente del pozo, mientras que la otra mitad se riega con agua del mismo pozo después de haberla hecho pasar por una fuente Virbela de unos 50 m. Los resultados son sorprendentes, pues aunque todas las plantas tenían la misma tierra, el mismo abonado y las mismas condiciones climáticas, las regadas con el agua dinamizada alcanzaron un desarrollo del 20 al 40% superior.

El abonado

En plena naturaleza, allí donde no interviene la acción directa de los seres humanos, el desarrollo vegetal se produce de forma continuada según un efecto de retroalimentación permanente: las hojas, las hierbas y los arbustos muertos se descomponen sobre la superficie del suelo generando una capa de compuestos orgánicos que van infiltrando nutrientes al suelo y que resultan ser el alimento de las plantas que allí crecen. Las

La reposición de ***materia orgánica*** *en la tierra activa la vida de la misma y compensa la continua exportación de elementos que suponen las cosechas.*

plantas, tanto la insignificante hierba como los grandes árboles, absorben del aire muchos de los nutrientes que emplean para su desarrollo, y lo hacen merced al proceso de fotosíntesis del laboratorio foliar que alimenta energéticamente la radiación solar. Carbono, nitrógeno, hidrógeno y oxígeno, elementos claves del desarrollo vegetal, están presentes en grandes proporciones en el aire ambiental. Por ello es fácil comprender que no sean necesarios aportes exteriores para que la vegetación se desarrolle sin demasiados problemas en bosques y selvas.

A menudo pensamos que el desarrollo vegetal depende tan sólo de la riqueza de la tierra en la que se asienta, pero la realidad nos muestra casos en los que no es así. Por ejemplo, los suelos y la tierra de las selvas amazónicas son muy pobres, toda la riqueza está encima mismo de la tierra, en la masa vegetal viva y en esa capa de materia orgánica en descomposición constante generada por la muerte de plantas (y animales) y la continua caída de hojas, ayudado por las abundantes lluvias y las elevadas temperaturas reinantes. Ese suelo vivo de las selvas tropicales, no es en sí un suelo, sino un manto vivo; sin el cual la fertilidad desaparece. Ello se constata regularmente en aquellas zonas que han sido quemadas para pastos de ganado o deforestadas con talas masivas: las lluvias arrastran la escasa cubierta orgánica superficial y las cenizas que quedan tras el incendio, convirtiendo la zona en estéril e improductiva.

En los bosques templados y en las grandes praderas la capa fértil está formada por la masa vegetal viva y en descomposición superficial y una masa orgánica mezclada con la tierra y las raíces a varios centímetros de profundidad. La presencia de animales acelera los procesos de descomposición de los compuestos orgánicos vegetales en nutrientes a través del orín y los excrementos. Predigeridos por los estómagos y los intestinos animales, ricos en enzimas que atacan la celulosa y el resto de compuestos orgánicos,

En determinados ecosistemas agrarios, la ***fertilidad*** *se autorregula por la presencia de animales y la poca «explotación» de la tierra.*

ayudan a la producción de humus y de elementos asimilables por las raíces.
En la naturaleza todo este proceso se realiza en un circuito cerrado en donde las pérdidas por lixiviación –arrastre de nutrientes por acción del agua de lluvia y su filtración hacia las capas profundas– se compensan por el aporte atmosférico y la fotosíntesis. Los animales devuelven en forma de abono orgánico la parte de vegetales que consumen y a la muerte de los mismos les sigue una descomposición que termina nutriendo a las plantas. El circuito es cerrado y se retroalimenta a sí mismo. Esto no sucede en los cultivos que realizamos los humanos, pues arrancamos vegetales de un suelo determinado para exportarlos o llevarlos lejos del lugar de origen. Al ser consumidos estos productos fuera de la zona de producción y en la mayoría de casos ser acumulados en vertederos de basuras o eliminados por el alcantarillado, no se produce la restitución o la retroalimentación imprescindible para el equilibrio del suelo fértil. La aportación atmosférica se las ve y desea para compensar las pérdidas constantes a las que sometemos a ese suelo.

Con los sistemas de ***acolchado orgánico*** *conseguimos reproducir en el huerto la capa vegetal en continua descomposición propia de los bosques, al tiempo que potenciamos la vida de la tierra, la ayudamos a retener la humedad, la protegemos de la radiación solar y controlamos la proliferación de hierbas competidoras con los cultivos.*

Esto nos obliga a restituir con cierta regularidad las pérdidas o las exportaciones de materia orgánica o nutrientes del suelo. Para ello existen toda una serie de procedimientos y técnicas, cuya función última será mantener la capa fértil, restituir la disponibilidad de nutrientes básicos necesarios para el desarrollo vegetal y alimentar a la microflora y microfauna de bacterias y hongos, lombrices, etc., del suelo, que son los verdaderos trabajadores del campo, pues ellos se encargan de disgregar los compuestos orgánicos y minerales y convertirlos en asimilables por las raíces. En un solo gramo de estiércol en descomposición hay hasta diez mil millones de microbios, una población mucho mayor que la cantidad de seres humanos que poblamos el planeta.
Es un craso error pensar que abonar un campo consiste tan sólo en restituir al suelo las cantidades de nitrógeno, fósforo o potasio (N-P-K), que son los macroelementos que más consumen las plantas cultivadas. Algo parecido a las antiguas tablas nutricionales que sólo tenían en cuenta las calorías que debía ingerir una persona en función del peso y el trabajo que realizaba e independientemente del equilibrio entre glúcidos (hidratos de carbono), lípidos (grasas), aminoácidos (proteínas) y lo que más tarde se consideraría como esencial: las vitaminas, auténticos catalizadores, necesarias en ínfimas cantidades para permitir la correcta asimilación de los aminoácidos y otros elementos nutricionales así como proteger las estructuras celulares de las agresiones externas e internas (radiación solar, radicales libres y su poder de oxidación, etc.).
Así pues, las plantas, para su correcto desarrollo y producción de abundantes cosechas, requieren que en el suelo que crecen estén presentes o se repongan con regularidad los macroelementos básicos como el nitrógeno, el fósforo o el potasio, pero también los microelementos como el hierro, el magnesio o el azufre. Y al igual que ocurre con las vitaminas

para el cuerpo, para el suelo son básicos el humus y los oligoelementos como el boro, el manganeso, el cinc, el cobre, etc. Si quisiéramos reponer todos estos elementos en la forma exacta en que se pierden del suelo por la absorción de cada planta, tendríamos que estudiar los ciclos vegetales y su evolución periódica en profundidad, cosa que ni siendo catedráticos en agronomía lo conseguiríamos. En la práctica nos damos cuenta de que realmente no es imprescindible profundizar tanto en estas cuestiones; con algunos conceptos generales bien asimilados y con una tierra en la que el aporte de materia orgánica sea regular y a la que se le añada algún enmendante mineral en caso de existir ciertos desequilibrios –demasiado ácida o muy calcárea– y donde se practique una rotación de cultivos racional que no esquilme de un elemento concreto el suelo, podemos obtener abundantes cosechas y enriquecer día a día esa tierra de cultivo, volviéndola cada vez más fértil.
La vitalidad de un suelo está en función de la vida que alberga, más que en la cantidad de

En un gramo de ***estiércol*** *o* ***compost*** *hay hasta diez mil millones de microbios transformando la materia orgánica fresca en nutrientes, fácilmente asimilables por las plantas.*

PRINCIPIOS DEL CORRECTO ABONADO

- Restituir al suelo los nutrientes y la materia orgánica que le hayan sido arrancados. Esto es posible con la aportación de estiércol, compost o cualquier materia orgánica disponible. Podemos compostar los restos de cosechas y los desechos orgánicos de nuestras casas y les podemos añadir las enmiendas minerales (en estado natural: rocas molidas) que se consideren necesarias.
- Evitar la erosión del suelo con técnicas de laboreo adecuadas y procurando mantener una constante cubierta vegetal, sea verde o seca (acolchado o *mulching*).
- Evitar en la medida de lo posible las pérdidas de nutrientes o elementos químicos del suelo por lixiviación o lavado de la tierra por efecto de lluvias o del riego. Para ello usaremos generosamente los abonos orgánicos formadores de humus y cuyas fibras vegetales en el suelo cumplen la función de esponjas que absorben el agua y la retienen hasta que las raíces de las plantas la necesitan; aportaremos minerales de absorción lenta y progresiva; mantendremos una cubierta vegetal cuyas raíces retengan el suelo y los nutrientes; y haremos un uso regular de los abonos verdes.
- La fijación del nitrógeno atmosférico y del carbono puede realizarse con los abonos verdes que combinan leguminosas (vezas, haba forrajera) y gramíneas solos o asociados con los cultivos. Las leguminosas fijan el nitrógeno atmosférico gracias a las bacterias nitrificantes que conviven en simbiosis con sus raíces.
- El uso de rocas y minerales pulverizados puede complementar los abonos orgánicos y corregir las deficiencias minerales o los problemas de acidez que puedan existir en determinados suelos.
- En la práctica de la agricultura ecológica no se hará nunca uso de abonos químicos de síntesis, es decir, abonos que han sido obtenidos industrialmente del nitrógeno del aire o de minerales naturales que se han solubilizado mediante tratamientos con ácidos.

minerales que contiene. Y la vida a la tierra se la aporta el humus, resultado final de la materia orgánica en descomposición y de la actividad microbiana, enzimática, así como con la inestimable ayuda de las lombrices de tierra, verdaderos labradores ecológicos, pues su labor convierte las sustancias orgánicas y minerales en elementos asimilables por las plantas.

Un factor decisivo en el buen desarrollo vegetal son las micorrizas. Se trata de los hongos que viven en simbiosis con las raíces de cada planta y que son verdaderos laboratorios bioquímicos al encargarse de atacar e incorporar los minerales y demás sustancias presentes en la tierra, que introducen directamente en los vegetales. ¡Rara es la planta que no tenga sus micorrizas!

Qué es y para qué sirve el abonado

Aunque en la constitución de los vegetales se han detectado más de un centenar de elementos químicos y sólo unos veinte de ellos son considerados realmente esenciales, ¿acaso el resto no son útiles para el correcto desarrollo vegetal? Por lo menos les aportan calidad nutricional o sabor. En agronomía convencional se habla mucho de los tres macronutrientes llamados básicos: nitrógeno, fósforo y potasio; se les considera básicos para el desarrollo vegetal, pero hay otros tres que son vitales para las plantas y constituyen el 95% de la materia seca de las mismas: carbono, hidrógeno y oxígeno. Tal vez no suelen tenerse en cuenta por hallarse a disposición de las plantas de forma totalmente libre, en el aire que respiran y en el agua. Cuando hablamos de abonado, nos referimos a la restitución o aporte para el desarrollo de las plantas del restante 5% de elementos vitales a través de los minerales presentes en la tierra y a partir de la descomposición de la materia orgánica.

Aparte de preocuparnos por restituir los elementos que se pierden por efectos de la lixiviación debido al agua de lluvia o riego, así como por la extracción de cosechas para su consumo o comercialización y por la propia erosión de suelo, tendremos que ocuparnos de crear las condiciones idóneas para la formación de un humus estable y para que las plantas encuentren un medio favorable o ideal para su correcto desarrollo. Y en ello intervienen varios factores totalmente interrelacionados: las condiciones climáticas –una temperatura muy baja, por ejemplo, no permite crecer a las plantas por muy bien alimentadas que estén–, la forma de trabajar la tierra, la disponibilidad de agua en un momento dado o incluso las «energías» del lugar.

No podemos ver el tema del abonado como una realidad separada del conjunto de elementos que configuran la vida vegetal. Estamos tratando con seres vivos. Las plantas no son máquinas a las que se les aporta combustibles que les dan energía y aceite que evita su desgaste, ni fábricas de alimentos en que por un lado de la cadena metemos abonos y agua y por el otro sacamos cajas de tomates, lechugas o pimientos.

El abonado sirve para mantener o mejorar el desarrollo vegetal y la productividad del eco-

*Un **abono orgánico** bien elaborado contiene todos los elementos necesarios para nutrir perfectamente las plantas cultivadas, potenciando la actividad biológica del suelo y mejorando la vida y la estructura de la tierra.*

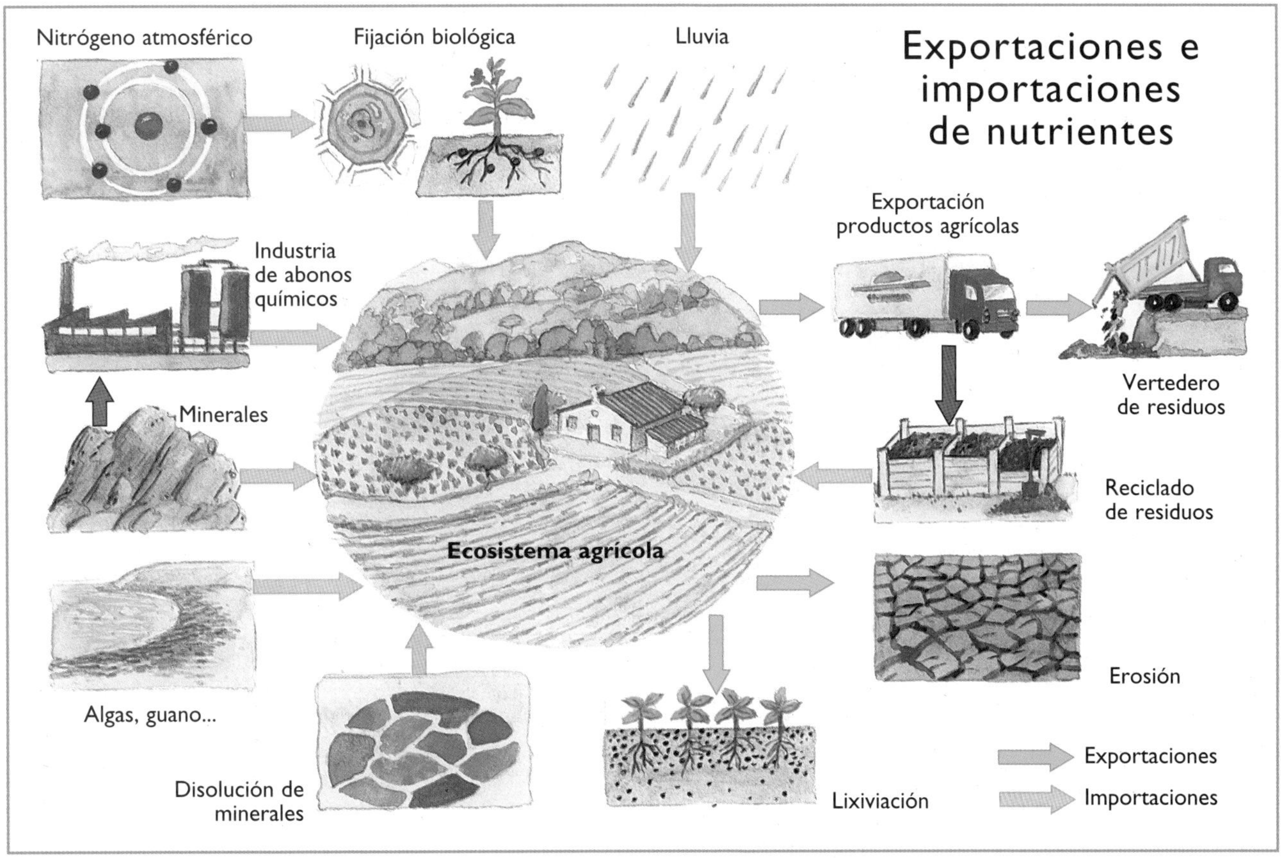

sistema agrícola, equilibrando el balance entre las exportaciones (lo que sale del huerto) y las importaciones (lo que entra en él). También se intenta con el abonado compensar los posibles desequilibrios o deficiencias que pudieran existir en la tierra de cultivo. Aunque no debemos olvidar que la función última del abonado es alimentar la tierra y los seres que en ella viven, para que aporten vida y alimenten a su vez –de forma equilibrada y saludable– a las plantas que habitan en ese suelo.

Abonos químicos

Los abonos químicos son los que suelen encontrarse en las cooperativas agrícolas o en los centros de jardinería y de suministros agrícolas, en forma de sulfatos amónicos, nitratos, superfosfatos o de abonos compuestos en los que se han mezclado los macronutrientes considerados básicos: nitrógeno, fósforo y potasio (N-P-K). Requieren gran cantidad de energía (petróleo) para su obtención, aparte de que contienen sustancias tóxicas contaminantes (que casi nunca se especifican en los envases). Por ser en su mayoría muy solubles en agua, suelen interferir en el equilibrio normal de absorción de nutrientes por parte de las plantas.

El hecho de que en la agricultura convencional (química) se use y abuse de los abonos nitrogenados (sulfato amónico, nitrato amónico, urea, etc.) se debe en gran medida a que el exceso de nitrógeno obliga a las plantas a absorber agua con gran avidez, aumentando el volumen de su masa vegetal rápidamente, pero no ocurre lo mismo con el resto de nutrientes. Por un lado, esos abonos las estimulan a crecer de forma rápida y aparentemente lozanas, por otro las debilitan y las hacen vulnerables a ataques de parásitos o a las enfermedades. Además, las plantas cultivadas con un exceso de abonos nitrogenados (e igual ocurre con los naturales, también fácilmente solubles) suelen ser más insípidas, menos nutritivas y se pudren con gran facilidad tras su recolección (son casi todo agua), aumentando las pérdidas durante la conservación y la comercialización. Para colmo de males, los abonos nitrogenados solubles contaminan tanto las aguas superficiales como las de las capas freáticas, causando un serio problema para el suministro de agua potable a la población. La mayoría de acuíferos del Levante español están nitrificados (contienen más de 50 miligramos de nitratos por litro) y en algunas poblaciones, como Moncofar y otros pueblos de la Comunidad Valenciana, se ha llegado a prohibir el uso del agua de grifo para el consumo de los niños o la preparación de biberones, pues incluso se han llegado a dar casos de muerte debido a los altos niveles de nitratos en el agua potable.

Uso del nitrógeno

El siguiente caso ejemplifica el progresivo descenso del contenido de materia seca en las espinacas al emplear dosis crecientes de nitrógeno.

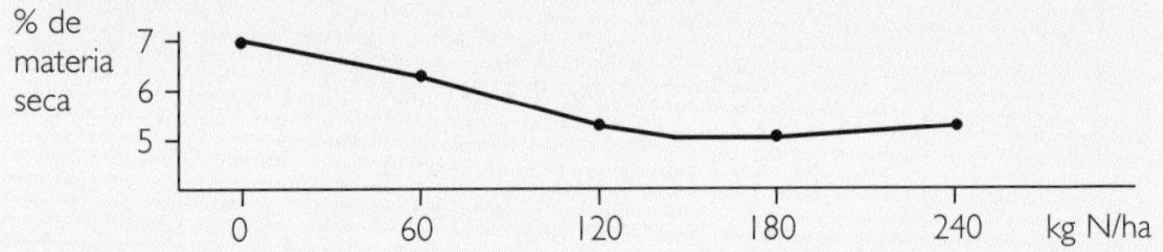

Uso de abonos fosfatados

Este cuadro ilustra el efecto de los abonos fosfatados en el contenido de ácido ascórbico y caroteno de una lechuga.

Aporte de ácido fosfórico (kg/ha)	Contenido de la lechuga en	
	ácido ascórbico (mg/100 g de m.s.)	caroteno (mg/100 g de m.s.)
0	70	9,0
60	110	8,0
120	115	7,0
180	120	4,5
240	210	2,5

Pérdida de conservación

En esta tabla se hacen patentes las diferencias de conservación y las pérdidas de almacenaje y cocción de las hortalizas tratadas químicamente frente a las que lo han sido ecológicamente.

Fertilización	Tiempo de conservación	Pérdidas por cocción	Pérdidas por almacenaje	Pérdidas totales
Química	2,8 meses	27,9%	38,0%	55,3%
Ecológica	5,7 meses	4,4%	17,1%	20,7%

Fuente: C. Aubert, *Efectos de los abonos químicos sobre los alimentos* (*Integral* nº 19)

Abonos y enmiendas minerales

En la práctica de la agricultura ecológica están terminantemente excluidos todos los aportes de abonos químico-sintéticos, también llamados abonos minerales, pero en caso de carencias específicas sí que podemos recurrir a las rocas y minerales que se hallan presentes en la naturaleza y que no hayan sufrido mayor procesado que el ser molidas hasta conseguir un finísimo polvo –o también pueden haber sido calcinados– para que se facilite la labor de asimilación por parte de los microorganismos presentes en el suelo, especialmente las micorrizas.

Hay que remarcar que en un huerto familiar en donde se emplea abundante compost y se recurre con frecuencia a los acolchados vegetales y a los abonos verdes, con lo que se aportan al suelo los nutrientes necesarios, es raro que se presenten carencias graves que justifiquen el empleo de minerales; en cambio su uso estará muy recomendado en las grandes fincas de cultivos cerealistas, frutales o incluso hortícolas, en las que resulta difícil hacer regulares y abundantes aportaciones de compost, y allí donde se detecten carencias evidentes o desequilibrios debidos a la constitución del mismo suelo.

ABONOS QUÍMICOS Y SALUD

¿Nos hemos preguntado alguna vez qué implicaciones sobre nuestra salud tiene el sencillo acto de comprar un alimento? Los abonos artificiales llevan aparejados gran multitud de problemas que poco a poco se han ido haciendo patentes –sobre todo en el caso de los abonos nitrogenados– hasta el punto de hacer insostenible su actual uso. En su fabricación están produciendo residuos y contaminación.

En su utilización en campo es donde causan mayores problemas. Según datos de 1995 de la Conselleria de Agricultura Valenciana, esta comunidad consumía 95.200 toneladas de abonos nitrogenados, de los cuales entre el 30 y el 60% van a parar a los acuíferos (según un estudio del IVIA), en total de 30.000 a 57.000 toneladas de nitratos. El 65% de los pozos de nuestro territorio poseen niveles superiores a 50 ppm (o mg/l) de NO_3 (límite legal para el consumo humano), mientras que el 27% (el 42% de los contaminados) sobrepasan las 100 ppm, como en la comarca de L'Horta, o las planas de Gandía-Denia, Oropesa-Torreblanca, Castelló o Vinaròs-Peñíscola. Con los fosfatos solubles ocurren situaciones similares. Un porcentaje de ellos pueden ser lavados hasta la capa freática.

Además de por el agua, podemos ingerir nitratos por las propias plantas. Los vegetales tienen tendencia a acumular el nitrógeno y los demás elementos minerales en diversas formas en sus tejidos. Así, sobre todo las hortalizas de hoja ancha, como lechugas o espinacas, y las de raíz, como remolachas o zanahorias, poseen niveles excesivamente altos de nitrógeno soluble en sus tejidos.

El exceso de nitrógeno, fósforo o potasio en el suelo también puede provocar antagonismos con otros nutrientes y debilidad en la planta. Esta falta de oligoelementos en el alimento puede producir carencias en nuestro organismo y las enfermedades derivadas de éstas. A los nitratos en aguas y alimentos procedentes de los abonos, hay que añadir los de los aditivos: nitritos (E-249, E-250) y nitratos (E-251, E-252), presentes en embutidos, conservas, quesos curados, etc.

Los nitratos, en ciertas condiciones, se transforman en nitritos. Esto resulta más fácil en bebés de pocos meses o en rumiantes. Los nitritos pueden producir metahemoglobinemia (falta de oxígeno en la sangre, al combinarse con la hemoglobina) y cánceres (al combinarse con las aminas del cuerpo y dar nitrosaminas, que pueden ocasionar cánceres hepáticos y de otros órganos). Ciertas combinaciones con plaguicidas y otras sustancias químicas pueden producir nitrosaminas que derivan en cánceres.

Estudios recientes detallan que los nitratos son capaces de ocasionar malformaciones en fetos y efectos perniciosos en glándulas hormonales. Así, la OMS recomienda que la

ingesta diaria admisible (IDA) sea de 3,65 g de nitratos y 0,11 g (en bebés) de nitritos por kg de peso. Un bebé de seis meses con 8 kg de peso supera el límite con tres biberones de 250 c^3 de un agua que tenga 50 ppm de nitratos (37,5 mg de nitratos totales). Un adulto de 70 kg sólo debe tomar cuatro vasos de agua con 50 ppm (como la de Alzira o Carcaixent) y 400 g de espinacas de cultivo intensivo (con 600 ppm de nitratos) para superarlo.

El texto de este recuadro es un extracto de la ponencia expuesta por Alfons Domínguez Gento en el Congreso de Agricultura Ecológica celebrado en Valencia en noviembre de 1997.

*Las **enmiendas** con polvo de rocas calcáreas (cuyo color blanco es bien visible en esta fotografía de un huerto familiar) corrigen el exceso de acidez de algunas tierras de cultivo.*

Los abonos minerales no son solubles al agua, ni directamente asimilables por las plantas, como ocurre con los químico-sintéticos, por lo que su aplicación se realizará con varios meses de antelación a los cultivos que vayan destinados, para que los organismos de la tierra tengan tiempo de trasformarlos y hacerlos asimilables. La mayoría de minerales empleados tienen composiciones muy diversas y suelen clasificarse según el elemento que predomina, aunque conviene conocer todos sus compuestos pues de lo contrario podemos agravar los desequilibrios ya existentes. Esto ocurre, por ejemplo, si recurrimos a unos fosfatos a causa de una clara carencia de fósforo y para ello empleamos escorias de desfosforación de siderurgias o fosforitas mientras nuestra tierra es más bien caliza, porque entonces estamos aportando dosis altas de calcio, ya que estos minerales pueden contener hasta un 50% de CaO. Por ello conviene conocer la composición de cada mineral.

Minerales ricos en calcio

En las tierras muy ácidas se suelen emplear las mismas rocas en polvo que las usadas en la agricultura convencional.

Las calizas tienen del 40 al 55% de calcio (CaO) y se utilizan en dosis de 30 a 200 g/m^2 o de 300 a 2.000 kg/ha.

Las margas son mezclas de arcilla y caliza que tienen del 15 al 30% de CaO, por lo que son interesantes en las enmiendas cálcicas de tierras arenosas. Se utilizan en dosis de 30 a 150 g/m^2 o de 3.000 a 15.000 kg/ha.

Las cretas fosfatadas contienen de 50 a 55% de CaO, 7 a 9% de P_2O_5 y numerosos micronutrientes. Se utilizan en dosis de 300 a 1.500 kg/ha.

El yeso contiene el 33% de calcio y se emplea preferentemente para la corrección de tierras sódicas.

Algunos de los minerales que se emplean como enmiendas fosfóricas contienen también altos porcentajes de calcio: fosfatos naturales 50%, escorias básicas 40 a 50%, y también las dolomitas, que contienen entre un 25 a un 30% de CaO.

Minerales ricos en fósforo

Los fosfatos naturales pueden proceder de las minas de fosfatos existentes en Extremadura, Murcia, Marruecos o Túnez. Suelen contener entre 20 y 35% de fósforo (P_2O_5). Dado que también son ricos en calcio, pueden usarse en tierras ácidas a razón de 25 a 50 g/m^2 (en grandes superficies suelen emplearse de 200 a 400 kg/ha).

El fosfal es un fosfato calcinado que contiene alrededor de un 33% de P_2O_5 y se caracteriza por tener un elevado contenido de aluminio y ser más soluble que los fosfatos naturales. Su aplicación es interesante en las tierras calizas a razón de 25 a 50 g/m^2 (o de 200 a 400 kg/ha).

Las escorias básicas o escorias de desfosforación del hierro son un subproducto de la siderurgia que contiene entre el 16 y el 19% de fósforo y cerca del 50% de calcio. También son ricas en oligoelementos. Pueden usarse en tierras ácidas o neutras –no en calcáreas– a razón de 30 a 60 g/m^2 o de 300 a 600 kg/ha.

Minerales ricos en magnesio

Las dolomitas son minerales que contienen carbonatos dobles de calcio y magnesio, por lo

que pueden usarse como enmendantes cálcicos o magnésicos. El contenido en magnesio (MgO) suele ser del 16 al 20%. Precisamente debido a su alto contenido en calcio, sólo se recomienda su uso en suelos ácidos o neutros, a razón de 20 a 50 g/m^2 o de 200 a 500 kg/ha.
El sulfato de magnesio puede provenir de minas (la kieserita posee de un 20 a un 27% de magnesio) o de salinas marinas (16% de MgO). Su empleo se recomienda en las tierras calizas a razón de unos 20 a 40 g/m^2 o de 200 a 400 kg/ha.
El sulfato magnésico de origen marino es más soluble que el mineral, por lo que es mejor aplicarlo en dosis bajas y repetidas.
Las rocas silíceas y el patentkali quizá sean la mejor forma de aportar magnesio mineral a la tierra, pues aunque no superan el 10% de MgO contienen muchos minerales combinados (sílice, potasio, micronutrientes...), lo que los hace más interesantes y equilibradores.

Minerales ricos en potasio

Las cenizas de madera pueden ser el mejor modo a nuestro alcance de aportar suplementos de potasio; contienen del 5 al 10% de K_2O y pueden emplearse a razón de 50 a 100 g/m^2 o de 500 a 1.000 kg/ha. Dada su potencial causticidad, conviene esparcirlas en el compost o en la tierra durante un laboreo profundo o al enterrar un abono verde.
Las rocas silíceas finamente molidas contienen entre un 2 y un 12% de potasio. Su inconveniente es la lenta solubilidad, por lo que para tierras claramente carenciales es preferible usar las cenizas o el patentkali. El patentkali es una sal natural rica en potasio (28%) y magnesio (8%) que se obtiene a partir de la kainita. Contiene, además, un 18% de azufre y diversos micronutrientes. Puede emplearse en todo tipo de tierras a razón de 25 a 50 g/m^2 o de 200 a 400 kg/ha.

Minerales ricos en sílice

Existen numerosos minerales ricos en sílice que una vez pulverizados pueden ser de gran ayuda en la agricultura ecológica: basalto, gneis, granito, pórfido, etc. Aparte de sílice (alrededor del 50%) suelen contener otros minerales de cierto interés: magnesio (de 2 a 10%), potasio (de 2 a 12%) y numerosos microelementos que pueden considerarse activadores o catalizadores de la actividad biológica de un suelo fértil.
La práctica muestra que el aporte de sílice refuerza las plantas cultivadas; los biodinámicos lo emplean en sus preparados y lo usan para aportar «luz y calor» en las épocas frías y lluviosas, lo que se traduce en una mayor resistencia de las plantas, sobre todo hacia las enfermedades criptogámicas. También ayuda a las plantas a asimilar el resto de elementos presentes en la tierra, y tiene la ventaja adicional de poder usarse en toda clase se suelos, ya sean ácidos o calcáreos, en dosis incluso muy elevadas, sin que ello implique riesgos o desequilibrios. Generalmente suelen aplicarse de 30 a 200 g/m^2 o de 300 a 2.000 kg/ha.

PRECAUCIONES BÁSICAS

▲ En los primeros años de implantación de un huerto ecológico –y tras efectuar los análisis de tierra pertinentes– quizá necesitemos aportar al suelo algún enmendante mineral que equilibre carencias. En agricultura ecológica no usamos los abonos minerales basándonos en las posibles necesidades de un cultivo concreto, sino para reequilibrar el suelo y potenciar la actividad biológica del mismo, que será en definitiva el fertilizante real de las plantas allí cultivadas.

▲ Si practicamos el compostaje de la materia orgánica o usamos el estiércol, lo ideal es espolvorear los enmendantes minerales en dicho compost, para que las múltiples reacciones químicas y bioquímicas de los microorganismos allí presentes los «predigieran», acelerando su proceso de asimilación. Si disponemos de corral con animales, lo ideal será esparcir los minerales en la cama de materia orgánica que luego será compostada.

▲ En un huerto bien establecido –con seis o siete años de cultivo ecológico regular y en el que se emplea abundante compost y se practican abonos verdes y rotaciones con regularidad– no tiene mucho sentido preocuparse por las enmiendas minerales, con excepciones como la adición de rocas silíceas como catalizadoras y, en el caso de los suelos muy ácidos, como los del norte de España, en los que convendrá aportarles cal de vez en cuando.

El compost

Todos hemos oído a menudo que el compost es la base de la correcta fertilización en agricultura ecológica. Existen muchas clases de compost y muchas formas de elaborarlo o usarlo. El compost –término de origen anglosajón– es materia orgánica en descomposición más o menos avanzada que, habitualmente, se elabora componiendo unos montones que pueden tener formas y dimensiones diversas. Suele catalogarse en tres categorías generales:

- Compost poco descompuesto o fresco (con pocas semanas de fermentación).
- Compost descompuesto (entre dos y cuatro meses).
- Compost muy descompuesto o maduro, que también recibe la denominación de mantillo, y que es el resultado de una descomposición prolongada (uno o dos años).

Tradicionalmente, el montón de compost en nuestro país ha sido el montón de estiércol del estercolero, en el que se mezclaban los restos de las cosechas y los restos orgánicos de la casa. Pero el montón de compost puede ser algo mucho más refinado que eso: tiene una técnica depurada y un significado mucho más profundo, como puede leerse en las publicaciones biodinámicas.

*La fertilidad y vitalidad de la tierra está estrechamente ligada a la cantidad de **humus** que hay en ella, por lo que el aporte regular de materia orgánica descompuesta ayuda a su mantenimiento.*

Cualidades del humus

El humus, que es la vida de la tierra y de las plantas, está estrechamente relacionado con la materia orgánica. El humus es un material vivificador resultante de la descomposición de la materia orgánica bajo la acción combinada del aire, el calor, el agua y los microorganismos.

Se obtiene a partir de abonos verdes, estiércoles, paja, hojas, hierba segada, restos de poda y de cosechas bien triturados, algas, plumas, etc., y entre sus principales cualidades destacan las siguientes:

- Contiene prácticamente todos los elementos minerales que existían en los seres orgánicos de los que proviene y se hallan en un estado directamente asimilable por las plantas.
- Mejora la estructura del suelo.
- Regula los intercambios del aire, el agua y el calor entre el suelo, el aire y las plantas.
- Retiene el agua en los suelos ligeros.
- Evita la lixiviación de minerales y nutrientes del suelo.
- Es una de las claves importantes de la fertilidad de la tierra.
- Es uno de los más importantes elementos constituyentes del suelo.
- Juega un papel regulador del pH del suelo.
- Constituye un medio excelente y favorable para la vida del suelo –es frecuente que existan gran número de lombrices en los suelos ricos en humus–.
- Permite solubilizar y, a la vez, fijar y retener los nutrientes fertilizantes del suelo.

Compostaje en montón y en superficie

Desde el comienzo de la agricultura ecológica han existido dos corrientes, a veces enfrentadas, aunque de hecho complementarias, en favor del compostaje en montón o del compostaje en superficie.

La fermentación en montón permite controlar todas las fases del proceso y disponer de una materia orgánica con características específicas para usos concretos: el abonado de fondo se realiza con compost fresco o poco descompuesto; el compost descompuesto, de rápida absorción, sirve para aplicar en la fase productiva del cultivo, y el mantillo se usa para cubrir sembrados, para la preparación de los semilleros y para abonar parcelas donde se va a sembrar plantas sensibles a la materia orgánica fresca, como zanahorias o judías. La fermentación en superficie, o sea, esparciéndola

REALIZACIÓN DE UN COMPOSTERO DE MADERA

Para construir este compostero de madera (en el que podemos usar madera reciclada de palets) sólo necesitamos 24 tablas para las paredes, 4 largueros para los postes y unas guías para los paneles frontales, así como martillo y clavos.

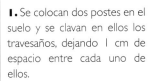

1. Se colocan dos postes en el suelo y se clavan en ellos los travesaños, dejando 1 cm de espacio entre cada uno de ellos.

2. Se construyen los otros laterales, se apoyan en una pared y se colocan de modo que queden paralelos. Como sujeción momentánea se clava una madera que inmovilice ambos postes, y se levanta la parte trasera.

3. Se retira la madera de sujeción, se gira el compostero y se prepara para construir la parte frontal. Para ello, se clavan un travesaño en la base y los postes y las guías en cada una de las paredes laterales.

4. Se introducen las tablas que harán de panel frontal y se atan los extremos de los postes con una cuerda para evitar que el compostero pueda desmontarse cuando esté lleno.

en el mismo lugar en donde crecen las plantas, tiene las ventajas de que cubrimos el suelo y lo protegemos de la radiación solar, y supone mucha menos mano de obra.

En el cultivo intensivo de hortalizas muy variadas y en huertos de pequeñas dimensiones es interesante y práctico el uso de compost en diferentes fases de descomposición. En plantaciones de árboles frutales y en los cultivos plurianuales quizá sea más práctica la aplicación de la materia orgánica en superficie para su lenta y progresiva descomposición. Para los biodinámicos, el compostaje en montón supone algo más que la obtención de nutrientes asimilables por las plantas: se trata de una acción que mejora el resultado final, gracias a la estimulación energética con los preparados hechos a base de plantas medicinales con que se inocula el montón.

La fermentación en superficie puede usarse incluso en el cultivo de cereales. De hecho, Masanobu Fukuoka, desde hace más de treinta años, consigue dos cosechas de cereales al año sin labrar la tierra esparciendo las semillas del cereal «rebozadas» de barro, en forma de bolitas en medio del sembrado de otro cereal, unos días antes de su cosecha. Una vez realizada la siega y tras haber extraído los granos del cereal, esparce la paja por el campo; alguna que otra vez, antes de esparcir la paja se esparce algo de estiércol –poca cantidad–. Este sistema crea una cobertura en permanente descomposición que, a lo largo de los años, crea una capa de elevada fertilidad, mullida y bien aireada, que retiene eficientemente la humedad y en la que no suelen crecer malas hierbas. Algo parecido podemos hacer con los bancales de hortalizas, realizando una cobertura permanente con paja, hojas, restos orgánicos, estiércol y cualquier materia orgánica. Esto lo aconsejan Rüsch-Muller y Jean Marie Roger.

Composición del compostero
Ramas de las podas
Flores y hierbas adventicias
Ceniza
Plumas, pelo, lana...
Diarios y cartones
Hilos y trapos de algodón y fibras naturales
Paja
Restos orgánicos de la casa
Restos de cosechas
Césped
Gallinaza y estiércoles de todo tipo

El montón de compost

Un buen compost debe integrar un adecuado equilibrio entre los distintos materiales que lo componen. Existe una proporción óptima para las cantidades de materia orgánica ricas en nitrógeno (hojas verdes) y las de materia orgánica ricas en celulosa –carbono– (paja y vegetales leñosos), resultando de igual importancia la humedad de los materiales empleados y la del montón en sí mismo. Materiales con mucha humedad –césped recién cortado o restos de cosechas (lechugas, coles, etc.) que no se dejan marchitar previamente–, así como un compost excesivamente húmedo o que retenga el agua, tenderán a pudrirse y a producir fermentaciones anaerobias que serán negativas para las raíces de las plantas en donde empleemos ese compost. Un exceso de materiales secos (paja, hojas secas, etc.), así como la falta de humedad en el compost, impedirá el trabajo de las bacterias y demás microorganismos vitales en el proceso de fermentación y descomposición del mismo.

Para su elaboración podemos emplear cualquier material orgánico: estiércol de distintas procedencias, restos de cosechas, malas hierbas, restos orgánicos de la casa, las siegas de césped, las hojas caídas de los árboles, algas recogidas en la playa y, si disponemos de trituradora, incluso ramas de las podas. Podemos añadir polvo de rocas como enmendante de las posibles carencias de la tierra de nuestro huerto: fosfatos naturales, rocas calcáreas (dolomita), sulfato de hierro, etc. También hay quien añade cenizas, por ser ricas en potasio.

La incorporación de estiércol fresco al montón de compost le aporta el nitrógeno necesario para activar la vida bacteriana y, sobre todo, lo enriquece con bacterias que aceleran el arranque de la fermentación. Interesa que el estiércol esté equilibrado en cuanto a celulosa/nitrógeno. A ser posible, se echará paja, forrajes o restos de cosechas en el corral, como cama para los animales; de este modo evitaremos su compactación o que se vuelva una asquerosa y maloliente pasta que rezuma agua e impide la correcta fermentación aerobia.

LOMBRICOMPOST

En el suelo fértil las lombrices se encargan de transformar una gran cantidad de la materia orgánica en humus y nutrientes asimilables por las plantas. Nosotros podemos recurrir a otras lombrices: las del compost o rojas, que son grandes devoradoras de materia orgánica fresca, para acelerar la descomposición de la materia orgánica y su transformación en fértil humus. Existen varias formas de poner a trabajar las lombrices y obtener el preciado lombricompost. Generalmente se recurre a montones en los que se van depositando nuevas capas de estiércol o materia orgánica triturada para que la vayan devorando las lombrices. En el caso del compost doméstico, podemos recurrir a un lombricompostero comercializado o fabricamos uno.

Elaboración del montón de compost

Cuando el huerto es de dimensiones muy reducidas y el compost se basa principalmente en los restos orgánicos domésticos, algo de estiércol del gallinero y malas hierbas, podemos recurrir a un compostero. El compostero puede realizarse con maderas, reciclando un viejo bidón, con malla metálica, etc., o también podemos comprar uno con su tapa y sus puertecitas para ir sacando el compost maduro por la parte inferior. El compost entre cuyos materiales no haya alguna clase de estiércol, deberá enriquecerse con una capita de compost viejo o un inóculo bacteriano para compost, para asegurarnos una correcta fermentación. Algunos investigadores aconsejan regar el montón con orines dada su gran riqueza en amoniaco (es decir, nitrógeno) en la proporción de una parte de orín por tres de agua y regar con ello el montón.

Para la elaboración de grandes cantidades de compost, lo ideal es disponer de un tractor con pala cargadora y un remolque esparcidor. Se van cargando en el remolque, por capas, los diferentes materiales a compostar y luego se esparcen avanzando lentamente el remolque –la velocidad de marcha determina la altura del montón–. En caso de que el remolque sea más ancho que la anchura deseada para el montón, podemos incorporarle unas tablas o planchas a la salida, de forma que regulemos la anchura de caída entre 70 y 120 cm.

Ubicación del montón de compost

Sea un compostero doméstico, un pequeño montón o un montón de muchas toneladas, le buscaremos un buen emplazamiento. Lo ideal es un lugar sombreado, resguardado de los vientos dominantes, con acceso a toma de agua para cuando precise riego, que no esté muy lejos de donde se precisa emplear y con espacio suficiente para realizar los trabajos básicos de elaboración, volteado, carga de carretillas o de remolque, etc. Un buen compost no debe oler mal en ninguna fase de su fermentación, por lo que no hay inconveniente en que el montón (o montones) estén cerca de la casa, aunque por si acaso lo ubicaremos a una distancia prudencial.

La fermentación

La fermentación de la mezcla de materiales orgánicos a los que se puede añadir pequeñas cantidades de tierra o rocas trituradas ha de ser aerobia (es decir, realizarse en presencia de oxígeno). El compost es un producto intermedio entre la materia orgánica fresca (restos de plantas y animales) y el humus. El paso de la materia fresca a compost se conoce como fermentación o maduración, distinguiéndose entre compost joven o maduro según su composición se acerque más a la de la materia fresca o a la del humus. Cualquier material orgánico no contaminado puede servir para fabricar compost, pero debe buscarse que la mezcla tenga una relación carbono/nitrógeno (C/N) entre 25 y 30, esto es, 25 a 30 veces más carbono –celulosa– que nitrógeno.

Lo esencial es conseguir una mezcla bastante homogénea de los componentes, procurando que el conjunto esté aireado y mantenga la humedad de forma regular. También vigilaremos la temperatura del montón, procurando que no supere los 70 ºC. Y en caso de sobrecalentamiento habrá que regarlo abundantemente para frenar la fermentación. Cuidado con la falta de humedad, pues impedirá el arranque de la fermentación, como se comprobará por el hecho de que no aumenta la temperatura del montón. En zonas frías quizá sea conveniente aislar térmicamente el montón, rodeándolo de pacas de paja, por ejemplo. Por el contrario, en zonas muy calurosas conviene cubrir el montón con ramas, situarlo a la sombra de árboles, semienterrarlo o incluso construirle un cobertizo.

El tiempo de fermentación del compost oscila de algunas semanas a varios meses según el método seguido, la relación C/N inicial y el grado de madurez requerido para su aplicación. En un compost joven las materias orgánicas sólo están parcialmente descompuestas, por lo que se completa el proceso sobre el suelo, estimulando así una intensa actividad microbiana. Por ello, cuantitativamente, un compost joven tiene un valor fertilizante superior al de un compost maduro.

En un compost maduro las materias orgánicas que han servido para su fabricación están muy descompuestas y son fácilmente asimilables. Esto permite que pueda ser incorporado a la tierra de cultivo sin prehumificación (fermentación superficial) y que sea posible aplicar sin peligro cantidades muy grandes.

La relación C/N

Los valores de la relación carbono/nitrógeno (C/N) que figuran en esta tabla pueden servir de orientación para la selección de materiales para fabricar compost.

Material	C/N
Ramas de árboles trituradas	100-300
Paja, tallos de maíz	50-150
Leguminosas verdes	15
Hojas de encina, roble...	40-60
Excrementos de animales	15
Estiércol + cama	20-25

Un simple cañizo de mimbre o cañas puede resultar un excelente ***compostero.***

Cantidad y usos del compost

Las cantidades de compost a aplicar variarán según su grado de madurez y el tipo de cultivo. Normalmente oscilan entre 0,5 y 4 kg/m^2 (entre 5 y 40 t/ha). Puede aplicarse durante todo el año, teniendo en cuenta que actuará más rápidamente cuanto más descompuesto esté.

Respecto a la utilización de compost, éste resulta particularmente indicado en los siguientes casos:

- En horticultura intensiva, bien descompuesto, para suministrar a las plantas nutrientes rápidamente utilizables.
- Sobre los pastos, en primavera o verano, especialmente en las regiones donde el clima frena la actividad de los seres vivos, como en los climas fríos de montaña o en las regiones con fuerte sequía estival.
- En el período de conversión de una parcela a la agricultura ecológica para aumentar la cantidad de humus en el suelo y mejorar su actividad vital.
- Para mejorar rápidamente un suelo frío, húmedo y arcilloso, disponiendo para ello de grandes cantidades de compost bien descompuesto o maduro.

TIPOS DE COMPOSTEROS

De madera

De metal

De ladrillos

De malla metálica

El abono verde

Como el nombre indica, se trata de abonar la tierra con ayuda de plantas cultivadas para tal fin y que una vez desarrollada su masa vegetal al máximo, son trituradas e incorporadas al suelo. No se trata de una técnica reciente ni de un descubrimiento de la agricultura ecológica; esta práctica –los abonos siderales– era bastante utilizada tradicionalmente, aunque con la irrupción de los fertilizantes químicos quedó relegada al olvido. Pero lo cierto es que se trata de una técnica muy interesante que puede utilizarse tanto en pequeños huertos como en grandes superficies cultivadas.

Para la siembra del abono verde podemos recurrir a gran variedad de plantas: leguminosas (vezas, guisantes), forrajeras (haba forrajera, tréboles, lupulina, altramuces), gramíneas (avena, ray-grass, centeno), crucíferas (nabo forrajero, colza, mostaza) o de otras familias como la facelia. En los libros de agricultura ecológica hallaremos pormenorizadas las posibilidades de mezclas según suelos o condiciones ambientales, pero quizá lo más acertado sea asesorarse por los agricultores de la zona y también experimentar las diferentes mezclas.

La mezcla de vezas con un cereal como la avena suele dar los mejores resultados en el equilibrio de nitrógeno. La siega tradicional con guadaña precederá a la roturación del abono verde.

En el Levante español y en suelos predominantemente arcillo-calcáreos y pedregosos, donde el nitrógeno y la materia orgánica se consumen con rapidez, da excelente resultado la combinación de vezas (o yeros rojos) con habas forrajeras. El gran porte de las habas forrajeras con sus altos tallos sirven de tutores a las vezas que, de lo contrario, tienden a quedarse sobre el suelo y padecer problemas de hongos con facilidad. Los tallos de las habas forrajeras aportan bastante celulosa, que se convertirá en materia orgánica de descomposición lenta y, por lo tanto, fertilizará a largo plazo. Las hojas, tallos y raíces de las vezas, así como las hojas y raíces de las habas forrajeras, son ricas en nitrógeno, siempre escaso en los suelos calcáreos y en las zonas cálidas y templadas.

El momento ideal de la siega

La realización de la siega, roturación e incorporación al suelo de la masa vegetal del abono verde tiene un momento ideal, que es cuando aparecen los primeros brotes florales o las primeras flores. La mayoría de las plantas apenas extraen nutrientes del suelo en sus primeras fases de desarrollo. Es a partir de la formación de granos y semillas cuando empiezan a absorber ávidamente gran cantidad de nutrientes del suelo. En las primeras fases del crecimiento, obtienen la mayoría de nutrientes del aire, el agua y el sol, gracias a la prodigiosa fotosíntesis, por lo que cuando sembramos abono verde estamos sembrando fábricas de abonos que, sin más, trabajarán para sintetizar el nitrógeno atmosférico –gracias a las bacterias nitrificantes que viven en simbiosis con las raíces de las leguminosas– así como muchos otros nutrientes que no tendríamos disponibles sin esa maravillosa y poco contaminante industria bioquímica.

Se recomienda segar o triturar las plantas y dejarlas marchitar sobre el suelo durante un par de semanas, antes de incorporarlas progresivamente al suelo. Esta recomendación es de vital importancia en zonas húmedas y frías y allí donde los suelos sean pesados y muy hú-

El cultivo regular de abonos verdes es la mejor manera de incrementar la vida y la fertilidad de la tierra.

medos, pues si incorporamos directamente las hojas verdes –llenas de agua–, nos hallaríamos ante la situación de que, por efecto de una aireación escasa o por exceso de humedad, fermentarían y propiciarían la proliferación de bacterias anaerobias, lo cual resultaría muy perjudicial para las plantas que sembrásemos o trasplantásemos a ese terreno. Pero este fenómeno es raro que suceda en suelos ligeros, aireados, pedregosos o muy cálidos –bien soleados–, donde el problema puede estar en una pérdida de nutrientes debido al exceso de radiación solar, y en la falta de suficiente humedad en el suelo para permitir trabajar bien a las bacterias descomponedoras. Por ello, en tales suelos sólo habrá que dejar pasar un día o dos desde la siega o trituración. Incluso, en los suelos muy pedregosos y bien aireados, podemos roturar las plantas en una labor superficial –sin profundizar más de 10 cm– y al mezclarlos con algo de tierra, se irán deshidratando sin ser destruidos sus principios por el exceso de radiación.

Opciones para la siembra de abono verde

En rotación de cultivos

La rotación es la práctica más habitual. Se elige el momento en que el suelo está desocupado y se siembra las leguminosas, forrajeras, gramíneas –o una asociación de varias de

Después de pasados varios días desde el momento de la siega o trituración en superficie, conviene ***roturar*** *la masa foliar del abono verde, mezclándolo con la capa superficial de la tierra para que continúe su descomposición.*

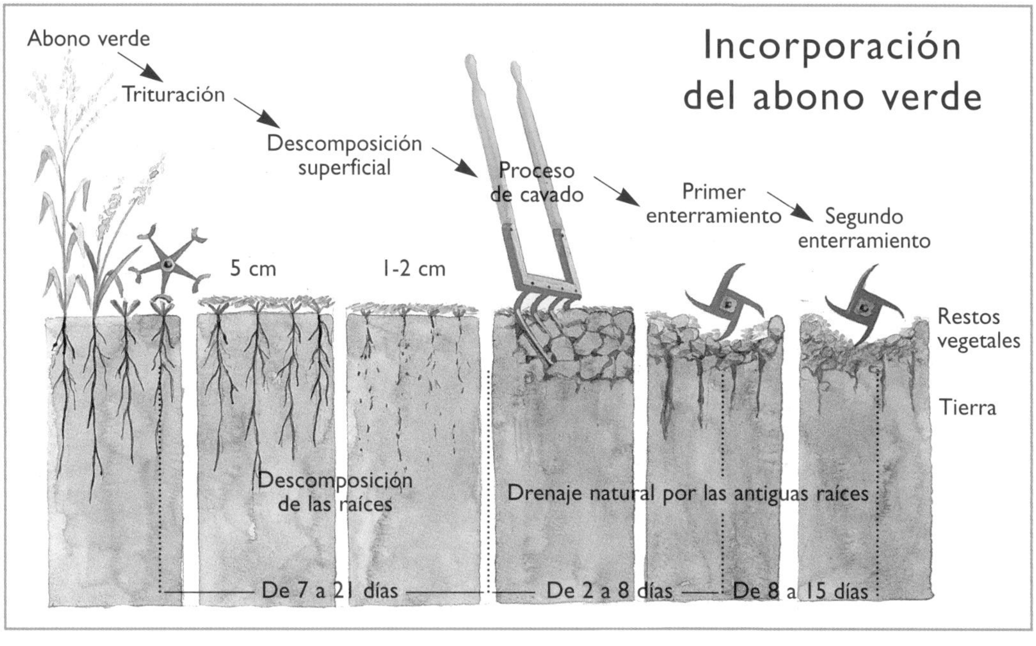

En el huerto familiar resulta fácil realizar, en cualquier época del año, un ***abono verde*** *a base de leguminosas, como las habas forrajeras.*

ellas–. En muchos casos esto se realiza en otoño, para aprovechar las lluvias y por ser una época en que suele ser más normal el disponer de parcelas desocupadas. También puede hacerse en enero para roturarlo en la primavera y plantar luego un cultivo exigente –tomates, pimientos...–. Allí donde dispongamos de posibilidades de riego adecuado –la aspersión es lo ideal en el caso de los abonos verdes– se pueden realizar siembras de abono verde en rotación de cultivos en cualquier época del año que la climatología lo permita.

El abono verde no sólo aporta nutrientes al suelo, sino que lo regenera y mejora tanto su estructura como su calidad biológica, por lo que sería aconsejable plantar un abono verde en toda parcela cada tres o cuatro años. En algunas zonas y cultivos puede incluso realizarse anual o bianualmente. Siempre será preferible mantener el suelo cubierto de vegetación que desnudo y expuesto a las inclemencias del tiempo.

Asociado a un cultivo

Los abonos verdes en cultivos asociados, también llamados abonos verdes de cobertura permanente o cobertura verde, consisten en sembrar plantas que crecen junto a los cultivos hortícolas, sobre todo las de ciclo largo, las plurianuales y los árboles frutales. A menudo se recurre al trébol enano, que tiene la particularidad de cubrir uniformemente el suelo e impedir la germinación y proliferación de hierbas adventicias. Además, el trébol, como el resto de leguminosas, compite muy poco con las plantas cultivadas en lo que a nutrientes respecta, más bien aporta al suelo ciertas dosis del nitrógeno que toma del aire gracias a los nódulos de sus raíces, en los que viven bacterias nitrificantes.

En Menorca tienen una leguminosa naturalizada, que trajeron los ingleses y cuyo aspecto recuerda a la esparceta, idónea para esta clase de abono verde. Es importante que busquemos siempre la planta o las plantas más adecuadas para cada suelo y para cada región o zona climática concreta.

Estos abonos verdes se suelen segar en el momento del inicio de la floración con la ayuda de una segadora de césped o una desbrozadora, y se dejan triturados cubriendo el suelo para que se descompongan ahí. Con este sistema no se rotura el suelo, de modo que las plantas seleccionadas como abono verde seguirán rebrotando y mantendrán la cobertura verde permanentemente. Estos abonos verdes tienen sentido en cultivos de larga permanencia en el suelo –como frutales, alcachofas o tomates–, pero no sirven para cultivos de ciclo corto como las lechugas ni con otras leguminosas como guisantes o judías, en los que será más indicado un acolchado o incluso el sistema de Gertrud Franck consistente en sembrar líneas intercaladas de espinacas u otras verduras de crecimiento rápido que se siegan y se depositan cubriendo el suelo y acolchando los cultivos vecinos, sirviéndoles de alimento.

En cultivo intercalado

El abono verde intercalado es muy similar al asociado y se practica sobre todo en fruticultura, sembrando el abono verde en las franjas que quedan entre las líneas de cultivo o de árboles. Al igual que en los casos del abono verde asociado y la rotación de cultivos, podemos

VIRTUDES DEL ABONO VERDE

- Incrementa la fertilidad del suelo mejorando su estructura.
- Protege el suelo de la erosión y de la radiación solar.
- Recupera los elementos libres y evita su lixiviación por el riego o las lluvias.
- Favorece la humificación y descomposición de toda la materia orgánica leñosa presente en el suelo (paja, virutas de madera de poda, restos de cortezas...).
- Mejora la estructura del suelo drenándolo (en caso de suelos húmedos y compactos) con sus profundas raíces o reteniendo la humedad en suelos secos y sueltos.
- Incrementa y protege la fauna útil (depredadores como las mariquitas, lombrices, etc.) y los microorganismos descomponedores del suelo.
- Las raíces (con sus aliadas, las micorrizas y las bacterias) atacan la roca madre liberando nuevos nutrientes y movilizando nutrientes de difícil asimilación por parte de las plantas.
- La actividad bioquímica que se produce en torno a las raíces –las cuales suponen un 40% del total de la masa vegetal– inhibe el desarrollo de bacterias y hongos patógenos, nematodos, virus, etc.
- Con el uso de leguminosas conseguimos un notable aporte de nitrógeno, ya que lo sintetizan del aire.

segarlo –cuando su masa vegetal sea exuberante o al inicio de la floración– y dejarlo de cobertura para que en su lenta descomposición vayan nutriendo suelo y plantas; también podemos segarlo o triturarlo dejando que rebrote, o podemos roturarlo en la capa superficial del suelo para acelerar su descomposición y la más rápida asimilación de los nutrientes por parte de los árboles o plantas cultivadas.
Un ingeniero agrónomo de Vinaroz me describió una experiencia instructiva con abono verde intercalado. En una plantación reciente de naranjos, sembró entre las líneas de árboles una mezcla de haba forrajera y vezas. De las casi dos hectáreas de naranjos sólo pudo sembrarse la mitad, debido a que unas persistentes lluvias impidieron la labor de siembra. Como cuando la tierra estuvo en condiciones ya había pasado la época adecuada, sólo en una hectárea creció el abono verde, mientras que en la otra se realizaron labores mecánicas de desherbado y el suelo permaneció desnudo. Dada la buena climatología, el abono verde creció exuberante, alcanzando un porte superior a los 1,5 m. En la época de floración se roturó y se enterró posteriormente. Desde entonces en esa plantación de naranjos no se volvió a sembrar ningún abono verde y se realizaba una fertilización básicamente química, pero la mitad de naranjos que tuvieron de pequeños abono verde intercalado, aun hoy, veinte años después, tienen un porte mayor, producen más cantidad de naranjas y maduran de una a dos semanas antes que sus hermanos, siendo todos de la misma variedad y procedentes del mismo vivero.

Otras opciones

Aparte de las plantas mencionadas anteriormente como adecuadas para su cultivo como abono verde, hay algunas poco conocidas en nuestro país, como la facelia y la consuelda. Dadas sus especiales cualidades, merecen una mención especial.

La consuelda

Si existe una planta especialmente interesante de cultivar en un rincón del huerto, esa es la consuelda. En países y zonas húmedas llega a considerarse una mala hierba por su vivacidad y vigor. Se reproduce por división de raíces –y esporádicamente por semillas–, y es especialmente difícil de erradicar de allí donde se haya instalado, siempre y cuando se mantenga una humedad más o menos regular y abundante. Es pariente de la borraja y sus

*La **consuelda** desarrolla una gran masa foliar que puede segarse varias veces consecutivas aportando abundante materia orgánica para realizar acolchados, purín o mezclar con el compost.*

EL PURÍN DE CONSUELDA

Añadido al agua de riego, el purín de consuelda es un estimulador vegetal y un abono líquido especialmente apropiado para las plantas exigentes en potasio. Para su elaboración dejaremos macerar 1 kg de hojas de consuelda por cada 10 litros de agua durante cuarenta días, cubriendo el recipiente con una malla mosquitera. Con este purín de consuelda podemos regar a los pies de tomates, pimientos, berenjenas, calabazas y de cualquier otra hortaliza; incluso podemos usarlo como abono líquido para las plantas de interior.

hojas pueden consumirse frescas, pero no es muy apreciada para fines culinarios. En cambio algunas variedades se emplean como forraje para animales, y las siegas de sus enormes hojas se realizan casi mensualmente. Las propiedades medicinales de la consuelda son apreciables. Su nombre proviene del latín y significa consolidar, debido a su capacidad de ayudar en la consolidación y regeneración de huesos rotos. Sus hojas y raíces también se usan en cataplasmas para aliviar los dolores de golpes, contusiones o esguinces y reducir los hematomas.

Aspecto de una parcela con el abono verde segado y a punto de ser incorporado a la tierra; conviene no enterrar la materia orgánica a demasiada profundidad.

Resulta interesante su cultivo como fuente de materia orgánica para incorporar al montón de compost y como acolchado orgánico de cobertura del suelo entre los cultivos, ya que su descomposición aporta abundantes minerales, nitrógeno y sobre todo potasio. Las potentes raíces de la consuelda hacen de bomba aspirante de los minerales del subsuelo, llegando a trabajar hasta a más de 1,8 m de profundidad, algo que pocas plantas cultivadas consiguen (la alfalfa).

Existen numerosas variedades de consuelda, la más aconsejable para aportar materia orgánica es la consuelda de Rusia, ya que tiene un porte mayor y desarrolla mucha más masa foliar, llegando a alcanzar los 2 m de altura. Es la reina de la biomasa: su producción anual en materia verde (seca) supera las cuarenta toneladas por hectárea. Dada su avidez por el agua y la humedad, puede sembrarse a la salida de los rebosaderos de las albercas o de las aguas residuales depuradas.

La facelia

Es interesante cultivar esta planta como abono verde debido en parte a la gran masa vegetal que desarrolla –similar a la mostaza o la nabina–, pero sobre todo por ser una planta cuya floración primaveral dura más de un mes y es muy melífera, por lo que se aconseja especialmente su cultivo en caso de tener colmenas. Se alcanzan producciones de 3 a 3,5 kg/ m^2 de masa foliar verde y de 1,8 o 2 kg o más de raíces; ello supone un notable aporte orgánico, comparable al esparcido de unos 3,5 kg/m^2 de estiércol. Algunos apicultores siembran campos de facelia sólo con la finalidad de producir miel, y les sale rentable olvidarse de sacarle otro partido a la tierra, ya que llegan a obtener entre 500 y 600 kg de miel por hectárea de facelia.

El estiércol

Cuando estudiamos la fertilidad de las tierras de cultivo observamos la importancia de los excrementos de los animales domésticos, los cuales han cumplido y siguen cumpliendo una función prioritaria en el mantenimiento de la continua fertilidad de los suelos cultivados.

El estiércol y la fertilidad del suelo

En los ecosistemas naturales, las deyecciones de los animales que comen la hierba, las hojas de los árboles y los frutos, se encargan de acelerar y mejorar la reintroducción de la materia orgánica en el ciclo de la alimentación de las plantas. Los problemas aparecen con los procesos productivos actuales: la concentración de extensas zonas de cultivo y monocultivo por un lado y por otro la ganadería intensiva, con miles de animales estabulados, encerrados en granjas industriales, a menudo alejadas de las zonas cultivadas, comiendo y defecando sin parar, rompen y desequilibran los ciclos de exportaciones e importaciones de materia orgánica en los campos de cultivo.
Hasta principios de siglo y, sobre todo, hasta la revolución verde de los años sesenta, era habitual el sistema de cultivo en tercios, consistente en dividir las fincas en tres partes más o menos iguales. En una se sembraban plantas forrajeras, sobre todo leguminosas que nitrogenan el suelo; en otra parte se sembraban cereales, maíz o patatas, y la tercera se dejaba de barbecho, haciendo pastar las vacas o las ovejas en ella. Al año siguiente, en la tierra de barbecho ya labrada, se sembraban los forrajes o las leguminosas, en la parcela que había tenido forrajes, se sembraban los cereales o los cultivos destinados a gran producción o comercialización como maíz y patatas, y donde se habían cultivado éstos, se dejaba descansar haciendo pastar los rebaños por él.

La imagen del ***estercolero*** *cerca del huerto sigue siendo habitual en las zonas rurales y en algún huerto familiar.*

El estiércol que se acumulaba en los corrales era repartido por el campo de barbecho antes de su laboreo o se dejaba fermentar para su empleo en el huerto y el vergel.
Este sistema mantenía eficientemente la fertilidad del suelo, proporcionando producciones constantes y elevadas. El desequilibrio entre las importaciones y exportaciones de nutrientes del suelo es claro y evidente hoy en día, con la especialización en grandes fincas de monocultivos que se repiten en una misma parcela año tras año (maíz, patatas, cereales) y en granjas situadas a muchos kilómetros de las fincas cultivadas. Este creciente desajuste intenta compensarse con la aplicación de abonos químicos que a largo plazo tan sólo consiguen agravar aún más el problema.
Cuando yo era pequeño, las parcelas que cultivaban mis padres apenas sumaban las dos hectáreas, naranjos y hortalizas (tomates, lechugas, berenjenas, judías, pepinos, habas, guisantes, cebollas, etc.) que se vendían en el mercado local o se enviaban al Borne de Barcelona. Criábamos unas veinte ovejas, entre cincuenta y cien conejos y dos docenas de gallinas; otros miembros de la familia eran el mulo y un burrito, que nos servían de animales de carga y tracción. Aún recuerdo el día en que la policía de tráfico le puso a mi madre

una multa por imprudencia temeraria y exceso de velocidad, porque corría demasiado con su carro y su burrito, llevándonos en él a mí y a mi hermano que apenas sumábamos siete años entre los dos. Eran una excelente fuente de estiércol, que empleábamos sobre todo para los semilleros de cama caliente en el frío mes de enero. Regularmente limpiábamos los corrales y amontonábamos el estiércol en el *femer* (el estercolero), donde se mezclaba y de vez en cuando (siempre en luna llena) se le volteaba para que fermentara adecuadamente hasta el grado requerido para cada cultivo.

Reconozco que dar de comer y beber cada día a tanto animalito –lo hacíamos manualmente– nos parecía tedioso y aburrido. Y no digamos lo que protestábamos los días que tocaba sacar, carretilla a carretilla, el estiércol de los corrales para depositarlo en montones en el estercolero o ir llenando las zanjas de la cama caliente. Tampoco resultaba muy honrosa la imagen cotidiana en España hasta los años cincuenta de una legión de niños sucios y mal vestidos, corriendo y peleándose en las calles de cualquier pueblo o ciudad, provistos de un capazo de esparto y recogiendo la boñiga de aquellos animales, que hasta la motorización del país, eran el medio de transporte por excelencia.

Con el paso de los años aumentó la superficie cultivada y se fue reduciendo la cantidad de animales criados en casa. Mi padre empezó a comprar el estiércol traído de los pueblos del interior, sobre todo de oveja (*aixarri*) del Maestrazgo. En los años setenta, aconsejados por los ingenieros de extensión agraria, redujimos las aportaciones de estiércol a los campos –se le consideraba pobre en macronutrientes– e incrementamos considerablemente la cantidad de abonos químicos. Durante unos años la cosa parecía que funcionaba, pero pronto empezaron a notarse los verdaderos y nefastos efectos de tal cambio. Además, en la zona se montaron enormes granjas de gallinas y de engorde de pollos. El estiércol de estas granjas (la gallinaza) era baratísimo, e incluso algunas lo regalaban a cambio de ir a sacarlo y de limpiar la granja.

Tras varios meses de ***fermentación****, el montón de estiércol de oveja estará listo para su uso en el huerto.*

Mi padre fue de los primeros en darse cuenta y advertir a otros –aunque no le hacían caso– de que estábamos sufriendo las consecuencias del abuso de la gallinaza. Este estiércol tiene un efecto de «latigazo» que desencadena en las plantas una exuberancia similar a la que produce un aporte de nitratos químicos, pero al ser rico en cal provoca una fuerte alcalosis en nuestras tierras, ya de por sí calcáreas. Según toda esa experiencia acumulada, y a lo que poco a poco con la práctica de la agricultura ecológica hemos ido aprendiendo, he aquí un resumen de los diferentes tipos de estiércol con sus características más peculiares, su manejo, mezclas y el adecuado uso que podemos hacer de ellos.

No debemos olvidar que las mejores alternativas pueden hallarse en nuestro propio entorno. Una escuela de equitación por ejemplo, a buen seguro estará encantada de recibir una ayuda para librarse del estiércol de sus caballerizas. Los pastores de la zona suelen hacer tratos de intercambio de ayuda a cambio de estiércol para el huerto.

Tipos de estiércol

Estiércol de oveja

Es uno de los más ricos y equilibrados cuando procede de corrales de ovejas que han pastado por el monte, pues éstas combinan gran diversidad de plantas silvestres, con lo que podemos considerarlo casi medicinal para el huerto. Es un estiércol fuerte, que requiere una adecuada fermentación en montón, pues suele contener semillas de hierbas y gérmenes nocivos. Además su elevada temperatura de fermentación puede dañar la tierra y los cultivos cuando se aplica fresco.

Hoy en día, es extraño encontrarlo puro, ya que suele ir acompañado de paja y restos de forrajes que sirvieron de cama para las ovejas en los corrales. Varias marcas de abonos orgánicos envasados lo incorporan, lo que los hace muy recomendables para el huerto, siempre y cuando no nos estén engañando, ya que una vez descompuesto es difícil distinguir su procedencia y las materias primas empleadas en su elaboración.

Los agricultores abiertos a las capacidades interiores del ser humano y a la sensibilidad personal, pueden practicar la radiestesia para evaluar la calidad o conveniencia de un estiércol o de un abono orgánico comercial, dada la dificultad (sobre todo económica) de hacerlo por medio de análisis convencionales.

Estiércol de cabra

Es similar al de oveja pero aún más fuerte, algo más rico en minerales y oligoelementos cuando las cabras pastan en zonas agrestes o menos cuando las cabras son de huerta. Suele llevar grandes cantidades de pelo de cabra, enriqueciéndolo en nitrógeno. En ocasiones, cuando es fresco, también lleva grandes cantidades de pulgas, lo que lo hace menos recomendable.

Tradicionalmente, mezclábamos el estiércol de cabra con el de mulo o caballo, para su fermentación y aporte de temperatura en los semilleros de cama caliente. Al año siguiente, una vez bien descompuestos, estos estiércoles se habían convertido en un excelente y rico mantillo que colocábamos sobre el estiércol fresco y sobre él sembrábamos las semillas de tomate, pimiento o berenjenas, de cultivo temprano. Este mantillo guardado un año más y bien tamizado sirve para cubrir con una fina capa las semillas sembradas.

Estiércol de vaca

No es tan rico e intenso como el de oveja o cabra, pero quizás es el ideal para los suelos húmedos y tierras frías. Para las tierras secas y calcáreas es muy pobre en nitrógeno y se necesitan grandes cantidades si deseamos em-

El ***estiércol de vaca*** *conviene mezclarlo con abundante paja para mejorar el proceso de fermentación y obtener un buen compost.*

*La **gallinaza** contiene mucha cal, por lo que conviene a las tierras ácidas, pero no a las básicas o calcáreas.*

*El **estiércol de conejo** es fácilmente reconocible por las duras y redondas bolitas que tardan mucho tiempo en desintegrarse.*

plearlo como enmienda orgánica. Junto a la paja y los restos de cosechas es fundamental para confeccionar el compost biodinámico, dada la valoración que se concede a la vaca en este método agrícola.
Dado que es un estiércol rico en agua, para su correcta fermentación en montones, suele aconsejarse el uso de sistemas de ventilación y aireación que eviten el exceso de humedad que provocaría la desaconsejable fermentación anaerobia. Al igual que sucede con las ovejas, las vacas, pastando los prados de hierba, se encargan de abonarlos de forma excelente.

Estiércol de cerdo

Este estiércol, en su presentación más habitual (los purines), suele estar muy desacreditado, pues en muchas zonas es una de las principales causas, después del abuso de abonos químicos nitrogenados, de la nitrificación de los acuíferos. Tradicionalmente se mezclaban los estiércoles de las porquerizas con los de los establos y corrales (de ovejas, vacas, caballos y gallinas) y el resultado era bastante aceptable. Hoy en día, la explotación masiva de millones de cerdos en cada país europeo hacen de esta mezcla de las deyecciones sólidas y líquidas de los animales, más los restos de comida caídos al suelo, y el agua que sirve para la limpieza diaria de las pocilgas, un problema complejo y costoso de resolver.
Últimamente se empiezan a instalar en algunas zonas plantas de tratamiento de purines. En algunos casos, se aprovecha su fermentación anaerobia para la producción de gas metano; en otros, después de deshidratarlos parcialmente, se fermentan en procesos controlados o con bacterias seleccionadas, para la obtención de abono orgánico. El problema que plantea su uso en la agricultura ecológica es que pueden contener restos de antibióticos y de sustancias químicas empleadas en la actual cría intensiva de cerdos.

Gallinaza

El estiércol de gallinas, pollos y otras aves de corral es muy rico en nitrógeno, pero también muy fuerte, como ya comentamos al hablar del uso tradicional del estiércol en la agricultura. Cuando procede de cría biológica, lo podemos mezclar con otros estiércoles y restos de cosechas para la elaboración de un excelente compost. No hay que abusar de la gallinaza en suelos muy calcáreos dado el alto contenido en calcio de este abono.
La gallinaza de granjas de cría masiva de pollos de engorde o de gallinas ponedoras, suele desaconsejarse en agricultura ecológica, pues aparte de los medicamentos, antiparasitarios y antibióticos que reciben los pobres animales, el suelo de las granjas suele cubrirse con virutas de madera o serrín que a menudo procede de fábricas de muebles en las que se trabaja con lacados sintéticos y maderas aglomeradas que contienen formaldehído.

Estiércol de conejo

Este estiércol también suele considerarse fuerte para su empleo en fresco como abono orgánico. Debe emplearse muy descompuesto o mezclarse con otros materiales orgánicos para su correcta descomposición y con algo de cal en polvo para compensar su excesiva acidez. Es un alimento muy bueno para las lombrices de cría y con él se obtiene un excelente lombricompost.

Estiércol equino

El estiércol de caballos, mulos y asnos es bueno, aunque se lo considera algo flojo dada la alimentación de estos animales y que suele incorporar abundantes cantidades de la paja seca que les sirve de cama en el establo. Tiene una fermentación muy rápida y fogosa que lo hace ideal para realizar los semilleros de cama caliente, solo o mezclado con otros estiércoles. Dada su abundante aportación de celulosa, va bien mezclarlo en los montones de compost junto con hierba fresca, restos de cosechas verdes, restos orgánicos de la cocina, etc. La gran cantidad de microorganismos y urea que contiene, aceleran la fermentación y la hacen más completa. La desaparición de su olor fuerte y penetrante, es un indicador de que ha pasado su adecuado proceso de fermentación.

Como en todos los estiércoles, al cabo de unos meses, al final de la fermentación, los hongos actinomicetos le dan el aroma característico de la tierra fértil o de bosque, ideal para el cultivo en macetas, plantas de interior delicadas, semilleros, etc.

Estiércol de palomas y pájaros

Es muy similar al de las gallinas o gallinaza, pero mucho más concentrado. Como contiene muchos nitratos, deberá emplearse con moderación o mezclarlo con otros materiales orgánicos para su correcta fermentación en el montón de compost. El famoso «guano de Chile» son excrementos de aves marinas que durante miles de años se han ido amontonando en varias islas deshabitadas del litoral pacífico. En muchas regiones, todavía se dice «echar guano» a la aplicación de fertilizantes a la tierra.

Enmiendas orgánicas

Algunos materiales que podemos emplear en la fertilización del suelo o mezclarlos en la elaboración del compost, tienen características tan particulares que quizá sea interesante tenerlas presentes, aunque, como en el caso del polvo de huesos o de sangre, haya que utilizarlas con reservas.

Algas marinas

Si vivimos en zonas costeras podemos tener a nuestra disposición toneladas de algas que el mar arroja a las playas. A menudo los servicios municipales de limpieza cargan camiones que depositan en vertederos, y si les ofreces un espacio en tu finca para depositarlas, posiblemente lo hagan gustosos y sin cobrarte nada. Estas algas –*Laminosas*, *Fucus*, *Ulva*, etc.– no son excesivamente ricas en nitrógeno ni fósforo, pero en cambio contienen grandes cantidades de potasio y oligoelementos interesantes para la salud del huerto.

De todos modos, dado su bajo coste podemos usarlas con profusión para mejorar la estructura de los suelos. Es decir, que los suelos que han recibido abundante materia orgánica de un generoso aporte de algas marinas suelen ser esponjosos, aireados, retienen la humedad en el suelo y fijan bien los nutrientes evitando en parte su lixiviación por los sucesivos riegos

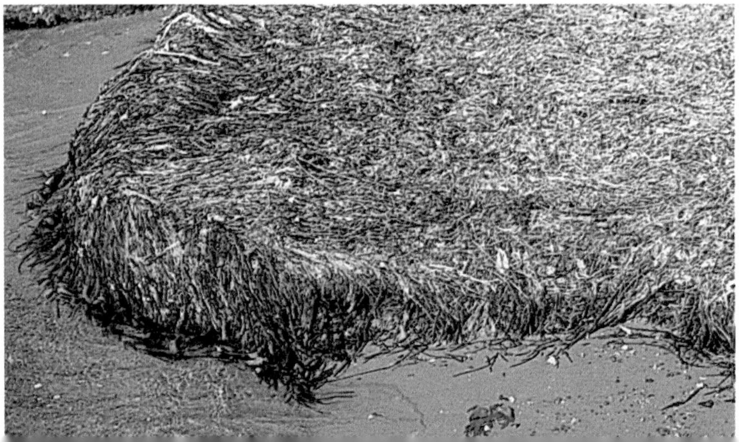

*Las **algas** muertas, que cada otoño deposita el mar en las playas, pueden usarse para acolchar los cultivos o mezclarse en el montón de compost con otros restos de materia orgánica.*

y lluvias. Añadir algo de estiércol sirve para que sus bacterias aceleren y mejoren su descomposición e integración con la tierra.
La pequeña proporción de sal que suele recubrir las algas no justifica que tengamos que lavarlas, aunque habrá que ir con cuidado en los suelos que ya presenten problemas de salinización. Pueden usarse a razón de entre 25 y 50 toneladas por hectárea.

Algas comercializadas
En el comercio podemos hallar varios productos para uso agrícola basados en las algas, líquidos o en polvo. Pero a pesar de su gran riqueza en oligoelementos, sus precios son disparatados y pocas veces salen rentables. En Francia se utilizan frecuentemente unas algas bretonas en polvo llamadas *Lithothamne*, muy ricas en calcio (de 42 a 47% CaO), por lo que suelen usarse como enmendante calcáreo en suelos ácidos. Por tanto, no es muy recomendable su uso en grandes cantidades en suelos calcáreos.

Cenizas
Son ricas en potasio, elemento que favorece la floración de las plantas. Van bien para flores, ajos, nísperos y algunas otras plantas concretas. Hay que vigilar su uso pues son fuertes y algo cáusticas, pudiendo quemar hojas e incluso raíces de plantas delicadas. Se pueden añadir cenizas en el compost –sin pasarse–.

Harina o polvo de sangre
Es muy rica en nitrógeno y útil para plantas de rápido crecimiento: espinacas, lechugas... Tiene en contra su elevado precio y las dudas sobre lo que puede llevar la sangre de unos animales criados artificialmente. Tras la aparición de la enfermedad de las vacas locas, se ha desaconsejado su uso, ya que puede inhalarse en el momento de la aplicación.

Harina o polvo de huesos
Es rica en fósforo y puede ayudar mucho a la fructificación de ciertas plantas como tomates, pimientos o berenjenas. También contienen altas dosis de calcio, por lo que vigilaremos su uso en suelos calcáreos. A menudo esto no es problema porque las dosis de estos productos son relativamente bajas con respecto a la materia global. Sobre todo es importante recordar que siempre será preferible su empleo en la elaboración del compost para conseguir una predescomposición, mejor que echarlo directamente al suelo. Tiene la misma contraindicación que la sangre respecto a la enfermedad de las vacas locas.

*Las **asociaciones favorables** en el huerto familiar ecológico resultan una práctica habitual y muy deseable.*

Asociaciones favorables

El tema de las asociaciones es tan sugerente como complejo. Sólo la observación metódica, paciente e intuitiva hasta en los más insignificantes detalles, nos permite reconocer las múltiples interrelaciones que existen entre los seres que viven y se desarrollan en un entorno específico. El huerto, el vergel o el jardín se convierten en ecosistemas donde es continua la interacción entre todos los orga-

La asociación de cultivos de puerros o cebollas con zanahorias resulta muy beneficiosa porque estas plantas se protegen mutuamente de los parásitos.

nismos vivos allí presentes. Al igual que en un ecosistema en que el ser humano apenas interviene, las interacciones se resumen en asociaciones que se autorregulan y tienen una cierta estabilidad que evoluciona lentamente. El resultado final de las interacciones nos será «favorable» o «desfavorable» en función de lo que pretendamos conseguir.

El horticultor puede intentar desfavorecer a ciertos seres de los que no piensa sacar provecho y favorecer a las plantas o animales que piensa aprovechar, sea para el consumo o para el recreo de los sentidos (plantas ornamentales o animales de compañía). Las abejas y muchos insectos están asociados con la mayoría de plantas con flores, a las que polinizan, permitiendo así el desarrollo de sus frutos y semillas. La presencia de flores variadas en un huerto o vergel atrae a una legión de insectos y abejas polinizadoras que aumentarán las cosechas de frutas.

Plantas y micorrizas

Un caso tan trascendente como desconocido es la asociación entre plantas y micorrizas, hongos que viven en simbiosis en las raicillas de la práctica totalidad de las plantas y se encargan de disgregar los compuestos y minerales presentes en el suelo volviéndolos asimilables para sus plantas amigas. Esta asociación favorable ha sido sistemáticamente ignorada por la agricultura convencional, hasta el punto de rociar continuamente plantas y suelo con fungicidas para el control de enfermedades criptogámicas, lo que destruye o merma las capacidades de acción de las frágiles micorrizas.

Plantas y bacterias nitrificantes

Algo similar sucede con la asociación entre las bacterias nitrificantes libres sobre el suelo o que conviven con las leguminosas en los nódulos de sus raíces (*Azotobacter*), que absorben el nitrógeno del aire, siendo ésta una de las razones del exuberante desarrollo de las leguminosas aun en suelos pobres. Pues bien, de nuevo aquí metemos la pata y abonamos con fertilizantes nitrogenados solubles, que excitan y aceleran el desarrollo de las legumi-

ESPACIO Y PROTECCIÓN

Existen asociaciones productivas para el aprovechamiento máximo de un espacio. Es el caso del huerto biointensivo y el bancal profundo, en donde se intercalan diferentes tipos de hortalizas de portes y sistemas radiculares distintos para aprovechar al máximo el espacio y los nutrientes.

Hablamos de asociaciones favorables cuando diferentes plantas cultivadas juntas o próximas se protegen mutuamente de ataques de parásitos. Por ejemplo, es habitual usar la albahaca para proteger de pulgones a los pimientos, o tener puerros y cebollas sembrados junto a zanahorias para repeler los ataques del barrenador. Una asociación favorable propia de la América precolombina y aún muy popular hoy debido a sus excelentes resultados es el cultivo combinado de judías (frijoles), maíz y calabazas, en el que las plantas de judías quedan enramadas en las matas de maíz.

De la América precolombina heredamos el cultivo asociado de maíz, judías y calabazas. También podemos cultivar asociados al maíz y las judías calabacines, pepinos, melones o sandías, que se beneficiarán de la sombra del maíz durante el tórrido verano.

nosas (habas, judías, guisantes, etc.), pero que al mismo tiempo impiden el desarrollo de estas bacterias, inhibiéndolas o incluso haciéndolas desaparecer, condenando con ello a las plantas a depender por completo del agricultor, y a éste a depender de las multinacionales de la química sintética. La asociación en este caso es favorable para la industria, y los desfavorecidos –o más bien parasitados– suelen ser los agricultores y la propia naturaleza.

Las asociaciones desfavorables

También hay asociaciones desfavorables, esto sucede cuando al cultivar juntas algunas plantas resulta perjudicial para una de ellas o incluso para todas. La salvia inhibe el desarrollo de innumerables hortalizas y obliga a plantarla en arriates alejados del huerto comestible. El maíz segrega unas sustancias químicas durante su crecimiento que inhibe la germinación o el desarrollo de otras plantas de maíz que son sembradas con posterioridad en su cercanía.
Se trata de un tema complejo y muy poco investigado, que requiere una observación constante y no limitarse a seguir al pie de la letra las recomendaciones sugeridas aquí o en otros libros. En el capítulo dedicados al cultivo de cada planta se indican las asociaciones más conocidas, basadas en la experiencia personal y sobre todo de observaciones hechas por agricultores biodinámicos.

Las rotaciones

En un ecosistema natural, la diversidad de especies de plantas y animales que viven en él asegura la fertilidad. En un huerto productivo podemos caer en el error de intentar simplificar el trabajo reduciendo las especies cultivadas a unas pocas, incluso haciendo monocultivo: una sola planta cultivada año

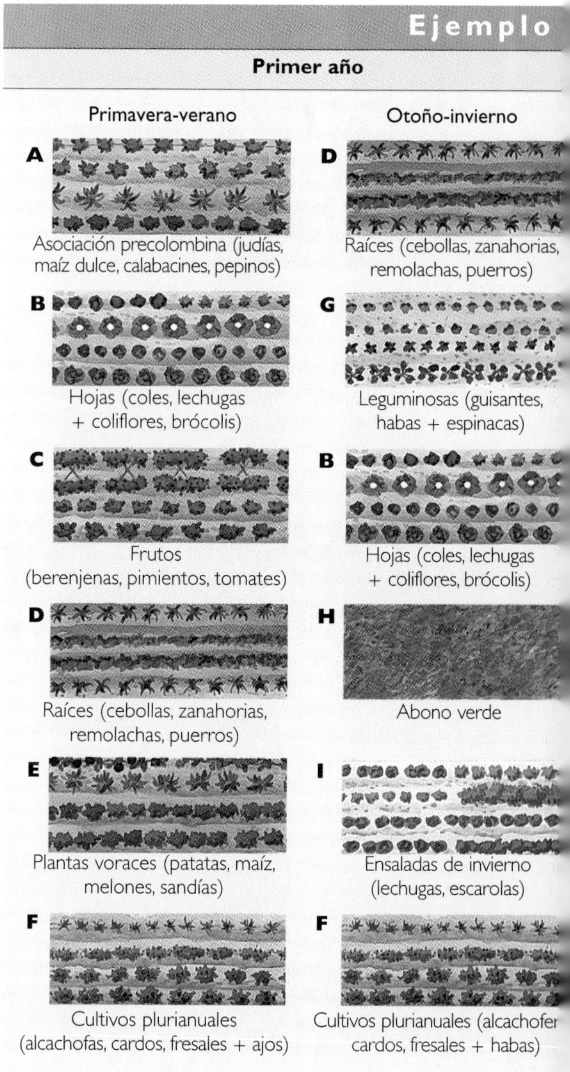

tras año sobre el mismo terreno. Esto termina siendo nefasto para el equilibrio biológico del suelo debido a que cada planta absorbe preferentemente de la tierra algunos tipos de nutrientes, mientras que en su desarrollo produce sustancias que, según la especie, pueden ser tóxicas para los ejemplares de su misma especie.

El monocultivo o la escasa rotación de cultivos ocasiona la proliferación de parásitos y enfermedades, que llegan a colonizar en gran número las parcelas cultivadas y acaban convirtiéndose en plagas destructivas. Es el caso del hongo de la hernia de la col. Puede aparecer en cualquier variedad de col (repollo, coles de Bruselas o coliflor) cultivada consecutivamente en un mismo lugar, pero no ataca a otras hortalizas.

Si la asociación favorable de cultivos permite aprovechar al máximo los recursos y nutrientes de la tierra, la rotación mantiene la salud del suelo y previene eventuales problemas

...nificación de rotaciones plurianuales

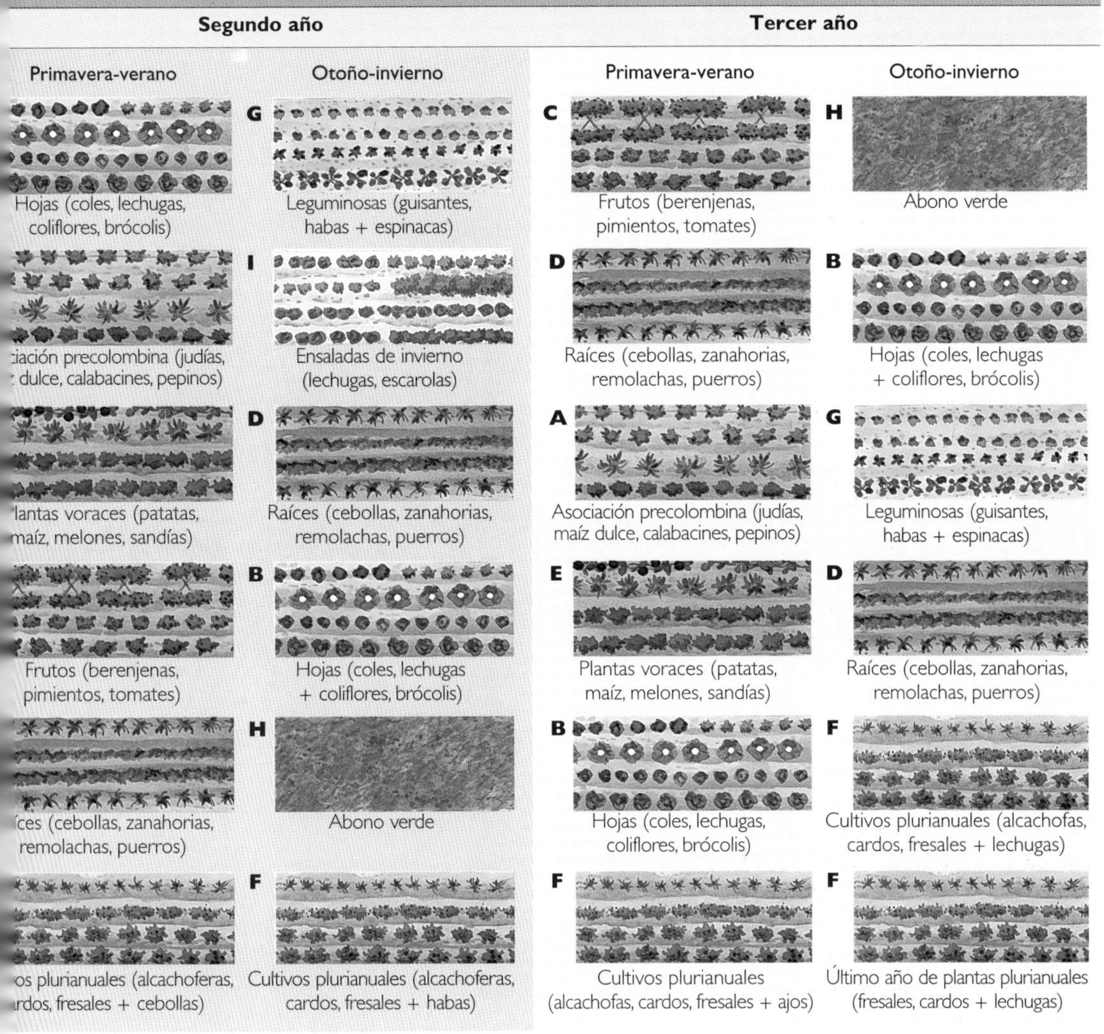

Debe tenerse en cuenta que a menudo no es fácil hacer ***rotaciones*** *sucesivas tan esquematizadas como la que muestra el recuadro adjunto, con plantas de ciclo largo (como zanahorias) y plantas de ciclo corto (como lechugas). También debe señalarse que las indicaciones de este recuadro son para climas cálidos y templados. Posiblemente en los climas templados-fríos no se pueden realizar las rotaciones tan seguidas y necesitemos más parcelas, o dividirlas todas, o limitarnos a los cultivos que nos permitan los pocos meses de buen tiempo de que dispongamos. En el recuadro de la página siguiente («Rotaciones flexibles») se indican las posibilidades de cultivo de las plantas que no aparecen mencionadas en esta tabla.*

ROTACIONES FLEXIBLES

Plantaremos las hortalizas que no se mencionan expresamente en la tabla de planificación de rotaciones de la página anterior donde mejor encajen, según sus afinidades y ciclos de cultivo. Por ejemplo, sembraremos los rabanitos y los nabos allí donde hayan huecos que deban permanecer libres más de un mes; podemos plantar cebollas y ajos en casi todos los bordes laterales de los bancales –no precisan casi riego ni tampoco demasiados nutrientes–; las lechugas de ciclo corto y los canónigos pueden plantarse intercalados entre cualquier cultivo. Se pueden aumentar las proporciones indicadas de ciertas hortalizas o reducir el espacio dedicado a las plantas que consumimos poco. Cultivaremos las plantas condimentarias (perejil, apio, etc.) en los bancales periféricos, en parterres exteriores o junto a las plantas plurianuales.

para las plantas cultivadas. La rotación consiste en alternar en la misma zona del huerto plantas distintas, siguiendo o no unos criterios preestablecidos, fruto de la experiencia. Unas especies (muy pocas) pueden ser plantadas en la misma parcela en sucesivas ocasiones –cebolla, tomate, lechuga–, sin presentar graves problemas. En cambio, otras son extremadamente sensibles y pronto aparecen los problemas de desarrollo o de reducción de la productividad, como ocurre con las acelgas y las patatas.

*La **recolección** suele ser el momento más esperado; algunas plantas, como las cebollas, pueden cosecharse aún tiernas o esperar a que alcancen su máximo desarrollo y sean aptas para guardar y consumirlas poco a poco.*

Podríamos decir que en las rotaciones beneficiosas las plantas que suceden al cultivo precedente se benefician directamente del mismo, sea por los nutrientes no consumidos o por la estructura en que ha dejado el suelo, como suele ocurrir en las parcelas donde han crecido leguminosas (habas, guisantes).
En las rotaciones inteligentes se planifica para el máximo aprovechamiento de los recursos, rotando especies con sistemas radiculares distintos para que consuman cada una lo que las otras no consumieron, por ejemplo el cultivo de tomate, muy exigente en el abonado, es seguido de lechuga, y ésta por zanahoria, nabo o rábano; posteriormente se siembra alguna leguminosa (haba o guisante), y tras la cosecha se estercola y se puede instalar otra planta exigente como berenjena, pimiento o incluso de nuevo tomate. También se pueden realizar cultivos intercalados –siguiendo los consejos de las asociaciones favorables–, por ejemplo líneas de lechugas entre tomates o habas entre alcachofas.
Dada la gran variedad de plantas que podemos llegar a cultivar en un huerto familiar –e incluso comercial– es fácil realizar rotaciones que aprovechan los recursos y nutrientes y que eviten al mismo tiempo las mermas por parásitos o enfermedades especializadas en determinadas especies.

La recolección

Para la mayoría, la recolección o cosecha quizá sea una de las tareas más gratificantes de todas las labores hortícolas. Y es que, al placer de poder disfrutar de los frutos del trabajo personal, se le une la paciente espera –no exenta de atención y dedicación– que suele acontecer entre la siembra o el trasplante hasta que podamos arrancar la planta de la tierra o cosechar el fruto de la mata. Nunca dejan de maravillarnos las primeras flores de una tomatera precoz e inmediatamente se realizan los cálculos mentales para prever el momento en que podremos cosechar algún tomate bien rojo y maduro (unos treinta días a partir del cuajado).
Cada planta tiene sus propios ciclos de desarrollo, variando mucho de un rabanito que podemos arrancar de la tierra antes de cumplido el mes desde su siembra y una zanahoria que –aunque también es una raíz– nos hará esperar de dos a cuatro meses, según variedades y épocas de siembra.
El punto de maduración o del adecuado desarrollo para su consumo también juega su papel y resulta importante conocer el estado óptimo en que una planta o sus frutos deben ser cosechados. Algunas hortalizas conviene cosecharlas en el punto álgido de su madura-

ción –como los tomates o las alubias–, mientras que otras conviene hacerlo en las primeras fases del desarrollo o cuando están inmaduras –como los pepinos, las judías verdes, los calabacines o las berenjenas–, ya que si las dejamos madurar y desarrollar granos no son aptas para el consumo habitual que hacemos de ellas e incluso, si nos descuidamos, es posible que no podamos consumir la cosecha. Por ejemplo, los calabacines se harán monstruosos y endurecerán en un par de días, y las berenjenas, si se pasan, se llenarán de indeseables –para el consumo– semillas, volviéndose muy amargas.

En todos los casos, los gustos personales o de los consumidores finales entran en juego, pues hay quien prefiere los tomates algo verdosos –cuidado con la solanina–, mientras que otros desean sacarle el máximo jugo una vez bien maduros. Siempre podemos cosechar un tomate cuando pinta, a punto de madurar, y dejar terminar el proceso en casa –aunque en este caso perdemos propiedades nutritivas y organolépticas–.

Recolección escalonada y de temporada

Hay unas plantas o frutos que permiten recogerse con regularidad y de forma escalonada y otras que se cosechan de una sola vez. Las alcachofas o los tomates se pueden recoger una o dos veces por semana durante varios meses. Por el contrario, las patatas hay que dejarlas que se formen bien hasta el momento de su recolección, cuando las arrancamos de la tierra todas de una sola vez y las guardamos para ir consumiéndolas poco a poco.

En la recolección escalonada es muy importante conocer la frecuencia o los intervalos adecuados entre cosechas, para poder así optimizar la producción, ya que cuando nos olvidamos de cosechar los frutos, por ejemplo en el caso de calabacines o judías tier-

Aunque se suele disfrutar de todas las tareas del huerto, el momento de la recolección es uno de los más agradables y gratificantes.

Recolecciones de temporada

Ajos	Calabazas	Judías secas
Boniatos	Cebollas	Lentejas
Cacahuetes	Garbanzos	Patatas

Recolecciones escalonadas

Cada día	Cada tres o cuatro días		De siete a diez días	
Calabacín	Acelgas	Judías verdes	Achicoria	Dientes de león
Espárragos	Albahaca	Lechugas	Ajedrea	Endibias
Fresas	Berenjenas	Mejorana	Ajos tiernos	Escarolas
	Berros	Melisa	Alcachofas	Estragón
	Borrajas	Melones	Alubias	Hinojo
	Brócolis	Menta	Apio	Maíz
	Espinacas	Orégano	Apionabo	Nabos
	Guisantes	Pepinos	Canónigos	Perejil
	Habas,	Pimientos	Cardos	Puerros
		Rabanitos	Cebollas tiernas	Rábanos
		Salvia	Chayotes	Remolacha roja
		Sandía	Coles de Bruselas	Repollo
		Tomates	Coles chinas	Romero
			Coliflores	Tupinambos
			Colirrábanos	Zanahorias

De la siembra a la recolección

La siguiente tabla recoge el período mínimo desde la siembra hasta la recolección (en las variedades más precoces de cada cultivo).

Días	Cultivo
20	Berros, rabanitos
40	Albahaca, calabacines, cebolla tierna, espinacas, lechugas de corte, nabos
50	Acelgas, brócolis, coles, coliflores, colirrábanos, lechugas, pepinos, zanahorias
60	Berenjenas, berzas, canónigos, endibias, guisantes, remolachas rojas
70	Col china, escarola, habas, maíz, perejil, pimientos, tomates
90	Apio, calabazas, cebollas, coles de Bruselas, diente de león, melones, patatas
100	Ajos, puerros
120	Ajedrea, apionabo, boniatos, cardos, lentejas
150	Alcachofas, anís

Las judías pueden recogerse tiernas de forma regular o dejarse secar en la mata para disponer de las proteínicas alubias.

nas, empiezan a «granar» y aminoran o detienen la producción de flores o se produce un fallo en su cuajado, dando prioridad a la formación de los frutos ya existentes y bloqueando los nuevos, parándose el proceso de cosecha escalonada. Estos intervalos de recolección varían de una planta a otra; conviene repasar todos los días los calabacines o las fresas, mientras que los tomates, las judías tiernas o los pimientos pueden repasarse cada tres o cuatro días; las coles, las zanahorias, las remolachas rojas o el perejil nos dan mayor margen, de siete a diez días.

Existen algunas hortalizas que permiten ambas opciones de recolección, escalonada o de temporada, indistintamente. Por ejemplo, los guisantes, las habas o las judías podemos recolectarlos tiernos y frescos, escalonadamente una vez por semana, o dejarlos granar y endurecerse para cosecharlos como legumbres secas una vez todos los frutos hayan completado su desarrollo y las plantas agotado su ciclo.

Otras plantas, como el maíz tierno o las lechugas, conviene sembrarlas o trasplantarlas escalonadamente si deseamos cosechas escalonadas, pues los sembrados o trasplantados las mismas fechas suelen alcanzar su punto óptimo de cosecha con pocos días de diferencia.

Cosechas de consumo inmediato y de guardar

De cara a la recolección también deberemos distinguir y tener muy claro el modo de consumo final de una hortaliza, pues distintas variedades de una misma especie dan resultados de consumo en fresco o conservación muy diferentes. Por ejemplo, la cebolla babosa es estupenda para consumo tierno, pero apenas la conservaremos un par de semanas desde su cosecha, mientras que otras variedades nos permiten una larga conservación una vez secas. Naturalmente, nadie nos impide comernos una cebolla de larga conservación en su estado tierno, antes de su completo desarrollo, pero elegir cada variedad según el fin último suele dar mucho mejores resultados.

Con las leguminosas sucede un fenómeno a tener muy en cuenta. Cuando las habas o los guisantes son muy tiernos, contienen una abundante proporción de agua y muchos nitratos. A medida que se van desarrollando disminuye la proporción de nitratos y se incrementan los azúcares, volviéndose más dulces. Y en plena maduración, apenas hallamos agua o nitratos y sí un gran incremento de las proteínas.

Para algunas hortalizas, como las patatas, conviene conocer bien el momento de cosecha, pues de recogerlas antes de tiempo no tendrán la calidad necesaria o si deseamos guardarlas se pudrirán con facilidad. En cambio, si las dejamos demasiado tiempo en la tierra una vez desarrolladas, corremos el riesgo de que les ataquen ciertos parásitos y mermen la cosecha.

Todo lo expuesto hace que el tiempo que transcurre desde la cosecha al consumo varíe mucho de unas plantas a otras, y mientras la mayoría de las verduras y hortalizas frescas –lechugas, acelgas, espinacas, calabacines, etc.– una vez cosechadas conviene consumirlas lo antes posible, pues se estropean o pierden propiedades con suma rapidez, con patatas, cebollas, boniatos o chayotes no resultará negativo alargarlo, e incluso tenemos el caso de las calabazas de guardar, con las que conviene esperar unos meses desde su recolección para que ganen en dulzor y sabor.

LUNA Y COSECHAS

Si nos atenemos a las experiencias realizadas por Maria Thun con su calendario lunar biodinámico, procuraremos cosechar –sobre todo las plantas de larga conservación– en los días en que la luna pasa sobre constelaciones de fuego o luz –días de fruto o flor–, con menor actividad del elemento agua, que haría que se pudriesen con mayor facilidad las plantas cosechadas.

Sistemas de protección

Proteger los cultivos es una opción a nuestro alcance que en algunos círculos de la agricultura ecológica está muy cuestionada. El debate gira en torno a que las plantas cultivadas en ambientes protegidos no suelen conseguir los mismos nutrientes que los cultivos similares que se desarrollan al aire libre. Sobre todo se detecta una mayor concentración de nitratos en las plantas que crecen en túneles o invernaderos, lo que hace a estas plantas más vulnerables a enfermedades y parásitos, y más propensas a estropearse con rapidez una vez cosechadas, además de ser menos nutritivas y un poco tóxicas.

Pero existen muchas zonas poco privilegiadas climáticamente, cuyos cortos veranos y largos inviernos limitan mucho la obtención de hortalizas para consumo fresco durante buena parte del año. ¿Podemos perdonar que nuestras hortalizas no sean todo lo vitales que serían si crecieran al aire libre, para no consumir las del supermercado de la esquina? Quizá no tenga sentido construir y mantener un invernadero sólo para adelantar un mes el consumo de tomates o judías tiernas. Pero si se trata de poder consumir lechugas y zanahorias de enero a diciembre, el esfuerzo está justificado.

*Aparte de los sistemas de **protección** del frío, basados en túneles de plástico o en invernaderos, a veces también tendremos que proteger las plantas del exceso de radiación solar, que puede resultar nefasta en los tórridos meses de verano, y del viento frío o intenso.*

Características de los invernaderos

La elección es realmente extensa y variada; desde unos sencillos túneles fabricados con tubos de hierro curvados y un plástico de polietileno tensado, hasta invernaderos prefabricados con sus puertas, sus ventanas de apertura automatizada regulada por termostatos y cubiertos de sofisticado y brillante policarbonato o de transparente cristal. Si no vivimos en

EL MINI-INVERNADERO

John Seymour, en su libro *El horticultor autosuficiente*, describe gráficamente un mini-invernadero o túnel portátil adaptado a las dimensiones de los bancales profundos (abajo). Esta cubierta protectora tiene múltiples ventajas: es fácil de construir, económica, muy fácil de colocar, quitar, airear, guardar..., y permite seguir cosechando algunas hortalizas como lechugas, acelgas, zanahorias o judías tiernas, algún mes más que al aire libre. También cumple perfectamente la función de protección de los cultivos precoces de finales de invierno, además de resultar fácil cubrirlo con una esterilla aislante en las noches frías o con riesgo de helada.

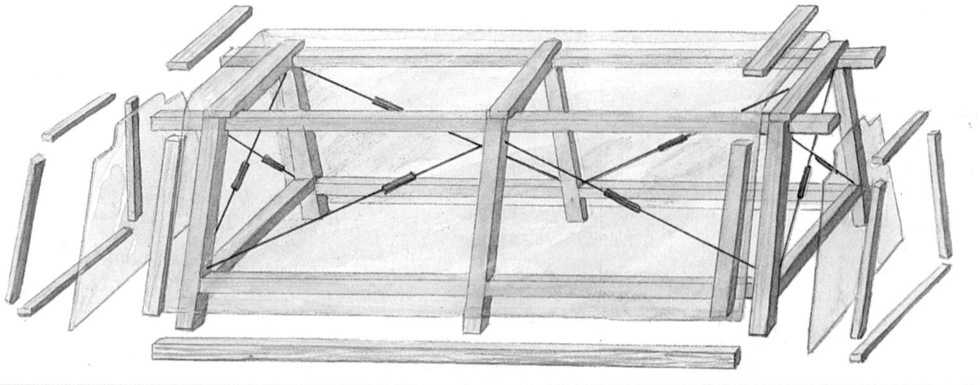

zonas azotadas por vientos devastadores, podemos autoconstruirnos sencillas estructuras con troncos o madera reciclada, pero no conviene usar traviesas de tren ni postes de luz o teléfono, pues están impregnados de creosota, alquitranes y otros productos químicos que los vuelven tóxicos y poco recomendables –aunque sean viejos–, ya que las altas temperaturas que se alcanzan en el interior del invernadero fuerzan la emanación de gases y la escasa ventilación ayuda a que se provoquen elevadas y peligrosas concentraciones en su interior. Si usamos madera, la trataremos con productos ecológicos.

*Los pequeños **túneles** son la forma más sencilla de proteger las plantas sensibles en los períodos de climatología adversa.*

Un entramado de alambres bien tensados ayudará a mantener la rigidez estructural, evitará que se nos desplome encima y servirá de soporte del plástico, ya que al usar láminas de plástico, que no son rígidas, si no dispone el invernadero de tirantes de alambre o una malla de soporte, se abombarán o serán zarandeadas por el viento hasta romperse en pedazos. La orientación y la exposición solar son vitales para que el invernadero cumpla bien su función y sea realmente eficaz. Vigilaremos la sombra de los árboles cercanos, teniendo en cuenta que en invierno el sol describe una órbita más baja.

Lado sur y lado norte

Si construimos el invernadero a finales del verano, fijándonos sólo en las sombras de ese momento, nos podemos llevar la desagradable sorpresa de que, a partir de noviembre, aquellos árboles que están situados a 20 m del lado sur lo mantienen a la sombra casi todo el día, viéndonos en la disyuntiva de cortar los árboles o de tener que desplazar el invernadero, con los inconvenientes que supondría, pues la mayoría de cultivos se verían afectados en esas fechas.

En el lado norte sí que podemos (y tal vez sea conveniente) tener un buen seto o unos cuantos árboles frondosos; ellos protegerán el invernadero de los vientos fuertes y del aire frío del norte. También resulta interesante el aprovechar y adosarlo a una pared de la casa que esté bien expuesta al sol, a un muro de separación lo suficientemente alto o a un terraplén o desmonte del terreno, de forma que la cara norte estará siempre bien protegida del frío e incluso ese muro o pared cumplirá la función de reflector solar –pintado de blanco– y de acumuladores térmicos que almacenarán el calor solar durante el día y lo irá cediendo durante la noche.

La temperatura interior

Este fenómeno de acumulador térmico podemos aplicarlo también al suelo del invernadero, disponiendo un acolchado de un material oscuro como un mantillo o un plástico negro, que absorberá la radiación térmica solar, calentando la tierra y, por consiguiente, ayudando a la vida microbiana y radicular de ese suelo. El objetivo central gira en torno a las condiciones térmicas necesarias para que se desarrollen bien las plantas, por lo que no tiene sentido y resulta antieconómico y antiecológico querer mantener en el interior del invernadero temperaturas de ambiente tropical las 24 horas del día; basta que el frío y las posibles heladas nocturnas no destruyan los cultivos o frenen su desarrollo.

El efecto invernadero y la inversión térmica

El «efecto invernadero», del que tanto se habla respecto al calentamiento de la atmósfera de la Tierra debido al aumento de CO_2, es el incremento de la temperatura interior con respecto a la exterior por efecto de la absorción de la radiación solar a través de las paredes transparentes y la acumulación y retención temporal de esa temperatura merced al efecto aislante de la cubierta. Por ejemplo, mientras en el exterior la temperatura reinante no baja de los -4 °C, en el interior, por efecto invernadero, siempre tendremos algunos grados más que en el exterior, lo cual mantiene protegidas las plantas del punto crítico de congelación.

Ahora bien, en el interior del invernadero puede ocurrir una especie de fenómeno de inversión térmica que limita mucho el uso de invernaderos sin calefacción en las zonas de fuertes heladas nocturnas. Por ejemplo, si la temperatura externa cayese por la noche a más de -10 °C, a la mañana siguiente la temperatura subiría en seguida a -6 °C en el exterior, mientras en el interior se mantendrían los -8 o -10 °C hasta muy avanzado el día.

Una medida preventiva es cubrirlo con esterillas aislantes a la puesta del sol y destaparlo temprano por la mañana. La colocación de una lámina de plástico interna, formando una doble capa aislante –sistema también llamado de doble acolchado–, retrasa esta inversión térmica hasta los -8 °C aproximadamente, pero tiene el inconveniente de que durante el día puede frenar la absorción de luz y calor hasta en un 30%, por lo que será conveniente disponer de un sistema de cables o rieles que plieguen el plástico por la mañana y lo desplieguen en cuanto empiece a bajar la temperatura exterior.

La calefacción

La calefacción de los invernaderos suele resultar cara y compleja, por lo que conviene plantearla si no queda más remedio. Lo más práctico consiste en situar uno o varios quemadores de gas o calefactores eléctricos –de resistencia y ventilador– y conectarlos a un

Las reducidas dimensiones del ***mini-invernadero*** *facilitan su manejo y las tareas cotidianas que en él realizamos. En la imagen se muestra el modo de ventilar el invernadero cuando el sol calienta demasiado.*

En el huerto familiar una sencilla estructura cubierta de plástico transparente es protección suficiente para las plantas más sensibles.

EL INVERNADERO EN VERANO

Durante el verano tenemos la opción de desmontar el plástico y guardarlo para que la radiación solar ultravioleta no lo estropee, o protegerlo con rafias de sombreado. Incluso hay quien los encala, como se suele hacer en los invernaderos de cristal.

sistema de puesta en marcha automático mediante un termostato para cuando la temperatura interior alcanza un mínimo que consideremos crítico (4 ºC, por ejemplo).
Existen en el mercado unas estufas que queman serrín de madera o cáscaras de almendra, con una tolva de carga suficientemente grande como para que dure la combustión toda la noche. La estufa se coloca en un extremo del invernadero o el túnel y el tubo de salida de humos lo atraviesa, saliendo por el otro extremo.

La ventilación

La ventilación es muy importante, ya que las plantas necesitan un mínimo de renovación de aire y los movimientos del aire están reñidos con la conservación de la temperatura. Los mejores momentos para ventilar son los del mediodía, en los días soleados, ya que así evitamos, de paso, excesos de temperatura interior poco recomendables.

En los cálidos días de primavera y principios del verano tal vez queden algunas cosechas por realizar en el invernadero y, si éste no dispone de un buen sistema de ventilación, entrar en él puede convertirse en un infierno insoportable. En los invernaderos más sencillos y en los túneles bastará con disponer de dos puertas, situadas una a cada extremo –una al este y otra al oeste– y, en caso de calor excesivo, podemos levantar el plástico de la cara sur y sujetarlo con una cuerda o una estaca.
Los invernaderos más sofisticados disponen de ventanas con apertura regulable e incluso de techos descapotables o abatibles, lo que facilita mucho la regulación de la temperatura interior, aunque también encarece considerablemente su precio de compra. También podemos cubrir la cara sur con las mismas esterillas aislantes que usamos para protegerlo del frío o, simplemente, con rafia de sombreado.

Problemas eventuales

Hay que ser conscientes de que los cultivos están en cierta medida «forzados», pues no corresponden a la estación, y las plantas están muy delicadas o debilitadas. Ya lo dice la expresión «flor de invernadero», utilizada para designar algo o a alguien poco resistente, débil o que no soporta las inclemencias del mundo exterior.

Enfermedades

En el ambiente cerrado del invernadero se producen condensaciones de la humedad y se alcanzan altas temperaturas, por lo que es un caldo de cultivo idóneo para hongos y otras enfermedades. Esto nos obligará a vigilar bien la ventilación y el riego. Aunque para algunas plantas convenga más un riego tipo nebulización o microaspersión –sobre todo para los semilleros–, lo más habitual y menos problemático serán los sistemas de tubos interlínea por exudación o con goteros. De todos modos, no estará de más tener preparado el azufre o el caldo bordelés y vigilar que no se hagan matas muy densas ni grandes aglomeraciones foliares, podando o despuntando plantas como las tomateras o los pepinos para que se mantenga una buena ventilación entre sus hojas.

Insectos

En cuanto a los insectos que podrían parasitar nuestros cultivos, los invernaderos pueden facilitar su control biológico si tomamos la precaución de colocar mallas mosquiteras en puertas y ventanas, de forma que no puedan entrar con facilidad desde el exterior. Para entrar en algunos invernaderos comerciales obligan a ponerse una bata, lavarse bien las manos y meter los zapatos en bolsas de plástico. No hace falta exagerar, pero queda claro que cuantas más precauciones tomemos, más problemas evitaremos.

Polinizaciones

Uno de los problemas por resolver en los invernaderos –tanto en los protegidos con mosquitera como en los no protegidos– es la polinización de las flores de algunas plantas como las tomateras, los pepinos, los calabacines, etc. Son muchas las flores que requieren el auxilio de los insectos, los cuales, al buscar su polen o su néctar, con los movimientos de las patas y de las alas, realizan una inestimable labor de polinización. Pues bien, dentro de un invernadero convencional es raro que los insectos en general y las abejas en particular lleguen a realizar adecuadamente esta función. En parte porque permanece completamente cerrado durante mucho tiempo –para retener el calor– y cuando lo abrimos es para disipar el exceso de temperatura, por lo que serán pocos los bichitos que se atreverán a colarse en el horno.

El viento, que es el otro agente polinizador natural tampoco puede cumplir sus funciones en el interior del invernadero. En tales casos suele recurrirse a la polinización forzada, removiendo con un cepillo de pelo suave las flores de la mayoría de plantas alógamas. En las flores de tomatera basta frotar o sacudir suavemente los racimos florales cuando se abran, mientras que para los calabacines y cucurbitáceas en general hay que pasar alternativamente el cepillo de las flores macho a las flores hembra.

En Almería y otras zonas de grandes cultivos bajo cubierto llegan a comprar colmenas de abejas que introducen en los invernaderos en las épocas de floración de los cultivos, para que esas trabajadoras incansables se encarguen de una correcta polinización y aumentar así la producción sin coste adicional de mano de obra. Ni qué decir tiene que no aconsejamos tal práctica, pues suelen sacrificarse la gran mayoría de las colmenas, ya que casi todas las abejas terminan por sucumbir por exceso de calor o por los plaguicidas químicos que allí se emplean.

En nuestro caso sí podemos disponer alguna colmena cercana al invernadero y abrir sus puertas y ventanas en las horas más benignas del día. En esas condiciones todos salimos beneficiados y nadie perjudicado.

Por regla general, los ***invernaderos*** *de grandes dimensiones necesitan bastantes cuidados y un constante mantenimiento, por lo que son poco aptos para el huerto familiar.*

Las herramientas son una extensión de las manos que nos facilitan la realización de algunas de las tareas básicas del huerto.

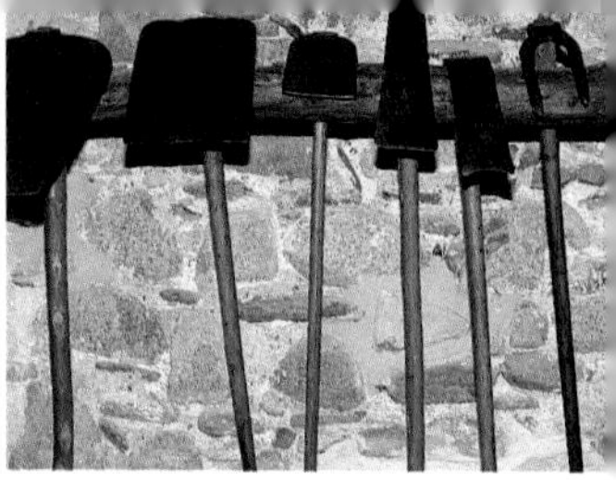

*Algunas **herramientas** han ido evolucionando, adaptándose a las nuevas técnicas de cultivo, mientras que otras, como las azadas, han mantenido su forma y utilidad a través del tiempo.*

5 Las herramientas

Las manos son uno de nuestros más preciados dones y su versatilidad es ilimitada. Son unos excelentes útiles de trabajo en el huerto, y de los buenos agricultores se dice que «tienen mano verde». Las herramientas son una extensión de las posibilidades que nuestras manos nos ofrecen a la hora de realizar ciertas labores. Es más, algunas herramientas multiplican enormemente las limitadas posibilidades de nuestra fuerza muscular. La variedad y cantidad de aperos que precisaremos dependerá mucho de las dimensiones del huerto, pero también del sistema de cultivo y del tipo de suelo. Los sistemas de permacultura y bancal profundo, que hacen uso de frecuentes acolchados, requieren un mínimo de herramientas una vez constituido el huerto; en cambio, la producción de hortalizas con fines comerciales suele precisar una amplia gama de herramientas que facilite ciertas labores –como el desherbado o el laboreo de grandes superficies– y ahorre tiempo, esfuerzos y mano de obra.

Herramientas manuales básicas

Para cultivar de forma racional un huerto familiar de entre 50 y 100 m^2 las herramientas básicas son muy pocas; en esta doble página os presentamos las herramientas manuales más comunes. Aunque buena parte de ellas están asociadas a la imagen más tradicional del agricultor español (un señor con sombrero o boina caminando hacia su huerto con una azada al cuello y un capazo donde a la ida llevaba la comida para pasar el día y, a la vuelta, las hortalizas recogidas), lo cierto es que estos instrumentos siguen siendo indispensables en el huerto familiar.

Azada

En la región en donde vivo, de tierra franca y pedregosa, siempre fue la herramienta más básica. Sirve tanto para cavar como para mover tierra, hacer surcos, desherbar, realizar los hoyos para plantar, canalizar el agua cuando se riega en surcos por inundación, allanar un suelo o romper terrones. Recuerdo haber visto en las casas de viejos agricultores, unas azaditas con un filo, de apenas 10 cm, y al mirar el número de serie del fabricante (Bellota A-85) descubrir que era una azada que originalmente medía más de 20 cm. Uno puede imaginarse la de tierra cavada y la de plantas que han compartido su filo, por no hablar de los muchos mangos que las debían haber sostenido.

Rastrillo

Ayuda a recoger las hojas y las hierbas secas, permite remover superficialmente el suelo para despedregarlo, alisarlo o romper su capilaridad y evitar la evaporación del agua así como mezclar las semillas con la tierra en siembras a voleo.

Pala

En algunas zonas del norte de España, la pala ha sido el sustituto de la azada. Cumple casi las mismas funciones que ella en los terrenos más húmedos y arcillosos, donde la azada pierde eficacia al pegarse la tierra a su filo. Existen palas especiales para remover la tierra, que disponen de una doblez en la parte superior que permite apoyar los pies para ejercer así una mayor presión y poder profundizar más hondo. Resultan indispensables para la realización de los bancales profundos.

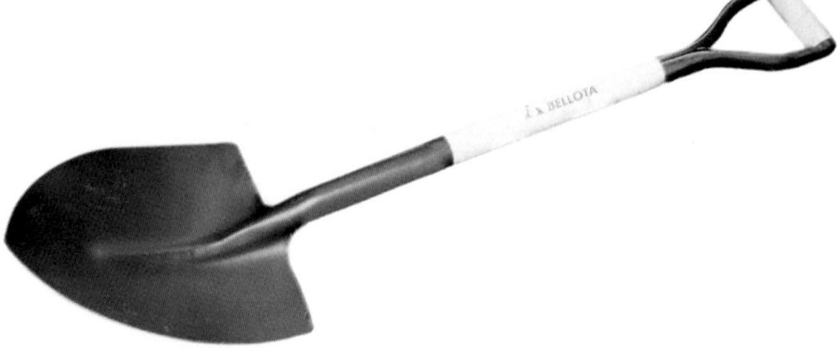

Bieldo, laya u horca reforzada

Sirven tanto para esparcir el estiércol como para remover la tierra a fin de airearla sin voltear las capas superficiales y profundas. Pueden usarse también para desenterrar cultivos como patatas o zanahorias, facilitando su cosecha.

Carretilla

Ayuda a transportar con facilidad y menor esfuerzo el compost, el estiércol o las abundantes cosechas. También puede ser útil para despedregar el terreno cuando sea muy pedregoso. Es importante que disponga de rueda neumática ancha, pues las ruedas estrechas o de hierro se clavan en el suelo húmedo y son muy incómodas.

Cultivador manual

Es una herramienta ligera de tres o cinco puntas idónea para mullir la tierra entre líneas y desherbar en las fases de germinación y del primer desarrollo de las hierbas adventicias.

Tijeras de podar

Sirven para controlar setos, podar rosales o cortar las cañas que usaremos para el enrame de judías o el entutorado de tomateras, pimientos o berenjenas. Para cortar ramas gruesas existen tijeras de mango largo e incluso con efecto de doble palanca que reducen notoriamente la fuerza aplicada y en muchos casos incluso pueden sustituir el uso del serrucho, aunque dado su elevado precio, sólo están justificadas en los huertos con abundantes setos o grandes árboles frutales.

Regadera

Útil más asociado con el jardinero que con el horticultor, su uso es muy apropiado para regar pequeños huertos, para el riego en el momento del trasplante y para aquellas plantas o árboles aislados que no tengan un sistema de riego específico. Disponer de dos regaderas nos evitará idas y venidas, y equilibra el peso, siempre que las distancias no sean muy largas. Una manguera conectada a un grifo de fácil acceso, puede suplir las regaderas.

Sulfatadora de presión

Se trata de una herramienta cuyo uso, en principio, parece contradictorio con las prácticas de la agricultura natural, pues la asociamos con el empleo de insecticidas, herbicidas y demás productos químicos. En la agricultura ecológica también la emplearemos, pero será con el fin de aportar salud al suelo o a las plantas con pulverizaciones de plantas medicinales, con el revitalizante purín de ortigas, el sulfatado con agua jabonosa o arcilla contra pulgones e incluso para el uso de insecticidas naturales o el clásico «caldo bordelés».

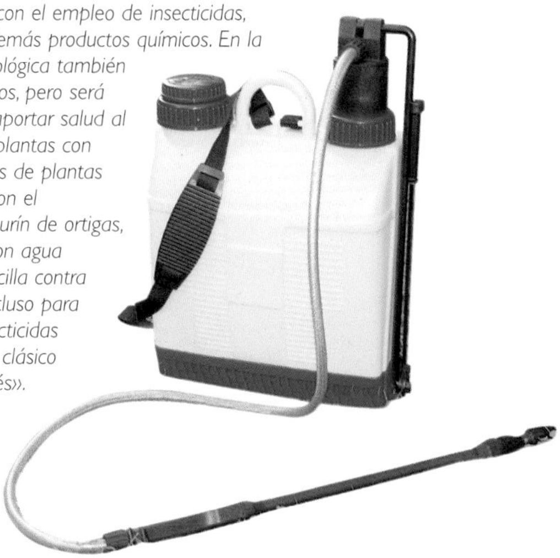

Otros útiles

El legón es especialmente útil para desherbar y recalzar los surcos.

La práctica ***azada de rueda*** *facilita las labores de desherbado en las tierras ligeras y mullidas.*

Legón

Es una especie de azada más ligera y ancha que se usa mucho para escardar, desherbar cuando la hierba es pequeña, allanar el suelo y remover la tierra con facilidad. Durante mi infancia, todas estas labores las hacíamos con la clásica azada (Bellota A-85), por lo que cuando mis padres se decidieron a comprar unos legones, lo experimentamos como un verdadero progreso que nos aligeraba enormemente la pesada tarea de desherbar y recalzar los interminables surcos de lechugas o tomateras.

Azada de rueda

Bastante útil para huertos de más de 100 m^2. Suele disponer de una serie de accesorios intercambiables que la hacen muy polivalente. Se la puede considerar el motocultor de tracción manual. Es una herramienta práctica en terrenos sueltos, mullidos o ligeros pero casi inútil en los suelos duros y pedregosos.

Cordel

Con un par de estaquitas o varillas y una cinta métrica podremos trazar las líneas de siembra; los cordeles ayudarán a la realización de los surcos o a la distribución simétrica de los espacios. En realidad no es tan imprescindible, como tampoco es necesario que las líneas sean rectas, se trata sólo de una cuestión de estética que no todo el mundo comparte (aunque a quienes no nos gusta hacer las cosas simétricas, ni seguir líneas demasiado rectas, prefiriendo ondulaciones y asimetrías, somos frecuentemente criticados).

Horca de doble mango o «grelinette»

Cumple mejor la función de laboreo y permite una excelente aireación de la tierra, pues está diseñada para realizar estas tareas con el mínimo esfuerzo y la máxima eficacia. La experiencia nos muestra que sólo es verdaderamente útil en tierras ligeras, sueltas y poco pedregosas. Las tierras pedregosas y duras requieren un acero especial –aun así puede romperse– o de unos refuerzos que la hacen excesivamente pesada y poco práctica.

La «grelinette» es la herramienta ideal para los sistemas de bancal profundo, pues permite mullir la tierra, incorporar el compost y airearla en una sola operación entre la cosecha y la nueva plantación. Y lo más interesante, sin voltear la tierra y con relativamente poco esfuerzo. Para ello, basta hundirla en el suelo

La ***horca de doble mango*** *es la herramienta ideal para cavar sin voltear la tierra; su uso es sencillo y no requiere grandes esfuerzos, lo que permite trabajar en posición erguida, evitando forzar la zona lumbar, problema que frecuentemente acarrean las clásicas azadas.*

y empujar hacia atrás, lo que resulta muy cómodo gracias a su doble mango.

Los mangos
Los mejores mangos para las herramientas son los de madera, más cálidos y agradables que los de metal y además, al ser aislantes, no cortocircuitan la energía eléctrica entre las dos manos.

Cuidado de las herramientas

Cuidar adecuadamente las herramientas ahorra dinero y facilita los trabajos del huerto. Una azada o una pala oxidadas trabajan peor y la tierra húmeda se queda adherida a su superficie obligándonos a rascarlas a menudo. Es aconsejable engrasar las partes metálicas después de su uso. Para el mantenimiento y correcto uso de la sulfatadora de presión es muy importante lavarla concienzudamente antes y sobre todo después de cada uso, porque los restos del líquido y los productos empleados pueden endurecerse o cristalizar y obstruir los circuitos o las válvulas, además del riesgo que supone el mezclar productos que en ocasiones son incompatibles.

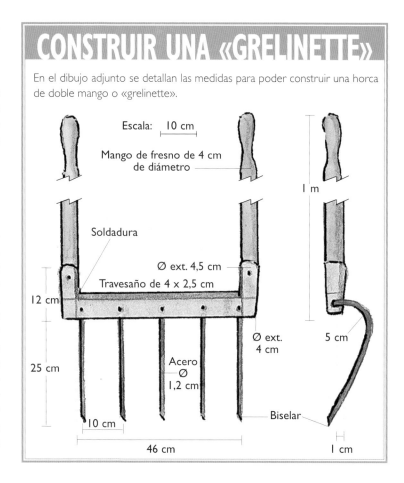

CONSTRUIR UNA «GRELINETTE»

En el dibujo adjunto se detallan las medidas para poder construir una horca de doble mango o «grelinette».

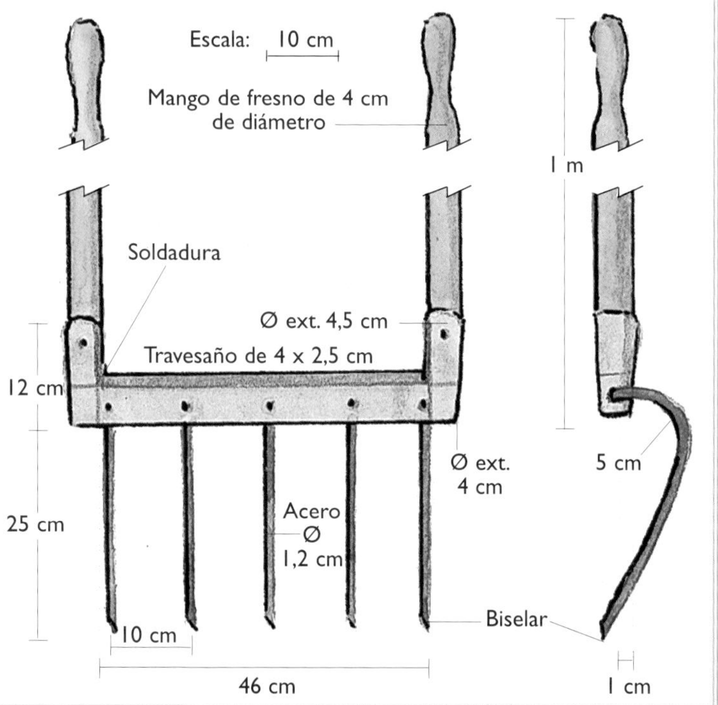

*Una pequeña **caseta de herramientas** nos permite tener a mano, en perfecto estado de conservación, las herramientas básicas del huerto familiar.*

Es importante disponer de un lugar adecuado para resguardar las herramientas y adquirir la buena costumbre de guardarlas siempre en su lugar tras el uso. Si dejamos olvidadas las herramientas esparcidas por el huerto, se deteriorarán con más rapidez, podrán extraviarse o ser robadas y perderemos mucho tiempo buscándolas cuando las necesitemos.

Repararlas cuando veamos signos de deterioro evitará que se rompan cuando más las necesitemos, particularmente en fin de semana, cuando no es fácil encontrar un mecánico o un herrero dispuesto a soldar la rotura.

Siempre son preferibles herramientas de calidad a las que siendo económicas de compra, pueden deteriorarse con más facilidad. El trabajo de la tierra requiere de esfuerzos duros y a la larga sale más económica una herramienta de calidad.

*La **desbrozadora** permite el desherbado mecánico y la limpieza de espacios incultos o abandonados para su recuperación como huerto o vergel.*

Útiles para huertos de gran superficie

Cortacésped

Puede resultar muy útil para aquellos huertos que se combinen con zonas de césped, pues nos permitirá usar la hierba troceada, y almacenada en el recogedor del cortacésped, para acolchar árboles y cultivos o para elaborar compost. Los más accesibles, fiables y económicos son los de gasolina con motor de cuatro tiempos. Los autopropulsados son un poco más caros pero facilitan el trabajo y resultan menos agotadores.

Pero emplear maquinaria accionada por motor significa quemar combustibles fósiles, contaminando el aire con los gases y acústicamente con el inevitable ruido del motor. En el césped del centro de desarrollo ecológico rural Las Gaviotas en Colombia estaba clavado el cartel más ecológico que he visto: «En Gaviotas no cortamos el césped, la hierba da refugio a la fauna y las flores silvestres alegran el paisaje». El ingeniero responsable del proyecto, que lleva treinta años en marcha y da vida y trabajo a unas quinientas familias, dice que con el dinero de la gasolina que se consume cada día en todo el mundo para cortar el césped de los jardines, sobraría para dar de comer a toda la población pobre y hambrienta del planeta.

Las segadoras de césped eléctricas son menos ruidosas que las de gasolina pero tienen el inconveniente de su fragilidad y tener que arrastrar el cable eléctrico de un lado para otro. Las segadoras eléctricas con batería o acumuladores no requieren cables a la hora de trabajar. Dado el uso esporádico de estas máquinas, en vez de recargarse conectadas a la red, una placa solar fotovoltaica (de 12 voltios) permitirá recargar sus baterías con la inagotable luz del sol, algo que resulta mucho más coherente y ecológico.

Un ***motocultor diesel*** *con un motor de 12 o 18 CV permite trabajar tierras en malas condiciones e incorporar con facilidad el abono verde o el compost.*

Desbrozadora de disco, espada o hilo de nailon

Son máquinas accionadas por un motor de gasolina que facilitan la siega y desherbado en superficies poco planas, caminos y márgenes. El sistema de hilos de nailon es idóneo para cortar la hierba junto a los troncos de árboles o incluso al lado de piedras o paredes. El elevado precio de estas máquinas y el gran mantenimiento que implican, sólo las justifican en huertos de grandes dimensiones o en sistemas agrícolas en los que no se labra la tierra (sólo se siega o corta la hierba, la cual es dejada de acolchado cubriendo el suelo o alrededor de los árboles).

Para realizar estas labores en superficies reducidas, podemos usar la tradicional guadaña, azadas afiladas, hoces o algunas herramientas similares al machete. También existen pequeñas desbrozadoras eléctricas, aunque su uso es más limitado.

Trituradora estática

Es una herramienta útil para desmenuzar los restos de cosechas, ramas de poda y todo tipo de material orgánico, que una vez triturados servirán para la elaboración del compost. Las hay de todos los tamaños y potencias, con motor eléctrico las más pequeñas y de gasolina o diesel las de grandes dimensiones, como las usadas por los servicios forestales.

Motocultores

Existe una gran variedad de formas y tamaños de motocultores. A partir de ciertas superficies de cultivo podemos prever su uso, aunque con las mismas reservas que para las segadoras de césped. Las motoazadas o binadoras son pequeños motocultores de fácil manejo y poco mantenimiento. Se caracterizan por tener cuchillas en vez de ruedas. Permiten remover la tierra para airearla, desherbar con rapidez y facilidad, aporcar o recalzar y hacer surcos, aunque no de grandes dimensiones. La mayoría de estas máquinas dispone de múltiples accesorios intercambiables para cada uso. Son preferibles las máquinas con motores de cuatro tiempos, ya que por regla general son más ligeras, silenciosas y consumen menos gasolina que las de dos tiempos, aunque las primeras requieren una mayor vigilancia del estado y limpieza de los filtros, así como el cambio periódico del aceite del cárter (cada x horas de trabajo según el modelo).

Para los huertos de mayores dimensiones se suele recurrir a los motocultores de gran potencia y versatilidad, con cambios de marchas, toma de fuerza para fresadoras de arrastre y contrapesos para labores de profundidad. Es posible elegir entre motocultores ligeros con potente motor de cuatro tiempos o los diesel, más pesados que los primeros pero mucho más resistentes, fuertes y duraderos, que podrán usar varias generaciones de agricultores. Estos motocultores pueden complementarse con muchos accesorios, aunque los más usua-

LAS CONDICIONES DEL SUELO

Hay que tener muy presente que la maquinaria pesada suele dañar el suelo al compactarlo o apretarlo. Este problema se reduce si tenemos la precaución de no trabajar la tierra cuando esté muy humedecida por el riego o la lluvia. Existe una consistencia ideal para ser trabajada, pues si está excesivamente seca los aperos sufren, se desgastan y estropean con facilidad, y cuando está demasiado húmeda, se apelmaza provocando la asfixia de las raíces y de los cultivos. En los climas con inviernos fríos se puede trabajar con maquinaria pesada cuando la tierra está helada, aunque no a más de 15 cm de profundidad. El hielo impide su apelmazamiento y con el deshielo los terrones se desmenuzan solos, pues las dilataciones del agua helada hacen estallar la tierra.

*El **tractor** de gran potencia tiene sentido en los huertos y fincas de grandes dimensiones y en la transformación de terrenos baldíos que se preparan para albergar el futuro huerto familiar.*

les son la fresadora, la acaballonadora, el cultivador y el remolque. En algunos incluso se puede acoplar una segadora o desbrozadora. Si las dimensiones del huerto superan los 5.000 m^2, nos podemos plantear un motocultor articulado de tracción a las cuatro ruedas, que aúna mayor potencia a la comodidad de trabajar sentado, lo que resulta menos agotador que tener que mantener en equilibrio un motocultor de dos ruedas o una binadora. Naturalmente los precios de adquisición de motocultores diesel y tractores articulados se disparan y su compra sólo se justifica cuando se trata de un cultivo comercial, que con el tiempo amortizará la inversión. De todos modos, al tratarse de máquinas diesel muy resistentes, la compra de segunda mano de un motocultor de gasoil o un articulado, suele ser muy interesante, siempre y cuando nos asesoremos con la ayuda de un mecánico o de un agricultor que conozca el modelo en cuestión.

MANTENIMIENTO

▲ Efectuaremos las revisiones periódicas que sean precisas: cambiar el aceite del cárter cada x horas de trabajo, según modelo y recomendaciones del fabricante; emplear el combustible adecuado: gasolina sin plomo o super para los motores de cuatro tiempos, mezcla con aceite de calidad y en la proporción aconsejada por el fabricante para los motores de dos tiempos, gasoil para los diesel (algunos viejos motores diesel funcionan bien con el económico gasóleo C de calefacción que es mucho más barato, aunque esta práctica es ilegal y el motor sufre la mala calidad del combustible).

▲ Los filtros del combustible y sobre todo el filtro del aire son vitales para evitar el desgaste del motor; dada la gran cantidad de polvo e impurezas que se levanta durante los trabajos agrícolas, en particular con las fresadoras. Los mejores filtros son los de baño de aceite, ya que retienen todas las impurezas del aire, impidiendo que entren en los pistones. El fabricante recomienda el cambio de aceite con x horas, pero lo ideal es una revisión periódica del depósito de aceite situado en la base inferior del filtro, cambiándolo y limpiando la tierra depositada cada vez que sea preciso.

▲ La mayoría de máquinas disponen de válvulas de engrase distribuidas por todas las partes articuladas o de movimiento regular. El engrase periódico reduce el desgaste de tales piezas y hace más manejables los sistemas de embrague, frenos o dirección. La fresadora o rotavators precisa un engrase regular y vigilar el aceite del cárter de la cadena de transmisión, dado el duro esfuerzo al que están sometidas estas herramientas.

El tractor

Un tractor de más de 40 caballos de potencia sólo se justifica para huertos de más de una hectárea de superficie cultivada; con superficies menores, un tractor articulado de entre 30 y 40 caballos sería más que suficiente y bastante más práctico. Al iniciarnos a la agricultura ecológica, muchos rechazamos el uso del tractor por todo lo que implica su uso: aumentar los ingresos para su compra y mantenimiento, dependencia de los combustibles, deterioro del suelo por aplastamiento, etc. Pero si deseamos comercializar la suficiente producción para vivir de la tierra, hoy por hoy su uso se hace casi imprescindible. Recurrir a los servicios de un tractorista profesional de la zona puede salir a cuenta, ya que al pagar las horas trabajadas, el mantenimiento y la amortización del tractor se reparte entre todos los clientes, aunque a menudo el problema reside en no recibir el servicio cuando lo necesitas, sino cuando al dueño del tractor le viene bien. Un buen tractor nuevo, suele tener precios prohibitivos. Se puede conseguir a mejor precio de segunda mano, aunque tenemos que asegurarnos bien de su buen estado y correcto funcionamiento. Para ello, al igual que para el articulado o para cualquier máquina de segunda mano, podemos solicitar ayuda a un mecánico de confianza o a un agricultor que tenga o haya tenido el mismo modelo de tractor. Los accesorios de los tractores grandes son similares a los de los tractores articulados, sólo que de mayores dimensiones, lo que reduce el tiempo que exige una determinada labor.

Herramientas de tracción animal

En muchos huertos familiares siguen vigentes las labores con animales.

Las herramientas con motor y la tracción motorizada han eliminado o sustituido, en lo que va de siglo, a la mayoría de herramientas manuales y las de tracción animal. Es una pena que en pos de una mayor eficiencia y comodidad, hayamos despoblado el campo hispano de mulos, caballos, burros, vacas y bueyes, que aparte de su imagen bucólica ofrecían un gran servicio como fuerza de trabajo, abasteciéndonos de carne y leche (en el caso de las vacas) y su reproducción estaba al alcance del campesino. Además, el forraje que se cultivaba para su alimentación, mejoraba la estructura del suelo y se incorporaba a él en forma de estiércol fermentado junto a los restos de las cosechas.

La otra dimensión del uso de animales en la agricultura –práctica todavía no desterrada por completo en nuestro país– es la relación personal que se mantiene con el animal, estableciéndose unos vínculos afectivos que a menudo sirven de eficaz terapia psicológica.

El mayor inconveniente es la dependencia del animal respecto a su cuidador, ya que precisa comer y beber todos los días, y requiere unos cuidados mínimos de aseo y limpieza del establo. Aparte de esto, que podemos tomárnoslo como una actividad similar a la gimnasia diaria y que en realidad no implica más tiempo ni más esfuerzos de los que podemos dedicar al mantenimiento de un perro, incluyendo sus paseos diarios, lo demás todo son ventajas. Un caballo mediano, un buen mulo o un burrito mínimamente dóciles, con la ayuda de las herramientas y aperos adecuados, pueden sustituir casi plenamente el servicio que nos presta un buen motocultor o un tractor pequeño.

Según la región donde vivamos hallaremos herramientas específicas para usar con animales. En las regiones vinculadas a la huerta levantina se encuentran la mayor variedad y el máximo de posibilidades de uso para el huerto de reducidas dimensiones. En Castilla y las zonas del interior hallamos sobre todo los aperos necesarios para el cultivo de cereales, generalmente yuntas y arados pesados para trabajar grandes extensiones. En cambio, en la huerta mediterránea se desarrolló a lo largo de los siglos (fue introducida por los árabes) una sofisticada tecnología de arados ligeros ideales para ser usados con mulos y burros de pequeño porte. Con ellos se puede arar, realizar surcos para la siembra, desherbar, aporcar y pasar buenos momentos sin ruidos ni agobios. Su uso aún puede aprenderse con los viejos agricultores de la zona y con algún que otro joven que se ha resistido a abandonar una práctica tan tradicional.

Yo aprendí a los diez años a manejar un ligero arado de vertedera tirado por el mulo de casa, así como la allanadora o las rejas de desherbado. Si un niño puede manejar un animal y unos aperos de esas características, ¿por qué no lo puedes hacer tú?

Las herramientas del ***arado ligero*** *(abajo) son intercambiables y muy versátiles, y, con un poco de práctica, permiten realizar infinidad de labores (arriba, desherbando).*

La mano verde

La habilidad y la inteligencia humana nos permiten disponer hoy de numerosas herramientas. Aunque en ocasiones el uso de las herramientas no es signo de inteligencia y habilidad, sino de torpeza. Por ejemplo, los etólogos destacan como signo de habilidad inteligente de las nutrias marinas que para comer las lapas adheridas a las rocas y otros moluscos, usan una piedra con la que golpean y rompen el duro caparazón; cada nutria tiene su propia piedra y usa casi siempre la misma para tal menester... Pero un estudio más preciso mostró que las nutrias más fuertes y hábiles no usan piedra alguna: se valen de sus propias manos y uñas para abrir los moluscos o despegar las lapas de las rocas, y sólo las nutrias más jóvenes e inexpertas, así como las viejas y achacosas, usan las piedras como herramienta.

Y nosotros, ¿qué podemos hacer con nuestras manos? Si podemos realizar con ellas determinados trabajos ¿por qué usar otras herramientas? Las manos nos ofrecen infinidad de posibilidades, muchas veces ignoradas por los hábitos adquiridos o por el recurso fácil de las herramientas. En un huerto bien llevado y con la tierra mullida podemos sembrar, plantar o desherbar a mano desnuda, sin auxilio de ninguna herramienta. Además está la cuestión de la «mano verde»: se atribuye tener «mano verde» a quien por motivos diversos, parece ser capaz de hacer crecer las plantas y los cultivos mucho mejor, con más vigor o con menos problemas, que otras personas.

Como agricultor he podido observar este fenómeno en circunstancias tan evidentes como la de sembrar un campo de 1.000 m^2 de judías de enrame; éramos cuatro personas (padre, madre y dos hermanos) y cada uno sembraba las judías a golpecitos de dos a cuatro semillas, en surcos paralelos de unos 60 m de largo. A los pocos días, veíamos en uno de cada cuatro surcos, emerger de la tierra los brotes tiernos de las judías mientras que los otros tardaron algunos días más en salir a la luz. Confieso que siempre me hubiese gustado que fuera el surco que yo sembraba el primero del que brotaban las plantitas, pero el de nuestra madre era «el especial». Ella siempre ha tenido –y sigue teniendo– una especie de sexto sentido para relacionarse con los animales y las plantas –y con las personas– que unido a la experiencia de trabajar en el campo desde los diez años, le confieren esa habilidad especial. Reconozco que, además, ama y se apasiona por su trabajo.

Los estudios más recientes sobre comportamiento humano muestran que la intuición, aparte de ser una habilidad especial de ciertas personas, tiene mucho de observación y experiencia. Por esto es normal que los primeros pasos en la agricultura estén jalonados de errores y fracasos, que a fin de cuentas son los que nos están enseñando. «*Fent i desfent, se n'apren*» dicen en mi tierra («haciendo y deshaciendo se va aprendiendo»).

La vida está en nuestras manos y ellas son la mejor herramienta de que disponemos, tanto en el huerto como en cualquier actividad cotidiana.

No debemos temer a los contratiempos, las dificultades o los errores cometidos; más bien intentemos sacarles provecho y observemos todo lo que nos enseñan, tomando buena nota. Este consejo tiene sus limitaciones, pues no es lo mismo equivocarte en la fecha de siembra, en el abonado o en la variedad adecuada cuando sólo plantas veinte lechugas para el consumo doméstico, a cuando se trata de 160.000 lechugas en dos hectáreas. En el segundo caso, un error puede suponer un fuerte descalabro económico. Esto explica por qué los agricultores han sido tradicionalmente conservadores y reacios a cambios e innovaciones. Nunca ha sido fácil introducir en una región determinada nuevas variedades de plantas, técnicas de laboreo ni fechas de siembra. El agricultor, por precaución y para evitar disgustos, ha tendido a aferrarse a los cultivos y las prácticas agrícolas que con el tiempo le han demostrado validez o rentabilidad.

Ayuda a tener mano verde la observación regular, tanto de las características peculiares del suelo como de la evolución de los ciclos de cada planta y ello está estrechamente relacionado con el clima local. Mi abuelo tenía la sana costumbre de que cada mañana, al levantarse y después de lavarse la cara con agua fresca en la alberca, lo primero que hacía era dar un pausado paseo por todo el huerto, observando cada rincón y cada planta. Después, reunida toda la familia en el desayuno, se comentaban las labores del día. Con esa revisión matinal tomaba conciencia de dónde podía haber problemas y sobre todo de qué tareas eran prioritarias. Mi abuelo también tenía mano verde.

Aunque exista duda o escepticismo por parte de quienes rechazan la idea de la energía que emanan nuestras manos sin pararse a experimentar, las investigaciones y experimentos llevados a cabo en este sentido son significativas. El más concluyente es el realizado sembrando semillas de la misma variedad y procedencia después de que permanecieron durante media hora en las manos de diferentes personas. Las semillas sembradas que estuvieron entre las manos de personas que habitualmente se dedican a la sanación (los llamados curanderos) germinaban con mayor rapidez, tenían más vigor y sufrían menos ataques de parásitos o enfermedades. Esto quizá tenga que ver con la electricidad y el biomagnetismo corporal que todos poseemos, o con algo más sutil llamado amor. Algunas personas de forma innata disponen y despliegan tales capacidades y otras las consiguen gracias a prácticas de relajación, meditación o control mental. Incluso he visto aplicar esta capacidad para sanar de forma espectacular plantas o animales enfermos, y nadie puede alegar que es mero placebo, o acaso podemos sugestionar psicológicamente a un árbol para que se cure de sus males. En conclusión, *si podemos disponer y utilizar esta excelente herramienta, ¿por qué ignorarla?*

La misma mano que cuida y mima cada planta, llegado el día, también recogerá los frutos.

La semilla despertando a la vida, tras permanecer aletargada cierto tiempo, es una de las múltiples formas elegidas por las plantas para su reproducción.

Invitamos a las plantas a desarrollarse en el espacio y en el tiempo que consideramos adecuados para ellas; a fin de cuentas, sembramos imitando a la naturaleza.

6 Reproducción vegetal

Una vez tenemos claro qué vamos a cultivar en nuestro huerto, deberemos procurarnos las semillas, las plantitas con cepellón o raíz desnuda, los esquejes, los bulbos o los tubérculos, que, dándoles las condiciones adecuadas, puedan desarrollarse satisfactoriamente y aportarnos las cosechas esperadas, tanto en calidad como en cantidad. Si deseamos obtener los mejores resultados y dar las condiciones de desarrollo óptimas a cada planta, será importante conocer la forma o formas en que mejor se reproduce y desarrolla cada especie y cada variedad. Recordemos que la mayoría de plantas cultivadas en nuestros huertos son fruto de largas adaptaciones de plantas silvestres que, a base de muchos cuidados, riegos regulares, mayor aporte de nutrientes y una selección constante, han hecho posibles plantas mucho más grandes que sus antepasados, o más jugosas, más resistentes a enfermedades y parásitos, mejor adaptadas al clima del lugar donde se cultivan o incluso más resistentes al transporte.

*Una cinta atada al mejor espécimen de un cultivo en particular, dejándolo llegar a su máximo desarrollo en la misma planta, asegurará la obtención de **semillas** de la mejor calidad.*

Las semillas

La semilla es el método más generalizado de reproducción. La descendencia es de características similares a la planta madre porque en la nueva combinación genética que contiene la semilla se han incorporado rasgos que pueden suponer una adaptación mejor a las condiciones de suelo y clima del lugar en donde crece. La radiación solar y terrestre parece alterar la dotación genética en el momento de la fecundación. Pero la modificación genética más aparente ocurre en el cruce entre distintas variedades, ya sea que el cruce se produzca de forma natural o espontánea, o de forma intencionada, mediante la acción humana. Esa necesidad de reproducir fielmente unas características específicas ha llevado desde siempre a los agricultores, y desde hace unas décadas a las empresas de semillas, a hacer selecciones rigurosas hasta conseguir variedades con las características deseadas y a fijarlas bien. A pesar de tenerlas bien fijadas, siempre hallaremos alguna que otra sorpresa, lo cual añade interés y creatividad a la labor del agricultor.

*Podemos hallar **semillas hortícolas** en muchos comercios y centros de jardinería, aunque la mejor garantía de obtener cultivos sanos es guardar nuestras propias semillas u obtenerlas a través de agricultores ecológicos o empresas con certificación ecológica.*

La hibridación es el cruzamiento forzado de variedades incompatibles de forma natural, con el fin de conseguir plantas de ciertas características definidas y con relativa uniformidad. En los sobres de semillas comerciales aparece especificada la hibridación como F.1. Si con la selección y mejora tradicional se consiguen también plantas más vigorosas, más productivas, más precoces o más resistentes a determinadas enfermedades o parásitos, ¿dónde están las ventajas de las plantas híbridas? Pues en rentabilizar la inversión de las empresas que las han desarrollado. No sirve de nada guardar semillas de las plantas híbridas, pues si las sembramos nacerán plantas muy diferentes a sus madres. Si bien para un huerto familiar y de aficionado esto puede resultar incluso divertido, para una gran producción con fines comerciales es una ruina. O sea que el agricultor tiene que volver a comprar la F.1 y termina dependiendo totalmente de la empresa proveedora. Esta situación precaria se agrava cuando la empresa productora retira del mercado una variedad específica –siempre alegan haber sacado al mercado una variedad mejorada– y al agricultor le es imposible seguir cultivando la variedad que le daba buenos resultados de cultivo o comerciales.

Aparte, suelen ser plantas adaptadas al cultivo mediante grandes dosis de fertilizantes y no siempre se adecuan bien a nuestra región y clima específico, sobre todo porque las casas productoras desarrollan variedades estándar que comercializan en cualquier región del mundo. Además, a menudo, el sabor y la calidad nutritiva son características poco consideradas en la selección de las variedades híbridas. La pérdida de biodiversidad ocasionada por dejar la reproducción de las plantas cultivadas en manos de unas pocas empresas multinacionales, que se mueven en función de sus beneficios económicos, hace urgente emprender o continuar la loable labor social de seleccionar y mejorar las variedades autóctonas o que –aun siendo importadas algún día en el pasado– se han adaptado a nuestro suelo, clima, adversidades y consumo.

La salud y vitalidad de las plantas cultivadas depende en gran medida de la buena calidad de las semillas usadas.

Obtención y elección de las semillas

Existen algunos aspectos concretos a la hora de elegir las semillas para la siembra que debemos tener presentes.

Adaptación

Es decir, que la planta elegida se adapte adecuadamente a las condiciones climáticas, de suelo, de técnicas de cultivo, de aceptación por el consumidor y de comercialización.

Vitalidad

Este importante factor está condicionado por el vigor y la salud de la planta generadora de las semillas, por lo que seleccionaremos muy bien las plantas madres destinadas a la reproducción, eligiendo las más sanas y vigorosas entre las que presenten las peculiaridades deseadas para la variedad concreta. También inciden en la vitalidad de las semillas el grado de madurez y desecado de las mismas mientras estuvieron en la planta madre y, cómo no, la buena conservación. Conviene guardarlas en lugares secos y ventilados.

La edad o «validez germinativa»

Hay semillas que con más de un año ya son viejas y han perdido casi todo su potencial germinativo –como las de cebollas–, mientras que otras –como las de pepinos– pueden guardarse de ocho a diez años sin que se vea muy mermado su poder germinativo. Por regla general, se suelen emplear semillas obtenidas el año anterior, o sea semillas de un año, aunque existen plantas como las cucurbitáceas, las lechugas o las berenjenas, que dan mejores resultados con semillas de dos años de antigüedad, ya que al parecer necesitan un tiempo de reposo antes de germinar.

El porcentaje de germinación

Es algo muy tenido en cuenta en las semillas comerciales y consiste en conocer el tanto por ciento de semillas capaces de germinar en un

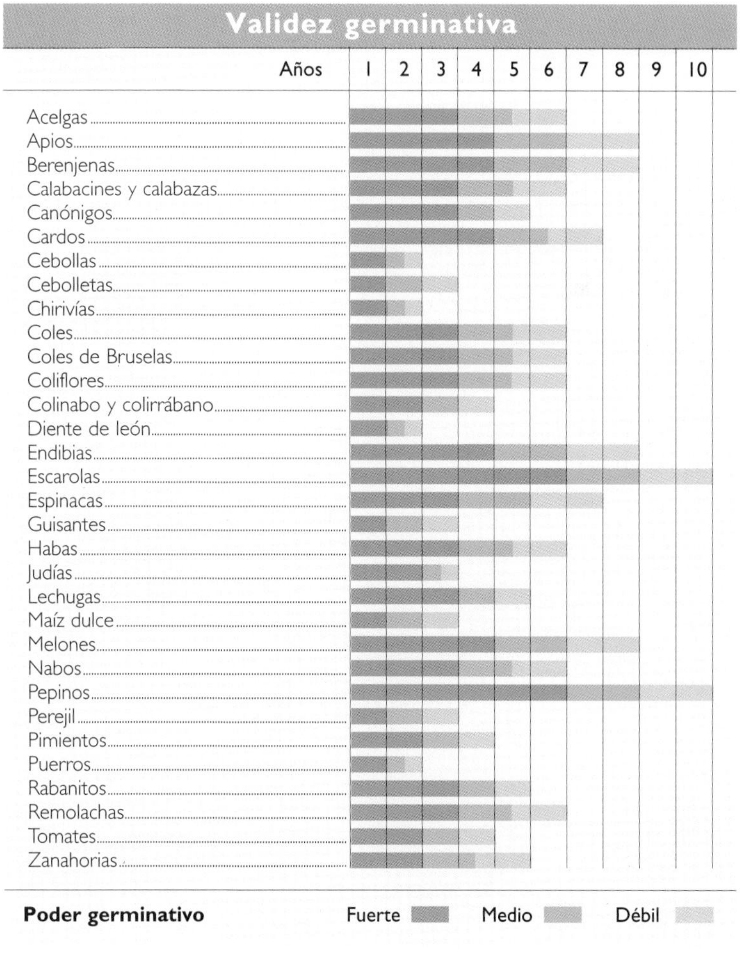

Con sencillos recipientes y unas pocas semillas podemos realizar en casa pruebas de su ***vitalidad*** *y* ***capacidad germinativa.***

lote determinado. La capacidad germinativa de un conjunto de semillas indica su vitalidad y va unida a la edad de las mismas. Legalmente, el porcentaje deberá superar el 85%. Naturalmente, cuanto más se acerque al 100%, más sanas se las supone y más a cuenta sale su compra u obtención.

Al calcular las semillas necesarias por metro cuadrado cultivado, hemos de tener presentes los fallos germinativos para asegurarnos un buen reparto del suelo o una buena provisión de plantitas dispuestas para el trasplante. Si disponemos de abundante semilla, podemos evaluar aproximadamente el porcentaje de germinación haciendo germinar –en un germinador, por ejemplo– cien semillas seleccionadas al azar y luego contar los fallos de germinación. Si disponemos de pocas semillas, podemos hacerlo con diez y multiplicar el resultado por diez: tres fallos = 30% de fallos = 70% de porcentaje germinativo. Cuantas más semillas usemos, menor será el margen de error.

¡Cuidado con los cruzamientos!

Uno de los problemas más frecuentes en los huertos familiares –dado su reducido tamaño– es el frecuente cruce entre variedades de la misma especie causado por el polen transportado por los insectos o el viento. Puede darnos sorpresas desagradables de un año a otro e incluso hacernos perder variedades que teníamos muy bien adaptadas. Por ello, en la medida de lo posible, no instalaremos juntas especies o variedades de las mismas plantas, sobre todo tomates, pimientos, berenjenas, pepinos, melones, sandías, girasoles, maíz, etc. El catálogo de semillas ecológicas Terre de Semences/Kokopelli da información sobre cómo hacerse uno mismo la semilla de numerosas especies, cuáles son autónomas –se autofecundan– y cuáles alógamas –son fecundadas por otros ejemplares–, y a qué distancia deben mantenerse. Según la especie, puede ser necesario cultivar una sola variedad por temporada, a fin de preservar la pureza genética, aunque pueden producirse polinizaciones cruzadas con plantas de los huertos vecinos. Siempre conviene seleccionar bien las plantas madre guardadas para semillas, eligiendo las más sanas, vigorosas y con formas o frutos que consideremos lo más genuinos posible dentro de la variedad cultivada.

En el huerto familiar de reducidas dimensiones resulta difícil evitar el ***cruzamiento*** *de pólenes que hibridan ciertas plantas, por lo que sembraremos separadas las distintas variedades de tomates, pimientos, melones, calabazas, etc.*

Factores germinativos

Tiempo de germinación

Hay semillas de germinación rápida, como los rabanitos o los nabos, que en condiciones óptimas germinan en apenas 24 horas; otras semillas, en cambio, tardan una semana, como el perejil; e incluso algunas semillas de germinación lenta, como las zanahorias, pueden tardar de dos a tres semanas en germinar. El tiempo de germinación de cada variedad se verá afectado por factores como el clima, la humedad del suelo o el calor que reciba, adelantándose o retrasándose sobre sus características peculiares. A menudo se emplean semillas de rábano mezcladas con semillas de germinación lenta –zanahorias, por ejemplo– para marcar las líneas sembradas y poder practicar binas o escardas entre las líneas, ya que las hierbas suelen brotar más rápido que las semillas de germinación lenta.

Hidratación

Existen semillas de cutículas muy duras que deberán hidratarse poniéndolas en remojo en agua tibia de 12 a 48 horas, según semillas, antes de ser sembradas. Cuando la semilla se haya hinchado, sabemos que está lista para su siembra. El hidratado también permite adelantar el período de germinación en la mayoría de semillas.

La temperatura

Cada semilla tiene una temperatura óptima de germinación que varía mucho de unas plantas a otras e incluso entre variedades de la misma especie, pues unas están más adaptadas a ciertas condiciones climáticas que otras. Para la mayoría de las plantas, la temperatura óptima es de unos 20 °C; algunas requieren temperaturas de germinación algo superiores: 25 °C para los espárragos, 25 a 30 °C las cebollas o los guisantes, 30 a 35 °C los melones, calabazas, judías o nabos, más de 35 °C el maíz. Si sembramos ciertas semillas con temperaturas que no alcanzan las que son óptimas, es posible que la mayoría germinen pero sufrirán un cierto retraso que comprometerá su vitalidad general. Algunas semillas, como las acelgas o las zanahorias, cuando se siembran con temperaturas muy bajas suelen espigarse (prematura subida en flor), con lo que se malogra la cosecha.

¿Dónde conseguir las primeras semillas?

Una vez hemos cultivado alguna hortaliza o cualquier otra planta, podemos dejar que haga semillas para volverla a sembrar o multiplicarla con los métodos luego descritos. ¿Pero dónde conseguimos por primera vez las semillas o plantas con garantía de calidad procedentes de cultivos ecológicos?

En varios países europeos existen pequeñas empresas de producción de semillas de cultivo ecológico certificado. Terre de Semences/Kokopelli distribuye en España las semillas de su amplio catálogo de venta por correo a través de Biohabitat, y la empresa Semillas Silvestres, de Córdoba, ha recibido el primer certificado oficial de producción ecológica de una gran variedad de plantas y semillas (que también se venden por correo).

Otra opción es pedir plantas y semillas a los agricultores que practican la agricultura ecológica. En Estados Unidos existen redes de intercambio de semillas ecológicas y sería deseable que surgiera un movimiento similar. Las asociaciones de agricultura ecológica o las ferias alternativas pueden ser una fuente de información e intercambio.

La que debería ser la última opción –aunque la más fácil– es recurrir a los sobres de semillas comerciales que hallamos en centros de jardinería o en catálogos. Sus inconvenientes estriban en que a menudo estas semillas (tratadas con fungicidas o insecticidas al proceder de cultivo convencional) no se adaptan bien al cultivo ecológico, pues se han seleccionado prestando poca atención a la resistencia a las plagas y mucha a que respondan al uso de abonos químicos. De todos modos podemos probarlas e ir guardando las semillas de las mejores plantas hasta que, al cabo de unos años, se vayan adaptando a nuestra zona.

Duración media de germinación de las semillas

De 1 a 3 días	De 4 a 6 días	De 7 a 10 días	Más de 10 días
Berros de agua	Calabacines	Acelgas	Ajedrea
Rabanitos	Calabazas	Alcachofas	Albahaca
Rábanos	Cebollas	Berenjenas	Anís
	Diente de león	Borrajas	Espárragos
	Endibias	Canónigos	Hinojo
	Escarolas	Cardos	Perejil
	Espinacas	Coles	Salvia
	Guisantes	Mejorana	Tetragona
	Habas	Melones	
	Judías	Orégano	
	Lechugas	Pimientos	
	Maíz	Remolachas rojas	
	Nabos	Romero	
	Pepinos	Sandías	
	Puerros	Tomates	
		Zanahorias	

En el mercado español ya se pueden adquirir semillas con certificado de ***producción ecológica****: destacan las empresas Terre de Semences/Kokopelli –distribuidas por Biohabitat– y Semillas Silvestres, de Córdoba.*

Otras formas de reproducción

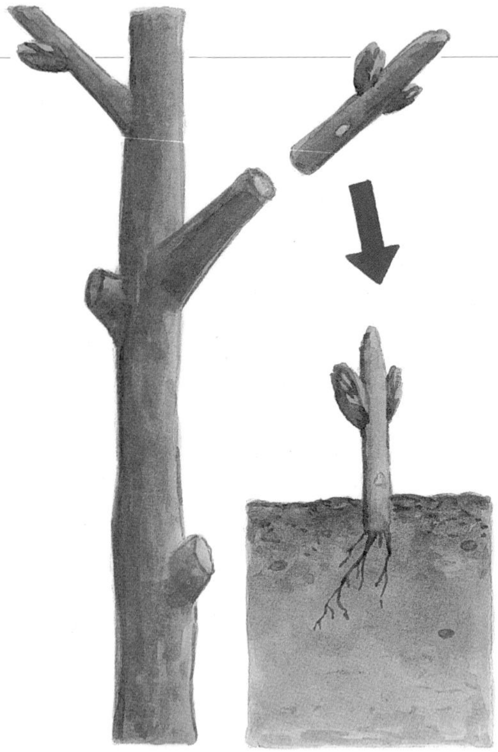

*La mayoría de árboles frutales y otras plantas leñosas son fácilmente reproducibles mediante **esquejes** o **estacas**.*

En algunos casos no podemos reproducir las plantas por medio de semillas porque apenas las producen o porque de hacerlo así perderían las características de la planta madre, se alargaría el período hasta la cosecha, etc. Este tipo de reproducción se denomina vegetal o asexual, y comprende las siguientes formas.

*Cuando plantamos las cebollas ya formadas, del centro de cada una emergen varios brotes que irán engrosando hasta convertirse en otros tantos **bulbos**.*

Bulbos

Los bulbos son yemas rodeadas de capas foliares (hojas) que almacenan sustancias nutritivas de reserva, capaces de mantenerse en estado latente durante largo tiempo fuera de la tierra y de alimentar los nuevos ejemplares que germinarán a partir de la yema o yemas presentes en cada bulbo. El bulbo –o las múltiples yemas separadas, como en los ajos– se entierran casi por completo en el suelo, dando origen tras su germinación a una o a múltiples plantas, como es el caso de las cebollas, que una vez desarrolladas pueden dividirse y trasplantarse dando nuevas cebollas.

Esquejes o estacas

Las ramitas de algunas plantas, cuando se cortan y se plantan en un buen terreno o en un sustrato húmedo producen raíces que permitirán el posterior rebrote de la planta seccionada. El esqueje realizado con ramas maduras y leñosas –de 15 a 20 cm– se llama estaca, y con yemas jóvenes ya brotadas esqueje. Las zuecas son varas leñosas que se separan con raíces y brotes incipientes, trasplantándose directamente en la tierra donde se desarrollarán las nuevas plantas. Este procedimiento se usa para multiplicar las alcachoferas.

*Las freseras son el ejemplo más claro de reproducción por **estolones**.*

Estolón

Es un tallo que se desplaza por el suelo y de cuyos nudos nacen raíces y hojas que darán origen a nuevas plantas. Así se propagan los fresales y las ornamentales cintas. Cuando las nuevas plantitas han alcanzado el suficiente desarrollo en el suelo, se arrancan cortando los restos de tallos que aún las unen con las madres y se trasplantan (generalmente a macetas) para su buen enraizado y posterior trasplante definitivo. La multiplicación por estolón abrevia bastante el ciclo de cultivo, permitiendo cosechas más tempranas.

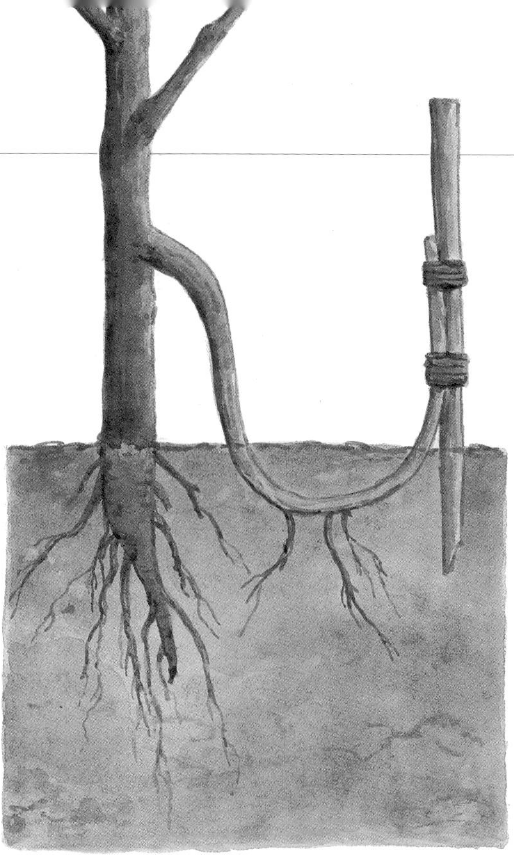

*El **acodo** es una de las formas más sencillas de reproducir plantas con ramas o vástagos flexibles, resultando una de las prácticas más habituales en la reproducción de las vides.*

Acodos

Se trata de una especie de esqueje aéreo o terrestre que se realiza sin cortar la rama de la planta portadora. Consiste en practicar un pequeño corte o incisión en una zona de la rama que se recubre de mantillo o sustrato húmedo y se envuelve con un plástico bien sujeto –en el caso de los acodos aéreos– o se entierra en el suelo –en el caso de los acodos terrestres–. Una vez desarrolladas las raíces, se corta por su parte inferior, separándolo de la rama madre. Con ello obtenemos una planta autónoma que reproduce fielmente las características de la planta de la que procede y se la puede considerar una extensión de la misma.

Tubérculos

Todos conocemos bien las patatas o los boniatos, aunque existen otros menos conocidos, como el tupinambo o la mandioca. Sus tubérculos son para nosotros las partes comestibles de tales plantas, y para ellas el órgano de reserva que almacena nutrientes en sus épocas de óptimo desarrollo y que permitirá su nuevo desarrollo cuando las circunstancias ambientales lo permitan. Muchas de estas plantas emiten flores y frutos, con sus consiguientes semillas, aunque si sembramos estas semillas, nacerán plantas con características propias y a menudo alejadas de la uniformidad que suele conseguirse mediante la reproducción del tubérculo entero o cortado en tantas partes como yemas o brotes incipientes presente.

Rizomas

Los rizomas son tallos subterráneos que aparentan ser raíces, pero en los que hallamos yemas capaces de dar brotes y, por consiguiente, de producir nuevos ejemplares. Es el caso de las cañas –que usamos de tutores–, del bambú o de los helechos. Arrancamos el rizoma y lo cortamos en pedazos que tengan una o varias yemas –llamadas vulgarmente «ojos»–. Luego lo enterramos y procuramos mantener un nivel de humedad regular que evite su deshidratación.

En el caso del bambú es casi inevitable recurrir a la reproducción por rizomas, ya que a pesar de que florecen y dan semillas que pueden sembrarse ¡esto sólo ocurre una vez cada cien años! Más curioso aún es el fenómeno constatado de que todos los ejemplares de una misma variedad de bambú florecen simultáneamente una vez por siglo, se hallen donde se hallen, en cualquier parte del planeta, sin que ningún botánico pueda predecir, de momento, qué año florecerá una determinada variedad de bambú. Se desconocen las causas de este fenómeno y la forma en que se produce la sincronicidad floral entre los bambúes de una misma variedad.

*Para la correcta reproducción de las patatas se recurre a la siembra de sus **tubérculos**, ya que de las semillas nacen patatas con características muy diferentes a las de las madres.*

La siembra

Una vez disponemos de las semillas adecuadas y nos planteamos su siembra, tendremos en cuenta las características específicas de cada planta en cuanto a las necesidades de temperatura, humedad, suelo, ocupación del espacio, ciclo vegetativo, etc. En función de todo ello podemos elegir una siembra directa, en el lugar en donde las plantas iniciarán y completarán su ciclo vegetativo, o preferir la siembra en semillero, que reúna unas condiciones más adecuadas para la germinación y el buen desarrollo de las plantas en sus primeras fases de desarrollo, que implicará un posterior trasplante a su lugar definitivo, cuando las condiciones climáticas, de suelo o de robustez de las plantas lo permitan.

Cuando se desea acelerar el proceso germinativo se puede recurrir a la pregerminación, dejando las semillas a remojo en agua de 24 a 48 horas antes de la siembra. Según algunos, añadir de un 10 a un 20% de agua oxigenada al agua de remojo aumenta el porcentaje de éxitos germinativos y da a la planta mayor vitalidad y robustez en todo su ciclo vegetativo. Someter las semillas a una fuente de calor de 35-40 °C durante unas horas antes de su siembra, les indicará que algo ha cambiado en su prolongada letargia y acelerarán el proceso germinativo.

*La **siembra** puede convertirse en un acto rutinario o en un momento mágico, en el que ofrecemos a las semillas en estado letárgico la posibilidad de abrirse a una nueva vida.*

La siembra directa

Se realiza una vez preparado y acondicionado el suelo, que deberá estar bien desmenuzado, mullido, aireado y con una humedad óptima para permitir la adecuada germinación, no precisa de riegos posteriores que podrían arrastrar las semillas y crear una costra que dificultaría la emergencia de los tiernos brotes. Cuando no exista más remedio que el riego posterior, tendremos que procurar romper la costra superficial vigilando que no estén emergiendo los brotes, pues los destruiríamos. Podemos evitar este problema esparciendo una fina capa de compost muy descompuesto sobre las líneas o la superficie sembrada, que además absorberá la radiación solar, calentando el suelo y las semillas, facilitando así su mejor y más rápida germinación, y nos indicará claramente los espacios ya sembrados. También podemos extender una malla de sombreado de rafia plástica negra y dejarla sobre el sembrado hasta que aparezcan los primeros brotes. Esta técnica tiene las mismas ventajas que la cobertura con mantillo, pero además retiene mejor la humedad y permite regar con aspersión o regadera. También se puede recurrir a un acolchado con paja, aunque no facilita el calentamiento del suelo y es poco práctico.

Profundidad de siembra

Es importante conocer y respetar la profundidad de siembra ideal para cada semilla. Una siembra demasiado superficial puede hacer

Profundidades de siembra ideales				
De 1 a 3 mm	De 4 mm a 1 cm	De 1 cm a 2 cm	De 2,5 cm a 4 cm	De 4 cm a 5 cm
Albahaca	Achicoria	Acelgas	Cacahuetes	Alubias
Apio	Ajedrea	Alcachofas	Calabacines	Garbanzos
Berros	Alquequenje	Cardos	Calabazas	Habas
Perejil	Anís	Dientes de león	Cilantro	
Zanahorias	Berenjenas	Espinacas	Espárragos	
	Borrajas	Hinojos	Guisantes	
	Canónigos	Melisa	Judías verdes	
	Cebollas	Orégano	Lentejas	
	Coles	Remolacha roja	Maíz	
	Endibias	Romero	Melones	
	Eneldo	Tanaceto	Pepinos	
	Escarolas	Tomillo	Sandías	
	Estragón			
	Lechugas			
	Mostaza			
	Nabos			
	Pimientos			
	Puerros			
	Rabanitos			
	Rábanos			
	Tomates			

que una vez germinadas las semillas se seque el suelo y las propias semillas, con las consiguientes pérdidas que ello supondría. Una siembra muy profunda obligará a realizar un gran esfuerzo, debilitador para los brotes, que no recibirán el suficiente calor para activar la germinación. Por regla general, y dado que cada semilla tiene tamaños muy diferentes, suele aconsejarse sembrar a la profundidad de tres veces el tamaño de la semilla.

Formas de siembra directa

Siembra a voleo

Es el método por excelencia para sembrar bancales o grandes superficies con cultivos en que entra un gran número de plantas por unidad de superficie y sobre todo que se cosechan mediante siega, como el perejil o la alfalfa. También es frecuente la siembra a voleo de las zanahorias y de la mayoría de semilleros que proveerán plantas para el trasplante. La siembra a voleo es una práctica difícil y requiere su experiencia, ya que hay que pro-

*La **siembra a voleo**, habitual para el abono verde y en los semilleros, requiere cierta experiencia, aparte de pericia y buen pulso.*

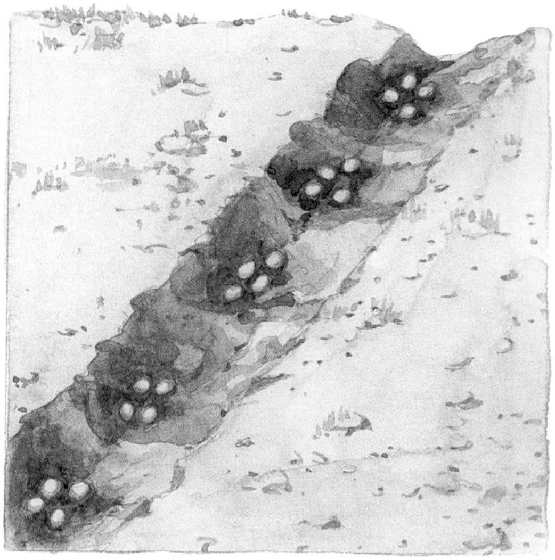

*La **siembra en líneas** es la más frecuente en los huertos familiares. Las judías del dibujo de la derecha se han sembrado en golpes de cuatro o cinco semillas cada una.*

curar un reparto regular y uniforme. Sembrar muy espeso obligará a sucesivos y costosos aclareos, y hacerlo muy espaciado desaprovecha el espacio cultivado.

Aunque si disponemos de suficiente semilla, siempre es mejor la siembra densa (sin pasarse) y el posterior aclareo, seleccionando las mejores plantitas, que una siembra muy espaciada con la imposibilidad de una resiembra en los espacios vacíos –excepto en los rabanitos y otras plantas de germinación rápida–. La mezcla homogénea de las semillas con arena fina, perlita o compost muy descompuesto, esparcida en una fina capa, permite un reparto regular. Una vez esparcidas las semillas, podemos recubrirlas con tierra fina o compost muy fermentado y dar una pasada de cultivador o con el rastrillo o las puntas de la horca a fin de mezclar y enterrar convenientemente las semillas.

Siembra en líneas

Cuando se desea racionalizar un espacio cultivado, la siembra en líneas, sea sobre una parcela plana o en surcos, es la forma más habitual de conseguirlo. La distancia de separación entre líneas o surcos se calcula en función de las dimensiones de las plantas en pleno desarrollo, debiendo quedar un mínimo espacio para desherbar, aporcar –cuando no se utiliza acolchado– o andar entre las líneas en el caso del cultivo en surcos.

Al sembrar se puede depositar las semillas de forma continua en la hendidura o pequeño surco realizado en el suelo, que luego se recubre con tierra o compost. Es el sistema habitual en la siembra de zanahorias, remolachas, espinacas, etc. La otra forma consiste en enterrar varias semillas juntas, a golpes regulares de tres a cinco judías, dos o tres guisantes, dos habas, dos granos de maíz, y con las separaciones necesarias según el porte de las plantas en pleno desarrollo. Con el maíz, los guisantes y otros cultivos, cuando las plantitas tienen entre 4 y 8 cm, se seleccionan las mejores y se arrancan las otras, dejando una sola de maíz o dos de guisantes, por ejemplo.

Cuando la tierra está muy mullida y suelta, se la comprime ligeramente con un rulo o una plancha de madera plana, a fin de compactarla lo suficiente como para que las semillas se adhieran a la tierra.

Para el recubrimiento de las semillas sembradas podemos usar la misma tierra del lugar,

CÓMO SEMBRAR EN LÍNEAS

1. Hacer un surco guiados con un cordel.
2. Sembrar las semillas en el fondo del surco.
3. Cubrir las semillas con la tierra de los lados.
4. Presionar la tierra ligeramente con alguna herramienta.

aunque hay quien recurre a una mezcla especial realizado con 1/3 de tierra seca del huerto, 1/3 de compost viejo, 1/6 de cenizas y 1/6 de posos de café.

Siembra en hoyos
El sistema de siembra en hoyos es típico de las plantas de gran porte o desarrollo, como los melones, las sandías o las calabazas. Generalmente, se cava un hoyo en donde se deposita una o dos paladas de compost que se mezcla ligeramente con la tierra y se recubre con una capa fina de tierra o compost muy fermentado. Se siembra un golpe de tres a cinco semillas, que una vez brotadas se aclaran, dejando las plantitas más sanas y vigorosas. La distancia entre hoyos está predeterminada por el porte que alcanzarán las plantas en su desarrollo final, aproximadamente 1 m con los melones o las sandías y hasta 2 m con ciertas variedades de calabaza.

Cómo sembrar

Se puede realizar la siembra a mano o mediante sembradoras mecánicas u otros sistemas que faciliten la siembra o la uniformicen.

Siembra a mano
Supone tener una gran habilidad y mucha experiencia, pues implica prever la cantidad de semillas que deberá caer al suelo, distribuidas de forma regular, sin concentrarlas en unas zonas o dejando otras despobladas. Podemos practicar dejando caer semillas sobre una mesa, una plancha de madera o un cartón en donde habremos trazado previamente una línea que simule el surco o la línea de plantación. Esparcimos una vez las semillas, observamos el resultado y su distribución a lo largo de la línea, recogemos las semillas y volvemos a esparcirlas de nuevo cuantas veces sea preciso hasta que hayamos adquirido suficiente habilidad. Conviene experimentar con distintos grosores de semillas.

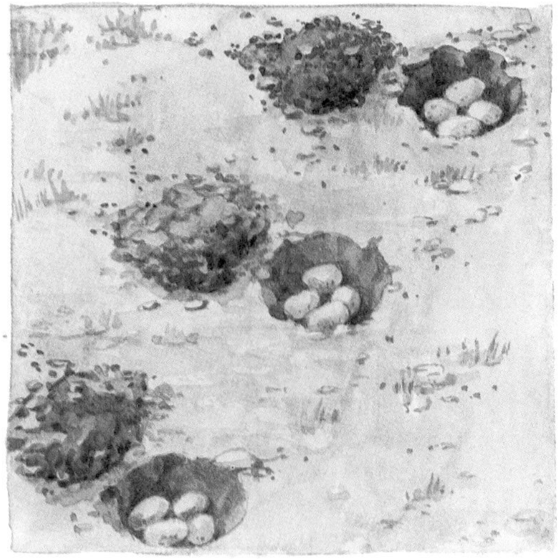
Las semillas de gran tamaño, como las de las habas, requieren sembrarse en ***hoyos***.

La forma más adecuada de realizar esta operación es reteniendo en la mano las semillas, entre los dedos meñique, anular y corazón y la palma de la mano, mientras el índice y el pulgar se encargan de regular la caída de las semillas, facilitando la operación unos suaves movimientos de vaivén del pulgar sobre el índice. También podemos recurrir a un papel o cartulina doblado por la mitad. En su centro colocamos las semillas y lo inclinamos ligeramente para que rueden y caigan a intervalos regulares mientras lo desplazamos por la línea, o le damos golpecitos –similares a la acción de hacer caer la ceniza de un cigarrillo– en cada hoyo, maceta o recipiente a sembrar. Cuando se trata de semillas muy pequeñas y tanto en una siembra directa como en semillero, podemos recurrir al método del lápiz: colocamos las semillas en un platito y aproximamos la punta de un lápiz humedecida a la semilla, que queda adherida y luego depositamos en su lugar de siembra. También podemos recurrir a los tubitos de píldoras homeopáticas, en los que, con cada giro del tapón, caerá una semilla.

En las plantas que alcanzan gran desarrollo y que ocupan mucho espacio, como las sandías, las calabazas o los melones, suelen recurrirse a la ***siembra en hoyos***.

Las sembradoras mecánicas
Existe en el mercado una variada gama de máquinas que facilitan las tareas de siembra,

permitiendo un reparto regular de las semillas. Hay algunas sencillas, con ruedas que se empujan con las manos y se regulan según el tamaño de las semillas a sembrar y la distancia de separación. Otras se acoplan al tractor y disponen de varios brazos en donde unas rejas van abriendo los surcos, mientras un dispositivo regulable deja caer las semillas y otro mecanismo las cubre de tierra. Son relativamente caras y sólo se justifica su adquisición en grandes superficies cultivadas. La clásica abonadora de fertilizantes químicos enganchada al tercer brazo del tractor suele adaptarse como sembradora a voleo de cereales.

Unos sencillos recipientes reciclados pueden desempeñar las funciones de ***semillero*** *situándolos en cualquier rincón, incluso en el balcón de casa.*

La siembra en semilleros

Los semilleros tienen sentido y resultan interesantes por ejemplo cuando las condiciones climáticas no permiten la siembra directa en el lugar de desarrollo definitivo de las plantas cultivadas; así, mientras mejora el clima tenemos unas plantitas que se desarrollan en semilleros resguardados de las inclemencias. También resultan interesantes los semilleros al aire libre, pudiendo sembrar directamente en la tierra, en cajones o en pequeños viveros.

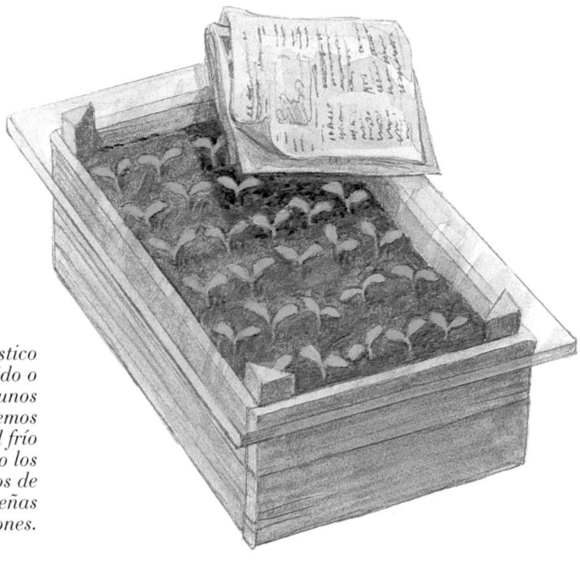

Con un plástico transparente rígido o un cristal y unos periódicos podemos ***proteger*** *del frío nocturno los semilleros de pequeñas dimensiones.*

Semillero al aire libre

Se acondiciona un bancal, con la tierra suelta y rica en humus, con la superficie rastrillada y allanada. Para las semillas muy pequeñas –cebollas, por ejemplo– es preferible haber regado previamente la tierra y limitarse a esparcir la semilla y cubrir la tierra con una fina capa de compost muy fermentado y tierra tamizada a partes iguales. Si usamos sólo mantillo o un compost muy fino y seco, nos hallamos con el problema de que incrementa la absorción de calor, cosa que si por un lado interesa, por otro reseca el semillero y las semillas no consiguen la humedad necesaria para germinar, e incluso se da el caso de que germinan y a los pocos días está el suelo tan seco que se deshidratan y malogramos la siembra. Esto ocurre especialmente con un compost comercial que es muy seco y que no empapa el agua con facilidad. Para solventar el problema es interesante cubrir el semillero con una tela de arpillera –saco de yute– o con una malla de sombreado –rafia negra–, hasta que germinen las semillas. Con ello evitamos en parte la evaporación del agua, pero sobre todo también es un buen truco para poder regar con regadera o aspersión sin arrastrar tierra o semillas, algo frecuente cuando regamos un semillero con un chorro de agua directo.
Las semillas de mayor tamaño –acelgas, por ejemplo– podemos esparcirlas y rastrillar la tierra para que se mezclen, aunque es preferible cubrirlas con tierra tamizada. El espesor de esta cobertura para las semillas conviene que sea tres veces el tamaño de la semilla. A menudo, cuando realizamos el semillero al aire libre en un bancal, procuramos ir entresacando plantitas a medida que las necesitamos para el trasplante, pero dejando algunas a su distancia normal de cultivo –por ejemplo, una lechuga cada 25 cm– y para que éstas completen in situ su desarrollo, con lo que el bancal habrá cumplido una doble función: semillero y parcela de cultivo.
En los semilleros al aire libre es importante vigilar las hierbas, ya que pueden competir fe-

rozmente con nuestras plantitas, creándoles serios problemas de desarrollo. Ello resulta fácil de evitar con el sistema de falsa siembra que explicamos en el apartado dedicado al desherbado. Aun así será necesario arrancar frecuentemente estas hierbas competidoras. Recuerdo de mi infancia las interminables horas que teníamos que sufrir agachados en mala postura para desherbar larguísimas eras de plantel de lechugas o coles. Supongo que esa insidiosa y pesada labor propició la generalización de los herbicidas selectivos, que matan las hierbas pero no el cultivo, ya que en el semillero no es posible mecanizar el desherbado. Hoy, en la práctica y por múltiples razones, lo más habitual entre los agricultores es sembrar en bandejas de poliestireno expandido, descritas más adelante.

Semillero protegido

Podemos proteger un semillero de múltiples formas. Por ejemplo realizando un túnel de plástico que cubra el bancal sembrado, aunque lo más habitual es fabricarse unas cajoneras con madera, ladrillos u hormigón, y cubrirlas con tapas acristaladas o de plástico. Un invernadero o una galería adosados a la casa viene de perillas para acomodarlos como semilleros protegidos. Los semilleros protegidos permiten crear condiciones más favorables para el desarrollo de las plantitas y protegerlas de los rigores atmosféricos de los meses fríos.

Pero también tienen inconvenientes, como el trabajo que requiere construirlos y mantenerlos y sobre todo visitarlos con frecuencia, pues si no levantamos las tapas los días soleados, corremos el riesgo de que las plantitas crezcan largas y finas como hilitos y sin la suficiente robustez para mantenerse en pie cuando queramos trasplantarlas al aire libre. El exceso de riego o de humedad interna del semillero también son problemáticos, provocando podredumbre y otras enfermedades. Cuando las condiciones climáticas son muy adversas y tanto la noche como el día son aún demasiado fríos, podemos recurrir a semilleros calentados mediante tubos de agua caliente, como se hace en los semilleros profesionales, o con resistencias eléctricas domésticas, aunque éstas son desaconsejables por los campos electromagnéticos de baja frecuencia que generan, que son dañinos para los cromosomas de las plantitas. Como alternativa existe el tradicional semillero de cama caliente.

Llegado el momento, las plantitas abandonarán el semillero para ser ***repicadas*** *en recipientes de enraizado o trasplantadas a la tierra.*

VENTAJAS DE LOS SEMILLEROS

- Permiten aprovechar el espacio, ya que en los semilleros las plantitas crecen bastante juntas.
- Facilitan las labores de riego y de vigilancia de hierbas competidoras.
- Podemos proteger mejor las plantitas en sus primeras fases de desarrollo, tanto del excesivo frío, como de las heladas nocturnas, el viento, las lluvias, el exceso de humedad, la radiación solar demasiado intensa o los parásitos.
- Permiten seleccionar las plantas más vigorosas y las que no presentan deficiencias genéticas visibles en las primeras fases del desarrollo; así, se pueden elegir las mejores plantitas para el repicado o el transplante.
- Permiten adelantar las cosechas, ya que cuando en el exterior el clima es propicio, las plantas ya han realizado una parte de su desarrollo en el semillero.

Semillero de cama caliente

Este tipo de semillero protegido aprovecha como fuente de calor la rápida y alta fermentación que produce el estiércol equino –de caballos, mulos y asnos– dado el elevado contenido de celulosa por la paja que suele llevar. Se elabora depositando en el fondo del semillero una capa de entre 15 y 20 cm del estiércol, luego se pisa y aprieta al máximo y sobre él se extiende una capa de unos 5 cm de compost descompuesto, sobre la cual añadimos 1 o 2 cm de compost muy descompuesto, donde sembramos habiendo regado previamente inundándolo de agua –regar antes de sembrar, nunca después–. Una vez esparcidas las semillas, las cubrimos con una fina capa de compost muy fermentado y ya está, a esperar ver despuntar las tiernas hojitas.

También podemos realizar semilleros de cama caliente para la siembra en macetas o en bandejas alveoladas. En este caso, la segunda capa –la de compost– puede ser de tan sólo 3 o 4 cm y sobre ella depositamos directamente las macetas, los tarros recuperados o las bandejas alveoladas, con su sustrato y las semillas correspondientes. Una forma de construir un semillero protegido –de cama caliente o no– provisional, de bajo coste, práctico y eficiente, es empleando como paredes del mismo pacas de paja. Las pacas de paja son resistentes y muy aislantes. Las colocamos en un lugar propicio, rellenamos el interior del cuadrado o rectángulo con el estiércol, el compost o directamente las macetas o bandejas, y lo cubrimos todo con plástico o vidrio. Los plásticos de metacrilato transparente de doble capa son una excelente opción, pues no necesitan marcos como el vidrio o el plástico, son ligeros y fáciles de manejar, aunque caros. Con la humedad y el contacto con la tierra o el estiércol, la paja se estropeará y luego ya no es apropiada para dar a los animales como forraje o cama, pero la podemos reutilizar estupendamente como acolchado en el huerto.

En mi infancia, una vez terminado el trasplante y desalojados los semilleros, dejábamos que el estiércol terminase de descomponerse in situ y al año siguiente tamizábamos la capa superficial para usarla como compost de siembra y la capa inferior la colocábamos sobre el estiércol nuevo. La merma que se produce en las sucesivas descomposiciones del estiércol se ajustaba bien a los distintos grosores de las capas empleadas. Para realizar esta técnica es importante controlar la salida de hierbas en el semillero cuando permanece vacío, pues un herbazal o incluso las plantas no trasplantadas que no se arranquen

*Las **bandejas recicladas de estireno** (corcho blanco) tienen la ventaja de ser aislantes térmicos y, cubiertas con un vidrio, permiten guardar parte del calor acumulado durante el día.*

REQUISITOS DEL SUSTRATO ORGÁNICO

El éxito de la siembra en contenedores está ligado al sustrato orgánico empleado. Éste se compone de una mezcla de tres partes de compost descompuesto y una de arena, o mejor perlita o vermiculita, minerales expandidos muy porosos que retienen muy bien la humedad del sustrato orgánico y cuyos alveolos internos sirven de nichos estimuladores de la vida bacteriana (no se debe utilizar turba, pues ésta se extrae de ecosistemas que se destruyen y cuesta cientos de años reponer; una de las tres partes de compost puede ser de fibra de coco). Este sustrato debe reunir varios requisitos:

- Contener un mínimo de nutrientes que aseguren el completo desarrollo de las plantitas hasta su trasplante definitivo.
- Retener con facilidad la humedad necesaria para la correcta germinación y posterior desarrollo de la planta.
- No compactarse, apelmazarse o endurecerse, lo que dificultaría el desarrollo radicular de las plantas.
- No contener semillas de hierbas.
- Si es un sustrato comercial, que no esté enriquecido con abonos químicos. Si, por algún motivo –climático, por ejemplo– se retrasa el trasplante y las plantas pueden padecer hambre de nutrientes, recurriremos a regarlas con estiércol líquido.

devorarían la mayoría de nutrientes del sustrato orgánico, volviéndolo impropio para posteriores usos, aparte de llenarlo de semillas de hierba, que obligaría a desherbar el semillero.

Para proteger las plantitas de las heladas nocturnas, por la noche se suelen cubrir los vidrios con esterillas, mantas viejas o sacos de yute, cartones o planchas de poliestireno expandido e incluso bandejas de poliestireno vacías, con las únicas precauciones de colocarles peso encima en caso de viento y quitarlas por la mañana temprano, tan pronto como luzca el sol.

En la mayoría de huertos familiares quizá no haga falta realizar un semillero de grandes dimensiones o muy complejo. Resultan interesantes las cajas de poliestireno expandido con que se comercializan congelados o helados, ya que su base y paredes son un excelente aislante térmico. Basta practicarles algunos agujeros en la base y colocar 1 cm de grava como primera capa, bajo el sustrato orgánico para facilitar el drenaje del semillero y evitar indeseables encharcamientos de agua. Dadas sus reducidas dimensiones, los podemos guardar dentro de casa por las noches y sacarlos al sol por la mañana.

Semillero con pacas de paja

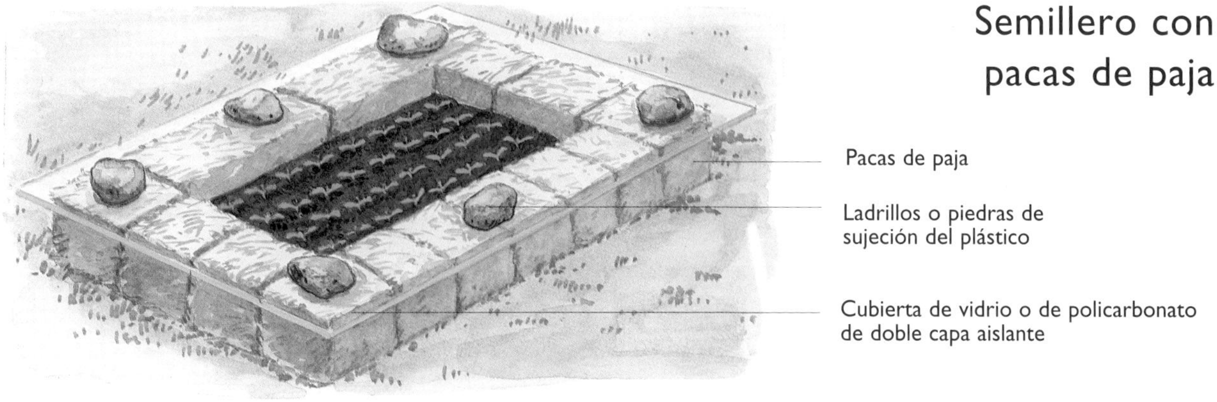

Siembra en macetas, bandejas y recipientes varios

A menudo va bien sembrar directamente en macetas, bandejas o envases reciclados (tarros de yogur, etc.). La ventaja sobre la siembra en semillero es que las plantas sembradas en contenedores no sufren tamto al no tener que repicarse a otros recipientes antes del trasplante a cielo abierto o al trasplantarse a raíz desnuda, con lo que las raíces siempre son dañadas en mayor o menor medida, con excepción de las plantas que requieren varios trasplantes para desarrollar mejor su parte comestible, como apiorrábanos, hinojos, coles de Bruselas y otras.

LA OPERACIÓN DEL REPICADO

1. Dejaremos que las plantitas del semillero tengan el tamaño adecuado.

2. Las extraeremos cuidadosamente una a una con la ayuda de un tenedor.

3. Realizaremos un agujero en el sustrato de la maceta con un lápiz o un dedo.

4. Una vez plantada la planta, presionaremos un poco la tierra a su alrededor y regaremos.

Riego de semilleros y contenedores

El problema más frecuente en el cultivo en semilleros y contenedores –especialmente en las bandejas– es la deshidratación del sustrato orgánico, ya que no es conveniente regar demasiado los semilleros, pues se desarrollarían plantas finas y filamentosas, poco aptas para ser trasplantadas al aire libre. Para el riego de contenedores y de semilleros en general van bien los sistemas de riego por nebulización o aspersión superfina. Para pequeños semilleros podemos usar los pulverizadores de agua domésticos, tipo limpiacristales. Los contenedores, bandejas y macetas también pueden regarse inundando con 1 o 2 cm de agua el entorno de los mismos, dejando que el sustrato absorba el agua por capilaridad. Algunos agricultores dejan las bandejas de poliestireno flotando en recipientes llenos de agua. Ello asegura una humedad constante para lechugas o acelgas, aunque tal vez excesiva para algunas plantas sensibles, como tomateras, pimientos, berenjenas y la mayoría de cucurbitáceas –melones, sandías, pepinos o calabazas–.

El repicado

Es la operación intermedia entre la siembra y el trasplante definitivo. Suele consistir en arrancar las plantitas del semillero cuando tienen entre dos y cuatro hojas y trasplantarlas en macetas, tarros recuperados o cualquier otro recipiente que contenga una mezcla de compost, fibra de coco y arena expandida –perlita o vermiculita–, a fin de que enraícen adecuadamente y crezcan fortaleciéndose en las condiciones controladas de un semillero protegido, balcón de casa o invernadero, hasta que se hallen en condiciones de ser trasplantadas a la tierra en su lugar de desarrollo definitivo. Permite seleccionar las mejores plantitas del semillero, que habremos podido sembrar espeso porque ya teníamos intención de repicarlas en recipientes más espaciosos para su mejor desarrollo radicular y foliar.

Cuidado con el repicado

El repicado requiere gran atención, ya que las plantitas son muy tiernas y sensibles. Habrá que regar bien el sustrato o el semillero en donde crecen para no forzar las raíces al arrancarlas. Cuidado con la presión ejercida sobre las partes donde estiramos los tallos, pues es fácil machacarlos sin darse cuenta. En el nuevo recipiente donde se coloquen las plantas, hay que procurar que las raíces queden dirigidas hacia abajo y no torcidas hacia arriba. Al regar el sustrato de los recipientes, tras el repicado, procuraremos no mojar las hojas de las plantitas o, al menos, las mantendremos en la sombra de 24 a 48 horas, para que el sol no las deshidrate ni queme las hojas por el efecto lupa que hacen las gotitas de agua que hayan quedado.

*El **trasplante** definitivo a la tierra es una operación delicada, pero fácil de realizar y aprender. Conviene que la tierra esté bien preparada, procurando dañar lo menos posible las raíces y regar bien para que a las plantas no les falte la humedad necesaria.*

El trasplante

El trasplante es la acción de trasladar definitivamente al campo las plantas obtenidas en los semilleros cuando éstas reúnen las condiciones necesarias o el clima lo permite. Algunas hortalizas, como las lechugas, las acelgas o los puerros, suelen trasplantarse con bastante facilidad y no requieren cuidados especiales, aunque siempre es bueno el embarrado de las raíces; en cambio, otras, como los pimientos o los tomates, son muy delicadas y requieren un gran esmero, e incluso a menudo –en siembras precoces– nos veremos en la obligación de protegerlas del viento fuerte, el sol intenso o el frío nocturno, y vigilar que se mantenga el suelo con la humedad constante para que las plantas no sufran en ese proceso. De hecho, no todas las plantas reúnen condiciones para que sea exitoso su trasplante. Algunas no lo soportan y son incapaces de enraizar de nuevo, como judías y habas, excepto si se siembran en macetas o cepellones. Con otras no sale a cuenta todo el proceso de siembra en semillero y labores de trasplante, ya que la siembra directa es más efectiva o ventajosa –como en el caso de maíz, zanahorias y nabos–. Incluso hay plantas como las patatas, en las que el trasplante perjudica el tubérculo. Por el contrario, el hinojo de bulbo y el apiorrábano si se trasplanta tres o cuatro veces, se les engruesa mucho más la raíz. Algunas plantas son fáciles de trasplantar a raíz desnuda y, de no faltarles la humedad en el suelo, arraigan sin demasiados problemas. Otras, en cambio, al ser más delicadas, requerirán el cultivo inicial en cepellones o macetas o su repicado.

Ventajas del trasplante

El cultivo en semilleros y el posterior trasplante reúnen una serie de ventajas con respecto a la siembra directa:

- Permiten germinar las semillas en condiciones vigiladas y proteger las plantitas en sus primeras fases de desarrollo.
- Se evitan fallos germinativos y también permiten seleccionar las mejores plantas para el trasplante, ya que el tiempo que pasan las

*En las terrazas y balcones podemos trasplantar las plantas directamente a **sacos de sustrato orgánico**, que harán las veces de jardinera.*

plantas en el semillero nos permite distinguir las más vigorosas y sanas.

▶ El período en que las plantas están en el semillero nos otorga un mayor margen para trabajar la tierra, abonarla y prepararla para la acogida de las plantas.

▶ Permiten adelantar la producción, ya que cuando las condiciones climáticas ya son las adecuadas para plantar al aire libre, las plantitas ya han desarrollado un cierto período de su ciclo vegetativo, el cual puede ser de uno o varios meses.

▶ Acortan el tiempo de ocupación de la parcela cultivada, por los mismos motivos expuestos en el punto anterior.

▶ Permiten plantar directamente en los bancales y parcelas acolchadas con paja, materia orgánica, cartones o plástico, donde es casi imposible la siembra directa de semillas, a menos que sirva el sistema de Fukuoka de rebozarlas en arcilla.

▶ El tiempo que las plantitas permanecen en el semillero nos evitamos las labores de riego, escarda y desherbado, propias de las plantas al aire libre.

▶ Se facilita la distribución regular de cada planta, a distancias convenientes en función de su desarrollo ulterior.

▶ Al estar la planta ya desarrollada en el momento del trasplante, puede ofrecer mayor resistencia o protegerse de ciertos parásitos del suelo, de hongos o de nematodos, que serían muy dañinos en las primeras fases del desarrollo. Esto es particularmente útil para especies de desarrollo inicial muy lento.

▶ Permiten trasplantar a intervalos sucesivos para dar cierta uniformidad a cada parcela.

El trasplante con ***cepellón*** *permite un buen manejo de las plantas sin riesgo de dañar las frágiles raíces.*

Inconvenientes del trasplante

No todo son ventajas en el trasplante, ya que por cuidadosos que seamos en esa operación, siempre provocaremos un estrés innecesario a las plantitas y daños radiculares o incluso en hojas y tallos, con lo que pasarán un período crítico hasta su total recuperación.

▶ Hay que ser muy cuidadoso para no dañar las plantitas. Siempre se dañan algunas raíces y ello fácilmente debilitará la planta haciéndola vulnerable.

▶ Requiere algunos trabajos adicionales con respecto a la siembra directa.

▶ Las plantas pasan un período de freno en su desarrollo, debido a la conmoción sufrida (si se trasplantan en su cepellón se reduce este problema).

▶ Cuando trasplantamos plantitas con raíz desnuda tenemos que regar inmediatamente después junto al pie de la planta, para que se adhiera la tierra a las raíces.

▶ Suelen darse algunos fallos que obligan a replantar. Para ello siempre conviene tener plantas de reserva en el semillero.

Trasplante en cepellones

El trasplante con cepellón es una práctica que ha ido generalizándose con respecto al trasplante a raíz desnuda, sobre todo por las ventajas de asegurar un mayor éxito, menos fallos o plantas que sucumben y porque las raíces sufren menos que en el trasplante a raíz desnuda, evitándose en parte el enorme estrés que supone el trasplante para la planta.

CÓMO TRASPLANTAR CON CEPELLÓN

1. Extraer la planta de su maceta (ponerla boca abajo y darle un golpecito).

2. Colocar el cepellón en un agujero de proporciones similares.

3. Apretar la tierra ligeramente alrededor de la plantita.

4. Regar en abundancia todas las plantitas trasplantadas.

Los tubos de trasplante

Cuando el cepellón de sustrato es suficientemente grande, su trasplante no requiere más cuidados que el de abrir un agujero en la tierra con una azadilla, colocar en él el cepellón, cubrirlo de tierra y regar. Pero si tenemos plantitas criadas en bandejas con cepellones pequeños, la operación es algo más delicada. Los tubos plantadores facilitan el trabajo pues permiten trasplantar andando erguidos y hacerlo en parcelas acolchadas incluso con plástico.

Se da un golpe seco con el tubo sobre la tierra, procurando calcular la profundidad a la que deberá quedar enterrado el cepellón y parte del tallo de la planta, y la dejamos caer por el orificio superior del tubo. Una vez la planta ha alcanzado la parte inferior del tubo, accionamos la palanca de apertura y levantamos el tubo, cuidando que la tierra cubra el cepellón y la altura de tallo que se considere óptima, en función de la planta trasplantada. Esta operación requiere algo de práctica inicial para obtener un resultado satisfactorio. Es imprescindible que la tierra esté mullida o, de lo contrario, el tubo no se clavaría, dejando los cepellones con sus raíces al descubierto.

El riego

Las plantas trasplantadas con cepellón no precisan que el riego se haga inmediatamente después del trasplante, como en el caso del trasplante a raíz desnuda, pero conviene no dejar pasar mucho tiempo, pues la humedad retenida en el cepellón es limitada. De todos modos, hay que regar a chorro junto al cepellón para que la tierra se adhiera bien y las raíces puedan así continuar su desarrollo, que se vería frenado en caso de quedar bolsas de aire entre el cepellón y la tierra.

Trasplante a raíz desnuda

En general, las plantas que aceptan el trasplante a raíz desnuda sólo requieren que no prolonguemos demasiado el tiempo transcurrido desde que las arrancamos del semillero hasta que las plantamos en la tierra, además del riego y la humedad del suelo correcta, imprescindibles para el éxito del trasplante. En algunos casos especiales –lechugas, cebollas, puerros– un marchitamiento temporal de las plantas sacadas del semillero les provocará una reacción vigorizante al trasplantarlas a la tierra, pero la gran mayoría sufrirán si las dejamos marchitar y que se sequen sus raíces –en particular, tomates, pimientos y berenjenas–, por lo que, si debiera transcurrir un cierto período entre la extracción del semillero y su plantación, convendría practicar el

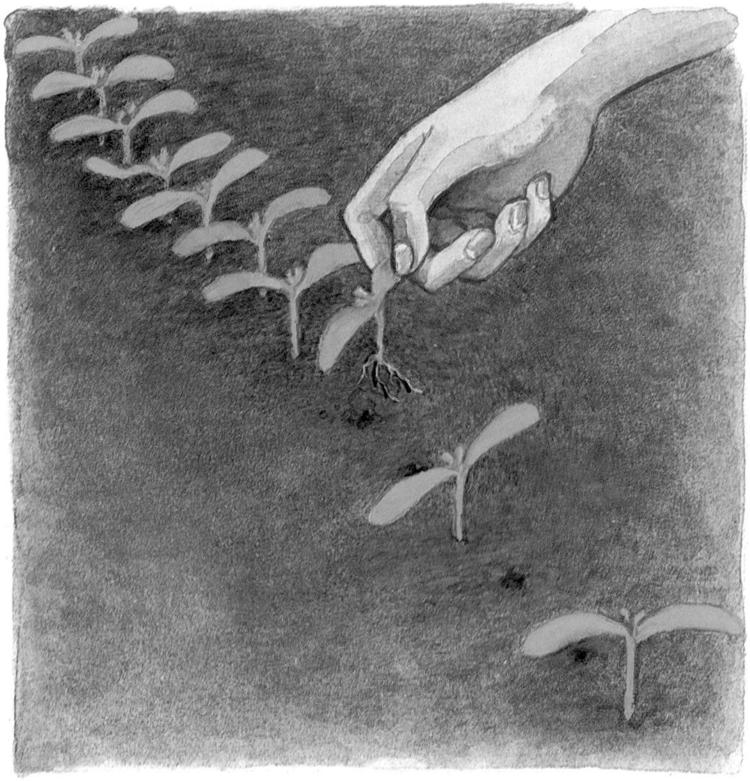

*Es importante conocer la **densidad de cultivo** apropiada para cada variedad de planta a fin de **sembrar**, **plantar** o **aclarar** aprovechando correctamente el espacio disponible.*

enfangado de las raíces y envolverlas en papel de periódico o paños humedecidos.
Algunas plantas de hojas anchas conviene recortarles parte de las mismas para evitar que el exceso de transpiración las deshidrate y sean incapaces de sobrevivir al trasplante, como acelgas, remolachas y algunas lechugas y escarolas. A otras –como cebollas, puerros, apio y fresales– les va bien, aunque no es imprescindible hacérselo, que se les recorte sus raíces antes de ser trasplantadas. Es muy importante regar concienzudamente el semillero antes de arrancar las plantitas, pues con una tierra seca se rompen o estropean muchas raíces y eso perjudicaría su posterior desarrollo.
En ocasiones conviene enterrar profundamente raíces y tallos, como en las coles o los tomates, pero en la mayoría de los casos procuraremos no cubrir las hojas y, al echar tierra junto al tallo para tapar las raíces, que ésta no caiga sobre la yema central.

Cómo trasplantar a raíz desnuda

La técnica es relativamente sencilla: una vez arrancada la planta del semillero, practicamos un hoyo proporcional a la longitud y tamaño de las raíces con la ayuda de una azadilla, un *plantador* o una pequeña pala. Clavamos la herramienta en la tierra y la movemos inclinándola hacia un lado para abrir un hueco en la tierra e introducir en él las raíces y parte del tallo de la planta. Rápidamente levantamos la herramienta y terminamos de cubrir el tallo y las raíces con tierra de los lados. Si la tierra es grumosa o muy ligera, conviene ejercer una ligera presión sobre la tierra alrededor del tallo para que sujete bien a la planta.
Es importante regar inmediatamente después, o al cabo de algunos minutos, aplicando un chorro de agua para que se mezcle bien la tierra con las raíces. Para esta operación no conviene el riego por aspersión y habrá que sacarle la alcachofa a la regadera. En mi región, en las grandes plantaciones de lechugas, cuando se trasplanta a raíz desnuda se riega por inundación el surco en donde se está trasplantando y con el dedo índice se hunde la raíz en la tierra, justo en la línea del nivel máximo del agua, quedando la raíz por debajo de ese nivel y la tierra que la rodea bien empapada de agua. En todas estas operaciones es importante que la raíz no quede curvada o dirigida hacia arriba.

La densidad de cultivo

A medida que se desarrolla, cada planta tiene unas necesidades específicas de suelo, nutrientes, luz y aire que determinan su densidad de cultivo. En el capítulo dedicado al cultivo de las plantas hortícolas se citan las densidades y distancias más frecuentes para cada planta, aunque las variedades de la misma especie pueden alcanzar dimensiones finales muy distintas: hay lechugas de cortar que se siembran muy espesas, lechugas arre-

polladas que requieren una superficie de hasta 30 cm de diámetro por planta y las de atar, que se conforman con 20 o 25 cm. Pero también dependen del sistema de cultivo elegido: surcos, bancales, etc.
El sistema de bancal profundo y los cultivos asociados soportan densidades de siembra muy superiores al cultivo tradicional en surcos o líneas paralelas, ya que plantamos juntas plantas altas (maíz) y bajas (judías enanas), de grandes hojas (lechugas, coles) y alargadas (ajos, puerros o cebollas) o de raíz (rabanitos, zanahorias, remolachas). De todos modos, para el correcto funcionamiento de la fotosíntesis vegetal y su correcto desarrollo las plantas necesitan un mínimo de luz que deberá respetarse siempre.

Distancia apropiada y aclareo

Al efectuar los trasplantes colocamos las plantas a las distancias apropiadas, pero cuando realizamos siembras directas las plantas pueden nacer mucho más espesas de lo que sería deseable para su buen desarrollo. Ello nos obligará a efectuar uno o varios aclareos hasta conseguir las distancias entre plantas más convenientes. Unas veces se puede buscar la máxima productividad por metro cuadrado y sembrar o plantar más junto, y en otras se puede dar prioridad al mayor volumen de desarrollo posible por planta, para lo cual habrá que distanciarlas al máximo unas de otras.

Podas y despuntes

Las plantas con yemas laterales, como las tomateras o las meloneras, desarrollan una gran masa vegetal que, de no intervenir con la poda o el despunte de ciertos brotes u ojos, ocuparían un excesivo espacio, se asfixiarían por la falta de ventilación y desarrollarían muchos frutos de tamaño muy reducido. Algunas plantas también se benefician en su desarrollo con el aclareo de las hojas más viejas, como las tomateras, o de las excesivamente voluminosas, como las coliflores.

PROTEGER LOS TRASPLANTES

Tanto en el trasplante a raíz desnuda como con cepellón, se debe proteger las plantitas, que suelen provenir de condiciones más favorables que las que hallan en su emplazamiento definitivo. Para ello podemos colocar tejas o chapas en la parte norte, que las protejan de los vientos y el frío del norte mientras crecen expuestas al radiante sol del sur.
En cultivos forzados o muy precoces se recurre a túneles de plástico, aunque son mucho más prácticas las campanas protectoras fabricadas con botellas o garrafas de 5 litros de plástico de agua mineral. Al cabo de unos días de trasplantadas conviene practicar un agujero por su lado sur para que se ventilen.

*El **despunte** de los brotes principales se realiza cuando deseamos que las plantas centren la energía de su desarrollo en la fructificación o en la expansión de los brotes laterales.*

Nada mejor para abrir el capítulo que una imagen de la mariquita, símbolo real del ***control biológico*** *de las plagas del huerto.*

En la agricultura ecológica los ***problemas*** *no son tantos ni tan graves como suponen quienes no conocen este tipo de práctica agrícola; además, es conveniente tener presente que cada problema tiene una solución y que cuanto mayor sea el problema, mayor será la solución.*

7

Los problemas del huerto

Muchas personas no se animan a cultivar su huerto familiar porque piensan que no conseguirán resultados satisfactorios a causa de los ataques de plagas o la invasión de malas hierbas. Nada más alejado de la realidad, pues si dedicamos a nuestro huerto un mínimo de tiempo casi siempre obtendremos resultados satisfactorios. La práctica demuestra que los problemas no son tantos ni tan preocupantes. Cuando practicamos una agricultura respetuosa, los parásitos son escasos y pocas veces se convierten en plaga. Las erróneamente llamadas malas hierbas pueden ser controladas manualmente o con sistemas sencillos, e incluso casi podemos olvidarnos de ellas gracias a los acolchados. En caso de inclemencias climáticas o de invasiones procedentes del exterior siempre tendremos recursos a mano sencillos, eficaces y naturales para hacerles frente, minimizar sus efectos y que no mermen nuestra producción ni en cantidad, ni en presencia ni en calidad.

Parásitos y enfermedades

En los ecosistemas libres de la acción humana hallamos infinidad de insectos y microorganismos, algunos de los cuales podrían comportarse en el huerto como *parásitos* de nuestras plantas cultivadas, mientras que allí rara vez se convierten en *plagas*, ya que la diversidad de especies y los múltiples depredadores que conviven en el ecosistema regulan constantemente la proliferación masiva de cualquier especie concreta. La denominación de agricultura biológica nació –en los países francófonos– a partir de la necesidad de respetar los ciclos biológicos de plantas y animales, ya que desde los primeros momentos de las aplicaciones masivas de abonos químicos o el uso de insecticidas como el DDT en la agricultura, se observaron los graves desequilibrios que producían en las plantas, constatándose la proliferación exagerada de plagas y enfermedades devastadoras. Al principio se creyó que todo se debía a que los insecticidas de acción total destruían también a los insectos «buenos» –controladores de los nocivos– y que ello dejaba la puerta abierta a que los pocos parásitos no destruidos se pudiesen multiplicar sin control, al no existir enemigos naturales. Pero se observó que los parásitos supervivientes a un tratamiento fitosanitario eran resistentes al plaguicida y esta resistencia la transmitían a su descendencia, por lo que al cabo de un cierto tiempo el plaguicida perdía toda acción destructora de la plaga.

A todos nos aterra la posibilidad de perder la cosecha a causa de una ***plaga*** *devastadora, aunque ello sea poco frecuente –por no decir inusual– en el huerto familiar ecológico.*

La realidad es mucho más compleja: aparte de lo anterior, hay que observar la vitalidad de las plantas cultivadas y, sobre todo, la de la tierra en donde crecen. Un suelo pobre, desequilibrado por malas labores o por excesos de fertilizantes químicos, sobreexplotado, erosionado o atiborrado de residuos de fungicidas, herbicidas, insecticidas, etc., difícilmente tendrá capacidad para permitir el desarrollo de plantas sanas y vigorosas. Como hemos estado viendo en capítulos precedentes, la salud de las plantas está estrechamente ligada a la salud y la vida del suelo. A ello habrá que añadir, naturalmente, las condiciones climáticas locales y generales y el buen hacer del agricultor. Por ello, cada vez que nos hallamos ante un problema en la salud de nuestras plantas, sea un parásito, una plaga o una enfermedad concreta, deberemos preguntarnos: ¿Qué pasa en ese lugar y con esas plantas atacadas? ¿Qué no hemos hecho correctamente? ¿Dónde estamos fallando?

Puede tratarse de simples contratiempos ligados a la meteorología. Un exceso de humedad ambiental acelerará la proliferación de hongos y las consiguientes enfermedades criptogámicas, por ejemplo. También cuando las plantas arrancan repentinamente su actividad (por ejemplo, en el despertar primaveral) con lluvias persistentes y tormentas con aparato eléctrico (que precipitan nitratos atmosféricos) aumentan su absorción de agua y nitrógeno y su fotosíntesis, pero de forma desequilibrada, con lo que su savia lleva más azúcares y atrae a los pulgones, que proliferarán a sus anchas. O una sequedad ambiental persistente creará las condiciones idóneas para la aparición de ácaros o de pulguillas que destrozarán nuestras plantaciones si no actuamos con diligencia.

Se ha comprobado que algunas plantas sanas contienen sustancias repelentes de los parásitos o tóxicas para ellos y que las plantas enfermas emiten sustancias que resultan atrayentes para sus «enemigos» naturales –plagas y enfermedades–. En ocasiones se trata de sustancias químicas volátiles que exhala la planta enferma; en otros casos son sus propios azúcares, proteínas, hormonas, etc., los que están alterados. Tenemos que tener muy claro que con nuestras labores y prácticas agrícolas podemos potenciar la salud y por consiguiente la autodefensa, o desencadenar el estrés vegetal o los desequilibrios suficientes para que la planta se debilite y sea pasto de plagas y enfermedades.

Conviene recalcar que en la agricultura ecológica es raro enfrentarse a situaciones de plagas devastadoras o enfermedades tan graves que comprometan toda una cosecha. Por

*Cuando nos hallamos ante un **problema global**, como las podredumbres por mildiu u otros hongos o una plaga devastadora, tenemos que preguntarnos en primer lugar: ¿qué estamos haciendo mal?*

ello, cuando eso sucede, lo primero que nos preguntamos es: ¿Qué he hecho mal? No es que estemos exentos de problemas, sobre todo los primeros años de inicio de un huerto ecológico o tras la transformación de un huerto convencional, pero normalmente esos problemas no suelen ser tan graves como en las prácticas agrícolas convencionales y, en caso de que un problema determinado sea preocupante, tenemos una gran variedad de posibilidades a nuestro alcance para hacerle frente y

CAUSAS DE LOS PROBLEMAS

Aparte de las condiciones climáticas y ambientales que en cierta medida escapan a nuestro control, la mayoría de problemas graves que aparecen en la agricultura comercial son el resultado de:

- Errores humanos.
- Labores incorrectas.
- Elección de variedades no adaptadas al terreno o al clima del lugar.
- Desequilibrio de nutrientes del suelo.
- Excesiva mineralización y falta de humus por el abuso de fertilizantes químicos.
- Destrucción de la vida microbiana del suelo –encargada de la descomposición de la materia orgánica y generadora de humus– por el abuso de plaguicidas con efectos residuales.
- Merma o inhibición de la actividad de las micorrizas simbióticas de las raíces de las plantas causada por el uso de fungicidas.
- Desaparición de flora espontánea que sirve de refugio a las especies controladoras o depredadoras.
- Eliminación progresiva de la fauna útil aliada del agricultor: pájaros, reptiles y batracios, erizos, etc.
- Monocultivo repetido durante varios años sucesivos en la misma parcela.

Y un largo e interminable etcétera lleno de despropósitos encaminados la mayoría de las veces a aumentar el rendimiento y la productividad a corto plazo, pero ignorantes por completo de cualquier aspecto relacionado con la salud ambiental, el equilibrio ecológico o las prácticas respetuosas con la Vida –con mayúscula–.

TRATAR O NO LAS PLAGAS

Algunas investigaciones muestran cómo los efectos del uso de plaguicidas de gran poder destructor resultan negativos a largo plazo y obligan a repetir regularmente el tratamiento al eliminar también la fauna auxiliar.

Evolución de las poblaciones de plaga y fauna auxiliar sin pesticidas

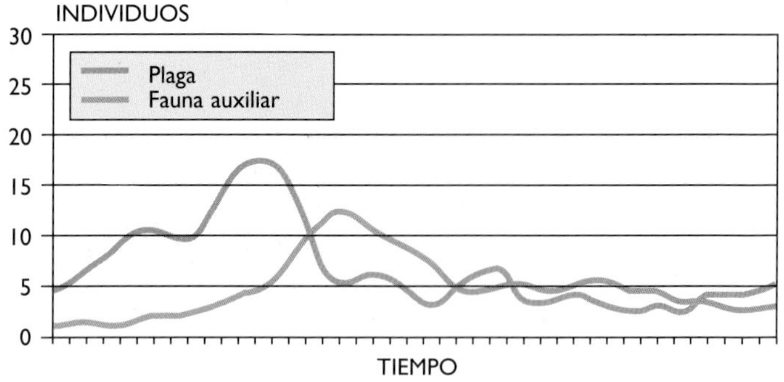

Efecto del tratamiento sobre la población de la plaga y de la fauna auxiliar

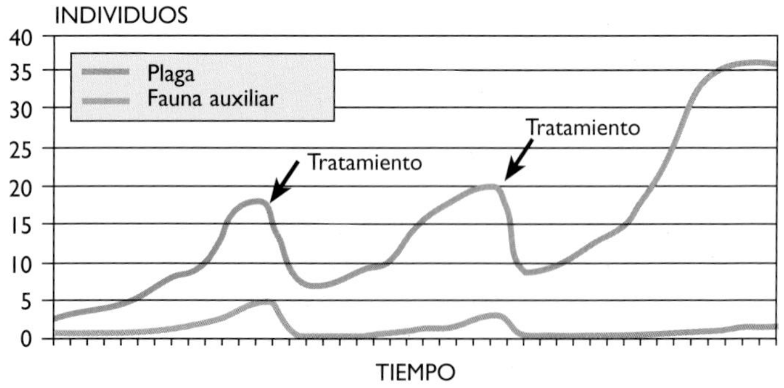

Efecto sobre la población del tratamiento «no tóxico» para la fauna útil

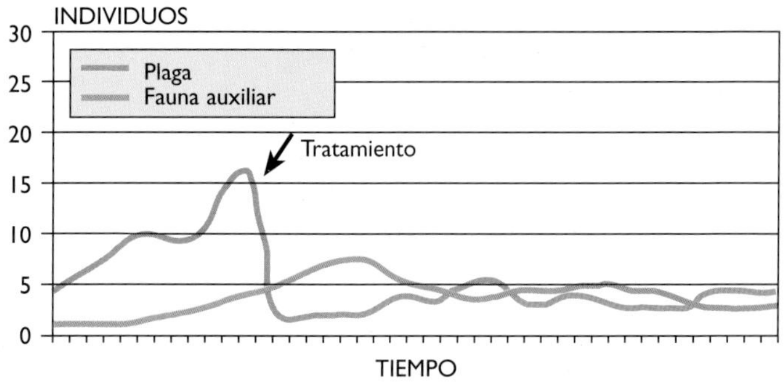

Fuente: Francesc García Figueres. Director de la Unidad de Sanidad Vegetal del Laboratorio de Diagnósticos del DARP

reducirlo o hacerlo desaparecer. De todos modos, lo más interesante de cualquier problema al que nos enfrentemos es la oportunidad de aprendizaje que nos brinda.

El uso de plaguicidas químico-sintéticos

Algunos lectores se preguntarán: ¿Por qué no recurrir en caso de problemas graves, y aunque sea de forma esporádica, a los productos químicos que podemos hallar en cualquier establecimiento de jardinería o en las cooperativas agrícolas? Como principal razón tenemos los graves problemas de salud y ambientales que la mayoría de productos sintéticos están ocasionando en todo el planeta. Tal vez habría que invertir la pregunta: ¿Por qué usar productos tóxicos, agresivos y residuales, cuando en el comercio ya existen alternativas ecológicas de rápida degradación y exentas de toxicidad para el ambiente y para los consumidores de las plantas tratadas con tales productos?

Salud y residuos de plaguicidas

En este libro hemos ido viendo por qué limitar el uso de plaguicidas –tanto los químico-sintéticos como los naturales–, pero no hemos de olvidarnos de la peligrosidad del empleo y del uso y abuso que se suele hacer de los plaguicidas de síntesis. Comencemos con parte del texto aparecido en un informe titulado *Salud y residuos de plaguicidas* realizado para el debate entre los asistentes al I Congreso de Agricultura Ecológica de la Comunidad Valenciana en 1997.

Los plaguicidas producen en el mundo alrededor de 1.000.000 de envenenamientos directos y unas 40.000 muertes al año. La EPA (Agencia de Protección Ambiental de Estados Unidos, el equivalente a un ministerio de medio ambiente) achaca a los plaguicidas presentes en los alimentos 6.000 casos de cáncer al año. Insecticidas, fungicidas, herbicidas, acaricidas, fitorreguladores, alguicidas, rodenticidas o desinfectantes del terreno; hormonas, antibióticos y antiparásitos en la cría intensiva de animales; antifúngicos, conservantes, colorantes y demás aditivos que se añaden en la elaboración, así como los plásticos en que se envasan los alimentos; todos dejan residuos en el ambiente y en los alimentos. Omnipresentes, están en la leche materna, las papillas comerciales de los bebés, las frutas o las carnes consumidas. Problemas como la esterilidad, los trastornos reproductivos o las alergias están aumentando por su causa.

Hay dos cosas importantes que distinguen este tipo de contaminantes del resto de los producidos por las demás actividades humanas: los plaguicidas son tóxicos de reconocida capacidad biocida (literalmente «matan la vida»), puesto que se utilizan con este fin. Y además son liberados intencionadamente, dispersados hasta llegar a todos los rincones del planeta. Por otro lado, carecemos de la «experiencia evolutiva» que nos permita adaptarnos a todos ellos. Necesitaríamos milenios y sólo llevamos décadas esparciéndolos. Y surgen centenares de productos nuevos cada año. Hay ya 100.000 sustancias químicas sintéticas en todo el mundo, y aparecen 1.000 nuevas cada año. Desde mediados de siglo el uso de plaguicidas ha ido en aumento y mantiene un crecimiento regular del 2%. Se calcula que cada año se fabrica y emplean algo más de medio kilo por habitante. En España se gastan más de 60.000 millones de pesetas (es el quinto país que más invierte en ellos en Europa). Sólo en el litoral valenciano se utiliza

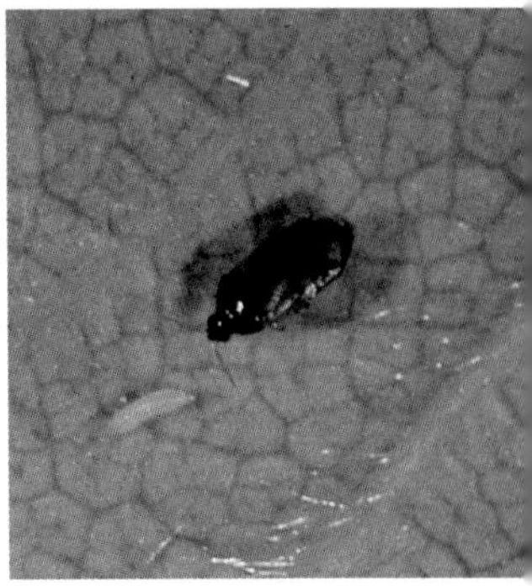

Uno de los efectos secundarios del uso de ***plaguicidas*** *es que suelen ser poco selectivos y destruyen la* ***fauna útil****, como el orius, que es un depredador de trips.*

EFECTOS TÓXICOS DE LOS PLAGUICIDAS

Los plaguicidas pueden entrar en contacto con nosotros a través de la piel, por inhalación o por ingestión. Pueden causarnos enfermedades agudas, subcrónicas o crónicas. Las agudas son aquellas en las que el efecto se observa de manera inmediata, como en el caso de un contacto masivo. Las subcrónicas son las que producen efectos a corto y medio plazo. Sin embargo, las más peligrosas son aquellas que producen problemas a largo plazo, llamadas crónicas. Según el Consejo de Europa, a los plaguicidas se los relaciona con patologías cancerígenas, mutágenas, teratogénicas o alteraciones de la reproducción, alteraciones de los sistemas inmunitario, endocrino, renal y hepático; son neurotóxicas, potencian los efectos de otras sustancias tóxicas y tienen otros efectos retardados. Muchos de estos efectos son parecidos a los que les están ocurriendo a los animales. Los más estudiados son:

- Bioacumulación en la sangre y la grasa humanas, en la leche materna. Estos venenos pueden actuar en concentraciones de 1 ppm o 0,001 ppm como estrógenos débiles (disruptores hormonales).
- Afección de glándulas suprarrenales y tiroides (su baja actividad puede causar cáncer de mama).
- Trastornos reproductivos: esterilidad en hombres y desarrollos anómalos femeninos.
- Trastornos hormonales; daños en el sistema reproductor, alteraciones del sistema nervioso y el cerebro, debilitamiento del sistema inmunitario, masculinización de hembras y feminización de machos, vulnerabilidad a cánceres relacionados con el sistema endocrino (cáncer de mama, de próstata, de testículos, de ovarios o de útero) o esterilidad. Incluso en dosis muy pequeñas, pueden causar estos problemas.
- Cánceres derivados de las sustancias directamente, de impurezas o de sus metabolitos de degradación. De entre 448 plaguicidas 263 tienen datos de mutagenicidad y 92 de carcinogenicidad. Recientemente se han presentado ante los tribunales de Estados Unidos las demandas de los padres de los niños británicos que nacieron sin ojos, lo cual podría estar relacionado con la exposición de los fetos a insecticidas y fungicidas fabricados por la multinacional estadounidense Dupont. El único elemento que tenían en común las más de 140 mujeres que dieron a luz a estos niños es que practicaban regularmente labores de jardinería y empleaban plaguicidas de esta empresa.

aproximadamente la cuarta parte de lo que se aplica en España, precisamente en las zonas más densamente pobladas. Por ello, hoy en día va surgiendo cada vez mayor información sobre las consecuencias de su utilización.
Sus efectos más peligrosos se dejan sentir, desgraciadamente, a medio y largo plazo. Así, conforme se ha ido utilizando masivamente cada una de las sustancias sintetizadas, han ido apareciendo nuevas pruebas de su peligrosidad, que en un principio no se habían considerado.
El informe continúa haciendo un repaso a la problemática general que el uso de plaguicidas y sus residuos están ocasionando en el medio ambiente, analizando los más conocidos y relacionando los efectos nocivos que se han podido constatar tras años de fabricación y empleo masivo (ver recuadro página 155).

Policías y aliados en la naturaleza

Los datos anteriores nos plantean la necesidad de prescindir de los problemáticos plaguicidas químicos y centran el problema de las plagas y enfermedades en desequilibrios que será necesario evitar o subsanar si deseamos obtener buenas cosechas de plantas nutritivas y sanas. La mayoría de enfermedades y los parásitos más comunes –desde un simple pulgón a la más terrible de las virosis– son los encargados de la naturaleza para controlar o eliminar a las plantas y animales que no viven en equilibrio o están degenerando genéticamente. Si son acertadas las leyes darwinianas de la selección natural, las enfermedades y plagas destructoras de algunas plantas cultivadas podrían considerarse los policías de la naturaleza encargados de eliminar a los menos adaptados o a los que están fueran del contexto que les corresponde.
El problema aparece cuando ponemos un gran empeño en cultivar plantas forzando sus ciclos normales de desarrollo o cuando lo hacemos fuera de las condiciones apropiadas. Por ejemplo, cuando plantamos manzanos en zonas cálidas o naranjos en zonas frías. A esos árboles, a excepción de alguna variedad local muy adaptada, los estamos colocando en contextos que no se corresponden con sus necesidades ni con sus ciclos vegetativos. El manzano, para permanecer sano y sin que se vea amenazado por algunos de sus parásitos, necesita un parón invernal, con largos días de

*Las **larvas de mariquita**, como la del centro de la imagen (solas o junto a otros depredadores), son capaces de **controlar** una «preocupante» infestación de pulgones sin que tengamos que intervenir.*

La obsesión por destruir todo bichito que se mueve entre las plantas del huerto puede llevar a envenenar el entorno y a nosotros mismos.

frío intenso e incluso alguna que otra helada nocturna. En un clima en que los inviernos son suaves y no hiela nunca, el manzano está en desventaja y será parasitado. Por el contrario, el naranjo es un árbol de hoja perenne que no soporta las fuertes heladas y prefiere los inviernos suaves y cálidos, que le ayudan a madurar sus frutos. Cuando le obligamos a crecer en zonas muy frías, lo más probable es que sucumba a la primera helada o que viva tan debilitado que continuamente sea pasto de parásitos o enfermedades difíciles de controlar.

En ocasiones aquellos que llamamos parásitos o enfermedades y creemos que son un problema serio para un cultivo en concreto, resultan ser buenos aliados, que nos ayudan sin saberlo a obtener mejores cosechas o a crear variaciones genéticas, algunas de las cuales pueden resultar interesantes. Ese es el caso de numerosos virus que conviven con las plantas cultivadas. Al parecer, la presencia de virus provoca alteraciones metabólicas o de desarrollo en las plantas –que en el caso de las alcachofas se traduce en un abultamiento exagerado de la parte floral– que los agricultores han ido seleccionando a lo largo de los años, ignorando que fuesen el resultado de la acción de virus invasores de la planta en cuestión. Claro que existen muchos casos en que sus efectos no son de agradecer; por ejemplo, a las patateras infestadas por virus introducidos por ataques de pulgones, estos organismos les crean tal «degeneración» en una sola cosecha que a menudo las inutiliza como patatas de siembra.

Siempre que hablamos de hongos pensamos en enfermedades criptogámicas –mildiu, oídios, podredumbres– y nos apresuramos a buscar el mejor fungicida del comercio para eliminarlos con rapidez. Pero al aplicar el fungicida –aunque sea tan natural como el cobre– estamos atacando a las sensibles micorrizas, simbióticos que viven en las raíces de las plantas y en donde cumplen la maravillosa función de transformar los minerales brutos del suelo en sustancias nutritivas directamente asimilables por la planta. Así estamos destruyendo la fábrica natural de nutrientes de que disponían las plantas, obligándonos a aportarle los nutrientes de forma soluble, pues de lo contrario no sabrá aprovecharlos.

Como vemos, esas imbricadas asociaciones entre plantas, virus, hongos y demás seres vi-

VIRUS NO DAÑINOS

Lo normal es que cuando pensamos en virus nos asustemos rápidamente, pero no debemos ignorar que si bien existen algunos muy dañinos y devastadores, la mayoría –y los hay a miles– conviven con sus hospedadores sin que supongan problema alguno, incluso se ha podido comprobar que cumplen funciones biológicas específicas. Por ejemplo, en los intentos llevados a cabo por varios biólogos para limpiar de virus unas plantas de alcachofas destinadas al cultivo comercial, tras varias operaciones de selección tisular y cultivos in vitro, consiguieron plantas libres de virus que prometían ser la solución a los graves problemas de supuestas virosis que arrasaban las grandes plantaciones de las zonas alcachoferas. Pero, cuál sería la sorpresa al descubrir, tras el cultivo de las alcachoferas libres de virus, que las preciadas inflorescencias comestibles eran pequeñitas, duras y espinosas, recordando a las que producen los cardos silvestres.

vos –incluidas las personas– son extremadamente complejas y no se prestan demasiado a que juguemos con ellas o a que intentemos alterarlas destruyendo eslabones de la cadena que consideramos problemáticos o innecesarios para nuestros fines productivos, sin que ello implique serios y en ocasiones irreversibles desequilibrios que a corto o largo plazo, resultarán más problemáticos que los problemas que pretendíamos combatir con el insecticida, el fungicida, el nematicida de turno o más recientemente con la manipulación genética.

Con todos esos conceptos y realidades bien presentes podemos abordar el control biológico de plagas y enfermedades de nuestras plantas cultivadas. Mantengamos en todo momento una visión global de cada circunstancia y problema, por específicos que éstos sean, no vaya a ser que intentando buscar soluciones, creemos problemas más graves o difíciles de resolver que el que teníamos en principio.

Parásitos y enfermedades más comunes

Alacrán cebollero o grillotopo

El alacrán cebollero o grillotopo (*Gryllotalpa gryllotalpa*) es un ortóptero similar a un grillo, con pinzas como las de los cangrejos, que alcanza los 4 o 5 cm de longitud y cava galerías en el suelo, atacando las raíces de las plantas jóvenes o cortando sus tallos por la base. También se alimenta de gusanos, lombrices, hormigas y tubérculos. Es de hábitos nocturnos, por lo que es excepcional verlo de día. Se trata de un bicho raro en la mayoría de huertos, pero cuando hace acto de presencia es devastador. Suele estar más presente en suelos húmedos, ligeros y muy mullidos.

*El **alacrán cebollero**, que recuerda a un monstruo galáctico, llegará a ser realmente preocupante si se instala en el huerto y no lo controlamos.*

Acciones preventivas

▶ Es importante potenciar la presencia en el huerto de sus enemigos, como son los erizos, musarañas, topos y aves rapaces.

▶ En caso de estragos graves debidos a la presencia de alacranes cebolleros en el huerto, podemos realizar a partir de otoño agujeros de unos 10 cm de profundidad, los llenamos con estiércol de caballo y los cubrimos con tejas. Durante los días fríos y hasta la primavera deberemos visitar las trampas y eliminar los insectos y sus larvas.

Lucha directa

▶ Un remedio eficaz y rápido consiste en esparcir al atardecer cebos compuestos de salvado, azúcar o leche condensada, agua y un insecticida vegetal. Los grillotopos saldrán de sus madrigueras atraídos por tan suculento manjar. Este cebo también atrae y elimina a la mayoría de gusanos grises y a otros gusanos que se esconden en la tierra y atacan raíces y tallos jóvenes.

▶ A partir de la primavera podemos enterrar a ras de suelo latas de conserva o tarros de vidrio de boca ancha, en cuyo fondo depositamos unas gotas de esencia de trementina y algo de estiércol fresco o llenos hasta la mitad con agua. Por la noche los alacranes cebolleros serán atraídos cayendo en las trampas y no pudiendo salir o ahogándose.

▶ Los aprendices de detective pueden seguir las trazas de sus galerías hasta topar con los pozos verticales que les sirven de refugio escarbando hasta atraparles, o teniendo en cuenta que suelen esconderse a unos 25 cm de profundidad, también podemos inundar el agujero con agua y un insecticida vegetal como rotenona o pelitre.

Araña roja y araña amarilla

La araña roja (*Tetranychus telarius*) y la araña amarilla (*Tetranychus urticae*) son unas minúsculas arañas (ácaros) de color rojizo o amarillento que apenas miden 0,5 mm y viven en grandes colonias en el envés de las hojas. Forman una especie de fieltro gris bajo las hojas de que se alimentan. Las hojas se cubren de manchas, van amarilleando poco a poco y terminan por secarse. Suelen atacar a varias hortalizas: judías, guisantes, calabazas y calabacines, tomates y pepinos. Su actividad suele estar asociada a períodos secos o a falta de riego.

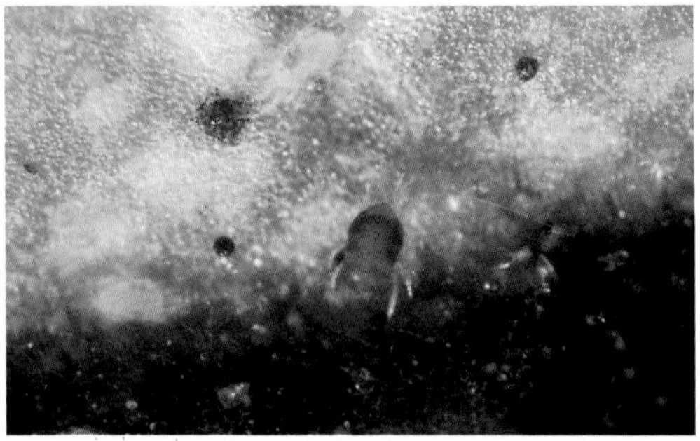

Los ataques graves de ***arañas rojas*** *están muy vinculados a períodos secos y a la falta de riego. Arriba, a la izquierda, una araña roja, y sobre estas líneas, una tela de araña roja invadiendo hojas de tomatera.*

Acciones preventivas

▶ Dado que les encanta el calor y la sequedad ambiental, para prevenirlas a menudo será suficiente mantener la tierra húmeda de forma regular. Los acolchados favorecen la retención de humedad en el suelo.

▶ Al igual que con los ataques de pulgones, hay que controlar el exceso de nitrógeno aportado.

▶ Respetar las rotaciones evita que se establezcan colonias en una parcela determinada.

▶ Aquellas plantas que soporten sin problemas el riego por aspersión las regaremos de este modo para mantener a nivel foliar la humedad necesaria que impide su proliferación.

Lucha directa

▶ Empezaremos con fumigaciones de ajenjo, ortiga y cola de caballo, tratamientos preventivos y paliativos.

▶ En caso de resistirse, emplearemos algún insecticida natural a base de pelitre, rotenona, nim..., procurando fumigar la parte inferior de las hojas, ya que se localizan ahí.

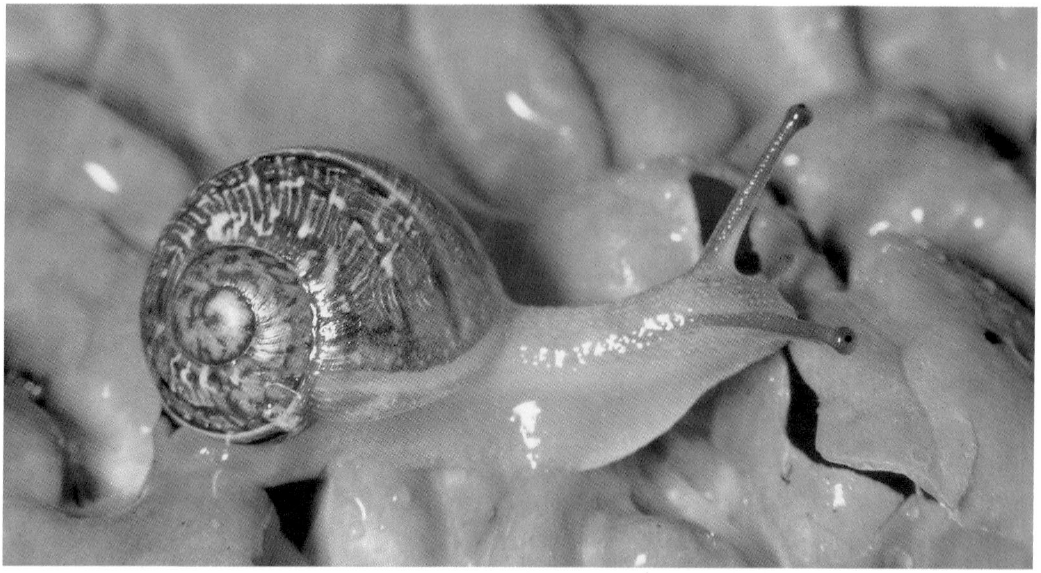

La presencia de algunos ***caracoles*** *paseándose por el huerto incluso puede resultar algo simpático; en cambio, su masiva proliferación nos obligará a tomar medidas.*

Las ***babosas*** *llegan a convertirse en un verdadero problema en los huertos de zonas húmedas.*

Caracoles y babosas

Los caracoles son residentes comunes en la mayoría de campos de cultivo y huertos pequeños y grandes. Las babosas son más propias de huertos y lugares húmedos, pues al no poder evitar el calor o la sequía refugiándose dentro de su cáscara, necesitan ambientes habitualmente húmedos. En el huerto se les teme bastante ya que devoran con facilidad los brotes jóvenes, las plantitas tiernas y las hojas de muchas hortalizas; también roen la piel de algunas plantas o de ciertos frutos, como nectarinas y melocotones.

En biodinámica se comenta que la baba de caracoles y babosas dejada a su paso sobre el suelo o las plantas aporta beneficios muy superiores para el huerto que los problemas que causan estos animales (calcio orgánico). Por ello, tal vez, a menos que resulten plaga devastadora no deberíamos preocuparnos demasiado por la presencia de algunos caracoles o babosas en el huerto. Naturalmente, cuando se convierten en problema para las plantitas del semillero –que pueden hacer desaparecer en una noche– o para la calidad de las cosechas, tendremos que pasar a la acción.

Acciones preventivas

▶ Proteger y potenciar la presencia de sus depredadores naturales: erizos, sapos, patos, gansos, algunas aves y los seres humanos.

▶ Esparcir ceniza o serrín muy seco alrededor de los cultivos sensibles a los ataques de caracoles y babosas. Atención: cuando la ceniza y el serrín se mojan pierden su eficacia.

▶ En otros países europeos, para impedir a los caracoles y babosas entrar en las zonas valladas de las parcelas, se comercializan unas láminas metálicas finas que se clavan en el suelo alrededor de los cultivos, protegiéndolos e impidiendo que estos animales accedan a ellos.

Lucha directa

▶ Recoger caracoles y babosas aprovechando los días de lluvia, que es cuando salen de día, y dárselos a las gallinas, a los patos o consumirlos si os gustan (o regalárselos a quienes les gusten).

▶ Distribuir tejas y otros elementos que les sirvan de cobijo y faciliten su recogida.

▶ Enterrar recipientes de boca ancha a ras de suelo y llenar la mitad con cerveza. Las babosas acudirán a beber y se ahogarán.

▶ En caso de plaga devastadora está permitido recurrir a los gránulos de metaldehído –alcohol de ciertas maderas– que tras su consumo los deshidrata y mueren. Estos cebos granulados no hay que esparcirlos por el huerto sino colocarlos en recipientes repartidos regularmente y cubrirlos con una teja u otro elemento que impida su ingestión por animales domésticos u otros. Esa protección también servirá para que las lluvias no disuelvan y desintegren el producto.

Carpocapsa o agusanado de las frutas

En el vergel, especialmente en las manzanas, la carpocapsa (*Carpocapsa pomonella*) o agusanado de las frutas es uno de los problemas que más estragos causa. Se trata de una pequeña mariposa de vida nocturna y crepuscular. Inverna en estado de crisálida a poca profundidad del suelo; también se esconde en las grietas de cortezas y paredes y hasta en las cajas donde almacenamos las manzanas. Con el buen tiempo las crisálidas se transforman en adultos y una vez apareados, las hembras depositan los huevos sobre las hojas de las ramas más elevadas del árbol y una vez nacidas las orugas salen en busca de frutos. Una vez localizado el fruto detectan la parte más vulnerable para penetrar en él, y lo hacen abriendo una galería para dirigirse al centro en busca de las semillas, el principal alimento de la carpocapsa.

El fruto es atacado a partir de la mitad de su desarrollo y madura con antelación al no atacado. El desarrollo de las orugas en el interior del fruto suele invalidarlo para su consumo o comercialización y provoca su caída prematura, tras lo que la oruga se esconde a poca profundidad del suelo para hacerse crisálida y a los pocos días convertirse en otra generación de adultos y así sucesivamente, hasta tres o cuatro generaciones al año. La última generación es la invernante.

Acciones preventivas

No es fácil sustraerse a los ataques de la carpocapsa, por lo que resultará importante evitar su asentamiento en el vergel. Matteo Tavera, uno de los fundadores de la asociación Nature et Progrès, nunca tuvo problemas de carpocapsa en sus 5 hectáreas de manzanos: su secreto residía en tapizar de espárragos silvestres alrededor de los manzanos.

▶ Es importante recoger y quemar cualquier fruta que veamos afectada; con ello evitaremos el desarrollo de nuevas generaciones.

▶ La suelta de gallinas bajo los árboles, con su incesante escarbado y picoteo del suelo, eliminará las crisálidas escondidas.

▶ El embadurnado del tronco y las ramas principales con el preparado de arcilla, ceniza y boñiga de vaca, eliminará los insectos escondidos en las grietas de los árboles.

▶ La colocación de trampas no suele bastar para atrapar a todas las mariposillas de carpocapsa, pero sirve para detectar su presencia y tomar medidas paliativas.

Los gusanos de ***carpocapsa*** *pueden arruinar toda la cosecha de manzanas, y su control no da siempre buenos resultados, por lo que nos veremos obligados a recurrir a todas las opciones a nuestro alcance.*

Lucha directa

▶ En cuanto detectemos las primeras mariposas y picaduras es importante realizar tratamientos regulares –sobre todo de las partes altas de los árboles– con algún insecticida vegetal. A partir de la caída de los primeros frutos atacados, es conveniente tratar también el

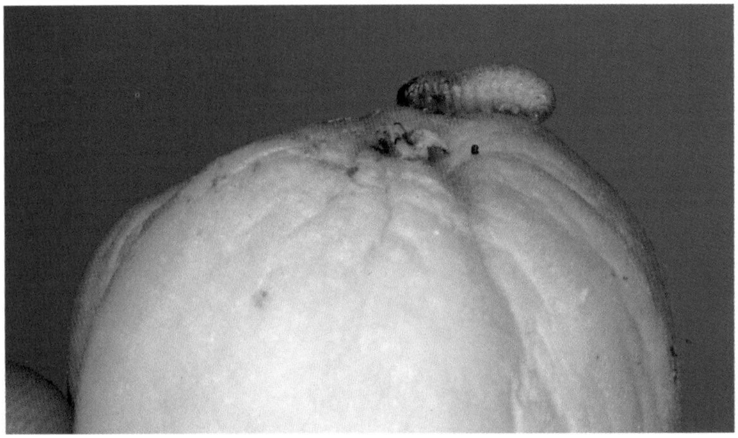

*Los **gusanos de alambre** viven en la tierra y suelen causar serios daños en algunas plantas recién trasplantadas.*

suelo para controlar las sucesivas generaciones, a menos que no tengamos gallinas sueltas bajo los árboles.

Gusanos de alambre

Los gusanos de alambre (*Agriotes lineatus, Agriotes obscurus* o *Agriotes sputator*) son unos gusanos de color amarillo muy brillante que se alimentan de la materia orgánica en descomposición y atacan las raíces y los tallos subterráneos de numerosas plantas, sobre todo las recién trasplantadas, creando numerosas bajas en los trasplantes de tomateras o pimientos; también atacan a las patatas, al maíz, los fresales, las zanahorias y otras hortalizas. Su presencia es abundante en terrenos cálidos y en los que se ha incorporado materia orgánica fresca como abonos verdes o estiércoles.

*Los **gusanos grises** suelen vivir escondidos en la tierra y salir a comer por la noche, pero si encuentran refugio en el interior de una planta tierna y de follaje espeso no dudan en hospedarse en ella.*

Acciones preventivas

▶ Si tenemos un huerto propenso a los gusanos de alambre procuraremos sembrar o trasplantar dejando pasar más de un mes desde la incorporación de materia orgánica fresca al suelo. Entre tanto daremos varias pasadas de cultivador o removeremos la tierra del bancal con la horca de doble mango, a fin de acelerar el proceso de descomposición.

▶ Algunos agricultores sueltan las gallinas para que rebusquen en las parcelas recién labradas. No es un sistema efectivo al cien por cien pero algo ayuda.

Lucha directa

No parece haber sistemas o productos no tóxicos que puedan emplearse en la agricultura ecológica para combatir los gusanos de alambre eficazmente.

▶ Podemos realizar un control manual mediante el uso de las trampas –bastante efectivas– descritas en el cultivo de tomates (ver capítulo 10), consistentes en enterrar cada varias plantas trasplantadas, rodajas de zanahoria o de patata de unos 2 cm de grosor. A los gusanos de alambre les encanta la pulpa de la zanahoria y aunque su piel externa contiene sustancias insectífugas poco apetecibles para los gusanos, su núcleo carnoso es una apetitosa diana en donde se clavarán a comer. Tan sólo habrá que repasar periódicamente las trampas, levantándolas y arrancando los gusanos para darlos a las gallinas. No resultan fáciles de aplastar (no en vano se llaman gusanos de alambre) por lo que es mejor partirlos en dos o quemarlos.

Gusanos grises

Los gusanos grises (*Agrotis vegetum*) suelen vivir escondidos en la tierra y atacan especialmente los tallos, las hojas y el cuello de las plantas más jóvenes y tiernas, sobre todo a las recién trasplantadas. También atacan a las patatas. Son de hábitos nocturnos y durante el día se esconden bajo la tierra, entre 1 y 3 cm de profundidad, por lo que hay que escarbar al lado de las plantitas que aparezcan por la mañana cortadas de cuajo o extrañamente marchitas.

Acciones preventivas

▶ Como inverna en el suelo, los buscaremos mientras realizamos las cavas de otoño o invierno. Los podemos simplemente aplastar o darlos de comer a las gallinas.

Lucha directa

▶ Podemos aplicar preparados de *Bacillus thuringiensis* al suelo y a las plantas atacadas o atacables.

▶ También podemos elaborar un cebo a base de salvado, azúcar –o leche condensada– y polvo de *Bacillus thuringiensis* diluido en agua. Este preparado se esparce a los pies de las plantas al caer la tarde.

▶ Los amantes de la vida detectivesca pueden proveerse de una linterna y buscarlos cuando salen a comer por la noche. En huertos pequeños puede ser suficiente con esta práctica pues resulta rara una invasión devastadora de gusanos grises.

▶ A menudo afloran a la superficie cuando realizamos binas o escardas junto a los cultivos. Entonces, los recogemos para las gallinas o los destruimos in situ.

La bella estampa del vuelo de una ***mariposa*** *sobre el huerto resulta agradable de contemplar, pero implica el riesgo de infestación de* ***orugas y gusanos*** *en algunos cultivos.*

Gusanos y orugas diversos

Existen infinidad de gusanos y orugas que pueden estar presentes en mayor o menor medida en el huerto. La mayoría de veces no son problemáticos, aunque en ocasiones pueden causar graves daños. Existen años cuyas condiciones climáticas u otras razones desconocidas propician una proliferación exagerada de orugas que se convierten en plagas devastadoras si no actuamos con rapidez. Aquí mencionamos algunos de los gusanos y orugas más corrientes en el huerto. Para su control podemos seguir las recomendaciones dadas para las orugas de las coles.

Larvas de la mariposa blanca de la col

Las orugas *Pieris rapae* son de color verde, suelen medir unos 4 cm de longitud y atacan especialmente a las coles y a los nabos, aunque también podemos hallarlas en el resto de crucíferas.

Gusano de las lechugas

La oruga (*Triphaema pronuba*) es de color marrón verdoso con tres líneas longitudinales más claras, alcanza los 6 cm de longitud y ataca principalmente las lechugas y otras plantas de hoja ancha.

Gusano de la col

La oruga *Mamestra brassicae* es de colores diversos, que van del gris al marrón claro y del amarillo al verde castaño, su cabeza es negra y tiene líneas oscuras. Ataca principalmente a los ajos y los corazones de las coles.

Mildiu

El mildiu es una enfermedad producida por hongos que atacan especialmente a las patateras y tomateras, a la vid y a algunas otras plantas del huerto. Se puede decir que casi existe una especie de hongo causante del mildiu para cada especie hortícola cultivada. Es una enfermedad propiciada por humedad elevada, típica de zonas húmedas y épocas lluviosas con temperaturas de entre 10 y 20 °C. Suele desarrollarse en las partes de la planta que permanecen mojadas, y es fácil propagar el problema al tocar o manipular las plantas aún húmedas. Se manifiesta en forma de manchas blanco-amarillentas que pasan a grises y que van endureciendo y secando hojas, tallos y frutos.

Acciones preventivas

- En las regiones húmedas y donde se prevean largos períodos lluviosos habrá que elegir plantas resistentes al mildiu.
- Sembrar y trasplantar evitando la densificación de las plantas, dejando espacio suficiente para una ventilación correcta.

Los tomates son muy sensibles al exceso de humedad ambiental y suelen verse afectados por los ataques del ***mildiu****.*

- Podas y aclareos que dejen espacios para una aireación adecuada.
- No manipular las plantas mientras permanezcan mojadas.
- Si colocamos unos finos hilos de cobre enrollados en los tallos de las tomateras, los iones de cobre que por ósmosis circularán por la savia de las plantas dificultarán o impedirán el desarrollo del mildiu y de otros problemas criptogámicos.

Lucha directa

- Fumigación con decocciones a base de cola de caballo.
- Fumigación con caldo bordelés, a ser posible al inicio de los períodos húmedos y antes de que se manifieste la enfermedad. Conocer los ciclos y las condiciones generales del desarrollo de las enfermedades o patógenos sirve para actuar de forma preventiva.

Mosca blanca

La mosca blanca se distingue por su revoloteo cuando tocamos o movemos las plantas. Forma colonias en el envés de las hojas, agrupando sus puestas y compartiendo el espacio con las larvas sin alas, las pupas y los adultos.
La presencia de algunas moscas blancas no suele ser problemática, pero cuando se trata de grandes colonias los daños son importantes, ya que se alimentan succionando las hojas, las cuales se vuelven amarillentas y acaban secándose y cayendo. Otro problema asociado es la aparición de hongos secundarios debido a la presencia de melazas exudadas por la mosca blanca.

Acciones preventivas

- La mejor prevención radica en tener plantas sanas y un suelo equilibrado, lo que impedirá la proliferación de moscas blancas.
- Colocar botellas de plástico amarillas entre los cultivos susceptibles de ser atacados mantiene alejadas a las moscas blancas.

Lucha directa

▶ La pulverización de diluciones de jabón potásico suele ser efectiva, ya que disuelve la protección cerosa de la mosca. Hay que pulverizar sobre todo el envés de las hojas, ya que es allí donde se alojan las moscas blancas (una dilución al 1% es más que suficiente). Debe tenerse en cuenta que para la preparación del caldo no hay que emplear aguas calcáreas o duras, sino agua de lluvia, destilada o de muy baja mineralización.

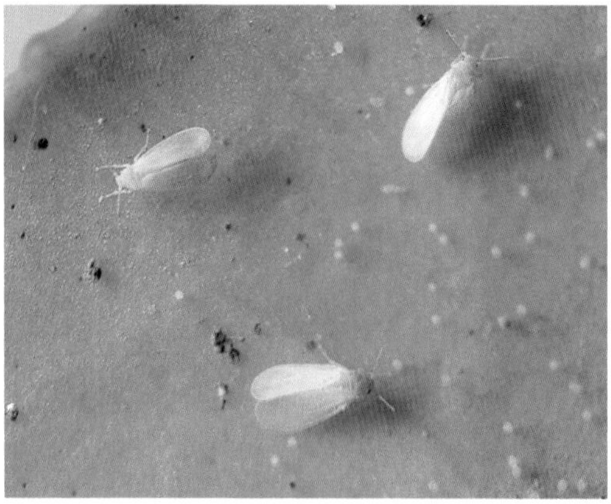

*La **mosca blanca** se caracteriza por la cerosidad blanca que recubre sus alas, aunque, de hecho, su cuerpo es amarillo y sus ojos rojos. Puede causar graves daños al alimentarse succionando la savia de las hojas.*

Mosca de la fruta o mosca mediterránea

La mosca de la fruta (*Ceratitis capitata*) es el insecto que más estragos suele producir en los vergeles de climas mediterráneos, ya que ataca a gran número de frutas, especialmente a los melocotones y a las nectarinas, pero también es temible con los albaricoques, peras, kakis, ciruelas, manzanas, naranjas o mandarinas...

Al igual que la carpocapsa inverna en el suelo, a poca profundidad, en estado de pupa. Su aparición picando los frutos y depositando huevos que se convertirán en gusanos una vez la fruta esté casi madura, suele estar condicionada a las altas temperaturas primaverales, por lo que no suele atacar a las primeras frutas del año, como los nísperos o los albaricoques tempranos. Los fuertes calores de mediados de la primavera en adelante son los grandes instigadores de la ceratitis.

Una vez nacidas las larvas, se nutren de la pulpa de la fruta en cuestión y al fermentar sus excrementos provocan la rápida podredumbre de la fruta. Con la caída al suelo de la misma y una vez avanzado su máximo desarrollo, la larva se esconde a poca profundidad del suelo, transformándose en pupa y más tarde en adulto, dando lugar a una nueva generación dispuesta a atacar sin piedad.

En nuestro clima se contabilizan de cinco a seis generaciones al año.

Acciones preventivas

▶ Al igual que con la carpocapsa, conviene recoger y quemar toda fruta atacada. La suelta de gallinas en el vergel también resulta de gran ayuda para evitar las generaciones invernantes y eliminar las pupas de ceratitis escondidas en el suelo.

Lucha directa

▶ Es muy difícil el control total de la ceratitis, pues aunque se emplean trampas con sustancias atrayentes o incluso con feromonas, que atrapan a los machos e impiden la fecundación de las hembras, no siempre se consigue evitar la puesta de las hembras fecundadas venidas de otros lugares.

*La **mosca de la fruta** es uno de los insectos más dañinos en el vergel. Se puede controlar con trampas hechas con botellas de plástico con un trozo de bacalao seco y una dilución de bisulfato amónico, que están dando resultados espectaculares.*

Nematodos

Se trata de unos gusanitos microscópicos que viven en la tierra y suelen parasitar las raíces de numerosas plantas, creándoles unas atrofias, verrugas y nudosidades que las deforman e impiden que se puedan nutrir correctamente. En plena naturaleza existen infinidad de especies de nematodos y rara vez son problemáticas en la práctica de la agricultura ecológica debido al control que ejercen sobre ellos los hongos del suelo y las sustancias radiculares emitidas por numerosas especies vegetales, limitando su proliferación masiva.

Las pérdidas de cosechas por culpa de nematodos están relacionadas con la agricultura industrial, que no respeta las rotaciones de cultivos y se centra en monocultivos, repitiendo las mismas plantas en años sucesivos sobre el mismo suelo, atrayendo nematodos especializados en esos cultivos.
El problema en la agricultura convencional es tan preocupante que llega hasta el punto de obligar a los agricultores al uso de potentes desinfectantes del suelo como el bromuro de metilo o a fumigar la tierra con carísimos y tóxicos nematicidas. Muchos agricultores ignoran que ellos mismos son los responsables directos del problema, pues el empleo regular y masivo de fungicidas para controlar oídios, mildius y podredumbres de los cultivos elimina los hongos beneficiosos, que se encargaban de mantener a raya a los nematodos (ver en las páginas 156-158 el apartado «Policías y aliados en la naturaleza»).

Acciones preventivas

▶ Quienes practicamos una agricultura respetuosa con la naturaleza no hemos de preocuparnos por los nematodos; y en todo caso, si partimos de unas tierras infestadas con estos gusanitos con anterioridad, plantaciones sucesivas de abonos verdes, aparte de enriquecer el suelo y mejorar su estructura, controlarán a través de la actividad bioquímica radicular a los nematodos hasta el punto de volverlos totalmente inofensivos.

Las cucurbitáceas –pepinos, melones, calabacines...– son especialmente sensibles a los ataques de ***oídio.***

Lucha directa

▶ Como lucha directa contra nematodos podemos intercalar claveles de Indias (tagetes) entre cultivos; al parecer, sus raíces emiten sustancias nematicidas.

▶ También podemos recurrir a la solarización de la tierra con láminas plásticas, ya que se ha comprobado que ésta reduce considerablemente las poblaciones de nematodos patógenos, mientras que afecta muy poco a los microorganismos auxiliares.

Oídio

Se trata de unos hongos que producen inicialmente unos puntos blancos sobre las hojas, las cuales se recubren de una especie de polvillo blanquecino que se va ampliando y que acaba por tapar toda la superficie de las hojas, secándolas a medida que progresa el ataque. Es un problema que atañe principalmente a las cucurbitáceas: pepinos, melones, calabazas y sobre todo calabacines.
Al igual que el mildiu suele estar relacionado con épocas o zonas con exceso de humedad ambiental y días calurosos. Aunque para producir esporas necesita una humedad relativa muy baja, para que éstas germinen ha de ser alta pero sin presencia de agua; por ello los mayores ataques se producen en las primaveras en que se alternan lluvias con días calurosos. El exceso de riego, sobre todo por aspersión, y los abonos ricos en nitrógeno suelen ser grandes aliados del oídio.

Acciones preventivas

▶ Sembrar y plantar espaciado.

▶ Evitar la densificación de la masa foliar

–sobre todo de las cucurbitáceas– recurriendo a podas si fuese preciso.

▶ No regar por aspersión ni mojando las hojas de las plantas sensibles, como por ejemplo las cucurbitáceas.

▶ En las primaveras en que se alternan lluvias con días calurosos podemos recurrir al espolvoreo de azufre sobre las plantas sensibles de forma preventiva, sin esperar al desarrollo masivo del oídio.

Lucha directa

▶ Espolvoreo de azufre aprovechando el rocío de la mañana.

▶ Fumigación de azufre mojable al que podemos añadir polvo de algas *lithothamne*.

Orugas de las coles

Es un gusano verde grisáceo (*Pieris brassicae*) con tres líneas longitudinales de color amarillo y con puntitos negros. Suelen medir unos 5 cm de largo y están recubiertos de pelos blanquecinos. Devoran las hojas de las coles y de la mayoría de crucíferas.

Acciones preventivas

▶ Es raro su ataque a plantas vigorosas de parcelas en que se han respetado las rotaciones y el abonado y riego son correctos.

▶ El rociado con una disolución de sal marina (1/2 kg en 10 litros de agua) refuerza las coles y aleja las orugas.

▶ Si disponemos de helechos en las cercanías podemos colocar una hoja encima de cada col, porque las mariposas no suelen acercarse a las hojas de helecho.

▶ Se pueden plantar ramitas de escobón (retama) entre las coles.

▶ Podemos colocar trampas y recipientes especiales para capturar las mariposas de la col.

▶ Las pulverizaciones con aceites esenciales sobre todo de menta, romero, salvia, tanaceto, ajenjo o tomillo, alejan a las mariposas de la col.

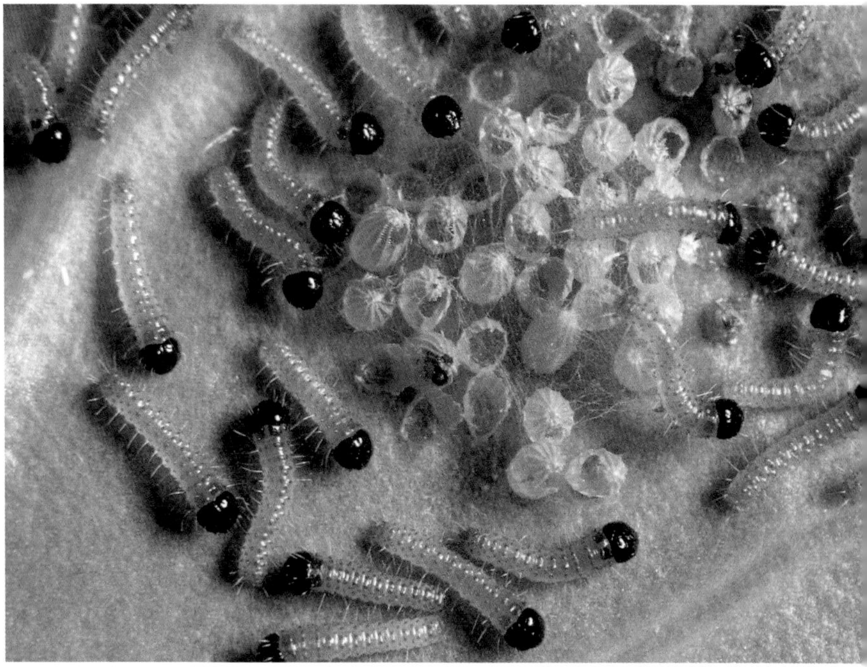

Tras la eclosión de los huevos, las larvas de la ***oruga de la col*** *son muy voraces. Conviene actuar con rapidez para controlarlas.*

Lucha directa

▶ Buscar los huevos de las orugas en el envés de las hojas de las coles y aplastarlos (si lo hacemos con el dedo pulgar estaremos usando el «DeDeTe» ecológico). El período de puesta suele oscilar de abril a junio.

▶ En casos graves podemos recurrir a los insecticidas vegetales –nim, pelitre o rotenona– o al *Bacillus thuringiensis*.

Podredumbres

La mayoría de estos problemas de las hojas, tallos, raíces o frutos son producidos por hongos y son debidos a una humedad excesiva y a la falta de ventilación. El exceso de riego y el aporte también excesivo de nitrógeno, aunque sea con materiales naturales (purines), favorece la absorción y acumulación de agua por parte de las plantas; ello facilita o acelera el desarrollo de podredumbres, tanto en las plantas cultivadas como en las hortalizas y frutos cosechados que se desea guardar.

Las ***podredumbres*** *producidas por hongos suelen tener como causa común el exceso de humedad y la falta de ventilación por espesura del follaje.*

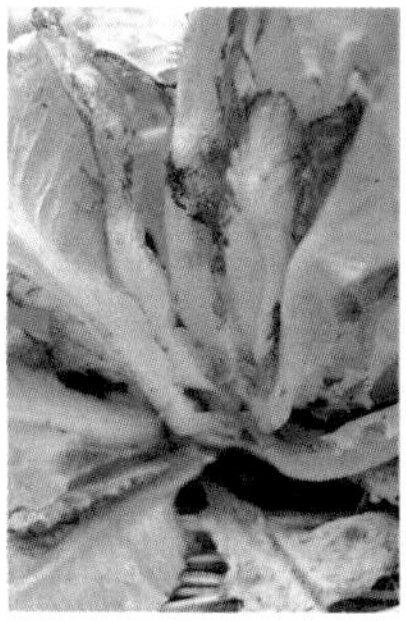

Pulgones

Los pulgones, también llamados afidos, de los que existen diversas variedades, son de los parásitos más conocidos por los agricultores y los más insidiosos, pues cuando aparecen en masa son capaces de mermar las cosechas al chupar la savia de las plantas y bloquear su desarrollo; aparte de infestarlas de virus, que en plantas sensibles les llegan a provocar terribles virosis. Es muy conocido el hecho de que el pulgón suele aparecer en determinadas condiciones climáticas; en los momentos de estrés vegetativo y cuando se aporta mucho nitrógeno, pues cambia la composición de la savia (aumenta la proporción en agua y azúcares) y sangran los brotes más tiernos, volviéndose muy apetecibles para los pulgones. Por ello queda claro que el problema de los ataques masivos de pulgón está muy vinculado a mala gestión del suelo o del cultivo de las plantas atacadas, por lo que ante todo tendremos que averiguar qué estamos haciendo mal. Existen muchas variedades de pulgones y su capacidad de adaptación o mutación es impresionante, incluso una misma especie puede variar sus características a lo largo de sucesivas reproducciones en una misma temporada. Los más corrientes son los pulgones verdes, visibles en alcachofas (*Brachycaudus cardui*); guisantes (*Acyrthosiphon pisum*); judías o fresales (*Cerosipha forbesi*); pulgones grises de las coles (*Brevicoryne brassicae*); pulgón negro de las habas (*Aphis fabae*) o el amarillento de los fresales (*Chaetosiphon fragaefolii*); también existen unos pulgones que atacan las raíces (*Pemphigus sp.*). Muchos frutales, sobre todo el melocotonero y los ciruelos, suelen ser pasto de pulgones en ciertas épocas del año.

*El **pulgón negro** de las habas obliga a muchos agricultores a realizar tratamientos con insecticidas naturales o a despuntar los brotes atacados.*

Acciones preventivas

- A menudo el pulgón ataca a plantas aisladas quizá por ser más débiles o tener alguna alteración genética procedente de la semilla. En tales casos no son necesarios tratamientos generales; bastará arrancar y quemar las plantas o los brotes atacados y vigilar que no se produzcan ataques generalizados al resto de cultivos. Las plantas sanas y vigorosas son raramente atacadas por pulgones.
- El purín de ortigas dinamiza la savia de las plantas haciéndolas menos atractivas para los pulgones.
- Controlaremos los aportes nitrogenados realizándolos de forma moderada y regular ya que un repentino exceso puede ser causa de aparición de ataques de pulgones.
- Potenciaremos mediante una buena diversidad vegetal y animal, la presencia de mariquitas, tijeretas y otros depredadores de los pulgones.
- Aportaremos una correcta fertilización y un riego adecuado a los cultivos.
- Según cada cultivo, procuraremos no sembrarlo o plantarlo demasiado pronto ni muy tarde, pues al no tener las condiciones climáticas requeridas serán más vulnerables a cualquier plaga.
- Evitaremos las paradas vegetativas que a menudo se producen a causa de una carencia de riegos.
- Los refugios para las tijeretas que se fabrican con macetas invertidas (con la parte abierta hacia abajo) en cuyo interior enganchamos con un alambre virutas de madera y las colgamos en las ramas de los árboles, con-

tribuyen a mantener la población suficiente de tijeretas para que en primavera controlen la presencia de pulgones impidiendo su rápida expansión.

▶ Vigilaremos la presencia de hormigas y hormigueros. Estas incansables trabajadoras suelen mantener colonias de pulgones en sus hormigueros durante el invierno para llevarlos a pastar a los brotes tiernos de hortalizas y frutales a partir del buen tiempo primaveral.

Lucha directa

▶ Empleo de insecticidas vegetales como el pelitre, la rotenona o el nim. Se efectuará el tratamiento a la caída de la tarde para que sea más efectivo pues la radiación solar degrada con facilidad estas sustancias.

▶ También podemos recurrir a las decocciones de ajenjo, hojas de nogal, brotes de tomatera o ajos. Aunque estos tratamientos suelen ser más preventivos que curativos.

▶ El pulgón es muy sensible a la deshidratación, por lo que se les puede espolvorear con algas *lithothamne* en polvo –ricas en magnesio– o incluso con polvo fino recogido en los caminos; al absorberles el agua y cerrarles los poros, los pulgones se deshidratan y acaban asfixiados.

▶ Algunos agricultores colocan láminas brillantes de aluminio o espejos junto a las plantas, a fin de incrementar su insolación y fastidiar a los pulgones o incluso llegar a deshidratarlos por exceso de radiación.

Pulguillas o altisas

Se trata de coleópteros pequeñitos semejantes a pulguitas negras –y de otros colores– que en épocas secas atacan las hojas de varias hortalizas, sobre todo las más jóvenes y en los semilleros –coles, nabos, remolachas, alcachofas–, produciéndoles infinidad de agujeros que aunque no las destruyen por completo, las desvalorizan bastante y a menudo merman las posibilidades de trasplante.

*Los problemas que causan las **tijeretas** al roer algunos brotes tiernos son insignificantes comparados con los beneficios que supone el efectivo control de pulgones que realizan constantemente.*

Acciones preventivas

▶ Evitar que se reseque la tierra y las plantas efectuando riegos regulares que mantengan una humedad estable en el suelo o rociar agua ligeramente –por un sistema de aspersión– varias veces al día sobre las hojas de las plantas más jóvenes, donde pueden ser problemáticas las pulguillas.

▶ Rociar agua jabonosa, una maceración de brotes de tomatera o una decocción de ajenjo como repelentes protege a las plantas.

▶ El ajenjo, el romero, la menta, la ajedrea y las tomateras alejan a las pulguillas.

▶ El espolvoreo de algas *lithothamne* suele ser un recurso preventivo habitual usado por los agricultores franceses.

▶ Trampas: en caso de infestación se puede recurrir a trampas hechas con montoncitos de paja seca repartidos por el huerto a finales de septiembre u octubre y protegidos de las lluvias. Las altisas se refugiarán en la paja para pasar el invierno y sólo hay que prenderle fuego a los montones de paja a partir de enero.

Lucha directa

▶ En caso de ataque grave se puede recurrir a insecticidas vegetales.

▶ Buscar los huevos en el envés de las hojas y aplastarlos con los dedos.

Roya

Las royas suelen afectar sobre todo a las leguminosas y para su aparición es necesario la presencia de alta humedad ambiental, cercana a la condensación (niebla).

Acciones preventivas

▶ Reforzar la planta.

Lucha directa

▶ Los tratamientos a base de cobre la controlan bastante bien.

Virus

Las enfermedades víricas o virosis son la batalla perdida de la agricultura industrial basada en el empleo masivo de productos químicos. Se dice que los virus son de los seres vivos más antiguos que existen en el planeta y han convivido y conviven parasitando o en simbiosis con la gran mayoría del resto de seres vivos que pueblan la tierra. Incluso se piensa que están presentes en otras partes del universo. ¿Por qué nos preocupa tanto la presencia de virus en nuestro organismo o en las plantas cultivadas? Quizá porque a diferencia de lo que sucede con otros microbios (bacterias u hongos) o los insectos, no tenemos armas químicas para luchar contra ellos. Aunque nuestro amplio arsenal de antibióticos, bactericidas, fungicidas o insecticidas, no ha sido capaz de erradicar las enfermedades y los parásitos existentes, al menos nos permite dormir tranquilos pues creemos que algún día lo conseguiremos.

Los virus se nos siguen resistiendo a pesar de que se invierten sumas ingentes en investigar y descubrir métodos de lucha contra ellos. Hay que partir de que es normal que existan virus conviviendo con nosotros y con las plantas de nuestro huerto (ver «Policías y aliados en la naturaleza»). Quizá lo que no resulta normal es que esos virus creen problemas graves en nuestra salud o la de las plantas que cultivamos. Pero ello sólo suele ocurrir a partir de serias transgresiones del equilibrio natural de los ecosistemas y de las condiciones de vida de los seres atacados.

Últimamente las condiciones ambientales generales son preocupantes, la contaminación y la degradación del medio presentan unas condiciones óptimas para el desarrollo de plagas, enfermedades y virus. La desaparición progresiva de la capa de ozono deja pasar más radiación ultravioleta que no sólo da-

Frecuentemente se confunden los daños que producen ciertos ***contaminantes atmosféricos****, como el ozono, con problemas de* ***ataques víricos****. Determinadas variedades de tabaco son muy sensibles a la presencia de ozono en el aire, usándose como plantas detectoras.*

ña las células vegetales y animales sino que inhibe las respuestas de los sistemas inmunitarios de la mayoría de los seres expuestos, predisponiéndoles a padecer más fácilmente enfermedades infecciosas o víricas.
En nuestro país, sobre todo en el Levante, hay graves problemas de virosis que devastan los cultivos, especialmente en las zonas en donde confluyen factores de deterioro ambiental tan evidentes como elevada contaminación atmosférica procedente de las zonas industriales, la quema de basuras urbanas en vertederos al aire libre, elevada nitrificación de las capas freáticas y de las aguas de riego, tierras sobreexplotadas y en las que se abusa de plaguicidas desde hace varias décadas, monocultivos o rotaciones cortas, y una elevada concentración de ozono troposférico –a nivel del suelo– en los meses calurosos. El resultado es un caldo de cultivo ideal para cualquier tipo de plaga, enfermedad o virosis. Los pulgones, acusados de introducir los virus en las plantas con sus picaduras, son otros seres cuya presencia es proporcional a la mala gestión de los cultivos. Si el problema no está en los bichos ni en los virus, sino que es causa directa del deterioro ambiental, es evidente que los esfuerzos deben centrarse en mejorar las condiciones ambientales, dejando de colaborar con la contaminación –uso de plaguicidas, quema de plásticos y basuras, etc.– y además llevando una vida y practicando una agricultura más respetuosas con el entorno. Todo lo demás son parches que a menudo crean más problemas de los que intentan controlar.
En todo caso, si por los motivos que sea vemos nuestros cultivos afectados por virosis, podemos buscar variedades resistentes o recurrir al uso de plantas medicinales estimulantes o reforzantes de la vitalidad de las plantas cultivadas. Algunos preparados biodinámicos, como el de boñiga de vaca, dan excelentes resultados como revitalizantes del suelo y de las plantas. El extracto de propóleo tiene efectos netamente antivíricos, al igual que las esencias de tomillo, espliego, lavanda y romero.

Métodos de control

Hemos comentado con anterioridad la necesidad de ver los problemas de forma global y no simplemente como el ataque de un parásito o la aparición de una enfermedad que habrán de ser combatidos sin más preámbulos. Es preciso ante todo mantener la salud y el vigor de las plantas cultivadas, sólo así se minimizarán los posibles problemas. De hecho, sólo en casos extremos recurriremos a la lucha directa. Para ello disponemos de múltiples opciones y en los capítulos dedicados a cada planta y su cultivo se encuentran descritos los problemas más corrientes que suelen padecer y los medios para mejorar la situación. En este capítulo dedicado a las plagas y enfermedades más habituales se especifican las opciones de prevención y de lucha directa para cada caso. Aquí repasamos las opciones a nuestro alcance, teniendo en cuenta sus posibilidades y sus limitaciones.

Asociaciones y rotaciones

Ya vimos en el capítulo de prácticas agrícolas las ventajas que supone para el buen desarrollo de las plantas el respetar las rotaciones y asociar cultivos de plantas que se favorecen mutuamente. En el capítulo dedicado a cada planta cultivada están los períodos de rotación necesarios para cada una y las asociaciones favorables más habituales o conocidas. El simple hecho de que coexistan en una misma parcela varios cultivos, evita el que una plaga concreta se extienda por toda ella.
Es interesante mezclar plantas con distintas necesidades de nutrientes, que pertenezcan a distintas familias y con sistemas radiculares distintos. Incrementar así la diversidad permite aprovechar al máximo el espacio y los nu-

Toda práctica de agricultura que potencie la ***vida del suelo****, la presencia de lombrices o la actividad de las micorrizas simbióticas de las plantas del huerto, estará reforzando su salud global y nos evitará posibles problemas.*

Podemos aprovechar el hecho de que la albahaca es un efectivo repelente de pulgones para proteger cultivos como los pimientos.

trientes del suelo. Las rotaciones o alternancias de cultivos, aparte de evitar el agotamiento del suelo como ocurre con los monocultivos repetidos sucesivamente, obstaculizan la presencia o especialización de determinadas plagas y la implantación de colonias o cepas específicas difíciles de erradicar.
La tabla de la página siguiente muestra las asociaciones que potencian la fortaleza y la salud de las plantas, indicando también si son tóxicas o inocuas para los seres humanos.

Setos y cubiertas vegetales permanentes

La presencia de espacios con exuberante vegetación permanente –setos vivos, macizos florales, huerto medicinal, coberturas vegetales permanentes bajo los árboles o las plantas plurianuales– permite dar cobijo y comida a la fauna útil durante todo el año; aparte de que sirven de zonas de seguridad donde siempre quedarán colonias vivas para repoblar en los casos extremos en que nos veamos obligados a tratar los cultivos con insecticidas vegetales de acción total. Sólo habrá que tener en cuenta que en un seto o en esa cobertura permanente no haya plantas con efectos negativos para las plantas cultivadas o que atraigan patógenos que invadirían posteriormente los cultivos (véase el apartado dedicado a los setos vivos al inicio del capítulo 9).

Trabajar correctamente la tierra

Los sistemas de laboreo, la fertilización, el riego, la protección del suelo y todo lo relacionado con la vida de la tierra, suponen –como ya hemos visto repetidamente– las claves de la buena salud de las plantas cultivadas, por lo que vale la pena conocer las condiciones óptimas de abonado, de riego o de laboreo para cada suelo y cultivo (véanse los capítulos dedicados a ello).

La cobertura vegetal en permanencia permite mantener una fauna útil y auxiliar que se encargará de controlar y evitar la proliferación masiva de patógenos.

Asociaciones con plantas protectoras

Planta	Efecto buscado
Albahaca *(Ocinum basilicum)* ✔	Repele los insectos en general. Suele emplearse como repelente de pulgones plantada entre los pimientos y para ahuyentar los mosquitos en las casas.
Ajenjo *(Artemisia absinthium)* ✖	Repele las altisas, las polillas y la mosca de la zanahoria y protege a las coles de la mariposa blanca. Protege al grosellero de la roya.
Ajo *(Allium sativum)* ✔	Bajo los frutales previene el oídio y la lepra del melocotonero. Previene la podredumbre gris. Junto al rosal previene el oídio. Repele los ratones. Los dientes repelen los gorgojos de los granos.
Artemisa abrotano *(Artemisa abrotanum)* ✔	Cultivada bajo los frutales repele las polillas de éstos. En el huerto repele las polillas y la mariposa blanca de la col.
Berro *(Nasturtium officinale)* ✔	Cultivada bajo frutales o rosales los protege del pulgón lanígero.
Cáñamo *(Cannabis sativa)* ✖	Repele la mariposa blanca de la col. Impide el desarrollo de ciertos microorganismos (mildiu de la patata).
Capuchina *(Tropaeolum majus)* ✖	En los invernaderos controla la mosca blanca. Junto a los brécoles los mantiene libres de pulgones. Junto a las calabazas repele los gusanos. Bajo los manzanos y junto a los rosales repele el pulgón lanígero. Antibiótica.
Cebolla *(Allium cepa)* ✔	Un cordón de cebollas alrededor del huerto lo protege de los conejos, que no lo atravesarán.
Cebollino francés *(Allium schoenoprasum)* ✔	Ayuda al manzano contra la roña o moteado si crece cerca de sus raíces.
Escorzonera *(Scorzonera hispanica)* ✔	Repele la mosca de la zanahoria de forma más efectiva que la cebolla.
Espárrago silvestre *(Asparagus acutifolius)* ✔	Repele la mariposa de la carpocapsa plantado bajo los manzanos.
Hisopo *(Hyssopus officinalis)* ✔	El hisopo rosa y blanco, pero especialmente el azul, parecen repeler a los insectos. Protege a las coles de la mariposa blanca de la col.
Lechetreznas *(Euphorbia lactea, E. lathyris)* ✖	Repelen los insectos en general. Sembrar a finales de otoño para que germine a comienzos de primavera.
Lengua de perro *(Cynoglossum vulgare)* ✔	Repele los ratones.
Lino común *(Linum usitatissinum)* ✔	Repele el escarabajo de la patata.
Meliloto común *(Melilotus officinalis)* ✔	Repele los ratones.
Menta *(Mentha spicata)* ✔	Repele las hormigas (evitando los pulgones que éstas trasladan), las altisas o pulguillas y la mariposa blanca de la col. También repele los roedores.
Menta piperita *(Mentha piperita)* ✔	Repele la mariposa blanca de la col.
Nogal *(Juglans nigra, J. cinerea, J. regia)* ✔	Repele las moscas y tábanos.
Poleo *(Mentha pulegium)* ✔	Repele las hormigas.
Roble, encina, carrasca, alcornoque, quejigo *(Quercus sp.)* ✔	El acolchado de hojas de *Quercus* repele los noctuidos, larvas de gorgojos y babosas esparcido sobre los senderos y en líneas dentro de los bancales. Las cortezas de *Quercus*, ricas en taninos, tienen el mismo efecto.
Romero *(Rosmarinus officinalis)* ✔	Repele la mosca de la zanahoria.
Ruda común *(Ruta graveolens)*	Plantado junto a los establos y las casas repele las moscas.
Salvia *(Salvia officinalis)* ✔	Repele la mariposa blanca de la col (los tallos frescos esparcidos entre las coles tienen el mismo efecto). Repele la mosca de la zanahoria.
Sauquillo/Yezgo *(Sambucus ebulus)* ✔	Sus hojas repelen los ratones de los graneros.
Tagetes *(Tagetes patula, T. minuta)* ✔	Las sustancias que segregan sus raíces tienen efectos rematicidas. Repele la mosca blanca en los invernaderos. Repele los insectos en general.
Tanaceto *(Chrysanthemum vulgare)* ✔	Repele las moscas, hormigas y polillas.
Tomatera *(Lycopersicum esculentum)* ✔	Protege a la uva espina de ataques de ciertos insectos.

✖ Planta tóxica para los seres humanos por diversas vías (algunas también para otros seres); se ha de utilizar con precaución.
✔ Planta inocua para los seres humanos (muchas son utilizadas como infusión o medicinales).

Fuente tablas páginas. 173, 180-182, 188: *10 temas de agricultura ecológica*, compilado por Alberto García y editado por la CAE.

Prácticas culturales	
Existen una serie de prácticas culturales que afectan a la vida del suelo, evitando o favoreciendo la aparición de plagas y enfermedades.	
Positivas	**Negativas**
Aportes regulares de materia orgánica, abonos verdes, cultivos forrajeros.	Aportes fertilizantes de síntesis o solubles (en especial el nitrógeno).
Aportes de rocas en polvo insolubles.	Quema de rastrojos, restos de poda y de cultivo o llevados a un vertedero.
Trabajo del suelo reducido, con aperos ligeros.	Trabajo intenso del suelo, empleo de útiles pesados o que remueven excesivamente el suelo, como la fresadora.
Diversidad de cultivos, cubierta vegetal permanente o el mayor tiempo posible.	Monocultivo, empleo de herbicidas, suelo desnudo durante largos períodos de tiempo.
Empleo moderado o nulo de plaguicidas naturales, poco remanentes y poco tóxicos.	Empleo de ciertos plaguicidas muy tóxicos o muy remanentes, desinfección química del suelo.
Irrigación suficiente, moderada y poco espaciada. Drenaje adecuado.	Falta de riego regular. Encharcamiento de la tierra por exceso de riego.

Mantener el huerto limpio y en buenas condiciones nos evitará problemas. Cuando las plantas o parcelas terminan su ciclo productivo debemos arrancarlas y echarlas al compost o roturarlas en la tierra.

Buena gestión de los restos de cosechas

Tenemos que ser conscientes de que cuando se termina el ciclo productivo o vegetativo de cada cultivo habremos de actuar de forma consecuente si queremos evitar la proliferación de plagas y enfermedades en el huerto. Mientras una planta nos da cosechas, la cuidamos y mimamos al máximo, pero cuando deja de producir a menudo nos olvidamos de ella y no tenemos mucha prisa en reciclarla arrancándola y echándola al montón de compost o roturándola en la tierra tras cortarla y dejarla reposar en la superficie algunos días. El descuido en reciclar o eliminar plantas que ya no son productivas supone un grave riesgo, pues tales plantas pasan a vivir en condiciones poco favorables –falta de riego en verano, exceso de humedad en invierno, etc.– que las hacen vulnerables a ataques de patógenos –recordemos que actúan como policías de la naturaleza– incrementando notablemente la presencia de éstos, que pueden desplazarse hacia otros cultivos o permanecer latentes en el suelo hasta que sea ocupado por nuevas plantas.
Para evitarlo nos daremos prisa en arrancar las plantas que hayan terminado su ciclo productivo y las incorporaremos al compost, controlando su fermentación correcta, integrándolas en el suelo mediante laboreo o quemándolas en caso de que estén muy atacadas por parásitos o enfermedades.

Técnicas físicas

El acolchado con materia vegetal, como paja, hierbas cortadas, restos de cosechas..., o con láminas plásticas es otro medio muy empleado para el control de las hierbas competidoras. El plástico transparente se emplea para la desinfección de los suelos en donde se hayan establecido colonias importantes de patógenos. Este método se llama solarización, pues se realiza cubriendo el suelo con una lámina plástica transparente en épocas de calor y radiación solar intensa, y está autorizado en la agricultura ecológica, aunque es probable que si respetamos las rotaciones, realizamos cultivos asociados y sembramos abonos ver-

des con regularidad, no lo necesitemos. De hecho, la solarización desinfectante de suelos suele realizarse en fincas de cultivos especializados, en las que se repite cada año la siembra de las mismas plantas: melones, zanahorias o lechugas –monocultivos–.
Véanse en el apartado dedicado a las hierbas adventicias, los métodos para controlar la proliferación masiva de hierba competidora de los cultivos: control mecánico –binas, escardas, cultivador, etc.–, técnicas de presiembra y labrado posterior y el uso de quemadores de gas.

Barreras

Una pared o una valla que rodee el huerto o la finca, reduce algunos riesgos o problemas, como que entren conejos a comerse las hortalizas. También impide la entrada de zorros que ataquen a las gallinas o de perros sueltos que pateen los bancales o se acuesten sobre las tiernas plantitas del semillero. Por otro lado dificultan la entrada a los temidos depredadores de dos patas y largas manos que en muchos casos son los más dañinos y quienes más estragos causan.
El inconveniente de muros, vallas y alambradas es que aíslan creando una sensación de campo de concentración, aunque en zonas que estén próximas a núcleos urbanos o carreteras y caminos muy transitados, quizá no quede más remedio que recurrir a ellas para cultivar algo. Un seto denso cumple parte de estas funciones y resulta mucho más estético que las alambradas, aunque también puede crecer el seto junto o entre las alambradas, las cuales terminarán por quedar camufladas aunque seguirán cumpliendo su función protectora contra la entrada de intrusos.
Un buen seto también hace de cortavientos para los cultivos y frena la expansión de productos tóxicos o fumigaciones que puedan emplear agricultores vecinos poco respetuosos. Un seto denso y alto rodeando un huerto cercano a una carretera, reduce la presencia de contaminantes como el plomo o el benceno, al tiempo que mitiga el desagradable ruido del tráfico rodado.
Otro tipo de barreras son las láminas metálicas colocadas alrededor de ciertos cultivos sensibles –semilleros– para impedir el paso de babosas y caracoles. También suele servir para el mismo fin ceniza o serrín seco rodeando el cultivo a proteger. Las mallas plásticas o metálicas se usan en arboricultura para impedir el acceso de los pájaros a la fruta madura. Para proteger los nísperos de Callosa del viento que produce rozaduras de las frutas y pérdida de calidad se colocan barreras de mallas finas rodeando las plantaciones. Los semilleros y los invernaderos también pueden protegerse contra trips y demás insectos voladores mediante finas mallas tipo mosquitera colocadas en las aberturas.

*El **acolchado** de paja dificulta la proliferación de la hierbas.*

*Una sencilla **malla** colocada sobre los cultivos más sensibles –como las plantas apetitosas para los pájaros o durante la germinación tras la siembra– evitará pérdidas o daños de consideración.*

Las sofisticadas ***trampas con feromonas****, específicas para determinados parásitos, resultan caras y poco efectivas en los huertos y vergeles de reducidas dimensiones.*

Trampas

Las trampas son un recurso auxiliar de la lucha biológica que suele emplearse con varios fines, entre los que destacan el realizar muestreos de la población de insectos patógenos para conocer el mejor momento para la intervención directa, como método de confusión que impida que machos y hembras se apareen y procreen, o para realizar capturas masivas que reduzcan de forma considerable el número de ejemplares de la plaga.

Existe una gran variedad de trampas específicas para cada insecto o plaga. Las más comunes son las trampas alimenticias, las clásicas botellitas de vidrio con un agujero en la base que se llenan con una sustancia alimenticia que atrae a determinados insectos, como la mosca de la fruta, en las que se emplean zumo de manzana y vinagre, o para la carpocapsa del manzano en la que se introduce melazas o zumo de pera. Para caracoles y babosas suelen emplearse recipientes enterrados a ras de suelo y llenos de cerveza mezclada con harina que dificulta su salida o recipientes protegidos de la lluvia con gránulos de metaldehído y un repelente para animales superiores.

Existen trampas muy complicadas, con sistemas de aspiración del aire circundante mediante ventiladores que suelen usarse para atrapar artrópodos. Algunas trampas están provistas de una luz que atrae a los insectos nocturnos. También hay trampas pegajosas con atrayentes como feromonas –hormonas sexuales–. Dentro de esta línea existen algunas trampas muy clásicas y hace mucho que se emplean: las bandas pegajosas que se cuelgan del gallinero para atrapar las moscas o se enrollan al tronco de los árboles para impedir el acceso a las hormigas portadoras de pulgones. ¿Y quién no conoce las trampas para ratones?

Las clásicas ***trampas*** *o* ***mosqueros*** *se llenan de una melaza atrayente y un insecticida vegetal, y suelen usarse especialmente para el control de poblaciones de parásitos como la mosca de la fruta. Podemos fabricarnos mosqueros reciclando botellas de plástico como la que muestra la imagen.*

Lucha biológica

En la agricultura ecológica a gran escala, comercial, llega a hacerse uso de sistemas de lucha o control biológico por medio de la selección y suelta de depredadores de aquellos parásitos dañinos para los cultivos. Se trata de métodos complejos y a menudo difíciles de llevar bien a la práctica o muy caros. En un huerto pequeño, familiar, e incluso en grandes fincas bien llevadas, no tiene sentido recurrir a la introducción de depredadores, cuando la propia biodiversidad del entorno cultivado se encarga de la regulación. Lo que sí debemos procurar es crear las condiciones para que exista tal biodiversidad y recurrir lo menos posible a insecticidas de acción total –piretrinas, rotenona o nim– que aunque no sean tóxicos para las personas y controlen una plaga en concreto, crean serios desequilibrios al destruir al mismo tiempo la fauna útil.

Algo similar sucede con la destrucción de hongos útiles del suelo y de las vitales micorrizas, cuando se abusa de fungicidas, incluso de los «naturales» a base de cobre (no autorizado en agricultura biodinámica). Quizá la única excepción a la regla sea la bacteria *Bacillus thuringiensis*, bastante eficaz para numerosas clases de gusanos y orugas, de lepidópteros y coleópteros. Esta bacteria es sencilla de aplicar de forma puntual y resulta relativamente fácil de comprar.

Existe la posibilidad de conseguir otros tipos de bacilos y bacterias, así como nematodos, virus, insectos u hongos especializados en plagas o enfermedades concretas, pero no tiene mucho sentido recurrir a ellos en los huertos

*La **mariquita** representa la imagen más clásica en la **lucha biológica**: en su estado de larva es una voraz devoradora de pulgones, y por ello conviene fomentar su presencia en el huerto.*

familiares. Aunque podemos recoger mariquitas en nuestros paseos por el campo o en las visitas a otros huertos y soltarlas en el nuestro; sobre todo en los primeros años en los que aún no se han establecido colonias importantes. Tampoco tiene justificación en un huerto familiar el empleo de insectos esterilizados (mediante radiaciones o sustancias químicas) para el control autocida, o sea, para que al aparearse con sus congéneres no tengan descendencia y reduzcan así su población.

Lucha directa

Cuando no queda más opción que atacar directamente a los agresores de las plantas cultivadas, en la agricultura ecológica podemos recurrir a un gran abanico de sustancias, que van desde extractos de plantas que refuercen la resistencia o vitalidad de los cultivos e insecticidas vegetales de nula o escasa toxicidad para los seres humanos, hasta minerales cúpricos o la arcilla. Incluso el polvo del camino esparcido sobre los pulgones es capaz de deshidratarlos, reduciendo considerablemente sus daños sobre las plantas.
Antes de cualquier aplicación debemos ante todo observar las causas y los posibles errores cometidos, que hubieran podido provocar la aparición del problema y, paralelamente al tratamiento, debemos potenciar la salud general de las plantas, atendiendo a sus necesidades básicas, respetando sus ciclos biológicos y las rotaciones, eligiendo variedades adaptadas a la zona y prestando especial atención a la tierra en donde crecen, potenciando en la medida de nuestras posibilidades la vida microbiana y su correcta estructura.

Plantas insecticidas y reforzantes

Existe un buen número de plantas con efectos protectores de los cultivos, que actúan como reforzantes, repelentes de parásitos o son marcadamente destructoras de los mismos. El modo de hacer un buen uso de la planta lo indicamos al describirla y sus formas de preparación –infusión, decocción, maceración, extractos, tinturas...– se detallan en el capítulo dedicado a las plantas medicinales.
Los preparados de sustancias vegetales pueden mezclarse en el momento de su aplicación con jabón potásico o con algo de arcilla fina para incrementar su adherencia a las hojas y tallos de las plantas tratadas. El momento de la aplicación o tratamiento es importante si queremos obtener los mejores resultados. Para la mayoría de casos son el atardecer y el alba los mejores momentos; hay que evitar las horas de pleno sol, cuya radiación los degrada con facilidad, y los tiempos lluviosos ya que el agua de lluvia los lava y arrastra al suelo.
A continuación sigue información sobre algunas de las plantas insecticidas más conocidas y usadas, y una tabla que sintetiza la mayoría de las plantas y preparados con indicaciones específicas de su preparación, aplicaciones, momento de uso y efectos buscados con su uso.

Nim

El nim (*Azadirachta indica*) es un árbol de propiedades insecticidas originario del suroeste asiático de rápido crecimiento y fácil adaptación a zonas áridas y desérticas. Puede cultivarse en las zonas cálidas y semitropicales (las heladas lo matan). Alcanza un porte de entre 15 y 20 m de altura. Mantiene sus hojas verdes incluso en los veranos más tórridos. Tiene aplicaciones en medicina, veterinaria y agricultura ecológica. Un pariente suyo, *Melia azedarach*, podemos cultivarlo en nuestro propio huerto y utilizar tanto sus hojas como sus frutos (florece y da frutos a partir del segundo año de ser plantado). Sus hojas en infusión sirven para bajar la fiebre, se ponen en jabones para usos dermatológicos, las raíces se usan en la India para combatir la astenia y en Alemania se fabrican pastas dentífricas.

El insecticida se obtiene de las semillas y está permitido en agricultura ecológica porque no se le conoce toxicidad ni efectos secundarios para las personas ni animales de sangre caliente. En algunas avenidas de Mauritania destaca el verde de sus hojas. En esa zona de desierto sahariano me explicaron que se popularizó a partir de una plaga de langosta que había arrasado con toda la vegetación, haciendo desaparecer de golpe toda hoja verde, ya fuese de árbol o de hierba. Sólo el nim quedó intacto, dando las únicas notas de verde en campos y ciudades.

*El **pelitre** contiene importantes principios insecticidas; por su aspecto recuerda a la manzanilla o a las margaritas, y puede cultivarse con facilidad en el huerto medicinal.*

Formas de uso y aplicaciones

Como insecticida de amplio espectro, se usan las semillas ya bien formadas, las cuales se machacan y maceran en agua durante unas horas. El líquido resultante se fumiga sobre las plantas atacadas. Es eficaz para más de 400 especies de insectos y sirve para desparasitar perros, gatos, gallinas y demás animales domésticos, ya que combate a pulgas, garrapatas y moscas.

Pelitre

Esta planta insecticida (*Anaciclus pyretrum*) es originaria de la cuenca mediterránea, su ciclo es plurianual y su aspecto es muy parecido al de la margaritera. El pelitre ha sido usado desde la antigüedad para combatir el dolor de muelas y para calmar la inflamación de garganta. El aceite en el que se ha macerado el pelitre tiene propiedades antirreumáticas. Sin embargo, su mayor fama procede de sus cualidades como insecticida vegetal de amplio espectro y sin efectos nocivos sobre los animales de sangre caliente, aunque resulta perjudicial para la fauna acuícola y para algunos insectos auxiliares.

Podemos cultivar pelitre como planta ornamental en el huerto y aprovechar sus inflorescencias, que desde antiguo han sido usadas contra parásitos (como piojos y pulgas) y como «salvagranos» contra el gorgojo de las semillas guardadas. Uno de los componentes del pelitre, la piretrina, tiene un elevado poder insecticida; hasta tal punto es eficaz, que ha sido copiado sintéticamente. Muchos insecticidas químicos, matamoscas y matacucarachas llevan «piretroides» sintéticos (que actuarían como las piretrinas), por lo que a menudo se ven engañosamente como «insecticidas ecológicos», lo cual es totalmente falso; existen varios estudios epidemiológicos que relacionan el uso de piretrinas con alteraciones genéticas y endocrinas.

Formas de uso y aplicaciones
Como insecticida de amplio espectro, podemos usar las flores del pelitre en decocción, pulverizando las plantas atacadas por pulgones y otros insectos. También podemos recogerlas y dejarlas secar a la sombra para usarlas cuando las necesitemos, o triturarlas espolvoreándolas con las semillas que guardamos para la siembra.

LOS INSECTICIDAS VEGETALES

Hay que recordar que los preparados a base de plantas con principios tóxicos o venenosos –nim, pelitre...–, al igual que la mayoría de plaguicidas, ya sean naturales o sintéticos, son de amplio espectro de acción y matan los insectos beneficiosos del huerto e incluso perjudican a otros animales. La rotenona es dañina para la fauna acuícola y las piretrinas del pelitre atacan al sistema neuronal humano pudiendo provocar dolor de cabeza y aturdimiento o mareos en las personas más sensibles. Ello nos devuelve a las cuestiones abordadas con anterioridad y su uso lo restringiremos para los casos estrictamente necesarios. Además, ¿quién nos dice que usarlos con regularidad no vuelve a los parásitos resistentes a tales sustancias, que dejan de ser efectivas?

Cola de caballo o equiseto

Es una planta reforzante (*Equisetum arvense*) que crece en zonas húmedas y en suelos areno-arcillosos y algo ácidos (silíceos) junto a arroyos y caminos. Tiene innegables propiedades terapéuticas para uso humano (ver el capítulo dedicado a las plantas medicinales). En la especie *arvense*, en primavera emite infinidad de tallos de color pardo, sin ramificaciones, que llevarán las esporas. Cuando estos brotes mueren, aparecen los tallos verdes ramificados que alcanzan unos 20 a 35 cm de altura.

Formas de uso y aplicaciones
Los tallos podemos usarlos en forma de decocción o purín como preventivo y en la lucha contra enfermedades criptogámicas. En biodinámica se recomienda porque su elevado contenido en sílice combate el ascenso de los hongos desde el suelo a la planta debido a un cambio climático.

Ortigas

Tanto la majestuosa ortiga mayor (*Urtica dioica*) como la humilde ortiga común (*Urtica urens*) son conocidas desde antiguo por sus propiedades medicinales y desintoxicantes (ver el capítulo dedicado a las plantas medicinales). En agricultura ecológica se incorpora en grandes cantidades al montón de compost para favorecer la transformación del nitrógeno.

Formas de uso y aplicaciones
Su uso más popular es el purín de ortigas en maceración de poco tiempo, que se emplea como abono foliar y, mucho más fermentado, como abono nitrogenado mezclado en el agua de riego. Estos preparados refuerzan las defensas de las plantas e incluso se emplean como repelentes.

*Lo ideal para la preparación del **purín de ortigas** son los recipientes de barro cocido, madera o plástico, aunque en la práctica cualquier recipiente puede cumplir las funciones de fermentador.*

Productos vegetales usados en el control de plagas y enfermedades

Planta	Ingredientes	Preparación	Época	Sobre	Dilución	Aplicaciones
Ajenjo *(Artemisia absinthium)*	Hierba y flores Planta fresca: 300 g/l agua Planta seca: 30 g/l; mezclar eventualmente con silicato de sosa al 1%	Purín	Primavera	Plantas	Sin diluir	Hormigas, orugas, pulgones, roya del grosellero
		Infusión	Primavera-otoño	Plantas	Sin diluir	Ácaros de zarzas y frambuesas
		Decocción	Época de vuelo	Plantas	Sin diluir	Mosca de la col y carpocapsa del manzano
		Infusión	Primavera-otoño	Suelo		Babosas
		Infusión		Graneros		Gorgojos de los cereales
Ajo *(Allium sativum)* **Igualmente la cebolla**	Bulbos triturados 75 g/10 l agua	Infusión Extracto	Mayo: tres veces con tres días de intervalo, después de la cosecha	Plantas Suelo	Sin diluir	Tarsonema del fresal, ácaros, pulgones, enfermedades criptogámicas
	150 g de ajo picado + 2 cucharaditas de parafina, dejar reblandecer 24 h; disolver 100 g de jabón negro en 10 l de agua y mezclarlo bien todo; filtrar	Pulverización	En caso de ataque	Plantas Raíces	Sin diluir	Enfermedades bacterianas y como insecticida
	Dientes de ajo enteros mezclados con las semillas	Crudos	Cuando se almacenan	Semillas		Protegen los granos y semillas de los ataques de los gorgojos
Cebolla *(Allium cepa)* **Ajo (solos o mezclados)**	Pieles y hojas Planta fresca: 500 g/10 l agua Planta seca: 200 g/10 l agua	Purín fermentado	En caso de ataque	Suelo alrededor de árboles	Diluido diez veces	Refuerza las plantas contra enfermedades criptogámicas (fresal, patata)
			Época de vuelo	Plantas de zanahoria	Sin diluir	Contra la mosca de la zanahoria
Cola de caballo *(Equisetum arvense)*	Planta entera excepto raíz Planta fresca: 1 kg/10 l agua Emplear por la mañana con tiempo soleado, durante tres días seguidos	Decocción	Regularmente todo el año	Suelo	Diluida cinco veces	Contra enfermedades criptogámicas Diversas especies son tóxicas para el hombre (como *E. palustre* y *E. ramosissimum*)
	Con 0,5-1% de silicato de sosa	Decocción	Antes de la brotación en primavera y verano	Plantas	Diluido cinco veces	Contra oídio, mildiu, monilia, roya, moteado, lepra del melocotonero, septoriosis de la tomatera
	Con purín de ortiga y palomina (estiércol de paloma)	Decocción	Comienzo floración	Árboles	Diluido cinco veces	Contra la lepra del melocotonero (12 l árbol)
	Con purín de ortiga	Purín	Todo el año	Suelo	Diluido cinco veces	Para reforzar las plantas
	Con 0,3% de jabón negro	Purín	Todo el año	Plantas	Diluido cinco veces	Contra los pulgones y la araña roja
Consuelda *(Symphytum officinale)*	Planta entera excepto raíz Planta fresca: 1 kg/10 l agua Planta seca: 100-150 g/10 l agua	Purín Decocción Infusión	Todo el año	Ver ortiga	Ver ortiga	Añadir al compost en caso de carencia de potasio

Productos vegetales usados en el control de plagas y enfermedades

Planta	Ingredientes	Preparación	Época	Sobre	Dilución	Aplicaciones
Diente de león *(Taraxacum officinale)*	Plantas (incluida la raíz) y flores Planta fresca: 1,5-2 kg/10 l agua Planta seca: 10 g/10 l agua	Purín	Primavera	Plantas	Sin diluir	Estimula el crecimiento, añadir al compost
			Otoño	Suelo	Sin diluir	
Helecho macho *(Oryopteris filix-max)*	Hojas Planta fresca: 1 kg/10 l agua Planta seca: 100 g/10 l agua	Purín	Pulverización de invierno	Plantas	Sin diluir	Pulgón lanígero, cochinillas
			Comienzo de primavera	Plantas	Diluido diez veces	Pulgones
			Todo el año	Plantas Suelo	Sin diluir	Babosas, añadir al compost en caso de carencia de magnesio
	5 g en 1/2 l de agua dentro de una botella y tapar	Extracto	Todo el año	Tronco Ramas	Sin diluir	Pulgón lanígero
Manzanilla *(Matricaria chamomilla)*	Flores secas: 50 g/10 l agua	Infusión Decocción	Verano	Plantas	Sin diluir	Para reforzar las plantas contra las enfermedades, tratar las semillas, añadir al compost.
Ortiga *(Urtica dioica y U. urens)*	Planta entera excepto raíz Planta fresca: 1 kg/10 l agua Planta seca: 200 g/10 l agua	Purín fermentado	Todo el año	Planta	Diluido veinte veces	Para estimular el crecimiento, regar las plantas jóvenes, mojar las semillas, regar los bancales antes de la siembra; previene el mildiu (patata)
			Todo el año	Suelo	Diluido diez veces	Estimula el crecimiento
			En la salida de los brotes	Plantas jóvenes	Diluido veinte veces	Contra la clorosis de las hojas
			Todo el año	Compost	Sin diluir	Favorece la descomposición
	Añadir medio litro de decocción de cola de caballo a un litro de purín de ortiga en fermentación	Purín en fermentación	Antes de la formación de hojas y flores	Ramas y hojas	Diluido cincuenta veces	Refuerza las plantas contra los pulgones y los ácaros (araña roja)
	1/2 kg ortiga/10 l agua, dejar doce horas	Maceración	Todo el año	Tronco Ramas	Sin diluir	Pulgón lanígero
Rábano rusticano *(Armoracia rusticana)*	Hojas y raíces 300 g/10 l agua	Infusión	Durante la floración	Flores	Sin diluir	Monilia o momificado
Ruibarbo *(Rheum rhabarbarum)*	Hojas: 500 g/3 l agua	Infusión		Plantas	Sin diluir	Mosca del puerro y pulgón negro de las habas
Tanaceto *(Chrysanthemum vulgare)*	Hojas, tallos y flores	Infusión	Todo el año	Plantas	Sin diluir	Insectos, hormigas, noctuidos o gusanos grises, pulgones
	Planta fresca: 300 g/10 l agua		Primavera/otoño	Plantas	Sin diluir	Ácaros de la zarza y el fresal
	Planta seca: 30 g/10 l agua	Decocción	Época de vuelo	Plantas	Sin diluir	Mosca de la col y carpocapsa

Productos vegetales usados en el control de plagas y enfermedades

Planta	Ingredientes	Preparación	Época	Sobre	Dilución	Aplicaciones
Tomatera *(Lycopersicum esculentum)*	Brotes y hojas, dos puñados en agua durante dos horas	Extracto	Época de vuelo	Plantas	Sin diluir	Mariposa blanca de la col
	Picar 1/2 kg de brotes, colocarlos en un recipiente de 2 l y llenarlo con 1 l de alcohol de quemar, cerrar herméticamente y dejar macerar 8 días, filtrar presionando bien y conservar en botellas cerradas herméticamente	Tintura Mezclar 1/4 l de tintura con 10 l de agua y 1,5 kg de jabón	En caso de ataque	Plantas	Sin diluir	Pulgones y mosca del puerro
Valeriana *(Valeriana officinalis)*	Presionar las flores para extraer su jugo; poner una gota del extracto en un litro de agua, remover cinco minutos	Extracto	Primavera	Flores de frutales Flores	Sin diluir	Favorece la formación de la fruta, protege contra el hielo. Pulverizarla muy finamente la tarde anterior a una noche con posibilidad de helada
		Infusión	Verano	Suelo y plantas		Favorece la resistencia general de las plantas

Otras opciones útiles en el control de patógenos

Planta	Efectos
Ajedrea *(Satureja montana)* ✖	Las hojas secas pulverizadas o la infusión se utilizan mezcladas en cebos contra ratas y ratones (se debe endulzar el cebo para ocultar su sabor amargo).
Altramuz *(Lupinus albus)* ✔	Las semillas pulverizadas, que se cogen y secan cuando todavía son tiernas, se utilizan como insecticida. El aceite obtenido de machacar altramuces amargos se utiliza para untar la parte inferior del tronco de los árboles, evitando así la subida de las hormigas.
Beleño *(Hyoscyamus albus y H. niger)* ✖	La maceración de las hojas de beleño en vinagre durante dos días se usa para rociar las plantas atacadas.
Capuchina *(Tropaeolum majus)* ✖	El extracto de capuchina se puede pulverizar sobre las plantas para aumentar su resistencia y repeler los pulgones.
Cebolla albarrana o de grajo *(Urginea marítima)* ✖	Se utiliza la planta como raticida; plantada alrededro del huerto evita la presencia de ratas y ratones.
Cinamomo *(Melia acedarach)* ✖	De las semillas se saca un aceite insecticida contra pulgones, termitas, langostas y cucarachas.
Hisopo *(Hyssopus officinalis)* ✔	Se utiliza en infusión contra las enfermedades causadas por bacterias.
Lavanda *(Lavandula officinalis)* ✔	Las flores secas repelen a las polillas de los armarios. Repele a las hormigas.
Manzanilla amarga / Abrótano hembra *(Santolina chamaecyparissus)* ✔	Las flores secas repelen a las polillas de los armarios. La infusión repele a los insectos de los frutales. Vermífuga.
Menta *(Mentha spicata)* ✔	Las hojas secas repelen a las polillas de la ropa de los armarios.
Mostaza blanca *(Sinapis alba)* ✔	Su semilla en polvo se usa contra el oídio.
Pepinillos del diablo *(Ecbalium elaterium)* ✖	Las semillas trituradas se mezclan en los cebos para los ratones.
Poleo *(Mentha pulegium) mosquitos.* ✔	Las hojas frescas frotadas sobre la piel protegen de las picaduras de los mosquitos.
Retama de las escobas *(Sarothamnis scoparius)* ✔	El purín fermentado repele a la mariposa de la col.

✖ Planta tóxica para los seres humanos por diversas vías (algunas también para otros seres); se ha de utilizar con precaución.
✔ Planta inocua para los seres humanos (muchas son utilizadas como infusión o medicinales).

Derivados protectores

Además de las plantas insecticidas y reforzantes, contamos con diversos derivados de plantas y animales, así como con preparados no vegetales y de origen mineral, que nos ayudarán a proteger nuestros cultivos.

Derivados de plantas y animales

Propóleo

El propóleo es una especie de cera pegajosa y generalmente oscura que elaboran las abejas a partir de sustancias que recogen de su entorno. En su composición se mezclan resinas de árboles, cera, polen (de forma indirecta, pues en la colmena siempre flota polvo de polen) y una sustancia muy especial llamada «própolis» y que es recogida por las abejas de las yemas y de muchas plantas. La própolis es una especie de fina película grasa que recubre la mayoría de brotes protegiéndolos de las agresiones del entorno; contiene sustancias fungicidas, insecticidas, antibióticas, antivíricas y hormonales; también contiene fenoles, flavonas y flavononas, así como sales minerales y oligoelementos. Con esta combinación maravillosa de sustancias sintetizadas por la naturaleza, las abejas «propolizan» el interior de la colmena, usándolo para cerrar rendijas y aberturas no deseadas y colocando pegotes de propóleo cerca de la piquera o puerta de entrada. Así, al ventilar para regular su temperatura, mantienen la salud y la asepsia general de la colmena, cuyo interior es un caldo de cultivo ideal para hongos y otras enfermedades, pues en él suelen mantenerse temperaturas cercanas a los 34 °C y una humedad relativa del 80 al 90%.

Las abejas también usan el propóleo para recubrir los bichos que se cuelan en la colmena y son demasiado grandes para ser sacados de su interior una vez neutralizados. Se ha llegado a encontrar ratones «momificados» recubiertos de propóleo y al abrir el envoltorio no desprendían mal olor alguno. De hecho, el propóleo fue usado por los egipcios como una de las sustancias base de los vendajes con que recubrían las momias. Resulta curioso que en siglo XV existiera un floreciente comercio internacional de momias, y no era con fines de investigación antropológica ni para museos, sino porque con las vendas de momia y miel se preparaba un jarabe para el resfriado y la tos llamado jarabe de momia.

Hoy en día podemos usar las múltiples propiedades terapéuticas del propóleo en forma de tintura o masticándolo tal cual. Se emplea como potente antibiótico natural, reforzante del sistema inmunitario y regulador del sistema endocrino y hormonal. En la agricultura también se usa como antiséptico, fungicida y antivírico. Utilizado a bajas dosis estimula el desarrollo vegetal.

La tintura se hace diluyendo 20 g de propóleo en 80 c^3 de alcohol (etanol puro o desnaturalizado; es indiferente) y sirve como fungicida o bactericida de amplio espectro. A la tintura se le añade 1,1% de lecitina de soja, macerándose con agua potable (80 c^3) durante quince días. Se filtra y hemos obtenido la solución acuosa de propóleo. Mientras que la tintura no sufre alteraciones, la solución acuosa debe guardarse en el frigorífico y usarse lo antes posible. La tintura contiene sustancias inhibidoras pa-

*El **propóleo** posee propiedades insecticidas, fungicidas, antibióticas, antisépticas y antivíricas. Su tintura es de fácil preparación y tiene infinidad de aplicaciones en el botiquín de remedios caseros y en la prevención y curación de problemas de las plantas cultivadas en el huerto.*

El ***suero de leche*** *que obtenemos al elaborar el queso tiene infinidad de aplicaciones como abono foliar, reforzante vegetal e incluso como mojante para la aplicación de otros preparados.*

ra cualquier organismo. El empleo de la solución, que contiene sustancias hormonales estimulantes, desarrolla un efecto antivírico sobre la vegetación (esto se ha comprobado en tomate y patata: los brotes tratados surgían sin ningún síntoma), aunque no todas las virosis son sensibles a sus efectos. Para evitar la alteración de la solución acuosa, es conveniente unirla a la tintura en la proporción de una parte de tintura por dos de solución acuosa.

La mezcla 1:2 es una solución hidroalcohólica eficaz contra el mildiu, abolladura, oídio y sarna, a la dosis de 200-250 c^3 en 100 litros de agua (0,2-0,25%). Parece que a dosis inferiores (sería un efecto homeopático) desarrolla una acción estimulante además de antiparasitaria. La solución tiene un efecto sistémico (es decir, que es absorbida y circula por el interior de la planta) y es conveniente repetir el tratamiento cada quince o veinte días para proteger la nueva vegetación. No es preventiva, sino curativa: no vale la pena intervenir hasta la aparición de síntomas. El mejor momento para aplicarla es el atardecer, para que se mantenga más tiempo sobre la planta. En la abolladura del melocotonero (*Taphrina deformans*) provoca la caída de las hojas atacadas. Parece ser eficaz sobre pulgones y otros insectos, y contra las bacterias que se instalan en los casos de gomosis. Aplicando una fina fumigación sobre las frutas y verduras cosechadas se conservan más tiempo.

Suero de leche

Lo podemos obtener en la elaboración casera de quesos frescos, requesón o yogur escurrido. Suele usarse en agricultura como mojante para mejorar la acción de otros productos aplicados sobre las plantas –insecticidas vegetales o preparados a base de plantas– para reforzar la vitalidad de los cultivos o contra parásitos –pulgones y pulguillas–. Tiene un excepcional efecto protector y antivírico y suele usarse para proteger tomateras y lechugas. El elevado contenido de sales minerales, proteínas y oligoelementos hacen del suero de leche un buen abono foliar, estimulador del desarrollo de las plantas de hoja. Por estas mismas razones algunos apicultores dan de beber suero de leche a las abejas.

Aceites esenciales, remedios florales y homeopatías

El uso de aceites esenciales naturales (los utilizados en aromaterapia) como reforzantes de las plantas cultivadas o como insectífugos y para ahuyentar babosas, caracoles y roedores está extendido en otros países de Europa, donde hay preparados específicos elaborados a base de distintas combinaciones de aceites esenciales y con diversas aplicaciones.

Los remedios florales de Bach también se utilizan para reforzar las plantas cultivadas. La homeopatía aplicada a las plantas actúa de modo parecido. Son técnicas prácticamente desconocidas en nuestro país, aunque estos productos están disponibles en España desde hace algunos años.

Algas lithothamne y otras algas calcáreas
En Francia son conocidas por haberlas adoptado como bandera el método agrícola Lemaire-Boucher, y se emplean con profusión como enmendante del suelo, insecticida y fungicida. Se trata de algas calcáreas que se extraen vivas del fondo del mar –incluso existe un movimiento para protegerlas–, se desecan de forma natural y se muelen finamente. Contienen numerosos oligoelementos y una gran proporción de calcio y sobre todo magnesio, lo que les confiere unas excelentes propiedades desecantes. Podemos espolvorearlas sobre las plantas atacadas de pulgones y como preventivo de enfermedades criptogámicas. También se utiliza el maërl, que es el esqueleto calcáreo del alga recogido en las playas. En España se comercializa como abono foliar. La tierra de diatomeas es también un preparado a base de los caparazones silíceos de las algas microscópicas del mismo nombre.

Derivados minerales

Silicato de sodio
Es un producto líquido, de reacción alcalina, que por su contenido en sílice endurece la planta. Se utiliza para prevenir enfermedades en fruticultura y viticultura, sobre todo en verano, a unas dosis del 0,5 al 2%.

Rocas en polvo
Su composición varía según su origen, pero es elevada en oligoelementos. En suelos calizos se utilizarán rocas ricas en sílice, sin calcio. Por el contrario, en suelos ácidos se utilizarán rocas calizas. Además de servir como fuente de nutrientes y para endurecer las plantas, también es eficaz en pulverización contra insectos y enfermedades.

Arcilla
Protege la planta, endureciéndola. Embadurnar con ella las raíces o el hoyo de plantación, sirve para proteger las raíces y ayudarlas a enraizar. Podemos obtenerla de tierras ricas en arcilla o comprarla de un tipo particular, como la bentonita o el caolín. Por su gran capacidad de retención del agua se utilizan junto con algunos productos de tratamiento como desecantes.

Azufre y derivados
Se utilizan contra hongos ectoparásitos (tipo oídio y moteado) y contra ácaros (araña roja). En este último caso puede causar resurgencias, ya que afecta a las poblaciones de fitoseidos, ácaros y otros depredadores, como los chinches antocóridos o los coccinélidos (mariquitas). También se puede usar para conservar más tiempo la fruta en los árboles (cítricos), con el riesgo de un ataque de ácaros posterior.
Cuando la temperatura es inferior a 10 °C, su eficacia es casi nula. Aplicado a temperaturas mayores de 30 °C, puede provocar quemaduras. Utilizarlo asociado a sustancias vegetales o polvo de algas da buenos resultados. Para ciertas variedades de frutas (Cox-Orange, por ejemplo) puede provocar el *russeting* (herrumbre epidérmica de las frutas). Existen diversas formulaciones para espolvoreo o mojable. Es incompatible con los aceites.

Cobre y derivados
Son el sulfato de cobre, oxicloruro de cobre, oxiquinolato de cobre (oxinato), caldo bordelés (sulfato de cobre + cal) o borgoñón (sulfato de cobre + carbonato sódico), carbonato de cobre, etc. Se emplea contra hongos endoparásitos, del tipo botritis, mildiu, fitoftora, etc., que atacan los vasos y otras partes internas del vegetal. El cobre se utiliza desde hace mucho tiempo contra las enfermedades criptogámicas de la viña. Se utiliza contra el mildiu y el moteado (sobre todo en tiempo frío y antes de la floración).

*Algunos horticultores conocedores de los **remedios florales de Bach**, de la **homeopatía** o de la **aromaterapia**, hacen un uso preventivo y curativo con una gran variedad de estos preparados.*

El tradicional espolvoreo de ***azufre*** *sobre cultivos como las tomateras o las cucurbitáceas –calabacines, pepinos, etc.–, previene los problemas de hongos, especialmente oídios, aunque deberemos moderar o evitar su uso si deseamos proteger las micorrizas.*

Los tratamientos con cobre no deben aplicarse a pleno sol (sobre todo en verano) ni durante la floración de la vid. En concentraciones demasiado elevadas, el cobre provoca el *russeting* en los frutos de pepita y puede inhibir el desarrollo de ciertos organismos del suelo, al acumularse como metal que es, incluso en los riñones humanos a través de los alimentos. Este último es el motivo por el cual se prohíbe en la agricultura biodinámica. Ciertas escuelas de agricultura autorizan el cobre en débiles concentraciones, pero sin asociarlo a otros productos químicos.

Polisulfuros de calcio o bario

Tienen un efecto cáustico sobre determinadas plagas de frutales y cultivos leñosos (cochinillas sobre todo). Se suele emplear en tratamiento invernal.

Sulfato de hierro

Se emplea para las carencias de hierro. Actúa como repelente de babosas y caracoles.

Otras opciones

Jabón negro o potásico

Se obtiene mezclando aceites, grasas e hidróxido potásico, y se utiliza contra pulgones, trips, cochinilla, mosca blanca y otros insectos chupadores que excretan melaza, al igual que contra la negrilla y otros hongos que se alimentan de esa melaza. Su efecto se debe a la limpieza que efectúa y a su poder corrosivo. Actúa por contacto solubilizando determinadas sustancias orgánicas; una vez libres de la protección cerosa, los insectos quedan expuesto a las inclemencias que se encargan del resto. Para controlar la mosca blanca se utiliza diluida al 1%, aumentando la dosis al 2% para los pulgones, trips, cochinillas... El jabón potásico no debe emplearse con aguas calcáreas y antes de su uso generalizado debemos probarlo sobre algunas plantas aisladas (para conocer su tolerancia al jabón).

Agua

La pulverización de simple agua fría es efectiva en algunos casos contra pulgones, mosca blanca y otros patógenos que se recubren con melazas u otras sustancias cerosas, enfocando el chorro hacia las partes atacadas, al máximo de presión que pueda aguantar la planta, para limpiarla como lo haría la lluvia, exponiendo a la plaga a las inclemencias naturales o barriéndola del vegetal.

Las máquinas domésticas de limpieza con ***vapor*** *pueden resultar muy útiles para «limpiar» las plantas de pulgones y otros bichitos indeseables. La gran capacidad de rápida «disipación térmica» de la mayoría de plantas hace inofensivo su uso; de hecho, generalmente les provoca una reacción estimulante muy positiva.*

Vapor

La pulverización de vapor de agua es suficiente para limpiar de plagas la mayoría de plantas hortícolas e incluso frutales. Para el huerto familiar podemos recurrir a las máquinas de vapor para limpieza doméstica. Antes de su uso, haremos pruebas en plantas aisladas, pues aunque la capacidad de rápida «disipación térmica» de la mayoría de plantas permite que no les afecte la aplicación directa del vapor durante escasos segundos, siempre podemos hallarnos ante una planta muy sensible que pueda quemarse. Este método de lucha directa es poco conocido, pero muy eficaz y ecológico; –a excepción de la energía gastada con la electricidad empleada para calentar el agua de la máquina, lo demás todo son ventajas–.

Polvo

En algunas comarcas tenían la costumbre de arrastrar los pies por el suelo seco entre cultivos hortícolas, como el tomate, levantando pequeñas cantidades de polvo. Sin conocer demasiado bien el mecanismo, impedían que insectos chupadores como los pulgones o los hongos atacasen a las tomateras. El polvo endurece la epidermis de la hoja y, por otro lado, deseca a los organismos ya instalados, dado que absorbe la humedad. Este es el mismo mecanismo por el que actúan la tierra de diatomeas, las rocas en polvo, las arcillas y otras sustancias naturales. Usadas de manera racional pueden sacarnos de algún apuro, pero no deben utilizarse en exceso, ya que por el mismo mecanismo pueden desecar la planta o dificultar la acción fotosintética de ésta.

Cabellos

El aroma de los cabellos humanos repele diversas especies animales (¿no será que somos repulsivos?). Parece ser que ahuyenta a jabalíes y conejos.

Preparados no vegetales

Producto	Preparación	Época	Parte	Dilución	Aplicaciones
Alumbre (Sulfato doble de alúmina y potasa)	Disolver 40 g de alumbre en agua hirviendo y luego diluir en 10 l de agua	Todo el año en caso de fuerte ataque	Suelo, plantas	Sin diluir	Contra las babosas, los pulgones y las orugas
Arcilla	Desmenuzar la arcilla en una decocción de cola de caballo y helecho macho, añadir un poco de boñiga de vaca y un puñado de polvo de roca como sílice; remover hasta que la mezcla esté fluida y homogénea, dejar reposar 24 horas, remover bien antes del empleo	Otoño y (preferentemente) primavera	Tronco	Sin diluir	El embadurnado con esta preparación de arcilla cura las heridas, sanea la corteza, actúa contra chancro de los árboles y aumenta la fertilidad
			Ramas	Diluir cinco veces	
Hepar sulfuris (Azufre + carbonato potásico)	20-40 g /10 l de agua, añadir eventualmente jabón como mojante (en este caso utilizar sólo 20 g/10 l de agua)	Pulverización de invierno	Plantas	Sin diluir	Contra las enfermedades criptogámicas (no utilizar sobre frutos sensibles al azufre ni a pleno sol)
Jabón negro (potásico)	Disolver 250 a 300 g de jabón negro en 10 l de agua	Todo el año	Plantas	Sin diluir	Contra el pulgón
	Mezclar bien en algo de agua 40 g de jabón negro en 125 c^3 de petróleo (color lechoso); añadir 25 l de agua fría y mezclar bien	Antes de la formación	Plantas	Sin diluir	Contra los pulgones, las cochinillas, los ácaros (araña roja)
	100-300 g de jabón negro, 1 l de alcohol de quemar, 1 cucharada sopera de cal, 1 cucharada sopera de sal, 10 l de agua; mezclar bien	En caso de fuerte ataque	Plantas	Sin diluir	Contra las orugas
Lithothamne	Espolvoreo ligero a pleno sol, repetir al día siguiente si es necesario	En caso de ataque	Plantas, árboles		Contra los pulgones (los deshidrata)
Solución de Theobald	Para 100 l: • disolver 5 kg de potasa al 60% en 40 l de agua • disolver 10 kg de cal viva en 40 l de agua • disolver 0,5 a 1 l de silicato de sosa en 20 l de agua • añadir la lechada de cal, filtrándola a través de una tela, a la solución de potasa, y después añadir el silicato de sosa	A finales de invierno hasta la hinchazón de los brotes	Árboles	Sin diluir	Contra las larvas y los huevos de los insectos que invernan en los árboles, contra los musgos y los líquenes
Suero de leche	1 l de suero de leche no pasterizada 1 l de agua, se utiliza en forma de pulverización	Una vez por semana durante la primera mitad del crecimiento	Plantas	Sin diluir	Contra las enfermedades criptogámicas, ciertas virosis de la tomatera, los pulgones
Sulfato de aluminio	Disolver 200 g en 1 l de agua antes de su empleo, añadir 9 l de agua y mezclarlo	En caso de ataque	Árboles y arbustos	Sin diluir	Contra las cochinillas, la mosca blanca
Sulfato de hierro	Disolver 100 g en 10 l de agua	En caso de ataque	Plantas	Sin diluir	Contra las royas del apio

Las hierbas adventicias

Por una lógica simplista, lo que deseamos obtener de un huerto son plantas domesticadas aprovechables para su consumo o comercialización, como lechugas, tomates o zanahorias, por lo que el resto de especies vegetales silvestres o de germinación espontánea, de las que no vemos cómo sacarles provecho alguno, nos pueden parecer molestas por su competencia por el agua y los nutrientes del suelo. Por eso, en la agricultura convencional, se las llama «malas hierbas» y se pretende desembarazarse de ellas utilizando todos los medios posibles.

Pero en agricultura ecológica no se consideran malas, sino aliadas del huerto, y se las llama «hierbas adventicias». Para un agricultor ecológico experimentado, la germinación en un terreno de determinadas adventicias indica el estado del mismo, su equilibrio o sus desequilibrios y carencias, los van corrigiendo y crean una «atmósfera» animada favorable para los cultivos, pues en ellas vive multitud de insectos beneficiosos.

Pfeiffer, gran investigador de la agricultura biodinámica y del compostaje en montón, constató que las llamadas malas hierbas crecían en un suelo en función de los desequilibrios del mismo, extrayendo y aportando sustancias y minerales del subsuelo a fin de reequilibrar la capa superior. Tras años de experimentación, pudo comprobar que compostando todas las hierbas arrancadas en el huerto y repartiendo el compost por las zonas de donde procedían, éstas iban disminuyendo su presencia hasta que al cabo de unos años simplemente no tenía problemas de hierbas adventicias.

En cada metro cuadrado de tierra existen miles de semillas de infinidad de plantas diferentes, las cuales llegaron allí a través del viento o de las propias hierbas del lugar que esparcieron sus semillas. El que en un momento dado broten unas u otras, está condicionado por la humedad o el calor y el momento del laboreo, pero también por la presencia de sustancias y otras características del suelo: un exceso de nitratos en el suelo favorece la germinación de ortigas, que los fijan orgánicamente; un suelo demasiado compactado induce la proliferación de cardos, que lo aflojan; los desequilibrios potásicos estimulan el crecimiento de la verdolaga, etc. Por lo que, aparte de preocuparnos por eliminarlas pronto, intentaremos aprender de ellas para mejorar nuestras técnicas agrícolas y aportar al suelo aquello de lo que carece o tiene en exceso, es decir, ayudarle a superar todo desequilibrio.

La radiación solar intensa y directa sobre la tierra daña su estructura al destruir su humus y sus microorganismos, por lo que es preferible mantener el suelo cubierto con vegetación que dejar la tierra desnuda. Podemos forzar esta mejora eligiendo y sembrando abonos verdes como plantas de cobertura.

Cuando no se tienen claros estos conceptos, es fácil caer en la simplificación reduccionista de querer ver el huerto y los campos de cultivo libres por completo de toda hierba indeseable. En ello a menudo influyen mucho los vecinos, los cuales suelen criticar duramente a quien no mantenga sus campos escrupulosamente limpios de hierbas.

*El **cultivo espeso** de hortalizas y los **acolchados** no permiten la proliferación masiva de las hierbas al mantener el suelo protegido de la radiación solar.*

*La imagen de un huerto descuidado y lleno de **hierba** suele dañar la sensibilidad de los agricultores más clásicos. Aunque la presencia de hierbas no tiene por qué ser un gran problema, su control regular facilita las tareas del huerto y favorece el mejor desarrollo de las plantas cultivadas.*

LOS HERBICIDAS

Como desherbar implica un gran esfuerzo y hay que dedicarle mucho tiempo y energía, se han desarrollado una amplia gama de herbicidas destinados a «ayudar» al agricultor y facilitarle la labor intentando rentabilizar mejor las cosechas al ahorrarle tiempo y trabajo. Pero el uso de herbicidas tiene consecuencias negativas a corto y largo plazo para el equilibrio biológico de la tierra y de las plantas que en ella crecen, incluidas las cultivadas. Es casi imposible que no se produzcan efectos residuales en el uso de tales productos –por mucho que nos juren los fabricantes de herbicidas que son inocuos y totalmente degradables–. Tanto los herbicidas de acción total (que destruyen toda planta que tocan) como los selectivos (que solamente destruyen determinadas clases de plantas, respetando las cultivadas si son de constitución diferente) desequilibrarán el ecosistema del suelo y de las plantas, con consecuencias a corto o largo plazo, difíciles de prever. Ya empiezan a detectarse infinidad de herbicidas en muchos acuíferos, sobre todo en las aguas subterráneas de las zonas de mayor explotación agrícola. Por ello su uso está totalmente proscrito en la agricultura ecológica.

*En el cultivo de zanahorias es recomendable el **desherbado** con el sistema de **presiembra**, evitándonos así el engorroso desherbado manual.*

Métodos de desherbado aceptados en agricultura ecológica

Presiembra

Un sistema tradicional de control de hierbas adventicias, consiste en regar abundantemente el suelo uno o dos meses antes de la siembra o plantación, para forzar con ello la germinación de la mayoría de semillas de adventicias estacionales; una vez brotadas y con una altura de entre 1 y 3 cm, procederemos al laboreo de la tierra y a su preparación para la siembra o plantación de las hortalizas.

El acolchado o «mulching»

Podemos realizar una cubierta alrededor de las plantas cultivadas con paja, hierba, cartones o incluso con plástico en caso de hierbas muy resistentes como la grama. Es el método ideal para árboles frutales y muchas hortalizas, sobre todo las de gran porte y períodos vegetativos largos: tomates, berenjenas, etc.

La cubierta verde permanente

Consiste en sembrar leguminosas como el trébol entre los cultivos para que ocupen todo el espacio e impidan la germinación o desarrollo de las hierbas. Estas plantas no compiten por el alimento del suelo, sino más bien ayudan a las cultivadas con su función fijadora del nitrógeno atmosférico, mientras evitan los perjuicios de la excesiva radiación solar.

En los sistemas de cultivo intensivo en que las plantas ocupan todo el espacio disponible, su sombra impide el desarrollo de las hierbas. Con estas técnicas sólo será preciso vigilar y controlar las adventicias en las primeras fases del cultivo.

El control manual

Consiste en arrancar las hierbas que crecen junto a los cultivos manualmente o con la ayuda de una azada, un cultivador manual o un desherbador, herramienta similar a las «patas de cabra» de arrancar los clavos de la madera, aunque es poco corriente en nuestro país. Hay que aprender a reconocer la forma de cada planta en sus diferentes fases de desarrollo, para no arrancar por error las cultivadas y dejar plantadas las no deseadas. Por ejemplo, es difícil distinguir entre las hojas de zanahoria y las de fumaria en las primeras fases de desarrollo.

En el desherbado con herramientas hay que procurar no cavar a demasiada profundidad, pues corremos el riesgo de dañar gravemente las raíces de las plantas cultivadas. Bastará con rascar la superficie, apenas hasta 1 o 2 cm de profundidad; es más que suficiente para cortar la mayoría de las hierbas y evitar que rebroten. Esta tarea la realizaremos con tiempo seco y si es posible soleado, ya que en días lluviosos o con la tierra muy húmeda, algunas hierbas podrían enraizar de nuevo obligando a repetir la escarda. Algunas hierbas como la grama, la cañota, la verdolaga o las juncias, son muy pertinaces y obligan a recogerlas y destruirlas, quemándolas o echándolas en un lugar yermo, donde no puedan adherirse a la tierra y rebrotar. Otras plantas menos vivaces las echaremos simplemente al montón de compost.

El control mecánico

Sigue siendo el sistema más habitual en grandes plantaciones donde se tiende a mecanizar los procesos para facilitar los trabajos y reducir el esfuerzo y el tiempo empleado. Hay gran variedad de herramientas y accesorios acoplables a motocultores y pequeños tractores, que permiten el desherbado mecánico de los campos de cultivo.

La azada de ruedas

Es una herramienta que requiere nuestra fuerza personal, aunque es mucho más rápida y cómoda que la clásica azada, sobre todo para los espacios entre líneas (ver página 120). Es práctica en suelos ligeros o poco compactados (tal como debería ser nuestro huerto), pero no en tierras duras y muy pedregosas. Dispone de varios accesorios intercambiables para los distintos anchos de surcos o líneas y para las diferentes fases del cultivo.

La aporcadora

Un sistema eficiente de desherbado consiste en pasar una aporcadora o acaballonadora de tracción manual o tirada por un motocultor –tradicionalmente eran el burro o el mulo los encargados de esta labor–. La pequeña cresta que queda en la línea cultivada, sin remover la tierra ni desherbar, se tapará con la ayuda del legón, algo que resulta fácil e implica muy poco esfuerzo.

El quemador de gas

En los países europeos donde está muy difundido el cultivo ecológico, disponen de quemadores de infrarrojos con múltiples brazos montados sobre ruedas o incluso enganchados al tractor para desherbar grandes superficies. El gas que se emplea no deja residuos en la tierra o los cultivos. Algunos quemadores son similares a los usados para la colocación de cubiertas asfálticas. Se mata por deshidratación a las hierbas no deseadas, en las primeras fases del cultivo o entre líneas, cuando las plantas cultivadas están bastante desarrolladas. El tiempo de exposición de la llama o del calor de los infrarrojos, sobre la tierra es relativamente corto, por lo que no debemos preocuparnos porque se pueda «quemar el suelo» o sus microorganismos.

Para un huerto pequeño podemos usar un soplete de fontanero en el cultivo y desherbado de las zanahorias. Esto es posible al tratarse de semillas de germinación lenta: primero suelen brotar del suelo las adventicias y al cabo de unos tres días empiezan a salir las primeras zanahorias. Hay que estar muy atentos y antes de que empiecen a despuntar las hojitas de zanahoria pasaremos la llama sobre las líneas sembradas. Es una tarea rápida, pues al ser las hierbas muy pequeñas –apenas tienen un par de hojas– se deshidratan con facilidad. No es necesario quemar toda la superficie de cultivo, basta pasar la llama en las líneas sembradas, el resto se puede desherbar con un cultivador manual, la azada de rueda o la binadora.

En la imagen superior vemos el aspecto de las hierbas el día después de pasar un ***desherbador térmico*** *como el Agri II de Puzzi-boy (a la izquierda). Desarrollan hasta 1.000 °C sin llama a base de radiación infrarroja y sin emitir rediaciones hacia arriba o hacia los lados. El calor penetra a 2 mm del suelo y destruye las semillas superficiales.*

Puede usarse un simple ***soplete*** *de fontanero para quemar las hierbas indeseables.*

Todas las plantas mantienen una estrecha relación con el entorno y sus constantes cambios climáticos: viven al compás del tiempo y el clima.

En las zonas de contrastes climáticos bien marcados, será preciso conocer las condiciones de desarrollo más favorables para cada planta y cultivo y tal vez sea preciso seguir un elaborado calendario de siembras, eligiendo siempre las épocas y momentos más propicios.

8 Al compás del tiempo y del clima

Aunque solemos ser conscientes de las variaciones generales relacionadas con los cambios estacionales, poco sabemos de los continuos contrastes climáticos que ocurren en el exterior. Pero cuando pasamos gran parte del tiempo al aire libre, se hace muy patente la acción que ejerce el clima sobre la vida y los cultivos. La mayoría de frutas y verduras que solemos cultivar han perdido parte de su rusticidad, pues las hemos mimado durante generaciones. Aunque con las prácticas de la agricultura ecológica se respeten al máximo sus ciclos vitales, nunca podemos esperar que sean tan resistentes como sus ancestros silvestres que vivían y viven en condiciones infinitamente más arduas de las que creamos en el huerto. Así pues, tenemos que elegir bien las fechas de siembra o trasplante, prever las posibles incidencias climáticas que pueden ser nefastas para nuestros cultivos y estar muy pendientes de los cambios que se van produciendo día a día.

El tiempo y el clima

La necesidad de prever las incidencias climáticas y elegir las mejores fechas para una siembra, ha supuesto un gran reto desde los albores de la agricultura. Ello se constata con la existencia en todos los pueblos y culturas de rudimentarios o sofisticados calendarios astronómicos y de sistemas de cómputo del tiempo que con mayor o menor éxito han permitido cultivar al compás de las estaciones y de los cambios climáticos.

La mayoría de fiestas populares tienen un origen pagano –no eclesiástico– y están vinculadas a los cambios estacionales –solsticios, equinoccios–, al inicio de siembras o a dar gracias a los dioses por las cosechas. Al igual que antaño, hoy día, la preocupación por elegir adecuadamente la fecha correcta para una siembra o un trasplante, así como el momento ideal para cosechar con miras a una buena conservación, está muy presente en la cabeza de todo agricultor, aunque sea un simple aficionado o su economía o supervivencia no dependan del éxito en la elección correcta.

El ***calendario maya****, con sus trece meses siguiendo los ciclos lunares, ha sido uno de los más elaborados sistemas de cómputo del tiempo, siendo un útil instrumento a la hora de elegir los mejores momentos para la siembra y el resto de labores agrícolas.*

Elección de las fechas idóneas

Los calendarios de siembras y la elección de las fechas idóneas para la preparación de un semillero, el trasplante a cielo abierto o la fecha límite en que podemos cosechar, tienen que tener muy presentes las condiciones climáticas del lugar preciso en que está ubicado el huerto. Es una tarea difícil y compleja si tenemos en cuenta la gran cantidad de variables que intervienen. Por ejemplo, las zonas costeras y las vegas de los ríos siempre se beneficiarán de un clima más suave que las zonas de interior, porque la presencia de una gran masa de agua –sobre todo el mar– amortigua las temperaturas.

Las ciudades también conceden microclimas más estables y favorables para los huertos ya que la densidad de los edificios y el efecto absorbente térmico del negro asfalto, por lo general elevan la temperatura media. La situación orográfica y la exposición solar del huerto es determinante, ya que los continuos movimientos de aire caliente y aire frío crean condiciones particulares positivas o negativas. El aire frío, más denso que el caliente, se acumula cerca del suelo cuando se enfría por la fuga de radiación en las noches despejadas y va deslizándose a lo largo de las pendientes para terminar estancándose en los valles y en las partes más bajas de un terreno. Los huertos que estén ubicados en estas zonas se verán afectados por heladas nocturnas y escarchas matinales, mientras que los que se hallen en pendientes y a una cierta altitud, tal vez estén más expuestos a la acción de los vientos fríos, pero no sufren tanto por los efectos del hielo.

Al elegir una fecha de siembra hay que conocer también las peculiaridades de cada planta cultivada. Por ejemplo, para el cultivo de patatas el riesgo que supone realizar una siembra temprana es mucho menos grave que el que corremos en la siembra de judías precoces. Ello se debe a que el tubérculo de la patata que usamos como semilla, tarda varias semanas en enraizar y sacar los brotes fuera de la protección de la tierra; además, en caso de helada, sólo se verán afectadas las hojas y los tallos que hayan salido a la superficie, mientras que el tubérculo y la parte inferior del tallo permanecen indemnes y es posible que mantengan bastantes reservas para rebrotar de nuevo. Si bien en las patatas el efecto de la helada se traduce en un retraso de la vegetación de la planta y en una merma de la producción y cosecha, en el caso de las judías, la helada destruirá todas las plantas que hayan nacido, obligando a sembrar de nuevo.

Claro que podemos esperar a que pase todo riesgo evidente de heladas, pero en las zonas de largos inviernos y cortos veranos, esto implica reducir muchísimo las posibilidades de cultivo en el huerto. Cuanto antes sembremos o plantemos, antes cosecharemos, pero también nos expondremos mucho más a perderlo todo.

Hay plantas cultivadas que para desarrollarse bien o para fructificar necesitan fotoperíodos largos –muchas horas de luz al día–, como los tomates, las berenjenas, los melones o los pepinos. No es preciso que existan heladas para dañarlos: un descenso fuerte de la temperatura por la noche es suficiente para frenar su actividad biológica y por consiguiente el desarrollo y crecimiento normal. Otras plantas como las zanahorias, si han tenido temperaturas muy bajas en el momento de su siembra, tardarán en germinar más de lo habitual, ello supondrá una alteración de su ciclo de vida que las inducirá a espigarse o montar en flor rápidamente, dando una producción de zanahorias de corazón duro y poco aptas para el consumo.

Sea cual sea el clima y el lugar en donde esté ubicado el huerto familiar, nos veremos obligados a tener en cuenta sus ***condiciones climáticas*** *generales e incluso prever variaciones bruscas hasta cierto punto imprevisibles.*

Tal vez tengamos la gran suerte de vivir y cultivar nuestro huerto en una zona cálida y climáticamente estable; así que todo este problema de fríos y heladas no nos preocupe demasiado. Pero –porque siempre hay peros– eso significa que las condiciones favorables de que disfruta el huerto no son sólo favorables para las plantas cultivadas; también lo son para ciertos parásitos, hierbas y otros problemas similares que requerirán un buen conocimiento de sus ciclos de desarrollo y las

PREVER EL BUEN TIEMPO

La vegetación silvestre puede servir como indicadora de los cambios climáticos; por ejemplo, las fechas de floración del espino albar varían de un año a otro y siempre suelen coincidir con el momento a partir del cual ya no se producen más heladas, por lo que podemos trasplantar sin riesgos las tomateras y otras plantas sensibles al frío.

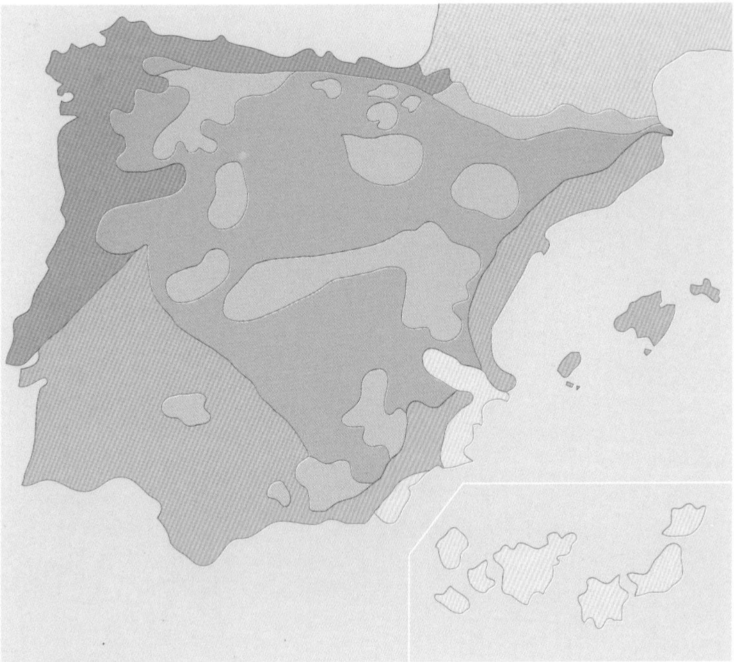

Mapa climático

Zonas templadas-frías – Clima oceánico

Zonas templadas – Clima mediterráneo

Zonas calurosas – Clima de estepa o desértico

Zonas de contraste – Clima continental

Zonas frías – Clima de montaña

condiciones climáticas que les favorecen, a fin de prevenir o controlar su presencia y evitar que se conviertan en plagas devastadoras. Con todo lo expuesto nos damos cuenta de lo difícil que resulta dar pautas precisas en cuanto a fechas de siembra idóneas ya que estarán muy en función tanto del tipo de plantas cultivadas como de las condiciones climáticas y microclimáticas de cada huerto. De todos modos, una vez efectuadas las correcciones y adaptaciones oportunas, las indicaciones de estas páginas pueden servir de guía para planificar las siembras o los trasplantes y para realizar las diferentes tareas en los mejores momentos. Conviene además consultar un calendario astrológico a fin de favorecer al máximo el desarrollo o la conservación de las plantas cultivadas.
Por ello, el mapa climático expuesto a continuación tan sólo es orientativo ya que hay que tener presentes las variaciones locales citadas. Queda claro también que la mayoría de indicaciones de este libro se refieren a los cultivos y las condiciones climáticas de la península ibérica y las zonas meridionales europeas. Los lectores de otros climas tendrán que leer obras de agricultura de su país y consultar a los agricultores locales, que son quienes tienen más experiencia.

El mapa climático

Este mapa permite hacernos una idea del clima general que hallaremos en cada zona o región concreta. Su función es orientativa y habremos de tener muy presentes las condiciones microclimáticas locales y lo expuesto en las páginas precedentes y en el capítulo 2. Las zonas señaladas han sido divididas en cinco tipos.

Zonas templadas – Clima mediterráneo
Se caracterizan por una cierta estabilidad climática, con inviernos suaves donde resultan raras las heladas nocturnas y veranos cálidos en los que el calor no resulta sofocante. Aunque de todos modos existen diferencias sustanciales en zonas de clima mediterráneo como Cataluña –más fría– y Andalucía –bastante más calurosa–.

Zonas templadas-frías – Clima oceánico
Se benefician de los efectos amortiguadores que la gran masa de agua del océano ejerce sobre las temperaturas extremas, dulcificando en parte los fríos invernales y los calores estivales.

Zonas frías – Clima de montaña
A partir de cierta altura, las temperaturas medias suelen ser bajas a pesar de que puedan tener buena exposición solar, ya que las capas altas del aire son más frías. Ello implica inviernos extremadamente fríos con muchas posibilidades de heladas nocturnas y la probabilidad de nevadas. Los veranos son suaves o incluso calurosos, pero nunca tanto como en las zonas llanas. Su mayor limitación para los cultivos del huerto es que las épocas de buen

tiempo son relativamente breves, con posibilidad de heladas entrada ya la primavera y bruscas bajadas de temperatura a partir de finales de verano. En esta zonas las laderas expuestas al sur, bien protegidas de los fríos y vientos del norte, son las más indicadas para establecer el huerto familiar.

Zonas calurosas – Clima de estepa o desértico
Estas regiones suelen estar exentas de épocas frías con heladas nocturnas, pero tienen en su contra unas condiciones climáticas extremadamente calurosas y secas la mayor parte del año. El agua suele ser escasa y la fuerte evapotranspiración la hace aún más necesaria. En estas regiones las laderas expuestas al norte que reciben pocas horas de insolación directa suelen ser las ideales para establecer los huertos.

Zonas de contraste – Clima continental
Se caracterizan por inviernos muy fríos y veranos muy calurosos. Suelen ser zonas de grandes llanuras, propicias para cultivos cerealeros, zonas de pasto y dehesas. Los huertos se dan bien pero se resienten por las temperaturas extremas que soportan tanto en invierno como en verano.

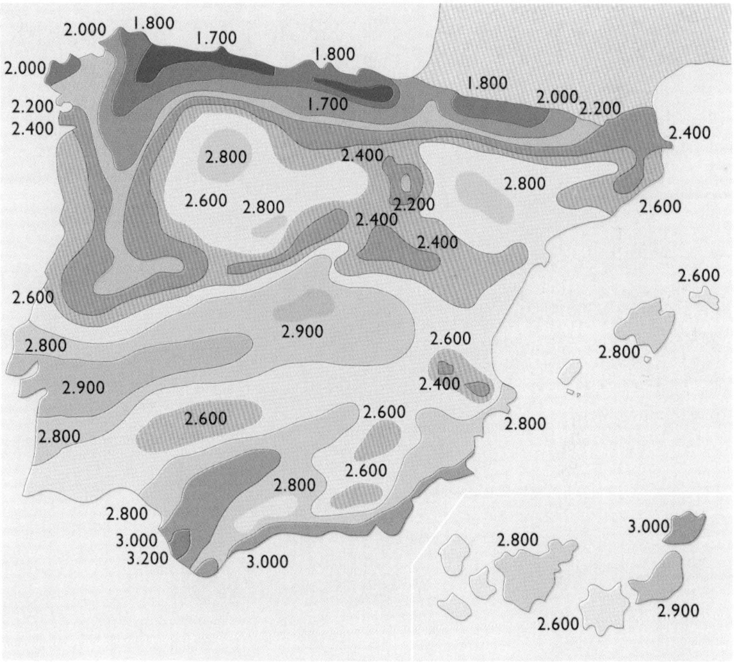

Mapa de insolación, con el promedio de horas de insolación al año en las distintas zonas de la península y las islas.

Calendario de siembras y recolecciones

Cada vez que nos hallamos ante la tesitura de planificar las siembras del huerto para todo el año nos enfrentamos a las lógicas dudas de ¿qué? y ¿cuándo? El «qué» estará en función de factores tan diversos como los gustos y las preferencias personales, la disponibilidad de semillas o plantel, la superficie disponible y la climatología previsible a lo largo del año. Por ello, tendremos que barajar todas esas posibilidades y añadirles el ¿cuándo?
Un agricultor experimentado no tiene demasiados problemas para planificar las siembras y prever las cosechas porque lleva años haciéndolo, tiene en la mente los ciclos vegetativos de cada planta y conoce a fondo sus posibilidades y sus limitaciones, así como el clima previsible de forma general. Para un principiante la cosa se vuelve más complicada y no le quedará más remedio que realizar sobre papel un número suficiente de tentativas para que todo encaje.
Como ya vimos en el capítulo dedicado a la planificación del huerto, no resulta fácil hacer coincidir las posibilidades de cada parcela o cada bancal con el número de plantas que deseamos cultivar mientras respetamos aspectos tan variados como rotaciones, asociaciones favorables, fechas de siembra, trasplantes y la consiguiente previsión de las cosechas, dato éste muy importante cara a seguir plantando allí donde quedó libre una parcela o un hueco entre cultivos.
Para ayudar a la realización de estos cálculos, una tabla de siembras y cosechas servirá de guía orientativa, la cual debe adaptarse a las condiciones precisas de cada huerto.

La luna y el cosmos

A pesar de que la agricultura y sus prácticas han ido transformándose a lo largo de la historia, existen técnicas y sistemas que han pervivido al paso del tiempo, mientras que otros simplemente quedaron en la memoria colectiva como recuerdos de un pasado lejano o incluso como simples supersticiones. El seguimiento del sol, la luna y otros astros es tan ancestral como la humanidad en sí misma, y si bien algunos aspectos y anécdotas de la percepción cosmobiológica perduran y los aplicamos esporádicamente en lo cotidiano, en la agricultura convencional contemporánea muy poco ha pervivido de la sabiduría popular, fruto de la observación y la experiencia, transmitidos de generación en generación.

El refrán «Hombre lunero no llena granero» indica que si sólo nos fijamos en sembrar ciertas plantas en determinada fase lunar y nos olvidamos de regar cuando corresponde, o no fertilizamos adecuadamente el suelo, los resultados de nuestro trabajo serán mediocres e incluso desastrosos. Pero si fabricamos un buen compost, trabajamos la tierra convenientemente, disponemos de semillas de buena calidad, regamos en su momento y procuramos realizar las labores del huerto de la forma más adecuada posible, nadie nos impide que además tengamos en cuenta una serie de factores energéticos y sutiles que forman parte de la esencia de la vida.

Todos los astros modulan energías y radiaciones diversas que bombardean incesantemente la tierra, impregnándola con sus patrones vibratorios. Maria Thun, siguiendo indicaciones de Rudolf Steiner para desarrollar la capacidad de observación, ha dedicado su vida a investigar estas influencias. Ella dice que cuando removemos el suelo, se produce una especie de fotografía estelar, quedando grabado el patrón vibratorio de ese preciso momento; es como si expusiéramos un papel fotográfico, impregnado de sustancias químicas fotosensibles. Esa fotografía cósmica que se produce en un determinado lugar, con la información astral de un momento preciso, impreg-

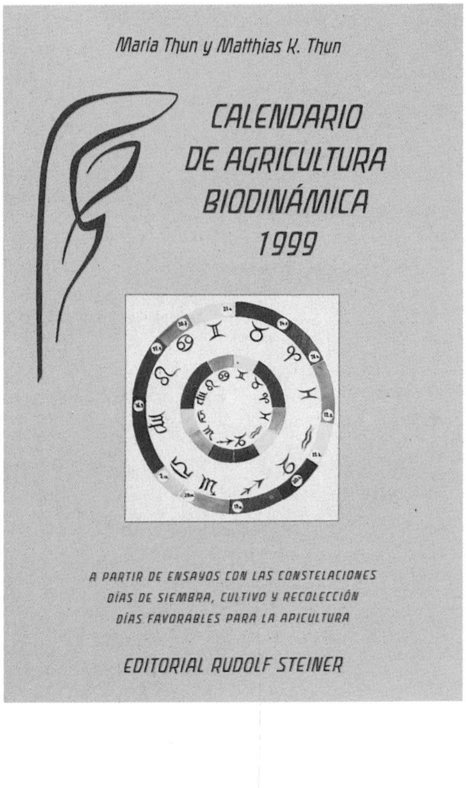

Maria Thun *lleva muchos años experimentando la relación entre el desarrollo vegetal y las influencias cósmicas, publicando los resultados y recomendaciones en el* ***calendario*** *que lleva su nombre (que se traduce al castellano desde 1983).*

La ***luna*** *siempre ha ejercido una fuerte fascinación, y tanto la luz solar que refleja como los fenómenos gravitacionales influyen en muchos procesos biológicos de los seres vivos.*

nando las moléculas que han sido expuestas a las radiaciones solares y cósmicas, hará que este suelo vibre y tenga resonancias que estimulen determinados órganos vegetales y mantenga esa precisa información hasta el momento en que volvamos a remover ese suelo con una labor concreta. Nosotros podemos aprovechar estos conocimientos para mejorar el desarrollo y el resultado final de un cultivo determinado: labrar o remover la tierra, sembrar o trasplantar, podar, esparcir estiércol o compost y, sobre todo, cosechar con intención de que se conserve lo recogido durante el máximo tiempo posible, sin estropearse.

Quizá lo que más desalienta al neófito sea la dificultad para conocer lo suficiente estas fuerzas cósmicas y sus influencias específicas sobre cada planta o incluso sobre cada ciclo vegetativo, así como las múltiples imbricaciones posibles que se pueden dar en cada momento, y todo ello crea una especie de quiniela cósmica en la que no resulta fácil un acierto pleno. Pero en realidad no es preciso ser demasiado purista ni un buen astrofísico, ni tampoco un renombrado astrólogo. Basta conocer los principios elementales y disponer de un buen calendario. El calendario biodinámico de Maria Thun, que publica cada año la editorial Rudolf Steiner, tiene un resumen con las bases y las conclusiones de los múltiples y variados experimentos de esta Sherlock Holmes de la agricultura y el cosmos (desde 1998 también podemos hallar en las librerías el calendario lunar traducido del francés y editado por Artús Porta).

Las asociaciones tradicionales

Tradicionalmente, en mi región, la importancia concedida a la influencia lunar se limitaba a unas pocas reglas generales. Para las plantas cuyo objetivo final era la obtención de frutos –tomates, habas, berenjenas, etc.– se realizaba la siembra o plantación en la fase de luna llena –asociada a la fertilidad–. Esta fase se denominaba popularmente como *lluna vella* («luna vieja») y comprende el cuarto de luna llena y el cuarto de luna menguante. Si lo que deseábamos era un predominio de la masa vegetal y de las hojas –lechugas, habas forrajeras, espinacas, etc.– se efectuaba su siembra o trasplante en la luna nueva, fase en la que se incluía el cuarto creciente. Para disponer de una opción de emergencia cuando no podían tener en cuenta la luna, fuera por cuestiones climáticas, falta de sazón o tempero idóneo para la siembra, o por apremio, entonces sembraban o plantaban en viernes, ya

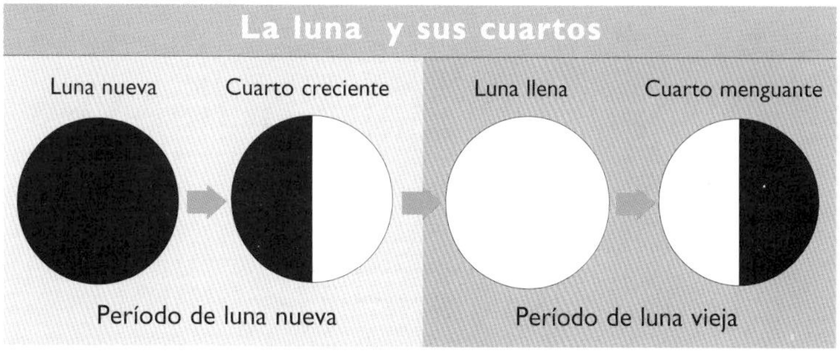

INFLUENCIAS DURANTE LOS CUARTOS LUNARES

La luna gira alrededor de la tierra, tardando 29 días, 12 horas y 44 minutos en completar lo que se llama revolución lunar sinódica. Como en su giro se va «encarando» u «oponiendo» al sol, desde la tierra apreciamos una serie de cambios en su iluminación que han sido llamados fases lunares y que se reparten, por cuestiones prácticas, en cuatro cuartos.

Con el incremento de la luz nocturna aportada por la luna –luz solar reflejada– las plantas ven estimulada su vitalidad y fertilidad, por lo que las fases creciente y llena son las ideales para sembrar y trabajar la tierra de aquellas plantas de las que esperamos una gran fructificación. La mayor vitalidad de las plantas en estas fases de mucha luz las ayuda a defenderse mejor de parásitos y enfermedades. Las flores cortadas aguantan más en los jarros y las cosechas se conservan mejor. Al estar más vitales, también aportarán más vitalidad a quienes las consuman. Cuando mengua la luz –desde el cuarto menguante hasta el cuarto creciente– decrece la vitalidad de la planta y las plantas cosechadas o las flores cortadas se conservan peor, pero son más perceptibles sus aromas, colores y sabores.

Luna llena

Abarca desde el momento en que el círculo lunar está completamente iluminado por el sol, hasta que sólo vemos la mitad izquierda iluminada.

La luna llena sirve para cosechar, sacar el estiércol de los corrales, voltear el compost, cortar caña, sembrar plantas de fruto.

Luna menguante

Abarca el período de casi siete días y medio en que observamos cómo en esa fase de pérdida continua de iluminación su forma se va asemejando a una C, hasta la luna nueva, que está completamente oscura.

En el cuarto menguante se pueden seguir la mayoría de labores como las citadas en luna llena, pero conviene más para sembrar raíces y tubérculos, como rábanos, remolachas y patatas.

Luna nueva

Abarca desde el momento en que no vemos la luna, por estar completamente oscura, hasta que la mitad derecha está completamente iluminada.

La luna nueva es una fase poco propicia para actividades, aunque conviene mucho para el desherbado de adventicias.

Luna creciente

Va desde el momento en que vemos formada la letra D, hasta que la luna está completamente iluminada, que será ya luna llena. Se suele decir que la luna engaña, porque cuando forma la letra C, que nos recuerda la letra inicial de creciente, es menguante o decreciente, y cuando forma la letra D, que nos hace pensar en decrecer, es cuando ella crece en iluminación.

El cuarto creciente estimula las plantas de gran crecimiento vegetativo, abonos verdes, lechugas, espinacas. Los últimos días de luna creciente también son propicios para la fertilidad y las plantas de fruto con influencias similares a las de la luna llena.

que según un dicho popular *El divendres no fa lluna*, «el viernes la luna no influye». Otras labores, como sacar el estiércol de las cuadras, voltear el montón de estiércol, cortar las cañas que servirían de tutores o cosechar los tomates de colgar, se hacían siempre en luna llena.

Los conceptos de «luna vieja», abarcando el cuarto de luna llena y el cuarto de luna menguante, y «luna nueva», abarcando el cuarto que le corresponde y el de creciente, es muy particular de mi región. Popularmente, en casi todas partes se tienen en cuenta las influencias específicas de cada cuarto, relacionando la luna llena con la fertilidad y la buena vitalidad; el cuarto menguante se considera estimulador de las raíces; el cuarto de luna nueva se le tiene por poco favorable en general, tal vez por la falta de luz nocturna, aunque algunas investigaciones observan que es un buen período para desherbar al reducirse considerablemente la germinación de nuevas hierbas; y el cuarto creciente estimula el desarrollo foliar y el crecimiento hacia arriba.

La experiencia demuestra que estas observaciones son demasiado generalistas y que las influencias cósmicas incidentes sobre los seres vivos son más complejas, existiendo otros ritmos diferentes al de las fases lunares que influyen sobre las labores, como el apogeo/perigeo, luna ascendente/descendente... Dada la complejidad inicial para quienes no están familiarizados en estos conceptos, en los textos siguientes se exponen algunas pautas para la mejor comprensión de un calendario lunar biodinámico.

Apogeo y perigeo

En su desplazamiento alrededor de la tierra, la luna dibuja una órbita elíptica con la tierra situada en uno de los dos focos. Por ello, la distancia entre la luna y la tierra varía constantemente. Durante la mitad de este ritmo, que dura 27 días, 13 horas y 18 minutos y que recibe el nombre de revolución lunar anomalística, la luna se aleja de la tierra hasta alcanzar el punto más distante, que se llama apogeo. Luego emprende el acercamiento progresivo hasta hallarse en el punto de mayor proximidad, el cual recibe el nombre de perigeo. Pues bien, la acción de la luna es mayor cuanto más cercana se halle a la tierra, siendo los días del perigeo desfavorables para trabajar la tierra y las plantas.

Luna ascendente y descendente

Si al mirar la luna por la noche en un día determinado y a una hora concreta tomamos un punto de referencia de su altura en el cielo y al día siguiente miramos la luna a la misma hora, veremos que está más alta que la noche anterior o más baja. Esto de debe a que, durante el ciclo llamado revolución lunar periódica, la luna se eleva o asciende en el cielo del hemisferio norte. Una vez alcanzado su punto de elevación máxima, desciende. En el hemisferio sur, este movimiento es percibido de forma inversa a como lo vemos en el hemisferio norte. Este ciclo dura 27 días, 7 horas y 43 minutos, y es similar al que realiza el sol durante un año entero, ascendiendo sobre el firmamento desde el solsticio de invierno hasta el solsticio de verano, descendiendo desde éste hasta el solsticio de invierno.
Con la luna ascendente ascienden los líquidos de las plantas, por lo que en este período se produce más savia y una mayor actividad en las partes aéreas. Serán fechas idóneas para injertar y para la recolección de frutos jugosos. En cambio, no es recomendable podar o talar árboles en fase ascendente ni recolectar las plantas que deseemos conservar o secar.
Con la luna descendente, los líquidos de las plantas descienden y la actividad vegetativa se realiza sobre todo en el sistema radicular, por debajo de la tierra. Sería algo así como un otoño lunar, por lo que suele ser recomendable este período para labrar, esparcir estiércol o compost, cortar leña para guardar, podar, trasplantar, cosechar plantas de raíz –remolachas, zanahorias, etc.– y recolectar las plantas que deseemos secar con rapidez.
Atención: hay que recordar que la mayoría de calendarios lunares se realizan en el hemisferio norte y que la luna ascendente y descendente se invierten en el hemisferio sur y son poco apreciables en los trópicos.

Luna ascendente y descendente

Luna ascendente

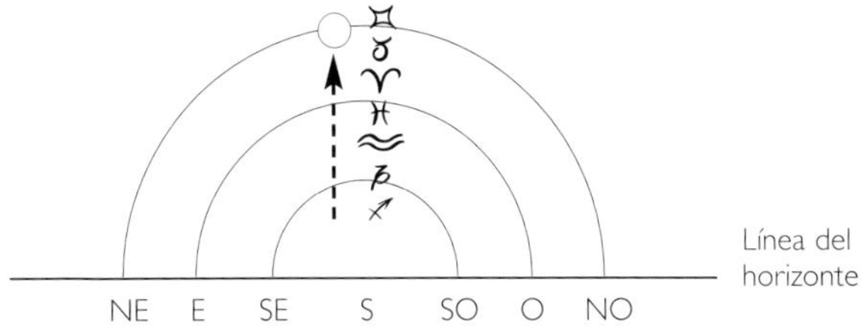

Luna descendente

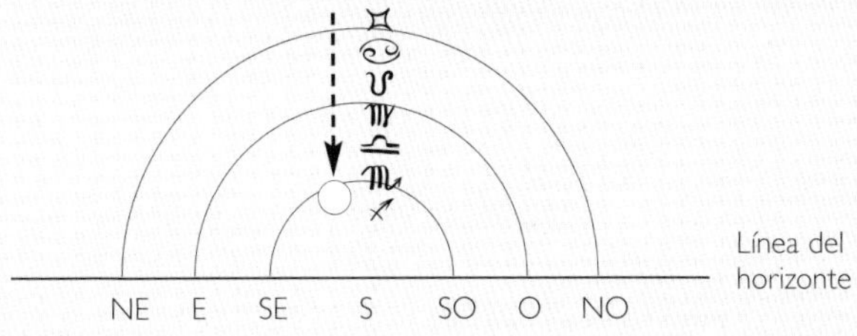

Si tomamos un punto de referencia en el horizonte veremos como cada noche la órbita recorrida por la luna estará más alta o más baja, ascendiendo o descendiendo día a día. Cuando la luna llega al punto más bajo de su órbita, ante la constelación de Sagitario, empieza a ascender y cada día describe un arco más grande en el cielo. Sus lugares de salida se desplazan cada vez más hacia el noreste y los lugares en que se pone más hacia el noreste. Es el momento ideal para el corte de los injertos.Cuando la luna llega al punto más elevado de su órbita ante la constelación de Géminis empieza a descender.
Es el período ideal para la plantación, el repicado y los trasplantes, ya que se estimula el enraizado y el fortalecimiento de las raíces. Debe tenerse en cuenta que estas indicaciones se invierten en el hemisferio sur.
No hay que confundir la luna ascendente o descendente con las fases de cuartos lunares crecientes o descendentes.

Existen plantas con clara vocación solar, e incluso cósmica, como los girasoles. Aunque, de hecho, cada planta, cada ser vivo, se desarrolla en estrecha sintonía con los ritmos de la vida, ritmos tangibles como el día y la noche o menos perceptibles como los inducidos por las radiaciones cósmicas y terrestres.

La luna y las constelaciones

En su recorrido por la bóveda celeste, la luna pasa sucesivamente delante de las diferentes constelaciones de estrellas del zodíaco. Desde antiguo, los grupos de estrellas de esta banda que rodean el plano de la eclíptica (es decir, la superficie imaginaria por la que se desliza la tierra alrededor del sol), observables a simple vista, fueron asociados a símbolos que hacían referencia a las fuerzas procedentes de los confines del universo: Leo (león), Libra (balanza), Tauro (toro) y así hasta doce. Habitualmente asociamos las constelaciones a los signos astrológicos, pero los griegos, 300 años a.C., repartieron los doce signos en doce partes iguales de 30 grados cada una, que se han mantenido inmóviles hasta ahora. Por ello, los signos que se tienen en cuenta en la astrología clásica no se corresponden con la situación real de las constelaciones zodiacales. Maria Thun comprobó experimentalmente que las plantas no obedecen a los signos astrológicos clásicos y, observando sus reacciones, pudo acotar las longitudes zodiacales de cada constelación.

Así, Aries, Leo y Sagitario son constelaciones de fuego y el paso de la luna sobre ellas determina una influencia específica sobre la producción de granos, frutos y semillas, implicando específicamente los trabajos del suelo, de siembra o trasplante de tomates, berenjenas, judías, guisantes y toda clase de frutas y cereales.

Constelaciones, cultivos y apicultura

Constelación	Signo	Elemento	Tiempo	Planta	Abejas
Piscis	♓	Agua	Húmedo	Hoja	Preparación de miel
Aries	♈	Fuego/calor	Caliente	Fruto	Búsqueda de néctar
Tauro	♉	Tierra	Fresco-frío	Raíz	Construcción
Géminis	♊	Aire/luz	Claro-soleado	Flor	Búsqueda de polen
Cáncer	♋	Agua	Húmedo	Hoja	Preparación de miel
Leo	♌	Fuego/calor	Cálido	Fruto-grano	Búsqueda de néctar
Virgo	♍	Tierra	Fresco-frío	Raíz	Construcción
Libra	♎	Aire/luz	Claro-soleado	Flor	Búsqueda de polen
Escorpio	♏	Agua	Húmedo	Hoja	Preparación de miel
Sagitario	♐	Fuego/calor	Cálido	Fruto	Búsqueda de néctar
Capricornio	♑	Tierra	Fresco-frío	Raíz	Construcción
Acuario	♒	Aire/luz	Claro-soleado	Flor	Búsqueda de polen

Géminis, Libra y Acuario son constelaciones de aire y la influencia es en la parte floral, dando días específicos para trabajar las plantas en las que deseemos potenciar su masa floral, como las alcachofas, las coliflores y todas las flores en general.
Cáncer, Escorpio y Piscis son constelaciones de agua y están estrechamente ligadas al desarrollo de las hojas y la exuberancia de la masa vegetal acuosa. Las fechas vinculadas a estas constelaciones estimularán el crecimiento de lechugas, escarolas, espinacas, acelgas, puerros y los abonos verdes en general.
Tauro, Virgo y Capricornio son constelaciones de tierra y por consiguiente su influencia estimula especialmente la parte radicular, las raíces y las cortezas. Aprovecharemos los días regidos por estas constelaciones para preparar la tierra, trabajar o sembrar plantas como patatas, zanahorias, remolachas y todas las hortalizas de raíz y tubérculos en general. Hay que tener en cuenta, sin embargo, que existen algunas excepciones a esta regla en determinadas especies o variedades cultivadas.

Los aspectos planetarios

Desde el punto de vista antropocéntrico, que es el que nos afecta, los planetas, incluido el sol y la luna, giran alrededor de la tierra y van ocupando diversas posiciones que conforman polígonos: cuadraturas, trígonos, sextiles..., así como conjunciones (0º) y oposiciones (180º). Son los llamados aspectos planetarios, que matizan las influencias lunares e incluso las cambian por completo.

Los eclipses

Los eclipses se producen por el alineamiento del sol, la luna y la tierra, pero también cuando otros astros están alineados. El eclipse solar ocurre cuando la luna queda alineada entre el sol y la tierra; esto sucede siempre en luna nueva y el sol queda oscurecido momentáneamente. El eclipse de luna ocurre cuando queda alineada la tierra entre el sol y la luna; en tal momento siempre habrá luna llena, la cual se oscurecerá por un corto período. Estos momentos de oscurecimiento total o parcial producen desórdenes que acusa el desarrollo vegetal, por lo que evitaremos trabajar la tierra o las plantas en esos momentos.

*En función de la parte de la planta que deseamos **estimular** preparamos la tierra, sembramos, trasplantamos... haciendo coincidir el día con los períodos astrológicos más favorables para el fin perseguido.*

Los nodos

El nodo lunar son las intersecciones en la órbita de la elíptica lunar que, durante su revolución periódica, corta en dos ocasiones la eclíptica terrestre. Cuando lo hace descendiendo se llama nodo descendente y se simboliza con el signo ☋; y cuando lo hace ascendiendo tenemos un nodo ascendente, simbolizado con el signo Ω. La continua experimentación demuestra que cada vez que la luna pasa por los nodos se produce una fuerte perturbación energética muy desfavorable para el desarrollo vegetal, mucho más negativa incluso que los eclipses.

Las semillas requieren de la luz y el calor solar para despertar de su letargo, por lo que sembraremos preferentemente por las mañanas. Para el trasplante preferiremos las tardes para no exponer las plantas a la fuerte evapotranspiración y compensarlas con el frescor de la noche.

El ritmo diario

El ciclo diario de 24 horas podría equipararse al ciclo solar anual, con sus cuatro estaciones. Por las mañanas asistimos a un ascenso progresivo de la presión atmosférica que sigue con un desfase de tres horas el ascenso que el sol realiza cada mañana; se trata de una fase de espiración de la tierra en donde ascienden las energías, lo que hace muy propicias las mañanas para sembrar o recolectar las partes aéreas de las plantas y escardar o remover la tierra en épocas húmedas, a fin de que se evapore mejor el exceso de humedad. Por la tarde se produce una inspiración telúrica que sigue al descenso progresivo del sol y es propicio para labrar la tierra y remover o esparcir el compost, plantar, trasplantar o escardar en período seco, ya que ayuda a retener la humedad en la tierra.

Las abejas son seres que viven en gran sintonía con los ritmos solares, las energías telúricas y las influencias cósmicas; conviene tener esto presente a la hora de manipular las colmenas, procurando elegir los días más idóneos para ello.

Trabajar al compás de la luna

He aquí una síntesis de sugerencias prácticas publicadas en el *Calendario lunar* de Gros y Vermot, que presenta muy gráficamente el calendario de M. Thun e incluye los signos astrológicos, las fases de la luna ¡y hasta el calendario chino! Esta recopilación de informaciones dispares, desde las más tradicionales hasta las más novedosas, puede ser útil, aunque los autores no han experimentado lo suficiente como para justificarlas científicamente, como en el caso de M. Thun.

Trabajos del huerto

► Los trabajos de labrar, plantar, trasplantar, abonar, etc., es mejor efectuarlos cuando la luna se encuentra en fase descendente. Para trabajar la tierra, es preferible hacer coincidir la luna descendente con luna creciente para los suelos ligeros (arenosos), sobre todo en período seco. En el caso de suelos duros (arcillosos) es mejor hacer coincidir la luna descendente con luna menguante, sobre todo en período húmedo.

► En período húmedo, escardar por la mañana en signo de fuego o aire, en luna menguante, si es posible.

► En período seco, escardar por la tarde en signo de tierra o agua, en luna creciente, si es posible.

► Eliminación de malas hierbas. Trabajar la tierra cuando la luna esté ante Leo (esta constelación favorece la germinación), así las semillas germinarán al máximo. Entonces hay que retrabajar la tierra para eliminarlas. Para conservar el suelo limpio el máximo tiempo posible, trabajarlo cuando la luna está ante Capricornio (esta constelación limita la germinación).

Sembrar y plantar

Cada vez que intervenimos en el suelo podemos modificar o amplificar las influencias recibidas. En consecuencia, una siembra efectuada en una fecha que no corresponde puede ser recuperada en parte por una segunda labranza en una fecha apropiada. Además de las influencias lunares, es útil tener en cuenta el momento del día: reservar la mañana para sembrar y la tarde para plantar. Algunos ejemplos serían los siguientes:

▶ Fresales: para trasplantarlos escoger la superposición del signo de Leo con la constelación de Leo.

▶ Patatas: plantar las patatas en un día de raíz, no demasiado cerca del perigeo. Para producir plantel plantar las semillas cuando la luna esté en el signo de Tauro.

▶ Lechugas: hasta julio, para evitar algunas enfermedades, sembrar las lechugas en constelación de agua en luna menguante. En otoño muchas energías son descendentes: se pueden sembrar las lechugas en luna creciente en constelación de agua, lo cual permite equilibrar estas energías.

Apicultura

▶ Durante el paso de la luna ante las constelaciones de fuego para favorecer las reinas.

▶ Durante el paso de la luna ante las constelaciones de aire para favorecer las reinas y la puesta de huevos.

▶ Durante el paso de la luna ante las constelaciones de tierra para favorecer el instinto constructor. La miel recogida durante el paso de la luna ante las constelaciones de tierra se espesa más rápidamente.

▶ Evitar intervenciones cuando la luna pasa ante las constelaciones de agua, que fragilizan el organismo de panales y miel.

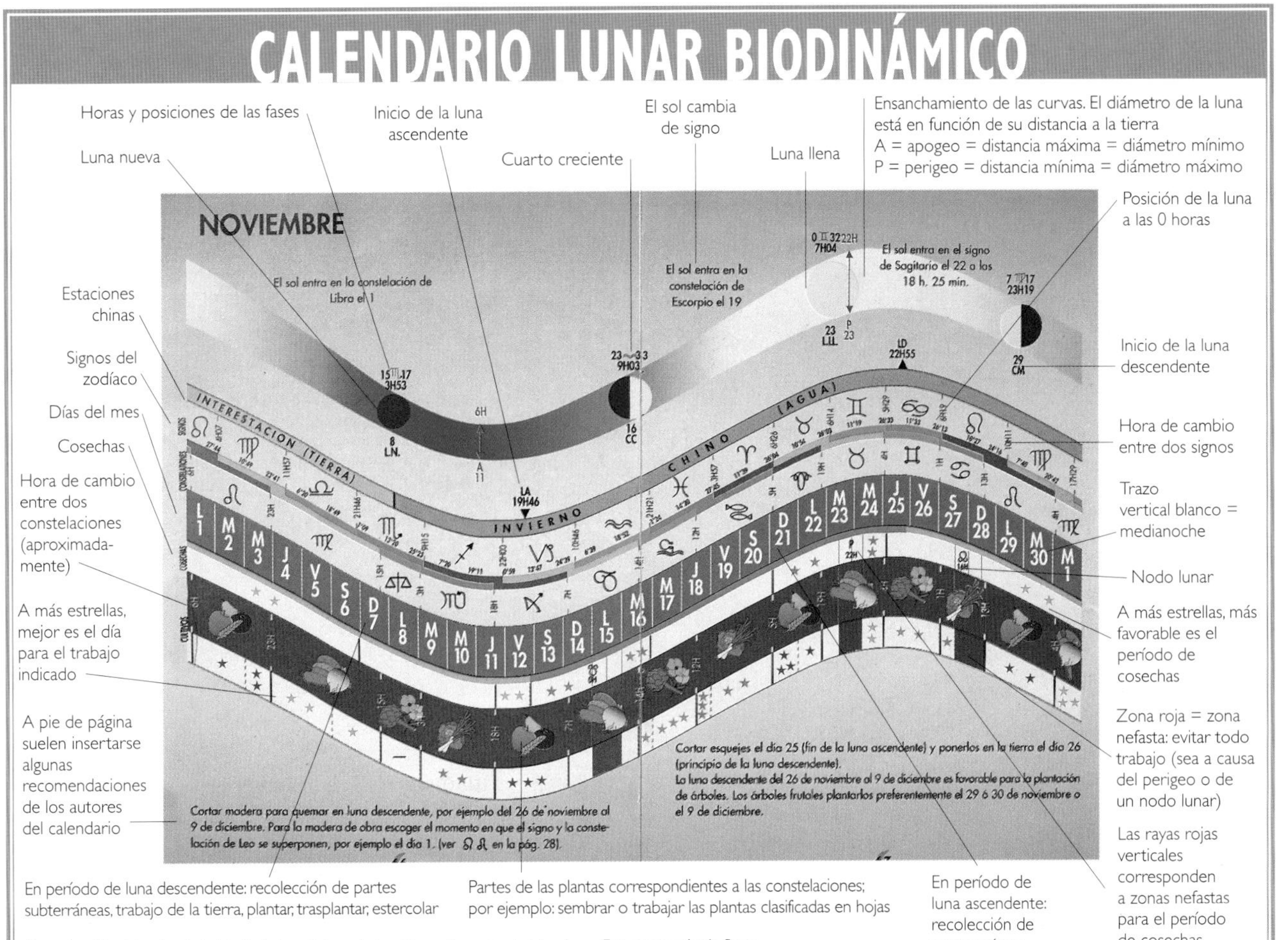

Reproducción del calendario biodinámico elaborado por Gros y Vermot y publicado en España por Artús Porta.

Cada planta tiene sus ciclos y preferencias climáticas, y si bien existen hortalizas como las lechugas que pueden cultivarse la mayor parte del año, otras como los tomates sólo podrán estar presentes en el huerto durante los meses más cálidos.

El huerto vive continuos cambios en las distintas estaciones y meses del año y el horticultor tiene que prever con antelación cada labor a realizar, por lo que le conviene disponer de una guía mes a mes.

El huerto mes a mes

Este apartado recoge sugerencias generales sobre las actividades más frecuentes que pueden realizarse a lo largo del año en el huerto. Estas orientaciones se ven limitadas por la diversidad climática y microclimática de nuestro país, en el que hallamos un pueblo junto a la costa con clima templado donde son raras las heladas invernales, y apenas a 15 o 20 km hacia el interior estamos de lleno en una región con heladas y nevadas en numerosos inviernos. Por ello ha habido que generalizar un poco y, por ejemplo, para la siembra están anotadas las primeras fechas en que es posible realizarlas en las zonas más favorecidas. A partir de estos datos y con la orientación del mapa climático es posible hacerse una idea del mejor momento de siembra en cada caso concreto. De todos modos, si se tiene poca experiencia, debemos hacer caso de las observaciones y las fechas en que los agricultores de la región realizan sus siembras y trasplantes.
Para las hortalizas o variedades de cultivo poco frecuente en la zona, conviene recurrir a la información adicional de los capítulos dedicados a cada cultivo, y en última instancia ésta se puede buscar en libros especializados, catálogos de semillas o simplemente ir experimentando. Es muy importante recabar el máximo de información sobre una determinada variedad cuando compramos las semillas o cuando nos la pase otro agricultor. Una variedad de tomate de verano soportará mal un cultivo tardío –otoñal–; unas lechugas de invierno tenderán a espigarse y montar en flor a partir de los calores primaverales y más rápido aún en pleno agosto. La siembra en épocas frías de semillas de remolacha roja o cebollas sensibles al frío se malogrará por completo o tardarán tanto en germinar, que luego, aunque las condiciones climáticas les resulten favorables, tenderán de forma muy marcada al espigado, resultando impropias para el consumo.
Teniendo en cuenta todas estas variables, las siguientes orientaciones nos serán útiles a la hora de planificar las labores del huerto y sobre todo el correcto escalonado de siembras y trasplantes que permita disponer continuamente de aquellas hortalizas, verduras y frutas estacionales que consumamos con regularidad, y que tanto el espacio disponible como el clima local y nuestras habilidades hortícolas –nuestra mano verde– lo permitan.

Enero

Estamos en pleno invierno y en las zonas frías el huerto está bajo mínimos, mientras que en las zonas templadas y cálidas, sigue manteniéndose una cierta actividad. Es el momento de empezar a prepararlo todo para cuando llegue el buen tiempo y dispongamos de plantas trasplantables a una tierra abonada y cavada o a unos hoyos –en caso de árboles– abiertos y con la tierra abonada con bastante antelación. Para ello sembraremos en la mayoría de semilleros de cajonera, con cama caliente o sin ella; terminaremos las labores de

esparcido del estiércol o el compost, y se puede empezar a cavar la tierra.
En los climas fríos convendrá abrigar con paja u otro material de acolchado las plantas del huerto susceptibles de verse afectadas por las heladas, como las espinacas o el perejil. También es conveniente que revisemos las existencias de semillas que necesitaremos para las siembras de primavera y verano, procurando conseguir a través de amigos o realizando los pedidos a los distribuidores, todas aquellas que no dispongamos.
Este es el mes en que en gran parte de la península e islas los campos y montes empiezan a iluminarse con las flores de los almendros, en ocasiones en contra de los deseos de muchos agricultores de zonas del interior que saben que se arriesgan a perder las cosechas a causa de las posibles heladas de febrero. Suele ser el mejor mes para la poda de los rosales y podemos aprovechar para abonarlos con abundante compost bien fermentado. En pleno invierno no conviene voltear el compost, a menos que esté muy compactado por un exceso de humedad.

Huerto

▶ Cosechas: acelgas, brócolis, endibias, escarolas, espinacas, coles, coliflores, lechugas, nabos, puerros, rabanitos.
▶ Siembras en semillero de cama caliente: tomates, berenjenas, calabacines y opcionalmente pimientos –en zonas cálidas–.
▶ Siembras en semillero simplemente protegido: puerros, escarolas, lechugas, apios, coles y coliflores de primavera.
▶ Siembra directa al aire libre: ajos, rabanitos, zanahorias precoces (en zonas cálidas).

Vergel

▶ Podemos empezar la plantación de frutales de hueso.
▶ Excepto si existiera riesgo de heladas, terminaremos de podar los árboles frutales. A finales de enero se puede empezar con la poda de los naranjos en las zonas más cálidas; en las templadas-frías, dejaremos esta labor para Pascua.
▶ Los almendros empiezan a florecer, pero no realizaremos cavas ni labraremos cerca de ellos hasta que no estén bien cuajadas las almendritas.
▶ Las viñas que no se cultiven con acolchados, conviene terminar de estercolarlas y cavarlas en esta época.
▶ En las zonas templadas y cálidas, en esta época conviene destapar los acolchados de alrededor de los árboles, para que los pájaros y las gallinas den cuenta de los insectos invernantes que allí se esconden, sin que ello suponga riesgos de invasión de malas hierbas en el vergel.

Huerto medicinal

▶ Dadas las circunstancias climáticas extremas de este mes, nos limitaremos a un mantenimiento general, protegiendo del frío a las plantas más delicadas y empezando a preparar los semilleros de cama caliente.

Enero es el mes de preparar la tierra y los bancales que albergarán los nuevos cultivos, algunos de los cuales estarán germinando en los ***semilleros protegidos.***

Febrero

Siguen los intensos fríos y en muchas zonas las heladas nocturnas mantendrán el huerto en compás de espera hasta finales de mes o principios de marzo. En la mayoría de zonas estaremos pendientes de los semilleros de cama caliente y en las regiones más cálidas empiezan los repicados a cepellones o macetas que se colocan en semilleros protegidos y abiertos para que enraícen bien y se endurezcan las plantitas cara a su posterior trasplante. En las zonas más cálidas puede ser un buen momento para segar e incorporar a la tierra los abonos verdes sembrados a principios del otoño. En las zonas templadas, las alcachofas inician su segunda brotación que dará cosechas hasta mayo o junio.

Huerto

▸ Cosechas: acelgas, coles, espinacas, escarolas, lechugas, nabos, rabanitos.
▸ Siembras en semillero protegido de cama caliente: berenjenas, coles, pepinos, tomates, pimientos.
▸ Siembras en semillero simplemente protegido: acelgas, escarolas, lechugas, puerros.
▸ Siembras al aire libre: ajos tiernos, rabanitos, remolachas rojas y zanahorias –en zonas cálidas–.

*Dada su relativa resistencia al frío y la gran necesidad de humedad constante del suelo, las **espinacas** son un cultivo ideal para los meses invernales*

Vergel

▸ Es un buen momento para desinfectar los troncos y las ramas de los árboles contra parásitos y enfermedades pintando o embadurnando con una mezcla de cal, arcilla, ceniza y otros procedimientos aconsejados en biodinámica. El embadurnado con dicho preparado tiene diversas ventajas: estimula el cambium, ayuda a detener el flujo de goma (gomosis), cicatriza las heridas de poda y las producidas por la roña o el moteado.
▸ Los almendros están en su máximo esplendor floral y los cerezos sienten celos y empiezan a abrir sus primeras flores.
▸ En esta época se terminan las plantaciones de especies de hoja caduca (como son los olivos y los avellanos).
▸ Terminamos la poda de los frutales –a ser posible en luna menguante– siempre que no existan riesgos de grandes heladas.

Huerto medicinal

▸ Siembras en semillero de cama caliente de albahaca.

Marzo

Mes movido y cambiante; por regla general nos hallamos al inicio de la primavera, pero es muy posible que siga coleando el clima invernal, resistiéndose a dejar paso a la primavera. Suele ser un mes crítico y de fuertes contrastes, que produce cierto estrés a los cultivos e incluso a la mayoría de personas. En mi región hay un dicho que reza: *Març, marçot, que molts vells s'endu al clot i alguns joves si pot* («Marzo, marzote, que a muchos viejos se lleva al hoyo y a algunos jóvenes si puede»).
La tierra, los campos y los huertos se llenan de vida, la savia hincha las yemas de los árboles y en un momento dado se produce una explosión de luz y verdor que dará paso a finales de mes o en los próximos meses a una exaltación floral multicolor. En este mes, aun-

que los días se alargan y disponemos de más horas de sol, suelen faltarnos manos y tiempo para todo lo que deseamos hacer en nuestro huerto.
Entre las labores de control y seguimiento de los semilleros, la preparación de las parcelas y las siembras y trasplantes generalizados, no quedará mucho tiempo libre.

Huerto
▶ Cosechas: alcachofas, coles en general, coliflores, escarolas, espinacas, guisantes, habas, lechugas, puerros, rabanitos y zanahorias.
▶ Siembras en semillero protegido: berenjenas, calabazas, melones, pepinos, pimientos y tomates.
▶ Siembras en semillero descubierto: acelgas, apionabos, cebollas, berros, batatas, coles de Bruselas, escarolas, lechugas, lombardas, coles de repollo (variedades de verano).
▶ Siembras al aire libre: ajos, habas, espinacas, chirivías, nabos, patatas, rabanitos y zanahorias. En zonas cálidas judías tiernas.
▶ Trasplantes: coliflores de primavera, puerros. En las zonas cálidas empezamos a trasplantar al aire libre y con protección los tomates tempranos, los calabacines e incluso podemos atrevernos con los pimientos o las berenjenas.

Vergel
▶ Empieza la floración de la mayoría de frutales, al tiempo que terminan las labores de poda y el esparcido de abonos orgánicos, y siguen labores de incorporación superficial o, mejor aún, las primeras siegas de la cobertura verde permanente para acolchado.

Huerto medicinal
▶ Siembras en semillero protegido: albahaca, anís, hierbabuena, orégano.
▶ Siembras en semillero al aire libre o siembra directa: ajedrea, anís, cilantro, comino, hierbabuena y perejil.
▶ Por esquejes: romero, salvia y tomillo.

*Entre **marzo y abril**, una vez pasados los rigores del invierno, realizaremos la mayoría de siembras y trasplantes en el huerto familiar.*

Abril

Dice el refrán: «En abril, aguas mil»; y si no fuera así tendremos que empezar a regar el huerto, pues los sucesivos días calurosos habrán agotado las últimas reservas hídricas de la tierra. En la mayoría de zonas suele ser un mes de trasplantes generalizados porque nos hallamos casi al límite de toda posibilidad de heladas.
Los problemas aparecen cuando el invierno retrasa su partida o se le ocurre volver por unos días a despedirse definitivamente. Dado lo avanzado de algunos cultivos, el frío puede hacerles mucho daño, por lo que estaremos vigilantes y protegeremos las plantas sensibles –como los tomates o los calabacines– al menor indicio de bajada generalizada de la temperatura. Por el contrario, si el verano manda una de sus avanzadillas creando unas condiciones excepcionales para el desarrollo de todas las plantas, vigilaremos la buena ventilación de los semilleros protegidos y de los invernaderos o túneles, ya que un exceso de calor puede perjudicarles mucho en esta época.

*En **abril** empiezan a madurar los nísperos en los vergeles de las zonas más cálidas. Pronto le seguirán las cerezas y los albaricoques tempranos.*

Si se da una alternancia de lluvias y días cálidos, que propiciaría la proliferación de enfermedades criptogámicas –podredumbres en semilleros, mildiu, oídio–, pulverizaremos preventivamente decocciones de cola de caballo y espolvorearemos azufre al amanecer. Además de las labores más generales hay que añadir las binas y escardas o los primeros acolchados a las plantas sembradas y trasplantadas el mes anterior. Seguimos preparando las parcelas que habremos de sembrar e incorporando el abono verde allí donde no lo hicimos antes. También empieza a ser buena época para voltear el compost y enriquecerlo con rocas en polvo o ceniza, algo de cal para las tierras ácidas y con arena o compost de hojas o turba de fibra de coco para los suelos pesados.

Huerto

▶ Cosechas: alcachofas, coles, escarolas, espinacas, fresas (en zonas cálidas), guisantes, habas, lechugas, nabos, puerros, rabanitos, remolachas, zanahorias.
▶ Siembras: en semillero protegido: calabazas, calabacines, melones, pepinos, tomates.
▶ Siembras en semillero descubierto: acelgas, apios, coles en general, lechugas.
▶ Siembra directa: calabacines (protegidos), cardos, chirivías, espinacas, escarolas, judías de enrame, maíz, nabos, patatas, rábanos, remolachas, zanahorias.
▶ Trasplantes: berenjenas (protegidas), calabacines (protegidos), cebollas, coles, lechugas, tomates, pimientos (protegidos).

Vergel

▶ La mayoría de frutales están en flor o han iniciado el cuajado de los frutos.
▶ Estamos al límite de las posibilidades de trasplante de frutales y árboles de hoja caduca, pues la mayoría de ramas empiezan a cubrirse de verdes hojas.
▶ Recolección: aún quedan algunas naranjas en las zonas menos cálidas y los pomelos hacen acto de presencia; los nísperos dan un toque de amarillo al vergel, les secundan los primeros albaricoques tempranos en las zonas cálidas y empezamos a cosechar las cerezas más tempranas.

Huerto medicinal

▶ Siembra en semillero: anís, apio, hierbabuena, manzanilla, mejorana, orégano, romero, perejil, salvia, tomillo.
▶ Siembra directa: ajedrea, anís, hierbabuena, hinojo, perejil tomillo, y verdolaga.
▶ Esquejes: de romero y de salvia.
▶ Trasplante: albahaca, anís, manzanilla, mejorana, orégano, perejil.

Mayo

Tradicionalmente es el mes de las flores (el mes de María) y tanto los campos, los huertos, los vergeles como los montes, están en plena exuberancia. Es uno de los mejores meses para pasear al aire libre y disfrutar plenamente de la naturaleza. El huerto suele presentar un espléndido verdor y es el momento de ultimar las siembras y plantaciones para el verano y algunas que cosecharemos en otoño. Las binas, escardas y aporcados se suceden y en la mayoría de cultivos podemos empezar los

acolchados y empajados, pues la tierra ya empieza a estar bastante caliente y con ello evitaremos riegos y escardas.
Se hace preciso el entutorado de las tomateras y de las judías de enrame. Si no queremos pasar largas temporadas sin cosechar lechugas, calabacines o coles, hay que ir pensando en las siembras y trasplantes escalonados. En muchas zonas es el mejor mes para la siembra del maíz; aunque para el maíz dulce es conveniente sembrar unas cuantas matas cada quince días, dado el corto período en que las mazorcas están en su mejor punto de consumo. Debemos cubrir con mallas finas las flores de coles o lechugas seleccionadas para guardar semillas.

Huerto

▶ Cosechas: ajos tiernos, apio, acelgas, cebolla blanca, brócolis, coliflores, espárragos, espinacas, guisantes, lechugas, nabos, puerros, rabanitos y zanahorias. En invernaderos y túneles se empieza a cosechar calabacines, judías tiernas y pepinos. En las zonas cálidas también tomates.

▶ Siembras en semillero al descubierto o al aire libre: calabacines, coles de repollo, coles de Bruselas, coliflores de verano y otoño, lechugas, melones, pepinos y puerros.

▶ Siembra directa: calabacines, calabazas, coles, escarolas, espinacas (en zonas frías), guisantes (en zonas frías), judías de mata baja y de enrame, lechugas, melones, pepinos, rabanitos, remolachas rojas y zanahorias.

▶ Trasplantes: apionabos, berenjenas, calabacines, calabazas, cebollas, coles, coliflores, melones, pimientos, puerros y tomates.

Vergel

▶ Cosechamos nísperos, los primeros albaricoques y estamos en plena estación de las cerezas.

▶ Si la primavera es calurosa, conviene prevenir la inminente aparición de la mosca de la fruta (*Ceratitis capitata*) y empezaremos a colocar trampas con cebos de melaza o vinagre y azúcar para descubrir su presencia desde los primeros momentos.

Huerto medicinal

▶ Siembra directa: hierbabuena, hinojo, perejil.

▶ Trasplantes: albahaca, mejorana, orégano, poleo.

En la mayoría de regiones las ***albahacas*** *que sembramos en semilleros protegidos pasan a ser trasplantadas entre* ***mayo*** *y* ***junio.***

Junio

En muchas zonas el verano ya hizo acto de presencia; en otras lo hará durante este mes. Con el calor y los días más largos tenemos muchas probabilidades de que el huerto esté rebosante y por lo general las cosechas empiezan a superar la capacidad de consumo. También en este mes descubrimos con tristeza que algunas plantas más sensibles al calor se nos van: habas, espinacas o guisantes; ¡pero son tantas otras las que podemos empezar a cosechar, que la alegría supera a la pena!
Es muy probable que ante un caluroso mes de junio nos veamos obligados a incrementar considerablemente los riegos, sobre todo en los cultivos más ávidos de agua como calaba-

En ***junio*** *el huerto empieza a estar rebosante y la gran variedad de hortalizas disponibles hace las delicias de la cocina familiar.*

cines, acelgas, lechugas, escarolas, tomates, etc. Las hierbas competidoras –o compartidoras, según criterios– están en auge y no podemos descuidar binas, escardas y sobre todo el acolchado para todos los cultivos que lo permitan, que ahorrará trabajos de desherbado y de riego.

Empezamos a liberar parcelas ocupadas con plantas de invierno o primavera, por lo que se reinicia una gran actividad para los montones de compost, que acogerán con gusto los restos de cosechas. A finales de mes quizá convenga el encalado de los invernaderos o su protección con esteras de sombreado, para evitar la degradación del plástico y el excesivo recalentamiento del suelo, que destruiría la vida microbiana.

Huerto

- Cosechas: acelgas, apios, calabacines, cebollas, coliflores, espinacas –al límite en las zonas templadas y cálidas–, fresas, guisantes –posiblemente sólo en las zonas frías–, habas –en las zonas frías–, judías, lechugas, nabos, patatas, puerros, rabanitos, tomates –tanto en las zonas cálidas como en las templadas–, zanahorias.
- Siembras en semillero al aire libre: coles y coliflores de otoño e invierno, escarolas, lechugas.
- Siembra directa: judías de mata baja y de enrame, calabacines, maíz dulce –hasta mediados de mes–, perejil, rábanos, remolachas rojas, zanahorias.
- Trasplante: apios, cebollas, coles, coliflores, lechugas, puerros y tomates tardíos en zonas cálidas.

Vergel

- En junio, la variedad de frutas disponibles es amplísima: albaricoques, peras y manzanas de San Juan, melocotones, nectarinas; todavía quedan nísperos y cerezas, y es probable que empecemos a cosechar algunas ciruelas.
- Con la llegada del calor también aparecen numerosos bichitos que consideramos indeseables sobre los árboles y los frutos: pulgón, mosca de la fruta, etc. Habrá que prever su control e instalar trampas pegajosas puede ayudar a conocer día a día su evolución.
- Quizá sea necesario aclarar el exceso de frutos en manzanos y perales.

Huerto medicinal

- Cosechas: ajedrea, cominos, espliego, manzanilla, mejorana, melisa, orégano, romero, salvia y verbena.
- Siembras: hinojo y perejil.
- Trasplantes: albahacas –al límite–.

*En los cálidos meses de **junio** y **julio** el huerto está en su apogeo: probablemente la producción rebose las posibilidades de consumo y habrá que ir pensando en regalar algunos excedentes.*

Julio

Llegaron los calores del verano y el control de los riegos se hace prioritario. En esta época no conviene regar a pleno día con sistemas de aspersión o que mojen las plantas –manguera a chorro o regaderas–; los sistemas de riego por goteo pueden ser útiles para atemperar el suelo y evitar que se recaliente demasiado. Los acolchados siguen siendo la práctica más eficaz y útil en esta época. Para una mejor fructificación, en las zonas frías podemos recurrir a la poda de las tomateras, los pepinos, los melones, los calabacines, las berenjenas y los pimientos. Es probable que se nos hayan

descuidado algunas –o muchas– hierbas en ciertas parcelas o rincones del huerto. Conviene arrancarlas e incorporarlas al montón de compost antes de que hagan semillas.
En pleno verano es muy importante no dejar ninguna parcela desnuda y expuesta a la radiación solar, que destruiría su vida microbiana, por lo que procuraremos que siempre exista una cobertura vegetal mediante un acolchado o sembrando abono verde. Es un buen mes para seleccionar las plantas para dejar como portadoras de semillas –tomates, berenjenas, pimientos, judías– a las que dispensaremos las máximas atenciones requeridas –riegos, aporcados, desparasitado– a fin de obtener semillas de calidad que garanticen futuras cosechas también de calidad y sin problemas.

Huerto

- Cosechas: acelgas, apios, berenjenas, berros, boniatos, calabacines, coles, chirivías, escarolas, espinacas, garbanzos, hinojos, judías tiernas y secas, lechugas, maíz, pepinos, pimientos, puerros, rábanos, remolachas rojas, tomates, zanahorias.
- Siembra directa: acelgas, escarolas, espinacas –en zonas templadas y frías–, lechugas.
- Trasplantes: apios, coles de repollo, coles de Bruselas, coliflores de otoño.

Vergel

- Quizá tengamos que regar esporádicamente los frutales.
- Seguiremos vigilando los parásitos de los frutales y de la fruta sobre todo la mosca de la fruta, que puede arruinar toda la cosecha de ciruelas, melocotones o nectarinas.
- Cosechamos infinidad de variedades de melocotones, nectarinas, ciruelas, algunas clases de peras, los últimos albaricoques y cerezas picota.

Huerto medicinal

- Seguimos cosechando la mayoría de plantas medicinales y aromáticas, prestando mucha atención al riego de las más delicadas.

*En los meses más calurosos el **control del riego** se vuelve prioritario y los **acolchados** con paja o restos vegetales son una excelente práctica para retener la humedad de la tierra y controlar la proliferación de hierbas entre los cultivos.*

Agosto

La primera quincena del mes suele resultar realmente sofocante; mientras que a partir de mediados de agosto ya suelen hacer acto de presencia algunas tormentas de verano que vienen a refrescar y suavizar el ambiente. En esta época estival solemos disponer de más tiempo para el huerto, pero si tenemos que ausentarnos por períodos superiores a una semana debido a las vacaciones familiares, será preciso buscar las formas de regar y mantener hidratadas las plantas en esta época tan crítica. Podemos solicitar ayuda a algún vecino, familiar o amigo, de esos a los que de tanto en tanto les regalamos una cesta de verduras. Si tenemos la suerte de disponer de riego localizado con goteo y programador de riego, el problema se centrará en efectuar una revisión completa de la instalación para evitar anomalías, desconexiones o roturas que comprometan todo el sistema y la supervivencia de los cultivos. No estará de más pedirle a alguien que vigile el huerto de tanto en tanto.

Mediante el uso del práctico y artesanal ***secador solar*** *podremos deshidratar la mayoría de hortalizas y algunas frutas a fin de conservarlas y poder consumirlas en los meses en que escasean las cosechas.*

Los ***tomates*** *se hallan en plena producción y tal vez tengamos que regalar o hacer conserva con los excedentes.*

El problema de estas fechas es qué hacer con tanto tomate, tanto pimiento, tanto calabacín, tantas berenjenas. Si la lista de familiares y amistades dispuestos a acoger con agrado nuestros presentes es corta –o están todos de vacaciones– lo ideal será elaborar los excedentes a fin de llenar la despensa para el invierno. Un secador solar nos permitirá deshidratar –en rodajas– la mayoría de las hortalizas, permitiendo una excelente y prolongada conservación en tarros herméticos de cristal o al vacío si es posible. Para su posterior consumo tan sólo tendremos que ponerlas a remojo en agua por unas horas –o toda una noche–. Las conservas son uno de los sistemas más tradicionales y relativamente fáciles de elaborar. Podemos reciclar los tarros de conserva, pero conviene adquirir tapas nuevas que garanticen su perfecta hermeticidad.
La técnica de la fermentación láctica –chucrut– de coles, remolachas, zanahorias y demás raíces conserva sus vitaminas y sales minerales y les aporta nuevas propiedades nutricionales e incluso terapéuticas. Las variedades de tomates de colgar nos brindan la oportunidad de hacer ramilletes y guardarlos para su consumo fresco en pleno invierno. Podemos congelar las judías tiernas y el maíz dulce para consumirlos a partir de la llegada de los fríos otoñales.
Con el calor, las cosechas se aceleran: los calabacines habrá que repasarlos a diario, los tomates cada dos o tres días como mínimo, las judías cada tres o cuatro y los pimientos y berenjenas cada cinco o seis, o por lo menos una vez por semana. Excepto las hortalizas y frutas destinadas a semilla, para el resto procuraremos cosechar en su buen momento de maduración; aunque no podamos consumirlas, siempre es preferible recogerlas y tirarlas o dárselas a las gallinas, que dejar los frutos maduros en la planta, ya que pueden pudrirse, como ocurre con los tomates, y estropear el resto, o que se centren en la creación de semillas, con lo que dejan de desarrollarse e incluso no florecen más o dejan caer las flores sin cuajar. En resumen: para mantener la producción regular es preferible cosechar todo fruto maduro –aunque no pensemos consumirlo– así como toda hortaliza espigada –lechugas, coles, rabanitos, zanahorias– y tras trocearlos un poco, echarlos al montón de compost o al gallinero.
Quienes se dedican a la comercialización de hortalizas ecológicas, conocen las dificultades de vender las producciones en verano ya que la gente desaparece de las ciudades, o se relaja tanto que no se acuerda de ir a la tienda a comprar sus provisiones. Quizá sea interesante buscar alternativas de ventas en localidades turísticas o restaurantes que deseen ofrecer calidad a sus clientes. Es también la época de disfrutar con las refrescantes sandías y los dulces sabores de los melones.

Huerto

▸ Cosechamos casi de todo: acelgas, apio, berros, berenjenas, boniatos, cebollas, coles, coliflores de verano, escarolas, lechugas, melones, patatas –en zonas frías–, pepinos, pimientos, puerros, rabanitos, sandías, tomates y zanahorias. En las zonas frías y húmedas también podemos estar cosechando alcachofas, espinacas, guisantes o habas.

- Siembra en semillero descubierto: cebollas, coles y lechugas.
- Siembra directa: acelgas, berros, borrajas, escarolas, lechugas y nabos.
- En las zonas templadas podemos realizar una siembra de patatas para su cosecha en octubre-noviembre.
- Trasplantes: brócolis y coliflores de otoño.

Vergel

- Recolección: melocotones, ciruelas, peras, manzanas y la primera uva de mesa. En algunas zonas más cálidas a finales de mes ya empezamos a recoger almendras.

Huerto medicinal

- En agosto el huerto medicinal también suele estar de vacaciones; nos limitaremos a un mantenimiento mínimo, recogiendo las plantas que estén disponibles, como la albahaca, y arrancaremos o podaremos las espigadas y las que empiecen a secarse. Vigilaremos atentamente el riego, especialmente el de las plantas más delicadas, como la manzanilla.

Septiembre

Es un mes extraño y cambiante, que igual puede ser la calurosa continuación del verano o el preludio del otoño con copiosas lluvias y alguna que otra racha de incipiente frío. Sea como sea, empieza a refrescar por las noches y ello se hace notar en una disminución del crecimiento de la mayoría de plantas. En las zonas frías habrá que ir pensando en proteger las plantas más sensibles y tener acondicionados los invernaderos. También es buen momento para empezar a sembrar los abonos verdes en las parcelas en donde queramos cultivar plantas exigentes como tomates, berenjenas, patatas o maíz a partir de la primavera.

Quienes se dedican a la producción de verduras y hortalizas para comercializar, tienen claro que en septiembre se reanudan las ventas, pues la gente ha vuelto de sus vacaciones. Habrá que haber previsto con bastante antelación las cantidades de lechugas, calabacines, zanahorias o coles para cosechar y vender en esta época. En las zonas más cálidas estaremos en plena producción de las variedades tardías de tomates, berenjenas, pimientos, pepinos y judías tiernas.

En algunas zonas podaremos los brotes principales de las tomateras, para que toda la energía de las plantas se concentre en los frutos y maduren antes de la llegada de los primeros fríos. En las zonas templadas, los cardos y las alcachoferas estarán en sus primeras fases de desarrollo, por lo que requieren mucha atención, sobre todo un correcto desherbado mediante binas y recalces.

Si deseamos hacer un buen abonado de fondo con estiércol, es la época ideal para encargarlo o llevarlo a la finca (siempre en período de luna llena), depositarlo en montones y cubrirlo con una fina capa de tierra para que fermente durante el otoño y dé tiempo de esparcirlo e

Tras largos meses de lenta formación, en ***agosto*** *y* ***septiembre*** *algunas* ***peras*** *estarán en el mejor momento para ser cosechadas y disfrutar de su dulce frescura.*

incorporarlo a la tierra con labores superficiales. Si tenemos animales, es un buen momento para sacar el estiércol de los establos –en luna llena– y también para ir preparando el compost, con vistas a su incorporación a finales de otoño o principios del invierno.

Huerto

▶ Cosechas: acelgas, apio, berros, berenjenas, boniatos, cebollas, coles, coliflores de verano, escarolas, lechugas, melones, patatas –en zonas frías–, pepinos, pimientos, puerros, rabanitos, sandías, tomates y zanahorias. Es la mejor época para recoger las habichuelas y las judías secas para consumo o para guardar como semilla para el próximo año.

▶ Siembras: acelgas, apios, coles, espárragos, espinacas, guisantes, escarolas, lechugas, puerros, rabanitos, nabos, hinojos... En el Levante es buena época para sembrar las habas y en las zonas más cálidas aún podemos plantar tomates tardíos y las zuecas de alcachoferas si no lo hicimos en agosto.

▶ Trasplantes: cebollas, coles, coliflores, lechugas, escarolas, puerros...

***Septiembre** es el mes de la vendimia; los excedentes que no consumimos pueden transformarse en mosto, esterilizándolo al baño maría para su larga conservación o fermentándolo con el fin de obtener un vino casero.*

Vergel

▶ Según las zonas, estaremos en plena vendimia y ya queda poca uva de mesa. Los últimos higos aún se pueden comer y si el mes no es muy lluvioso podemos seguir secándolos para el invierno al igual que hacemos con la uva pasa. En muchos lugares los caquis empiezan a estar sabrosamente maduros.

▶ Es la época de varear almendras, justo cuando los árboles están perdiendo todas sus hojas. Según zonas quizá sea pronto para recoger las algarrobas, aunque en el Levante es posible que ya estén a punto.

Huerto medicinal

▶ Seguimos limitándonos al mantenimiento general y a la recogida de las plantas medicinales o aromáticas en función de su uso.

Octubre

El otoño está muy presente y los paisajes cambian de tonos: empiezan a predominar los ocres y marrones, e incluso los grises en algunas zonas, con la ayuda de los posibles fríos y tal vez las abundantes lluvias. Las noches son más largas a costa de robar horas de luz al día, por lo que la mayoría de plantas han frenado o empiezan a frenar su desarrollo, incluso las que toleran el frío intenso.
En la mayoría de huertos, las cosechas aún suelen ser muy variadas y abundantes. En los climas templados aún cosecharemos judías verdes, tomates, calabacines, melones –al límite–, berenjenas, pimientos –al límite–, maíz. Quizás aparezcan las primeras inflorescencias de alcachofa. Los boniatos –o batatas– empiezan a estar en su punto y ya podemos consumirlos o arrancarlos de la tierra y guardarlos en lugares oscuros para disfrutar de ellos tras un buen oreado. En las zonas frías pueden producirse las primeras heladas, por lo que procuraremos cosechar las plantas y frutos más sensibles y proteger los que permanezcan en la tierra durante el invierno.

Puede ser que ya tengamos mucha fruta almacenada, aparte de la que trasformamos en mermeladas y confituras, y la que deshidratamos en el secador solar. Los espacios para guardar las frutas –manzanas, kakis, etc.– conviene que estén a una temperatura de entre 6 y 10 ºC, bien aireados y con una humedad relativa del 70%. De todos modos conviene revisar a menudo el frutero y retirar las frutas con signos de estropearse. Como aún no han llegado los fríos intensos, conviene aprovechar este mes para terminar de limpiar las parcelas libres de los cultivos de verano. En las zonas cálidas y en las templadas, aún podemos sembrar abono verde o esparcir compost y mezclarlo ligeramente, dejando que se integre con la tierra durante el invierno.

Huerto

▶ Cosechas: acelgas, apios, calabazas, coles de Bruselas, repollos, escarolas, lechugas, espinacas, guisantes, perejil, puerros, rabanitos, remolachas, zanahorias.

▶ Siembras: van restringiéndose, aunque aún podemos sembrar espinacas, ajos, guisantes, habas, lentejas, lechugas, patatas, rabanitos, puerros.

▶ Trasplantes: cebollas, coles de primavera, lechugas, puerros, escarolas, tupinambos, estolones de fresales.

Vergel

▶ Suele ser una buena época de recolección de frutas frescas y frutos secos: caquis, manzanas, peras, membrillos, higos, nueces, avellanas, castañas, bellotas, algarrobas y quizá queden almendras por recoger, aunque mejor haberlo hecho antes de las lluvias.

▶ Es buena época para abrir los hoyos que servirán para plantar los árboles en invierno. Mezclaremos compost bien hecho con la tierra sacada del hoyo para que esté bien activada la vida microbiana cuando la usemos para recubrir las raíces de los árboles que hayamos trasplantado.

*En **octubre**, en muchas zonas, es buena época para el trasplante de cultivos otoñales e invernales (coles, lechugas, puerros, escarolas, cebollas...) y para la siembra de guisantes y espinacas.*

▶ En muchas zonas podemos empezar la poda de árboles y arbustos, aunque hay quien prefiere podarlos en febrero para evitar que las heladas intensas de diciembre y enero les perjudiquen a través de las heridas producidas por los cortes.

Huerto medicinal

▶ Es un buen momento para limpiar los rincones que ocuparon las plantas medicinales de ciclo anual y prepararlos con aportes de compost bien descompuesto para recibir nuevas plantas.

Noviembre

Ya empieza a notarse la proximidad del invierno y no podemos olvidarnos de arrancar o cosechar las plantas sensibles al frío que aún queden en el huerto. Las que permanecen en él todo el invierno –como los puerros– conviene empajarlas para que no les afecten las heladas y para que se mantenga el suelo mullido y resulte fácil su posterior arrancado. Por el contrario, en la mayoría de plantas que teníamos acolchadas, como coles o lechugas, quizá convenga empezar a destapar la tierra, ya que no es tan preocupante la proliferación

*En **noviembre** los cítricos empiezan a abundar y algunas variedades de clementinas y de naranjas ya son lo suficientemente dulces como para ser cosechadas y ayudarnos a hacer frente a los resfriados otoñales.*

de hierbas ni es tan necesaria la retención de humedad en la tierra y, en cambio, así la expondremos mejor a la luz solar y acumulará algo de calor, lo cual siempre agradecerán las plantas.

Ventilaremos bien los cultivos protegidos en túneles o invernaderos durante los días que aún puedan ser excesivamente calurosos. Afortunadamente, a partir de estas fechas se reducen considerablemente las labores de riego y escardas. El huerto empieza a entrar en letargo, aunque todavía está en activo y no podemos descuidar su mantenimiento. Es importante no dejar restos de plantaciones ni cosechas en las parcelas: toda planta que haya terminado su ciclo productivo será arrancada y echada al montón de compost. Si estuviera muy atacada por parásitos, presentara manchas dudosas o podredumbres, será mejor quemarla para que no se propaguen. También recogeremos las hojas caídas de los árboles y las echaremos al compost.

En este mes las condiciones son idóneas para empezar a esparcir el estiércol y cavar las parcelas o los bancales profundos que hayan quedado libres de cultivos. En las zonas cálidas aún podemos sembrar abonos verdes en las parcelas libres. En las zonas muy frías y con heladas nocturnas en pleno invierno, se cava la tierra dejando grandes terrones superficiales, para que el hielo la desmenuce al tiempo que sirve para observar si hay algunos parásitos de los que en ella se esconden. Es la época de plantar los rosales, si deseamos disfrutar de espléndidas rosas en primavera y verano.

Huerto

- Cosechas: acelgas, alcachofas, apios; coles de repollo, berzas, coles de Bruselas, col china; coliflores, espinacas, guisantes, hinojos, nabos, perejil, puerros, rabanitos, remolachas, zanahorias. En las zonas templadas, si el otoño es suave y no llegan todavía los fríos intensos, aún podemos cosechar berenjenas, calabacines y tomates.
- Siembras en semillero: cebollas y coles.
- Siembra directa: ajos, espinacas, escarolas, habas, lechugas, patatas y rabanitos.

Vergel

- En este mes las frutas frescas empiezan a escasear, aunque en el Levante y otras zonas cálidas tenemos buenas provisiones de clementinas, mandarinas y naranjas, un poco ácidas aún pero llenas de vitamina C, ideal para hacer frente y prevenir los resfriados otoñales.
- Si el año no ha sido ventoso, todavía tendremos caquis en los árboles o también podemos haberlos recogido aún duros y los tendremos guardados en cajas planas en un lugar fresco y ventilado e iremos consumiéndolos a medida que maduren.
- Ya podemos plantar algunos árboles como por ejemplo almendros o melocotoneros y encinas o robles.
- Es conveniente empezar a esparcir el estiércol a los árboles. Lo dejaremos en superficie durante un tiempo y a partir de febrero podemos cubrirlo con un acolchado o incorporarlo a la tierra con cavas o labores muy superficiales.
- Seguimos podando algunos árboles como perales y melocotoneros.

▶ Si tenemos algún olivo, todo debe empezar a estar a punto para la cosecha de las aceitunas. Es un buen momento para cosecharlas directamente del olivo y prepararlas como más nos gusten: enteras con ajedrea y ajos, rotas, negras, verdes, con especias.

Huerto medicinal

▶ Es buena época para trasplantar por esquejes las siguientes plantas: salvia, romero, saúco, marialuisa y santolina.
▶ Por división de mata podemos plantar ajedrea, ajenjo, melisa, ortiga mayor, ortiga blanca, tanaceto y tomillo.
▶ También es época de sembrar las borrajas, de flor azul o blanca.

Diciembre

Aunque oficialmente el invierno no llega hasta el día del solsticio, lo cierto es que desde sus inicios diciembre suele ser un mes realmente frío para la mayoría de zonas, excepto Levante y el sur de la península. En las zonas más frías, el huerto empezará a entrar en reposo total; sólo podrán cosecharse las hortalizas resistentes al frío: coles, coles de Bruselas, puerros, escarolas y espinacas.
Es una buena época para realizar las reparaciones de infraestructuras como las vallas o el gallinero, revisar las herramientas, reparando las que no estén en perfecto estado, y revisar por completo el motocultor: bujía, cambio de aceite, limpieza del filtro, cambio de piezas rotas o deterioradas, etc.
Seguimos esparciendo el compost en las parcelas que preparamos de cara a la primavera. Volteamos el montón de compost o el estiércol en luna llena, regándolo en caso de que esté seco y no llueva. En esta época podemos cortar las cañas, luna llena o menguante, que luego servirán de tutores para judías y tomates. Comprobaremos el estado de las patatas, los boniatos y los chayotes guardados, eliminando los que se hallen en malas condiciones.

Huerto

▶ Cosechas: berros, brócolis, coles –berzas–, coles de Bruselas, coliflores, escarolas, espinacas, lechugas, puerros, remolachas y zanahorias.
▶ Siembras en semillero de cama caliente: podemos empezar a sembrar tomates, acelgas y alcachofas (con semilla).
▶ Siembra directa en zonas templadas: ajos, berros, espinacas, guisantes.

Vergel

▶ En esta época podemos disponer de pocas frutas frescas aparte de naranjas y manzanas y caquis que hayamos tenido la precaución de guardar.
▶ Seguiremos abonando con compost los árboles y terminaremos la poda de los frutales de pepita, protegiendo los cortes con tintura de propóleo y arcilla.
▶ Conviene terminar la poda de los almendros, teniendo presente que a mediados de enero empiezan a florecer.
▶ Podemos iniciar los hoyos de los árboles que pensamos plantar en la primavera.
▶ Estamos en plena recogida de aceitunas para aceite. Existen trituradores y prensas de dimensiones reducidas que pueden adquirirse –conjuntamente con otros agricultores– y que permiten transformar la cosecha de unos pocos árboles en preciado aceite de buena calidad y con garantías de que es virgen y de primera presión en frío.
El mejor aceite se obtiene con las aceitunas maduras cosechadas directamente del árbol; las que se recogen caídas al suelo hay que prensarlas rápido, de lo contrario pueden fermentar y dar un aceite de acidez elevada y baja calidad gustativa.

Huerto medicinal

▶ Nos dedicaremos al mantenimiento general del huerto medicinal y a la protección de las plantas recién sembradas o trasplantadas, cubriéndolas con paja por la noche si amenaza el frío intenso.

A pesar del frío propio del mes de ***diciembre****, en muchos huertos aún es posible disponer de puerros, coles, espinacas y demás hortalizas resistentes a las bajas temperaturas.*

Cuando existe un mínimo de sensibilidad llega un momento en que huerto y jardín se funden en un universo mágico, lleno de vida, luz y color.

*El **huerto familiar** es el contexto ideal para el aprendizaje y la experimentación; en este campo la **apicultura** adquiere un merecido puesto de honor, dadas las muchas ventajas que nos aporta.*

9 En torno al huerto

El huerto ecológico termina por convertirse en un magnífico ecosistema repleto de biodiversidad, nosotros sólo tenemos que poner los medios para que la vida se haga presente en sus más amplias dimensiones. Si instalamos un seto estamos creando las condiciones para proteger al huerto de ciertas adversidades como vientos, contaminaciones por productos químicos de vecinos poco respetuosos o parásitos que serán controlados por los pájaros, arañas o erizos que hallarán cobijo en la espesura del seto vivo. Un gallinero móvil nos ayudará a desherbar y desparasitar las parcelas que quedan libres de cultivos, y también a reciclar los restos de cosechas transformándolos en nutritivos y suculentos huevos. Un par de colmenas situadas en un lugar elevado no tienen por qué suponer ningún riesgo y nos aportarán numerosas ventajas. Un huerto sin flores es un lugar empobrecido, por lo que dedicaremos tiempo y espacio a crear macizos florales que aporten esa magia especial y lo llenen todo de luz y color.

Setos vivos

*Un **seto divisorio** puede cumplir tanto funciones prácticas como estéticas. Su composición estará en función de los gustos personales o las posibilidades del lugar, pero siempre procuraremos que sea lo más variado posible.*

Los setos se usan sobre todo como estructuras divisorias entre dos parcelas o espacios cultivados. Tradicionalmente era la forma más sencilla, práctica y económica de separar los campos de cultivo y en ellos se dejaba crecer la vegetación de modo espontáneo, incidiendo sólo con aclareos o podas para limitar su extensión y aprovechar las partes leñosas como combustible. En las zonas azotadas por fuertes vientos su función principal era proteger los cultivos. Con el paso del tiempo y la mecanización de los cultivos han ido desapareciendo lenta pero inexorablemente, empobreciéndose campos y jardines.

En muchas regiones la concentración parcelaria, impuesta para sacarle el máximo partido y explotar hasta al último palmo de suelo, ha eliminado los setos o simplemente ya no se han repuesto por no tomarse la molestia de plantarlos. Los setos de vegetación variada han sido sustituidos por setos uniformizados de cipreses, *Atriplex* u otra especie de rápido crecimiento y fácil control, o por lo menos que facilite el uso de las máquinas cortasetos para conseguir setos esculpidos, con caprichosas formas o simplemente imitando muros y paredes.

Más triste aún es la moda de vallar fincas, parcelas y jardines con muros de hormigón, vallas y alambradas que recuerdan lúgubres campos de concentración o prisiones. Las inseguridades y los miedos nos atenazan hasta el punto de convertirnos en presos voluntarios, encerrados en nuestras propias cárceles. No nos encierran en prisiones valladas y protegidas con sistemas de alta seguridad; nosotros mismos nos construimos la prisión y para ello pagamos sumas millonarias, incluso gastando mucho más dinero en los sistemas de supuesta seguridad, que el valor de todo lo que podrían robarnos.

Funciones de los setos

Los setos cumplen muchas más funciones que la de simples bandas limitadoras o cortavientos. Son espacios vivos llenos de vida y de diversidad cuando están formados por plantas muy variadas, plurianuales y de hoja caduca, árboles frondosos y arbustos, flores e incluso plantas medicinales, que crecen interrelacionándose y creando una masa vegetal. También tienen cabida en ellos frutales en crecimiento libre y espontáneo, capaces de dar sabrosas cosechas con el mínimo esfuerzo por nuestra parte. Los setos pueden ser espacios de múltiples utilidades que resaltan por su diversidad y belleza, y que terminan convirtiéndose en espacios comestibles.

Una de las funciones más interesantes de los setos de gran diversidad vegetal es que sirven

El espeso ***seto*** *de la imagen, compuesto por una gran variedad de plantas leñosas y frutales en crecimiento libre, separa una finca de cultivo ecológico de otra de agricultura convencional.*

de refugio a infinidad de especies animales, muchas de las cuales son grandes aliadas del agricultor: mariquitas, arañas, batracios, lagartijas, pájaros, erizos y una interminable lista de animales vertebrados e invertebrados sin nombre popular, que lo habitan gracias a nuestra colaboración. Todos forman parte del equilibrio ecológico del huerto y son la muestra palpable de la gran diversidad que debe imperar en él.

Tras la lectura del magnífico libro francés *Haies vivantes* (*Setos vivos*), en mi familia decidimos aplicar sus consejos para instalar un seto que bordeara la finca, siguiendo el camino de llegada a la casa, el cual nos separa de la finca del vecino que practica una agricultura convencional. Esta es otra de las funciones de un seto espeso: frenar la irrupción de nefastas neblinas de productos químicos provenientes de los tratamientos de vecinos poco respetuosos –con nosotros y con el entorno–. Plantamos toda clase de árboles, arbustos y plantas que podíamos conseguirnos con facilidad o que nos regalaban. El resultado, unos cuantos años más tarde, es un frondoso seto en el que conviven albaricoqueros, cerezos, nísperos, granados, saúcos, acacias, cipreses, olivos, membrilleros, rosales y un sinfín de plantas comunes y exóticas que dan vida, color, cobijo, resguardan de los fuertes

CUIDADO DE LOS SETOS

▲ Algunos árboles y arbustos quedan pelados en la parte baja cuando van creciendo y esto hace que el seto pierda eficacia en cuanto a protección contra vientos. Este problema no existe en los setos de vegetación muy variada, que combinan plantas de gran porte con arbustos, flores, etc.

▲ Los setos vivos tienen el inconveniente de ocupar mucho espacio: entre 2 y 4 m de espesor, lo que les hace poco aptos para pequeños huertos, en donde serán preferibles los de formas definidas que pueden mantenerse compactos y alineados con cortes y podas regulares. El sistema inglés de seto cerramiento sustituye a todos los niveles las paredes, vallas y alambradas.

▲ Los primeros años de establecimiento de un seto podemos recurrir al acolchado con plástico o vegetal y al riego por goteo para asegurarnos un buen desarrollo del mismo.

▲ No resulta adecuado el instalar setos de gran porte en las zonas situadas al sur del huerto, ya que su sombra reducirá considerablemente las horas de luz e insolación necesarias para las hortalizas.

*Los **setos** cumplen la función de **cortavientos** mejor que los muros o las tapias. Frenan la impetuosidad del viento fuerte y evitan los dañinos arremolinamientos que produce el aire al chocar con elementos o barreras de gran densidad.*

vientos del norte y aportan abundantes cosechas de deliciosas frutas y leña para la estufa, aunque sólo acostumbramos a podar las ramas que invaden el camino o se vuelven molestas. Hoy es uno de los espacios más mágicos, cambiantes y vivos de toda la finca. Naturalmente, se trata de un proceso que requiere su tiempo, algo difícil para quienes están acostumbrados a la satisfacción instantánea. Empiezas plantando unos esquejes de apenas un palmo o unos arbolitos que te regala el viverista porque le fallaron al injertarlos y pensaba tirarlos. Al cabo de unos años descubres que esos albaricoques no son de la variedad más comercial y conocida, pero las variaciones que la genética le confirió a las semillas, ha dado como fruto unos albaricoques del tamaño de melocotones y otros con un sabor delicado y especial. Siempre existen sorpresas menos agradables por su amargura o excesiva acidez, pero aun así, el lado positivo de las cosas nos invita a preparar con ellos una mermelada o dejarlos que terminen descomponiéndose como delicia para las lombrices del compost. Pero es profundamente agradable pasear con la mirada distraída y de repente descubrir entre las ramas de una *Leucaena* un racimo de maduros nísperos, todos amarillos, dulces y jugosos.

Composición del seto

Procuraremos que exista la mayor variedad posible de árboles y arbustos. La experiencia muestra que los frutales que mejor se adaptan y desarrollan en el amasijo vegetal de un seto vivo, son aquellos que habitualmente suelen podarse poco o nada: cerezos, ciruelos, granados, nísperos o albaricoqueros; mientras que los melocotoneros, las nectarinas o los perales, lo pasan mal o terminan por sucumbir.

La aguaturma o tupinambo realiza un maravilloso trabajo mejorando la estructura de suelos duros o infértiles y puede emplearse como precursora de otras plantas más exigentes o delicadas, por lo que resulta ideal en los primeros años de creación y estabilización de un seto vivo. Los tubérculos desarrollan unos tallos de entre 1,5 y 2 m de altura, los cuales culminan con infinidad de simpáticas flores amarillas, similares a pequeños girasoles. Estos tubérculos, simplemente hervidos y aliñados con algo de sal y aceite de oliva, son exquisitos y recuerdan al corazón de la alcachofa, aunque no es conveniente comer su piel, pues provoca flatulencias y, por ello, en algunas regiones se los conoce como «patatas pedorreras».

*Una **tierra viva** y rica en materia orgánica y humus se reconoce por la gran cantidad de lombrices de tierra que en ella habitan.*

Compañeros de los huertos

Hay una serie de animales (lombrices de tierra, pájaros, peces y ranas, gatos y perros) que frecuentemente están presentes en los huertos. Es conveniente conocer todas las ventajas –así como los posibles peligros para nuestros cultivos– que supone su compañía.

Lombrices de tierra

Pocas ayudas son tan inestimables y desinteresadas como las que nos aportan las sufridas lombrices de tierra. Remueven y mezclan grandes cantidades de tierra durante su alimentación y desplazamiento, lo cual mejora la estructura de la tierra, aireándola y desbloqueando nutrientes a favor de las plantas. Aumentan la fertilidad y la calidad de las tierras de cultivo en donde ellas proliferan. Todos los practicantes de una agricultura respetuosa con el entorno somos conscientes del importante papel que desempeñan estas humildes y a menudo desdeñadas criaturas.
En los últimos tiempos, incluso desde la agricultura más convencional, se están reconociendo las ventajas del trabajo de las lombrices en la mejora del suelo y su fertilidad. Con su ayuda se realizan múltiples experimentos a gran escala para mejorar el estado de tierras empobrecidas. En Nueva Zelanda, una zona de pastos produjo un 72% más de hierba después de introducir lombrices europeas en las praderas. En Holanda, estas técnicas se utilizan con bastante éxito para acelerar el proceso de formación del suelo fértil en zonas ganadas al mar, en las que existe poca tierra.
Cuando a principios de los años ochenta empecé con la agricultura biológica en una finca de algo más de una hectárea, que anteriormente había sido campo de algarrobos, con un suelo pedregoso y poco fértil, en el que era escasísima la materia orgánica, me encontré con la ingrata sorpresa de no descubrir lombrices al cavar la tierra. Por aquella época ayudaba ocasionalmente a mis padres en sus huertos y un día, mientras aporcaba las tomateras con el mulo y el arado, me sorprendió ver miles de lombrices que se movían en la tierra recién removida. La tierra era muy fértil y había recibido una buena es-

TIPOS DE LOMBRICES

Hay cientos de especies de lombrices y cada una está especializada en trabajos y suelos específicos; desde las rojas que abundan en los corrales y donde hay estiércol en descomposición, hasta las gordas y largas lombrices de más de 30 cm de longitud que excavan en el subsuelo de los campos de cultivo. Curiosamente las famosas lombrices «rojas californianas» no son rojas del todo ni tan californianas como nos quieren hacer creer. Se trata de variedades europeas seleccionadas de estercoleros españoles e italianos, y que dada su voracidad por el estiércol más o menos fresco, han resultado las ideales para transformar en excelente abono orgánico cualquier resto de materia orgánica. Estas lombrices no sirven para una tierra de cultivo, pues necesitan un aporte constante de materia orgánica en descomposición. Las mejores lombrices para repoblar una tierra de cultivo son las que encontramos en huertos cercanos al nuestro, pues seguro que están bien adaptadas al clima, al lugar y a las características y estructura de nuestra tierra.

tercoladura como abonado de fondo. No dudé en realizar mi primera cosecha de lombrices, recogiendo todas las que pude con algo de tierra y guardándolas en varios botes. En cuanto terminé de aporcar y estuvo el mulo en la cuadra, llevé las lombrices a mi huerto, distante unos 7 km del de mis padres, y con una azada fui sembrando aquí y allá grupitos de escurridizas lombrices. Hoy en día, quince años después, allí donde caves y haya un poco de humedad, hacen su aparición las humildes y trabajadoras aliadas del huerto y del hortelano.

Existe cierto miedo de que al cavar con la azada o al fresar con el motocultor o el tractor cortemos muchas lombrices. En realidad esto no es preocupante si tenemos en cuenta que la cantidad de lombrices de un suelo determinado suele ser proporcional a la humedad y sobre todo a la cantidad de materia orgánica en descomposición disponible en tal lugar, siempre que existan colonias previas de lombrices. Si el clima es favorable, ellas se reproducen con gran facilidad y aunque mueran algunas –se convierten en materia orgánica alimento de plantas y microorganismos del suelo– pronto son sustituidas por las nuevas generaciones en función de la comida disponible.

Esos seres tan a menudo ignorados, son más inteligentes de lo que podríamos sospechar. En cierta ocasión, visitando a un agricultor ecológico de Gerona, nos sorprendió la forma tan peculiar que tenía de comunicarse con las lombrices de sus huertos y cómo las avisaba del eminente riesgo que iba a suponer para ellas la roturación del suelo con la fresadora del tractor articulado. Cuando llegamos al campo pudimos ver su riqueza en lombrices por la cantidad de agujeritos que se extendían en toda su superficie, alrededor de los que se amontonaban las deyecciones de tierra digerida por ellas y obviamente enriquecida. El agricultor aparcó el tractor justo al inicio del bancal a labrar y pisando el acelerador en varios golpes sucesivos, hizo retumbar el suelo. Acto seguido paró el motor para que pudiéramos escuchar y deleitarnos con el sonido de miles de lombrices escurriéndose hacia el subsuelo, allí donde las cortantes cuchillas de la fresadora no logran alcanzar. Ese «bluic, bluic, bluic» todavía resuena en mi cabeza como prueba de compenetración entre un agricultor respetuoso y sus fieles aliados.

De todos modos, si deseamos evitar daños a los bichitos del suelo, podemos recurrir a métodos de acolchado permanente, cavando la tierra sólo con sistemas de trabajo superficial.

La presencia de ***pájaros*** *en el huerto puede resultar tanto positiva como indeseable, por lo que los típicos* ***espantapájaros*** *terminan adornando muchas parcelas de cultivo.*

Pájaros

Para un agricultor, los pájaros pueden ser tan maravillosos como indeseables, en función de las plantas cultivadas y de las especies de aves silvestres que comparten su espacio vital. La mayoría de pájaros suelen ser más beneficiosos que perjudiciales para el agricultor. Una pareja de gorriones es capaz de comerse algunas cerezas, un sembrado de tiernos brotes o la cosecha de pipas de girasol, si no tomamos medidas protectoras. Pero esa misma pareja llega a consumir la friolera de trescientos gusanos diarios en la época de nidificación y alimentación de sus crías.

En China se realizó una enorme campaña para erradicar las grandes poblaciones de pájaros que mermaban las cosechas de cereales y frutas. El resultado, tras varios años de caza masiva con redes y trampas, fue una merma aun mayor en la producción cerealera y frutícola por la devastación de plagas e insectos que anteriormente permanecían bajo el control de la aniquilada flota aérea silvestre.

Los pájaros en un jardín o un huerto alegran los oídos y le aportan grandes dosis de vida y color. Pero cuando se trata de una bandada de negros estorninos o unos cuantos mirlos o cuervos voraces, no podemos sentirnos agraciados por su armónico canto, su llamativo color ni sus gráciles piruetas; simplemente arremetemos contra ellos y maldecimos su desafortunada presencia.

Konrad Lorenz, el entrañable y ya fallecido etólogo austríaco, en sus incansables experimentos de observación animal, llegó a establecer una gran colonia de grajillas que le sirvió maravillosamente para sus observaciones e inestimables investigaciones, como relata en su obra *El anillo del rey Salomón*. Pero tan sólo hace menciones fugaces de los problemas que causaban sus grajillas en los sembrados y frutales de sus vecinos.

Unas simples ***cintas de colores*** *chillones que se muevan libremente con el aire suelen ser suficiente para mantener alejados a los pájaros.*

Protegerse de los pájaros

Quien desee ampliar su huerto familiar con la tenencia de palomas o tórtolas en semicautividad, deberá proteger los cultivos sensibles y el plantel recién germinado con algunos de los sistemas descritos a continuación o con cualquier método que no resulte agresivo para el ambiente.

El espantapájaros es el sistema clásico y bucólico por excelencia; resulta tan simpática como entrañable la imagen del muñeco de

ANIMALES Y SONIDOS DISUASORIOS

Si fuésemos amantes de la cetrería podríamos recurrir a aves rapaces para mantener alejados a los pájaros de nuestro huerto, pero como ello es difícil y poco aconsejable ecológicamente hablando, podemos intentar restringir la dieta de los gatos domésticos para incentivarles su instinto cazador. Un sistema nada ético y mucho menos estético es atrapar con cepos algunos pájaros y colgarlos de palos, cañas o ramas de los árboles. Una variante más ecológica consiste en colgar patatas emplumadas (clavándoles las plumas de gallinas o patos que se les caen espontáneamente o se arrancan en sus reyertas). Colgar arenques secos suele dar buenos resultados (tradicionalmente está considerado como un sistema muy efectivo), ya sea por el efecto de las brillantes escamas al sol o por el olor a mar poco apreciado por los pájaros.

Por otra parte, existen en el mercado unas grabaciones de gritos de aves rapaces que mantienen alejados a la mayoría de pájaros. Suelen comercializarse con complejos sistemas electrónicos que los ponen en marcha y los paran aleatoriamente para que los astutos pájaros no descubran el fraude. Quizá sean recomendables para cultivos muy rentables de viñas o frutales, dado su elevado coste de adquisición y mantenimiento.

Unas ***patatas*** *atravesadas de plumas de aves de corral y colgadas de los árboles resultan muy efectivas como* ***ahuyentapájaros.***

paja con sus abiertos brazos y su improvisada vestimenta multicolor ondeando al viento, que sólo por el goce de poner en práctica nuestra ingeniosa creatividad, merece la pena tener pájaros a quien espantar. La creación y fabricación de espantapájaros puede ser una buena ocasión para reutilizar viejas ropas y cualquier material que se preste.

Cubrir el árbol o árboles con una malla plástica puede ser una buena solución aunque un poco engorrosa y en ocasiones llega a exigir mucho trabajo. Para los cultivos de verduras y hortalizas podemos recurrir al túnel cubierto de malla textil. El sol degrada con facilidad los plásticos, por lo que si deseamos aprovechar el máximo de tiempo posible las mallas plásticas, las recogeremos y guardaremos en un lugar oscuro tan pronto hayamos cosechado o haya pasado el peligro para las hortalizas recién germinadas o tiernas. Resultan disuasorios los destellos que provocan cristales y espejos colgados de las ramas de los árboles o de palos y cañas entre los cultivos, gracias a la ayuda del sol y el viento.

Los hilos y cintas de múltiples colores suelen usarse habitualmente distribuidas como trama o malla sobre las superficies recién sembradas. Como tenemos que usar cañas de soporte, éstas pueden coronarse con botellas de vidrio que hagan destellos o incluso ruido con la acción del viento. También podemos reutilizar las viejas cintas de casete, que brillan y destellan con el sol y zumban con el viento. Dan mejor resultado que las cintas de rafia plástica que se venden para el mismo fin, que son más rígidas y no se degradan con tanta facilidad, quedando enganchadas en las ramas con los árboles frutales y estrangulando la circulación de la savia durante varios años.

Usemos el método que usemos, es preferible la colocación de espantapájaros, espejos, papeles o cintas brillantes antes de la germinación de las plantas a proteger o de la maduración de los frutos, pues una vez los pájaros han probado las excelencias del huerto, son mucho más difíciles de desalentarle en su empeño de seguir comiendo a su antojo.

También podemos potenciar la deseable presencia de pájaros –sobre todo de los insectívoros–, creándoles espacios adecuados.

Atraer a los pájaros

Cuando no tengamos cultivos que peligren por la excesiva presencia de pájaros, ellos alegran y aportan vida al huerto, pero sobre todo lo protegen de infinidad de insectos y parásitos no deseados. Para mantener la presencia de pájaros es necesario proporcionarles unas condiciones idóneas. El mejor nido para pájaros es el que se fabrican ellos mismos, que lo construyen según sus necesidades y con los materiales que encuentran a su disposición. En los huertos y vergeles de nueva implantación los árboles suelen ser pequeños y hay pocos lugares idóneos para que aniden los pájaros.

En tales circunstancias e incluso cuando siendo árboles frondosos, no tengan los pájaros costumbre de construir sus nidos en ellos, podemos poner a su disposición nidos «VPO» (siglas de las Viviendas de Protección Oficial). Podemos recurrir a cajas anidaderas de madera, a fibras vegetales trenzadas o a cualquier espacio protegido con una abertura apropiada que les sirva de puerta de acceso. Tales artilugios pueden darles la confianza inicial que les permita volver en años sucesivos.

Las golondrinas son insectívoros eficaces. Si una pareja nos otorga el honor de elegir un rincón del tejado de una pared para establecer su vivienda de barro y paja, tendríamos que ser muy respetuosos y molestarlas lo menos posible. El número de golondrinas ha descendido brutalmente en las últimas décadas debido sobre todo al uso masivo de plaguicidas químicos que no sólo ha reducido la cantidad de insectos disponibles, sino que sobre todo ha envenenado la cadena trófica: muchos de los insectos capturados llevan en sus cuerpos altas dosis de productos tóxicos que van almacenándose en las aves.
Todos integramos la gran cadena de vida y no podemos actuar inconscientemente, como si las consecuencias de nuestros actos no tuvieran repercusiones globales. La práctica de la agricultura ecológica es una actitud personal que va más allá del hecho de cultivar frutas y verduras sanas y que no nos envenenen, con ello también nos preocupamos por la salud del planeta en su conjunto y de cada uno de sus seres.

Peces y ranas

Por pequeño que sea nuestro huerto o jardín, podemos disponer de algún rincón de agua; una fuente, laguito, estanque, etc. Basta un poco de habilidad y buen gusto para crear un espacio realmente mágico y especial en donde convivan en estrecha relación plantas acuáticas, peces de colores y ranas saltarinas, además de servir de bebedero de pájaros y abejas. Los peces y las ranas se encargarán de tener a raya a los mosquitos y sus larvas, manteniendo el agua limpia. Incluso pueden contribuir a depurarla si el estanque es el componente final de una depuradora verde de las aguas residuales de la casa. No es preciso buscar peces raros o exóticos: los que viven desde hace tiempo en estanques o albercas cercanas a la casa suelen ser los más adaptados al lugar y el clima.

*Las **piscinas** con sistemas ecológicos de depuración del agua incluyen uno o varios estanques que albergarán peces y ranas junto a plantas acuáticas.*

En permacultura, en vez de las clásicas carpas de colores, se aconsejan las tilapias: sus ventajas se centran en la excelente labor devoradora de la materia orgánica presente en el estanque y por consiguiente realizan una buena labor purificadora del agua, además de ser una fuente de proteínas de agradable sabor. Respecto a las ranas, si éstas no colonizan de forma espontánea el lugar en unos cuantos meses, lo más adecuado será traer renacuajos de un río, fuente o abrevadero cercano.
Ecológicamente hablando no es aconsejable introducir ejemplares raros o exóticos, traídos de lugares lejanos, ya que posiblemente se adapten mal al entorno o pueden incluso suponer un riesgo para las variedades locales, en ocasiones endémicas, que podrían ser desplazadas por las importadas, como ha sucedido con el cangrejo rojo de agua dulce americano, que ha hecho desaparecer los cangrejos de río autóctonos europeos.

Gatos y perros

Pocos animales están tan asociados al hogar o disfrutan tanto de los privilegios y servidumbres de la compañía humana como gatos y perros. El gato es un ser muy suyo, que ama la libertad y vivir a su manera. El gato siente que tiene una casa, un territorio y unas personas que le dan algo de comer, pero no siente que tiene un dueño y no acepta sentirse prisionero ni esclavo. Esto contrasta con el fiel perro, sumiso y servicial hasta la exasperación.

El hecho de que el huerto o el jardín sea el espacio de recreo y caza de uno o varios gatos no suele preocupar demasiado a hortelanos y jardineros. Si no están excesivamente mimados ni sobrealimentados, ayudarán a mantener a raya a la población de ratas, ratones o pájaros. Rara vez escarbarán un sembrado para hacer sus necesidades. Quizás haya que prestar atención a los planteles y túneles con semilleros, pues a los gatos, en su búsqueda incesante de espacios soleados y calentitos, les gusta sestear sobre las mullidas bandejas de tomateras o pimientos recién germinados, aplastándolas y rompiendo sus frágiles tallos. Para evitarlo conviene vallar los espacios con cultivos frágiles.

Los perros suelen conllevar mayores problemas, pues además de ser más patosos y menos delicados que los flexibles gatos, les encanta jugar, sobre todo cuando son cachorros o jóvenes, corriendo, saltando, pateando, escarbando, y lo peor de todo, mordiendo las mangueras de riego y las tuberías de riego por goteo –afición que he observado en todos los perros que han vivido en mi finca–. También resultan hábiles en hacer desaparecer guantes, zapatos... Incluso en una ocasión uno de los perros se llevó una caja con lechugas listas para trasplantar y las fue sembrando por todo el huerto; si al menos las hubiese dejado caer en los surcos donde iban a ser plantadas, nos hubiese ahorrado trabajo.

Tenemos dos opciones: enseñar al perro a respetar las plantas y las zonas de cultivo o encerrarle y delimitar sus zonas de permanencia con cercas, setos, vallas o alambradas. Desde hace milenios, el perro ha compartido nuestra existencia y, si tenemos empeño y paciencia, puede llegar a ser un colaborador del hortelano. Recuerdo de mi infancia a Dora, una perra

cruce de galgo y no sé qué, con la que manteníamos una cariñosa y mágica relación y a la que mis padres enviaban a buscar las alpargatas olvidadas en el huerto que estuvieron regando: Dora corría veloz y volvía al momento con el par de alpargatas de esparto en su boca y las depositaba feliz en la puerta de la casa.

El perro también es usado habitualmente en el campo como guardián y disuasor de individuos con malas intenciones. Pero en ocasiones vemos imágenes poco agradables de perros que pasan su vida atados a una cadena de apenas dos metros de largo, rodeados de excrementos e incluso durmiendo a la intemperie. No se merecen ese trato por nuestra parte. A nadie le gustaría vivir así.

Otra imagen típica en mi infancia es la del perro atado al eje del carro, caminando a paso ligero hacia la finca de secano o el huerto donde retozaría a sus anchas o se pasaría el día acostado al sol o a la sombra; en fin, una vida de perros... Si tenemos perros sueltos en el huerto tendremos que proteger el compostero, ya que de tanto en cuanto les gusta revolcarse en el estiércol y luego resulta difícil convencerles para que de motu propio se laven bien antes de entrar en casa.

*La presencia de uno o varios **gatos** en el entorno del huerto ayuda a limitar la presencia de ratones.*

Los perros y la geobiología

Un perro moviéndose en libertad por un huerto o una casa para acostarse y descansar o pasar largos períodos prefiere los lugares energéticamente más favorables, donde las radiaciones telúricas son más armónicas, o por lo menos los lugares menos nocivos geobiológicamente hablando. De hecho, perros y gatos son excelentes indicadores telúricos.

El perro tiene una sensibilidad más acentuada que nosotros a las energías geopatógenas y esto podemos aprovecharlo para determinar los emplazamientos sanos: sus lugares preferidos de la casa serán los más idóneos para que permanezcamos largos períodos en ellos, así como para situar allí nuestra cama. En el extremo opuesto está el gato, animal enigmático y sutil que se recarga en esos focos energéticos que pueden ser contraproducentes para nosotros. Así, si tiene libre acceso a toda la casa, nos indicará los lugares a evitar, que serán aquellos en los que él pase mayor tiempo. Hay, claro está, excepciones, como las que suponen los lugares más soleados o cálidos, como al lado de una estufa, o los puntos elevados que les permitan controlar la situación e incluso factores afectivos de relación con el amo o los miembros de la familia. También hay perros y gatos que duermen pacíficamente juntos, pero esto no invalida lo dicho.

El gato es un animal muy celoso de su libertad, que elegirá por sí mismo sus lugares preferidos y los que más le convengan. Con el perro, en ocasiones solemos cometer el error de atarlo o encerrarlo en un lugar insano para él, lo que puede hacerle desfallecer al poco tiempo, perder el apetito, aullar por las noches y enfermar fácilmente. Por eso, antes de ubicar o construir la caseta al perro en el patio de casa, en el jardín o en el huerto, buscaremos con la ayuda de las varillas en L el mejor lugar, el más neutro y sin alteraciones telúricas remarcables; luego le construiremos una caseta provisional y observaremos si la utiliza regularmente sin obligarle a ello. Sólo en ese caso le construiremos su casa definitiva con materiales más sólidos. Vemos con harta frecuencia que quien no observa sus preferencias «energéticas» gasta dinero y tiempo en construirle un abrigo y el animal se niega a entrar en él, siquiera cuando llueve o hace frío, por lo que también podemos dejarlo en libertad una temporada y ubicar la caseta en el lugar en que habitualmente pase las noches o donde más tiempo se halle acostado.

*La sensibilidad energética de los **perros** les lleva a buscar los «buenos sitios» para acostarse y descansar. Deberemos tenerlo muy en cuenta a la hora de ubicarles su caseta.*

El gallinero ecológico

Si disponemos de un pequeño huerto es muy probable que no podamos resistir la tentación de criar unas gallinitas que provean la despensa familiar de sabrosos y nutritivos huevos, especialmente si intentamos llevar una alimentación sana y procuramos autoabastecernos de los alimentos básicos en la medida de lo posible. Si además somos ovolactovegetarianos y tenemos hijos en fase de crecimiento, un gallinero que albergue unas pocas gallinas y algunos patos o un par de ocas estará más que justificado.

Pero no es ecológico criar gallinas y encerrarlas en estrechas jaulas, sin darles la posibilidad de pasear libremente, retozar al sol y picotear la tierra y las hierbas o darse baños de arena y, sobre todo, alimentándolas con los mismos piensos compuestos comerciales con que se alimenta a las gallinas ponedoras de las granjas industriales. Si criando uno mismo las gallinas de esa forma irracional, ponen huevos parecidos a los que podemos hallar en las tiendas de comestibles –la mayoría de veces a precios de saldo–, nos saldrá más a cuenta prescindir de las gallinas y sus cuidados y pasar de vez en cuando por el supermercado. Nuestro gallinero debe seguir unas pautas diferentes.

De tres a cinco ***gallinas*** *son suficientes para cubrir las necesidades de huevos de una familia normal, por lo que resulta práctico un gallinero móvil, que ocupa poco espacio y permite ser desplazado sobre los bancales o los lugares donde las gallinas puedan picotear la hierba y la tierra en busca de alimento y complemento mineral.*

El número de gallinas

Ante todo, hemos de tener muy claro cuántas gallinas podemos criar sin que suponga un gran esfuerzo y éste se halle en consonancia con los objetivos de consumo o de venta. Una cosa es plantearse un gallinero para producción de los huevos que consumirá la familia –y algunos para regalar– y otra muy distinta aventurarse en la producción de huevos para la venta. Quien desee dedicarse a la cría de gallinas ponedoras para la comercialización de los huevos, puede leer los artículos de *Integral* (números 104, 107 y 111) y de la revista de agricultura ecológica *Savia* (número 5).

Para el consumo familiar, por lo general, tres o cuatro gallinas ponedoras dan más huevos de los que es aconsejable consumir. En condiciones óptimas, una gallina pone entre 210 y 230 huevos al año, pero hay que tener en cuenta que en otoño-invierno ponen menos huevos que en primavera-verano. A partir de marzo cuatro gallinas, poniendo a razón de un huevo diario cada una, dan un promedio superior a las dos docenas de huevos semanales. ¿Qué familia come más de tres huevos diarios? Con tres o cuatro gallinas sobra producción, incluso en los meses de descenso de puesta y cuando alguna se pone clueca.

El gallinero horticultor

Construir y mantener un gallinero que albergue seis gallinas como máximo es relativamente fácil y podemos optar por un gallinero móvil como el que propugnan los permacultores o el gallinero-tractor que recomienda John Seymour en su libro, útiles para el ámbito del huerto familiar por sus reducidas dimensiones. El gallinero horticultor, que alberga las gallinas de forma cómoda y práctica, recibe este nombre porque sustituye al hortelano cuando se construye con las mismas dimensiones de un bancal profundo y se desplaza sobre los bancales que quedan libres de cosechas.

Desinfección por solarización

Otra ventaja muy importante de este sistema, que a menudo no se tiene demasiado en cuenta, es la posibilidad de realizar la vital desinfección periódica del gallinero por solarización, sin recurrir a desinfectantes químicos y ni siquiera a insecticidas naturales. Para ello, se debe envolver el conjunto del gallinero en un plástico negro o lona oscura y dejarlo al sol unos cuantos días seguidos; así, la temperatura interior se eleva lo suficiente para acabar con la mayoría de insectos y microorganismos patógenos, y para deshidratar la estructura de madera por debajo del punto crítico del 18% de humedad interna, con lo que deja de ser

PAUTAS DE CRIANZA

Si nos proponemos tener un gallinero, lo haremos siguiendo las pautas de crianza y alimentación natural que proponen los métodos de cría ecológicos y que pueden resumirse en los puntos siguientes:

- El gallinero debe ser amplio, limpio, aireado y soleado. También debe disponer de un corral de paseo en el exterior.
- El gallinero estará construido con materiales sanos y no tóxicos, teniendo en cuenta los criterios bioclimáticos que permitan que no resulte muy frío en invierno ni excesivamente caluroso en verano.
- Cada gallina dispondrá, por lo menos, de medio metro cuadrado de espacio interior y de dos o tres de espacio exterior.
- Los animales dispondrán en todo momento de suficiente agua limpia y potable.
- La limpieza de las instalaciones del gallinero se hará regularmente, sacando con periodicidad los excrementos.
- Debe procurarse que la alimentación de las gallinas sea variada y lo más completa posible. La totalidad, o al menos la mayor parte, de los alimentos procederán de la agricultura ecológica.
- Sin ser necesario, la presencia de un gallo entre las gallinas les otorgará pautas de vida social más satisfactorias. Sobre todo posibilitará la obtención de huevos fértiles y que las gallinas que se pongan cluecas puedan incubar y perpetuar la vida del gallinero.
- A las gallinas no se les corta el pico, para que puedan picotear en busca de alimento –gusanos, lombrices, granos, hierbas, piedrecitas de cal, etc.

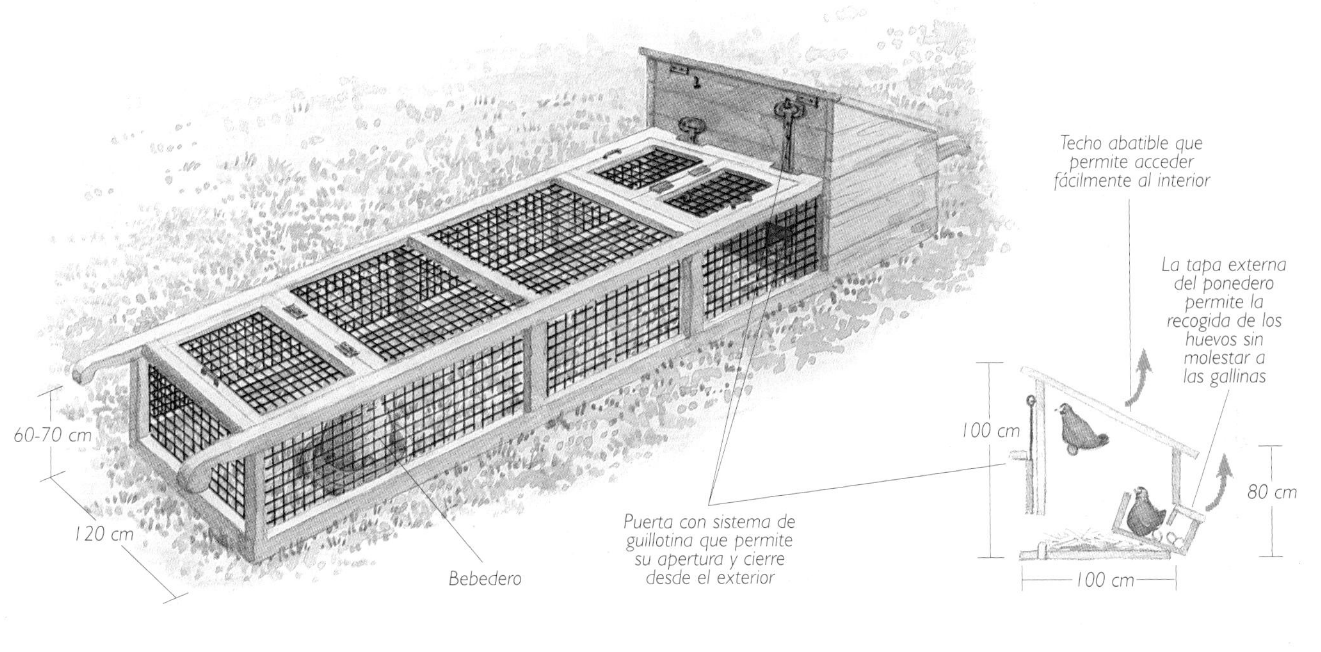
Techo abatible que permite acceder fácilmente al interior
La tapa externa del ponedero permite la recogida de los huevos sin molestar a las gallinas
60-70 cm
120 cm
Bebedero
Puerta con sistema de guillotina que permite su apertura y cierre desde el exterior
100 cm
80 cm
100 cm

La imagen nos muestra uno de los muchos ejemplos de ***gallinero móvil****; éste es utilizado en la granja biodinámica Dottenfelderhof.*

apetecible para gusanos, carcomas o termitas y se destruyen o se imposibilita la acción de hongos y mohos. Conviene practicar algún agujero al plástico o dejar las juntas sin sellar al envolverlo, para que se evapore la humedad y no se creen condensaciones que impedirían la deshidratación adecuada.

Una vez completada la desinfección solar y la deshidratación podemos tratar la madera con una disolución de sales de bórax que, aparte de protegerla de hongos y parásitos, la ignífuga, impidiendo que arda con facilidad. Queda claro que para esta operación habrá que albergar provisionalmente las gallinas en otra parte –no queremos asarlas a ellas– y antes de envolverlo con el plástico negro lo habremos limpiado a conciencia de excrementos y polvo y raspado las maderas con un cepillo de púas, e incluso podemos darle unos brochazos de sosa diluida en agua o lejía algo diluida.

La alimentación de las gallinas

Esta es una de las claves para la buena salud y la productividad del gallinero. Una gallina que pese entre 1,5 y 2 kg necesita alrededor de 120 g de alimento diario para estar en plena forma y poner huevos sin debilitarse. El alimento deberá ser variado y equilibrado, teniendo en cuenta que las proporciones ideales de nutrientes se sitúan entre el 60 y el 70% de hidratos de carbono como fuente energética, procedente de cereales, sobre todo trigo y maíz, o pan seco remojado, junto a salvado y patatas hervidas desmenuzadas; del 20 al 25% de proteínas que, aparte de las que contienen los cereales y las que consiguen con los animalitos que picotean en la tierra, se pueden complementar con lombrices recogidas en el compost y con harina de habas, de soja o de garbanzos. Los complementos de harina de carne o de sangre son por completo desaconsejables, vistos los problemas de las vacas locas a partir de ser alimentadas con

VENTAJAS DEL GALLINERO HORTICULTOR

Con este gallinero, las gallinas se encargan de realizar la mayoría de tareas que a menudo realiza el horticultor:

▲ Cavar la tierra escarbando para buscar la comida.

▲ Estercolar la tierra con sus deyecciones.

▲ Desherbar el bancal picoteando y arrancando toda hierba y resto de cosechas que haya quedado.

▲ Desparasitar el bancal de gusanos y demás insectos que puedan esconderse en la tierra.

▲ Zamparse todo caracol o babosa que asome por el lugar.

▲ Si echamos en su interior las hierbas que arranquemos o cortemos en el huerto, los restos de cosechas de otros bancales y los restos orgánicos de la cocina, se encargarán de desmenuzarlos mientras los comen (lo que dejen, estará preparado para ser amontonado en el compostero).

▲ Lo práctico de la recogida de los huevos gracias al ponedero inclinado (que además evitará que las gallinas puedan picotearlos) y el disponer de un espacio interno para que las cluecas puedan empollar y sacar adelante los pollitos.

▲ Facilidad de mantenimiento.

piensos que incorporaban estas sustancias de desecho de mataderos industriales.
El resto será del 5 al 10% de materias fibrosas, obtenibles con facilidad de los cereales, del salvado y de las hierbas y vegetales verdes que picotean, y del 6 al 8% de sustancias minerales procedentes del conjunto de los alimentos y de la tierra y las piedrecitas del suelo, o aportados en forma de conchas trituradas, cáscaras de huevo pulverizadas –podemos triturar y reciclar así todas las de los huevos que consumamos– y alguna piedra de sal de las que se dan a animales mayores.
Como las gallinas consiguen del huerto una gran proporción de alimentos, tan sólo tendremos que darles algo de trigo, maíz triturado –a poder ser de cultivo ecológico– y harina de garbanzos, habas forrajeras o soja, para que coman cuanto quieran y cuando quieran. Con ello, no tendremos que preocuparnos mucho más de su dieta. En casos excepcionales en que no pueden «pastar» en el exterior –en invierno o cuando incuban– podemos recurrir a alimentarlas o complementar su alimentación con piensos completos comerciales, aunque para su elaboración se usa a menudo el grano de peor calidad y ciertos desechos agropecuarios; como no tenemos garantía sobre su contenido en sustancias químicas o restos de plaguicidas, es mejor moderar o prescindir de ellos, en la medida de lo posible.
Si no disponemos de gallinero móvil podemos dejar libres algunos ratos a las gallinas en zonas valladas donde puedan picotear sin causar daños, por ejemplo en el vergel. No hay que dejarlas sueltas en el huerto, ya que pueden causar destrozos; en cambio, entre los árboles frutales ayudan a desherbar y desparasitan el suelo de gusanos e insectos que se albergan en él. También complementan su dieta con las lombrices que puedan atrapar. Quede claro que en el vergel no debe importarnos rehacer a menudo los acolchados alrededor de los árboles, pues serán sus lugares predilectos para escarbar y revolverlo todo.

Si no nos molesta que nos despierten temprano, podemos prever la posibilidad de la presencia de un buen ***gallo*** *que alegre la vida del gallinero.*

Gallos y tipos de gallinas

La presencia de un gallo es obligada en todo gallinero que se precie, y mantiene contentas a unas 50 o 70 gallinas, pero en un gallinero de reducidas dimensiones, junto a sólo cuatro o seis gallinas, puede llegar a atosigarlas y crearles bastante estrés con su continuo acoso, por lo que tantearemos la posibilidad. Si vemos que reina la armonía en el gallinero, su presencia no es objetable. En mi región, lo habitual es tener unas cuantas gallinas ponedoras de raza grande –rojas, pardas, pintas o blancas– y una pareja –gallina y gallo– de raza pequeñita: las denominadas *periquitas*, *inglesitas* o *americanas*, pues aunque ponen huevos más pequeños –tan sabrosos o más que los grandes–, tienen por naturaleza una gran afición y esmero en empollar y cuidar a los pollitos, por lo que se las usa como incubadoras, al obtener con ellas mejores resultados que con las gallinas cluecas de raza ponedora.

En los ***gallineros*** *familiares de la Alta Palencia obtuvimos la imagen de los gatos que conviven desde pequeños con las gallinas evitando que las ratas y los ratones se instalen en el gallinero.*

La puesta

Las gallinas domésticas se han ido seleccionando a partir de sus parientes silvestres. De los veinte o treinta huevos que pone de media al año una gallina silvestre para asegurar su descendencia, una gallina doméstica actual puede poner más de doscientos. La puesta se ve estimulada por el buen tiempo y unas condiciones climáticas estables, en las que llega a poner un huevo diario. Con fríos intensos, vientos fuertes o calor tórrido, puede disminuir o parar temporalmente la puesta de huevos. La luz solar influye mucho en la regulación de las puestas, por lo que entre marzo, abril y mayo suele aumentar la producción, mientras que en pleno invierno, con los días muy cortos, se reduce incluso al 40% de lo habitual. Cuando una gallina desea incubar, se produce en su organismo un cambio hormonal que la llevará a no poner huevos en varias semanas.

Cuando se dispone de suficiente espacio conviene que las ***gallinas*** *dispongan de un patio al aire libre donde retocen al sol y picoteen libremente el suelo y la hierba, pudiendo compartir el espacio con otros animales, como las cabras o los patos.*

COMPLEMENTOS DEL GALLINERO

Aparte del comedero, el bebedero, la percha para dormir y el ponedero, otros complementos del gallinero son:

- Una caja de arena fina para que se den baños de arena y así se desparasiten.
- Un recipiente con piedras de sal como complemento mineral en caso de que no picoteen libremente el suelo.
- Otro recipiente con arena silícea o calcárea de finas y cortantes aristas, que ayudan a digerir los alimentos en el buche de las gallinas.
- Como opción extra, un recipiente con carbón de leña que, gracias a su gran porosidad, es un buen profiláctico contra diarreas o flatulencias, ya que absorbe el gas y los ácidos excedentes del tracto digestivo.

Una gallina alcanza su producción máxima de huevos a los dos o tres años de vida y a partir de ahí disminuye lentamente la puesta, dando cada vez huevos más grandes y pesados. A partir del tercer o cuarto año de vida de las gallinas, es conveniente ir introduciendo pollitas jóvenes para que vayan sustituyendo poco a poco a las más viejas.

Conviene que el ponedero esté en un rincón del gallinero lo más oscuro posible, pues a las gallinas les gusta cierta intimidad a la hora de poner, que suele ser temprano. Un sistema de ponedero inclinado permite que los huevos no sean picoteados ni se ensucien.

Los huevos

Los huevos se deben consumir lo más frescos posible. Cuando tenemos excedentes de producción podemos regalarlos, o guardarlos para fechas señaladas en las que tengamos que preparar pasteles, flanes o mucha salsa mahonesa o *allioli*. En ambientes con una temperatura inferior a los 12 o 13 ºC se conservan en perfectas condiciones durante meses. En cambio, los lugares cálidos –el calor en general– reducen el período útil a unas pocas semanas. En el refrigerador tienden a secarse con facilidad y tampoco duran largos períodos, pese a la baja temperatura. Hay quien los guarda en los montones de trigo del granero o dentro de sacos de trigo y consiguen conservarlos hasta seis meses aptos para el consumo.

Para comprobar si un huevo sigue siendo apto para el consumo o conviene desecharlo por estar pasado, podemos realizar la sencilla prueba de sumergirlo momentáneamente en agua salada, preparada disolviendo unas tres cucharadas de sal en medio litro de agua. Si los huevos bajan hasta el fondo y se quedan en posición horizontal, significa que están buenos para comer; si se inclinan un poco diagonalmente, es que empiezan a envejecer; y si se ponen verticales o flotan es que ya están pasados y es mejor tirarlos.

Las abejas en el huerto

*La **danza del sol**, las perfectas celdillas hexagonales, la labor polinizadora y la riquísima vida social hacen de las abejas una fuente inagotable de fascinantes conocimientos.*

La fertilidad de las plantas que cultivamos –especialmente de los frutos– está condicionada por la presencia o ausencia de abejas en el huerto o el vergel, por lo que deberán recibir una atención especial en el entorno del huerto o el vergel, ya que cumplen funciones más allá de las puramente pragmáticas como productoras del preciado líquido ambarino llamado miel, del nutritivo y multivitamínico polen, de la polivalente cera o del prodigioso remedio terapéutico denominado propóleo. Las abejas viven en simbiosis con las plantas y especialmente con las flores; de ellas extraen las provisiones de néctar y polen que les sirven de alimento y les permiten reproducirse, pero las plantas –y los hortelanos– también salen beneficiadas con su zumbadora presencia, ya que las incesantes idas y venidas y los revoloteos alrededor de las flores, con el consiguiente trasiego de polen de una flor a otra, permiten una adecuada y perfecta polinización, elemento clave de toda fructificación posterior. De hecho, el 80% de las plantas cultivadas necesitan la intervención de los insectos polinizadores para producir sus frutos, y el 90% de tales insectos son abejas. Al agricultor no le roban nada útil, como ocurre con algunos pájaros o con una plaga de gusanos; en cambio, y aunque no aprovechara su miel, su sola presencia es una bendición que habrá que fomentar en caso de que sea escasa.

Los productos de las abejas

El interés del ser humano por las abejas se remonta a la noche de los tiempos. Los pueblos paleolíticos y neolíticos ya debían de recoger miel, como se desprende de una pintura rupestre encontrada cerca de Valencia, en la gruta de la Araña, al menos de hace 8.500 años. Dos milenios y medio antes de Cristo, en Egipto, antiguos textos y pinturas representan el oficio de apicultor.

La miel es un alimento muy energético y, aparte de endulzar comidas y bebidas, con ella se preparaban ungüentos, bálsamos y perfumes, y se aconsejaba administrarla en el nacimiento como alimento de iniciación y en la muerte como bálsamo u ofrenda. El polen contiene muchos oligoelementos, vitaminas y proteínas; la jalea real es muy rica en vitamina B_5 (ácido pantoténico), de tanta importancia para el metabolismo muscular, hepático y cerebral; la cera se utiliza desde antiguo para la iluminación, la protección de la madera y como base en la elaboración de cremas para el cuidado de la piel y la curación de las quemaduras; el veneno, compuesto por ácidos fórmico, clorhídrico y fosfórico, está especialmente indicado para problemas reumáticos mediante la apipuntura, que es el empleo de abejas vivas para que aguijoneen el lugar preciso.

Pero tal vez es el propóleo uno de los productos más sorprendentes y desconocidos de la colmena. Las abejas recogen ciertas sustancias que recubren como fina película protectora los brotes de las plantas en el momento de

Imagen del interior de una celdilla real que ocupa la larva de abeja rodeada de nutritiva jalea real.

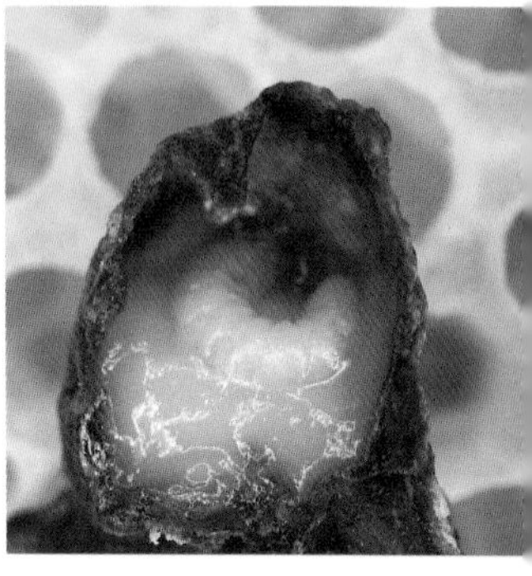

*La **colmena** puede proveernos de nutritiva miel, polivitamínico polen, cera para velas y cremas y el poco conocido pero muy terapéutico propóleo.*

su eclosión y que se encuentran en mayor cantidad en ciertos árboles como los pinos y las encinas. Luego las mezclan con resinas, aceites esenciales y cera, y así nace el propóleo. Con él tapan todas las fisuras de la colmena, la barnizan –«propolizan»– por dentro, pegan los panales y la acumulan al lado de la piquera, para regular el tamaño de esta entrada a la colmena, así como el paso del aire, que es purificado gracias a sus compuestos insecticidas, fungicidas y antibióticos. Con todo ello logran mantener a la colonia libre de parásitos y enfermedades, cosa realmente esencial dada la elevada humedad y la temperatura interior de la colmena –en torno a los 34 °C–, un auténtico caldo de cultivo para hongos y bacterias... Aunque han aparecido plagas y enfermedades devastadoras, como el ácaro de la varroasis y el bacilo de la loque, consecuencia directa de la ambición humana, con unas prácticas agrícolas que han generalizado el alimentar a las abejas a base de azúcar refinado, tras haberles robado hasta la última gota de miel, lo que las debilita progresivamente.

Como vimos en el capítulo 7, el propóleo tiene interesantes aplicaciones en agricultura ecológica como protector vegetal y antivírico. En cuanto a las enfermedades humanas, se ha constatado que estafilococos y estreptococos muestran casi la misma sensibilidad al propóleo que a los principales antibióticos, pero sin efectos secundarios. Más aún, ejerce en el organismo un efecto de limpieza celular y regenerador de las glándulas internas, en concreto sobre el tiroides. No es de extrañar, pues, que en Rusia forme parte de más de cincuenta preparados farmacéuticos de uso corriente.

LAS ABEJAS, EL SOL Y LA TIERRA

El mundo sutil de las abejas es poco accesible a simple vista. Sólo se llega a percibir con claridad su dimensión escondida tras años de contacto permanente e íntimo con él y, por más que estos diminutos seres siempre nos están enseñando algo nuevo, jamás terminamos de aprender de ellos. Acercarse y acceder a su misterio es admirar su maestría, su pasión desinteresada por la vida en comunidad. Uno de los rasgos sorprendentes es la perfecta armonía que existe entre las abejas, el sol y la tierra. La abeja sigue una ruta de recolección según un ángulo determinado, siempre opuesta al sol. Como el sol avanza a lo largo del día, en función del tiempo transcurrido entre su marcha y su regreso a la colmena, puede indicar al resto de las recolectoras la distancia a que se encuentran las flores ricas en néctar o polen que ha encontrado, sirviéndose de una danza cuyos movimientos son información para sus compañeras. Gracias a que es capaz de ver la luz polarizada del sol –cosa que no distinguen nuestros ojos–; conoce su posición exacta, ya que la polarización cambia en función de ella.

Abejas y campos magnéticos

La abeja posee medios de comunicación y percepción poco corrientes, por ejemplo reacciona a las variaciones de los campos magnéticos y percibe todo un océano de radiaciones sutiles que determinan todos sus actos. Se ha comprobado que las colmenas situadas sobre zonas de fuerte intensidad telúrica –red Hartmann, venas de agua subterráneas o fallas geológicas– producen hasta el doble que las emplazadas en zona neutra. He observado que las abejas de los enjambres silvestres buscan para su establecimiento los lugares que en geobiología denominamos zonas perturbadas o geopatógenas, así como los cruces de la red Hartmann. En cierta ocasión descubrí una colmena salvaje incrustada en la hendidura de una roca situada en pleno cruce telúrico, y me enteré de que esta colmena era conocida por los viejos de la región desde muy antiguo, que incluso habían visto chorrear la miel por la roca en los veranos muy calurosos. Ello me llevó a observar otros emplazamientos de enjambres salvajes, y comprobé repetidamente su predilección por los cruces telúricos, puntos de encuentro de paredes vibratorias que se elevan verticalmente del suelo. Las colmenas artificiales situadas sobre cruces telúricos tienen colonias más numerosas y sanas que las ubicadas en zonas neutras, muestran mayor resistencia en los inviernos rigurosos y consumen menos reservas. ¿Las abejas son capaces de captar y transformar la energía emitida por la tierra en energía vital?

Las abejas tienen partículas de magnetita en la parte frontal de su cerebro, sensible a los campos magnéticos (como las palomas, capaces de recorrer larguísimas distancias para volver a sus palomares..., si no se encuentran con una tormenta que altere la información magnética inicial) y parece que ello les permite orientarse en ausencia de luz.

Las frecuencias vibratorias

Las abejas, al parecer, tienen algo indispensable para no equivocarse de colmena, y ello se puede definir como una «frecuencia vibratoria» característica. Un receptor de radio capta a través de su antena todas las señales radiofónicas emitidas que llegan a ella, pero a través del altavoz del aparato sólo oímos una de las emisiones: la que hayamos seleccionado previamente en el dial, sintonizando con una de las frecuencias emitidas. Cada emisora transmite con una frecuencia específica, diferente a la de otras emisoras. Del mismo modo, si cada colmena emite en una frecuencia característica, cada abeja reacciona en sintonía con su colmena, independientemente de la luz o la oscuridad, pues sus ojos no distinguen con claridad los objetos, aunque cada color posee una vibración particular que ellas captan. Todo ello les ayuda a orientarse perfectamente aun a grandes distancias.

*Los **enjambres silvestres** suelen elegir lugares donde confluyen **energías telúricas** muy especiales, y es conveniente que el apicultor las conozca y aproveche a la hora de ubicar las colmenas.*

La distancia de recepción de una emisora radiofónica está en función de la potencia del emisor. Con las abejas ocurre algo parecido: cuanto mayor sea la «potencia» de la colonia –mayor si está sana y emplazada sobre un cruce Hartmann–, más podrán alejarse las abejas para pecorear y, consiguientemente, hallar más alimento (el radio de vuelo alrededor de la colmena es en promedio de unos 3 km y como máximo 5 km). Pero ¿cuál es la fuente de energía que permite la transmisión? En las emisoras de radio es la energía eléctrica, transformada en ondas hertzianas mediante complejos sistemas electrónicos. ¿Pueden las abejas aprovechar la energía del campo telúrico?

Tal hipótesis permite responder algunas incógnitas que se plantean frecuentemente los apicultores, como por qué en un colmenar que ha sido igualado al principio de la campaña, algunas colonias se desarrollan excepcionalmente, mientras otras consumen sus propias reservas e incluso las agotan y sucumben; o por qué migran poco a poco de una colmena a otra vecina. Estos comentarios, un poco fuera de lo que es habitual oír en el entorno apícola convencional, pretenden introducir un nuevo motivo de asombro hacia el fascinante mundo de las abejas.

Apicultura solar

Si existen unas criaturas que viven en plena sintonía con el sol, éstas son las abejas. Por ello quizás uno de los mayores errores de la apicultura convencional y comercial sea ignorar tal vocación solar, construyéndoles colmenas que parecen simples plagios de nuestras cuadradas casas y que se alejan del cobijo o hábitat orgánico propio de estos seres tan especiales. Entre los numerosos apicultores románticos destaca sin duda Maurice Chaudière. Su genialidad reside en haber imaginado un gran número de variantes de colmenas con un objetivo común: crear el espacio más idóneo para la vida de las abejas, al tiempo que simplificar al máximo las tareas apícolas y que resulte económico, eficiente y respetuoso con el entorno. Chaudière expuso en la colectividad *Los Arenalejos* (Alozaina, Málaga) los principios que le indujeron a la experimentación y fabricación de las colmenas triangulares, las de barro y las de acordeón, con las cuales obtiene una miel sin extractores ni condiciones particulares. Entre las virtudes de estas colmenas se encuentra la de retirar al ácaro parásito llamadó varroa.

Foto 1. En la colmena solar de Maurice Chaudière, realizada en barro cocido, se distingue el orificio superior y la cala que mantiene abierta la base para que sirva de piquera –puerta de entrada y salida de las abejas–.

La colmena apoyada en el suelo es una creación humana. La orientación de sus marcos con la cera estampada no siempre coincide con la orientación natural este-oeste. Si nos damos cuenta, cuando las abejas enjambran se fijan a un saliente o se cuelgan de una rama. El enjambre va progresando hacia abajo, se va ensanchando desde el centro hacia los lados y para abajo; ello justifica la construcción de colmenas ovales (de barro) o triangulares (de madera). Basta que las abejas encuentren un hueco, un clima adecuado, sombra suficiente, protección de los vientos… para que formen los panales de cera. Los orientan en dirección este-oeste, también partiendo de arriba y progresando hacia abajo, por lo que la mejor orientación de los módulos es con la piquera hacia el oeste. El proceso de construcción va de arriba hacia abajo y es circular. Ponen las larvas en el centro, a partir de los 28 días de la enjambrazón. Después, cada vez más alejadas del centro, sitúan el polen y exteriormente la miel, ese combustible y radiador de la colmena, que produce calor y que ellas ingieren caliente. Durante el verano, las abejas van creando la miel y bajando, y en otoño ocurre al revés: la colonia sube al ir consumiendo la miel. Cuando la colmena se encuentra llena, se produce la posible enjambrazón. Pero si queremos evitarla, basta quitar la base de la colmena triangular para que la colonia siga creciendo hacia abajo o colocar una alza en la colmena de barro (*foto 4*). No se dan medidas sobre las dimensiones de la colmenas, porque pueden hacerse de diferentes tamaños, teniendo siempre en cuenta que lo mejor es ser prudente para facilitar su posterior manejo. El mejor material para su construcción es la madera.

La colmena solar

La propuesta más loable de Maurice Chaudière gira en torno a la colmena solar realizada en barro cocido (cerámica) en forma de cúpula ovalada (*foto 1*), que podemos fabricar nosotros mismos o, en caso de no ser buenos alfareros, podemos recurrir a macetas de grandes dimensiones. La colmena cerámica debe colocarse a modo de campana apoyada sobre una plataforma de madera o una piedra plana, poniendo a un lado una cuña para que la sobreeleve ligeramente. Las abejas propolizarán toda la base a excepción de un conducto que les sirva de puerta (piquera), aunque de hecho, la entrada principal está situada arriba, en forma de orificio central de unos 5 cm de diámetro. Es importante hacer unos agujeros a media altura de la colmena que permitan colocar un par de listones finos de madera o mimbre formando una cruz, a fin de que se sujeten los futuros panales y eviten su rotura o aplastamiento cuando manipulemos la colmena.

En primavera dispondremos en un rincón del huerto una o varias de estas colmenas cerámicas, las cuales habremos encerado previamente por dentro y por fuera, con el objetivo de impermeabilizarlas y darles un aroma atrayente para las abejas. Existen muchas probabilidades de que algunos enjambres silvestres habiten nuestras colmenas, ya que las abejas buscan un lugar oscuro, agradable y espacioso donde poder prosperar. Resulta interesante colocar cada colmena sobre un cruce de líneas Hartmann.

Una vez asentada la colonia, las abejas se encargarán de hacer crecer sus paneles de cera e irán llenando las celdillas del precioso nectar ambarino. Si observamos que están infestadas de varroa, a los 28 días, justo antes de que empieza la puesta de huevos, procederemos a su desinfección por solarización (ver más adelante «Supresión de la varroa por insolación»). A partir de este momento conviene no tocar la colmena hasta la primavera siguiente. Para su cumpleaños, le haremos una

Foto 2. El manejo de la colmena solar no requiere técnicas complejas ni herramientas especiales; nos bastan las manos para darle la vuelta y comprobar el estado de la colonia que realiza los panales de forma libre, en función de sus preferencias y necesidades.

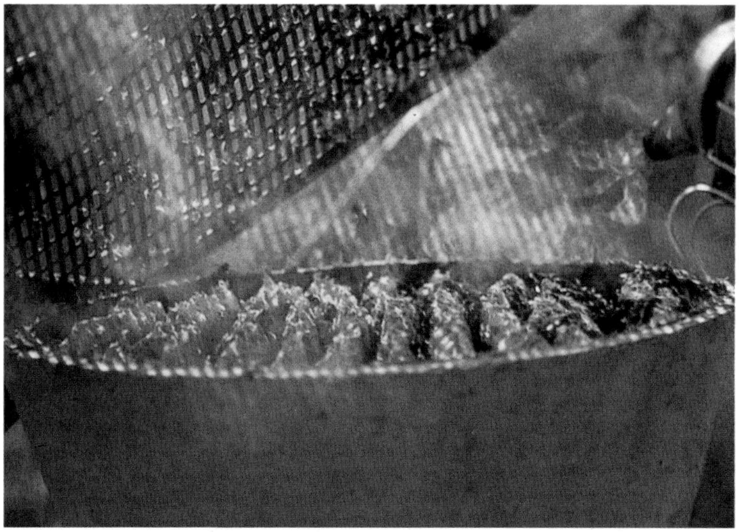

Foto 3. Para propiciar la producción de miel damos la vuelta a la colmena, le colocamos una rejilla separadora de reinas y la cubrimos con una semiesfera de barro cocido completando la forma de huevo de la colmena (foto 4).

Foto 4. La forma de cúpula de la cubierta hace las funciones de alza y ofrece un espacio en donde las abejas realizarán sus panales llenándolos de miel fácilmente cosechable.

Foto 5. El alza semiesférica de dimensiones reducidas repleta de panales rebosantes de miel está a punto para la cosecha.

Foto 6. Antes de cubrir el alza semiesférica con un vidrio para realizar la cosecha, la apoyaremos sobre la colmena colocada de nuevo en su posición original y alejaremos las abejas con la ayuda del ahumador.

visita y, dándole la vuelta, observaremos su estado y vitalidad (*foto 2*). Si está en buenas condiciones y el año es propicio optaremos por dejar que las abejas enjambren para hacer crecer el colmenar o por inducirlas a la producción de miel para su posterior cosecha. Si optamos por la producción de miel, dejaremos la colmena invertida, con la parte ancha y abierta hacia arriba; tras colocarle una rejilla separadora de reinas (*foto 3*), la cubriremos con una pieza cerámica abovedada que complete el huevo y que está diseñada para su posterior uso como horno solar que permita la cosecha de la miel (*foto 4*). Esta cubierta también dispone de un agujero que cumple la doble función de piquera y de orificio de vaciado de la miel y la cera derretidas cuando se cosecha. De vez en cuando echaremos una ojeada al alza y cuando veamos los panales llenos de miel, podremos cosechar (*foto 5*).

La operación de cosechar la miel es simplísima: empezamos levantando la cúpula (o alza) y dándole la vuelta, apoyándola sobre la colmena que también giraremos (*foto 6*). Abejas y panales quedarán expuestos al sol; la presencia de una luz intensa suele ser suficiente para que las abejas huyan a esconderse en la oscuridad de la colmena, haciéndolo a través de la unión de las piqueras o volando a la base que dispone de una cuña que permite una ligera abertura. Esta operación puede acelerarse con ayuda del ahumador.

Cuando ya no quede ninguna abeja en la cúpula, la colocamos sobre un recipiente y disponemos sobre ella un cristal, orientándola hacia el sol. Veremos cómo empezará a derretirse la miel fluyendo hasta desaparecer por el orificio (*foto 7*). Esto sucede con tal rapidez que no tiene tiempo de recalentarse y, de hecho, los análisis de laboratorio la determinan como miel «no calentada». La cera tarda un poco más en fundirse y fluir, por lo que se evita que se mezcle con la miel, aunque cuando ello sucede no reviste demasiada importancia, pues flota y, una vez endurecida, resulta fácil su separación.

Una vez concluida la cosecha, volvemos a colocar el alza sobre la rejilla e invertimos la colmena de nuevo. El proceso se repite hasta la nueva cosecha. Cuando empiecen a escasear las flores, conviene cosechar por última vez e invertir la colmena colocándola en su posición inicial.
Los conocedores de la apicultura se habrán preguntado cómo se le ocurre a alguien darle la vuelta a los panales y dejarlos así, ya que la inclinación de las celdillas hará que se escurra la miel. La cosa es sencilla; resulta que la colmena principal está compuesta básicamente de cría y de miel operculada de reserva y la poca miel no operculada que llega a escurrirse es consumida por las abejas, las cuales se afanan en reformar las celdillas que estén abiertas a fin de iniciar rápidamente el almacenamiento de la miel.

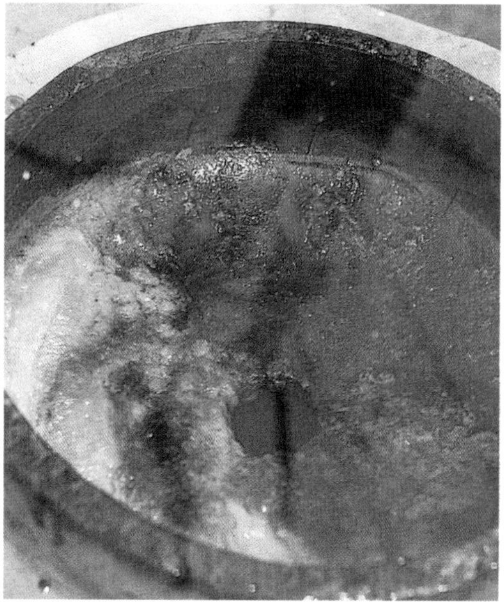

Foto 7. Se aprecia la miel y la cera derretida escurriéndose por el orificio (piquera) y llenando el recipiente sobre el que se habrá apoyado el alza con el cristal encima para que cumpla las funciones de horno solar. El proceso es tan rápido que la miel no llega a calentarse.

Supresión de la varroa por insolación

La insolación propuesta por M. Chaudière es una operación de desparasitación que puede hacerse en cualquier colmena y época, pero si la realizamos a los 28 días del establecimiento del enjambre evitaremos la puesta de los huevos y larvas de la varroa en las celdillas. En una colmena ya establecida se deberá repetir el desparasitado cada quince días varias veces seguidas para estar seguros de que no queda ninguna larva.

Primera fase, día 1

- Se untan previamente las superficies interiores de las nuevas colmenas solares de barro con cera y algo de miel por encima.
- El nuevo enjambre se deposita en la colmena solar que denominaremos módulo A, colocándose seguidamente sobre su base.
- Las piqueras permanecerán cerradas al menos durante doce horas, con el fin de garantizar en lo posible la estabilidad del enjambre en su nueva colmena.

Segunda fase, día 28

- Antes de que empiece la puesta de huevos, se ha de invertir 180 grados el módulo A y quitar su base.
- Inmediatamente se acopla encima del módulo A el módulo B consistente en una caja térmica muy bien aislada u horno solar de forma triangular (ver imagen página 244).
- Colocamos el conjunto sobre un soporte que deje libre la piquera inferior (módulo A). Ahumamos a través del orificio y damos unos golpecitos en la colmena hasta cerciorarse de que las abejas, incluida la reina, pasan al módulo B, superior. De este modo el módulo A

SUERO DE LECHE

Con sus muchos años de experiencia, Maurice Chaudière ha conseguido depurar al máximo su técnica de apicultura solar y ha publicado varios libros sobre el tema (ver bibliografía). De sus enseñanzas también retenemos algo que consideramos muy importante para la salud de la colmena; se trata de su práctica de «dar de beber» a las abejas el suero de leche que le sobra cuando fabrica su queso de cabra casero. El suero de leche es rico en proteínas, minerales y enzimas, por lo que sirve de alimento y de reforzante de la salud de las abejas.

En la desparasitación por insolación se trasladan las abejas a una caja térmica bien aislada, que se cubre con un cristal y se expone al sol unos 15 minutos, hasta que alcanza los 45 °C, temperatura crítica para la varroa.

invertido tiene los panales de 28 días, y el B las abejas.

Tercera fase. Extracción de la colonia

▶ Se traslada el módulo B hasta un lugar cercano, donde previamente se ha dispuesto un paño blanco de algodón lo suficientemente grande (una sábana por ejemplo).

▶ Se sacude el módulo B sobre el paño para que caiga la reina junto con el resto de la colonia. Se busca la reina y se la introduce en una jaulita donde las abejas pueden alimentarla pero sin mezclarse con ellas. El resto de las abejas buscarán caminando un lugar sombrío y cercano, y lo hallarán de nuevo en el módulo B, que habremos situado un poco alejado sobre el mismo paño y con unos tacos que lo levanten algunos centímetros del suelo.

Cuarta fase. Insolación

▶ A la abeja reina se le quita con una pinza las varroas que pueda tener, mientras el resto de la colonia se ha refugiado dentro del módulo B.

▶ Al módulo B, con las abejas en su interior, se le da la vuelta colocando un termómetro interior y un cristal a modo de tapadera.

▶ El conjunto se orienta hacia el sol y se somete a insolación.

▶ Es importante actuar con rapidez y no hay que perder de vista las abejas y/o el termómetro interior del módulo. La varroa sucumbe o desengancha de las abejas aproximadamente a los 45 °C mientras que las abejas pueden aguantar de 4 a 6 °C más. Cuando observamos una fuerte ajitación de las abejas hay que estar preparados para actuar rápidamente; a los primeros síntomas de desfallecimiento se le da la vuelta al módulo para protegerlo de la radiación solar.

Quinta fase. Precipitación de la varroa

▶ Llegados a los 45 °C, se vuelve a colocar el módulo B con el cristal hacia abajo.

▶ Inmediatamente se sustituye éste por una rejilla enmarcada, que permita el paso de la varroa pero no el de las abejas. Bajo este marco dispondremos una chapa untada con una pasta pegajosa o un recipiente con agua. Se agita el módulo para cerciorarse de que toda la varroa ha caído a través de la rejilla sobre la chapa.

Sexta fase.
Restitución a la colmena inicial

▶ Se retira la rejilla y la chapa.

▶ Se coloca el módulo original A con su base hacia arriba, se sitúa encima el módulo B con las abejas y se invierte el conjunto, quedando el A arriba y el B abajo.

▶ Las abejas subirán inmediatamente al módulo A que se encuentra más fresco.

▶ Se separa unos centímetros por un lado entre ambos módulos para observar si todas las abejas han pasado al módulo A; cuando lo hayan hecho, retiraremos el módulo A y lo colocaremos sobre su base y con la cuña que permite el paso de las abejas.

▶ Seguidamente se le introduce su reina, concluyendo la operación.

La práctica apícola

En un libro centrado en el huerto familiar, no podemos extendernos demasiado en los aspectos técnicos de la apicultura, dada su gran complejidad. Hay una notable diferencia entre disponer de una, tres o cinco colmenas en un rincón del huerto, para que garanticen la polinización de las plantas de fruto y llenen de vida ese espacio, y plantearse el mantenimiento de un colmenar de treinta, cincuenta o más de cien colmenas. Se trata de planteamientos que requieren experiencia, dedicación e inversiones muy diferentes.

De dos a cinco colmenas se pueden manejar con relativa facilidad, tan sólo conociendo los principios básicos de la apicultura y disponiendo de un equipo mínimo. Como su función básica es la de aliados polinizadores del huerto, no nos plantearemos rentabilizar la inversión e incluso podemos prescindir, en años malos, de cosechar la miel, dejándola de reserva para que pasen el invierno sin penurias. En cambio, si nos dedicamos profesionalmente a la apicultura, tenemos que acumular mucha experiencia y planificar con sensatez todas las decisiones a tomar, desde la cantidad de colmenas que podremos manejar, hasta la periodicidad de las visitas o los tratamientos a emplear para controlar los eventuales problemas. Si, además, deseamos –como es lógico– practicar una apicultura ecológica, sana para las abejas y respetuosa con el entorno, entonces deberemos orientarnos correctamente y seguir escrupulosamente las recomendaciones y normativas o reglamentos que existan en nuestra región respecto a la práctica de la apicultura ecológica, teniendo muy claros los canales o las posibilidades de comercialización de la producción anual.

Aunque para un apicultor aficionado no es necesario profundizar tanto como le es preciso a un profesional, lo cierto es que siempre será conveniente conocer al máximo el complejo mundo de las abejas y de las prácticas apícolas, por lo que aconsejamos leer el mayor número posible de libros sobre apicultura y, sobre todo, es muy importante relacionarse con apicultores (aficionados o profesionales, y ecológicos a ser posible), ayudándoles en sus tareas; es como mejor se aprende.

En estas páginas hemos querido exponer una información que posiblemente os resulte difícil de conseguir por las vías apícolas profesionales y que consideramos vital, pues el método de colmena solar es tal vez la mejor opción para el pequeño apicultor y, sobre todo, para hacer frente a la varroasis, uno de los más graves problemas a los que en los últimos años se ha enfrentado ese arte milenario llamado apicultura. ¡Ánimo!, y a seguir aprendiendo día a día.

Maurice Chaudière ha «imaginado», diseñado, construido y utilizado numerosas variantes de colmenas solares.

APICULTURA ECOLÓGICA

Para practicar la apicultura ecológica conviene seguir estos consejos.

- Procurarse colmenas de abejas de razas autóctonas, pues, aunque a menudo sean menos productivas que las importadas o los cruces, están más adaptadas al clima, las floraciones y los problemas de nuestra zona específica. A ser posible obtener enjambres o colmenas de apicultores ecológicos.
- Tener presente que las colmenas no estén en un radio mínimo de 3 km expuestas a cultivos que reciban fumigaciones tóxicas, pues ello comprometería la vida de las abejas y la calidad de la miel obtenida.
- Las abejas necesitan un abrevadero o lugar donde siempre tengan agua a su disposición. Un pequeño estanque con una madera flotando en el agua las abastecerá del líquido vital y evitará que se ahoguen.
- Los materiales para la construcción de las colmenas serán lo más naturales posible: corcho, madera, barro, paja...; los tratamientos de protección o desinfección deben ser igualmente lo más naturales posible.
- Si nos vemos obligados a alimentar a las abejas en alguna época crítica, sólo lo haremos con miel y nunca con melazas o jarabes azucarados, que debilitarían su salud.
- Para mantener la salud de las colmenas no recurriremos a tratamientos químicos o tóxicos, utilizando la solarización o productos naturales, como esencias de plantas (tomillo), rotenona, ácido fórmico, placas engomadas...

La luz y las flores

Sin la luz no existiría la vida tal como la conocemos. La luz es un curioso y complejo fenómeno de la naturaleza que sigue fascinando tanto a artistas como a físicos. La luz está estrechamente ligada al color; aun siendo blanca en principio, cuando su estructura se ve disgregada, al pasar por un prisma de cristal por ejemplo, aparece un abanico de colores que van desde el rojo intenso al lila. Todos conocemos el fenómeno, aunque sólo sea por haber visto el arco iris. Y aunque según la física todavía no esté muy claro qué es la luz, lo más habitual es definirla como un conjunto de ondas electromagnéticas que se desplazan en un espacio determinado e interactúan con los elementos del entorno, o sea, con los que encuentran en su camino. Así pues, si tenemos un material que no absorba nada o casi nada de la luz que le llega, reflejando todas las ondas que recibe, veremos ese material como algo de color blanco. En cambio, si tenemos otro material cuya estructura atómica absorbe la mayoría –la totalidad es algo difícil– de las ondas lumínicas que recibe, veremos ese material de color negro, tanto más oscuro cuanta más radiación absorba y menos refleje. Por ello se dice que el blanco y el negro no son colores en sí mismos: el blanco es la reflexión de todos los colores, mientras que el negro es la absorción de los mismos. Los colores se forman en una superficie cuando el material que la compone absorbe sólo una parte de la radiación lumínica que recibe y refleja el resto. Como cada onda electromagnética del espectro lumínico representa un color o un tono cromático distinto, el color que estaremos viendo en una pared, un tejido o una flor, es la radiación lumínica no absorbida por la superficie de ese elemento.

*Tanto unas sencillas **flores** bordeando el camino como el más espectacular macizo floral pueden llenar de vida y esplendor el huerto familiar.*

¡Cuánto rollo para decir que los vivos colores que nos maravillan al mirar una determinada flor son debidos a la generosidad de la misma cuando devuelve una parte concreta de la luz recibida! ¿De qué nos sirve saber esto? Pues nos sirve para darnos cuenta de que al mirar un espacio iluminado, y cuando los colores inundan nuestra retina, lo que llega hasta nosotros, eso que llamamos luz o colores, es en realidad energía, radiaciones, ondas electromagnéticas con una energía concreta y específica que producen sensaciones psicológicas que cada persona interpreta o siente en función de su realidad personal. Por ello se habla de colores cálidos y colores fríos. Los colores también producen sobre las personas efectos físicos perceptibles y medibles. En los institutos de la luz –esos que tienen Mazda o Phillips– se han realizado numerosas pruebas colocando sensores térmicos en la piel de personas sentadas en un espacio circular cuyas paredes podían cambiar de color, sin que lo supieran los experimentadores ni el sujeto sometido al experimento, pues tenía los ojos vendados. Se ha observado que se producen ligeros cambios térmicos cutáneos en fun-

El matinal paseo por el huerto y el jardín llevarán a la casa la luz, el color y la magia de las flores.

ción del color circundante. O sea, que nuestro cuerpo reacciona a la presencia de los colores aunque no los veamos. Estas reacciones térmicas cutáneas también se producían –aunque muy débiles– en ausencia de luz visible, o sea, en plena oscuridad para el ojo humano.

El fascinante mundo de la luz y los colores es una fuente de energía y de información que incide continuamente sobre nuestro ser, tanto a nivel físico como psíquico. Tal es su influencia, que nuestro tono vital e incluso nuestro estado emocional varían en función de la luz que nos rodea y de los colores que predominan en el entorno en que nos movemos. Todo esto nos muestra la necesidad de llenar los huertos de flores que los iluminen y den vida, procurando que sean lo más variadas posible y estén presentes entre los cultivos y en todos los rincones y esquinas, pues no sólo darán luz y colorido al huerto, sino que reportarán grandes beneficios a la salud física y emocional de quienes tengan el placer de compartir ese espacio, y resultarán grandes estimuladores de la vida en todas sus facetas.

La luz no se limita a cumplir funciones fotosintéticas y clorofílicas, la luz contiene una parte esencial de la energía que mueve toda vida, y las plantas y sobre todo las flores son los elementos vivos más poderosos que tenemos a nuestro alcance para transmutar la luz, movilizar y dinamizar la vida a nuestro alrededor. Hemos de ver la realidad con nuevos ojos para que en función de nuestras posibilidades y gustos personales empecemos a experimentar y a vivir intensamente los estallidos de luz y de color que pueden recrearse en un huerto, por humilde que sea. Luego viene todo eso de que las flores atraen a las abejas, las mariposas y muchos otros insectos y que éstos ayudan a polinizar las flores de nuestras plantas cultivadas y de los árboles frutales, incrementando notablemente las cosechas… Aunque eso son cosas ya conocidas por el lector y quizá no merezca la pena insistir más en ellas.

Incluso descuidadas y camufladas tras altas hierbas, las fragantes ***rosas*** *nos maravillan, inundando de color nuestras retinas.*

El armónico caos del enmarañado de plantas que sirven de antesala a un espacio lleno de luz y vida nos provoca una disposición de ánimo muy especial.

El rincón mágico

Cuando creamos un huerto, estamos creando un espacio de vida, y la vida se sustenta en la diversidad de las especies, intercambiando energía, información, moléculas químicas y genes, en un proceso continuo que se retroalimenta con las múltiples y permanentes imbricaciones en lo microcósmico y en lo macrocósmico. Un huerto, por pequeño que sea, es un cosmos vibrante, un espacio infinito en el que constantemente están sucediendo cosas mágicas, de esa magia ligada a todos los procesos vivos que sorprende y cautiva tanto en su conjunto como en detalles que a menudo pasan por insignificantes o demasiado «conocidos».

El brote de una patatera levantando la piedra que le impide abrirse paso hacia la luz; dos zanahorias que decidieron crecer juntas y se entrelazan en una simbólica doble espiral que recuerda el ADN; el penetrante e inesperado perfume de la albahaca al ser rozada sin darnos cuenta; el inconfundible sabor a tomate del tomate que arrancas de la mata y lo muerdes con deleite; el refrescante verdor de la hierba que tapiza el suelo de la parcela que no tuviste tiempo de labrar...

La magia del pozo en un rincón del jardín o del huerto resulta tan estética como funcional.

Y al levantar la vista al cielo infinito descubres toda la gama de ocres, rojos y lilas en un majestuoso e inolvidable atardecer; te dejas acariciar por la suave y casi cariñosa brisa; buscas con la mirada a los responsables del tenue aleteo que llama la atención a tus oídos y descubres una pareja de palomas torcaces en busca de su refugio nocturno; sientes el cansancio de las horas que llevas cavando; te percatas de que empieza a refrescar al tiempo que divisas las primeras lucecitas encendidas en la inmensidad de la bóveda celeste; meditas sobre la vida y sobre los múltiples aspectos de nuestra existencia; sientes que vives el «aquí y ahora»... Te das cuenta de que todo es mágico. Y aunque reconoces que en cualquier parte en donde te halles, aunque sea en medio del bullicio de la gran ciudad, también puedes vivir y experimentar profundas y trascendentes sensaciones, sabes que aquí, en medio del huerto, dispones de una ventana permanentemente abierta al infinito del ser, en donde todo resulta mágico si sabes observar con los ojos del corazón.

Aunque aparte de la posibilidad de vivirlo todo o casi todo como especial y mágico, también podemos crear espacios y rincones llenos de magia. Allí donde la vida consiga manifestarse de forma plena y dinámica con el mínimo de intervención por nuestra parte. Desde una rocalla de austeras plantas crasas en donde las piedras parecen caídas al azar y terminan creando un armónico caos, hasta ese exuberante macizo floral que nos subyuga con sus destellantes colores y penetrantes perfumes. Tal vez podamos crear, o aprovechar si ya existen, rincones escondidos a la vista de los curiosos, rincones llenos de una de las magias cada vez más escasas y también más necesitadas: la del silencio y la tranquilidad interior. En ese hueco que descubres bajo las ramas del majestuoso árbol, rodeado de tanta vegetación que te vuelves invisible a los ojos del resto de los seres humanos. En la cueva excavada en la roca que te permite aislarte por completo del incesante e insidioso ruido de fondo de nuestra sociedad actual. Ese espacio abierto tapizado de verde en donde la distribución en círculo de unas piedras o un tocón de la vieja palmera que el viento arrancó, invita a sentarse y compartir con la familia y los amigos momentos en los que cada uno procura dar lo mejor de sí mismo, disfrutando con ello y sin esperar más que lo que la vida en sus múltiples manifestaciones tenga a bien darte.

Los cuatro elementos

Los cuatro elementos de las filosofías tradicionales pueden estar presentes en nuestro huerto. Para resaltar el elemento tierra nos limitaremos a respetarlo, y nada mejor para ello que practicar la agricultura ecológica. El aire, sea como suave brisa, fuerte viento o incluso en los días de «calma chicha», también está muy presente, aunque algunos móviles sonoros o carrillones musicales colgados de alguna rama nos lo recordarán. Para representar el fuego no hace falta tener una hoguera encendida permanentemente o disponer de una vela iluminando un altar; sólo debemos mirar al cielo en pleno día –despejado– y recordar que el sol es el padre de todo el fuego habido y por haber en este planeta. Quizás el agua necesite de nuestra colaboración para hacerla visible y patente como elemento vitalizador que es. Un pequeño estanque –o grande, si las posibilidades lo permiten– en donde peces y ranas retocen a sus anchas, los nenúfares puedan sorprendernos o las ondinas puedan hallar refugio. Un estanque es imprescindible en todo huerto o jardín que se precie de «ecológico». Podemos realizar una cascadita, que permita dinamizar y regenerar el agua en continuo movimiento. El estanque puede ser la culminación del sistema ecológico de reciclaje de aguas grises y negras de la vivienda y los excedentes de ese agua, una vez pasados los correspondientes filtros, limpiada por la acción de bacterias y de los vegetales depuradores, y una vez dinamizada por las cascadas o la fuente, se pueden emplear para el riego del huerto, el seto o el jardín. Magia y tecnologías limpias no tienen por qué estar reñidas, incluso se complementan de forma proverbial y maravillosa.

Son infinitas las posibilidades para crear o recrear espacios mágicos en un huerto, en el jardín o en cualquier rincón de la naturaleza que la vida haya tenido a bien prestarnos para que lo gestionemos con nuestras manos, cariño y esfuerzo. Si no se nos ocurren ideas brillantes o no sabemos dónde ni cómo, siempre nos queda el recurrir a libros o revistas de jardinería en busca de inspiración o de asesoramiento técnico. No se necesitan grandes medios para realizar «rincones mágicos» y no creo que haya de ser un elemento «diseñado» para sorprender o deslumbrar a los demás. Se trata de algo íntimo y personal que será estupendo que alguien más tenga la suerte de descubrir, pero que sea porque también es un buscador de esos espacios, y no porque lea un cartel escrito en letras góticas con una gran flecha donde ponga: «Rincón mágico a 20 metros».

Incluso las escaleras de acceso al huerto o a la casa pueden llegar a convertirse en espacios con una magia especial.

En el huerto familiar siempre puede haber un espacio que permita el sosiego y el recogimiento o que propicie la convivencia y el compartir abiertamente con los demás.

De la siembra a la cosecha, paso a paso, viviendo la magia de la vida en constante mutación.(Fotografía: Terre de Semences).

La hortaliza que ha llegado a su punto óptimo de desarrollo es el resultado de una agradable y creativa labor cotidiana propia del huerto familiar ecológico.

10

Cultivos hortícolas

En la práctica, las posibilidades de cultivar hortalizas en un huerto de reducidas dimensiones son infinitas. Existen cientos de especies cultivables y aprovechables para el consumo, aparte de las múltiples variedades que podemos hallar de cada planta en concreto. Aquí hemos recogido las más habituales en nuestras latitudes, clasificándolas según las partes que más comúnmente suelen consumirse. Así, tenemos plantas de hoja, como lechugas o espinacas; hortalizas de raíz, como rabanitos o zanahorias; hortalizas cuyos frutos se consumen, como melones o tomates; aquellas de las que se aprovechan sus inflorescencias, como las alcachofas; tubérculos, como patatas o tupinambos; crucíferas, como coliflores o brócolis, y leguminosas, como judías y guisantes. Dentro de cada apartado hemos seguido una clasificación alfabética que facilite su búsqueda. El texto dedicado a cada planta está en proporción a la importancia de la misma, ya sea por ser una de las más cultivadas o por requerir técnicas de cultivo muy específicas.

Hortalizas de hoja

Acelgas

Nombre científico: *Beta vulgaris* (quenopodiáceas)
Exposición:
Riego:
Siembra: todo el año excepto en zonas frías
Marco de plantación: 30 x 40 cm
Cosecha: a los treinta días del trasplante

Las acelgas son plantas rústicas fáciles de cultivar en la mayoría de huertos.

Semillero de acelgas al aire libre. Si deseamos dejar las acelgas en el lugar, requerirán aclareo; su trasplante puede realizarse cuando alcanzan los 10 o 15 cm de altura.

La acelga es prima hermana de la remolacha y sus necesidades y cultivo son muy similares; de hecho, las semillas de una y de otra se confunden y es necesario que al guardar nuestras propias semillas las etiquetemos para no llevarnos una sorpresa. La acelga se distingue de la remolacha por el exuberante desarrollo de sus hojas; algunas variedades exhiben pencas anchas y carnosas; en cambio, las raíces pivotantes de las acelgas no se hinchan y presentan cierta dureza que no las hace apropiadas para el consumo. Las acelgas acompañan bien los hervidos de patata, arroz y trigo sarraceno, y sus pencas pueden prepararse rebozadas o en bechamel.

Propiedades. Las acelgas se consideran diuréticas, laxantes y refrescantes. Poseen vitaminas A, B_1, B_2, C y K; también contienen algo de hierro.

Variedades. Existen muchísimas variedades de acelga: de penca ancha, blanca, roja, finas y estrechas; de hojas verde oscuro, verde claro, rizada. Es una planta autóctona de la cuenca mediterránea y se asilvestra con facilidad, siendo frecuente hallarla en huertos abandonados, en los lindes de los caminos y en las cunetas; estas acelgas silvestres son algo más duras y exigen mayor tiempo de cocción, pero también son más sabrosas y nutritivas.

Clima. La acelga es resistente y se adapta a cualquier clima, aunque no soporta bien las sequías prolongadas –le gusta la humedad regular– y también sufre con las heladas. Para protegerlas del frío en los climas crudos, conviene cubrirlas en invierno con paja o aporcar las pencas con tierra hasta la llegada del buen tiempo. Aunque puede vivir a la sombra, se beneficia de una buena exposición solar.

Suelo. Prefiere los suelos arcillosilíceos a los calcáreos, aunque se adapta bien a cualquier suelo, siempre que sea fresco, mullido en profundidad y rico en humus.

Abonado. No es una planta muy exigente, pero conviene cultivarla en un suelo bien abonado y, aunque soporta bien el estiércol o el compost frescos, conviene que éstos estén bien descompuestos. Dado que, en óptimas condiciones, su ciclo de cosecha puede durar más de seis meses, conviene ir aportándole compost maduro tras cada cosecha o ir añadiendo nuevas capas de materia orgánica cuando practicamos un acolchado permanente. Cuanto más abonadas estén las plantas, más grandes serán las hojas de las acelgas.

Riego. Las acelgas gustan de una adecuada y constante humedad en todas las fases de su cultivo, por lo que los sistemas de riego por goteo y los acolchados son muy aptos para su desarrollo.

Siembra. En los climas templados podemos sembrar la acelga en cualquier época del año; en las zonas frías evitaremos su siembra en invierno, pues cuando las acelgas pasan frío en su primera fase de desarrollo, luego se espigan rápidamente, dando períodos de cosecha muy cortos. Podemos sembrarla en semillero protegido en febrero, y al aire libre a partir de marzo-abril, y trasplantarla cuando las hojas alcancen los 10-15 cm o cuando las plantas tengan de seis a siete hojas. Las semillas tardan unos diez días en germinar. En épocas cálidas se pueden sembrar directamente en el suelo en golpes de dos o tres semillas; luego se clarean y se deja una sola planta. Debe sembrarse y trasplantarse en luna menguante, en días de hoja del calendario lunar.

Cultivo. Aunque se trata de una planta de cierta rusticidad y capaz de desarrollarse bien en medio de un herbazal, conviene que se le efectúen binas y escardas regulares o, mejor aún, un acolchado de paja, hojas de consuelda o cualquier materia orgánica, que mantendrá mejor la humedad del suelo y, al descomponerse, la nutrirán.

Recolección. Se puede empezar a cortar las hojas más grandes y periféricas a partir de los treinta días desde el trasplante, o cuando su tamaño sea el idóneo para el consumo a que se desee destinar. Aunque en ciertos momentos no deseemos consumir acelgas –o tengamos demasiadas para su comercialización– conviene cortar regularmente las hojas periféricas para que rebroten las nuevas con mayor vigor; sobre todo, es recomendable cortar cualquier hoja que empiece a amarillear –las podemos dejar de acolchado en el mismo lugar–. Como la acelga suele florecer al segundo año de cultivo, podemos prolongar la cosecha escalonada de hojas de cien a doscientos días –según climas– y cortar la planta entera al final de su ciclo o a la llegada de los fríos intensos.

Problemas. Dado que la acelga precisa de una humedad constante, suele ser un buen hábitat para las babosas, por lo que estaremos atentos a mordiscos en las hojas periféricas, actuando contra ellas si consideramos que el ataque lo merece. El exceso de humedad también suele ser la causa de podredumbres en las hojas y tallos, así como de ataques de roya y de otras enfermedades criptogámicas, por lo que es conveniente vigilar la humedad superficial –el acolchado con el riego por goteo por debajo del mismo es una buena medida preventiva–. Es conveniente arrancar y quemar las hojas afectadas y no trasplantar las plantitas que presenten manchas grisáceas o blanquecinas en sus hojas. Las hojas pueden amarillear excesivamente debido a una carencia de nutrientes. De no ser éste el caso por emplear un buen compost, podemos comprobar si se debe a la presencia de pulgones, que chupan su savia; contra ellos podemos emplear cualquiera de los insecticidas vegetales o de los procedimientos descritos en el capítulo 7.

Rotaciones. Es una planta bastante exigente, por lo que interesarán rotaciones medias, dejando de cultivarla en una misma parcela de dos a cuatro años.

Asociaciones. Las acelgas suelen llevarse bien con casi todas las hortalizas, aunque se entienden mejor con las judías de mata baja, las zanahorias, los nabos y los rábanos.

Canónigos

Nombre científico: *Valerianella olitoria=V. locusta* (valerianáceas)
Exposición:
Riego:
Siembra: de julio a agosto
Marco de plantación: en líneas o eras
Cosecha: de otoño a inicio de la primavera

El canónigo o la hierba de los canónigos es una planta de la familia de la valeriana, con propiedades distintas a las de las lechugas, que permite complementar muy bien las ensaladas o incluso basta para elaborar una ensalada completa en otoño e invierno, cuando quizá tengamos pocas verduras disponibles en el huerto. También puede cocinarse como las espinacas. El elevado precio de los canónigos al comprarlos listos para su consumo y sus múltiples propiedades nutritivas justifican su cultivo en el huerto familiar. Además, dado el pequeño tamaño de la planta, resulta ideal para sembrarla intercalada con otros cultivos como cobertura verde.

Propiedades. Depurativas, diuréticas, emolientes, laxantes, pectorales, refrescantes y revitalizantes. Contiene vitaminas A, B_1, B_2, C y PP. Entre su contenido mineral hallamos calcio, fósforo, hierro, magnesio, silicio, cinc y vanadio.

Clima. Los canónigos aman el frescor y soportan bien los fríos invernales; de hecho, es una planta de desarrollo otoño-invierno, que se espiga con facilidad desde los primeros calores –a la llegada de la primavera–, por lo que la cultivaremos en zonas frescas y sombreadas. No soporta el exceso de calor ni la sequía.

Suelo. Le gustan los suelos frescos y prefiere una tierra prieta a una suelta y aireada, por lo que podemos sembrar los canónigos en parcelas limpias de hierba, realizando una pequeña escarda y sin necesidad de cavar en profundidad. También podemos sembrarlos junto a otras plantas cultivadas (coles, lechugas, etc.).

Abonado. Planta poco exigente, se conforma con los restos que queden en la tierra de los cultivos precedentes. Podemos abonar con 1 o 2 kg/m^2 de compost bien fermentado. No le conviene la materia orgánica poco descompuesta.

Riego. Al tratarse de un cultivo de otoño-invierno, es probable que las lluvias nos ahorren su

Signos utilizados

Plena exposición solar. Necesita calor

Necesita luz, aunque le gusta o tolera la sombra

Se adapta a casi todas las condiciones climáticas

No tolera el exceso de luz o calor

Crece mejor en épocas húmedas y poco calurosas, aunque le gusta una buena exposición solar

Riego moderado frecuente

Riego moderado espaciado

Riego regular frecuente

Riego regular espaciado

Riego copioso frecuente

Riego copioso espaciado

riego. En años de precipitaciones escasas conviene regar los canónigos con suficiente regularidad para evitar que la tierra se reseque.

Siembra. Las semillas recientes de canónigo germinan mal, por lo que sembraremos semillas de dos años, a ser posible. Podemos sembrarlas a voleo, entre otros cultivos, o solas en eras o bancales, aunque lo ideal es sembrarlas en líneas separadas unos 20 cm, para facilitar el desherbado –la tarea más fastidiosa del cultivo de los canónigos–. Las siembras se realizan a partir de julio –en zonas frías– y agosto –en zonas templadas–, para cosechar a partir del otoño, y pueden escalonarse hasta finales de septiembre para obtener cosechas durante todo el invierno y principios de la primavera.

Para ayudar a la germinación de los canónigos podemos pregerminar las semillas dejándolas en remojo durante doce o veinticuatro horas; también conviene sombrear la zona sembrada con paja o esteras que eviten la deshidratación del suelo y que serán retiradas una vez aparezcan los primeros brotes en la tierra. La resistencia de los canónigos a los fríos intensos es mayor si, cuando llegan las heladas, están en una fase temprana de su desarrollo; de otro modo, las hojas más formadas quedan dañadas.

Cultivo. Vigilaremos, sobre todo, que el suelo se mantenga fresco y desherbaremos regularmente entre las líneas –para ello va muy bien la azada de rueda– y entre las matitas, pues aunque es una planta de desarrollo otoño-invierno, al principio de su crecimiento es muy sensible a la invasión y asfixia por parte de hierbas adventicias. En caso de siembra espesa realizaremos los aclareos necesarios para evitar que la falta de aireación provoque problemas criptogámicos como podredumbres.

Recolección. Suele empezar en octubre y prolongarse durante todo el invierno hasta la llegada de la primavera. En las zonas frías quizá sea necesario cubrir la planta con paja en la época de heladas y descubrirla una vez pasado todo peligro. A partir de la llegada de la primavera –en marzo– los canónigos suelen espigarse y subir rápidamente en flor, por lo que los cosecharemos con antelación (cortando las plantas más desarrolladas desde su base, por donde se tocan el tallo y la raíz), excepto los que deseemos guardar para semillas.

Problemas. No suele tener parásitos pero, dado que es una planta de cultivo invernal, puede padecer podredumbres, oídios y royas por exceso de humedad ambiental. Para evitarlo sembraremos claro o aclararemos el cultivo para facilitar su correcta aireación. Eliminaremos toda plantita que presente síntomas de podredumbre. En caso de problema generalizado aplicaremos azufre mojable, preferentemente al atardecer (para consumir las plantas tratadas de este modo, deberemos esperar al menos quince días).

Rotaciones. Es un cultivo poco esquilmante que puede rotarse en la misma parcela cada dos años.

Asociaciones. Suele ser compatible con casi todas las plantas y acostumbra sembrarse en cultivo intercalado entre coles, puerros, nabos, zanahorias, etc. Se lleva especialmente bien con las cebollas.

Cardos

Nombre científico: *Cynara cardunculus* (compuestas)
Exposición: ☀ ◐ ☼
Riego: 💧💧💧 💧💧💧
Siembra: febrero en semillero protegido
Marco de plantación: de 80 cm a 1 m
Cosecha: a partir de los cuatro meses

Los cardos de pencas comestibles son parientes cercanos de las alcachofas y, de hecho, producen unas inflorescencias similares, aunque más pequeñas, duras y espinosas. Las plantas de cardos se distinguen de las alcachoferas por tener unas hojas más voluminosas, más dentadas y con unos peciolos y nervaduras centrales o pencas mucho más desarrolladas, gruesas y carnosas.

Los cardos forman parte de numerosos platos y guisos populares y, aunque también se toman rebozados a la romana o en bechamel, lo más típico es que sean ingrediente esencial de potajes, junto al arroz, los garbanzos o las judías secas.

Propiedades. Sus propiedades son similares a las de las alcachofas, aunque dado que de ellos se consumen las hojas, que suelen

El cultivo de cardos ocupa el suelo varios años consecutivos, por lo que les dedicaremos una parcela aislada o los plantaremos en los márgenes del huerto.

ser más amargas que las inflorescencias, resultan mucho más beneficiosos para el hígado que las alcachofas.

Cultivo. Para el cultivo de los cardos podemos basarnos en lo descrito para las alcachofas, con la salvedad de que, dado que no nos preocupa la calidad y el tamaño de las inflorescencias –las propias alcachofas–, en este caso sí que podremos hacer uso de semillas, realizando una siembra en hoyos separados entre 80 cm y 1 m, generalmente en los márgenes laterales del huerto, por ser una planta plurianual. En cada hoyo pondremos una o dos paladas de compost bien fermentado (mantillo) y sembraremos cuatro o cinco semillas a 1 cm de profundidad. Tras la nascencia los aclararemos, a fin de dejar la plantita más sana y vigorosa.

Efectuaremos las binas y escardas que sean precisas para mantener los cardos libres de hierba y con el suelo lo suficientemente mullido y aireado. Las coberturas con materia vegetal (acolchados) resultan muy interesantes y prácticas; al tratarse de una planta de cultivo plurianual, procuraremos acordarnos de renovar de vez en cuando la capa de materia orgánica que en su descomposición servirá al mismo tiempo de abonado. El resto de tareas y cuidados que requiere el cultivo de cardos son similares a los del cultivo de alcachofas.

Otro aspecto en el que se diferencian los cardos de las alcachofas es el aporcado y blanqueado de las pencas, muy común en los cultivos comerciales de cardos. De hecho, para nuestro consumo, no es necesario ni recomendable el blanqueado, pues con ello perdemos algunas de las propiedades interesantes de esta planta; además, como el cardo suele consumirse cocido y no crudo, el que las pencas verdes sean un poco más amargas no suele apreciarse una vez el plato está en la mesa.

Recolección. A medida que las necesitemos iremos cortando las hojas externas que estén bien desarrolladas y que sean carnosas y tiernas. Desecharemos las hojas envejecidas, que amarilleen o tengan una apariencia dura o fibrosa –podemos arrancarlas y echarlas al montón de compost, o usarlas de acolchado para los mismos cardos o para otros cultivos–.

Rotaciones. Se trata de una planta plurianual que conviene cambiar de emplazamiento cada tres o cuatro años y no volver a cultivar en un mismo lugar hasta pasados cuatro o cinco años. De todos modos, unas plantas bien cuidadas, abonadas anualmente con buen compost y a las que realicemos periódicamente aclareos de tallos y zuecas, pueden durar en el mismo emplazamiento muchísimos años. De hecho, es frecuente ver cardos creciendo en márgenes de fincas desde hace diez o quince años, pues es difícil deshacerse de ellos a golpe de azada, ya que suelen rebrotar con facilidad.

Asociaciones. Dado el gran porte de la planta, en los huertos familiares suele cultivarse aislada, en lindes o junto a algún árbol. Las habas hacen buenas migas con ello y nitrogenan el suelo, ayudando al buen desarrollo foliar de los cardos.

Diente de león

Nombre científico: *Taraxacum officinale* (compuestas)
Exposición: ☼ ◐
Riego: 💧💧💧
Siembra: de marzo a junio
Marco de plantación: 10-15 x 30 cm
Cosecha: a los tres meses

El popular y medicinal diente de león que podemos hallar en las praderas y los campos como planta silvestre es un excelente y nutritivo complemento de ensaladas, que desde hace unos 150 años se cultiva en los huertos y del que se han ido seleccionando variedades de gran porte, que recuerdan a las escarolas rizadas. Dados los beneficios que aportan al hígado, son muchas las personas que lo incluyen en su dieta como ingrediente habitual de ensaladas o que lo cocinan como verdura, en forma de sopa e incluso en tortillas. Las flores tiernas del diente de león cultivado pueden usarse de adorno en ensaladas y, naturalmente, consumirse.

Propiedades. Aperitivas, colagogas, depurativas, diuréticas, laxantes, revitalizantes y tónicas. Contiene vitaminas A, B_1, B_2, C y PP. Los minerales que predominan en el diente de león son: azufre, calcio, fósforo, hierro, magnesio, manganeso, potasio y sodio.

El diente de león cultivado es de mayor talla que el silvestre y permite un amplio uso culinario.

Las clásicas endibias de hojas blancas son el resultado de cultivos forzados y a la sombra: la luz incrementa sus niveles de clorofila y las vuelve más nutritivas.

Clima. Planta rústica que crece en casi todos los climas; para obtener las máximas propiedades del diente de león interesa cultivarlo en parcelas bien expuestas a la radiación solar.

Suelo. Acepta cualquier tipo de tierra, aunque prefiere las que son frescas, ricas en humus y algo calcáreas.

Abonado. No es muy exigente y podemos cultivarlo en cualquier parcela que hayamos abonado con compost para el cultivo anterior.

Riego. No requiere riegos excesivos y se conforma con que el suelo se mantenga ligeramente fresco. Lo regaremos en épocas secas, evitando el encharcamiento de la tierra.

Reproducción. Podemos cultivarlo a partir de semillas o por división de raíces. La siembra de semillas puede realizarse a chorrillo directamente de asiento, en líneas separadas unos 20 o 30 cm y aclarando las plantitas a unos 10 o 12 cm.

También podemos sembrarlas en semilleros, realizando las posteriores operaciones de repicado y trasplante, o directamente en recipientes para su trasplante, una vez las plantas tengan el tamaño adecuado (unos 12 cm) y el clima sea benigno.

La reproducción por división de raíces se realiza en los meses de junio-julio y consiste en arrancar las viejas plantas y elegir las mejores raíces, separando con un cuchillo sus diversas ramificaciones, para plantar cada raíz con su brote foliar en la parte superior. El marco de plantación es de 10-15 cm entre plantas y unos 30 cm entre líneas.

Cultivo. Se trata de una planta rústica que no precisa grandes cuidados; podemos cultivar al igual que las lechugas o escarolas de porte más pequeño.

Cuidado con las flores del diente de león, pues habrá que cortarlas, a menos que deseemos que sus semillas se esparzan e invadan todo el huerto.

El aporcado, cubriendo casi por completo toda la planta para su blanqueado, es una práctica común destinada a rebajarle amargor, pero no lo recomendamos, dado que se trata de una planta medicinal cuyas virtudes interesa aprovechar al máximo, y el blanqueo reduce este tipo de propiedades.

Recolección. Iremos arrancando y consumiendo las hojas a medida que se necesitan –al igual que hacemos con el perejil–. Algunos horticultores cortan la planta entera a ras de suelo, ya que las raíces del diente de león le permiten rebrotar sucesivamente.

Problemas. Al tratarse de una planta de relativa rusticidad y con ancestros silvestres muy próximos, no suele ser atacada por parásitos y, en todo caso, el único problema puede derivarse de un exceso de humedad, que puede provocar ataques de oídio en las plantas que llevan varios años cultivándose en el mismo lugar.

Rotaciones. Es una planta que puede permanecer dos años –o incluso más– en el mismo lugar. No obstante, para evitar el agotamiento del suelo, procuraremos realizar rotaciones de tres-cuatro años.

Asociaciones. Los dientes de león no convienen como vecinos a ninguna hortaliza, por lo que los cultivaremos por separado en surcos, eras o bancales.

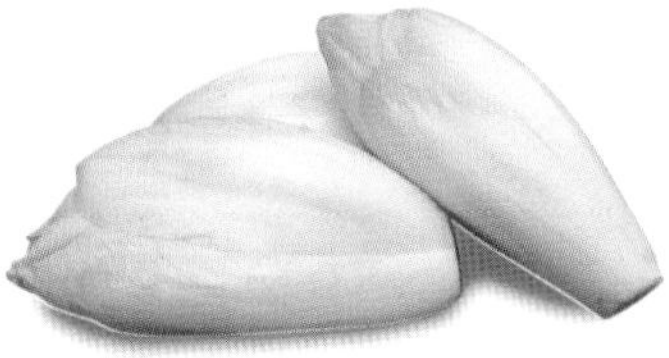

Endibias

A partir de achicorias silvestres (*Cichorium intybus*) se seleccionaron muchas variedades de achicorias cultivadas como hortalizas y, si bien la mayoría son para cultivo forzado (las llamadas endibias), también hay variedades de hoja ancha (no forzadas), parecidas a las lechugas. Aunque su consumo no esté muy popularizado, nos resultan más familiares las endibias Witloof («hoja blanca» en holandés) de hojas finas y blanquecinas, alargadas y algo más dulces que amargas –de hecho, dan un toque de distinción en las ensaladas–. Acostumbrados como estamos a las monótonas ensaladas de lechuga y tomate, apetece de vez en cuando permitirse el lujo de unas endibias al roquefort.

Su cultivo nos permitiría prescindir de adquirir las endibias forzadas en el supermercado, pero resulta una tarea difícil, relativamente compleja y larga, por lo que es poco apropiado para un huerto familiar, donde podemos obtener mejores resultados con las variedades de achicorias o endibias de hoja ancha, cuyo cultivo es similar al de las lechugas, y que son, por lo general, más resistentes al frío; además, podemos blanquearlas simplemente cultivándolas muy juntas, atando sus hojas o cubriéndolas con una maceta de arcilla cocida unos quince días antes de su consumo. Sus propiedades como nutrientes son similares a las descritas para las escarolas —a fin de cuentas, ambas plantas son primas hermanas—. Las variedades roja, morada o violeta resultan excelentes y dan un bonito toque de color, tanto en el huerto donde se cultivan como en la mesa donde se consumen. Excepto las Witloof, el resto de variedades de achicorias requieren para su correcto cultivo (en cuanto a condiciones climáticas, suelo, abonado, cuidados, control de problemas, etc.) las mismas indicaciones que las expuestas para el cultivo de lechugas y escarolas.

Escarolas

Nombre científico: *Cichorium endivia* (compuestas)
Exposición: ○ ◑ ☀
Riego: ▲▲▲ ▲▲▲ ▲▲▲
Siembra: todo el año eligiendo las variedades adecuadas
Marco de plantación: 25-30 x 30-35 cm
Cosecha: a los dos o tres meses de la siembra

Las escarolas —también llamadas *endibias* en algunas regiones— son amargas en comparación con las lechugas, por lo que no gozan de tanta popularidad. El blanqueado de las escarolas rebaja su amargura y las vuelve más tiernas y agradables. Pero es precisamente este sabor amargo lo que las hace deseables para algunas personas y les confiere propiedades nutritivas y terapéuticas algo superiores a las de las lechugas. Sus hojas tiernas y frescas suelen consumirse en ensaladas, a menudo mezcladas con hojas de lechuga, zanahoria rallada y otras verduras que rebajan la sensación de amargor. Las hojas exteriores, más duras y amargas, pero al mismo tiempo más nutritivas —contienen mayor proporción de minerales y clorofila—, pueden usarse cocinadas como acelgas o espinacas, y son una verdura suave y deliciosa.

PROPIEDADES. Existen numerosas variedades de escarola con peculiaridades específicas en cuanto a sabor, amargura o dulzor y en cuanto a elementos nutritivos, aunque la mayoría comparten propiedades aperitivas, depurativas, diuréticas, laxantes, refrescantes y tónicas. En sus componentes vitamínicos, hallamos las vitaminas A, B_1, B_2, C, K y PP. Y entre sus sales minerales destacan el cobalto, el hierro, el magnesio, el manganeso y el cinc.

CULTIVO. En cuanto a las exigencias de clima, suelo, abonado, técnicas de cultivo, cuidados y problemas, son muy similares a las descritas para las lechugas; de hecho, existen numerosas variedades adaptadas o adaptables a distintos suelos y condiciones climáticas, que serán tenidas en cuenta a la hora de elegir las que vayamos a sembrar o trasplantar en un momento dado.

Se trata de una planta rústica a la que, de todos modos, puede afectar un exceso de calor o de frío, aunque hay variedades que pasan el invierno en el huerto, precisando tan sólo de una protección o cobertura de paja en los climas más fríos. Podemos tropezarnos con el problema del rápido espigado en caso de siembras precoces o en momentos de grandes fríos que retrasen la germinación de las semillas.

Las variedades de escarola de hojas largas y anchas, onduladas y poco dentadas, tipo gigante hortelana —también llamadas endibias— son mucho más resistentes a los fríos invernales, dando plantas muy vigorosas y de gran volumen, que por lo general son más tiernas y dulces que las clásicas escarolas rizadas.

BLANQUEADO. Resulta típico el blanqueo de las escarolas para reducir su sabor amargo; lo más clásico es atarlas con un cordel o una goma elástica, aunque su cultivo denso (20 cm entre planta y planta) les impide abrirse demasiado y de este modo se blanquean automáticamente las hojas del interior. Algunos horticultores colocan una maceta de arcilla cocida sobre la escarola que se va a blanquear unos 15 días antes de su cosecha, y también hay quien pone encima de su masa de hojas una baldosa de cerámica. De todos modos, repetimos que es más coherente aprovechar las propiedades y los nutrientes de las hojas verde oscuro —aunque sea cocinándolas— y no sólo consumir las hojas blancas, más sabrosas pero menos nutritivas.

La variedad de escarola gigante del hortelano, también llamada endibia de hoja ancha, es una planta de excelente sabor, rústica y de fácil cultivo.

La escarola rizada puede atarse una semana antes de su cosecha para el blanqueo de las hojas internas.

Espinacas

Nombre científico: *Spinacea oleracea* (quenopodiáceas)
Exposición:
Riego:
Siembra: de febrero a junio y de fines de agosto a fines de septiembre
Marco de plantación: 10-12 x 20-25 cm
Cosecha: a partir de los cuarenta días

Las espinacas son plantas de cultivo otoñal e invernal a las que les afecta el exceso de calor, tendiendo a espigarse y a amargar.

Las famosas espinacas enlatadas de Popeye son mucho más sabrosas y nutritivas si las consumimos frescas, recién cogidas del huerto y cultivadas de forma ecológica, lo que supone que están exentas de conservantes, que no se ha forzado su desarrollo con nitratos y que no han sido rociadas con plaguicidas. Se trata de una verdura procedente de Irán que se cultiva desde hace siglos en Europa por sus grandes cualidades nutritivas y su adaptabilidad a suelos y climas. Podemos comerla en ensaladas, aunque lo más común es cocinarla al vapor, hervida, en forma de purés, cremas, croquetas, rellenos de empanadillas, canelones...

Propiedades. Tiene virtudes antianémicas, laxantes, refrescantes y remineralizantes. Contiene vitamina A, C, B_1, B_2, PP y K. Entre sus componentes hallamos calcio, cobre, hierro, yodo, manganeso, magnesio, fósforo, azufre y cinc. Su fama de tener mucho hierro es fruto de un error analítico cometido en Estados Unidos. Se dice que los químicos se equivocaron al poner la coma decimal y los publicistas creyeron que tenía mucho más hierro del que en realidad tiene, pero cuando se dieron cuenta, la campaña ya estaba en marcha.
Cuidado con las espinacas de cultivo químico y las cultivadas en invernaderos, pues tienden a acumular muchos nitratos y su ingesta puede resultar peligrosa.

Variedades. Existe tal variedad de espinacas que elegir una para el cultivo puede resultar aturdidor. Aparte de las variedades estacionales, las hay pequeñas y gigantes; de hojas verde claro y verde oscuro; algunas muy carnosas y otras finísimas; de hojas triangulares y ovaladas; lisas o rugosas. Tenemos así numerosas opciones para la siembra, a las que se suman diversos tipos de semillas (lisas y redondas, espinosas y triangulares) para complicar más aún la elección.

Clima. Las espinacas aman el frescor y detestan las temperaturas elevadas y las sequías; prefieren los climas y las zonas húmedas; no les molesta el frío, y la mayoría de variedades soporta bien las heladas (algunas incluso temperaturas de -10 °C). La falta de humedad ambiental y el calor intenso hacen que las espinacas monten en flor con suma facilidad, volviéndose muy amargas.

Suelo. Prefiere las tierras pesadas y arcillosas, ricas en humus, que sean frescas y que guarden bien la humedad. De todos modos, se adapta bien a cualquier tipo de tierra siempre que no le falte humus y humedad. La exposición de la parcela será soleada en los cultivos de otoño, invierno y primavera y sombreada en los de primavera-verano.

Abonado. No tolera el estiércol o compost frescos y poco descompuestos. Es preferible no abonar y aprovechar para sembrarla después de cultivos exigentes, como las berenjenas, los tomates o las coles. Si la abonamos con materia orgánica (bien descompuesta) procuraremos hacerlo un par de semanas antes de la siembra. Los abonos foliares con purín de consuelda o de ortiga, o con suero de leche, estimulan el desarrollo foliar y dan lugar a espinacas de gran calidad nutricional.

Riego. Requiere un suelo a ser posible permanentemente húmedo pero sin excesos, lo que nos obliga a riegos regulares pero en dosis reducidas.

Siembra. Se siembra directamente en el suelo, a voleo, en eras o en líneas separadas de 25 a 30 cm, recubriendo las semillas unos 2 cm y apretando un poco la tierra tras la siembra para evitar malas nascencias. Suelen emplearse de 2 a 3 g/m^2 de semillas, que procuraremos repartir bien para evitarnos posteriores aclareos. Es interesante realizar siembras escalonadas, de forma que siempre dispongamos de espinacas cosechables.
Las variedades de otoño podemos sembrarlas a partir del 20 o 25 de agosto hasta finales de septiembre en la zona centro. Sembrando en octubre, podemos cosechar casi hasta finales de la primavera. Las siembras pri-

maverales suelen realizarse de febrero a mayo en zonas cálidas, y de marzo a junio en zonas frías. En verano podemos sembrar siempre que seleccionemos variedades resistentes al espigado y las sembremos en parcelas umbrías y con tierra fresca. La siembra en luna descendente y en días de hoja es la más indicada.

Cultivo. Resulta una planta ideal para cultivos asociados, muy usada en el método pregonado por Gertrud Franck, que las llega a emplear como abono verde y como cobertura de otros cultivos, arrancando las que le sobran o las que se espigan. Hay que vigilar la nascencia de hierbas competidoras hasta que las hojas de las espinacas cubran todo el suelo. Se deben aclarar las plantas cuando estén muy juntas, dejando las distancias necesarias según variedades –entre 8 y 15 cm–. Hay que mantener la humedad del suelo con riegos frecuentes y poco copiosos.

Recolección. Cuando las hojas alcanzan un buen tamaño (a las cinco o seis semanas de la siembra) se comienza la recolección de las hojas, eligiendo siempre las más grandes y dejando las del centro, que seguirán creciendo y dando posibilidad a cortes regulares durante bastante tiempo. Las siembras de otoño-invierno permiten de tres a cinco cortes de hojas y las de primavera de dos a cuatro. Al final de la cosecha se corta la planta entera.

Problemas. A las babosas les gustan bastante las espinacas; también hay algunos gusanos (grises y verdes) que roen las raíces y los tallos (ver los remedios en el capítulo «Los problemas en el huerto»). En cuanto a enfermedades es frecuente el mildiu, dado el ambiente húmedo en el que se desarrollan las espinacas. Con esta planta no podemos usar el caldo bordelés, pues no soporta el cobre, por lo que nos centraremos en las acciones preventivas: respetar las rotaciones, no sembrar muy espeso, aclarar convenientemente y no realizar riegos demasiado copiosos.

Rotaciones. Aunque es una planta esquilmante, su corta vida hace que las rotaciones no resulten tan problemáticas como es el caso de las coles. Lo ideal es esperar de tres a cuatro años antes de repetir el cultivo en una misma parcela.

Asociaciones. Su rápido desarrollo permite sembrarla junto a otras plantas de ciclo más largo. De hecho, se asocia bien con numerosas plantas: habas, judías, guisantes, freseras, apios, lechugas, coles o escarolas.

Hinojo dulce

Nombre científico: *Foeniculum vulgare*, var. *dulce* (umbelíferas)
Exposición: ☼
Riego: 💧💧 💧💧 💧💧
Siembra: de febrero a marzo en semillero protegido
Marco de plantación: 15-20 x 35-40 cm
Cosecha: a partir de que los bulbos estén bien formados y antes de los primeros fríos

El hinojo de bulbo dulce o de Florencia es una especie vivaz originaria de Oriente Medio y Europa meridional, diferente del hinojo común o silvestre.

Se trata de una planta que puede llegar a medir entre 50 y 70 cm de altura, de hojas divididas, con peciolos alargados y envainados que forman engrosamientos que alcanzan el tamaño de un puño.

Aunque el hinojo es poco conocido y empleado en España (se cultiva sobre todo para la exportación), su uso está muy extendido en el resto de Europa y sobre todo en Italia y Francia.

Los bulbos –que son las bases engrosadas de las hojas– resultan tiernos y carnosos, con un sabor aromático similar al del apio. Se consumen crudos en ensalada, o cocidos –sobre todo gratinados con bechamel–.

El cultivo de hinojos dulces da un toque exótico al huerto.

Propiedades. Aperitivas, carminativas, diuréticas, refrescantes y tónicas. Contiene vitaminas A, B y C, y entre sus minerales destacan el calcio y el fósforo. También contiene aceites esenciales, aunque en menor proporción que el hinojo silvestre.

Clima. Al tratarse de una planta meridional, suele preferir los climas suaves y con veranos cálidos. El hinojo es muy sensible a las heladas, aunque sean de poca intensidad.

Suelo. No es muy exigente en cuanto a la naturaleza del suelo, pero prefiere los suelos ligeros, bien mullidos, ricos en humus y frescos.

Abonado. Es bastante exigente y requerirá aportes de compost o estiércol descompuesto de entre 2 y 4 kg/m^2 y algo de compost cuando efectuemos binas o escardas a lo largo del cultivo.

Riego. Si deseamos bulbos de gran calibre, no escatimaremos el riego, más en las épocas veraniegas secas y calurosas.

Siembra. Para cosechar de verano a otoño puede empezar a sembrarse de febrero a marzo en semillero de cama caliente o protegido del frío, y realizar un repicado a macetitas o cepellones cuando las plantitas tengan un par de hojas. También se puede sembrar en semillero al aire libre desde finales de marzo o abril hasta junio. La siembra directa es posible a partir de mayo. En cuanto a las fases lunares para la siembra y el trasplante, elegiremos la luna descendente y días de hoja.

Trasplante. Trasplantaremos los hinojos unos dos meses después de la siembra, cuando ya no exista riesgo de heladas. Los hinojos trasplantados a raíz desnuda deberán estar bien formados. El marco de plantación es de 35-40 cm entre líneas, y de 15 a 20 cm entre plantas.

Cultivo. Conviene vigilar y controlar las hierbas con binas y escardas, y regar siempre que sea necesario; en épocas calurosas lo haremos con bastante regularidad para impedir su subida en flor. El acolchado será muy útil en el cultivo de hinojos, pues podemos incluso cubrir los bulbos con paja –unos quince días antes de su cosecha– para su blanqueado.

Recolección. Los cosecharemos a medida que los necesitemos, en cuanto los bulbos hayan alcanzado un buen tamaño. Para aprovechar sus propiedades y su buen sabor es preferible consumirlos recién cortados y no guardarlos muchos días antes de hacer uso de ellos.

Problemas. Suele ser una planta rústica y sin demasiados problemas; en ocasiones, la visitan los pulgones, que podemos controlar aplicando los métodos descritos en el capítulo «Los problemas en el huerto».

Rotaciones. Es una planta poco esquilmante, aunque conviene realizar rotaciones de tres años como mínimo.

Asociaciones. Se desaconseja el cultivo de hinojos cerca de tomateras, algunas variedades de col (colirrábanos) y de alubias.

Cultivo de lechugas romanas. El plantel puede ir aclarándose hasta dejar en la parcela la suficiente separación entre las lechugas para permitir su buen desarrollo.

Lechugas

Nombre científico: *Lactuca sativa* (compuestas)
Exposición:
Riego:
Siembra: todo el año eligiendo las variedades adecuadas
Marco de plantación: 20-25 x 30 cm
Cosecha: a partir de los cincuenta días

La lechuga es la reina de las ensaladas, hasta el punto de que en Francia no existe diferencia entre el apelativo de la planta y su preparación culinaria; las dos reciben el nombre de *salade*, aunque también se use el de *laitue* para algunas clases de lechuga.

La gran variedad de lechugas cultivables la convierte en una planta muy indicada y apreciada en los cultivos del huerto familiar. En España, durante años sólo conocíamos y comíamos las lechugas romanas, grandes, carnosas, crujientes y blanqueadas a base de atar sus hojas con un esparto. Pero los turistas, aparte de divisas, nos trajeron sus apetencias por otras variedades más populares fuera de nuestras fronteras, y hoy podemos hallar en los mercados y en las tiendas de semillas un gran surtido a la hora de la siembra. Esto hace muy interesante su cultivo pues, aparte de permitirnos una variada gama de sabores, colores y texturas a la hora de preparar las cotidianas ensaladas, sus ciclos vegetativos son diferentes y, sembrando diversas clases en una misma fecha, obtendremos cosechas escalonadas en el tiempo, lo cual evitará el engorro de sembrar cada quince días si queremos escalonar su consumo –ya que, sobre todo en los meses cálidos, las lechugas tienden a espigarse y montar en flor con rapidez–.

La lechuga es una de esas especies en las que se observa con claridad la acción de la mano del hombre. Se trata de una planta de pequeño tamaño y muy amarga en estado silvestre, que hemos conseguido convertir a lo largo de los siglos en un espécimen enorme, de sabor dulce y muy jugoso. Ello implica que dejada crecer de modo espontáneo y sin recibir las atenciones debidas (riego y materia orgánica copiosa), tenderá a asilvestrarse, reduciendo su tamaño y amargando con facilidad.

Si queremos alimentarnos bien, nutrirnos y disfrutar de los sabores auténticos de las cosas, el cultivo de lechugas en nuestro huerto o jardín resultará vital, ya que la actual producción industrial de lechugas conlleva un uso y abuso de abonos nitrogenados para que la planta absorba mucha agua y crezca con suma rapidez, algo que además se fuerza suministrándoles hormonas vegetales (ácido giverélico), que aceleran considerablemente el ciclo vegetativo de las lechugas. De los tradicionales dos o tres meses de espera entre la siembra y la recolección según variedades, hoy día se consiguen ciclos completos de entre treinta y cincuenta días. Por lo tanto, no es de extrañar que las lechugas comerciales que hallamos en tiendas y supermercados sean insípidas, en el mejor de los casos, o incluso tengan un sabor desagradable; además su conservación es pésima, y tienden a estropearse o pudrirse con facilidad, pues en definitiva son casi todo agua y nitratos.

Propiedades. Tienen propiedades antiespasmódicas, aperitivas, calmantes, depurativas, refrescantes y remineralizantes. Las cualidades nutritivas de las lechugas son apreciables por su contenido en enzimas y vitaminas de primer orden, sobre todo las vitaminas A, B (B_1, B_2, B_6), C, D y E. Contienen bastantes minerales, entre los que destacan el calcio, el cinc, el cobre, el cloro, el fósforo, el magnesio, el potasio, el hierro y el sodio. Para aprovechar bien sus atributos, es importante consumir las hojas verdes y oscuras, pues las blanqueadas son más pobres en clorofila y por consiguiente contienen menos nutrientes.

Lo que apenas contienen las lechugas son proteínas y grasas, por lo que es bueno combinarlas con aguacates, aliñar las ensaladas con un buen aceite de oliva o acompañarlas con aceitunas, queso, levadura de cerveza o cualquier condimento que aporte estos compuestos y haga nuestras ensaladas más atractivas, apetitosas, sanas y nutritivas. Las hojas verdes de lechuga son excelentes sedantes, por lo que se recomienda su consumo para las personas insomnes o con problemas de sueño, dando buen resultado el comer en la cena sopas o caldos a base de lechuga.

Variedades. Existen a nuestra disposición más de doscientas variedades de lechugas, lo que ofrece un amplio campo de experimentación a la hora de encontrar las más adecuadas a nuestro huerto, clima y paladar. Naturalmente, si pensamos en un cultivo comercial, tendremos que tener mucho más en cuenta los gustos de los consumidores.

Hay tres clases de lechugas bien definidas: las de repollo, cuyo cogollo redondeado y cerrado hace innecesario forzar su blanqueo; las de cortar –poco conocidas en nuestro país–, que permiten sucesivos cortes de sus hojas y rebrotan como las acelgas, y las alargadas o romanas, que suelen atarse para el blanqueo del cogollo.

Entre las lechugas de repollo destacan la trocadero, que soporta bien el frío; la grandes lagos, de hojas verde pastel y textura blanda; la maravilla de cuatro estaciones y la maravilla de verano –muy parecida a la anterior, pero con su parte superior violácea y algo más crujiente–. Estas dos últimas variedades tienen la ventaja de soportar temperaturas más cálidas, aunque también el frío invernal. Otras variedades bien conocidas son la batavia –con hojas en forma de concha y borde lobulado– y recientemente los cogollos de Tudela, que al tener un porte menor pueden cultivarse más juntas o entre otras plantas de desarrollo más lento.

Entre las alargadas existen varias clases de romanas (oreja de burro, etc.). Tienen un mayor porte que las arrepolladas y suelen ser más carnosas y crujientes. Por lo general crecen mejor en los períodos otoño, invierno, primavera, y soportan mal el calor, espigándose con facilidad. Unos quince días antes de su recolección suelen atarse con esparto, rafia o goma elástica para que se blanqueen sus hojas interiores: algunas variedades de romanas se acogollan espontáneamente y no requieren el atado para su blanqueo. Su gran porte no hace tan recomendable intercalarlas con otras plantas.

Las variedades específicas para invernadero no resultan interesantes en nuestro país, excepto en zonas muy frías, donde podemos cultivarlas incluso en túneles. De todos modos, los análisis comparativos de nutrientes entre las lechugas cultivadas en invernadero y las cultivadas al aire libre mostraron una mayor concentración de nitratos en las lechugas climatizadas, que, por lo tanto, podemos considerar de menor calidad nutritiva.

Diferentes variedades de lechugas cultivadas en el mismo bancal.

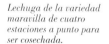

Lechuga de la variedad maravilla de cuatro estaciones a punto para ser cosechada.

Cultivo de lechugas romanas junto a maravillas de verano y escarolas de hoja ancha. Esta combinación de cultivos aporta variedad a las ensaladas y permite cosechas escalonadas.

Cultivo espeso de lechugas antes del aclareo.

Clima. Ya comentamos que existen variedades adaptadas a todos los lugares y climas. Las lechugas prefieren temperaturas más bien suaves y, dadas sus anchas hojas, son propensas a la deshidratación por calor excesivo –habrá que pensar en sombrearlas en las primaveras o veranos tórridos– . Las lluvias en las últimas fases de su desarrollo pueden producir podredumbres en las hojas centrales. Los fuertes vientos rompen con facilidad las hojas periféricas y merman la presencia comercial de las lechugas, por lo que en zonas ventosas les procuraremos protección o las cultivaremos en hileras, intercaladas con plantas de mayor porte (coles, alcachofas, maíz).

Suelo. Las lechugas medran en suelos ricos en humus y materia orgánica bien descompuesta, por lo que suelen plantarse sucediendo a cultivos estercolados, como tomates, patatas o pimientos. Prosperan en la mayoría de terrenos, aunque prefieren los neutros, que retengan bien la humedad en verano y que drenen correctamente en invierno. El suelo del huerto ecológico es el ideal para el cultivo de lechugas.

Abonado. En el caso de su siembra o plantación sucediendo en el terreno a un cultivo estercolado, podemos prescindir del abonado de fondo y limitarnos al aporte de compost bien descompuesto en el momento de las escardas o el desherbado, cuando la planta ha alcanzado aproximadamente una tercera parte de su desarrollo.

En el caso de suelo pobre podemos esparcir unos 3 kg/m^2 de compost antes de la siembra o plantación, y añadir 1 kg/m^2 más durante su desarrollo. Dada la lenta absorción de los nutrientes orgánicos, no tiene sentido un aporte adicional en las últimas etapas del desarrollo de las lechugas, aunque se puede recurrir a los purines. Dado su elevado contenido en agua y su avidez en nitrógeno, podemos ayudar a su desarrollo con riegos enriquecidos con purines de estiércol macerado o con abonos foliares de purín de ortigas. Este último estimula además las defensas de las lechugas, haciéndolas resistentes a parásitos y plagas.

Riego. Es uno de los puntos más delicados del cultivo de lechugas, pues demandan gran cantidad de agua (sobre todo en la fase de formación del cogollo) y gustan de un suelo regularmente húmedo, aunque no soportan los encharcamientos, que suelen producir podredumbres y enfermedades. Los sistemas de riego por goteo o exudación son los idóneos, aunque en las primeras fases de su desarrollo el riego por aspersión o con regadera también le gustan; no obstante, cuando las lechugas han formado cogollo resultan negativas, pues tienden a pudrirlas, como ya comentamos.

Los acolchados con hierba, paja o cualquier material orgánico son aconsejables para el cultivo de lechugas, pues mantienen durante largos períodos la humedad del suelo; con todo, procuraremos que sean ligeros junto a las hojas.

Siembra, aclareo y trasplante. Las lechugas son plantas vivaces, que germinan y se desarrollan con facilidad, por lo que en los períodos de bonanza podemos recurrir a la siembra directa en la zona de cultivo. Esta siembra puede realizarse en surcos o bancales; para ello, se esparcirán las semillas en líneas o a voleo, y se rastrillará o «peinará» superficialmente la tierra para que se mezclen con ella las semillas y no las arrastre el agua de riego ni se las lleven pájaros u hormigas. Una vez germinadas (entre cinco y diez días, según las condiciones climáticas), controlaremos los caracoles y los pájaros, muy amantes de las lechuguitas tiernas.

Si se produce una excesiva nascencia, realizaremos el aclareo del semillero, dejando unos 2 cm de espacio entre las lechuguitas para su correcta formación. Podemos ir aclarando progresivamente el semillero y consumiendo las lechuguitas tiernas que, aunque sean menos sabrosas, no están mal.

El aclareo y trasplante progresivo permite escalonar las fechas de recolección, algo interesante tanto en el huerto familiar como en el comercial, pues de lo contrario nos podemos encontrar de golpe con un exceso de lechugas al que no podemos dar salida, por lo que la mayoría acabará espigándose; aunque las reciclemos dándolas a las gallinas o echándolas al compost, no deja de ser una pena que ello suceda. El aclareo termina cuando hay una distancia de entre 25 y 30 cm por cada lado de la lechuga; las que quedan en el surco o en el bancal siguen su desarrollo completo y suelen ser las primeras en ser cosechadas.

En la primera fase del semillero vigilaremos la presencia de hierbas adventicias, que pueden avasallar a las lentas lechuguitas. Los cajones reciclados y las bandejas de poliestireno para cepellones son otra opción de semillero; muy útiles en las siembras invernales, nos permiten proteger las plantitas en un lugar resguardado por las noches o los días muy fríos. Además, los cepellones nos permiten plantar las lechugas con los tubos de trasplante ahorrándonos tiempo y problemas lumbares. Los sustratos de los semilleros de cajón o bandejas se resecan con facilidad, lo que obliga a regarlas frecuentemente; para evitarnos este trabajo podemos dejarlas flotando en recipientes llenos de agua, con lo que la turba absorberá de forma constante la humedad necesaria. Cuando las lechuguitas tengan entre cuatro y seis hojas podremos proceder a su trasplante al lugar definitivo.

En el trasplante procuraremos enterrar sólo las raíces y no cubrir los tallos. Si éstos son altos, los cubriremos en las primeras labores de escarda o desherbado con legón o azada. Al trasplantar las lechugas es conveniente regar con regadera junto a la raíz, para que se adhiera a la tierra fangosa y asegurarnos así un buen enraizado y un rápido desarrollo. En el trasplante a grandes extensiones en líneas o surcos esto se realiza al plantar las lechugas a un lado del surco en la línea del nivel al que circula el agua de riego.

Se puede establecer un calendario de siembras orientativo, teniendo en cuenta que, para obtener lechugas en primavera, hay que sembrar de septiembre a enero; para cosechar en verano, habrá que sembrar de abril a junio, y para las lechugas invernales sembraremos a finales de agosto y en el mes de septiembre. Las mejores fechas para la siembra son los días de hoja del calendario biodinámico.

Cultivo. Las lechugas son plantas de fácil cultivo que además podemos intercalar con otras plantas de crecimiento lento (coles, tomates). Para su correcto cultivo hay que vigilar algunos aspectos concretos, como que dispongan de una buena tierra –rica en humus– y sobre todo controlar bien el riego, pues por efecto de la sequía tienden a espigarse y a amargar. El problema del espigamiento o subida en flor de las lechugas es más frecuente en primavera-verano y menos grave con las variedades de otoño-invierno, cuyo crecimiento es más lento y dejan mayor margen de tiempo para su cosecha.

Aparte del riego y el control de posibles enemigos (caracoles, babosas, pájaros, gallinas escapadas del corral y pulgones) son las hierbas competidoras las que nos darán más quebraderos de cabeza en el cultivo de lechugas. El acolchado permanente facilita esta labor, al impedir la germinación de hierbas adventicias, al tiempo que retiene mejor la humedad. No obstante, bajo el acolchado pueden esconderse con facilidad babosas, caracoles y tijeretas que pueden incordiar un poco, aunque no son muy problemáticas, pues apenas roen las hojas externas de las lechugas, que generalmente desechamos para el consumo.

Cuando no acolchamos, es conveniente binar, escardar y mullir con regularidad el suelo en donde crecen las lechugas; con ello eliminamos malas hierbas y liberamos con más rapidez los nutrientes del suelo, estimulando así el desarrollo de las lechugas.

El atado de las variedades romanas y alargadas se realiza a unos 13-14 cm de altura y en tiempo seco, para evitar podredumbres por exceso de humedad. Lo realizaremos cuando las hojas centrales empiecen a untarse y la planta ya haya completado casi todo su desarrollo. Se pueden atar con cintas, espartos, rafia o gomas elásticas –lo más rápido y práctico–. Podemos esperar una semana a partir del atado para su blanqueo y empezar a cosechar. Pasados quince días del atado nos veremos obligados a cosechar todas las lechugas, o se espigarán, se volverán amargas y desarrollarán un troncho de gran porte –aunque éste puede consumirse pelado y troceado, pues tiene propiedades parecidas al apio–.

Para guardar las semillas de lechuga –que podemos almacenar para su siembra durante varios años– elegiremos las lechugas más sanas y mejor formadas, dejándolas espigar y montar en flor. Cuando las flores estén bien formadas, las cubriremos con una malla mosquitera o con un saco de malla fina, para impedir que los pájaros se coman las semillas. Al amarillear y secarse, podemos arrancar la planta y dejarla colgada en un lugar resguardado para que termine de secarse. Cuando lo creamos conveniente, daremos algunos golpes a las partes floridas secas encerradas en la malla y procederemos al cribado

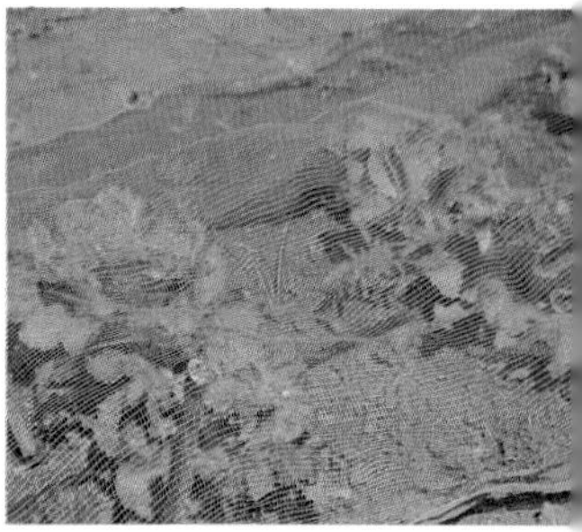

Lechugas protegidas del ataque de pájaros mediante un túnel de malla.

Lechuga romana a punto para ser cosechada tras una semana de atado para el blanqueo de sus hojas internas.

Lechugas en flor; utilizando una bolsa a modo de capucha protegeremos las semillas de los pájaros y podremos recogerlas cómodamente. Elegiremos las mejor desarrolladas y las más resistentes.

manual o por acción del aire –sistema tradicional–, tras lo cual ya podemos guardar las semillas en recipientes secos y herméticos. Dado que cada planta da miles de semillas, podemos hacer intercambios con otros hortelanos o recoger semillas cada tres o cuatro años.

Problemas. Ya comentamos los problemas de botritis, podredumbres y demás enfermedades criptogámicas por exceso de humedad ambiental o por riego inadecuado. Los pulgones suelen ser inquilinos en las lechugas con exceso de nitrógeno, por lo que aparte de emprender una lucha con repelentes o insecticidas, procuraremos dosificar el aporte nitrogenado y no pasarnos de la raya, para evitar además que merme la calidad nutritiva y el sabor gustativo de las lechugas.

Contra los pájaros podemos recurrir a cualquiera –por separado o combinados– de los métodos aconsejados en el capítulo dedicado a «Los problemas en el huerto».

Podemos recoger los caracoles y las babosas a mano al amanecer o colocar tejas esparcidas para que se refugien en su interior; y sólo en caso de plaga destructiva –no pasa nada porque se coman alguna hoja externa– recurriremos a los antilimaces a base de metildehído, usándolo en recipientes que podamos recoger con facilidad.

Las lechugas de cultivo ecológico se conservan mejor que las de cultivo convencional. De todos modos, lo ideal –en la medida de lo posible– es consumirlas frescas y, si podemos, recién cortadas. A los pocos días de ser recogidas pierden la mayoría de sus saludables propiedades.

Rotaciones. Las lechugas soportan bastante bien el cultivo sucesivo en el mismo emplazamiento, aunque para evitarnos problemas –sobre todo la especialización de algunos hongos y nematodos– preferiremos su rotación regular.

Asociaciones. Las lechugas se asocian bien a casi todas las plantas cultivadas y, dado su rápido desarrollo, no suelen resultar competencia desleal para casi ninguna, ni siquiera para otras variedades de lechuga. Es una planta ideal para cultivos intercalados. Se le conoce incompatibilidad con el girasol, pero ni siquiera en la práctica supone un gran problema.

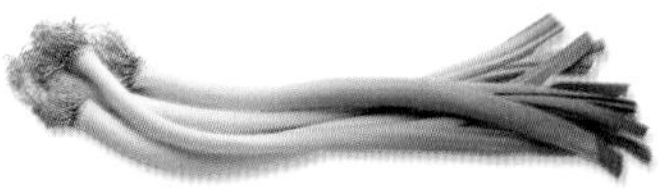

Puerros

Nombre científico: *Allium porrum* (liliáceas)
Exposición: ☀ ☀ ☀
Riego: 💧 💧 💧
Siembra: enero-febrero en cama caliente y a partir de marzo al aire libre
Marco de plantación: 10-12 x 30 cm
Cosecha: a partir de los tres meses del trasplante

El sabor y el aroma que da el puerro a sopas y guisos es excelente aunque poco conocido en nuestro país. El puerro es un pariente del ajo, que se diferencia de éste en que sus hojas engrosadas se desarrollan formando una especie de tallo falso y singular. Se trata de una planta bianual, de hojas planas que crecen envainadas unas dentro de otras, formando un cilindro blanco y tierno que constituye la parte comestible. Es una planta muy rústica, que puede cultivarse en el huerto todo el año y de la que podemos hacer amplio uso en la cocina. Es una excelente verdura debido a sus múltiples propiedades nutritivas, y se usa en cocina para elaborar sopas, cremas, potajes, asados o gratinados con bechamel; en algunos lugares es típico el pastel o tarta de puerros.

En nuestro país existe el puerro silvestre (ajo porro, *Allium ampeloprasum*) que se consume en zonas rurales, su sabor es fuerte y muy poco apreciado.

Propiedades. El puerro es una planta sana y muy nutritiva, de la que deberíamos hacer uso con mayor regularidad. Tiene propiedades antisépticas, digestivas, emolientes, expectorantes, laxantes, resolutivas y tónicas.

Contiene aceites esenciales volátiles y altas dosis de vitaminas A, B, C y PP. En cuanto a minerales, hallamos en los puerros presencia de azufre, bromo, calcio, cloro, cobre, hierro, manganeso, magnesio, fósforo, potasio, sílice, sodio y cinc.

Variedades. Existen numerosas variedades de puerros con tamaños de desarrollos muy diversos (enanos, largos, gigantes, etc.). Los hay más propensos a desarrollarse en zonas y estaciones frías y los que soportan mejor el calor, mientras que algunos son de cuatro estaciones.

Clima. Es una planta rústica que se adapta bien a la mayoría de condiciones climáticas, siendo bastante resistente al frío, por lo que puede pasar el invierno en pleno campo. De todos modos, para su buen desarrollo, le convienen zonas y climas templados y suaves, aunque con buena humedad relativa ambiental.

Suelo. Precisa una tierra bien cavada, rica en humus, fresca y muy suelta. Se adapta tanto a suelos ácidos como calcáreos, pero hay que vigilar que no le falte humedad en los meses secos y calurosos. No se desarrolla bien en tierras muy pesadas, compactas o endurecidas.

Abonado. No tolera el compost o el estiércol frescos, por lo que realizaremos un abonado de fondo con materia orgánica bien descompuesta.

También podemos aprovechar para cultivarlos a continuación de otro cultivo que haya recibido grandes aportaciones de compost o estiércol. A los puerros, como al resto de plantas de hoja, les estimulan las aportaciones nitrogenadas, por lo que durante su cultivo podremos recurrir a los purines de ortiga, consuelda o de estiércol.

Riego. En los climas húmedos del norte apenas debemos preocuparnos por el riego de los puerros. Pero en climas cálidos y secos procuraremos que no les falte humedad en la tierra, y quizá les convenga un acolchado orgánico (paja, hojas de consuelda) para retener mejor esa humedad.

Siembra y trasplante. Se trata de una planta de desarrollo lento, lo cual será tenido en cuenta a la hora de planificar las siembras y el cultivo de los puerros; como mínimo preveremos cinco meses desde la siembra hasta la cosecha. Las semillas de puerro son parecidas a las de las cebollas –aunque más pequeñas– e igual de delicadas, ya que pierden con rapidez su poder germinativo; por ello, a ser posible, usaremos semillas de la cosecha anterior o, en su defecto, como máximo las del año anterior.

Las siembras se escalonarán a lo largo de todo el año, a fin de poder cosechar regularmente. La primera siembra puede efectuarse en semillero de cama caliente en enero-febrero; obtendremos plantitas trasplantables a partir de marzo y podremos cosechar desde finales de mayo hasta agosto.

En marzo ya podremos sembrar en semillero al aire libre –aunque protegido–, trasplantando de mayo a junio y cosechando de agosto a noviembre o diciembre.

En mayo se puede sembrar en semillero al aire libre trasplantando de finales de junio a mediados de agosto, para cosechar durante todo el invierno e incluso en primavera. También se puede realizar una siembra directa en agosto o septiembre, aclarando los espacios entre 5 y 7 cm, y podremos cosechar a final de la primavera. Estos puerros no se desarrollan muy grandes y se cosechan delgados y altos, del grosor de un dedo.

La siembra de semillas de puerro es algo delicada, y muchos hortelanos prefieren comprar las plantitas ya desarrolladas a los viveristas. Se siembran cubriéndolas con 0,5 cm de compost muy fermentado o de tierra tamizada, se aplasta la superficie del semillero para que las semillas queden bien adheridas a la tierra –o al compost–. Hay que vigilar el mantenimiento regular de la humedad en el semillero. Si la tierra estaba seca y deseamos regar, podemos cubrirlas con sacos de arpillera (yute) y regar por encima con la regadera. Los sacos podemos dejarlos unos días de sombreado –retienen mejor la humedad– hasta la nascencia de los primeros brotecitos de puerro.

Últimamente se recurre mucho a la siembra en bandejas alveoladas, que permiten un mejor trasplante de los puerros enraizados en un pequeño cepellón, pudiendo hacerse uso del tubo plantador, lo que facilita la labor. El trasplante se efectúa cuando las plantitas tienen el tamaño de un lápiz –con cepellón pueden ser más pequeñas– en líneas distantes entre sí de 30 a 35 cm y separando un puerro del otro entre 10 y 12 cm. Conviene enterrarlos en profundidad (unos 10 cm) para que se desarrollen bien. Las mejores fechas de siembra con respecto a la luna son en días de hoja y en luna descendente.

Cultivo. Deben realizarse binas y escardas frecuentes, aunque superficiales –para no dañar las raíces–, a fin de mullir el suelo y evitar la invasión de hierba competidora. Los puerros se recalzan o aporcan con tierra para su blanqueado –aunque esto no es necesario–. Les conviene mucho el acolchado con paja o cualquier otro material orgánico. Los regaremos cuando sea necesario, recordando que prefieren suelos frescos pero no encharcados. Durante el invierno generalmente no precisan riego.

En Francia suele ser habitual dejar los puerros un par de días al

En un mismo bancal del huerto familiar pueden cultivarse diferentes variedades de puerros.

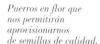

Puerros en flor que nos permitirán aprovisionarnos de semillas de calidad.

sol al arrancarlos del semillero para su trasplante; luego se les recorta las puntas de las hojas y las raíces y se trasplantan.

Con la llegada del invierno, es conveniente efectuar un acolchado con paja u otros materiales de los puerros que no lo tengan acolchado, cubriéndolos al máximo para que se mantenga el suelo húmedo y resulten fáciles de arrancar. El acolchado de paja también los protege de las heladas, aunque la mayoría de puerros soporta temperaturas de hasta -7 °C, y algunas variedades resisten hasta los -20 °C.

Recolección. Aunque lo ideal es dejarlos crecer hasta que alcancen su máximo desarrollo, nadie nos impide que comencemos a cosechar algunos antes de tiempo, a fin de escalonar mejor su consumo, ampliando así el margen de cosecha de cada variedad.

Problemas. Suelen padecer las mismas enfermedades que las cebollas. En cuanto a parásitos, el peor enemigo es el gusano del puerro. Se trata de una mariposa grisácea con manchas blancas que pone huevos en las hojas del puerro y sobre la tierra. Las orugas producen galerías en las hojas y descienden hasta el corazón de la planta, dando lugar a un amarilleamiento de las hojas jóvenes, hasta que las plantas terminan pudriéndose. Las dos épocas más frecuentes de ataque de los gusanos del puerro suelen ser entre abril y mayo y en pleno verano.

Las zanahorias o el apio asociados al cultivo de puerros repelen a las mariposas de los gusanos del puerro, mientras que los puerros repelen la mosca de la zanahoria (cuyo gusano las devoraría). Tanto para el control del gusano del puerro como para el resto de sus posibles parásitos ver el capítulo «Los problemas en el huerto».

Rotaciones. Se trata de una planta de ciclo de cultivo largo y algo exigente, por lo que respetaremos rotaciones de 3 o 4 años antes de volverlos a sembrar o trasplantar en la misma parcela.

Asociaciones. Ya hemos comentado la asociación favorable y muy benéfica con las zanahorias. También se lleva bien con apios, freseras o tomates. Con las cebollas es compatible, pero éstas pueden infestarlo con los gusanos que las atacan. No hace buenas migas con judías, guisantes, coles, lechugas, rábanos y remolachas.

Coles

Diferentes tipos de col: repollo, col lombarda y col de Bruselas. Las múltiples variedades de esta verdura ayudarán a llevar una dieta sabrosa y muy saludable.

Las coles (*Brassica oleracea*) son una de las verduras más antiguas de las que se tiene constancia y algunas variedades se consumen en Europa desde hace más de 6.000 años. Según algunos botánicos, las diferentes variedades de estas plantas de col existentes proceden básicamente de la especie silvestre *Brassica sylvestris*, originaria de Europa occidental y meridional.

Los romanos consumían una gran cantidad de col, a la que otorgaban propiedades benéficas para la salud y que usaban para combatir las borracheras, algo cuya razón de ser se ha comprobado recientemente, pues el consumo de col ejerce un efecto desintoxicante sobre el hígado.

Existen muchas variedades de col: de repollo, compactas y con hojas lisas, de hojas rizadas, forrajeras, de Bruselas, brócolis, coliflores, colinabos, etc. Existen asimismo infinidad de variedades adaptadas a distintas zonas climáticas; la diferencia entre unas y otras estriban en la estación en que se cultivan.

Propiedades. Son enormes las virtudes terapéuticas que se atribuyen a las coles. Desde antiguo se han consumido como alimento, pero también se han usado machacadas en emplastos para aliviar hinchazones, contusiones, tumores o articulaciones doloridas. En la antigua Grecia se daba col a las embarazadas poco antes del parto para asegurar una buena producción de leche. Los romanos la consideraban una panacea y la usaban, como ya dijimos, como antídoto de los efectos del alcohol, para combatir la melancolía y también para limpiar heridas infectadas.

Hoy en día se está redescubriendo esta clásica verdura a raíz de numerosos estudios y estadísticas que demuestran sus innegables beneficios para la salud, pues además de ser rica en sales minerales y vitaminas, se han constatado notables efectos profilácticos en su consumo regular, sobre todo como preventivo del cáncer de colon.

Las investigaciones sobre las coles de repollo y los brócolis han demostrado su acción desintoxicante del organismo, pues le ayudan a eliminar los compuestos nocivos de origen externo y minimizan la acción de los agentes y sustancias carcinógenos, como los plaguicidas y los contaminantes ambientales, evitando proliferaciones cancerosas en el organismo.

Según el doctor Lee Wattenberg, profesor de medicina de la universidad de Minnesota (Estados Unidos), algunos compuestos de los repollos –y de las crucíferas en general–, como los índoles, influyen notablemente sobre las enzimas que desempeñan un papel determinante en los procesos desintoxicantes, acelerando su acción al liberarse glutationes, que son sustancias orgánicas naturales capaces de destruir toxinas y agentes carcinógenos.

El especialista francés en medicina y nutrición Jean Carper, autor del libro *Una farmacia en tu despensa*, se hace eco de que seis de los siete estudios de población llevados a cabo a gran escala concluyen que el mayor consumo de crucíferas (especialmente las de repollo) disminuye el riesgo de padecer cáncer de colon; también se han constatado efectos preventivos en los cánceres de pulmón, esófago, laringe, próstata y vejiga. Un estudio realizado en cinco regiones de Japón destaca que los índices más altos de longevidad se dan entre quienes consumen mayores cantidades de col.

Berza común y rizada

Exposición: ☀ ◐ ☼
Riego: 💧💧 💧💧 💧💧
Siembra: de mayo a junio y de agosto a septiembre
Marco de plantación: 40-50 x 60-80 cm
Cosecha: a partir de los cincuenta días empezaremos a arrancar las hojas más grandes

La berza se distingue por crecer erguida, hasta alcanzar algunas variedades el metro y medio o más de altura. No forma pellas o repollos, sino que sus hojas se van abriendo y quedan axialmente situadas, de forma que es fácil arrancarlas tirando simplemente hacia abajo.

En España habitualmente relacionamos las berzas con los conejos y los animales estabulados, pues en muchas regiones frías y montañosas es la única verdura que crece en invierno y ha sido tradicional su cultivo para complementar la dieta de los animales, basada en granos y forrajes secos, aportándoles un alimento verde, rico en clorofila y lleno de vitaminas y minerales que, además, hoy sabemos que contiene muchas sustancias beneficiosas para la salud.

Naturalmente, no sólo sirve para alimentar al ganado; también ha formado parte de la dieta de los campesinos de montaña y de las regiones frías. Es una pena que en la actualidad las berzas estén tan desprestigiadas, al estar asociadas básicamente al forraje para animales. Curiosamente, quienes han estudiado las propiedades nutritivas y terapéuticas de los alimentos ponen a las berzas comunes y rizadas por delante del resto de coles.

Su cultivo, usos y cuidados son similares a los dedicados al resto de coles, con la diferencia de que la berza es una de las plantas que mejor soporta el frío y las heladas y, en zonas de clima extremo, quizá sea la única verdura fresca disponible durante el crudo invierno.

La rusticidad de las berzas las convierte en la mejor alternativa de cultivo invernal en los huertos de zonas muy frías.

Brócolis

Exposición: ☀ ◐ ☼
Riego: 💧💧 💧💧 💧💧
Siembra: de abril a junio
Marco de plantación: 50-60 x 60-70 cm
Cosecha: a los dos meses

Los brócolis se diferencian de las coliflores por sus hojas más abundantes, más dentadas y rugosas y, sobre todo, por crecer más espigados y producir unas inflorescencias verde oscuro o violáceas mucho más alargadas. Tienen un desarrollo más lento que las coliflores, pues transcurren de ocho a diez meses desde la siembra hasta la cosecha.

Las variedades de brócolis violáceos dan un vistoso toque de color al huerto.

Propiedades. Son similares a las descritas en la introducción genérica a las coles y a las apuntadas para las coles de repollo y las coliflores; algunos estudios señalan las propiedades anticarcinógenas de una sustancia específica de los brócolis.

Clima, suelo, abonado y riego. Precisa condiciones similares a las de las coliflores, aunque, en cuanto a temperaturas, por regla general soportan mejor el frío que las coliflores; algunas variedades sobreviven a temperaturas de -5 °C.

Siembra y trasplante. Se siembra en semillero al aire libre, o en bandejas alveoladas, desde abril hasta junio. Cuando las plantas alcanzan entre 10 y 15 cm se trasplantan al aire libre en un marco de plantación de 60 x 70 cm o de 50 x 60 cm en las variedades de color verde, que son más pequeñas.

Cultivo. Es similar al de las coliflores, aunque, dado su alto porte, conviene recalzar los tallos para evitar que el viento los tumbe. Los brócolis se benefician del acolchado o cobertura vegetal permanente; esto les ayuda a mantener la humedad necesaria y les proporciona un aporte de materia orgánica en continua degradación, que alimenta a las plantas durante todo su ciclo vegetativo.

Recolección. Podemos ir cosechando las inflorescencias cuando éstas alcancen una buena dimensión e ir cortándolas a medida que las necesitemos, pues tardan bastante en subirse en flor.

Problemas, rotaciones y asociaciones. Idénticos que para las coliflores.

Podemos cosechar los brócolis cuando las inflorescencias estén perfectamente desarrolladas, pero si nos descuidamos se espigarán demasiado.

Coles de Bruselas

Exposición: ☀ ◐ ☼
Riego: 💧💧 💧💧 💧💧
Siembra: de abril a junio
Marco de plantación: 60 x 60 cm
Cosecha: a los tres meses

Se trata de unas coles similares a las berzas, que crecen con un tallo alargado y alto y dan muchas colecitas o repollitos, que crecen en las axilas de las hojas –junto al tallo– y se van desarrollando escalonadamente, de abajo arriba. En nuestro país su consumo no está tan generalizado como en el resto de Europa, y se hace de ellas un uso culinario similar al de los repollos, aunque, dado su pequeño tamaño, suelen cocinarse enteras y junto a otras verduras.

Propiedades. Similares a las de los repollos.

Variedades. Existen variedades precoces y tardías; también hay coles de Bruselas enanas y otras altas, que superan el metro de altura.

Clima. Les gustan los climas templados y fríos, y la mayoría de variedades soportan inviernos fríos (de hasta -10 °C), siempre y cuando no hayan desarrollado aún las colecitas axilares. Detestan el calor excesivo y la sequedad ambiental, que causan una disminución de la producción.

Suelo. Debe ser de características similares al indicado para coles de repollo y coliflores.

Abonado. No deben abonarse demasiado, pues un exceso de nitrógeno potencia el desarrollo de las hojas en detrimento de las colecitas; bastará con 1 kg/m^2 de compost o estiércol fermentado.

Riego. Similar al de las coles.

Siembra. La siembra en semilleros se realiza desde abril hasta junio, pudiéndose sembrar al mismo tiempo las variedades precoces y las tardías. Para las coles de Bruselas suele ser conveniente un repicado a cepellones o macetitas de turba antes de su trasplante definitivo a la tierra.

Trasplante. Suele realizarse en junio o julio, de forma similar al trasplante de repollos o coliflores, y en un marco de plantación de 60 x 60 cm.

Cultivo. Similares a coles y coliflores. Cuando las colecitas alcanzan su máximo desarrollo, las hojas en cuya axila crecen tienden a secarse, y podremos recortarlas para acelerar su proceso de iluminación y mejorar la calidad de la cosecha.

Si queremos adelantar la época de cosecha, cortaremos el brote central superior de las coles de Bruselas, una vez hayan alcanzado su máximo desarrollo. El único inconveniente de esta operación es que reduce la cantidad de cosecha.

Recolección. Podemos cosechar a medida de las necesidades, cuando las coles de Bruselas alcanzan los 2 o 3 cm de grosor. La cosecha de coles de Bruselas suele ser muy escalonada y se mantienen sin problemas largo tiempo en las matas, sobre todo las variedades tardías e invernales; aunque tendremos que apresurarnos a cosecharlas en cuanto las hojas de su base empiecen a amarillear, pues al poco tiempo las coles empezarán a abrirse y a florecer. Las variedades tempranas pueden cosecharse a partir de septiembre y las tardías producen hasta finales de abril o mayo.

PROBLEMAS. Por regla general, las coles de Bruselas tienen pocos problemas, siendo más resistentes que el resto de coles. Algunos insectos, como el pulgón, pueden atacarlas en épocas difíciles, pero casi nunca provocan graves perjuicios.

ROTACIÓN. Exigente como el resto de coles, entra en rotaciones largas de tres a cuatro años.

ASOCIACIONES. Son similares a las del resto de coles. Podemos plantar, intercaladas con las coles, lechugas, judías de mata baja, guisantes, cebollas o nabos. No les gusta la vecindad de los fresales.

Coles de repollo

Exposición:
Riego:
Siembra: todo el año eligiendo las variedades adecuadas
Marco de plantación: 40-50 x 50-60 cm
Cosecha: según variedades a partir de los cincuenta días

Existe infinidad de coles arrepolladas, comúnmente llamadas *repollos*. Habitualmente se clasifican en variedades de primavera –que se siembran en otoño o muy tempranas en primavera–, coles de verano, coles de otoño y coles de invierno. Algunas variedades, como la col de siete semanas u ocho semanas –según zonas–, suelen cultivarse durante todo el año, aunque en invierno se desarrollan muy lentamente y en verano tienden a montar en flor con facilidad.

PROPIEDADES. Entre sus múltiples propiedades, que ya hemos comentado, los repollos destacan por sus efectos antianémicos, aperitivos, béquicos, diuréticos, energéticos, pectorales, reconstituyentes, remineralizantes y vermífugos. Contienen vitaminas A, B_1, B_2, B_5, C, E, K y PP. Entre su composición mineral destaca el calcio, pero también contienen azufre, cobre, bromo, cloro, hierro, magnesio, manganeso, fósforo, potasio, sílice, yodo y cinc.

CLIMA. Pueden cultivarse en casi todos los climas, aunque suelen preferir los ambientes y las zonas geográficas con cierta humedad atmosférica, lo que favorece su desarrollo. Su resistencia a las heladas depende de la variedad y algunas soportan hasta -10 °C. Pueden cultivarse muy cerca del mar, pues la brisa marina cargada de sal no les perjudica.

SUELO. Las coles se adaptan a casi todo tipo de suelo, aunque prefieren los terrenos poco ácidos o ligeramente alcalinos, de consistencia media, profundos, frescos y ricos en humus. La salobridad del suelo o del agua de riego no perjudica el desarrollo de las coles e incluso puede mejorar su calidad y sabor, o darles un color más intenso.

ABONADO. Se trata de plantas muy voraces y esquilmantes de la tierra, por lo que requieren un buen abonado de fondo con estiércol o compost ya descompuestos; la proporción suele oscilar, según variedades, entre 2 y 4 kg/m^2.

RIEGO. Las coles necesitan una humedad regular ya que, dada la anchura de sus hojas, tienden a una relativa evaporación de agua. Aunque las coles de repollo resisten bien épocas con escaso riego, ello siempre es en detrimento de su desarrollo, que será mucho más exuberante si no les falta el agua. Es importante procurar que no se produzcan encharcamientos, que provocarían la asfixia de las raíces y acarrearían podredumbres en los tallos.

SIEMBRA. La gran variedad de coles de repollo nos permite siembras simultáneas de variedades estacionales, con un desarrollo más rápido o más lento, que harán posibles cosechas escalonadas. Las semillas se entierran a una profundidad de entre 0,5 y 1 cm, y podemos esparcirlas en el suelo o el semillero y recubrirlas posteriormente con una capa de tierra y compost muy fermentado mezclados. En cuanto a las fases lunares elegidas para la siembra de repollos –y para el trasplante–, suele optarse por el cuarto menguante y los días de hoja del calendario biodinámico, a ser posible en luna ascendente. Los repollos de primavera son coles de gran rusticidad, que se siembran en otoño y pasan el invierno en pleno campo, para co-

Antes de llegar el momento de la cosecha de las coles de Bruselas, ya se habrán cortado algunas de las grandes hojas de esta planta. Ello propicia el engrose de las pequeñas coles y facilita su recolección.

Las hojas externas de las coles de repollo, al igual que las del cogollo, pueden cocinarse, aunque son más intensas de sabor y más nutritivas, dado su mayor contenido en clorofila.

Existen numerosas variedades de coles arrepolladas: pequeñas, grandes, compactas, de hojas lisas, de hojas rugosas... Las denominadas corazón de buey (en la imagen) figuran entre las más espectaculares.

secharse en la primavera. La siembra se realiza en semillero al aire libre desde mediados de agosto hasta finales de septiembre y, aunque hay quien las repica, después de tres o cuatro semanas, a un semillero o en cepellones (sobre todo en climas fríos), lo más normal es realizar su trasplante definitivo en pleno campo desde mitad de octubre hasta mediados de noviembre. También podemos sembrar en semilleros protegidos en enero-febrero, para trasplantar desde finales de febrero o desde marzo-abril, y cosechar a finales de mayo, durante todo el mes de junio y a principios de julio.

Los repollos de verano-otoño se siembran desde enero hasta marzo en semillero protegido o de cama caliente en climas fríos, o en semilleros en pleno campo a partir de marzo-abril hasta finales de mayo, lo que permite escalonar la producción de una misma variedad de col. Las cosechas se realizan desde julio hasta diciembre. No es conveniente efectuar siembras de otoño muy tempranas, pues corremos el riesgo de que los repollos formados, que son muy compactos, se agrieten y pierdan calidad, y las hojas tiendan a pudrirse con la humedad.

Los repollos de invierno, si han formado un buen repollo a la llegada de los fríos, pueden resistir en el campo las heladas invernales y abastecer la mesa familiar desde diciembre hasta marzo, enlazando así con las cosechas de coles de primavera.

Se siembran de mayo a junio, según la variedad, la región y el tipo de tierra, buscando que el repollo esté bien formado a la llegada de la parada invernal, pero no mucho antes, pues perderían calidad o podrían agrietarse, con lo que serían muy vulnerables a la humedad y tenderían a pudrirse.

Cultivo. La siembra de las coles en semillero implica controlar bien su desarrollo, aportándoles un riego regular. A medida que crecen las cabezas se van clareando, y se pueden repicar en cepellones o bandejas las plantitas arrancadas. Esta operación se realiza cuando las plantas tienen cuatro hojas y una altura cercana a los 10 cm. El trasplante definitivo suele realizarse a los cuarenta o cincuenta días de la siembra. La densidad de cultivo difiere algo de una variedad a otra. Por regla general, las variedades de primavera suelen plantarse con un marco de 40 x 40 cm, y tanto las de verano-otoño como las de invierno con una separación de entre 50 y 60 cm. De todos modos recordemos que tendremos que conocer el porte final de desarrollo de cada variedad para establecer el marco de plantación más adecuado.

Al trasplantar procuraremos enterrar las plantitas hasta la base de las hojas, cuidando de no cubrir de tierra el brote central, pues es muy frágil. Los repollos se desarrollan bien con sistemas de acolchado de materia orgánica o con coberturas permanentes de trébol. En caso de cultivarlas a suelo desnudo, requieren binas y escardas regulares, sobre todo para el control de las hierbas en las primeras fases del cultivo. El aporcado o recalce con tierra en la base del tallo ayudará a sostener el enorme peso y tensión que soporta la planta cuando se desarrolla el repollo.

Recolección. Cuando el repollo alcanza el máximo de su volumen y deja de crecer, la planta está a punto para ser cortada por la base de sus hojas, aunque también podemos arrancarla con raíces incluidas y cortar el tallo con posterioridad. La siembra y el trasplante escalonados nos permiten cosechas igualmente escalonadas, algo que también podemos conseguir sembrando en la misma época distintas variedades con ciclos de desarrollo diferentes. Si dejamos los repollos demasiado tiempo sin cosechar, las hojas superiores empezarán a agrietarse y es posible que, si partimos la col, descubramos ramificaciones de inflorescencias en su interior.

Problemas. El cultivo ecológico de las coles no suele dar problemas; si alguna planta es atacada por enfermedades puntuales quizá sea más lógico arrancarla y quemarla que intentar combatir de otra forma el problema.

La hernia de la col es una enfermedad que provoca nudosidades en el tallo y en las raíces de la planta; a consecuencia de su acción, las hojas se marchitan, y la planta a menudo termina por morir. Una de las mejores medidas preventivas es realizar rotaciones bien espaciadas (de entre 4 y 6 años). Si nuestro suelo es muy ácido, podemos añadir un puñado de polvo de algas *lithothamne* o ceniza alrededor de la planta, tras su trasplante. Evitaremos el uso de estiércoles frescos. Por tratarse de una enfermedad típica de suelos pesados y ácidos, podemos evitar su presencia aportando un enmendante calcáreo si nuestro suelo es ácido. Para atajar el problema hay que quemar rápidamente las plantas atacadas.

La podredumbre del tallo consiste en la aparición de unas grandes manchas marrones en el tallo, que terminan pudriéndolo. Podemos aplicar un tratamiento con caldo bordelés desde que percibamos el problema, aunque repetimos que, si se trata de algo limitado a unas pocas plantas, lo más racional es arrancarlas y quemarlas rápidamente.

La mariposa de la col es una mariposa blanca con puntos negros que pone sus huevos de color amarillo vivo bajo las hojas de las coles; las larvas de esta mariposa, de color verdoso y algo peluditas, van royendo las hojas hasta dejar tan sólo sus nervios centrales. Podemos prevenirla buscando los huevos en el envés de las hojas y destruyéndolos con la simple presión de los dedos –mi profesor de patología vegetal decía que el dedo pulgar era el «DeDeTe» ecológico–. También podemos recoger manualmente estas orugas y ahogarlas en un bote con agua, o quemarlas. En última instancia, y sobre todo en grandes plantaciones, cabe recurrir a insecticidas ecológicos o al *Bacillus thuringiensis*.

Los pulgones succionan la savia de las hojas, dando lugar en principio a unas manchas amarillentas que terminan deformándolas, debido a las picaduras. La planta se marchita y pierde mucha calidad. En el capítulo 7 se explica cómo combatirlos.

Los caracoles y babosas no suelen representar un serio problema pues, aunque se comen las hojas de la col, suelen acceder tan sólo a las más externas y duras que, por lo general, no consumimos. De todos modos, si el ataque es muy importante, podemos recurrir a las trampas y métodos descritos en el capítulo 7.

Rotaciones. Los repollos son, por lo general, muy voraces y esquilmantes de la tierra en donde crecen, por lo que haremos rotaciones de tres o cuatro años; ello también evitará que puedan crearse cepas específicas de nematodos, hongos o insectos especializados en atacar las coles.

Asociaciones. Los repollos se entienden bien con las remolachas, judías, lechugas, guisantes, patatas, apios, cebollas, pepinos, tomates y muchas otras hortalizas. También existen algunas plantas medicinales o aromáticas que alejan a los parásitos de las coles: ajenjo, hisopo, melisa, menta, romero o tomillo. No se llevan bien con los fresales ni las habas; tampoco les gusta el estiércol fresco, que suele ser causa de la hernia.

Coles lombardas

Las coles lombardas o coloradas rojas son repollos de color rojo violáceo intenso. Sus cabezas o repollos son duros, compactos y pesados y suelen consumirse crudos (rallados en ensaladas) o cocidos –dan un toque de color a las sopas y los guisos de los que entran a formar parte–. Existen variedades adaptadas a los diferentes climas, estaciones y zonas de cultivo. En cuanto a sus propiedades, épocas de siembra, trasplante, cuidados, riego, rotaciones y asociaciones, son idénticos a los descritos para las coles de repollo.

Coliflores

Exposición:
Riego:
Siembra: de enero a marzo en semillero protegido; de mayo a junio en plena tierra
Marco de plantación: 60-70 x 60-80 cm
Cosecha: a partir de los cincuenta o sesenta días

Las coliflores son adaptaciones genéticas y selecciones llevadas a cabo por los agricultores –hay quien asegura que fueron los druidas galos–, en las que se ha primado la formación de una gruesa y compacta masa floral que, en definitiva, es la que se consume. Suelen tomarse tanto crudas en ensalada, como a la vinagreta o cocidas de mil formas distintas; están presentes en los guisos con arroz y en menestras de verduras, y también suelen prepararse rebozadas con huevo, horneadas, salteadas en la

Las coles lombardas desarrollan repollos compactos y, dadas sus propiedades nutricionales, no deben faltar en el huerto familiar.

Las coliflores de cultivo ecológico acostumbran a ser de sabor más suave que las de cultivo convencional –con uso de agroquímicos– y no suelen desprender malos olores al cocinarlas.

sartén con ajo y pimentón rojo, gratinadas con queso o con bechamel. El color blanco de las coliflores –aunque hay variedades rosadas y violetas– nos indica una falta de clorofila, lo cual suele asociarse a sus desagradables efectos flatulentos. A muchas personas les gustan las coliflores pero no hacen mucho uso de ellas debido al desagradable olor que desprenden al cocerlas y que obliga la mayoría de veces a ventilar bien la cocina. Aunque dice Alwin Seifert que las coles cultivadas biodinámicamente no producen estos olores.

Propiedades. Ya comentamos que la coliflor es menos nutritiva que sus primas, las coles arrepolladas o las berzas. Aun así, mantiene algunas de las propiedades de éstas y es rica en vitaminas A, B_1, B_2, C y E. Contiene bastante calcio y es rica en hierro, magnesio, fósforo y potasio.

Variedades. Existe infinidad de variedades de coliflor adaptadas a suelos, climas y estaciones distintos. Teniendo en cuenta el poco y, a menudo, espaciado consumo que se hace de la coliflor en una familia y el hecho de que suelen alcanzar grandes dimensiones –lo que obliga a repartirla entre familiares, vecinos y amigos–, procuraremos informarnos de las características y el ciclo vegetativo de cada variedad a fin de seleccionar diversos tipos y realizar siembras simultáneas que nos den cosechas escalonadas.

Clima. Las coliflores son plantas de épocas frías –aunque la mayoría no soporta las heladas–; un clima cálido y seco provoca inflorescencias precoces, poco compactas (espigadas) y de desagradable sabor. De hecho, podemos cultivarla en todos los climas, aunque procurando que no le falte humedad en la tierra y que la época de formación de inflorescencias no coincida con meses muy calurosos ni con épocas de heladas.

Suelo. Son plantas bastante exigentes en cuanto a suelo: aunque se adaptan al pH, prefieren suelos neutros –detestan los muy calizos–, bien mullidos y abonados, frescos y con una humedad regular durante todo el ciclo de cultivo.

Abonado. Tanto las coliflores como los brócolis son plantas de gran porte y muy exigentes en cuanto a nutrientes (nitrógeno, potasio), lo que nos obliga a aportar compost descompuesto en proporción de 2,5 a 4 kg/m^2. Le convienen las aportaciones ricas en nitrógeno, aunque de forma moderada o bien espaciadas, pues un exceso de nitrógeno atrae a parásitos como el pulgón o provoca un deterioro de la superficie de las inflorescencias. También resulta importante que el suelo o el abonado sean ricos en potasio.

Riego. El cultivo de coliflores requiere aportes hídricos abundantes y regulares que, sin llegar a encharcar el suelo, mantengan la humedad de forma permanente. No toleran los períodos largos de sequía o la falta de riego regular y, una vez formadas las inflorescencias, no conviene regarlas por encima (aspersión o regadera), pues tenderían a estropearse por la presencia de hongos, mohos o podredumbres. Por todo ello, las coliflores son un cultivo idóneo para el uso de sistemas de riego por goteo y, a poder ser, con programador automático que facilite un aporte regular de agua. El acolchado con plantas –especialmente con hojas de consuelda– es recomendable en el cultivo de coliflores, pues permite mantener mejor la humedad del suelo y, dado que son hortalizas de largos ciclos de cultivo, sirven de aporte orgánico (la consuelda es muy rica en potasio).

Siembra. En las variedades de verano-otoño suele realizarse su siembra de enero a marzo, en semilleros protegidos o de cama caliente. Las variedades de otoño-invierno se siembran en semillero al aire libre, de mayo a junio, y las de invierno-primavera también en semillero al aire libre pero de julio a septiembre.

Trasplante. Las coliflores se trasplantan cuando tienen de tres a cinco hojas, y se entierran las raíces y tallos hasta la base de las primeras hojas, cuidando de que no caiga tierra sobre el brote central, pues podría dañarlo, quedando la planta «ciega» y deteniendo su desarrollo. El marco de plantación de las variedades de verano-otoño suele ser de 60-70 × 60-70 cm. Las variedades de otoño-invierno e invierno-primavera requieren marcos de plantación más espaciados: 70 × 70 cm o 70 × 80 cm.

Cultivo. Es importante mantener el suelo de las coliflores húmedo, aunque mullido y aireado; por ello, los sistemas de cultivo en bancal profundo, en donde no se pisa la tierra cercana, los acolchados, o las escardas y cavas con recalce y aporcado, son muy aconsejables. Los recalces serán necesarios en las variedades de porte alto o de grandes dimensiones, para impedir que se caigan. Deben evitarse los encharcamientos de la tierra, que provocarían la asfixia de las raíces y detendrían el desarrollo de la planta. Si deseamos que las inflorescencias sean muy blancas, las protegeremos de la radiación solar intensa rompiendo los nervios centrales de algunas hojas y doblándolas sobre las cabezas, o bien atándolas, si fuera necesario. Esto es importante en las variedades que se cosechan en primavera-verano, pues el exceso de radiación ultravioleta daña las frágiles flores.

A diferencia del resto de coles, que se catalogan como hortalizas de hoja, las coliflores entran en la clasificación de flores a la hora de buscar los días idóneos para su siembra, trasplante o labores, según el calendario biodinámico. En las fases lunares clásicas se eligen los días de luna llena o los últimos días de creciente.

Recolección. Se cosechan cortando las inflorescencias junto a algunas hojas tiernas, a partir de su plena formación y antes de que empiecen a abrirse o espigarse. Las coliflores ideales suelen ser blancas –sino son variedades rosadas o lilas–, compactas, tiernas, de granulosidad fina y poco olorosas. Conviene sembrar y trasplantar coliflores de diferentes ciclos de cultivo para no tener una excesiva producción de golpe ya que, aunque la cosecha de una variedad se escalona en varias semanas, una vez cortadas se estropean con facilidad y resultan de difícil conservación.

Problemas. Las coliflores, como el resto de coles, pueden sufrir ataques de pulguillas, orugas de la col y mosca de la col. Las larvas de esta última pueden echar a perder las yemas terminadas de las coliflores; su ataque empieza a partir de la base de las hojas del centro. Habrá que controlarlas bien y recurrir a un insecticida natural sólo en caso de ataque generalizado (poco frecuente). La hernia de la col, ya descrita en los repollos, también suele ser problemática en tierras pesadas y muy húmedas.

Rotaciones. Al ser plantas muy exigentes, requieren rotaciones espaciadas de tres a cinco años sobre una misma parcela.

Asociaciones. Las plantas preferidas como vecinas por las coliflores son las patatas y las cebollas. Algunas plantas medicinales, como el romero o la menta, ayudan a ahuyentar algunos parásitos de las coliflores.

También podemos plantar lechugas o sembrar espinacas entre las coliflores, pues tienen un ciclo vegetativo más corto y se cosechan antes de que las coles alcancen un desarrollo excesivo, que las ahogaría.

Colinabos y colirrábanos

Exposición:
Riego:
Siembra: de marzo a julio
Marco de plantación: 30-35 x 30-40 cm
Cosecha: a partir de los cincuenta días

Los colinabos y los colirrábanos son poco conocidos en nuestro país, aunque resultan tradicionalmente apreciados en los países del norte de Europa, en donde se cultivan numerosas variedades. Se distinguen de las otras coles en que tienen un tallo engrosado y carnoso, que forma esferas regulares del tamaño de una naranja.

La carne del colirrábano es pulposa, tierna y de sabor delicado cuando se consume antes de alcanzar su máximo desarrollo. Suele tomarse cruda o cocida, y su sabor recuerda a una mezcla entre el nabo y la col. También se siembra como planta forrajera para consumo de animales.

El colinabo o nabo de Suecia desarrolla raíces mucho más grandes que el colirrábano y recuerdan en su forma a los nabos; incluso su sabor es muy parecido. Deben consumirse antes de alcanzar su máximo desarrollo, ya que los ejemplares gruesos suelen ser fibrosos y de sabor poco agradable. Se pueden consumir crudos, rallados, cocidos, asados, fritos, en sopas, potajes, etc.

Clima. Prefieren climas templados y húmedos, pues soportan mal el calor intenso y las sequías; en cambio, se desarrollan bien en climas fríos y soportan inviernos con bajas temperaturas. El colirrábano soporta mejor los climas calurosos que el colinabo a condición de que no le falte humedad en el suelo.

Suelo. Se adaptan a todas las tierras, aunque prefieren las frescas, ricas en humus y arcillosas.

Abonado. Requieren un abonado normal, similar o incluso inferior al del resto de coles.

Los colinabos son plantas rústicas que no requieren excesivos cuidados. No toleran el exceso de calor, por lo que son ideales para climas fríos y húmedos.

El colirrábano es una col de la que se consume su engrosado tallo de forma esférica, aunque sus hojas también pueden cocinarse.

RIEGO. Precisan humedad regular, y deberán regarse a menudo en las épocas de calor o viento.

SIEMBRA Y TRASPLANTE. Los colirrábanos se siembran en semilleros al aire libre o protegidos, desde finales de marzo hasta julio. Interesa escalonar las siembras si deseamos cosechar siempre plantas tiernas, aunque dado su largo período de conservación en la tierra podemos realizar unas tres siembras: la primera en la primavera, y la última, a mediados de verano. Suelen trasplantarse entre cuatro y cinco semanas después de la siembra, en un marco de plantación de 30-35 x 30-40 cm.

Los colinabos no toleran el trasplante y se siembran directamente en el lugar de cultivo de junio a agosto, en surcos separados entre 35 y 40 cm, y realizando aclareos, hasta dejar un colinabo cada 25-30 cm, aproximadamente. La fase lunar más adecuada es la luna menguante, a poder ser coincidiendo con la luna descendente.

CULTIVO. Las técnicas de cultivo son las habituales para el resto de coles, controlando especialmente las hierbas competidoras y realizando escardas sin aporcar o recalzar. Les conviene los acolchados con paja u otras materias orgánicas. No se aconseja deshojar los colinabos durante su ciclo de cultivo.

RECOLECCIÓN. Se cosechan a medida que adquieren un buen tamaño –sin esperar a su máximo grado de desarrollo–, desde finales de agosto hasta marzo.

PROBLEMAS. Son plantas muy rústicas, que no suelen presentar problemas significativos.

ROTACIONES. Son plantas exigentes. Conviene respetar plazos de tres a cuatro años para cultivos en una misma parcela.

ASOCIACIONES. Se asocian muy bien con lechugas, cebollas y pepinos. Por lo contrario, no se llevan bien con las judías, los tomates o los fresales.

Hortalizas de raíz

Ajos

Nombre científico: *Allium sativum* (liliáceas)
Exposición: ☼
Riego: 💧💧
Siembra: de octubre a diciembre y de enero a marzo
Marco de plantación: 10-12 x 20-30 cm
Cosecha: a los dos meses los tiernos y a partir de los tres meses y medio los secos

Si existe un remedio universal para infinidad de dolencias, eficaz y al alcance de todos los bolsillos, posiblemente sea el ajo. Planta denostada en nuestros días debido a su fuerte sabor y al intenso olor que impregna la boca de quien lo consume –sobre todo crudo–, el ajo, aparte de tomarse como verdura (ajos tiernos en guisos y tortillas), resulta un excelente complemento o condimento en numerosos platos de la tan traída y llevada cocina mediterránea. Y ello a pesar de sus lejanos orígenes (Asia central). En España son contados los condimentos herbáceos y las especias culinarias empleadas, por lo que quizá sea el ajo el número uno por sus múltiples usos y por ser parte integrante de la mayoría de recetas típicas: desde el *allioli* (ajoaceite), pasando por el bacalao al pil-pil, la fabada, los cocidos o la sobria sopa de ajo; lo hallamos también en la paella valenciana o en la mayoría de sofritos y, cómo no, en el pan con aceite, tomate y ajo restregado, típico de Cataluña.

Pero, aparte de sus múltiples usos culinarios, las ventajas terapéuticas del ajo son innegables en múltiples trastornos de la salud. Además de sus reconocidas propiedades anticancerígenas, combate infecciones de nariz, garganta o pecho; ayuda a reducir el colesterol, mejora los problemas cardiovasculares como la tensión alta, y reduce el nivel de azúcar en sangre; incluso se usa para combatir parásitos intestinales. Personalmente conozco varias personas con excelente y envidiable salud que basan su buen estado general en un consumo regular de ajos, sobre todo crudos y en ayunas. Y, siendo como es una planta poco exigente y de fácil cultivo, haremos lo posible por cultivarla en nuestro huerto familiar. Ello nos evitará echar mano de ciertos ajos comercializados, que son conservados en cámaras con fungicidas e incluso algunos son irradiados para evitar su germinación.

Propiedades. Ya hemos comentado algunas de las propiedades más conocidas de los ajos, a las que habría que añadir su efecto anticarcinógeno. Entre sus cualidades terapéuticas y profilácticas se le reconocen virtudes antibióticas, antidiabéticas, antisépticas, antiespasmódicas, aperitivas, afrodisíacas, carminativas, depurativas, digestivas, expectorantes, febrífugas, nutritivas, estimulantes, tónicas o vermífugas. Contiene varios aceites esenciales volátiles que le otorgan su inconfundible aroma. Aporta vitaminas de los grupos A, B, C y E, y minerales como el cobalto, el manganeso, el selenio, el sílice y el yodo.

Clima. Se cultiva en casi todos los climas y, aunque prefiere los templados y cálidos, soporta bien el frío intenso y los climas húmedos. En cuanto a las lluvias, las prefiere espaciadas, pues acusa el encharcamiento de la tierra donde crece.

Suelo. El cultivo del ajo se adapta bien a distintos terrenos, aunque prefiere los ligeros, permeables, bien aireados y con suficiente humus; detesta los pesados y muy húmedos. En tierras húmedas es interesante plantarlos en las crestas de los surcos.

Abonado. A los ajos no les gusta el estiércol o el compost frescos; es preferible usar compost muy fermentado o, mejor aún, sembrarlos en parcelas bien abonadas con anterioridad para los cultivos precedentes –los ajos aprovechan lo que queda–. En el Levante resulta habitual esparcir cenizas sobre la tierra durante el cultivo del ajo.

Riego. Los ajos no precisan de mucho riego; éste más bien será moderado o nulo en caso de que se produzcan precipitaciones durante su ciclo de cultivo. Quizá requiera una cierta humedad en la fase inicial de su desarrollo, pero si el suelo es fresco, nos olvidaremos del riego o lo limitaremos a las épocas de intensa sequía.

Siembra. Se siembran los dientes de ajo seleccionando los mejores ejemplares de cada cabeza y desechando los excesivamente pequeños, los deformes y los de la parte central. Hay dos épocas de plantación, que suelen ser las más frecuentes: una en otoño, desde octubre hasta noviembre –o de diciembre a enero en zonas lluviosas–, y la otra de enero a marzo, sobre todo en los suelos más pesados y húmedos. Se siembran con la punta hacia arriba, enterrándolos entre 3 y 5 cm y dejando la puntita justo fuera de la tierra, en un marco de plantación de entre 12 y 15 cm entre dientes y de 20 a 30 cm entre líneas. Las fechas más favorables para la siembra son los días de luna menguante y, a ser posible, en luna descendente y días de raíz, según el calendario biodinámico.

Cultivo. Todas las labores que realicemos con los ajos procuraremos hacerlas en día raíz y en luna menguante, según el calendario biodinámico; con ello pondremos coto a la proliferación de malas hierbas, y eliminaremos las pocas que crezcan con las sucesivas escardas que efectuaremos para romper la costra del suelo y airearlo, a fin de poder mantener mejor su humedad. Los ajos no se aporcan o recalzan, ni requieren abonados durante su ciclo vegetativo.

Recolección. Pueden cosecharse en estado fresco (ajos tiernos), cuando han alcanzado suficiente altura pero aún no han empezado a engordar los bulbos. Las cabezas de ajos bien formadas pueden recolectarse a partir de junio en las zonas templadas, y en julio-agosto en las frías. Se arrancan los ajos cuando las hojas empiezan a secarse o cuando están bien secas. En algunas zonas, para que engorden más los bulbos, se aplastan los tallos de los ajos cuando las hojas empiezan a amarillear.

Para su correcta conservación es conveniente un buen secado posterior a la cosecha, por lo que suelen atarse en manojos o ristras que se cuelgan al aire y al sol, en lugares al abrigo de la humedad nocturna. El exceso de riego o de abonado reducen las posibilidades de buena conservación, aumentando la tendencia a la putrefacción. Las variedades de ajo rosa o violeta suelen conservarse mejor que las de ajo blanco.

Problemas. El ajo es vulnerable a enfermedades criptogámicas al inicio de la siembra o de la germinación, debido a un exceso de humedad en el suelo o a la existencia de abundante materia orgánica en descomposición. La roya (manchas amarillentas o rojizas en las hojas y en ocasiones también en los bulbos) puede afectarle igualmente. Para evitarla habrá que respetar bien los ciclos de rotación. Los preparados de algas marinas como el *lithothamne*

El cultivo de ajos en el huerto familiar resulta fácil, pues esta planta se desarrolla bien en la mayoría de tipos de tierra.

Los ajos atados en ristra permiten un buen secado y una larga conservación.

son un buen remedio preventivo e incluso paliativo. Por lo demás, el cultivo de los ajos no suele presentar problemas serios. Recientemente se habla del menor tamaño de los ajos españoles. Dado lo difícil de su control, nos limitaremos a sembrarlos más juntos para cosechar los mismos kilos por metro cuadrado.

Rotaciones. El ajo no es muy exigente ni agota el suelo; pero, para evitar problemas de parásitos, conviene respetar rotaciones de entre dos y cuatro años.

Asociaciones. Una asociación muy recomendable suele ser su siembra entre las freseras; parece que estimulan su desarrollo y protegen a las fresas de parásitos indeseables. Otras asociaciones favorables se establecen con las remolachas rojas, las patatas, el hinojo, las lechugas o los tomates; debe evitarse la proximidad de leguminosas como judías, guisantes, lentejas o habas.

Apio-rábano

Nombre científico: *Apium graveolens* var. *rapareum* (umbelíferas)
Exposición:
Riego:
Siembra: de febrero a marzo y de agosto a septiembre
Marco de plantación: 10-15 x 10-15 cm
Cosecha: a los tres meses

Se trata de una variedad de apio, pariente próxima del apio de pencas, que se caracteriza por sus abultadas y carnosas raíces y hojas de peciolo hueco. Realmente desconocido en nuestro país, donde apreciamos más el apio de pencas, es muy consumido en el resto de Europa –sobre todo en el norte–. Se consumen sus raíces crudas, peladas y ralladas en ensalada, o se cocina como otras hortalizas en sopas, potajes o guisos. Su sabor es muy similar al del apio de pencas.

Propiedades. Son similares a las del apio de pencas, aunque destacan sus efectos antirreumáticos, aperitivos, afrodisíacos, carminativos, digestivos, diuréticos, excitantes, refrescantes, remineralizantes y tónicos. Entre sus vitaminas hallamos la A, la B, la C y la PP, y entre su composición mineral, el bromo, el calcio, el cobre, el hierro, el magnesio, el manganeso, el fósforo, el potasio y el sodio. También contiene aceites esenciales.

Clima. Prefiere climas frescos y de ambiente húmedo; no le convienen las regiones muy calurosas, aunque tampoco soporta los fríos intensos.

Suelo. Necesita una tierra fértil, fresca y rica en humus. Los suelos secos y pobres sólo dan raíces pequeñas, duras y fibrosas.

Abonado. Requiere un abonado normal: de 1 a 3 kg/m^2 de compost, que deberá estar muy bien descompuesto (mantillo).

Riego. Debe ser abundante, sobre todo en las épocas secas y calurosas.

Siembra. Se siembra en semillero protegido, de febrero a abril, y en semillero con buena exposición solar desde mediados de abril hasta finales de mayo. Son semillas pequeñas que deben cubrirse muy poco. La incidencia lunar idónea es sembrar y trasplantar en luna descendente y días de raíz.

Trasplante. Mejor sería decir «trasplantes», ya que el apio-rábano requiere varios trasplantes si deseamos conseguir una raíz grande y carnosa. Realizaremos un primer repicado a macetas o cepellones cuando las plantitas tengan unos 5 cm y, una vez enraizadas, las trasplantaremos al huerto (algunos agricultores afirman –no lo he probado– que si arrancamos el apio-rábano al cabo de un mes de trasplantado y lo volvemos a plantar, se desarrolla mucho más grueso). Cortar la raíz pivotante –la principal– dejándole las raicillas laterales, mejora los resultados y permite obtener raíces bonitas y carnosas.

Cultivo. El apio-rábano sólo precisa una buena tierra y riegos regulares que lo mantengan bien hidratado. Por lo demás, basta controlar las hierbas con binas y escardas o, mejor aún, acolchar. Resiste mejor el frío que el apio de pencas, aunque no tolera las heladas.

Recolección. Es una planta de ciclo largo. En verano podemos empezar a consumir las sembradas a principios de año, aunque para la mayoría es a partir de otoño cuando se hallan en su punto óptimo. En Europa cosechan con la llegada de los fríos intensos y antes de las primeras heladas y lo guardan en sótanos oscuros, estratificado en cajas con arena o compost viejo.

Problemas. Es una planta resistente a las plagas, y sus únicos problemas pueden derivarse de un exceso de calor o de la sequedad de la tierra. Puede sufrir también alguna podredumbre de las hojas a causa de un exceso de humedad ambiental.

Rotaciones. Se trata de plantas muy exigentes, que requieren rotaciones mínimas de tres a cuatro años.

Asociaciones. Se llevan bien con coles, guisantes, judías de mata baja, puerros, pepinos, tomates, lechugas y rabanitos.

Cebollas

Nombre científico: *Allium cepa* (liliáceas)
Exposición: ☼ ◑
Riego: 💧💧💧
Siembra: de febrero a marzo y de agosto a septiembre
Marco de plantación: 10-15 x 10-15 cm
Cosecha: a los tres meses

La cebolla no necesita presentación. Se trata de una de las primeras plantas condimentarias cultivadas. Su procedencia se localiza en Asia occidental y crece espontáneamente en Irán. Tiene tantos usos culinarios que necesitaríamos un libro entero para describirlos; forma parte de muchas salsas, sofritos, guisos y potajes, a excepción, quizá, de la paella valenciana (aunque algunos atrevidos la emplean, los grandes especialistas la desaconsejan, pues «chafa» o aplasta el arroz, impidiendo la buscada textura de granos sueltos y firmes). Suele estar muy presente en ensaladas, en bocadillos vegetales, en patés, croquetas y, cómo no, en la tortilla, ya sea sola o dándole sabor y jugosidad a la típica tortilla de patatas.

Aparte de sus usos culinarios y condimentarios, lo destacable de la cebolla son sus propiedades terapéuticas, pues se trata de un excelente antiséptico y antiinflamatorio, base de caldos depurativos y desintoxicantes. También es una buena aliada de la circulación sanguínea y se toma a menudo para combatir resfriados, gripes y toses rebeldes.

Propiedades. Ya hemos mencionado algunas de las saludables propiedades de la cebolla, aunque son tantas y tan variadas que podemos comentar algunas más. Se trata de una planta bastante nutritiva, debido a los azúcares que contiene, aparte de ser rica en ácidos esenciales, enzimas y vitaminas A, B_1, B_2, B_5, C, E y PP, y en azufre, bromo, bario, fósforo, calcio, flúor, hierro, potasio, sodio y yodo. Todo ello le confiere propiedades antibióticas, antiescorbúticas, antiinflamatorias, antisépticas, bactericidas, digestivas, diuréticas, estimulantes, nutritivas, pectorales, tónicas y vermífugas.

Su uso medicinal es amplio y tiene aplicaciones tan sencillas como colocar un par de cebollas cortadas por la mitad sobre la mesita de noche para aliviar las congestiones nasales o respiratorias y dormir plácidamente. Aspirar los vapores de la cebolla recién cortada también detiene las hemorragias nasales. La cebolla cruda se aplica para aliviar picaduras de insectos. Se ha comprobado que su consumo regular beneficia el aparato digestivo y contrarresta la tendencia a la angina de pecho, la arteriosclerosis y los accidentes cardiovasculares. Con la cebolla asada se elabora un emplasto para drenar el pus de las heridas infectadas y de las llagas. También tiene fama de afrodisíaca, y suele usarse para elaborar tónicos estimulantes del crecimiento del cabello o contra su caída.

Variedades. Existen muchas variedades de cebolla, con características muy diferentes entre sí y a menudo con usos bien diferenciados, desde las babosas, para consumo en fresco, hasta las cebollitas de conserva en vinagre, pasando por las típicas variedades de guardar, con múltiples formas y aspectos: planas, alargadas, piniformes o esféricas y de colores que van del blanco al violeta intenso, pasando por el amarillo o el rojo vivo. Hay cebollas de ciclos de cultivo cortos, para consumo en fresco, y de ciclos largos, generalmente para guardar secas, por lo que será importante conocer la variedad que se va a sembrar o a plantar si compramos a un viverista las cebollitas para trasplante.

Clima. Su cultivo se adapta a todos los climas; se trata de una planta bastante resistente tanto al frío como al calor intenso, lo que la convierte en una hortaliza de cultivo fácil. De todos modos, para obtener ejemplares de grueso calibre, las cebollas necesitan días con fotoperíodo largo (muchas horas de luz), por lo que resulta más fácil su cultivo en climas meridionales y cálidos.

Suelo. Le gustan los suelos frescos, ligeros, bien aireados y ricos

Podemos plantar las cebollas agrupadas, como las de la imagen, o situarlas bordeando los bancales, ya que precisan poco espacio y no muchos nutrientes para su desarrollo.

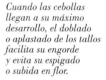

Cuando las cebollas llegan a su máximo desarrollo, el doblado o aplastado de los tallos facilita su engorde y evita su espigado o subida en flor.

Cebollas y zanahorias (en segundo plano) forman una excelente asociación. Estas plantas se protegen y estimulan mutuamente.

en humus, de preferencia neutros o ligeramente calcáreos.
En cambio, no le convienen los suelos pesados y húmedos, ya que el exceso de humedad y los encharcamientos le perjudican. Para las tierras duras podemos elegir variedades de cebollas aplanadas, chatas.

Abonado. Si tenemos una parcela para siembra que ya dispuso en el anterior cultivo de una importante aportación orgánica, no será necesario abonar. En caso de tener que hacer aportaciones, éstas deberán ser de estiércol o compost muy hechos y descompuestos, pues a las cebollas las perjudican los estiércoles frescos. El aporte de cenizas al preparar la tierra les resulta muy beneficioso.

Riego. Lo ideal es recurrir al riego por goteo, pues la humedad del suelo deberá ser regular y constante durante la primera parte del desarrollo de las cebollas, espaciándose en la última fase, donde interesa que el suelo esté seco para que las cebollas puedan secarse correctamente y se conserven de forma adecuada.

Siembra. Las variedades de verano se siembran de agosto a septiembre, se trasplantan de noviembre a enero y se recogen de mayo a julio. Las variedades de invierno se siembran de febrero a marzo, se trasplantan de mayo a junio y se cosechan en septiembre u octubre. La siembra suele efectuarse en semillero al aire libre, en bancales o en líneas espaciadas cada 25 o 30 cm. Cuando las cebollitas alcanzan una altura de unos 15 a 20 cm y el grosor de un lápiz, se van arrancando en sucesivos aclareos, dejando en las líneas o en las eras una cebolla cada 10 o 15 cm (según variedades). Las cebollitas arrancadas podemos consumirlas o trasplantarlas en otro lugar. Las siembras en épocas muy frías retrasan la germinación de las semillas, que generalmente es de unos seis días en épocas favorables y puede retrasarse unos veinte días con temperaturas que ronden los 10 °C.

Trasplante. El trasplante se efectúa con cebollitas que hayan alcanzado el tamaño aproximado de un lápiz. Podemos plantarlas intercaladas con otros cultivos (que formen con ella una buena asociación), espaciándolas de 10 a 15 cm, ya sea en eras, en bancales profundos o en líneas separadas de 25 a 30 cm unas de otras. Hay hortelanos y agricultores que recortan las raíces de las cebollitas antes de su trasplante; de hecho, si –según el método de trasplante que usemos– quedasen las raíces torcidas hacia arriba, convendría recortarlas también. Hay que recortar las hojas, aunque algunos lo desaconsejan; personalmente, no suelo hacerlo y, si no les falta humedad, no tienen por qué tener problemas.
Es importante que con una manguera o regadera echemos un chorro de agua junto a cada cebolla tras su trasplante, para que las raíces puedan unirse bien a la tierra y no queden bolsas de aire. En septiembre-octubre podemos plantar en la tierra las cebollas secas de pequeño tamaño, colocándolas cada 15 o 20 cm; estas cebollas emitirán varios brotes por bulbo y nos proporcionarán cebollas tiernas a finales del invierno.

Cultivo. La cebolla requiere una humedad del suelo regular, lo que facilita la germinación de hierbas competidoras –excepto en cultivos acolchados–, por lo que habrá que realizar frecuentes escardas; aprovecharemos entonces para cavar alrededor de los bulbos a fin de mullir la tierra, pero cuidando de no dañar las frágiles y superficiales raíces. No conviene recalzar o aporcar las cebollas.
Si realizamos una siembra en época fría y se retrasa la germinación de las semillas, o si sembramos o trasplantamos en días de flor o de fruto, posiblemente nos hallaremos ante un prematuro espigado o subida en flor de las cebollas, lo que perjudicará sus aptitudes para el consumo, la venta o la conservación de los bulbos. Hay que elegir bien el momento de la siembra y el trasplante, aunque podemos intentar corregir errores removiendo la tierra con binas o escardas en días de raíz del calendario biodinámico. El aplastado de los tallos y hojas cuando los bulbos están ya bien formados facilita su engorde y reduce las probabilidades de espigado.

Recolección. Las cebollas para consumo fresco pueden cosecharse a medida que se necesiten, una vez hayan alcanzado un tamaño aceptable. Las cebollas destinadas a la conservación requieren un buen secado antes de ser guardadas. En mi familia, siempre conocí la costumbre de esparcir, tras la cosecha, las cebollas bajo un árbol –ventiladas pero protegidas del sol– durante unos días o incluso semanas, hasta que estuvieran bien secas y pudieran

Cebollas expuestas al aire libre para su correcto secado antes de ser almacenadas.

guardarse en cajas de madera o atadas en manojos y colgadas en un lugar oscuro pero ventilado. En los climas húmedos del norte y en los países de poco sol, en la época de la cosecha se recurre al chamuscado de las raíces de las cebollas con la llama de un soplete, para evitar de este modo que se pudran y poder guardarlas con garantías.

Problemas. Si disponemos de una tierra bien cuidada y realizamos un correcto cultivo ecológico, es muy probable que no tengamos problemas con el cultivo de las cebollas. Los problemas más frecuentes se deben al exceso de humedad del suelo, que favorece la proliferación de enfermedades a las que la cebolla es sensible. Habrá que evitar siembras espesas, practicar rotaciones adecuadas y eliminar –preferiblemente quemar– las plantas afectadas por podredumbres o royas. En cuanto a los insectos, la mosca de la cebolla es el más preocupante; para evitarla suele asociarse el cultivo de cebollas al de zanahorias –se protegen mutuamente–; también puede prevenirse con maceraciones de brotes de tomatera.

Igualmente existen unos trips de las cebollas, las larvas de los cuales las atacan y terminan matándolas; estos trips atacan en épocas de sequía y de mucho calor; podemos combatirlos con insecticidas vegetales al inicio de los ataques.

Rotaciones. Las rotaciones del cultivo de cebollas se deben espaciar entre dos y cuatro años para una misma parcela –en función de si han tenido problemas o no–, y conviene alternarlas con plantas de frutos (tomates o pepinos).

Asociaciones. Las cebollas hacen buenas migas con zanahorias, pepinos, chirivías, lechugas, fresales o remolachas. En cambio, al igual que los ajos, no se llevan bien con las leguminosas (guisantes, judías, habas, etc.).

Chirivías

Nombre científico: *Pastinaca sativa* (umbelíferas)
Exposición:
Riego:
Siembra: a partir de enero en zonas cálidas y de marzo a abril en zonas frías
Marco de aclareo: distanciado entre sí unos 10-15 cm
Cosecha: a los cuatro meses

Se trata de una planta que fácilmente se halla silvestre originaria de Europa, a la que se han aplicado mejoras de selección que han dado una raíz de forma intermedia entre la de la zanahoria y la de los nabos, pero con su propio y característico sabor. Es muy popular en la región valenciana y suele usarse como ingrediente aromatizador de cocidos y sopas.

Propiedades. Posee virtudes antirreumáticas, diuréticas, emenagogas, nutritivas y reconstituyentes. Presenta vitaminas C, B_1 y PP, y contiene un buen número de minerales: calcio, magnesio, potasio, sodio, y trazas de fósforo, cloro y azufre.

Clima, suelo, abonado, riego, siembra y cultivo. Serán similares a los de la zanahoria, de la que es prima hermana. Única precaución: que al sembrar no haga viento, pues las semillas son planas y finas y vuelan con facilidad. Tras la nascencia –cuando las plantitas tienen unos 5 cm– aclarar dejando una distancia entre plantas de entre 10 y 15 cm.

Recolección. Una vez formadas, las iremos arrancando poco a poco, a tenor de las necesidades familiares. Se trata de una planta muy rústica, que puede permanecer en el suelo largos períodos; en algunas zonas templadas incluso pasa el invierno en la tierra. En zonas frías se cosechan antes de las primeras heladas; se las despoja de todas sus hojas y se guardan estratificadas en arena o turba.

El cultivo de chirivías apenas presenta problemas y permite la obtención de raíces de excelentes aptitudes culinarias y nutritivas.

Problemas. Se trata de una planta muy rústica, que apenas sufre el ataque de insectos o enfermedades.

Rotaciones. Se llevarán a cabo rotaciones cada tres o cuatro años.

Asociaciones. Se lleva bien con los rabanitos.

Nabos

Nombre científico: *Brassica rapa* (crucíferas)
Exposición:
Riego:
Siembra: de marzo a junio y de julio a septiembre
Marco de aclareo: 10 x 15 cm
Cosecha: a los cuarenta días

Hortaliza un poco olvidada en nuestros días –fue desplazada

Los nabos suelen desarrollarse con suma rapidez, lo que permite cultivarlos asociados a plantas de desarrollo más lento, como los guisantes, las judías o el apio.

por las patatas–, a pesar de ser consumida por la humanidad desde la remota prehistoria. Tanto su sabor como el fuerte aroma que se desprende de su cocción tiene sus amantes y sus enemigos –ciertamente, no gusta a todo el mundo–. Sea como fuere, están muy buenos crudos, rayados en ensalada; aunque lo más habitual es incorporarlos a potajes, pucheros, cocidos y demás guisos populares. Degustar unos nabos al horno en bechamel y gratinados, o en estofado o puré, es toda una sorpresa para el paladar. Las hojas frescas de nabo pueden cocinarse como verdura.

Propiedades. Tanto los nabos como sus raíces son ricos en calcio, por lo que se recomiendan para contribuir al desarrollo de los niños. Los nabos tienen propiedades antiescorbúticas, diuréticas, laxantes, pectorales y refrescantes. Contienen buenas dosis de vitaminas A, B_5, B_6, C y PP. Y entre su contenido mineral hallamos azufre, calcio, cobre, fósforo, hierro, magnesio, potasio, yodo y cinc.

Variedades. Entre las distintas variedades hallamos nabos blancos, amarillos, rosados, bicolores e incluso negros. Sus tamaños también difieren bastante de una variedad a otra, así como su forma, que puede ser redonda, alargada o achatada. Elegiremos la variedad en función de las preferencias familiares y de la rusticidad o adaptación de la planta a las condiciones climáticas y de suelo de nuestro huerto.

Clima. Podemos cultivarlo en cualquier clima, aunque teme el calor y no aguanta las sequías; por ello será mejor cultivarlo en épocas poco calurosas o en zonas sombreadas y frescas en verano.

Suelo. Es muy adaptable aunque de preferencia elegiremos suelos ligeros, frescos, ricos en humus, mullidos y sueltos en superficie aunque puedan estar duros en profundidad. A ser posible ligeramente ácidos o neutros –no le gustan demasiado las tierras calcáreas–.

Abonado. Por lo general, le bastará con la materia orgánica excedente de los cultivos precedentes. En caso de aportes orgánicos, éstos deberán estar bien descompuestos.

Riego. Por lo general, no precisa de riegos en la mayor parte del año, siempre que crezca en tierras frescas. Pero en suelos que drenen con facilidad y en épocas calurosas, procuraremos que no les falte irrigación.

Siembra. Las variedades de primavera y verano se sembrarán directamente al aire libre de marzo a junio, y las variedades otoñales e invernales de julio a principios de septiembre. Los muy amantes de los nabos pueden efectuar siembras en semillero protegido desde el mes de enero. Los sembraremos a voleo, en líneas separadas unos 25-30 cm, cubriendo muy poquito las semillas –son pequeñísimas– y apisonando ligeramente la tierra sobre ellas. Es importante para una buena nascencia que el suelo esté atemperado; en caso de estar la tierra muy seca a la hora de sembrar, la regaremos (de preferencia por microaspersión). Una vez las plantitas tienen dos o tres hojas, las aclararemos cada 10 o 15 cm. Los nabos no requieren trasplante, ni lo soportan. El mejor momento de las fases lunares para la siembra de nabos es en luna descendente y en días de raíz.

Cultivo. Binas y escardas que controlen las hierbas competidoras y riegos cuando sea preciso (en caso de tiempo caluroso). Podemos efectuar acolchados para retener la humedad del suelo; lo que no les conviene son los aporcados o los recalces.

Problemas. Son plantas del mismo género que las coles y, por lo tanto, tienen problemas similares, aunque su cultivo en huerto ecológico no suele presentar grandes dificultades.

Rotaciones. Planta algo esquilmante; conviene respetar rotaciones de tres a cuatro años.

Asociaciones. Se lleva bien con el apio, las judías, los tomates, las zanahorias, las lechugas y los guisantes. Plantar rábanos cerca le da un sabor amargo.

Rabanitos

Nombre científico: *Raphanus sativus* (crucíferas)
Exposición:
Riego:
Siembra: todo el año
Marco de aclareo: 20 x 20 cm
Cosecha: a los veinte días en variedades precoces

Quizá sea una de las plantas de más fácil cultivo para los aficionados y los inexpertos en agricultura; además, a los niños les encanta sembrar rabanitos, pues dada su habitual impaciencia, los ven crecer a ojos vista y, al poder consumirlos a las pocas semanas de la siembra, se sienten estimulados al hortocultivo. Existen infinidad de variedades de rabanitos y rábanos, aunque los más populares son los redondos rojos y los alargados con punta blanca. No es una planta muy nutritiva, pero da un toque de color y sabor a las ensaladas, y además sus propiedades medicinales no son desdeñables. Debe tenerse cuidado con su abuso, pues dado su rápido desarrollo suelen contener muchos nitratos y no convienen a las personas con problemas reumáticos o artríticos.

Propiedades. Tienen cualidades aperitivas, antiescorbúticas, depurativas, diuréticas, expectorantes, refrescantes y estimulantes. Contiene vitaminas B, C y PP, y entre los muchos minerales que presenta hallamos azufre, calcio, cobre, hierro, magnesio, manganeso, fósforo, selenio, yodo y cinc. En caso de problemas de tos y de inflamaciones de bronquios y de garganta, podemos elaborar un sencillo pero eficaz jarabe cortando en rebanadas un par de rabanitos y dejándolos macerar en un vaso con dos cucharadas de miel; a las pocas horas obtendremos un líquido dulzón con propiedades antitusivas y expectorantes, que podemos ir tomando a medida que lo necesitemos.

Clima. Le gustan los climas templados y, aunque soporta bien el frío, las bajas temperaturas enlentecen mucho su desarrollo. Las épocas de sequía o la falta de riego les dan a los rabanitos un sabor muy picante y aceleran la subida en flor.

Suelo. Crece en cualquier tipo de suelo, aunque lo hace mejor en suelos sueltos, frescos y muy ricos en humus. Pueden aprovecharse para su cultivo las parcelas que tuvieron con anterioridad un cultivo muy abonado.

Abonado. No es muy exigente; le bastará con que el cultivo precedente estuviera bien abonado. En caso de suelo pobre, le aportaremos de 1 a 3 kg de compost muy descompuesto.

Riego. Es importante que la tierra en la que crecen los rabanitos no se seque demasiado; prefieren una humedad regular, aunque el caudal de riego no sea muy abundante. El exceso de agua y nitrógeno da rabanitos abultados y huecos.

Siembra. Desde enero se pueden realizar siembras directas –no se trasplanta– en cajas protegidas del frío o en invernadero. La siembra se realiza a voleo o en líneas separadas unos 20 cm. Es frecuente sembrar junto a otros cultivos de desarrollo más lento. Al aire libre podemos sembrarlos en cualquier época del año, aunque las mejores épocas son de febrero a mayo y de septiembre a noviembre. Es importante un buen reparto de las semillas para evitarnos aclareos posteriores.

Conviene escalonar las siembras (una mensual como mínimo) si deseamos tener rabanitos siempre disponibles para el consumo diario. Fue la especie más utilizada por Maria Thun en sus experimentos sobre la rapidez de desarrollo. Ella recomienda sembrarlos en luna descendente y en días de raíz.

Cultivo. Básicamente practicaremos el desherbado y el aclareo cuando hayamos sembrado muy espeso; arrancaremos todas las plantitas que crezcan demasiado juntas, dejando los rabanitos con separaciones de entre 2 y 6 cm (según variedades). Hay que vigilar la humedad del suelo y realizar riegos periódicos en épocas calurosas.

Recolección. Se recogerán en cuanto tengan el tamaño idóneo, que suelen alcanzar en poco tiempo: quince días en variedades precoces y cuarenta en las más tardías.

Problemas. Dado su rápido crecimiento, no suelen tener demasiados problemas, aparte de las hierbas competidoras y de las pulguillas que agujerean sus hojas en las épocas calurosas y en suelo seco.

Rotaciones. Dada la brevedad de los ciclos de los rabanitos, su poca exigencia en nutrientes y los pocos problemas que suelen padecer, podemos realizar rotaciones anuales o, si lo preferimos, bianuales.

Asociaciones. Los rabanitos pueden asociarse con numerosos cultivos; se suelen sembrar junto a las semillas de zanahorias para marcar las líneas, ya que a los dos o tres días han germinado, mientras que las zanahorias tardan hasta quince días en emerger. También se asocian a coles, lechugas, pepinos, calabacines, espinacas, freseras, judías de mata baja, perejil o guisantes.

Los rabanitos son las hortalizas de más rápido desarrollo; algunas variedades suelen estar disponibles para el consumo a partir de los quince días de la siembra.

Debido a su rápido crecimiento y pronta cosecha, los rabanitos suelen cultivarse asociados a plantas de desarrollo más lento, como las lechugas, e incluso se siembran junto a las zanahorias para marcar las líneas y facilitar el desherbado.

Remolacha roja

Nombre científico: *Beta vulgaris* var. *conditiva* (quenopodiáceas)
Exposición: ✹ ✹ ✹
Riego: 💧💧 💧💧 💧💧
Siembra: febrero-marzo en semillero protegido y a partir de abril al aire libre
Marco de plantación: 15-20 x 30-40 cm o aclareo en las líneas cada 10-15 cm
Cosecha: a los dos meses

El cultivo de remolachas rojas en el huerto familiar permite disponer de una excelente fuente de nutrientes esenciales, de agradable sabor y amplias posibilidades gastronómicas.

La remolacha roja es pariente cercana de la remolacha forrajera y de la azucarera, pero se distingue de éstas por su sabor más suave y agradable para el consumo –ya sea cruda o cocida–, además de por su color rojo intenso, que la hace inconfundible. Es una hortaliza relativamente poco conocida y utilizada en nuestro país, aunque tanto su agradable sabor como sus propiedades remineralizantes y antianémicas, así como su rusticidad y fácil cultivo, la hacen merecedora de una plaza importante en el huerto familiar.

Podemos consumirla de mil formas distintas; la más habitual es como ingrediente de ensaladas, en crudo y rallada o cocida y cortada en rodajas, aliñada con un buen aceite de oliva y sal de hierbas. Da un buen sabor a sopas y potajes pero los tiñe de tal modo que no a todo el mundo le gustan los resultados de su incorporación. Los zumos frescos de remolacha sola o con zanahoria o manzana, aparte de exquisitos, son un cóctel de vitaminas y minerales inigualable –dado su i color rojo en algunas zumerías le llaman «cóctel Drácula»–. En Francia y otros países es frecuente el empleo de sus hojas como sustituto de las acelgas; de hecho, pertenecen a la misma especie y tienen características similares, incluso en el sabor, aunque las hojas de remolacha contienen más oxalatos que las acelgas y habrá que desechar su agua de cocción para eliminarlos; por esta razón resultan poco recomendables para los que padecen reúma o artrosis. La tortilla de remolacha roja es tan sabrosa como poco conocida, y se prepara igual que la de patata, aunque es mucho más dulce, por lo que habrá que añadirle un poquito más de sal.

Propiedades. Sobre todo es un excelente remineralizante, y se considera a la remolacha roja como la mejor hortaliza antianémica. Tiene propiedades aperitivas, energéticas, nutritivas y refrescantes. Contiene vitaminas A, B_1, B_2, C, E y PP, y entre sus minerales destacan el calcio, el fósforo, el hierro, el magnesio y el silicio. Cocida resulta muy digestiva, aunque, como contiene muchos azúcares, no conviene demasiado a los diabéticos.

Variedades. Existen en el comercio numerosas variedades de remolacha roja de formas y tamaños muy diversos (redondas, ovaladas, alargadas y achatadas) y de coloración más o menos intensa (de violeta suave a rojo vivo). Las más populares en nuestro país y las que mejor se adaptan al huerto y al consumo familiar son la Detroit, que es de formas redondeadas, de color rojo intenso y muy rústica, y la plana de Egipto, achatada y de color y sabor más suave que la Detroit.

Clima. Las remolachas en general prefieren los climas húmedos y suaves. Soportan mejor largos períodos de lluvia y frío moderado que las sequías prolongadas –caso en el cual se vuelven fibrosas y duras–.

Suelo. Se desarrollan mejor en suelos de consistencia media –aunque toleran bien los suelos pesados y los arcillosos–, frescos, ricos en humus y mullidos.

Abonado. Es una planta exigente, pero requiere que la materia orgánica esté bien descompuesta o haya sido incorporada al suelo con bastante antelación; los estiércoles frescos y pajizos producen raíces partidas. Tampoco hay que pasarse con el abonado, sobre todo con los abonos ricos en nitrógeno, pues provocarían un desarrollo exagerado de las hojas en detrimento de las raíces.

Riego. Conviene un riego regular, aunque no sea muy abundante; igual que ocurre con la zanahoria, tendremos problemas si pasa sed o la tierra se seca demasiado, pues cuando vuelven a recibir abundante agua –sea por riego o lluvias– las raíces tienden a agrietarse y partirse, depreciándose mucho.

Siembra. Las semillas de la remolacha están agrupadas en glomérulos que contienen varias semillas cada uno, por lo que es fácil sembrar más espeso de lo previsto. Pueden sembrarse en eras o bancales, esparciendo las semillas a voleo o en líneas espaciadas unos 30 cm; la profundidad de siembra es de 2 a 3 cm. Los glomérulos dan nascencia a varias plantas juntas, por lo que se precisará un aclareo, dejando una plantita cada 15 o 20 cm. Si lo realizamos cuando las plantitas tienen de cuatro a cinco hojas, podemos aprovechar las arrancadas y trasplantarlas.

Si deseamos consumir con regularidad remolachas rojas, procuraremos realizar las siembras de forma escalonada, para lo que tendremos en cuenta que el margen de tiempo hasta la cosecha de las remolachas es largo; en las zonas cálidas y templadas incluso las siembras o variedades de otoño pueden pasar todo el invierno en el huerto. Lo más práctico puede ser una siembra cada cincuenta días, empezando en semillero protegido desde febrero o marzo y en semillero al aire libre en marzo-abril. No es aconsejable sembrar demasiado pronto, cuando los fríos aún son intensos, pues afectan a la germinación e inducen al espigado temprano de las remolachas. Las mejores fases lunares para su siembra son el período de luna descendente y los días de raíz.

Trasplante. Las remolachas que arrancamos en el aclareo pueden trasplantarse a raíz desnuda en cuanto tienen cuatro o cinco hojas (unos 6 cm de altura). Si son más grandes, igual pueden ser trasplantadas, pero les recortaremos las hojas más grandes. Las plantaremos en surcos espaciados 30 a 40 cm, distanciándolas entre 15 y 20 cm.

Cultivo. Se realizarán aclareos hasta dejar cada remolacha a unos 10 o 15 cm, y se efectuarán las escardas que sean precisas para el control de las hierbas. Las remolachas aceptan el acolchado, pero no el recalce o aporcado. En los climas fríos, conviene cubrirlas con paja antes de las primeras heladas si deseamos cosechar durante el invierno.

Recolección. Podemos cosechar en cuanto estén bien formadas (de tres a cinco meses desde la siembra) y a medida de las necesidades. Una vez alcanzado su máximo grosor, las remolachas pueden permanecer bastante tiempo en la tierra antes de endurecerse y volverse fibrosas, excepto cuando las temperaturas son muy elevadas o hay falta de riego. En los países de fríos inviernos, suelen cosechar las remolachas en otoño, arrancándolas y dejándolas secar un par de días a la sombra para guardarlas estratificadas en arena; así permanecen frescas hasta la primavera.

Problemas. La remolacha roja es una planta rústica que raramente es atacada por parásitos o presenta problemas graves en su cultivo en huertos ecológicos. En climas y zonas frías y húmedas, podemos tener muchos problemas criptogámicos (mildiu, roya, podredumbres), por lo que les procuraremos una buena exposición solar y controlaremos los excesos de riego y el drenaje de la tierra.

Las virosis –que son transmitidas por las picaduras de los pulgones y que se caracterizan porque las hojas centrales se deforman y toman un característico color amarillento– nos obligarán a arrancar las plantas atacadas y a quemarlas, al tiempo que controlaremos la presencia de pulgones con un insecticida vegetal. Las pulguillas atacan las hojas, agujereándolas; su presencia es propia de suelos resecos y se las controla regando más a menudo y a ser posible por aspersión (mojando las plantas). Los pulgones negros pueden atacar cultivos debilitados o con exceso de abonado nitrogenado; si hay problema grave, ver las recomendaciones del capítulo 7.

Rotaciones. Planta golosa y exigente, precisa rotaciones largas de tres a cuatro años antes de volver a la misma parcela.

Asociaciones. Se entiende bien con lechugas, coles, judías de mata baja, cebollas y puerros.

Las remolachas rojas se conservan mejor si se guardan estratificadas en arena. Ello permite que, tras su cosecha, se mantengan frescas y jugosas durante varios meses.

Zanahorias

Nombre científico: *Daucus carota* (umbelíferas)
Exposición:
Riego:
Siembra: a partir de enero en zonas cálidas y de marzo a abril en zonas frías
Marco de aclareo: de 5 a 8 cm
Cosecha: a partir de los cincuenta días en las variedades precoces

Quizá sea una de las hortalizas más sanas y nutritivas que podemos cultivar en el huerto. Se trata de una planta autóctona de Europa, de la que existen infini-

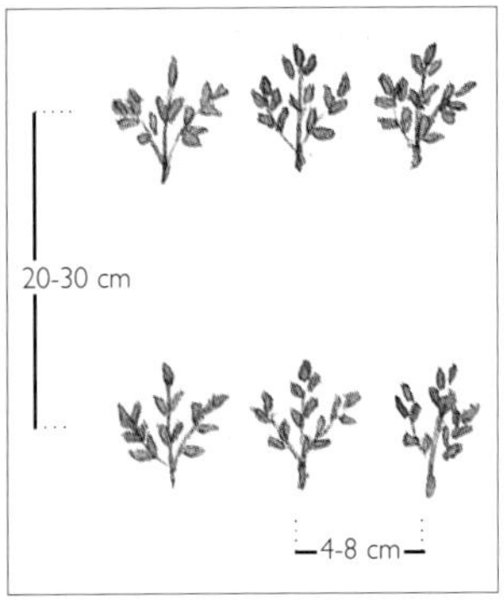

Marco de cultivo de las zanahorias sembradas en líneas.

Si se siembra a voleo debe realizarse un posterior aclareo cada 5-8 cm.

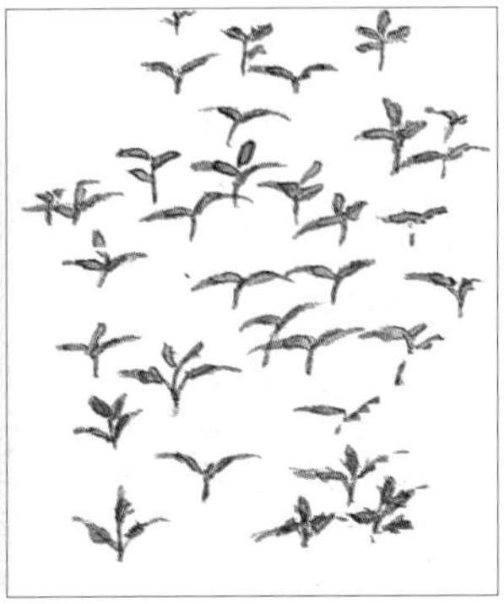

dad de variedades con tamaños diversos: desde las enanas y redondas que apenas alcanzan los 2 cm de longitud, hasta las variedades forrajeras que pueden superar los 30 cm y 1 kg de peso. Las más populares son las de tipo Nantesa, cilíndricas y alargadas, con el corazón tierno y carne de color naranja intenso.

La zanahoria se consume de mil formas distintas: cruda y pelada; rallada o en rodajas en ensaladas; cocida sola o como guarnición; en puré; en revitalizantes zumos frescos (sola o combinada con manzana, apio o remolacha roja); en sopas; en potajes de verduras o con cereales o legumbres, y también en repostería (las conocidas galletas de zanahoria) e incluso en algunas zonas, como Andalucía, se prepara en confituras. Tiene la ventaja de que podemos cultivarla y consumirla en cualquier época del año y, dadas sus excelentes propiedades y amplio uso, su consumo puede ser diario.

Propiedades. Tiene virtudes nutritivas, diuréticas, depurativas, aperitivas, calmantes (para los intestinos) y refrescantes. Destacan sus cualidades antianémicas, dadas sus concentraciones de vitaminas A (que la convierte en un alimento excelente para el hígado), B_1, B_2, B_5, B_6, C, D, E, K, PP, así como su contenido en sales minerales como bromo, calcio, cobre, hierro, yodo, magnesio, manganeso, níquel, fósforo, potasio, sodio y azufre. Es muy rica en azúcares, lo que le da su sabor dulce y la hace muy nutritiva. Se recomienda su uso regular por ser buena amiga de la salud global y porque, dada la gran variedad de preparaciones y usos que permite, es raro que llegue a cansar.

Sus semillas tienen propiedades vermífugas y pueden cocerse en agua (10 g de semillas en 1/4 de litro de agua durante media hora) para combatir las lombrices intestinales. El jugo de la cocción de las zanahorias se ha empleado tradicionalmente para cortar las diarreas de los lactantes; aunque hoy en día habrá que usarla con prudencia en este caso, dada la gran cantidad de nitratos que acumulan las zanahorias de cultivo industrial.

Clima. Se cultivan en casi todos los climas y, aunque prefieren los templados, no existen problemas en su cultivo si se respetan las fechas de siembra más recomendables a cada zona o clima.

Suelo. Si deseamos zanahorias tiernas, jugosas, de tamaño regular y de buena presencia, elegiremos para su cultivo suelos sueltos, mullidos y arenosos, que retengan bien la humedad pero que no se encharquen (los arcillo-calcáreos y los arcillo-arenosos son los mejores). En los suelos duros y compactos se pueden cultivar las variedades enanas, ya que las de largo porte tenderán a lignificarse, dando un corazón muy duro y poco agradable de comer. Los suelos muy pedregosos crean deformaciones poco estéticas en las zanahorias, aunque no merman en nada sus cualidades. Otro problema son los suelos abonados con compost fresco, ya que provocarán podredumbres y proliferación de raíces partidas.

Abonado. Les gusta un suelo rico en humus, pero dado el problema que tienen las zanahorias con los estiércoles y abonos orgánicos frescos, procuraremos usar para su cultivo mantillos y compost muy hechos (de más de un año), o las sembraremos en terrenos que albergaron cultivos muy abonados (después de un cultivo de patatas o tomates). En casos excepcionales también podemos sembrar zanahorias en parcelas en las que se efectuó un abono verde, aunque dejaremos pasar por lo menos un mes desde su roturación e incorporación al suelo hasta la siembra. Evitaremos los purines de estiércol y todo aporte excesivamente nitrogenado, pues las zanahorias absorben los nitratos solubles, vengan de donde vengan, y los de origen animal tienen el mismo efecto que un abono químico.

Riego. Es preferible un riego regular, procurando que no padezcan sed, pues si el suelo se reseca mucho la piel de las zanahorias se endurece y, con el siguiente riego, tienden a agrietarse, con lo que se perderá gran parte de la cosecha. Es especialmente importante mantener la humedad apropiada en el período de siembra y germinación.

Siembra. Habitualmente se siembran en hileras separadas unos 25 o 30 cm. Esta operación se puede hacer «a pulso» –aunque es algo que resulta delicado, dada la pequeñez de las semillas– o con sembradora mecánica. Un sistema usual consiste en mezclar las semillas con arena para obtener un volumen más fácil de esparcir homogéneamente. Las semillas se enterrarán de 1 a 2 cm, y pueden recubrirse las líneas con una fina capa de compost muy fermentado o de arena. Aunque la siembra en semillero y el posterior trasplante no suele ser habitual, en pequeños huertos o en cultivos precoces hay quien recurre a su siembra en bandejas y trasplanta los cepellones cuando las hojas de las zanahorias tienen entre 3 y 5 cm de longitud. La nascencia suele producirse a los diez o quince días de la siembra, aunque puede acelerarse realizando una pregerminación (dejando las semillas en remojo con agua durante dos días).

Si sembramos con tiempo muy frío, las zanahorias tenderán a espigarse con facilidad y a subir en flor, con lo que su corazón se volverá leñoso y poco comestible. Las últimas siembras de finales del verano nos permitirán una producción que enlentecerá su desarrollo con la llegada del frío, con lo que las zanahorias permanecerán en la tierra donde podremos ir cosechándolas durante el invierno y principios de primavera. También podemos recurrir a variedades de ciclo corto para los cultivos tempranos y tardíos.

Resulta interesante ir sembrando según el calendario biodinámico en los días de raíz; si sólo nos fijamos en las fases lunares, efectuaremos las siembras a ser posible en luna menguante. Es importante llevar a cabo siembras escalonadas para poder disponer de zanahorias durante todo el año, empezando en el mes de enero en las zonas más templadas y a partir de marzo o abril en las zonas frías. Se pueden efectuar siembras simultáneas de rábanos, que nacerán antes y marcarán bien las líneas sembradas, o de lechugas o coles, que serán trasplantadas a otro lugar una vez tengan el porte adecuado –aunque esto no es compatible con el sistema de deshierbe con quemador de gas que se explica más adelante–.

Cultivo. Lo más tedioso aunque importante del cultivo de zanahorias es el desherbado regular, pues las hierbas dificultan su buen desarrollo y compiten por el agua y los nutrientes. En este apartado recomendamos el sistema del soplete (quemador de gas) que se menciona en el capítulo dedicado a las hierbas adventicias. Dada la lentitud de germinación y brotado de las semillas de zanahoria, podemos quemar las hierbas emergentes más o menos a la semana de la siembra, unos dos o tres días antes de la nascencia de las hojitas de zanahoria, que se identifican por su peculiar forma en «uve» inclinada, con la cubierta de la semilla coronando el extremo superior.

El aclareo es muy importante si deseamos obtener unas zanahorias de razonable porte. Se realiza un primer aclareo cuando las hojas tienen entre 2 y 3 cm, dejando una separación de 2 a 3 cm entre plantitas. Unas semanas más tarde se efectuará un segundo aclareo, eliminando una planta de cada dos o dos de cada tres y dejando una distancia entre zanahorias de 5 a 8 cm. Estas zanahorias arrancadas en el aclareo ya son comestibles; suelen ser tiernas y de sabor exquisito. Es aconsejable una bina o escarda regular para mantener el suelo mullido y libre de hierbas competidoras. Aunque no conviene recalzar las zanahorias, sí es importante tapar los huecos que se producen durante el aclareo para impedir que las zanahorias queden expuestas al sol y verdeen.

Problemas. Las zanahorias no suelen tener demasiados problemas en su cultivo. Quizás el único problema o, por lo menos, el más frecuente es la mosca de la zanahoria. Los insectos vuelan en mayo-junio y depositan sus huevos al pie de las plantas jóvenes; las larvas penetran en las raíces a ras de suelo y cavan sinuosas galerías. Solemos identificar las plantas atacadas porque crecen lentamente y presentan hojas secas o amarillo rojizas.

Existe una segunda generación de insectos que atacan de junio o septiembre; éste es el ataque más temido en las zonas en las que se desea guardar las zanahorias en la tierra durante el invierno. Este problema suele reducirse o evitarse sembrando o trasplantando puerros entre las líneas de zanahorias o junto a ellas. En algunos suelos las raíces de zanahoria se infestan de nematodos, por lo que será importante respetar largos períodos de rotación del cultivo en una misma parcela. Los posos de café esparcidos sobre las líneas de zanahorias ahuyentan algunos de sus parásitos.

Rotación. Por el problema de nematodos ya mencionado y por la avidez de ciertos nutrientes del suelo, será importante efectuar rotaciones largas en el cultivo de zanahorias, que serán de tres a cinco años para una misma parcela.

Para saber si las zanahorias están listas para ser cosechadas, habrá que desenterrar ligeramente las más desarrolladas o arrancar algunas de las que crezcan más espesas, pudiendo consumirlas a pesar de que no hayan alcanzado su máxima talla.

Entre las numerosas variedades de zanahorias disponibles, procuraremos elegir las más carnosas y jugosas y de corazón más tierno; en este sentido, las clásicas son las nantesas que aparecen en la imagen.

Asociaciones. Ya mencionamos lo favorable del cultivo de puerros junto al de zanahorias; algo similar sucede con cebollas y cebollinos, ya que se protegen mutuamente. Por lo demás, las zanahorias suelen ser buenas vecinas de casi todas las plantas, excepto de las de su misma familia, las umbelíferas.
Suelen señalarse como bastante favorables los cultivos asociados de zanahorias con lechugas, guisantes, tomates y rábanos. También se consideran propicios algunas plantas medicinales o aromáticas, como la salvia, el romero o la artemisa.

Hortalizas de fruto

Berenjenas

Nombre científico: *Solanum melongena* (solanáceas)
Exposición: ☼
Riego: 💧💧💧 💧💧💧
Siembra: en semillero protegido de enero a marzo
Marco de plantación: 40 x 50 cm o 60 x 70 cm
Cosecha: entre setenta y noventa días después del trasplante

La poda de la yema central acelera el desarrollo y engrose de las berenjenas.

La berenjena es una solanácea que, a diferencia de sus primos, los tomates, los pimientos y las patatas, no procede de América, sino de la India, aunque su cultivo no se introdujo en Europa hasta el siglo XVI. Se la considera un alimento típico de la cocina mediterránea y, de hecho, es muy consumida en toda la cuenca mediterránea; quizás ello se deba a que su cultivo resulta sumamente difícil en zonas frías, poco soleadas o demasiado húmedas.
Los usos de la berenjena son todo lo variados que la imaginación permite. Las formas de cocinarla más clásicas son rellenas, rebozadas, o asadas al horno junto a pimientos y cebollas para preparar la deliciosa *escalivada*, típica de Cataluña y Levante. También suele cocinarse en potajes, tortillas, gratinadas, simplemente fritas en rodajas o en puré. Los macrobióticos desaconsejan el consumo de berenjenas por considerarlas excesivamente «yin», en cambio, las carbonizan y muelen para preparar un polvo dentífrico, mezclándolo con sal fina. De hecho, en tanto que plantas solanáceas, las berenjenas contienen ciertas proporciones de solanina y otros alcaloides (incluida la nicotina) y no es muy conveniente abusar de su consumo.

Propiedades. Aunque no sea un alimento muy nutritivo, tiene algunas propiedades interesantes y contiene bastantes vitaminas, aunque en pequeñas cantidades. Se le conocen cualidades calmantes, carminativas, diuréticas y laxantes. Contiene vitaminas A, B_1, B_2, B_5, C y PP. Los minerales más frecuentes en las berenjenas son el calcio, el hierro, el manganeso, el magnesio y el fósforo.

Variedades. Existe infinidad de variedades de berenjenas: redondas, alargadas, ovoides, de color negro intenso, blancas, lilas, rayadas... Aparte de existir variedades precoces y tardías, de hecho, sus ciclos vegetativos y necesidades son muy similares, por lo que elegiremos un tipo u otro en función de las apetencias personales o familiares –o del público, en caso de comercializar la cosecha–.

Clima. Es una planta que necesita luz y calor, por lo que, al aire libre, se cultiva especialmente en zonas templadas y cálidas. Su cultivo en túneles o invernadero es posible en zonas frías, pero habrá que estar atentos a un exceso de humedad, que impediría el cuajado de las flores y la haría vulnerable a infinidad de problemas de hongos.

Suelo. A las berenjenas les gustan los suelos ricos en humus, profundos, bien mullidos y frescos, que mantengan niveles constantes de humedad.

Abonado. Las berenjenas son plantas muy exigentes, que precisan buenas dosis de compost o estiércol (hasta 10 kg/m^2); no es necesario que esté muy descompuesto, ya que toleran bien la materia orgánica fresca. Como la fase de recolección es larga (de julio a septiembre u octubre) podemos realizar aportes de compost cuando efectuemos binas o escardas (a partir del cuajado de los primeros frutos). Para obtener abundantes cosechas, la planta necesita de gran cantidad de fósforo; por ello, si nuestro suelo es pobre en este componente sería conveniente aportarle algún enmendante.

Riego. Requieren riego abundante y regular. Si escasea el riego y la tierra se reseca demasiado suele paralizarse el desarrollo de los frutos, que quedan pequeños y endurecidos. De hecho, las condiciones de riego son similares a las descritas para el cultivo de tomates y pimientos.

Siembra. Se siembra en semillero protegido (a poder ser de cama caliente) de enero a marzo. La profundidad de siembra de las semillas es de 0,5 cm, y se precisan de 2 a 3 g/m^2 de semilla. La semilla germina aproximadamente a los diez días.

Las mejores fechas de siembra son dos días antes de la luna llena o en el cuarto de luna llena, a poder ser en luna ascendente y en días de fruto (esto último tanto para la siembra como para el trasplante).

Trasplante. Suele hacerse un repicado de las plantitas del semillero a cepellones o macetitas, para que se fortalezcan y enraícen bien antes de trasplantarlas al aire libre. El trasplante a la tierra suele hacerse a partir de mayo o cuando ya no hay peligro de heladas –recordamos que observando la floración del espino albar, sabremos que en nuestra zona ya no habrá más heladas–. En zonas con climas inciertos o en primaveras frías podemos proteger las plantitas trasplantadas con tejas colocadas de pie en la cara norte o con campanas transparentes (hechas con botellas de PET) hasta que hayan pasado los días fríos. Esta técnica también permite adelantar el trasplante en zonas cálidas.

El tamaño de las plantitas aptas para ser trasplantadas oscila entre los 12 y 16 cm, y el marco de plantación es de 40 x 50 cm en zonas frías, en donde se desarrollan poco, y hasta de 60 x 70 cm en las zonas cálidas.

Cultivo. Para el cultivo de berenjenas resulta ideal el bancal profundo y la cobertura permanente o acolchado del suelo. Con ello tendremos más garantías de mantener la humedad y el resto de condiciones favorables para su buen desarrollo. En caso de no cubrir el suelo con paja o cualquier otra materia orgánica –las hojas de consuelda son excelentes– contrarrestaremos la emergencia de hierbas competidoras, mediante binas y escardas, y aporcaremos los tallos una vez alcancen cierta altura. La colocación de cañas y tutores no es necesaria, excepto en suelos muy sueltos y en zonas ventosas.

Algunos agricultores practican podas de las yemas centrales para acelerar la producción –yo nunca lo hago–, pero, en zonas frías, tal vez resulte interesante una poda de todos los brotes a finales de verano para detener el desarrollo foliar y favorecer la maduración de los frutos. En zonas cálidas, la poda es mejor efectuarla en plena canícula, a fin de producir un paro vegetativo y propiciar un rebrote cuando las temperaturas sean más suaves, con lo que obtendremos una abundante fructificación tardía. En los climas templados y cálidos podemos podar las plantas a finales de otoño y cubrirlas de paja; las destaparemos en primavera y las cultivaremos de este modo dos años seguidos.

Recolección. En zonas de clima benigno podemos cosechar desde julio hasta la llegada de los fríos intensos. Generalmente a partir de los setenta o noventa días del trasplante ya podemos empezar a cosechar y, si todo va bien, lo haremos ininterrumpidamente hasta que el clima lo permita. Esta es la razón por la que las berenjenas no precisan siembras o trasplantes escalonados, como hacemos con los tomates o las lechugas.

Es importante cosechar las berenjenas en el punto justo, puesto que arrancarlas cuando no han completado su desarrollo representa un doble desperdicio: por una parte, no son tan sabrosas, y por otra, mermamos la cosecha. Si tenemos poca experiencia, iremos haciendo pruebas cosechando cada variedad en sus diferentes tamaños, formas y coloración hasta dar con el punto idóneo, que suele ser justo antes de la formación de las semillas, ya que a partir de ese momento las berenjenas empiezan a amargar y resultan desagradables al paladar. En los frutos negros y violáceos, distinguiremos un exceso de madurez por un tono más claro de la piel y porque al presionar el fruto lo notaremos más duro.

Problemas. El escarabajo de la patata muestra una gran predilección por las hojas de berenjena; para controlar sus ataques observaremos semanalmente el envés de las hojas y destruiremos –son fáciles de aplastar– los huevos, que se reconocen por su intenso color amarillo anaranjado. También recogeremos manualmente todos los escarabajos adultos que veamos sobre las plantas.

Las berenjenas deben cortarse con cuidado para no dañar la planta ni pincharse los dedos con las espinas del peciolo.

Matas de berenjenas entutoradas en plena producción creciendo junto a otras hortalizas.

Cuando las oruguitas aparecen lo hacen por cientos, por lo que nos daremos prisa en recogerlas manualmente si disponemos de poca plantación, o recurriremos a una fumigación con pelitre o *Bacillus thuringiensis* u otro insecticida vegetal si tenemos una gran plantación atacada –en la mayoría de las ocasiones basta con un control manual–.

A los caracoles también les gusta pasearse sobre las plantas royendo hojas, brotes e incluso la piel de las berenjenas; para su control, ver las recomendaciones del capítulo 7.

La araña roja ataca el envés de las hojas, que se cubren de una especie de vello grisáceo y se van secando. El desarrollo de estas arañas está vinculado a períodos secos y a suelos poco irrigados, por lo que incrementaremos al máximo el riego de las berenjenas en pleno verano. En casos graves, recurriremos a fumigaciones de jabón negro y algún insecticida vegetal.

La mosca blanca puede volverse muy activa en épocas calurosas, plagando el envés de las hojas de berenjena y formando un gran revuelo al tocar las plantas, las cuales se van volviendo grisáceas y pegajosas y terminan por necrosar y secarse. Las fumigaciones de agua con arcilla y jabón negro suelen controlar bien la proliferación de la mosca blanca, siempre que se moje bien la parte inferior de las hojas, que es donde se alojan. En caso grave habrá que recurrir a un insecticida vegetal. Al igual que para el control de la araña roja, habrá que vigilar el riego y evitar que se reseque la tierra.

La siembra directa de calabacines en la tierra sin protección es posible a partir de los meses más cálidos.

El pulgón ataca los brotes tiernos. Cuando se trata de plantas aisladas (débiles o con otros problemas) será suficiente con arrancarlas y quemarlas. En caso de ataque generalizado –cosa posible, dado el enorme abonado que suele recibir este cultivo– recurriremos a las técnicas descritas en el capítulo 7.

El mildiu y los oídios y algunas podredumbres por hongos suelen dañar las plantas de berenjena e incluso los frutos, en las épocas lluviosas y en las regiones húmedas. Para su prevención y control, ver el capítulo 7. Las pulverizaciones matinales con azufre son un buen preventivo.

Rotaciones. Las berenjenas son plantas muy exigentes y esquilmantes del suelo, característica que tendremos presente a la hora de fijar las rotaciones, que nunca deberán ser inferiores a tres o cuatro años.

Asociaciones. Al ser una planta exigente, es preferible cultivarla sola, aunque se lleva bien con las judías de mata baja y las patatas.

Calabacines

Nombre científico: *Cucurbita pepo* (cucurbitáceas)
Exposición:
Riego:
Siembra: a partir de marzo
Marco de plantación: 1 x 1 m
Cosecha: al mes y medio de la siembra

Los calabacines son una de las hortalizas más prolíficas que podemos cultivar; bastarán cuatro o cinco plantas para abastecer la mesa familiar. Se trata de variedades de calabaza, seleccionadas por su ternura y dulzor en sus primeras fases de desarrollo. Se trata de un alimento más sabroso que nutritivo, pues es muy acuoso y, a menudo, al ser de crecimiento tan rápido y cosecharse muy tiernas, contienen altos niveles de nitratos.

A nivel culinario son muy populares las cremas y las tortillas de calabacín. Aunque se suelen cocinar en combinación con toda clase de verduras, en potajes o rellenos, hay quien los toma crudos en ensaladas, a modo de pepino. En México –de donde son originarios– se consumen las flores de calabacín asadas a la plancha o guisadas con otras verduras.

Propiedades. Ya comentamos que el calabacín es una hortaliza poco nutritiva, aunque tiene propiedades depurativas, diuréticas, emolientes, laxantes, refrescantes y sedantes, y sus semillas son vermífugas. Contiene vitaminas A, B, C y PP; y entre sus minerales destacan el cobre, el hierro, el magnesio y el cinc.

Variedades. Existen bastantes variedades de calabacín y suelen distinguirse sobre todo por la forma y color de sus frutos. Los hay verde oscuro, verde claro, blancos, alargados, redondos, abultados, etc. La elección de la variedad (o variedades) que se va a cultivar está en función de los gustos personales, pues las necesidades y método de cultivo son similares en todas.

Clima. Es una planta de origen tropical y amante del calor, por lo que no habrá que apresurarse en siembras tempranas, a menos que dispongamos de invernadero o le construyamos unos túneles plásticos de protección. No soporta las bajas temperaturas, las heladas ni los cambios bruscos de temperatura.

Suelo. Se adapta bien a casi todos los suelos, aunque para un buen desarrollo deberán estar bien cavados –mullidos–, bien abonados y mantenerse frescos, procurándoles una humedad regular y evitando los encharcamientos. Para maximizar la producción lo ideal es un suelo con pH 6.

Abonado. Exige una gran cantidad de materia orgánica, la cual tolera incluso en descomposición; podemos realizar aportes de hasta 20 kg/m^2. Tradicionalmente, aparte del abonado de fondo, suele echarse una buena palada de compost fermentado en cada hoyo en que plantemos un calabacín.

Dadas las exigencias de potasio y nitrógeno que tiene durante su ciclo vegetativo, resulta interesante el acolchado con hojas de consuelda.

Riego. Si deseamos un buen desarrollo de la planta y una producción ininterrumpida de calabacines, tendremos que regar regularmente. Los sistemas de riego por goteo son ideales, aunque conviene que los goteros estén cada 25 o 30 cm para que se reparta bien la humedad y que no coincidan con los tallos de las plantas. Si regamos por inundación, deberemos plantar los calabacines sobre caballones. Como a casi todas las cucurbitáceas, a los tallos y a las hojas del calabacín no les conviene un exceso de humedad, pues son muy sensibles a oídios y podredumbres. Evitaremos regar mojando las plantas o por aspersión.

Siembra. La siembra en semillero protegido se realiza a partir de finales de febrero o en marzo. A partir de abril y hasta julio podemos realizar siembras directas en el terreno. Para ello, cavaremos unos hoyos profundos, en donde depositaremos una o dos paladas de compost muy fermentado, sobre el cual sembraremos dos o tres semillas, que cubriremos con una protección plástica o una garrafa de PET de 5 litros con la base cortada.

Las semillas se entierran a una profundidad de 3 o 4 cm. La separación entre los hoyos suele ser de 1 x 1 m. Cuando las plantitas hayan germinado arrancaremos las más débiles, dejando sólo una por hoyo. Cuando haya pasado todo riesgo de heladas o vientos intensos, podremos sacar las protecciones y dejar que crezcan libremente.

Trasplante. El trasplante a la tierra de las plantitas en maceta o cepellón se efectúa cuando éstas alcanzan 6 o 7 cm de altura, aunque puede hacerse con plantitas más pequeñas si se las protege del frío y del viento. La preparación de los hoyos y la distancia de trasplante son las que hemos explicado para la siembra.

Cultivo. En caso de que no mantengamos cobertura permanente o acolchado –que es lo ideal para el cultivo de calabacines–, realizaremos sucesivas binas y escardas para mantener mullida la tierra y controlar las hierbas. El riego regular es muy importante para que las plantas y los frutos –que contienen mucha agua– no sufran parones vegetativos; no obstante, como ya dijimos, procuraremos mantener el suelo húmedo pero sin mojar las plantas.

Las flores de calabacín son unisexuales, por lo que, en el cultivo en invernaderos y en lugares con poca presencia de insectos, conviene realizar una polinización manual: se cogerá una flor masculina, se suprimirán los pétalos y se espolvorearán con el polen los estigmas de varias flores femeninas. Cuidado con no excederse en la plantación de calabacines, pues con tres o cuatro matas por familia tendremos para dar y vender; los excedentes o los que se hayan desarrollado demasiado podemos dárselos a las gallinas y patos, procurando cortarlos longitudinalmente para que puedan picotearlos con facilidad.

Recolección. La recolección de los calabacines se efectúa a medida que van creciendo. No conviene cortarlos cuando son muy pequeños, pues contienen muchos nitratos; tampoco es bueno dejar que se hagan muy grandes en las matas, porque su desarrollo inhibe la nascencia o la proliferación de nuevos calabacines y se detiene la producción. Seguiremos esta regla excepto cuando queramos que algunos maduren para guardar sus semillas; en este caso, conviene dejarlos sin cosechar desde el principio de la producción, en lugar de guardar los últimos, que darían semillas de peor calidad.

La producción de calabacines suele ser rápida y abundante; conviene cosecharlos tiernos evitando que se engrosen demasiado, ya que ello compromete el desarrollo de nuevos frutos.

El cultivo de calabacines asociado al de judías resulta una práctica interesante y tradicional que permite aprovechar mejor el espacio y los nutrientes del suelo.

Las calabaceras se desarrollan de forma exuberante y ocupan mucho espacio, por lo que en los huertos familiares de reducidas dimensiones restringiremos su cultivo o elegiremos variedades pequeñas, que puedan enramarse en los árboles o las vallas.

Problemas. En condiciones favorables, el cultivo de calabacines suele tener pocos problemas, aunque el exceso de nitrógeno y agua en la tierra los hace vulnerables al ataque de pulgones (ver el control de los pulgones en el capítulo 7), mientras que la humedad ambiental, unida al calor, induce el desarrollo de oídios y otros hongos.

Para evitar estas plagas será conveniente espolvorearlos al amanecer con azufre en polvo, al que podemos añadir polvo de algas *lithothamne*.

Los caracoles suelen causar destrozos en la fase de germinación y en las primeras etapas de crecimiento; protegerlos con tarros de vidrio o garrafas de plástico suele ser una medida preventiva muy eficaz (en caso de problemas, ver las diferentes opciones para el control de los caracoles en el capítulo 7).

Si algunas plantas aparecen con las hojas amarillentas y arrugadas, posiblemente estén siendo atacadas por el mosaico u otro virus; en este caso, procederemos a arrancarlas y quemarlas lo antes posible.

Rotaciones. Aunque se trata de una planta poco esquilmante, conviene respetar rotaciones de dos a tres años.

Asociaciones. La asociación tradicional en su lugar de origen (América) es la que combina judías, maíz y calabazas o calabacines; se llevan muy bien y aprovechan tanto el suelo como los nutrientes de forma óptima. También pueden asociarse con las coles y las lechugas. En cambio, no les conviene la cercanía de las patateras.

Calabazas

Nombre científico: *Cucurbita sp.* (cucurbitáceas)
Exposición:
Riego:
Siembra: a partir de marzo
Marco de plantación: 1 x 2,5 m aproximadamente
Cosecha: varía según la clase de calabaza

El género de las calabazas es extensísimo y, aunque sus problemas, cuidados y condiciones climáticas, de cultivo, de abonado y riego sean similares, conviene prestarles una atención individual por las dimensiones que alcanzan las plantas y por su gran variedad de frutos, con aspectos, tamaños, colores y usos bien diferenciados (los calabacines, por ejemplo, son calabazas inmaduras). Tenemos variedades de uso tan dispar como las calabazas de cabello de ángel, que se emplean para confituras; las calabacitas multicolor, de uso ornamental, o las calabazas forrajeras, que alcanzan hasta 30 kg de peso por ejemplar. En cada región suelen cultivarse calabazas para consumo (sobre todo en sopas, potajes y asadas al horno), siendo las más corrientes las redondas anaranjadas y las alargadas en forma de pera.

Las calabazas deben sembrarse en un marco de plantación de 1 x 2,5 m; también es habitual plantarlas en los márgenes de las parcelas y en zonas de poco uso, dejando que se desarrollen libremente; si dispone de humedad y abono en abundancia una calabacera puede cubrir grandes superficies y producir de dos a diez calabazas de considerable tamaño. Para consumirlas conviene dejarlas orear durante unos meses en un lugar expuesto, aireado y al abrigo de las lluvias. Con el paso de los días, disminuye la cantidad de nitratos de su pulpa y se incrementan los azúcares y proteínas, por lo que resultan más dulces, sabrosas y nutritivas.

Dado que son plantas originarias de zonas cálidas, en los climas fríos suelen podarse los brotes terminales una vez han cuajado varios frutos, a fin de que toda la energía de la planta se concentre en ellos y, de este modo, se desarrollen y maduren mejor.

Fresas

Nombre científico: *Fragaria* (rosáceas)
Exposición:
Riego:
Siembra: reproducción por estolones en septiembre-octubre
Marco de plantación: 30 x 40 cm
Cosecha: a la primavera siguiente de su plantación

Es un fruto del huerto tan inconfundible y conocido que no necesita presentación. Los ancestros de las fresas cultivadas son plantas silvestres que crecen espontáneamente en los márgenes de bosques frondosos de varias partes del planeta. Las fresas silvestres son muy pequeñas y aromáticas, aunque más ácidas y menos carnosas que las fresas y fresones cultivados. Las fresas –que no deben faltar en ningún huerto familiar– son frutas frescas, sabrosas y ricas en vitaminas en una época en que aún no suele haber otras frutas frescas. Las fresas, dado el poco porte de la planta, pueden cultivarse en macetas, en balcones y terrazas, dando un toque singular –y también práctico–, ya que tanto las hojas como los frutos son muy decorativos.

Propiedades. Se trata de un fruto sabroso y con propiedades aperitivas, depurativas, diuréticas, laxantes, refrescantes, remineralizantes y tónicas. Contiene vitaminas A, B, C, E, K y PP. Entre su contenido mineral hallamos azufre, bromo, calcio, hierro, yodo, magnesio, potasio, silicio y sodio.

Variedades. Existe una extensísima selección de variedades, y cada año salen algunas nuevas; podemos hallar desde fresas pequeñas redondas o alargadas, hasta fresas o fresones del tamaño de un puño. La mayoría de plantas son de desarrollo horizontal, aunque hay algunas variedades trepadoras que resultan muy vistosas.

Clima. Son muy adaptables y, aunque viven bien en casi todos los climas, no les gusta ni el exceso de frío ni el calor sofocante, y mucho menos las épocas de sequía. En las zonas frías, las heladas primaverales pueden perjudicarles, ya que dañan las flores o los frutos.

Suelo. Prefieren suelos ligeramente ácidos y no se desarrollan bien en los excesivamente calcáreos (sufren de clorosis). Les gusta una exposición soleada y cálida. La tierra ideal para el cultivo de freseras será fresca (ni demasiado húmeda ni seca), bien abonada, mullida (trabajada en profundidad) y rica en humus. Dado su origen, los fresales se desarrollan bien en claros del bosque roturados y en las lindes de los mismos, donde el suelo es por lo general más ácido.

Abonado. Son plantas exigentes en nutrientes, por lo que haremos un buen abonado de fondo con compost o estiércol bien descompuestos, a razón de 3 a 5 kg/m^2. Al tratarse de cultivos plurianuales, cada año realizaremos un nuevo aporte de compost durante el otoño. En primavera, cuando realizaremos las binas o escardas, también podemos estimular la producción aplicando algo de compost.

Riego. A partir de la fructificación requiere abundantes riegos; el suelo deberá permanecer húmedo pero sin encharcamientos de agua, que les resultan muy perjudiciales.

Los acolchados retienen mejor la humedad, ahorrándonos riegos, al tiempo que impiden el contacto de los frutos con la tierra, de forma que se pudren menos. El riego por goteo resulta idóneo para el cultivo de fresas.

Siembra. La siembra con semillas no suele ser muy frecuente, pues se trata de una operación delicada y compleja que además retrasa la producción más de un año (sólo es una práctica habitual por parte de los viveristas y productores de plantas, pues las variaciones genéticas de las semillas dan lugar a variedades nuevas, algunas de las cuales resultan interesantes). Tanto la siembra como el trasplante se efectuarán en luna creciente –un momento óptimo es entre dos días antes y dos después de la luna llena– y en días de fruto.

Trasplante. Tenemos dos opciones para conseguir plantel: dividiendo las matas viejas o trasplantando por estolones, que son las plantitas que crecen a lo largo de las ramificaciones que forman las freseras.

Para la división de matas, en septiembre elegiremos las más sanas y vigorosas y las limpiaremos de hojas secas y de los estolones cercanos; recalzaremos los pies con tierra suelta para favorecer la emisión de raicillas, regando si fuese preciso. Desde finales de septiembre y durante el mes de octubre arrancaremos las matas y procederemos a la separación de plantas, eligiendo para el trasplante tan sólo las que tengan raicillas nuevas y presenten uno o dos brotes incipientes. Cortaremos las raíces y hojas viejas y las trasplantaremos al huerto, o las repicaremos en macetas para que enraícen bien. Tras la operación regaremos copiosamente. Este método suele usarse en las variedades que no dan estolones.

La multiplicación mediante estolones es más sencilla que la de división de matas. Para ello, elegiremos las que han emitido estolones y proceden de madres sanas y vigorosas; suprimiremos las flores y frutos que puedan tener y las plantaremos en macetas con sustrato o directamente en

Las freseras desarrollan unas ramificaciones a lo largo de las cuales brotan nuevas plantitas (estolones) que, una vez enraizadas, son fácilmente trasplantables, permitiendo renovar el cultivo con regularidad.

la tierra. Esta operación podemos llevarla a cabo desde mediados de agosto hasta finales de octubre (aunque es posible realizarla en cualquier época del año). Las plantas repicadas en macetas las trasplantaremos al aire libre a partir de marzo, con un marco de plantación de 30 o 40 cm en todos los sentidos.

Cultivo. Los fresales no comerciales no requieren demasiados cuidados; basta con que controlemos la aparición de hierbas y les aportemos el compost y el riego necesarios. Lo ideal es acolcharlas con paja, hierba u hojas de consuelda; el acolchado nos facilitará el trabajo, pues dificulta la nascencia de hierba, mantiene la humedad del suelo e impide que los frutos toquen la tierra y se pudran.

En las zonas frías, a partir de noviembre, podemos cubrir los fresales con paja o agujas de pino, después de un buen aporte de compost. La cobertura con agujas de pino (pinaza) acidifica ligeramente el suelo, lo que beneficia a los fresales, permitiendo que se mantengan en un mismo emplazamiento durante más años de lo habitual (hasta cuatro o cinco).

El acolchado de las freseras ayuda a mantener la humedad del suelo, reduce la presencia de hierbas y evita que se pudran los frutos por el contacto con la tierra húmeda.

Recolección. La cosecha –según variedades– se extiende desde la primavera siguiente a la plantación hasta bien entrado el verano. De hecho, conviene disponer de algunas variedades de fresas para escalonar las cosechas y disfrutar de ellas más tiempo. Hay que cosecharlas por la mañana temprano, antes de que el sol las caliente demasiado; así son más sabrosas y perfumadas.

Problemas. La clorosis (amarilleamiento general de la planta) es típica de suelos muy calizos o demasiado compactos; también puede estar causada por un exceso de humedad o un encharcamiento de agua junto a las plantas. El pulgón, en determinadas condiciones, suele atacar las hojas e incluso el núcleo central de las plantas. Las babosas, los caracoles y los caracolillos pueden mermar mucho las cosechas, pues les encantan las fresas maduras y las devoran con deleite (ver los remedios a todos estos problemas en el capítulo 7).

La araña roja puede atacar las plantas en las épocas de extrema sequedad ambiental. Para combatirla, conviene mantener la humedad del suelo, realizar algún riego por aspersión al atardecer en los días muy secos y, en caso de problema grave, recurrir a alguno de los insecticidas vegetales expuestos en el capítulo 7, procurando que lleguen a la parte inferior de las hojas (envés).

En climas y lugares húmedos es fácil que nos enfrentemos con algunos problemas criptogámicos como el mildiu o la podredumbre, que suelen presentarse sobre todo en los veranos húmedos. Como medida preventiva, elegiremos el emplazamiento más soleado y seco para el cultivo de las fresas, restringiremos los riegos, mantendremos el suelo bien drenado y usaremos el acolchado de paja o agujas de pino para impedir que las hojas o los frutos toquen la tierra. Las decocciones de cola de caballo son buenas preventivas e, incluso en algunos casos, bastante eficaces una vez aparecido el problema.

Los fresales cultivados buscando su máxima producción o rendimiento, forzando los riegos y los aportes nitrogenados, suelen debilitarse y ser pasto de virosis –a menudo traídas por los pulgones–. Las plantas presentan manchas amarillas, rojizas o marrones, que degeneran y secan las hojas. Cuando esto sucede, conviene arrancar las plantas atacadas y quemarlas, mejorando al mismo tiempo las condiciones de cultivo. Se deben respetar las rotaciones.

Rotaciones. Se trata de plantas exigentes y algo esquilmantes del suelo por el hecho de permanecer varios años en un mismo lugar. Conviene respetar un ciclo de rotación de cuatro o cinco años, y resultará beneficioso para la tierra sembrar abono verde en la parcela en donde hemos cultivado fresales.

Asociaciones. Hacen excelentes migas con borrajas, ajos, las judías de mata baja, espinacas, lechugas o tomillo. En cambio, no les gusta la cercanía de cualquier variedad de col.

Maíz

Nombre científico: *Zea mays* (gramíneas)
Exposición:
Riego:
Siembra: de abril a principios de junio
Marco de plantación: 30-50 x 60-80 cm
Cosecha: a partir de los setenta días el maíz dulce, y el resto cuando la planta empieza a secarse

El maíz ha sido y sigue siendo alimento básico en Mesoamérica y gran parte de Sudamérica, donde se viene cultivando desde hace más de 4.000 años. Sus orígenes son inciertos, y los investigadores siguen discutiendo si el maíz actual (*Zea mays*) es un cruce accidental entre *Zea diploperennis* y *Trypsacum dactiloides*, o se trata de una variación genética por efecto de las radiaciones de la hierba forrajera teosinte; incluso hay quien sostiene que los antiguos indígenas americanos (mayas o incas) realizaron complejas manipulaciones genéticas para obtener mazorcas de grano comestible y de elevada producción a partir de plantas silvestres poco aprovechables culinariamente.

Entre las numerosísimas variedades de maíz que existen hoy en día, hay dos que suelen estar presentes en los huertos familiares: el maíz dulce y el maíz de palomitas. Las otras variedades, mucho más productivas o incluso ornamentales (rojo, blanco, multicolor), no están muy justificadas en un huerto de reducidas proporciones, a menos que tengamos gallinas y deseemos producir maíz suficiente para complementar su dieta. El maíz de palomitas (*pop-corn* en inglés) es un maíz de cutícula muy dura, lo que hace que el almidón interior pueda alcanzar grandes temperaturas antes de que se rompa la cobertura que lo encierra; ello provoca una violenta expansión de las moléculas, dando lugar a las tan peculiares y apetitosas palomitas de maíz. El maíz dulce goza de mucha popularidad en Norteamérica, y poco a poco ha ido introduciéndose en Europa y, más recientemente, en España, en donde de momento se suele consumir sobre todo enlatado o congelado y muy pocas veces fresco.

Existe una gran diferencia entre morder y saborear una mazorca recién arrancada de la planta y cualquier presentación comercial del maíz. Esto por sí solo justificaría su cultivo en el huerto familiar, pero, además, lo cierto es que el cultivo convencional de maíz supone un gran uso –y abuso– de abonos químicos y herbicidas, que no hacen muy apetecible su consumo, ni por parte de los humanos ni por nuestras gallinas, en caso de vernos tentados a comprarles maíz para alimentarlas. En la zona de Levante y en muchos pueblos de México y Sudamérica son típicos los puestos ambulantes de mazorcas de maíz –no dulce– asadas a la brasa y sazonadas con sal (o chile picante en México); están riquísimas, pero estaría bien que fuera maíz cultivado de forma sana y ecológica.

Propiedades. El maíz es pobre en proteínas y lípidos, pero contiene un buen porcentaje de hidratos de carbono; aunque fresco (maíz dulce), su contenido en agua es elevado. Una dieta a base de sólo maíz sería carencial y hay que complementarla con alimentos proteicos como las legumbres. Tradicionalmente, en América, se cultivaban juntos (asociados) maíz, judías y calabazas; aparte, existían plantas autóctonas poco conocidas por los europeos, como el amaranto o la quinoa, cuyo aporte proteico complementaba una dieta a base de maíz.

Entre las propiedades del maíz destacan sus efectos diuréticos, energéticos, nutritivos y sedantes. Contiene vitaminas A, B_1, B_2, B_5, B_6, C, E y PP, y minerales como cobre, hiero, manganeso, magnesio, fósforo, vanadio y cinc. La cabellera del maíz (los estilos de las flores) se recoge y, una vez seca, resulta un excelente remedio en infusión o decocción para problemas urinarios y renales en general; también reduce ligeramente la tensión arterial y estimula la secreción biliar.

Clima. Se trata de una planta amante del calor y del sol, por lo que su cultivo está muy extendido en las zonas tropicales. Con el tiempo se han ido seleccionando y adaptando variedades a climas templados y fríos, incluso existe un proyecto de introducir genes o bacterias al maíz para hacerlo resistente a las heladas. De hecho, al maíz le perjudican las heladas en sus primeras fases de crecimiento, y el frío intenso no favorece su desarrollo, por lo que no nos apresuraremos a sembrarlo hasta bien entrada la primavera.

Suelo. Es una planta muy exigente, que prefiere suelos fértiles, aireados y ricos en humus. Le gustan las tierras ligeras, pero frescas y preferentemente algo ácidas.

Abonado. El maíz requiere un buen abonado de fondo con compost bien descompuesto –este cultivo aborrece el estiércol fresco–.

Riego. Requiere riegos frecuentes, sobre todo a partir de la formación de las espigas. Las plantas de maíz, dadas sus grandes superficies foliares y su exposición al aire, requieren mucha agua, por lo que vigilaremos a menudo su correcta hidratación. Una vez

Plantas de maíz en sus primeras fases de desarrollo cultivadas junto a matas de judías. Esta asociación tradicional favorece los dos cultivos.

La presencia de panículos florales en los extremos de las matas de maíz asegura la fecundación de las mazorcas. Estos panículos pueden eliminarse cuando observemos que las cabelleras de las espigas empiezan a secarse.

Para saber si las mazorcas están a punto para ser recogidas, separamos las hojas que las recubren y presionamos los granos con los dedos, palpando su textura.

están la espiga bien formada y los granos endurecidos, podemos suprimir el riego y dejar que las plantas se sequen.

Siembra. La siembra directa se realiza desde abril hasta principios de junio (a partir de la época en que no se prevén nuevas heladas). El marco de plantación es de 60-80 cm entre líneas y 30-50 cm entre plantas, dependiendo del porte que alcance cada variedad en su desarrollo final. Las plantas de las variedades de maíz dulce y de palomitas suelen ser más pequeñas que las variedades forrajeras.

Se siembra «a golpes» de dos o tres semillas por cada hoyo y a una profundidad de 2 o 3 cm. Cuando las plantitas alcanzan los 5 o 7 cm de altura se las aclarea y se deja una sola por hoyo, procurando elegir la más sana y vigorosa. No conviene sembrar matas de maíz aisladas, pues la polinización se efectúa con la ayuda del viento, lo que significa que se obtienen mejores resultados cultivando el maíz agrupado o con un mínimo de dos o tres líneas juntas. Tampoco es conveniente sembrar variedades distintas de maíz muy próximas, pues con ello nos arriesgamos a polinizaciones cruzadas, que darán semillas híbridas y extrañas, en ocasiones muy ornamentales pero poco aptas para el consumo.

Resultan interesantes las siembras escalonadas de maíz dulce para poder ir consumiéndolo gradualmente. Para la siembra del maíz elegiremos preferentemente la luna creciente (justo antes de luna llena) y los días de fruto del calendario biodinámico.

Cultivo. Después del aclarado, con el que se deja la planta más vigorosa, el maíz crece rápido, y le resultan convenientes –en caso de no usar acolchados ni coberturas del suelo– las escardas, el desherbado y el aporcado; esta última operación reforzará los pies y las raíces ayudando a la planta a resistir la fuerza del viento.

El tallo del maíz acaba en un panículo de flores masculinas, mientras que las espigas –de flores femeninas, que darán las mazorcas– crecen en las axilas de las hojas, de una a cuatro por mata según variedades. Ya comentamos que la polinización se realiza mediante la ayuda del viento, pero en la época de polinización –cuando las flores femeninas son de color crema– podemos ayudarlas sacudiendo cada planta para que el polen caiga de las flores masculinas. Los ornamentales plumeros de flores masculinas que coronan las plantas de maíz suelen cortarse una vez realizada la polinización –cuando las cabelleras de las espigas empiezan a secarse–; esto se hace tradicionalmente para que la energía y el agua que alimentaban esta parte «despuntada» sean utilizadas por las mazorcas para incrementar su desarrollo.

Recolección. Existen diferencias evidentes entre la recolección del maíz dulce y la del resto de variedades. El maíz dulce se cosecha para consumo justo en su máximo punto de desarrollo, cuando los granos alcanzan un color amarillo intenso, y antes de que empiecen a ponerse duros. Es el punto en que resulta más dulce y suculento. Normalmente reconoceremos este punto cuando observemos el marchitado de las cabelleras que asoman de las espigas, aunque también podemos abrir con los dedos alguna mazorca y presionar con las uñas los granos para comprobar su óptima sazón; también podemos ir probando mazorcas hasta que descubramos que ya están en su punto.

El maíz dulce sólo permanece unos días en ese estado óptimo de consumo; el punto de cosecha es muy importante, ya que las mazorcas verdes resultan insípidas y poco dulces, y demasiado maduras son algo duras y de textura pastosa, a causa de la rápida conversión de los azúcares en almidón. Las variedades forrajeras y de palomitas se cosecharán cuando la mata con las hojas que recubren las mazorcas esté bien seca. Tras la cosecha se pueden colgar al sol bien aireadas, para su correcta conservación.

Problemas. Si practicamos correctamente la agricultura ecológica y realizamos rotaciones largas, es raro que tengamos problemas con el cultivo del maíz. A pesar de ello, conviene conocer los que eventualmente pueden aparecer.

En las primeras fases de germinación y nascencia, las plantas de maíz son muy vulnerables a los golosos pájaros, por lo que dispondremos alguna –o algunas– de las medidas recomendadas en el capítulo 7.

El pulgón es raro que ataque el maíz, aunque en épocas de fuertes cambios climáticos o a consecuencia de una aportación excesiva de nitrógeno, podemos encontrarnos con algunas plantas cubiertas de pulgón (sobre todo las que crecen sobre cruces Hartmann). Si se trata de ataques localizados, será suficiente con arrancar la mata afectada y quemarla. En caso de un ataque generalizado a todo el cultivo, recurriremos a alguno de los métodos aconsejados en el capítulo 7.

Algunos gusanos atacan las raíces del maíz; el cebo de salvado, azúcar y un insecticida vegetal es más que suficiente para controlar el problema, que a menudo se da por no respetar correctamente los plazos de rotación. Los gusanos que se introducen en el tronco son más difíciles de controlar, y a menudo nos veremos obligados a arrancar y quemar las plantas que presenten agujeros laterales con exudación de excrementos.

El carbón del maíz es un hongo que destruye los granos de maíz, desarrollando una especie de tumores de formas monstruosas que terminan por liberar un polvillo negro. En México consumen este hongo, al que denominan *uiclacoche*, cocido en su salsa, en los tacos y con flores de calabacín. El carbón de maíz no suele ser un problema grave, pero, en caso de generalizarse, la medida preventiva consiste en macerar antes de la siembra durante unos instantes las semillas de maíz en un preparado de caldo bordelés al 1%. Las medidas paliativas –aparte de cosechar y consumir el hongo– consisten en arrancar las matas atacadas y quemarlas a continuación.

Rotación. Todas las variedades de maíz son plantas exigentes que agotan la tierra, por lo que se incluyen dentro de las hortalizas de rotación larga; dejaremos pasar de tres a cuatro años antes de repetir su cultivo en la misma parcela.

Asociaciones. Todas las cucurbitáceas, sobre todo los calabacines, calabazas y pepinos (también los melones), se asocian bien con el maíz; también las leguminosas, especialmente las judías –tanto enanas como de enrame–, crecen bien junto al maíz (las judías se suelen sembrar a los pies del maíz y las calabazas o calabacines entre líneas). Tradicionalmente se cultivaban –y se siguen cultivando en América– estas tres familias asociadas; ello permitía obtener un buen equilibrio de nutrientes en la dieta.

Melones

Nombre científico: *Cucumis melo* (cucurbitáceas)
Exposición: ☼
Riego: 💧 💧 💧
Siembra: febrero en semillero protegido; de marzo a mayo al aire libre con protección
Marco de plantación: 1 x 1 m
Cosecha: a partir de los tres meses

Los melones son frutas cultivadas como hortalizas que, además de alegrar el paladar, nos refrescan en los calurosos días de verano. Cuando era pequeño existía una gran variedad de melones con formas y colores peculiares, algunos con un dulzor y sabor excepcionales que no he vuelto a probar. Por desgracia, la mayoría de variedades locales, han desaparecido suplantadas o cruzadas involuntariamente por las variedades estándar seleccionadas por las casas de semillas.

Algunas de estas variedades estándar son buenas y tienen características interesantes de cara a su cultivo, pero a menudo se ha primado la resistencia a plagas y la facilidad de comercialización, por encima de sus características de sabor u organolépticas.

Rebuscando un poco entre agricultores, aún podemos hallar melones significativamente diferentes de los comerciales y cultivarlos en nuestro huerto, procurando guardar sus semillas para contribuir a evitar la desaparición de las variedades autóctonas. Los melones comerciales (de cultivo químico) suponen un cierto riesgo para el consumo, ya que, al ser una planta delicada que requiere condiciones especiales de cultivo, resulta habitual sembrarla en terrenos desinfectados con bromuro de metilo (nematicidas) y rociados con plaguicidas muy fuertes y persistentes.

Por sus exigencias de calor y luz, su cultivo al aire libre sólo es posible en zonas cálidas y templadas, por lo que, en zonas frías, recurriremos a la protección en túneles o invernaderos. En el Levante y otras zonas cálidas es habitual el cultivo de melones de *tot l'any* («todo el año»), de carne más consistente y piel más dura, lo que permite guardarlos en lugares frescos y ventilados; generalmente se cuelgan del techo, para evitar la humedad y

Una lámina de plástico transparente en forma de acolchado nos permitirá adelantar la siembra directa de semillas de melones en los climas menos favorecidos.

Las meloneras ocupan un espacio considerable y, si no se practica el pinzamiento de los brotes, habrá que evitarles los obstáculos que dificulten su desarrollo. En los climas muy soleados tal vez convenga cubrir los melones con hierba seca o paja para que la excesiva radiación solar no los estropee; en las zonas húmedas el acolchado con paja evitará que se pudran por el contacto con la tierra

los roedores (y se guardan de este modo hasta Navidad).

Aunque lo más habitual es comer el melón en tajadas, también suele confitarse o formar parte de platos sofisticados, ensaladas, macedonias, sorbetes helados, yogures e incluso en Oriente lo secan al sol en rebanadas y lo consumen como fruto seco –el resultado es una mezcla entre ciruelo, pasa y orejón de albaricoque–.

Propiedades. Es una fruta refrescante muy rica en azúcares con propiedades nutritivas, laxantes, diuréticas y estomacales. Contiene vitaminas A, B, C y PP. Entre su composición mineral hallamos bromo, calcio, cobre, magnesio, fósforo y cinc.

Variedades. A pesar de esa pérdida casi irreversible de variedades de melón, podemos hallar aún una amplia gama de posibilidades, que clasificaremos en tres categorías: los melones de forma oval (más parecidos a un balón de rugby), de piel fina, tipo *pinyonet*, piel de sapo, amarillo oro, etc.; los melones tendral y de todo el año (*tot l'any*), de carne más dura y generalmente blanca y de piel más gruesa, que permiten su larga conservación; y los melones redondos estilo *cantaloup* o francés, pequeños y redondos y de carne anaranjada y perfumada, aunque no tan dulces como los anteriores. Generalmente estos últimos requieren menos horas de exposición solar y se desarrollan mejor en zonas templadas y frías, con veranos cortos.

También podemos clasificar las variedades en precoces y tardías, que combinaremos si deseamos escalonar la cosecha o entre las que seleccionaremos aquella que se adapte a las condiciones climáticas locales. Continuamente están apareciendo variedades nuevas en el mercado, muchas de ellas son híbridas y no nos permiten guardar la semilla –si las sembramos podemos llevarnos sorpresas que tal vez sean agradables, aunque existen muchas probabilidades de que sean desagradables– por lo que buscaremos semillas de procedencia ecológica o local y procuraremos no cultivar variedades distintas muy cerca unas de otras. Guardaremos bien las semillas de los mejores melones y las repartiremos entre otros hortelanos, a fin de que se propaguen y no se pierdan.

Clima. No cabe duda de que los melones aman el calor y el buen tiempo, y no sólo no soportan el frío intenso o las heladas, sino que con fotoperíodos cortos (pocas horas de luz al día) no se desarrollan ni cuajan sus frutos. El calor es muy importante para su buen desarrollo y para la síntesis de los azúcares que les dan su dulce sabor; incluso el suelo precisa alcanzar una temperatura mínima de 18 °C. En los climas menos favorecidos, esparciremos compost muy fermentado sobre el suelo para que capte la radiación solar o incluso los cultivaremos con acolchado de polietileno negro. Les buscaremos una parcela bien expuesta al sol y al socaire de los vientos fríos. En zonas muy cálidas habrá que proteger los melones del tórrido sol veraniego, que puede llegar a quemar su piel y hacer que se pudran.

Suelo. Le gustan los suelos arcillo-calcáreos, sueltos, mullidos (cavados en profundidad), ricos en humus, bien abonados y que no se encharquen. Al ser plantas sensibles, aprecian los suelos vírgenes o que lleven mucho tiempo sin cultivarse.

Abonado. Son muy exigentes en materia orgánica, por lo que conviene sembrarlos tras un abono verde e incorporar al suelo de 2 a 4 kg/m^2 de compost descompuesto, aparte de 1 o 2 kg de compost muy descompuesto que echaremos en cada hoyo a la hora de sembrarlos.

Riego. Si la tierra es fresca y cae alguna lluvia de vez en cuando no precisarán riego alguno. Los mejores melones, los más dulces y los que se conservan por más tiempo, son los de secano y los que no se riegan. Si no nos queda más remedio, realizaremos riegos poco copiosos y muy espaciados. Se aconseja cultivar los melones en surcos o caballones, plantándolos en la cresta para que la humedad del riego no pudra los tallos. En mi región para el cultivo de melones de secano que se realiza sin riego suele practicarse la técnica del cavado regular alrededor de las meloneras (cada semana o quince días), sin levantar las ramas, de forma que la planta tenga una tierra mullida y fresca durante su crecimiento. Algo parecido podemos hacer con un buen acolchado vegetal.

Siembra y trasplante. Se siembran en enero o febrero en macetas, que se colocan en semilleros protegidos (de cama caliente) para su trasplante a partir del buen tiempo (de finales de abril a mayo, según climas). También se puede realizar una siembra directa, protegiéndolos con campanas transparentes o de plástico entre marzo y mayo. Cuando realicemos la siembra en hoyos, pondremos cuatro o cinco semillas en cada uno. Cubriremos las semillas con 1 o 2 cm de tierra fina o compost muy fermentado. Tras su germinación, iremos aclarando las plántulas hasta dejar sólo una plantita, la más sana y vigorosa. Tanto la siembra directa como el trasplante se realizan en hoyos en los que se ha depositado una o dos paladas de compost bien descompuesto, mezclándolo ligeramente con la tierra. El mejor momento lunar para la siembra de melones es en luna ascendente, a poder ser dos días antes o dos después de la luna llena, y en días de fruto.

Cultivo. Tanto si sembramos las semillas en semilleros como al aire libre, vigilaremos los fríos intensos y las noches de posible helada, cubriendo las campanas transparentes o la protección plástica con esteras de paja, láminas de corcho o cualquier otro aislante. Mantendremos la tierra que rodea las plantas de melones perfectamente desherbada y la cavaremos con regularidad para airearla y evitar la evaporación del agua. Podemos recurrir al empajado o acolchado vegetal del suelo.

En cuanto a la poda de brotes y del tallo principal, nunca la he practicado; los melones que cuajan los últimos apenas se desarrollan y no suponen una merma excesiva en la producción. Claro que, cuando deseemos acortar el ciclo (en clima frío) o aumentar ligeramente la producción, podemos recurrir a la técnica del pinzado. Podando el tallo central en una primera fase; las ramas laterales en una segunda, y los brotes terminales en una tercera.

En tierras húmedas y en cultivos de invernadero conviene colocar una protección (madera, cartón o paja) entre el melón y el suelo, para que no se pudra por el contacto de la piel con la tierra. En climas calurosos y tórridos suelen sembrarse líneas de maíz entre las líneas de melones, para que su sombra proteja los frutos del exceso de sol.

Recolección. Para una persona inexperta, conocer el punto óptimo de maduración no es fácil; según variedades, podemos guiarnos por su coloración, por el aroma dulzón que desprenden, por su mayor peso, por su tacto, etc. De todos modos, usemos el método que usemos, mi padre siempre dice que un melón no sabes a ciencia cierta si está maduro hasta que le clavas el cuchillo y lo abres. Una ligera presión en el extremo opuesto al pedúnculo (el que correspondía a la flor) suele ser lo más acertado: si se hunde, está maduro; si está muy duro, aún está verde. También cuando los melones se desprenden o sueltan del pedúnculo que los une a la mata, es signo inequívoco de que están maduros (quizá demasiado maduros e incluso podridos). Los melones de guardar o colgar se cosechan antes de llegar a su punto máximo de sazón, pues, de estar muy maduros, se reducirían sus posibilidades de conservación.

Problemas. Como la mayoría de cucurbitáceas, a las meloneras les perjudican los excesos de humedad en tiempo caluroso, convirtiéndolas en el blanco de oídios, *Fusarium* y demás podredumbres y problemas criptogámicos. Aparte de las recomendaciones de cultivo ya señaladas, no está de más recordar que no hay que regar mojando las plantas, que no se debe abusar de los riegos copiosos, que hay que evitar encharcamientos del agua en la tierra y que se debe vigilar la aparición de manchas blanquecinas o grisáceas en las hojas.

Si los cultivamos en una tierra sana, respetando los períodos de rotación y con los cuidados descritos, no tenemos por qué tener demasiados problemas; pero si éstos aparecen, quizá convenga arrancar y quemar las matas atacadas. De forma preventiva, podemos espolvorear con una mezcla de algas *lithothamne* (2/3) y azufre (1/3). A las meloneras no les gusta demasiado el azufre, por lo que no hay que abusar de su empleo.

En el semillero o en los primeros estadios de desarrollo al aire libre pueden verse atacados por voraces caracoles o babosas (ver medidas preventivas en el capítulo 7). Los trips y sus larvas pueden controlarse con algún insecticida vegetal. Los pulgones también pueden hacer acto de presencia en los momentos de mayor exuberancia de las plantas o tras lluvias de tormenta –los rayos crean óxidos de nitrógeno atmosférico que con la lluvia precipitan en forma de nitratos–, por lo que recurriremos a su control según las técnicas descritas en el capítulo 7.

Rotaciones. Son plantas algo esquilmantes, que no convendría replantar en un mismo lugar como mínimo en cuatro años. De este modo, evitaremos también

En la primera fase de desarrollo de la melonera se realiza un pinzamiento cortando el tallo central y dejando dos o más ramas laterales.

En la segunda fase de pinzamiento se cortan las terminaciones de las ramas laterales.

En la tercera fase se cortan los brotes terminales para que la energía y los nutrientes de la planta se acumulen en los frutos.

la aparición de organismos patógenos especializados en la planta del melón.

Asociaciones. Excepto con sus congéneres, los pepinos y las calabazas, se entiende con casi cualquier planta hortícola; aunque dado el gran porte que alcanza la mata, conviene cultivarlos solos o junto a plantas de ciclo corto, como espinacas o rabanitos. También podemos sembrar en relativa proximidad coles y judías, sobre todo las de mata baja. Resulta muy interesante el cultivo de líneas de maíz (dulce o normal) entre las líneas de meloneras; se ayudan mutuamente, aprovechan mejor el suelo y sus nutrientes, y las altas plantas de maíz proporcionan sombra a los melones en los meses más calurosos.

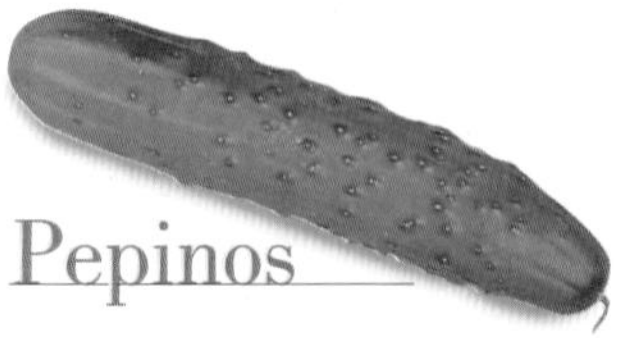

Pepinos

Nombre científico: *Cucumis sativus* (cucurbitáceas)
Exposición: ☼
Riego: 💧💧 💧💧 💧💧
Siembra: de febrero a mayo en semillero protegido y de mayo a junio al aire libre
Marco de plantación: 60-70 cm x 1-1,2 m
Cosecha: a los dos meses

Al inicio de la siembra o del trasplante de las plantas de pepino conviene realizar un trabajo de binado. Posteriormente resulta muy práctico el uso de acolchados de paja o materiales orgánicos que mantengan la humedad de la tierra y eviten la proliferación de hierbas.

El pepino y los pepinillos dan un toque de frescor a las ensaladas y de algún modo nos recuerdan el verano. A mí, como hijo de agricultores que cosechaban muchos kilos de pepinos al año y que los consideraban como algo muy vulgar y a menudo poco apreciado, siempre me sorprendía la propaganda del programa de la señora Francis que escuchaba mi madre, en el que se alababan las maravillas de las cremas de belleza a base de leche de pepino. Con el tiempo, he seguido viendo consejos de belleza y remedios basados en los pepinos, ya fuera en rodajas, en forma de cataplasma o en máscaras faciales, mezclados con aceites y cremas varias. De todo ello deduzco que el pepino tiene más aplicaciones en el área de la cosmética que en el apartado culinario, pues, aparte de su presencia en el gazpacho y en las ensaladas, cortado en rodajas y mezclado con tomate, cebolla y opcionalmente lechuga, no me vienen a la cabeza muchos otros usos ni recetas. Bueno, los franceses llegan a comerlos cocidos, rellenos e incluso gratinados con queso, pero reconozco no haberlos probado nunca preparados de esa forma.

Los pepinillos –para cuya obtención se han desarrollado variedades específicas–, generalmente conservados en vinagre, suelen formar parte de ensaladas y aperitivos.

Propiedades. Los pepinos son muy poco calóricos –contienen mucha agua–, aunque, como ya comentamos, tienen notables propiedades diuréticas, depurativas, nutritivas y refrescantes. Contienen vitaminas A, B_1, B_2, C y PP, y entre sus sales minerales hallamos azufre, calcio, cobalto, fósforo, hierro, magnesio y cinc.

Variedades. Existen muchas variedades; podemos encontrar pepinos pequeños (tipo pepinillo) y otros enormes (de hasta 1 m de largo), gruesos y delgados, de color verde claro, verde oscuro e incluso de piel blanca. Como el sabor no difiere mucho de una variedad a otra, elegiremos para la siembra en el huerto los que tengan un aspecto externo más atractivo y aquellos que, por ser de cultivo temprano o posibilitar un cultivo tardío, nos permitan ampliar su temporada de cultivo.

Clima. Al igual que la mayoría de las cucurbitáceas, los pepinos requieren climas cálidos para su buen desarrollo. No les gusta ni les conviene el frío –no se desarrollan por debajo de los 10 o 12 °C– y tampoco aprecian el exceso de humedad –que causa problemas criptogámicos–. Es extremadamente sensible a las heladas. En cambio, ama enormemente el calor.

Suelo. Se adapta bien a todos los suelos, pero los prefiere sueltos, mullidos (bien cavados), frescos y ricos en humus.

Abonado. Es una planta muy exigente, que necesita un buen abonado de fondo (de 3 a 5 kg/m^2 de compost). Soporta la materia orgánica no excesivamente descompuesta; las cenizas (ricas en potasio) suelen favorecer su cultivo.

Riego. Requiere riegos regulares y algo copiosos. No le conviene que se mojen las hojas y los frutos, por lo que descartaremos los sistemas de riego por aspersión y preferiremos el goteo.

Siembra. Suele sembrarse en semillero protegido o cama caliente en climas fríos, a partir de mediados de febrero hasta abril o principios de mayo –según las condiciones climáticas–.

Lo ideal es sembrar las semillas en macetas, bandejas alveoladas o cepellones, para facilitar su trasplante posterior –las plantitas de pepino no se repican–. Colocaremos dos o tres semillas por cepellón o maceta y posteriormente aclararemos, dejando en la tierra la plantita más sana y vigorosa. También podemos sembrarlos directamente en el suelo siguiendo el mismo método de hoyos con compost que aplicamos para la siembra de melones o calabacines. Si no practicamos el cultivo con acolchado o empajado, procuraremos sembrar o trasplantar los pepinos en lo alto de los surcos o caballones, para evitar que el agua de riego toque los tallos o que se acumule junto a ellos un exceso de humedad, que les resultaría perjudicial.

Trasplante. Trasplantaremos los cepellones al aire libre en cuanto desaparezca el riesgo de heladas y con una temperatura del suelo mínima de 10 °C, generalmente en abril-mayo. Si deseamos adelantar las cosechas, podemos sembrarlos o trasplantarlos protegidos con un túnel plástico.

Cultivo. Al pepino, como al resto de cucurbitáceas, le afecta el exceso de humedad, aunque precisa riegos regulares para obtener una buena producción. Por ello podemos trasplantarlos en un bancal que tenga el acolchado orgánico o empajado; de este modo nos evitaremos escardas, desherbado y riegos. En caso de cultivarlos en surcos o líneas con suelo descubierto, tendremos que practicar sucesivas binas o escardas para controlar las hierbas, mullir y airear el suelo y retener mejor la humedad.

El cultivo del pepino en invernadero y parcelas pequeñas suele realizarse enramándolos verticalmente en tutores o hilos colgados de la estructura. Las ramas se van atando a estos tutores, y se practica un pinzamiento a los brotes principales cuando llegan a la parte más alta; esto fuerza el desarrollo de brotes laterales, en los que suelen aparecer principalmente las flores femeninas. Estos tallos laterales pueden pinzarse en cuanto tengan cuatro o cinco hojas, y la tercera generación de brotaciones –que sale de los brotes laterales– se pinza a partir de la segunda o tercera hoja (de modo similar al pinzamiento de los melones). Otra forma de pinzado o «desmoche» es cortando la yema principal a partir de la segunda hoja; esto induce dos brotes laterales, que se pinzan, cada uno, a partir de la sexta u octava hoja; todos los brotes que salgan de estos dos se pinzarán a partir de la segunda hoja, después de los frutos.

En cultivos al aire libre y con la expansión horizontal de la planta podemos prescindir del pinzado, aunque siempre será aconsejable el «desmoche» en los cultivos donde se desee incrementar la producción, cuando el espacio disponible sea pequeño y en zonas de veranos muy cortos.

Recolección. Podemos recolectar los pepinos en cuanto alcancen el tamaño adecuado, siendo preferible hacer una cosecha precoz, cuando los pepinos son aún pequeños, que cogerlos excesivamente grandes o maduros, cuando su característico tono verde palidece y empiezan a amarillear. Los muy maduros suelen presentar semillas duras y son desagradables al paladar, aparte de que su presencia agota la planta y paraliza su desarrollo.

Problemas. Aparte de los pulgones, que pueden visitar esporádicamente las matas de pepinos, son las arañas rojas las que más atacan las hojas, sobre todo en tiempo seco y soleado y con el suelo también reseco. Procuraremos mantener un nivel de humedad adecuado, y en algunas zonas incluso conviene mojar por aspersión las hojas –siempre al anochecer–, para evitar la proliferación de las arañitas.

En épocas lluviosas o con una elevada humedad ambiental y tiempo caluroso, también hacen acto de presencia el oídio, al final de las cosechas y en las épocas de bajada generalizada y repentina de las temperaturas. El oídio suele manchar de blanco las hojas. Para evitarlo procuraremos no regar por aspersión durante el día y, de no existir riesgos de araña roja, no usaremos nunca este método de riego y optaremos por los sistemas de goteo interlinear. Preventivamente podemos realizar espolvoreos de azufre y algas *lithothamne* (al 50% de cada), realizándolos siempre al amanecer y aprovechando el rocío, si es posible.

A los caracoles también les encantan las plantitas jóvenes, por lo que procuraremos protegerlas en la medida de lo posible.

Rotaciones. No es una planta demasiado agotadora del suelo, pero conviene evitar problemas realizando rotaciones de tres o cuatro años.

Asociaciones. Los pepinos se desarrollan bien junto a apios, cebollas, coles, guisantes, judías, lechugas y rabanitos. En cambio, no les favorece la cercanía de tomateras o patatas.

El crecimiento horizontal de las matas de pepino ocupa un considerable espacio y, a menudo, habrá que buscar los frutos escondidos bajo las hojas.

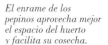

El enrame de los pepinos aprovecha mejor el espacio del huerto y facilita su cosecha.

Pimientos

Nombre científico: *Capsicum annuum* (solanáceas)
Exposición: ☼
Riego: 💧💧💧
Siembra: desde febrero en semillero protegido
Marco de plantación: 40 x 50 cm o 60 x 70 cm
Cosecha: dos meses y medio después de la siembra

El pimiento es otra de las solanáceas que se han popularizado en la llamada «dieta», aunque su procedencia es bien lejana: América del Sur. Tantos años de uso en nuestra cocina lo convierten en un clásico, indispensable en las *escalivadas*, los gazpachos o las pizzas. También se consume asado con sal y aceite de oliva, relleno, frito o como ingrediente de la paella valenciana.

Otra forma de comer pimientos es el típico pimentón molido, que no es ni más ni menos que pimientos secados y molidos finamente; se emplea para sazonar o dar color a algunos platos. ¿Y quién no conoce los típicos pimientos del piquillo? Por su parte, las variedades de pimientos picantes o guindillas han caído un poco en desuso, aunque continúan empleándose en la cocina del sur peninsular.

Es una planta que puede cultivarse en la terraza o el balcón de casa, ya sea en macetas grandes o en los sacos de sustrato orgánico; resulta muy ornamental y un par de plantas son suficientes para abastecer a una familia.

Las matas de pimientos en pleno desarrollo muestran tal exuberancia que esta planta incluso puede cultivarse con fines ornamentales.

Propiedades. Los pimientos crudos resultan algo indigestos y muchos estómagos no los toleran bien, pero dada su gran riqueza en vitamina C, constituyen un buen preventivo de los resfriados otoñales o invernales. Tienen propiedades aperitivas, excitantes y sudoríficas. Son muy ricos en vitaminas A y C, y también contienen vitaminas B, K y PP. Entre sus sales minerales destacan el cobre, el fósforo, el hierro, el magnesio, el manganeso, el potasio y el cinc.

Variedades. Existen numerosísimas variedades de pimientos, aunque las más cultivadas en los huertos son los grandes y carnosos –tipo morrón o tres cantos–, que generalmente se cosechan rojos, y los verdes y alargados, tipo italiano.

Clima. Al ser una planta originaria de zonas tropicales y cálidas, gusta del calor y los climas suaves. Es muy sensible al frío y no se desarrolla bien con temperaturas inferiores a los 10 °C. Para su cultivo, buscaremos las zonas más cálidas y soleadas del huerto.

Suelo. Aunque se adapta bien a cualquier suelo, prefiere los terrenos fértiles, ricos en humus, cavados en profundidad y frescos. Le van mejor los suelos ligeros y drenantes que los compactos. Como agradece el calor, le buscaremos las parcelas más expuestas a la radiación solar.

Abonado. Son plantas exigentes, que requieren un buen abonado de fondo: de 3 a 5 kg/m^2 de estiércol o de compost, que procuraremos que estén bien descompuestos. A lo largo del proceso podemos aportar algo de compost elaborado con hojas de consuelda, que son muy ricas en potasio, uno de los elementos que más aprecian los pimientos. Resultan interesantes por el mismo motivo los acolchados con hojas de consuelda.

Riego. Aunque los pimientos soportan bien la falta de riego por unos días; para un buen desarrollo y una óptima producción, procuraremos mantener la humedad de la tierra (sin excesos y sin carencias), evitando en lo posible los encharcamientos de agua, que les resultan perjudiciales (véase riego de los tomates). Resulta habitual el riego por inundación (surcos con caballones), pero con el riego por goteo obtendremos también buenos resultados. Procuraremos que el agua no incida directamente en los tallos, pues podría provocar problemas de podredumbres.

Siembra. Desde febrero, pueden realizarse siembras en semilleros protegidos o de cama caliente (véase tomates), con un repicado posterior en cepellones o macetas, cuando las plantitas tengan cuatro hojas y unos 12 cm de altura. Últimamente se hace bastante uso de los alveolos de poliestireno expandido (corcho blanco), que, resguardados del frío, permiten la siembra directa en el sustrato que luego sirve de cepellón de trasplante, a partir de marzo. En cuanto al período lunar para la siembra y el trasplante, resulta idónea la fase comprendida entre dos días antes y dos después de la luna llena, a ser posible en día de fruto.

Trasplante. Es similar al de tomates y berenjenas, aunque por ser un cultivo más sensible al frío, suele hacerse algo más tarde, a partir de mediados de abril o mayo, cuando las temperaturas nocturnas no descienden de 10 o 12 °C. A la hora del trasplante, la planta deberá estar bien enraizada al cepellón y ser lo suficientemente robusta como para soportar su exposición al aire libre. Inmediatamente tras el trasplante se regará procurando no mojar los tallos.

Cultivo. Es conveniente realizar un acolchado o, en su defecto, escardas frecuentes que mantengan la tierra mullida y aireada e impidan la proliferación de hierbas. Tras el trasplante, a algunas variedades de pimiento se les realiza la poda del brote o yema central, a fin de que emitan varias ramas laterales y la planta adquiera un buen volumen. En las zonas frías o en los cultivos precoces conviene proteger las plantitas transplantadas con túneles de plástico o campanas transparentes (garrafas de 5 litros recicladas), hasta que el clima sea cálido y estable.

Algunas variedades llegan a alcanzar grandes alturas, y los pimientos en general tienen una estructura frágil –debe tenerse cuidado con los tirones o las manipulaciones bruscas–, por lo que pueden entutorarse con cañas. En las zonas frías interesa un despuntado de las yemas terminales a finales de verano, para ayudar a la fructificación y a la maduración y permitir así la cosecha de todos los frutos existentes antes de la llegada de los fríos.

Recolección. Se cosechan a medida que se necesitan y según los gustos, pues hay quien los prefiere verdes y hay quien le gustan más maduros (rojos). Es importante no dejar en la planta los pimientos maduros durante muchos días, pues ello detiene la floración y la producción de nuevos frutos. Es preferible cosechar algo verde que dejar madurar demasiado. Caso aparte es el de las plantas destinadas a la producción de semillas, que distinguiremos clavando una caña a su lado o atándoles una cinta de color. Cuando se desean pimientos muy gordos –para rellenos–, se realiza una poda o aclareo de frutos, dejando sólo dos o tres por mata. En cambio, tanto las guindillas como los pimentones destinados al secado deben dejarse madurar completamente en la planta.

Problemas. Son muy similares a los que afectan a tomates y berenjenas, aunque los pimientos son más resistentes a parásitos y enfermedades y menos a las condiciones climáticas. Se debe controlar la presencia de pulgones o los ataques de arañas rojas. Las podredumbres del tallo pueden aparecer en suelos pesados y con excesos de riego o humedad. Tras el trasplante, habrá que vigilar los ataques de los gusanos grises del suelo, que pueden roer y cortar de cuajo los tallos, dejando las plantitas tumbadas y marchitas (para solventar estos problemas ver capítulo 7).

Rotaciones. Conviene escalonar las rotaciones, respetando períodos de tres o cuatro años.

Asociaciones. Los pimientos son una de las pocas plantas que se llevan bien con sus congéneres (tomates y berenjenas). Es muy habitual intercalar plantas de albahaca entre las matas de pimientos y al principio y final de las líneas, para protegerlos de los ataques de pulgones.

Sandías

Nombre científico: *Citrullus vulgaris* (cucurbitáceas)
Exposición: ☼
Riego: 💧💧💧
Siembra: febrero en semillero protegido o cama caliente; en pleno campo, con protección, en marzo-mayo
Marco de plantación: 1 x 1 m o más
Cosecha: a los tres o cuatro meses

La presencia de sandías en el mercado o en el huerto nos indica que ya llegó el calor; y quizá la naturaleza creó esta fruta fresca y jugosa, procedente del África subtropical, para aplacar la sed en los meses más calurosos del año. En mi tierra se bromea diciendo que, cuando comes sandía, haces tres cosas a la vez: comer, beber y lavarte la cara, pues resulta hasta cierto punto habitual pringarse de jugo de sandía cuando se toma en tajadas o rodajas. El jugo o zumo de sandía es muy diurético, y el agua de esta fruta se considera biológicamente pura, pues ha pasado por el filtro de la planta para concentrarse en la redondez de esta fruta tan singular,

Las sandías requieren una buena exposición solar, por lo que, para su cultivo, elegiremos las parcelas mejor expuestas al sol.

Sandías acolchadas. El acolchado con láminas de plástico permite un mayor calentamiento del suelo en los climas menos favorecidos, guarda mejor la humedad de la tierra y mantiene a raya las hierbas competidoras. En los climas cálidos y templados podemos prescindir del plástico y recurrir al acolchado orgánico con paja, hojas de consuelda y hierba seca.

con lo que resulta deliciosamente refrescante. Es una fruta de climas calurosos y se cultiva con problemas en países o zonas frías y con fotoperíodos cortos (pocas horas de luz al día).

Propiedades. Las sandías son diuréticas, antiescorbúticas, depurativas y remineralizantes. Presentan una proporción de agua muy elevada (el 95%) y, según cómo hayan sido cultivadas, contienen un buen porcentaje de azúcares y vitaminas A, B_1, B_2, C, K y PP. Entre sus sales minerales hallamos el calcio, el fósforo y el hierro.

Variedades. Existen numerosas variedades de sandía, desde las pequeñas *sugar baby* hasta las enormes melonas, que son alargadas y llegan a superar los 15 kg de peso. Últimamente han aparecido en el mercado sandías sin pepitas, todo un placer para los perezosos, aunque no tanto para los amantes de su sabor dulce e intenso, pues de momento son más insípidas que las sandías normales. También se clasifican las sandías por el color de su carne, que puede ser blanca, rosada y de un rojo intenso. Otras variedades se distinguen por el color de su piel, que puede ser blanco, verde claro, verde oscuro o rayadas.

Antaño, los agricultores intercambiábamos semillas de sandía de variedades locales con características bastante específicas y generalmente muy dulces y sabrosas; por desgracia, los tiempos modernos, con sus sobrecitos envasados al vacío y sus imágenes de sandías con una carne de un color rojo vivo, han hecho desistir a los agricultores de sus viejas costumbres. No obstante, y por suerte, aún queda algún amante de lo tradicional, y también podemos disponer de cierta selección de variedades de cultivo ecológico. ¡Vale la pena buscarlas y cultivarlas!

Cultivo. En cuanto a clima, suelo, abonado, siembra, trasplante, técnicas de cultivo, cuidados, problemas, rotaciones y asociaciones, son muy similares a los descritos para sus parientes próximos, los melones.

El riego es quizás una de las pocas salvedades que hay que tener presentes, pues si bien los melones conviene cultivarlos con poco riego o prescindiendo de él, las sandías requieren en la medida de lo posible riegos copiosos y regulares. Conviene regarlas por el sistema de riego de goteo para evitar que se mojen las matas y los frutos, pues son muy sensibles –al igual que todas las cucurbitáceas– a las enfermedades criptogámicas.

Recolección. Quizá no sea tan difícil de distinguir como en el caso de los melones su punto de perfecta maduración, pero casi casi. No siempre se acierta: unas veces las recogeremos un poco verdes –y, por tanto, insulsas–, y otras veces demasiado maduras –pasadas y con un sabor desagradable–. Normalmente su punto idóneo de sazón se distingue porque sus dos hojuelas redonditas –como orejitas– situadas en el pedúnculo, muy cerca de la unión con la sandía, están secas. Cuando el pedúnculo empieza a secarse también nos indica que ya está a punto para ser comida, aunque, en ocasiones, por desgracia, ya ha madurado demasiado. El color amarillo intenso de la parte que descansa sobre la tierra suele ser para muchos un buen indicador. Lo de darle un par de golpecitos funciona para los expertos; el resto no distingue entre un sonido hueco, resonante o blando.

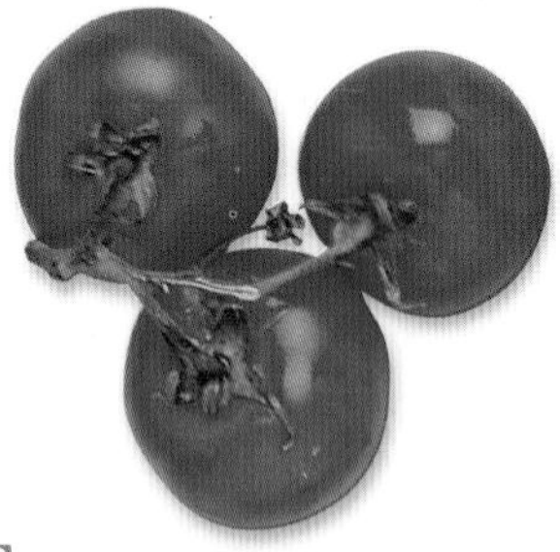

Tomates

Nombre científico: *Lycopersicon esculentum* (solanáceas)
Exposición: ☼
Riego: 💧💧 💧💧 💧💧
Siembra: desde enero en cama caliente; marzo-abril en semillero protegido
Marco de plantación: 40-50 x 60-70 cm
Cosecha: a los dos meses y medio

Esta solanácea, originaria de América, se ha convertido en una de las plantas más populares, tanto para el cultivo como para el consumo. Existen cientos de variedades de tomate, con formas, texturas, sabor o color para todos los gustos. Resulta curioso que una planta tan asociada a la dieta mediterránea en los últimos tiempos, se introdujera en Europa como planta ornamental por la exuberancia de sus tallos y hojas y el colorido de sus frutos, sin que nadie en principio se atreviera a consumirlos; cuando se observó que muchos pájaros se daban suculentos festines con los frutos de la tomatera y no se morían por ello, empezó su progresivo e imparable consumo, aunque tuvieron que pasar unos 150 años desde su introducción para que nos decidiéramos a probarlos.

En su lugar de origen, son plantas perennes o plurianuales, mientras que en Europa suelen cultivarse como plantas anuales. El tomate es muy rico en vitaminas, y recientemente se le han descubierto propiedades terapéuticas o preventivas de los problemas de próstata e incluso del cáncer.

Ya sea en ensaladas, salsas, guisos o zumos, los tomates son exquisitos, y si además son de cultivo ecológico, nos los podemos comer directamente, partiéndolos por la mitad y aliñándolos con un poco de sal y un buen aceite de oliva. El pan con tomate y aceite de oliva, el *pa amb tomaquet*, lo asociamos con Cataluña, y el gazpacho, con Andalucía, mientras que el tomate frito y las salsas de tomate están presentes en toda la cocina internacional.

Variedades. En las últimas décadas, los tomates híbridos seleccionados por las multinacionales de las semillas están acaparando el mercado, desbancando e incluso haciendo desaparecer variedades exquisitas y muy bien adaptadas a climas, lugares y épocas de cultivo específicos. Por ello resulta crucial que nos preocupemos por la selección de variedades adaptadas –en este caso no se puede hablar de plantas autóctonas– y el intercambio de semillas entre agricultores, que evitará su desaparición y que además permitirá su mejora genética. Tradicionalmente, la selección de las mejores plantas, las más sabrosas, las más resistentes o las más precoces, se realizaba con esmero y cariño. Lo más frecuente con los tomates era –y sigue siendo– guardar los primeros ramilletes de tomates, seleccionando aquellos que cuelgan de las plantas más vigorosas y sanas, y cuyo tamaño, color o sabor son los más apropiados. Para ello, plantaremos una estaca o un trozo de caña, o ataremos una cinta de color junto al ramillete de tomates seleccionados y los dejaremos en la planta hasta su perfecta maduración. En caso de problemas con pájaros, podemos protegerlos con una red. Una vez bien maduros, colocaremos los tomates en un cubo con agua y los desmenuzaremos con las manos. Al decantar el agua, ésta arrastrará la pulpa desecha, mientras que las semillas quedarán en el fondo del cubo. Acto seguido, las extenderemos sobre una tela o un saco de arpillera y las dejamos al sol hasta que sequen perfectamente. Una vez secas las semillas, las podremos guardar en tarros de cristal bien cerrados; tradicionalmente, se enrollaba la arpillera donde estaban las semillas pegadas y se colgaba de las vigas de la casa o en el desván.

Tomates para guardar en invierno. Siendo, en nuestras latitudes, plantas de cultivo estacional pero de consumo muy regular a lo largo del año, resultan muy interesantes las variedades de «tomate de colgar». Éstas se recogen justo antes de su plena maduración y se cuelgan de hilos hasta que deseemos consumirlas o comercializarlas. Se trata de variedades especiales, que se caracterizan por tener una piel fina pero resistente, que evita la evaporación del agua del tomate, así como su putrefacción. Las semillas de estos tomates se pueden extraer del fruto en el mismo momento de la siembra. Durante el cultivo no toleran un exceso de agua ni de nitrógeno en el suelo; cuando abusamos de uno u otro, nos encontramos con problemas de conservación, y los tomates tienden a pudrirse con facilidad. Los tomates de colgar cosechados en julio o agosto permanecerán jugosos hasta enero o febrero, momento en que sus semillas germinarán espontáneamente. Se trata de variedades poco comercializadas, aunque su cultivo resulta popular en los huertos familiares.

Si en el comercio no hallamos tomates de colgar, podemos empezar a buscar sus semillas preguntando a los agricultores locales o de las zonas cercanas.

Clima. Los tomates se adaptan bien a casi todos los climas; sólo les molesta el frío intenso (heladas), el excesivo calor o demasiada humedad en el ambiente. En las zonas con climas benignos, adecuada insolación y temperaturas estables, pueden cultivarse durante todo el año. En cambio, en los climas fríos sólo podrán cultivarse al exterior de mayo a septiembre, e incluso se recogerán los tomates verdes para que terminen su maduración en un lugar abrigado. Es una planta que se adapta bien al cultivo en invernaderos, aunque hay que controlar la humedad relativa del aire, pues es muy sensible a las enfermedades criptogámicas (hongos), y ayudar a la polinización de las flo-

Para el cultivo de tomates frescos, sabrosos y sanos en un huerto familiar bastará con unas pocas matas, que pueden sembrarse en cualquier recipiente reciclado, repicándolas o trasplantándolas a la tierra cuando estén bien desarrolladas.

Las variedades de tomates de guardar se cosechan en julio o agosto y se cuelgan en racimos hasta su consumo en otoño y pleno invierno, manteniéndose frescos y jugosos.

Una forma de que la tomatera desarrolle mayor masa radicular consiste en plantar el cepellón horizontal o ligeramente curvado. Esta operación está muy indicada para las matas cuyo tallo creció demasiado en el vivero.

El recalce de la tomatera también provocará que la planta desarrolle más raíces, lo que la protegerá de los daños que puedan sobrevenir a causa de fuertes vientos.

res, removiéndolas o frotándolas con un pincel o, mejor aún, colocando alguna colmena de abejas junto a la puerta del invernadero.

Suelo. Se adaptan a casi todos los suelos, aunque prefieren los ligeros a los compactos; eso sí, les gusta que el suelo esté bien nutrido, esponjoso y aireado. Para su correcta maduración, las raíces necesitan sentir el calor, por lo que suelen irles muy bien los suelos pedregosos, que retienen y acumulan la radiación solar diurna y mantienen la tierra caliente durante más horas, acelerando el desarrollo de la planta y la maduración de los tomates. Efecto similar puede conseguirse en climas y zonas de poca insolación con acolchados de plástico negro, que captarán y acumularán la radiación en el suelo o esparciendo compost al pie de las plantas.

Abonado. Las tomateras son muy exigentes en nutrientes, por lo que procuraremos preparar el suelo con abundante compost descompuesto –no es preciso que lo esté demasiado–; los mejores resultados se obtienen precediendo el cultivo con un abono verde (vezas y habas forrajeras), al que se le añadirá algo de compost en el momento de roturarlo. Dado que se trata de plantas de gran porte y producción (pueden superar los 10 kg/m^2) es interesante añadir algo de compost a la tierra cuando se realizan tareas de desherbado o recalce. Se puede tener preparado un purín, que se irá diluyendo en el agua de riego a partir de las primeras cosechas.

Riego. La tomatera es bastante exigente en cuanto al riego, prefiriendo un aporte hídrico regular a grandes cantidades de agua demasiado espaciadas en el tiempo. Soporta sequías o escasez de agua, pero esto reduce su desarrollo y producción. En la época de cosecha, cuando el suelo pasa un período de sequedad y luego se riega abundantemente, los frutos tienden a agrietarse en su base. En la época de la primera floración, vigilaremos la irrigación, ya que un exceso de agua o humedad dificultará el cuajado o desencadenará una abundante caída de flores, mermando la producción.

Tradicionalmente, se riega abundantemente justo en el momento en que despuntan las primeras flores, y a los dos o tres días se realiza un aporcado o recalce que destruye las malas hierbas que están brotando y remueve la tierra, esponjándola y evitando la rápida evaporación del agua, con lo que podemos esperar unos quince días antes del siguiente riego.

Dado que son plantas que sufren con facilidad problemas criptogámicos (sobre todo mildiu) en sus tallos, hojas y frutos, no deberemos regarlas nunca con mangueras o por aspersión. Preferiremos el riego a manta o inundación o, mejor aún, el goteo. El sistema de riego localizado por goteo resulta el idóneo para las tomateras y, si disponemos de un programador horario o diario, podremos ajustar la aportación de agua a sus necesidades, en función de la fase del cultivo o de la climatología.

Siembra. Las variedades tempranas requieren una siembra precoz en semillero protegido de los fríos y las heladas nocturnas. Tradicionalmente empleábamos el semillero de cama caliente (ver el capítulo 6), que les aporta el calor de la fermentación del estiércol (generalmente de caballo) y dispone de unas cubiertas de vidrio o plástico para captar y acumular la radiación solar.

Podemos usar también bandejas de poliestireno expandido o macetas con una mezcla de fibra de coco y compost lo bastante nutritiva para proveer la planta hasta el momento del trasplante. Si sembramos a voleo en el semillero, procederemos a un primer repicado en macetas, cepellones o bandejas, cuando las plantitas tengan un tamaño de unos 15 cm o cuatro y cinco hojas. En las macetas o cepellones pasarán un período de enraizado y endurecimiento (entre veinte y treinta días), combinando la protección nocturna con la exposición al aire libre en las horas benignas del día.

Trasplante. Cuando sepamos que ya no existen riesgos de heladas nocturnas, podemos trasplantar las tomateras al huerto, procurando enterrar una parte del tallo, por donde sacará raíces adventicias que aumentarán las posibilidades de desarrollo de las tomateras. Si queréis estar seguros de que no va a haber ya heladas que destruyan la plantación de tomateras, os recomiendo que busquéis en vuestra zona algún matorral de espino albar silvestre o espino blanco. Esta rosácea empieza a florecer en cada región o lugar específico justo en el momento en que podemos estar seguros de que no se producirán heladas destructoras. En los lugares expuestos a los vientos se aconseja colocarles una protección en el momento del trasplante. Tradicionalmente, ésta se hacía con tejas, hojas de palma, cañizos o lo que se tuviera a mano; hoy podemos reciclar las garrafas de agua de 5 litros de polietileno transparente sacando el tapón y cortando la base de la garrafa.

Al inicio del verano y en los lugares donde las noches no sean muy frías, podemos plantar directamente a la tierra los brotes u «ojuelos» laterales que cortamos de otras tomateras en crecimiento o producción. Si no hemos tenido la posibilidad de hacernos nuestro semillero, podemos plantar en macetas o alveolos los brotes que nos regale un vecino o un agricultor que tenga tomateras precoces en invernadero. Una vez enraizadas y endurecidas, las trasplantaremos al huerto sin ningún problema.

Cultivo. Las tomateras crecen sin demasiados percances si disponen de un suelo fértil, bien esponjado y no les falta el agua. La mayoría de variedades precisa de tutores para que puedan crecer erguidas y los tomates no toquen el suelo –tienden a pudrirse en contacto con la tierra húmeda–. Podemos realizar el entutorado con ramas o estacas de aproximadamente 1,5 m, aunque lo más habitual suele ser usar cañas, clavándolas en una distribución de dos líneas paralelas y uniéndolas de cuatro en cuatro, formando dobles equis a las que ataremos una caña transversal para proporcionar mayor sostén a la estructura; de todos modos, las posibilidades son tantas como den de sí el ingenio y la creatividad de cada horticultor. La tomatera se atará con esparto, cordel o rafia, a las cañas o tutores, dejando una cierta holgura que evite el estrangulamiento del tallo durante su desarrollo. Procuraremos atarlas justo por debajo de cada ramillete de flores o frutos, ya que es la zona que tiene que soportar más peso.

Las tomateras sacan «ojos» o brotes transversales en la base de cada hoja; si los dejamos, generan una maraña de brotes, hojas y ramilletes de flores y frutos, que dificultarán su cultivo y mermarán el tamaño de los frutos. Por ello, normalmente se podan o despuntan los brotes laterales, dejando un brote tutor único, en el que se irán escalonando progresivamente los ramilletes de tomates. Esta tarea es una de las más delicadas, pues un error común suele ser cortar por descuido el brote principal. Si existen otros laterales, no habrá problema: tomarán el relevo y la planta se desarrollará con normalidad; pero si ya habíamos cortado los brotes laterales, nos quedaremos con una tomatera «ciega», que no podrá dar ya más frutos que los que tenga en ese momento. Para evitar este descuido podaremos las tomateras empezando siempre desde la parte más alta, de arriba abajo. Se suele practicar la poda o el «desmoche» del brote principal cuando tengamos claro que el ciclo productivo de las plantas está cercano a su fin; con ello conseguiremos que la energía de la planta se centre en los frutos.

Al manipular las tomateras (poda, entutorado, recolección), los dedos suelen mancharse de una sustancia verde negruzca, difícil de limpiar en ocasiones. En los casos en que el agua y el jabón no consigan su cometido, recurriremos al truco del labrador, consistente en coger un tomate bien maduro y restregar su jugo y pulpa por las manos; es el sistema más efectivo y ecológico que conozco.

Problemas. Las tomateras son plantas vigorosas y resistentes, pero a menudo se ven afectadas por problemas que, con un poco de cuidado, no irán a peor. Durante el trasplante, sus tallos y raíces pueden ser roídas por el gusano gris o por los gusanos de alambre. Cuando son pocas las plantas afectadas, las arrancaremos y escarbaremos la tierra de su alrededor hasta encontrar a los culpables, de los que nos desharemos por vía expeditiva. Si se trata de una gran plantación, podemos recurrir a cebos atrayentes en los que haya *Bacillus thuringiensis* (ver el capítulo 7).

Un truco muy eficaz para controlar los gusanos de alambre consiste en enterrar rodajas de zanahoria cerca de los tallos de las tomateras; cada mañana levantaremos las rodajas y recogeremos los allí clavados como flechas en una diana.

El mildiu es una de las enfermedades más temidas en tomateras y patateras. Se caracteriza por manchas negras en tallos, hojas y frutos, que poco a poco van secando la planta. Suele aparecer en épocas lluviosas y en climas o temporadas húmedas. Habitualmente se controla con el sulfato de cobre del tradicional «caldo bordelés» (ver capítulo 7). Nosotros empleamos un sistema más sencillo y que no deja residuos o

Las matas de tomates pueden dejarse desarrollar libremente, pero lo más habitual es su cultivo entutorado, atando el tallo principal a los soportes y podando las yemas laterales.

Un hilo de cobre ensartado en el tallo de las tomateras las protege de la proliferación del mildiu.

manchas azuladas en la planta o los frutos: consiste en clavar en el tronco principal un hilito de cobre de unos 5 o 7 cm de largo, como los usados para cambiar los fusibles en el hogar; clavamos un extremo y enrollamos el resto alrededor del tronco, en forma de espiral. El cobre en contacto con la planta libera iones de cobre, que evitan la proliferación de hongos –entre ellos, el mildiu–. El sistema es preventivo, y suele dar buenos resultados incluso cuando la enfermedad empieza a estar presente.

El pulgón y otros parásitos no suelen ser muy preocupantes en el cultivo biológico de los tomates. Suelen hacer acto de presencia en caso de errores en el abonado o riego, o en épocas de climatología adversa. Contra ellos podemos recurrir a los remedios y tratamientos descritos para cada uso en el capítulo 7.

Rotación. Las tomateras son muy exigentes y ávidas devoradoras de gran cantidad de nutrientes. Por otra parte, además existen parásitos que se especializan en su contra y que incluso llegan a generar cepas resistentes en terrenos donde se cultivan tomates durante varios años consecutivos. Todo ello plantea la necesidad de una correcta rotación de cultivos, que exige una espera de al menos tres años antes de volver a plantar tomateras en un mismo lugar.

Asociaciones. Las tomateras suelen beneficiarse de la proximidad de ajos y cebollas. También las favorecen los apios, las zanahorias, los puerros o el perejil; este último puede plantarse en hileras al socaire del viento para proteger las tomateras de la mosca blanca. No les gusta compartir su espacio con otras solanáceas, en especial con las patatas, y tampoco con pepinos o colinabos.

Hortalizas de flor

Alcachofas

Nombre científico: *Cynara scolymus* (compuestas)
Exposición:
Riego:
Siembra: trasplante de zuecas o estacas en julio-agosto; de esquejes en marzo-abril
Marco de plantación: 80 cm x 1 m
Cosecha: a los tres o cuatro meses del trasplante

En la fase inicial del cultivo de alcachofas conviene acolcharlas con paja o materias orgánicas. También pueden plantarse, intercaladas, lechugas u otras hortalizas de rápido desarrollo.

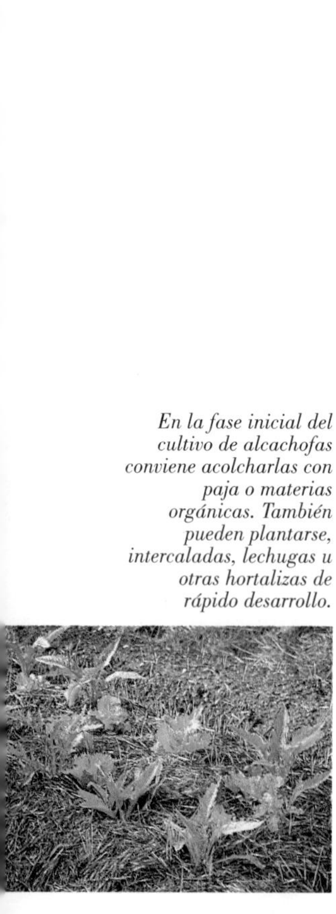

La planta de la alcachofa quizá sea la reina de las hortalizas invernales, aunque en algunas zonas y países su recolección esté restringida al otoño o la primavera. Prima hermana del cardo de pencas, la planta de la alcachofa se distingue por sus inflorescencias carnosas comestibles, de exquisito sabor. Podríamos decir que la alcachofa es la adaptación cultural realizada por los agricultores de la cuenca mediterránea a partir de cardos silvestres. De hecho, es fácil ver cómo las alcachoferas que crecen en huertos abandonados tienden a asilvestrarse, dando alcachofas pequeñas, duras y espinosas, difícilmente comestibles. La parte comestible de la planta es, de hecho, su flor o, dicho de forma más correcta, el grueso capítulo floral que aparece envuelto por hojas cadáver pequeñas, cuyo receptáculo espeso y carnoso (el corazón de la alcachofa) sirve de base a las brácteas, con partes inferiores más blancas y tiernas, que también son comestibles.

Existen innumerables formas de preparar las alcachofas: asadas, hervidas, acompañando platos de verduras, cocidas o salteadas, fritas, a la plancha, en tortilla, en pizza, rebozadas, en puré, al ajillo, etc. Tiernas, son exquisitas crudas, simplemente aliñadas con aceite y sal, o en ensalada, junto a otras verduras.

Propiedades. Las alcachofas, al igual que el cardo, son buenas aliadas del hígado y poseen propiedades aperitivas, antianémicas, colagogas, coleréticas (estimulante de la producción de bilis), depurativas, diuréticas, energéticas, estimulantes, estomacales y tónicas. Contienen vitaminas A, B_1, B_2, C y PP, así como calcio, fósforo, hierro, magnesio y sodio. Algunos autores no recomiendan la ingesta de alcachofas por parte de mujeres lactantes, pues parece que perturba la secreción láctea.

Clima. Las alcachofas son muy peculiares en cuanto a clima, pues necesitan un ambiente frío para desarrollarse sin problemas, pero no soportan el frío intenso (las heladas), ni tampoco el excesivo calor; por otro lado, exigen abundante agua y riegos y, en cambio, no toleran un exceso de humedad ambiental. Todo ello hace que las zonas templadas del Mediterráneo y las zonas con buenos microclimas sean las más indicadas para obtener una elevada producción. De cara a su cosecha para el consumo familiar, en las zonas muy frías podemos protegerlas con túneles de plástico o pequeños invernaderos, o cubrirlas con paja en las noches con riesgo de helada. También es conveniente recurrir a variedades adaptadas al frío, como las alcachofas violeta y las bretonas.

Al igual que los manzanos, que para crecer sanos requieren un frío intenso que permita su «parada invernal», las alcachofas necesitan fuertes calores estivales para su «parada veraniega», y los rebrotes son más vigorosos si el suelo donde crecen ha llegado a secarse completamente.

Suelo. No es una planta tan poco rústica como pueda parecer: necesita suelos sanos, aireados en profundidad –nunca compactados– y muy ricos en materia orgánica y humus. Lo ideal para su cultivo son los suelos frescos de tendencia arcilloso-calcárea. Hay que evitar los suelos pesados y húmedos, al igual que los muy ligeros o secos.

Abonado. Las alcachoferas necesita una tierra muy humífera, un buen abonado de fondo con estiércol o compost (semidescompuestos) y un aporte regular de compost maduro en la fase de producción, cuya larga duración (varios meses) permite el tiempo suficiente para asimilarlo. En los cultivos plurianuales se renueva el aporte de compost en la época del aclareo de esquejes.

Riego. Las plantas de alcachofa son peculiares, pues les gusta la humedad regular pero no soportan el exceso de agua o el encharcamiento de las raíces. Por ello se preferirán los sistemas de riego por goteo. En caso de riego por inundación, se plantarán sobre unos caballones anchos y ligeramente elevados. En cuanto a la periodicidad del riego, tiene un papel primordial la experiencia, aunque las hojas de las alcachoferas muestran claramente con su marchitamiento la falta de agua. Cuando los tallos portadores de alcachofas se inclinan, el problema de aporte hídrico es ya grave.

Siembra. En algunas zonas se practica el cultivo a partir de la siembra de semillas, pero si bien esta práctica puede ser factible en un huerto familiar, en una explotación comercial no es aconsejable, ya que las variaciones genéticas que aporta cada semilla impedirían su adecuada comercialización. Además, la reproducción por semillas implica un período de ocupación del suelo y labores de mantenimiento mucho mayores: desde la siembra a la recolección pueden transcurrir de ocho meses a un año, mientras que con las estacas y los esquejes podemos cosechar a los cuatro o cinco meses de plantarlos.

Reproducción por estacas o esquejes. Generalmente, la época más propicia para el trasplante de estacas de alcachofera en las zonas cálidas suele ser desde mediados de julio hasta mediados de septiembre, y de marzo a abril en las zonas muy frías. Empezaremos cortando las varas secas de la mata a unos 10 cm del suelo; luego, provistos de una azada de cavar (algo más estrecha y larga), arrancaremos la mayoría de las estacas, dejando un par (las más sanas) en el lugar. Se trata de una operación que requiere cierta habilidad; en caso de ser pocas las matas que se deban «clarear», las desenterraremos escarbando la tierra con una azadilla, y separaremos los esquejes cortando las raíces con un cuchillo fuerte y afilado. Una vez arrancadas las estacas o cortados los esquejes, taparemos con tierra el agujero que queda tras el desalojo.

Las estacas arrancadas –destinadas al trasplante– se seleccionan eligiendo aquellas que no presenten deficiencias o enfermedades visibles; atención a las varas agujereadas: suelen contener un gusano barrenador, y cuidado también con la presencia de mohos y podredumbres en la base o en las raíces. Es importante que cada estaca presente un mínimo de tres o cuatro brotecitos –que se hallarán justo en la base, por encima de las raíces– y que éstos estén verdes si los raspamos un poco; con un solo brote o cuando los que hay están muy secos, las probabilidades de éxito serán muy escasas.

La fase lunar preferida para la siembra o plantación es la de cuarto creciente, y en el calendario biodinámico elegiremos los días de flor.

Las alcachofas brotan como yemas terminales del tallo principal y de los tallos laterales, lo que permite cosechas escalonadas durante varios meses.

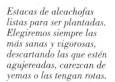

Estacas de alcachofas listas para ser plantadas. Elegiremos siempre las más sanas y vigorosas, descartando las que estén agujereadas, carezcan de yemas o las tengan rotas.

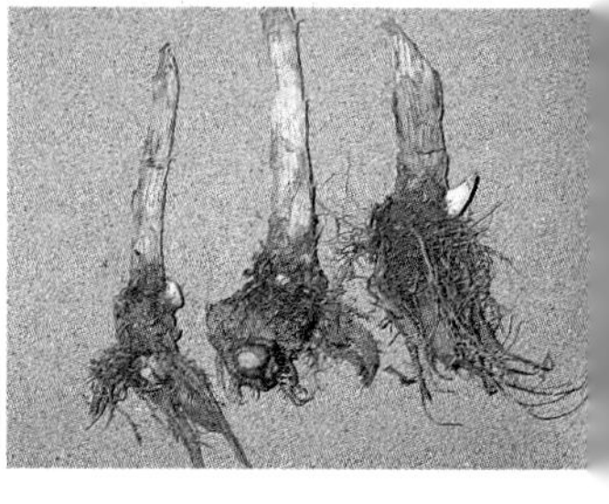

Como el crecimiento inicial de la alcachofa es algo lento, podemos intercalar entre las alcachoferas lechugas, endibias o rabanitos. Además, como a menudo fallan algunas matas, en esos claros tradicionalmente se siembran habas o se plantan coles o cebollas. Cuando se efectúan plantaciones tempranas (julio o agosto) es frecuente que, en años muy calurosos, los fallos de nascencia se incrementen notablemente; por ello, si no nos apremia la obsesión –o la necesidad competitiva– de adelantar la cosecha, preferiremos plantar a partir de mediados de agosto o cuando hayan pasado los fuertes calores estivales. También procuraremos plantar por la tarde, cuando ya no aprieta el calor.

Cultivo. Se trata de una planta vivaz, de ciclo plurianual, que, con buenos cuidados, puede permanecer en un mismo lugar de dos a cuatro años. Aunque, dado que con los años baja notablemente su producción, en los huertos suele renovarse la plantación de forma bianual y, en zonas de gran producción comercial, esto se hace anualmente. Una práctica común consiste en clarear las estacas o esquejes de la mitad de la plantación y plantar cada año la otra mitad del cultivo; de esta forma, tendremos unas plantas «viejas» que producen alcachofas tempranas, aunque de escaso rendimiento, y unas plantas nuevas que tardan más en dar fruto, pero son mucho más productivas.

Cuando llega el calor intenso las alcachofas se vuelven duras y espinosas, llenándose su corazón de «pelos» que las hacen impropias para el consumo. Si las dejamos en la mata, disfrutaremos del espectáculo que ofrece su llamativa floración.

En pequeños huertos y con sistemas de cultivo basados en el acolchado permanente, los cuidados se limitan a la vigilancia del riego y de los posibles parásitos o enfermedades de la planta. Cuando nos hallamos ante grandes superficies cultivadas, lo más insidioso suelen ser las continuas labores de desherbado y el aporcado de las plantas. La siembra de coberturas verdes de leguminosas, como el trébol enano, es una buena alternativa, que reduce la nascencia de adventicias y ayuda a la fertilización mediante la absorción de nitrógeno atmosférico.

Recolección. En la recolección, procuraremos cortar las alcachofas cuando presenten un tamaño adecuado, teniendo en cuenta que las primeras alcachofas (las que crecen en el centro de cada brote) suelen ser más redondas y gruesas, mientras que las segundas (que salen en las ramas laterales) son algo más alargadas y pequeñas que las primeras, y las de la tercera brotada son mucho más pequeñas, con unos tallos relativamente estrechos con respecto a los tallos centrales. Es conveniente cortar siempre el tallo de cada alcachofa por debajo de la altura en la que se hallan las alcachofas laterales más jóvenes; ello ayuda al correcto desarrollo de la planta y aumenta su resistencia a los fríos intensos.

Las brácteas abiertas hacia fuera y el desarrollo de pinchos en sus extremos son indicio de que la alcachofa en cuestión está sacando pelo interno y, por lo tanto, ya no es apta para el consumo. Con el calor intenso y cuando acusan la falta de agua, resulta habitual una apertura prematura de las brácteas de las alcachofas, así como el crecimiento de puntas espinosas en su parte superior, por lo que procuraremos regarlas más regularmente y las cosecharemos algo más pequeñas de tamaño, para evitar que se vuelvan duras e incomestibles.

Problemas. Al tratarse de una planta adaptada para una producción forzada, la alcachofera es mucho menos resistente y tiene bastantes más problemas que sus primos, los cardos.

Cuando se abusa del riego y de los abonados ricos en nitrógeno, es frecuente la aparición de pulgones en las bases de las alcachofas, a lo largo de los tallos y en algunas hojas. Los gusanos barrenadores se introducen en el tallo y excavan galerías, en ocasiones hasta la base de la alcachofa; se pueden controlar con trampas para la mariposa de los gusanos. A los caracoles les encantan las plantas de la alcachofera, hasta el punto de que en las zonas de gran producción existe una pelea constante entre los propietarios de las fincas –que se aseguran un incremento de ganancias con la recolección y venta de caracoles– y los caracoleros espontáneos que recorren los campos (ver los métodos de control en el capítulo 7).

El pulgón de las raíces es un pulgón que succiona la savia de la planta a nivel del suelo y a menudo termina por destruirla; para combatirlo, habrá que escarbar un poco alrededor de los tallos y aplicar un insecticida vegetal. Existen varios gusanos que devoran las hojas y la base de las alcachofas; estudiaremos su comportamiento y ciclo vital y colocaremos trampas para atrapar las mariposas; en huertos pequeños bastará con un control manual, recogiendo y destruyendo los gusanos atacantes, y en grandes plantaciones se puede recurrir a insecticidas vegetales y el *Bacillus thuringiensis*. En cuanto a virosis y nematodos, de los que se oye hablar mucho en las zonas de gran producción de alcachofas, lo cierto es que es raro padecer problemas de este tipo cuando se practica una correcta agricultura ecológica. Finalmente, la podredumbre de tallos y raíces se debe, por lo general, a un exceso de humedad en la base de los tallos y suele estar vinculada a enfermedades criptogámicas (hongos). Para su control (sobre todo para evitar el problema) vigilaremos el riego y procuraremos no esparcir materia orgánica poco descompuesta cerca de los tallos y raíces. También podemos reforzar las plantas con decocciones de cola de caballo.

Rotaciones. Con buenos cuidados, las alcachoferas pueden cultivarse y mantener una cierta productividad durante un período de dos a cuatro años. Por ser una planta exigente en nutrientes y algo esquilmante, requerirá una rotación mínima de cuatro a cinco años para volver a cultivarse en una misma parcela.

Asociaciones. No suelen conocerse asociaciones desfavorables para la alcachofa; como favorables, son conocidas las lechugas, las coles, las cebollas, las habas y los guisantes. Lo más importante es tener presente el gran porte de la planta en su fase de pleno desarrollo, procurando no plantar o sembrar otras plantas demasiado cerca, excepto en los fallos de nascencia o rebrote, que dejan espacios desocupados.

Girasol

Nombre científico: *Helianthus annuus* (compuestas)
Exposición: ☼
Riego: 💧💧💧
Siembra: de marzo-abril a principios de junio
Marco de plantación: 40-60 x 70-80 cm
Cosecha: a los tres o cuatro meses

Las pipas de girasol –tan populares entre los niños– son, de hecho, un alimento completo y energético, rico en proteínas, hidratos de carbono, lípidos y vitaminas. Los mágicos girasoles, que tanto sorprenden por la habilidad que les da nombre (sus flores giran siguiendo la trayectoria solar), proceden de Norteamérica y pertenecen a la misma familia que los tupinambos (*Helianthus tuberosus*). En Norteamérica era considerada por numerosos pueblos indígenas como una planta sagrada, de cuyos frutos hacían amplio uso como parte de la dieta –junto al maíz– y como elemento ritual. Hasta hace poco, por estas latitudes, sólo consumíamos las típicas pipas tostadas y saladas. Ahora pueden conseguirse a granel, ya peladas, y suelen usarse en bollería y panes de semillas. Su inclusión en ensaladas les da un toque especial y las complementa desde un punto de vista nutritivo.

Variedades. Existen muchas variedades, desde las que desarrollan ramificaciones con varias flores a otras de tallo único y enormes capítulos florales, pasando por algunas que alcanzan los 80 cm de diámetro. Las pepitas (o pipas) pueden ser de tamaño reducido o gigantes (de hasta 2,5 cm). Se hibridan con facilidad por la polinización cruzada de los insectos, razón por la cual conviene cultivar las distintas variedades a distancias superiores a 1 km.

Clima, abonado, riego, siembra y cultivo. Son muy similares a los que requiere el cultivo del maíz. La separación entre plantas será proporcional al tamaño de las flores. No suele tener demasiados problemas ni parásitos. Los únicos que quizá puedan incordiarnos serán los gorriones y otros pájaros muy amantes de las exquisitas semillas de girasol.

Recolección. El ciclo vegetativo entre la siembra y la recolección suele fluctuar entre los 90 y los 110 días. Las cabezas florales se cortan cuando la cáscara de las semillas ha adquirido una cierta dureza y el grano interno está bien formado. Conviene dejarlas secar en la flor cortada durante unos días, y luego pueden desgranarse manualmente o sacudiendo con fuerza las cabezas.

Rotaciones. Se trata de una planta esquilmante que requiere rotaciones largas (de tres a cuatro años).

Asociaciones. Al ser una planta exigente en nutrientes, no suele asociarse bien con otras plantas. Sin embargo, algunos hortelanos siembran líneas de girasoles entre líneas de pepinos (parece que se toleran).

Para su consumo en el ámbito familiar, bastará con cultivar unas pocas plantas de girasol, aunque podemos sembrar muchas más por el mero placer ornamental que ofrece la vistosidad de sus grandes flores.

Tubérculos

Batatas

Nombre científico: *Ipomoea batatas* (convolvuláceas)
Exposición: ☼ ◑
Riego: 💧💧 💧💧 💧💧
Siembra: febrero-marzo
Marco de plantación: 50-60 x 90 cm
Cosecha: a los cuatro meses

Las boniateras desarrollan una mata exuberante que ocupa mucho espacio, pero, dada su rusticidad, requieren pocos cuidados por parte del horticultor.

Las batatas o boniatos son un alimento algo olvidado que se sigue utilizando en repostería (confitura de boniato) y que, asados, se consumen tradicionalmente el día de Todos los Santos. Es un alimento muy feculento, que posee un 30% más de calorías que las patatas. Durante la guerra civil española y la posguerra constituyeron un alimento de supervivencia en muchas regiones agrícolas, donde se cultivaban en grandes cantidades para alimentar a los cerdos y terminaban llenando la tripa de los campesinos, que no podían esperar a verlos transformados en carne. Mucha gente mayor quedó tan harta de boniatos que no quieren ni oír hablar de ellos.

Asados con piel son deliciosos pues su almidón se transforma en azúcares. Hay quien los come cocidos y los termina de endulzar con miel. Esta práctica resulta un poco indigesta, ya que el boniato o la batata requieren una buena insalivación para que actúe la enzima tialina. Los *pastissets de moniato* o el *coc de moniato* son muy típicos de Levante, y en Andalucía son numerosos los dulces a base de batata o boniato. También suele usarse a modo de patata o calabaza en guisos y sopas.

Propiedades. Sus características más destacables son su aporte calórico y nutritivo y sus virtudes estimulantes y tonificantes. Alimento ideal para ancianos y niños, bien ensalivados son muy digestibles y se pueden usar en una dieta de aumento de peso sin recargar el aparato digestivo. El boniato de carne anaranjada contiene casi tanta vitamina A como la zanahoria.

Clima. Ésta sí es una planta semitropical que ama el calor y los climas secos. Dado su largo ciclo vegetativo, es muy difícil cultivarlo al aire libre en zonas frías.

Suelo. Precisa un suelo fresco, mullido, muy bien cavado y abonado con profusión. No le convienen los suelos arcillosos, húmedos o compactos, ni tampoco los demasiado arenosos.

Abonado. Requiere un buen abonado de fondo (4 a 5 kg/m^2) de materia orgánica bien descompuesta. La adición de ceniza al compost o a la tierra los favorece.

Riego. Debemos mantener una humedad regular –sin excesos–, evitando largos períodos de sequedad de la tierra; de lo contrario, al volverlos a regar se agrietarán y tenderán a pudrirse durante su conservación.

Siembra. Resulta un poco engorrosa, pero vale la pena. En febrero-marzo seleccionaremos algunos tubérculos y los enterraremos en una mezcla de compost muy fermentado, en un semillero protegido o en cama caliente. De cada tubérculo saldrán muchos brotes y, cuando alcancen una altura de entre 15 y 20 cm y tengan pequeños zarcillos en su unión con el tubérculo, los separaremos, cortándolos, junto con un trozo de tubérculo, con la punta de un cuchillo. Tras esta operación los repicaremos en macetas para que terminen de enraizar.

Trasplante. Cuando empiece a hacer buen tiempo y el riesgo de heladas o fríos intensos nocturnos esté lejos, trasplantaremos los brotes de las macetas a la tierra, en surcos distanciados unos 90 cm y separando cada planta unos 50 o 60 cm.

Cultivo. Las matas de batatas crecen extendiéndose por el suelo y ocupando una gran superficie, por lo que es importante mantener escardado y limpio de hierbas el entorno de la planta. No es necesario el acolchado, pues el follaje de la mata cubre por completo el suelo. Conviene vigilar el grado de humedad del suelo y proporcionarle riegos regulares.

Recolección. En cuanto las hojas empiecen a amarillear podremos cosechar las batatas; esto sucede desde finales de septiembre hasta noviembre. Primero arrancaremos todas las matas y las daremos al ganado, si lo tenemos, o las dejaremos marchitar para incorporarlas con posterioridad al compost. Desenterraremos los tubérculos con la ayuda de un azadón de dos dientes en forma de U o con la horca de doble mango.

Dejaremos los tubérculos al aire libre durante algunas horas para que la tierra que los recubre se seque, y los guardaremos en cajas en un lugar oscuro y fresco, aunque seco y ligeramente ventilado.

Problemas. Las batatas no suelen tener parásitos, y raramente sufren enfermedades, que sólo se detectan en zonas muy húmedas y en cultivos sobre suelos pesados y mal drenados.

Rotaciones. Es una planta esquilmante, que requiere rotaciones largas (de tres a cuatro años).

Asociaciones. Dado el gran porte y la extensión que abarcan las plantas de las batatas, no conviene asociar su cultivo con ningún otro.

Patatas

Nombre científico: *Solanum tuberosum* (solanáceas)
Exposición: ☼ ◐
Riego: ● ● ●
Siembra: de febrero a marzo, y julio-agosto en zonas cálidas
Marco de plantación: 30-40 x 50-60 cm
Cosecha: a los tres meses

Estas solanáceas, de la misma familia que tomates, pimientos y berenjenas, quizá sean las hortalizas más consumidas, formando parte habitual de la dieta hasta el punto de estar consideradas como un alimento básico en numerosos países. Son originarias de Sudamérica, donde eran cultivadas y consumidas por los pueblos indígenas de los Andes. Los españoles las trajeron a Europa desde Perú en el año 1530, y en 1573 ya se cultivaban para consumo en Sevilla. Desde la península fueron introduciéndose en el resto de Europa, aunque, al igual que los tomates, se tardó bastante en que la gente las consumiera, cultivándose en principio como planta ornamental y posteriormente como planta forrajera para alimentación del ganado. En Francia no empezaron a consumirse hasta 1770. Con posterioridad, su cultivo masivo propició un fuerte incremento de población en Europa en el siglo XIX, paralelamente a la revolución industrial; incluso fue causa de grandes hambrunas y migraciones masivas de europeos hacia América, a consecuencia de varias malas cosechas consecutivas.

Dado el gran consumo de patatas y el bajo precio que suelen tener en el mercado, muchos horticultores a pequeña escala las descartan de los huertos familiares. Algunos sólo siembran variedades poco corrientes en el comercio y de excelente sabor, y los hay que sólo cultivan unas matas para obtener patatas tempranas y consumir las preciadas patatas nuevas de temporada. De todos modos, si bien es cierto que, para obtener suficiente cosecha para abastecer a toda la familia durante meses, se requieren unas dimensiones de huerto más o menos considerables (entre 30 y 50 m^2), el hecho de poder realizar varias siembras y cosechas al año restringe el área de cultivo a un par de parcelas de 15 a 20 m^2 (un par de bancales profundos) y no todo el año.

Quizá lo más complicado del cultivo de la patata sea conseguir semilla de calidad para la siembra, pues las patatas suelen degenerar con facilidad en las condiciones de cultivo hortícola normal y sobre todo por las virosis transferidas por los ataques de pulgones. Para la obtención de simiente de patata de una calidad aceptable se requieren zonas de cultivo generalmente montañosas y alejadas de los vuelos de pulgones. En España ya existen algunos productores de simiente con garantía de producto ecológico y también es posible hallar patatas idóneas para la siembra visitando a agricultores de zonas montañosas de la región donde nos hallemos. Siempre será interesante el cultivo de distintos tipos de patatas, dada la gran variedad que de ellas podemos hallar; ello aumentará las probabilidades de éxito en años malos, en los que alguna de las variedades puede resultar más resistente, y también incrementará la riqueza de sabores y texturas en la mesa.

El cultivo ecológico de patatas está más que justificado porque al tratarse de una planta que cumple las funciones de acumulador y reserva de nutrientes, suele almacenar grandes propor-

Patatera acolchada que ha sido escarbada para controlar el desarrollo de los tubérculos.

Las patatas deben sembrarse con los brotes hacia arriba y cubrirse bien de tierra.

Para la siembra, podemos usar patatas enteras de tamaño regular o pequeño, o cortar las grandes en varios trozos, observando que cada uno de ellos tenga una o más yemas.

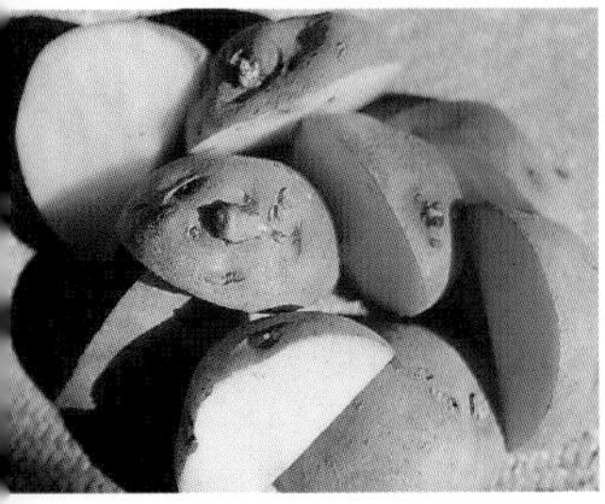

ciones de los abonos empleados, sobre todo de nitratos.

En análisis efectuados en Alemania por la revista *Öko Test* («Test ecológico») se constató que las patatas procedentes de cultivos convencionales (químicos) contenían niveles de nitratos muy superiores a los de las cultivadas ecológicamente. Dicho estudio también mostró algo que ya era conocido: las patatas tempranas y las «nuevas» suelen contener niveles de nitratos más altos que las tardías y las de plena temporada, las cuales han tenido tiempo de convertir los nitratos en proteínas.

En cuanto a la forma de preparación de las patatas en la cocina, creo que no se necesita hacer comentarios, pues son harto conocidas por todos. Personalmente disfrutamos mucho en casa con las patatas asadas al horno con su piel, sobre todo con las patatas diminutas que cocinamos al estilo canario (*papas arrugás*), y que consiste en asarlas cubiertas de sal, de forma que quedan arrugaditas y sabrosísimas; si para su aliño no disponemos del tradicional mojo picón, resultan igual de exquisitas aliñadas con un chorro de buen aceite de oliva y una pizca de sal de hierbas.

Propiedades. A pesar de ser consideradas como «comida de pobres» y de su mala prensa como alimento que engorda, las cualidades nutricionales de las patatas son incuestionables, sobre todo si se consumen junto a otras hortalizas y se complementa su elevado contenido en féculas con el aporte proteínico de las legumbres. El doctor Capo siempre decía: «Patatas mejor que pan». Destacan sus propiedades digestivas, emolientes, revitalizantes y nutritivas. Contienen vitaminas B_1, B_2, B_3, B_5, B_6, C, K y PP. Y entre su composición mineral hallamos cobre, fósforo, hierro, manganeso y sobre todo potasio. Su nivel proteico suele rondar el 2%.

Hay que controlar el color de la piel de las patatas a la hora de cocinarlas, desechando las que presenten tonalidades verdosas, signo de que han sido expuestas a la luz y, por lo tanto, de que contienen solanina, un alcaloide tóxico que también está presente en las patatas muy germinadas. De hecho, las hojas y el resto de la planta suelen ser tóxicas por su alto contenido en solanina.

Además de sus usos culinarios, las patatas poseen propiedades y usos medicinales: el jugo de patata cruda, tomado con moderación, puede resultar útil para tratar úlceras pépticas, ya que alivia el dolor y la acidez. Tanto el jugo como la pulpa machacada suelen usarse en emplastes externos, para calmar el dolor de articulaciones, de espalda, las jaquecas, los sarpullidos de la piel y las hemorroides. La piel de la patata se usa en la India para rebajar los flemones y curar quemaduras.

Variedades. Existen infinidad de variedades de patata y continuamente salen al mercado nuevos tipos, que se imponen con mayor o menor éxito. Además, existen numerosas variedades locales poco conocidas, como las patatas de pulpa violeta oscuro o incluso negra. Suelen clasificarse por la textura y por el color de su pulpa. Las más conocidas de entre las de pulpa blanca –más harinosas y con menos proteínas que las de pulpa amarilla– son la Alhambra, la Epicuse –muy harinosa–, la Turia y la Olalla, la más tardía de todas. De las patatas de pulpa amarilla –que son más compactas que las de pulpa blanca y, por lo tanto, más aptas para freír– tenemos algunas clases más ricas en proteínas, como la Sisterma, la Palongarn y la Prímula entre las variedades tempranas; la Duquesa, la Bintie y la Iturrieta, entre las semitempranas, y la Álava, la Coya y la Víctor, entre las tardías. Entre las variedades más cultivadas hoy en nuestro país, que gozan de una gran adaptabilidad al clima y el suelo, tenemos la Baraka, la Desiré, la Jaerla, la Monalisa, la Kennebec, la Red Pontiac y la Spunta.

Clima. Se adapta a casi todos los climas, aunque prefiere los frescos y algo húmedos, y se desarrolla con pocos problemas en zonas de montaña. Le afectan las heladas aunque, si tienen lugar en las primeras fases de desarrollo, suelen rebrotar de nuevo.

Suelo. Se desarrolla bien en suelos mullidos, bien cavados y abonados, profundos, algo arenosos, ricos en humus, con un pH de 6,5 a neutro, arcilloso-silíceos o sílico-arcillosos y sin excesos de humedad.

Abonado. Precisan un buen abonado de fondo (de 3 a 5 kg/m^2) de compost o estiércol bien descompuestos. También conviene incorporar al suelo cenizas u hojas de consuelda, por ser ricas en potasio. Los acolchados de hojas de consuelda también ayudan en este aspecto.

Riego. En los climas y las zonas de por sí húmedas o lluviosas, en donde la tierra suele mantener una buena humedad, casi no será necesario realizar riegos. En las zonas secas, en suelos que retienen mal la humedad y en épocas de sequía, se recomienda efectuar riegos poco copiosos y espaciados, pues tanto las patatas como las patateras acusan el exceso de humedad.

Siembra. En zonas cálidas, la siembra (o plantación) de la simiente para obtener patatas tempranas se realiza en plena tierra desde el invierno, y en las templadas desde febrero-marzo. En las zonas frías, las patatas de temporada se siembran de abril a mayo. En caso de duda, se sembrarán cuando ya no exista riesgo de heladas. En el Levante se realiza una siembra estival, entre julio y agosto, para su cosecha tardía (noviembre-diciembre).

Como simiente podemos utilizar las patatas enteras si éstas son de reducido tamaño, o partir cada patata en varios trozos cuando son de gran tamaño; cada trozo dispondrá como mínimo de uno o dos «ojos» o brotes germinados. Las sembraremos en surcos o bancales, en líneas espaciadas unos 50 cm, colocando las yemas apuntando hacia arriba, con unos 30 o 40 cm de separación entre ellas, y a una profundidad de entre 7 y 15 cm. Sembraremos con la tierra con buena sazón (tempero), a fin de que los tubérculos tengan la humedad necesaria para germinar.

En cuanto a la fase lunar idónea para la siembra de patatas, se aconseja el período de luna descendente y en días de raíz.

Siembra con trasplante. En las zonas muy frías, algunos agricultores cortan los brotes de patata con un pedacito de tubérculo y los plantan en macetas u otros recipientes, colocándolos en semilleros protegidos de cama caliente para que enraícen y se puedan plantar al aire libre una vez pasadas las heladas. Este método no figura entre los más productivos, pero permite reproducir con rapidez variedades de las que disponemos de pocos ejemplares.

Siembra con semillas. Algunos aficionados amantes de la experimentación siembran las semillas de las patateras contenidas en unos frutos en forma de tomatitos, que suelen presentarse en algunas plantas tras la floración. Se siembran en semillero protegido entre enero y febrero, para trasplantarlos a la tierra entre marzo y mayo, cuando no exista riesgo de heladas. De cada semilla nacerá una variedad nueva, algunas de las cuales pueden resultar de sumo interés.

Durante el cultivo y en la cosecha eliminaremos las plantas o los tubérculos que no respondan a nuestras expectativas y guardaremos aquellos cuyas características resulten interesantes. Los tubérculos seleccionados se etiquetarán con referencias claras y volverán a ser sembrados en años sucesivos, pero deberemos tener presente que únicamente se obtendrán tubérculos de tamaño normal y de reproducción estabilizada a partir del tercer año de cosecha.

Cultivo. En el cultivo convencional en líneas y surcos sin cobertura, conviene realizar varias binas y escardas hasta que los tallos alcancen unos 10 o 15 cm de altura, que es el momento ideal para llevar a cabo un recalce o aporcado con la tierra de los lados de la línea, a fin de cubrir bien las patatas y de evitar que sean dañadas por la radiación solar. Los acolchados de hierbas cortadas y los empajados resultan especialmente interesantes en el cultivo de patatas, pues, aparte de mantener la humedad regular de la tierra, nos ahorra tener que desherbar, dejan una tierra suelta y mullida, que permite un buen engrose de los tubérculos, y aportan la sombra que evita que verdeen por acción de la luz; además, facilitan enormemente la cosecha pues bastará con levantar el acolchado para recoger los tubérculos.

Los permacultores sugieren el método de cultivar patatas en neumáticos reciclados o en bidones. Es muy interesante y práctico, en la medida en que permite una buena producción de patatas en un espacio reducido, lo que resulta ideal para balcones y terrazas. Algunos agricultores realizan un pinzado o poda de los brotes florales, a fin de incrementar el rendimiento.

Recolección. La cosecha de patatas tiene algo de mágico y especial. Se realiza en cuanto los tubérculos están bien desarrollados, lo cual suele identificarse porque las plantas empiezan a marchitar y a secarse. Las cosechas se escalonan desde el mes de marzo, en que aparecen las primeras patatas tempranas cultivadas en las zonas más cálidas, hasta noviembre, en que se recogen las variedades tardías. En las zonas frías, las cosechas de patatas tempranas coinciden en ma-

El recalce protegerá las matas de la acción del viento, aportando mayor disponibilidad de nutrientes para el buen desarrollo de las patatas y protegiendo los tubérculos de la radiación solar.

El sistema de cultivo en neumáticos permite una considerable producción de patatas en un reducido espacio.

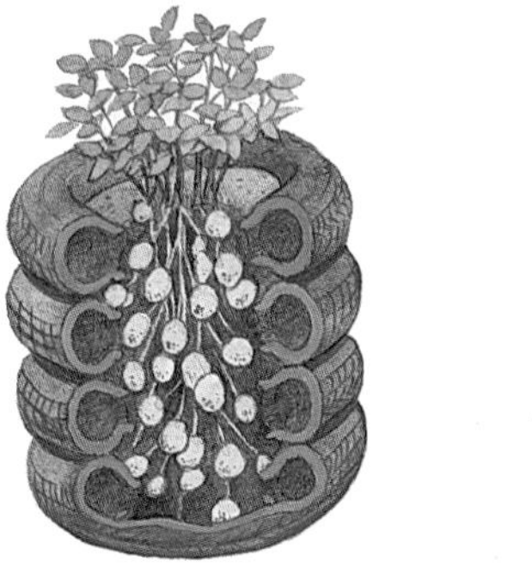

La cosecha de patatas tempranas se realiza cuando la mata llega a su máximo desarrollo. Con las patatas para guardar dejaremos que la planta empiece a marchitarse o a secarse; de este modo habrán acumulado el máximo de nutrientes.

yo-junio con las de temporada de las zonas templadas.

Para cosechar se arranca primero la mata, se deja a un lado y se cava con una azada con dos dientes en forma de U, con un bieldo o con la horca, clavando a un lado y ejerciendo una acción de palanca para desenterrar los tubérculos. Ya comentamos que las patateras cultivadas con acolchados de paja y materia orgánica (hierba segada u hojas de consuelda) no requieren esfuerzos especiales para su cosecha, ya que puede realizarse simplemente escarbando con las manos.

Cuando cosechemos las patatas, convendrá protegerlas de la luz solar, lo cual puede realizarse tapando los montoncitos de tubérculos con las matas de patatera arrancadas. Procuraremos cosechar en tiempo seco y dejaremos unas horas las patatas en el suelo, a fin de que se sequen bien y se conserven mejor. Una vez cosechadas, las guardaremos en un lugar oscuro, seco, ventilado y con una temperatura entre 4 y 8 °C. La conservación en cajas con turba de fibra de coco da buenos resultados, pues mantiene frescas las patatas mucho más tiempo. Desecharemos para la conservación todo tubérculo que presente manchas extrañas, agujeros o algún corte producido en la recolección, y lo apartaremos para su consumo inmediato.

Problemas. El escarabajo de la patata quizá sea el más popular de entre los parásitos que atacan esta planta –aunque al escarabajo de la patata también le encantan las plantas de berenjena–. Se trata de una especie de mariquita con rayas negras y amarillas, cuyas larvas devoran de forma implacable las hojas y tallos tiernos de las plantas. Se pueden controlar recogiendo manualmente a los adultos –los cuales no causan daños apreciables– que merodean por las hojas de las patateras. Es importante realizar esta inspección de control de forma regular (diaria incluso) para evitar el apareamiento y las puestas de huevos que, tras su eclosión, infestan las plantas de voraces larvas. Conviene llevar a cabo revisiones del envés de las hojas para detectar la presencia de huevos, fáciles de distinguir por su intenso color naranja, que contrasta con el verde de las hojas; los aplastaremos directamente con los dedos. En caso de descuido y ataques generalizados podemos recurrir a algún insecticida vegetal como *Bacillus thuringiensis*.

El mildiu y otros problemas criptogámicos que producen manchas y podredumbres suelen darse en climas, zonas o épocas muy húmedas. Conviene respetar los períodos de rotación aconsejados y no tocar las plantas o realizar labores cuando están húmedas o mojadas. Como preventivo (en épocas lluviosas y cálidas) podemos espolvorear sobre las plantas polvo de algas *lithothamne*. Pulverizar sobre el suelo con purín de ortigas también es una buena medida preventiva. En caso de riesgos graves, podemos recurrir a tratamientos con caldo bordelés. Si sólo apreciamos el problema en plantas aisladas, nos apresuraremos a arrancarlas y quemarlas.

Las deformaciones y el amarilleado con encorvados o arrugados de las hojas suelen ser consecuencia de las virosis, que suelen afectar a plantas debilitadas, infestadas de pulgones, que son los portadores de la enfermedad. Con buenas prácticas agrícolas y tubérculos de siembra seleccionados, el problema resulta insignificante. En caso grave, habrá que investigar qué está fallando (simiente, técnicas de cultivo o entorno desfavorable) y procurar corregir el error para las próximas siembras o prescindir del cultivo de patatas si el entorno no lo permite. Los pulgones por sí mismos no suelen crear graves problemas, pues es rara una infestación masiva de las plantas. Para evitarlo, conviene vigilar los excesos de riego y de abonados nitrogenados.

Algunos gusanos y orugas pueden atacar las plantas, aunque este problema no suele ser grave y sólo en caso necesario recurriremos a la pulverización con *Bacillus thuringiensis* o un insecticida vegetal. Finalmente, los tubérculos también pueden verse dañados por la presencia en la tierra de gusanos de alambre (ver su control en el capítulo 7).

Rotaciones. Se trata de una planta bastante exigente, que se ve favorecida por un cultivo precedente de abono verde (vezas y haba forrajera). Respetaremos un ciclo de rotación de tres o cuatro años, antes de volverlas a sembrar en la misma parcela.

Asociaciones. Congenian muy bien con leguminosas (guisantes, habas o judías); también se llevan bien con coles y espinacas. En cambio, no les favorece la presencia de girasoles, remolachas o tomateras.

Tupinambos

Nombre científico: *Helianthus tuberosus* (compuestas)
Exposición:
Riego:
Siembra: febrero-marzo
Marco de plantación: 60 x 60 cm
Cosecha: a partir de octubre

El tupinambo, aguaturma o pataca es un tubérculo introducido en Europa desde Norteamérica en el siglo XVII y que ha tenido la mala suerte de tener como competidor en la cocina a las afamadas patatas. En muchos jardines se sigue cultivando con fines ornamentales, ya que sus largos tallos revestidos de verdes hojas y terminados en ramilletes de preciosas flores amarillas, que recuerdan a pequeños girasoles, son realmente preciosos.

El sabor del tupinambo cocido recuerda al de los corazones de las alcachofas asadas; es sabroso y delicado, aunque la celulosa de su piel fermenta con facilidad en el intestino, produciendo sonoras y desagradables flatulencias. De hecho, al tupinambo, en ciertas regiones se conoce como *patata pedorrera*. Para muchas personas de avanzada edad, el tupinambo, junto con el boniato, fue un alimento de subsistencia durante la guerra civil y la posguerra. Quizá quedaron tan hartos que no han querido saber nada más de ellos.

Aunque generalmente suelen consumirse cocidos, los tupinambos pueden tomarse también crudos, rallados en la ensalada. Si al agua de cocción le añadimos unas hojas de salvia, se reducen los efectos flatulentos de su piel. A mí me encantan sencillamente hervidos y aliñados con sal de hierbas y un buen aceite de oliva de primera presión en frío.

PROPIEDADES. El tupinambo, al igual que la alcachofa, a la que recuerda en sabor, es un gran aliado del hígado; favorece la secreción de leche en las mujeres que amamantan y es muy recomendable para los diabéticos, pues de hecho sus glúcidos están compuestos por inulina, cuyo azúcar derivado no es la glucosa sino la fructosa, lo que lo convierte en un alimento *light*, excelente también para quienes se preocupan por su línea. Además tiene propiedades desinfectantes y revitalizantes. Contiene vitaminas A, C y PP, y minerales como el calcio, el cobre, el hierro, el magnesio, el fósforo, el potasio, el sodio, el azufre y el cinc. Es el tubérculo con más proporción de fósforo y hierro.

VARIEDADES. Existen numerosas variedades de tupinambos (los hay rojos, violetas, amarillos, en forma de obús, grandes, pequeños...), aunque en nuestro país sólo se conoce la variedad blanca común. A quien le interese su cultivo, le sugiero que, cuando viaje a distintas regiones, observe los tupinambos que crecen en los jardines y pida permiso a sus dueños para arrancar algunos y llevárselos, pues, aunque los tallos y las flores son muy parecidos, las distintas variedades tienen sabores y texturas bien diferentes.

CLIMA. Se trata de una planta rústica que resiste tanto los fuertes fríos invernales como las épocas de sequía.

SUELO. Es una planta poco exigente, que crece en todos los suelos. A menudo se cultiva para mejorar la estructura de tierras duras o pedregosas, ya que, con su presencia, bastan un par de años, para que queden mullidas y aireadas.

ABONADO. No necesita ningún abonado especial, aunque, si le aportamos algo de compost, se desarrollará de forma más espectacular.

RIEGO. No demanda mucha agua y es capaz de crecer en tierras áridas, aunque, sin llegar al encharcamiento, podemos regarlo con profusión; nos lo agradecerá con su exuberancia foliar y floral.

SIEMBRA. Se entierran los tubérculos desde mediados de febrero hasta finales de marzo, en un marco de plantación de 60 x 60 cm y a una profundidad de 8 o 10 cm. Si no deseamos plantar cada año, bastará con dejar en la tierra algunos tubérculos sin cosechar, que rebrotarán con la llegada de la primavera. Resulta interesante la siembra de trébol blanco entre el cultivo de tupinambos, pues impide la proliferación de hierbas competidoras y les aporta nitrógeno. Se recomienda sembrarlos en luna menguante y en días de raíz.

CULTIVO. Es una planta resistente, que no requiere grandes cuidados, aparte de la escarda y el riego regular.

Si los tallos crecen muy altos, pueden recortarse para que no ofrezcan tanta resistencia al viento. En todo caso, se pueden recalzar con tierra si no deseamos recortar sus extremos.

La exuberancia de las matas de tupinambos las convierte en plantas ideales para crear setos de separación o proteger a otros cultivos de los fuertes vientos.

Recolección. Los tubérculos se pueden recoger a partir de octubre. Una vez los tallos se han secado, permanecerán en el suelo en perfecto estado de conser vación hasta que sean cosechados o rebrotarán en primavera. Cuando no deseemos que crezcan más tupinambos en un lugar determinado, procuraremos extraer del suelo todos los tubérculos y los trocitos que se rompan, pues se trata de una planta invasora. Una vez arrancados del suelo, hay que consumirlos con rapidez, pues tienden a secarse, estropeándose con facilidad. Si arrancamos tubérculos y deben pasar días hasta su siembra o consumo, lo mejor es envolverlos en compost viejo o turba de fibra de coco; de este modo, se conservarán estupendamente.

Problemas. Los únicos problemas que pueden sufrir son la humedad excesiva (y no siempre) y el viento (su gran enemigo). No se le conocen parásitos o enfermedades a tener en cuenta.

Rotaciones. El hecho de que cultivemos esta planta en rincones aparte o en los bordes de la finca hace que no entre en el ciclo de rotaciones. Además, el tupinambo crece varios años sucesivos en un mismo lugar, pues rebrotan todos aquellos tubérculos que no arranquemos.

Asociaciones. Dado el gran porte de esta planta (alcanza de 2 a 3 m de altura) no conviene plantarla junto a otros cultivos, pues les daría sombra. En cambio, los tupinambos son ideales para ser cultivados en los bordes de las fincas como setos, ya que su gran masa vegetal cumple la función de paravientos. También podemos cultivarlos como plantas ornamentales junto a otras flores.

Leguminosas

Guisantes

Nombre científico: *Pisum sativum* (leguminosas)
Exposición:
Riego:
Siembra: de octubre a diciembre y de febrero a mayo
Marco de plantación: 30-50 x 40-60 cm
Cosecha: a los dos meses

La floración de los guisantes da un toque de luz en el huerto familiar durante los meses otoñales.

El humilde guisante del cuento de la princesa es un alimento de primer orden; rico en azúcares cuando es tierno, resulta muy nutritivo seco, ya que contiene una alta proporción de proteínas e hidratos de carbono, lo que lo hace mucho más digestivo que sus parientes, las judías secas, las habas secas o los garbanzos. Es una pena que los guisantes pocas veces se consideren como plato completo; casi siempre los consumimos como ingrediente adicional (en paellas, ensaladillas, etc.), como acompañamiento o como guarnición. No obstante, los purés de guisantes secos y las tortillas de guisantes tiernos son excelentes formas de prepararlos.

Existe una gran producción industrializada de guisantes, destinada a la conserva o a la congelación; pero los guisantes que podemos cultivar en el huerto de forma ecológica no tienen nada que ver, ni en sabor ni en propiedades nutricionales, con los guisantes comerciales, a los que superan con creces. El cultivo de guisantes en el huerto reporta grandes beneficios, ante todo porque, junto con las habas, son una de las primeras verduras de fruto que podemos consumir a principios de primavera; además, son ricos en vitaminas y nutrientes básicos, y, por su condición de leguminosa, enriquecen el suelo y pueden cultivarse junto a otras plantas más exigentes, como las remolachas, las patatas o las lechugas; también son ideales para preceder en una parcela al maíz.

Es una planta amante del frescor, que detesta tanto el calor excesivo como los fríos intensos y aborrece el bochorno más que ninguna otra cosa. Las numerosas variedades disponibles la hace interesante de cara al escalonamiento de las cosechas y proporcionan una gran diversidad de sabores a nuestra mesa. Otro aspecto interesante del cultivo de guisantes es que mejoran la estructura del suelo en donde crecen, lo nitrogenan y, una vez terminada la cosecha, las matas sirven incluso de abono verde.

Propiedades. Los guisantes son muy nutritivos, ya que contienen buenas proporciones de hidratos de carbono, proteínas, lípidos, sales minerales y vitaminas, y resultan muy indicados para diabéticos y para quienes tengan problemas de hígado.

Entre sus vitaminas destacan la A, la B_1, la B_2, la C, la E y la PP. Y entre su composición mineral, el calcio, el hierro, el manganeso, el fósforo y el potasio.

VARIEDADES. Son muy numerosas las variedades de guisantes disponibles, y su clasificación puede hacerse por diferentes conceptos. Por un lado, tenemos dos peculiaridades bien diferenciadas en los guisantes para consumir en grano (desgranados y desechando las vainas) y en los guisantes «cometodo» o «tirabeques», cuyas vainas se consumen enteras, frescas, antes de la formación de los granos. Estas dos categorías engloban múltiples variedades enanas (de 30 a 45 cm de altura), de semienrame (de 50 a 80 cm de altura) y de enrame, que pueden alcanzar los 2 m de altura. Estas variedades de consumo en grano también se clasifican en función del tipo de grano, ya sea éste redondo y liso, o arrugado. Los primeros suelen ser más rústicos y más resistentes a las condiciones desfavorables de humedad y frío; los arrugados (cuando están secos) suelen soportar mejor el calor y producen grandes cosechas de excelente sabor y calidad.

Otra clasificación importante está relacionada con sus ciclos de cultivo, que dan guisantes muy precoces, precoces y tardíos. Esta diversidad resulta interesante de cara a siembras escalonadas que permitan cosechas ininterrumpidas y garanticen un consumo regular, sin necesidad de conservarlos o congelarlos, hasta la llegada de los calores. De hecho, las previsiones entre siembra y cosecha se ven modificadas al alza o a la baja en función de la climatología, ya que cuando tienen tiempo cálido crecen rápido, las cosechas se adelantan notablemente; en cambio, con tiempo frío se lentifica su desarrollo. Por último, existen variedades de grano pequeño, normal y variedades gigantes con vainas y granos de gran tamaño.

CLIMA. Les encanta el frescor, el frío moderado y una humedad ambiental relativa normal o alta. No soportan el calor en exceso ni el tiempo muy seco. Suelen cultivarse más en primavera y menos en otoño, aunque en zonas templadas y poco frías pueden cultivarse también en invierno. Difícilmente los cultivaremos en verano, por su poca resistencia al calor y a los problemas criptogámicos, que suelen ir asociados a la humedad y el calor.

SUELO. Podemos cultivarlos en todo tipo de suelos, aunque no les convienen los muy calcáreos y secos, ni los excesivamente ácidos y húmedos. Prefieren suelos frescos, mullidos en profundidad y bien drenados. El guisante se cultiva bien en suelos de reciente transformación, como campos que habían estado abandonados o tierra sacada de los solares de construcción, pues ésta, además de permitirles un buen crecimiento, mejora su estructura y la enriquece con el nitrógeno que les aporta.

ABONADO. Al igual que el resto de leguminosas, los guisantes también sintetizan el nitrógeno atmosférico y no precisan grandes aportes de fertilizantes. Podemos evitar abonarlos si los sembramos en una parcela que haya sido ocupada por plantas bien abonadas, pues aprovechan los restos. En suelos pobres o cuando queramos darles una ayudita, podemos esparcir de 2 a 3 kg/m^2 de compost bien fermentado (mantillo).

RIEGO. Como suelen cultivarse en épocas poco calurosas (primavera u otoño), que se caracterizan por lluvias más o menos regulares, es probable que no precisemos regar los guisantes durante su cultivo. En caso de tiempo muy seco o en tierras que drenan el agua con demasiada rapidez, podemos regarlos, siendo más aconsejables los riegos copiosos y espaciados que los riegos continuados. Evitaremos sobre todo el encharcamiento.

SIEMBRA. En las zonas cálidas podemos sembrar de octubre a diciembre para recolecciones precoces y muy precoces. En el resto de la península, las siembras de variedades de grano redondo se escalonarán desde mitad de febrero hasta abril, y las variedades de grano rugoso entre marzo y mayo. Las variedades precoces también se pueden sembrar desde finales de julio, para cosecharlas en otoño.

Sembraremos los guisantes directamente en la tierra, en líneas separadas unos 40 cm en el caso de las variedades enanas, y unos 50 o 60 cm en el caso de las de enrame. Podemos sembrar a chorrillo, dejando caer una semilla cada 2 o 3 cm y cubriéndolas con unos 3 cm de tierra, o por golpes u hoyos separados unos

El entutorado y acolchado orgánico de las matas de guisantes permite su cultivo en parcelas de reducidas dimensiones, obteniendo de este modo elevadas producciones.

Reconoceremos el punto ideal de cosecha de los guisantes por el engrose de las vainas. Conviene cosechar con frecuencia para evitar el endurecimiento de los guisantes.

Con las ramas de podas de árboles o arbustos resulta fácil entutorar los guisantes «cometodo».

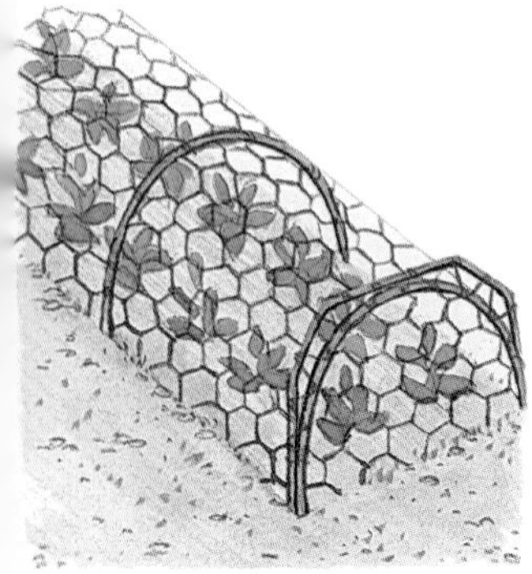

Conviene proteger los guisantes en sus primeras fases de desarrollo, cuando son tiernos y resultan muy apetecibles a los pájaros. Un túnel pequeño cubierto de malla da excelentes resultados.

30 a 50 cm, en los que echaremos unas cuatro o cinco semillas, que cubrimos con 3 o 4 cm de tierra. Los mejores momentos, según los aspectos lunares, para la siembra de guisantes son los períodos de luna ascendente, que a ser posible coincidan con los dos días previos o los dos días posteriores a la luna llena, y con días de fruto del calendario biodinámico.

Trasplante. En principio, los guisantes se siembran directamente en plaza, y no soportan los trasplantes a raíz desnuda. No obstante, últimamente se está popularizando la siembra en bandejas alveoladas de poliestireno expandido, con un sustrato orgánico que permite su trasplante sin dañar las raíces. Esta técnica conviene en climas rigurosos, sembrándolos en semilleros de cama caliente y protegidos de las heladas nocturnas, con lo que podemos adelantar la cosecha casi un mes.

Cultivo. Los guisantes son plantas rústicas y delicadas a la vez. Uno de los primeros problemas a los que nos enfrentamos se debe a que sus tiernos brotes constituyen uno de los pocos alimentos de los que los pájaros disponen en la época en que los guisantes suelen germinar, por lo que habrá que combatir la voracidad de las aves, protegiéndolos con hilos, cintas brillantes o mallas. En las zonas más frías, también podemos recurrir a la siembra en túneles, que desarmaremos una vez desarrolladas las matas.

Realizaremos algunas binas o escardas para controlar las hierbas y mantener mullido y fresco el suelo, aunque, en cuanto las matas alcancen cierta altura (unos 15 cm), podremos acolcharlas con paja o hierba cortada para evitar las sucesivas escardas. Cuando trabajemos la tierra junto a los guisantes, procuraremos hacerlo de forma muy superficial, pues las raíces son muy sensibles y pueden dañarse con facilidad si cavamos en profundidad. Regaremos sólo en caso de necesidad, siendo preferible regar de forma copiosa y espaciada a hacerlo con mucha regularidad (ello induciría a problemas criptogámicos).

Las variedades de enrame requerirán unos soportes en donde enganchar sus zarcillos y sostenerse para crecer en altura. A tal fin, se emplean ramas secas de la poda de los setos o de los frutales, cañas entrecruzadas, estacas con cordeles o alambres en paralelo, o incluso mallas metálicas (malla de gallinero sujetada con unas varillas metálicas o listones de madera resistente).

Al cosechar, evitaremos en lo posible dañar los frágiles tallos, sujetándolos con una mano, y, con la otra, tiraremos suavemente de las vainas con un movimiento descendente. Una vez terminada la cosecha, podremos recoger las matas que no estén infestadas de oídio o mildiu e incorporarlas al compost. Podremos roturar las variedades precoces e incorporarlas a la tierra de la parcela como abono verde, lo que nos permitirá plantar a continuación coles o tomates.

Recolección. Los guisantes «cometodo» se cosechan una vez formadas por completo las vainas y antes de que engrosen los granos, ya que a partir de ese momento se apergaminan y se vuelven fibrosas. Esperaremos a que las vainas de los guisantes de consumo en grano estén «redonditas» y bien formadas, y los cosecharemos antes de que se endurezcan –lo cual se nota por los abultamientos que denotan la presencia de los granos–, ya que entonces dejan de estar tiernos y jugosos, y se vuelven harinosos y poco agradables al paladar.

Las primeras cosechas suelen ser las ideales para guardarlos congelados, ya que en las sucesivas cosechas aparecerán muchos granos duros, que se nos olvidó recoger en su momento. Lo ideal es dar un repaso a las matas cada dos o tres días aproximadamente. Para guardar semillas es preferible dejar algunas matas sin cosechar desde el inicio y dejar que todos los guisantes se endurezcan y se sequen en las matas.

Problemas. Aparte de los pájaros y los caracoles (o babosas), que pueden dañar y mermar los cultivos de guisantes en las primeras fases de su desarrollo, los problemas más temidos son los gusanos del guisante, cuyas larvas excavan galerías dentro del fruto y atacan los granos tiernos en las épocas calurosas. Al igual que con los otros gusanos que invaden los guisantes y roen sus hojas o frutos, podemos realizar tratamientos con algún insecticida vegetal o mejor con *Bacillus thuringiensis*.

Los pulgones también pueden atacar los cultivos en sus épocas de desarrollo exuberante (ver su control en el capítulo 7). El oídio y otras enfermedades criptogámicas (mildiu, podredumbres) son los problemas más habituales en los cultivos de guisantes en épocas húmedas y calurosas a la vez –sobre todo, en primavera, cuando se suceden días lluviosos y momentos soleados–. También puede afectarles el exceso de riego unido a un calor intenso. Como prevención procuraremos regar de forma copiosa aunque espaciada. Podemos efectuar también tratamientos preventivos con caldo bordelés y espolvoreos de azufre mezclado con polvo de algas *lithothamne*. Para evitar problemas, es importante respetar los períodos mínimos de rotación.

Rotaciones. Aun siendo una planta poco exigente y más bien enriquecedora del suelo, para evitar complicaciones, espaciaremos las rotaciones en una misma parcela a dos o tres años.

Asociaciones. Se lleva bien con la mayoría de plantas, excepto con los ajos y las cebollas, los cuales inhiben su desarrollo. Dado el espaciado que se deja entre líneas de guisantes, podemos sembrar rabanitos o nabos en líneas intercaladas o plantar lechugas.

Habas

Nombre científico: *Vicia faba* (leguminosas)
Exposición: ☀ ☼
Riego: 💧💧💧
Siembra: a partir de marzo; en abril o mayo en zonas frías
Marco de plantación: 15-30 x 40-60 cm
Cosecha: a partir de los dos meses y medio las variedades precoces

Esta leguminosa viene cultivándose desde antaño tanto por su agradable sabor (cruda o cocida) como por tratarse de una de las plantas más nutritivas y ricas en proteínas y vitaminas. Ha sido, junto con el trigo, alimento básico de los pueblos mediterráneos durante siglos. Además de popular, el haba es apreciada por ser una hortaliza que se consume en invierno o al inicio de la primavera, cuando son pocas las verduras disponibles. En las zonas rurales, es típico comerlas recién desgranadas, en crudo y con un poco de sal, entre cucharada y cucharada de sopa o estofado.

Un plato tradicional mediterráneo es el de las habas rehogadas, para el que se seleccionan las habas menos tiernas (las que están ya muy granadas y hechas), que se ponen a cocer en una olla sin añadir agua, acompañadas de una cabeza de ajos, un manojo de hierbabuena y un buen chorro de aceite de oliva. Para que se cuezan bien en su propio jugo y no se peguen al fondo del recipiente, se sacude la olla regularmente con hábiles movimientos. ¡Es un manjar sencillamente exquisito! Aunque no se puede abusar de él, por ser un plato difícil de digerir, dada la gran riqueza proteínica de las habas. Otras preparaciones clásicas de los granos más tiernos son en tortilla, como ingrediente de la paella o como sustituto de los guisantes en sopas, guisos, potajes, etc. El cultivo de habas es muy interesante también en tanto que enriquece el suelo de nitrógeno y deja la tierra con muy buena estructura.

Propiedades. Destacan sus virtudes diuréticas, revitalizantes, expectorantes, nutritivas, reconstituyentes y tónicas. Contiene gran cantidad de vitaminas C y PP (verdes) y A, B_1, B_2, E, K y PP (secas). Entre sus componentes minerales encontramos calcio, cobre, fósforo, hierro, magnesio, potasio y sodio.

Variedades. Existen numerosas variedades de habas, y en cada región podemos hallar clases seleccionadas por los agricultores, bien adaptadas a las condiciones locales. Hay variedades de vaina larga y de vaina corta, que pueden albergar de tres a ocho granos, cuyo color oscila entre el beige, el verde y el azul o violeta. Las variedades más apreciadas son las de vaina intermedia (12-15 cm) como la muchamiel, por ser más precoces y productivas, aunque en algunas regiones se prefiere las de vaina larga (20-25 cm), como la aguadulce, que son más tardías y se consumen con vaina incluida, a modo de judías verdes.

Clima. Le gusta el frío moderado y llega a soportar temperaturas de hasta -3 °C, pero no le conviene el exceso de calor ni los períodos de sequía.

Suelo. Muestra una buena adaptación a casi todos los suelos, excepto los excesivamente duros y secos. Tampoco le gustan los terrenos muy ácidos y prefiere los arcilloso-calcáreos. La tierra de cultivo deberá estar trabajada en profundidad y ser fresca, rica en humus.

Abonado. No necesita excesivo aporte orgánico y aprovecha bien los restos de cultivos precedentes. Podemos realizar un

Las matas de habas alcanzan un desarrollo exuberante; será preciso controlar el abonado y las fechas de siembra si deseamos obtener, además de masa foliar, una buena producción de frutos.

aporte de compost bien descompuesto de entre 1 y 2 kg/m^2. Como el resto de leguminosas, no necesita aportaciones nitrogenadas, pues sintetiza el nitrógeno atmosférico gracias a la colaboración de las bacterias nitrificantes de sus raíces. También es una excelente planta abonadora usada como abono verde, aunque da mejores resultados la siembra de habas forrajeras.

Riego. No es muy exigente en agua pero requiere un humedecimiento regular del suelo, el cual obtendremos mediante riegos moderados pero frecuentes y practicando un binado tras las lluvias o la irrigación, o con un buen acolchado vegetal. Debemos evitar los riegos y el exceso de humedad en la época de floración.

Siembra. Generalmente se siembran en otoño en las zonas templadas. En las regiones o zonas muy frías habrá que esperar al final del invierno. Se siembran en líneas o surcos separados de 40 a 60 cm (según variedades) y se depositan dos semillas por golpe cada 15-20 cm, o cuatro cada 20-30 cm, recubriéndolas con 5 o 6 cm de tierra. Dado el gran tamaño de las semillas y su dureza, conviene dejarlas en remojo unas 24 horas antes de su siembra, para facilitar la germinación. Elegiremos para la siembra los dos días que preceden o suceden a la luna llena, y de preferencia en días de fruto.

Las habas pueden ser despuntadas para evitar el problema de los pulgones negros.

Cultivo. Realizaremos binas y escardas para controlar las hierbas competidoras y mantener el suelo aireado. Cuando las plantitas alcancen los 15 cm, será conveniente recalzarlas o aporcarlas con tierra. Posteriormente, es aconsejable un acolchado con paja o materia orgánica diversa. Cuidado con los riegos y la humedad excesiva en la época de floración: la cosecha puede perderse.

Problemas. El mildiu o la roya son consecuencia de épocas húmedas o lluviosas alternadas con días cálidos y soleados (ver su control en el capítulo 7). El pulgón negro puede llegar a ser preocupante; una solución muy empleada es la poda o despunte de los tallos a partir de la sexta o séptima flor. En caso de problema grave recurrir a los métodos de lucha descritos para el pulgón en el capítulo 7.

Recolección. Se suelen cosechar más tiernas o más duras en función de las apetencias personales. No conviene consumirlas muy tiernas, pues contienen una elevada proporción de nitratos. Los nitratos se irán convirtiendo en proteínas a medida que engordan –y se endulzan– los granos, hasta llegar al máximo en las habas secas. Para cosechar las habas secas podemos dejarlas en la planta hasta su completa maduración, que se reconoce por el cambio de coloración y oscurecimiento de las vainas, y arrancar entonces las matas, dejándolas secar por completo en un lugar con buena exposición solar y resguardado de la humedad o las lluvias.

Rotaciones. Es una planta que mejora el suelo en el que crece; aunque, de todos modos, conviene dejar pasar dos o tres años para volverla a cultivar en la misma parcela.

Asociaciones. Es muy típico el cultivo junto a las alcachofas. También son buenas las asociaciones con lechugas, patatas, maíz y apio. No se llevan bien con las cebollas y los ajos.

Judías

Nombre científico: *Phaseolus vulgaris* (leguminosas)
Exposición: ☼
Riego: 💧💧 💧💧 💧💧
Siembra: a partir de marzo; en abril o mayo en tierras frías
Marco de plantación: 25-35 x 40-50 cm
Cosecha: a partir de los dos meses las judías tiernas, y de los cuatro las secas

Las judías, ya sean tiernas o secas, son muy populares y apreciadas en la cocina, donde se hace un amplio uso de ellas. Son originarias de Sudamérica (Perú o Colombia) y desde siempre formaron con el maíz y la calabaza no sólo la tríada de cultivo asociado más conocida, sino que también proporcionan una equilibrada y excelente combinación de aminoácidos, lo que supone una óptima calidad biológica de las proteínas ingeridas.

Las formas de preparación y consumo son tan variadas que describirlas todas sería inacabable. En mi región, es típico el consumo de judías tiernas en un simple hervido con patatas tempranas, aliñado con sal y aceite de oliva; sorprende por lo sencillo y exquisito que resulta. ¿Y quién no conoce las judías salteadas? O las cocinadas al vapor, en menestra o como guarnición de otros platos, y, cómo no, la popular ensaladilla rusa.

Las judías secas o alubias, que no son ni más ni menos que los frutos maduros de las judías, son tan o más populares que las judías tiernas, y forman parte de numerosos platos regionales: la fabada asturiana o gallega (las *fabes* son una variedad de judía seca); la *escudella* catalana o las *mongetes amb botifarra*. Las judías secas son legumbres de primer orden por su elevada proporción de proteínas y tienen la ventaja de que, una vez cosechadas, pueden guardarse durante mucho tiempo –incluso años– hasta su consumo.

El consumo global de la mayoría de legumbres ha decaído mucho en las últimas décadas, en las que han sido desplazadas por un consumo creciente de proteína cárnica y tal vez por su estigmatización como «comida de pobres». Aquí podríamos sentenciar: «Pobres de aquellos que no quieren consumirlas», pues, aparte de que se empieza a reconocer públicamente su valor nutricional, cada vez se hacen más patentes los enormes perjuicios para la salud que entrañan las dietas a base de carne y derivados.

Propiedades. Las judías tiernas son antidiabéticas, depurativas, diuréticas y refrescantes. Contienen vitaminas A, B_5, B_6, C y E, y entre sus minerales hallamos calcio, cobalto, cobre, hierro, magnesio, níquel, silicio, yodo y cinc.

Variedades. Existen dos distinciones muy definidas de cara al cultivo: las judías tiernas de mata baja, con tallos erectos y que no precisan tutorado, y las de mata alta o enrame, de tallos volubles, que requieren un entutorado con cañas u otros soportes. Para el consumo de judías tiernas han ido desapareciendo las variedades con hilos o apergaminadas e imponiéndose las más tiernas y sin hilos, incluso cuando están granadas. Entre las judías de mata baja, las redondas y alargadas son las más empleadas, aunque las otras variedades planas son igual de tiernas y sabrosas. Entre las de mata alta, las judías peronas (largas, planas, tiernas y sin hilos) son las más populares; pero también hallamos las pintas (jaspeadas con franjas violeta), las blancas «mantecosas» o las amarillas. Las vainas de las judías de mata alta, o enrame, son por lo general más grandes y largas que las de mata baja.

Las judías secas pueden proceder indistintamente de unas u otras, aunque, por rendimiento, suelen ser más usados los cultivos de mata alta o enrame. Existen infinidad de judías secas y hay muchas variedades locales o regionales, incluso algunas con denominación de origen (las judías de El Barco de Ávila y la *faba* asturiana).

Clima. Las plantas de judías son sensibles a las heladas y no se desarrollan a temperaturas por debajo de los 10 °C. Tampoco florecen cuando los días son cortos y se reduce el fotoperíodo (cantidad de luz recibida a lo largo de un día). Por ello, requieren climas cálidos y templados, y no adelantaremos demasiado las siembras en primavera pues es fácil que las sembradas quince días más tarde adelanten a las primeras siembras si las hemos efectuado en tiempo frío o con días cortos. También demandan un suelo templado por lo que la radiación solar y la exposición de la parcela deberán ser las apropiadas a sus requerimientos. En las zonas ventosas les procuraremos protección, pues son plantas frágiles y no soportan la incidencia directa de vientos fuertes y racheados.

Suelo. No les gusta –ni les favorece– el cultivo en tierras frías y muy húmedas, ni en terrenos demasiado secos y muy calizos. Precisan de suelos mullidos y bien cavados, frescos y ricos en humus, aunque exentos de restos de materia orgánica fresca. Los suelos ácidos convienen más a las alubias, pues resultan más tiernas y fáciles de cocer, mientras que las de suelos calcáreos son más duras y fibrosas. Procuraremos buscar para su cultivo las parcelas mejor expuestas al sol, para que el suelo pueda calentarse.

Abonado. Las judías no precisan abonado y no soportan bien la presencia de materia orgánica en descomposición. Ello es debido en parte al hecho de que, al igual que el resto de leguminosas, poseen junto a sus raíces bacterias nitrificantes, capaces de fijar el nitrógeno atmosférico. No sólo no necesitan abonado, sino que además alimentan el suelo de nitrógeno. Un exceso de nitrógeno en la tierra supondrá un desarrollo exagerado de la parte foliar, en detrimento de la producción de frutos, y hará a la planta débil y propensa a ataques de patógenos. En caso de cultivarlas en suelos pobres o carentes de hu-

El cultivo de judías de mata baja resulta sencillo en el huerto familiar. Conviene cosechar las judías tiernas con regularidad para evitar que se endurezcan demasiado.

Una gran producción de judías tiernas permitirá obtener excedentes para guardar en conserva o congelarlas, y poder consumirlas en los meses más fríos en los que no es posible su cultivo.

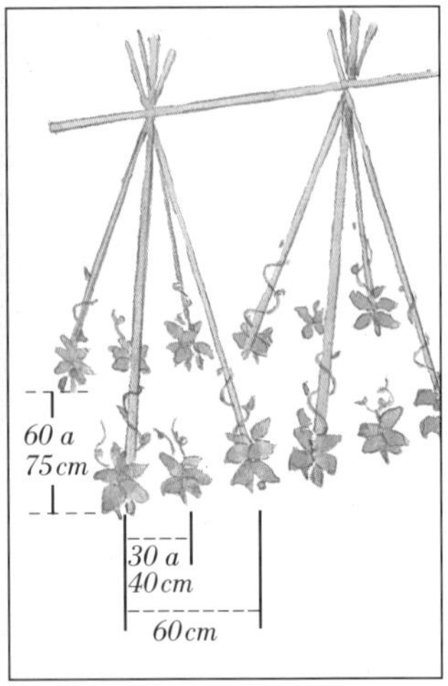

Las judías de mata alta suelen entutorarse con cañas o palos dispuestos en forma piramidal y reforzados con otros transversales.

La variedad de judías garrofal desarrolla una exuberante mata que obliga a utilizar estructuras emparradas. Éstas soportarán el elevado peso de esta planta cuando está en pleno desarrollo.

mus, podemos esparcir un mes antes de la siembra un abono orgánico muy descompuesto (mantillo), mezclándolo bien con la tierra con una buena cava.

RIEGO. Si bien las judías precisan de suelos frescos y que no se resequen, pues soportan mal la carencia de riego o la humedad mínima del suelo, conviene sembrarlas sin riego, con la tierra en sazón o atemperada con un riego anterior a su preparación para la siembra. Es preferible no regar –o hacerlo lo mínimo– en la época de la primera floración, ya que un riego abundante en ese momento frenaría el cuajado y podría provocar la caída de las flores, mermando notablemente la producción. En tiempo caluroso y soleado procuraremos regarlas siempre al atardecer o, en su defecto, a primeras horas de la mañana, antes de que apriete el calor.

SIEMBRA. Las judías de mata baja suelen sembrarse en líneas o surcos espaciados unos 40 a 50 cm, depositando de cuatro a cinco semillas (a chorrillo o mejor a golpes), enterrándolas unos 2 o 3 cm en hoyos sucesivos separados de 30 a 40 cm. Las judías de enrame requieren separaciones entre líneas o surcos de 60 a 75 cm para facilitar su exuberante desarrollo y mantener una correcta y adecuada ventilación.

Según las condiciones climáticas locales, podemos empezar las siembras en cuanto el suelo alcance una temperatura superior a los 8 o 10 °C. Ya comentamos que las siembras demasiado tempranas son problemáticas, por lo que habrá que esperar al buen tiempo. En las zonas frías de interior no conviene hacer siembras hasta principios de mayo, salvo en parcelas muy protegidas y bien expuestas, caso en el cual pueden sembrarse a mediados de abril. En las zonas templadas empezamos a sembrar desde el mes de marzo. Las siembras suelen prolongarse hasta mediados de junio para las variedades de grano seco y las de mata alta y hasta finales de julio para las judías verdes de mata baja. Las judías de mata alta tienen ciclos vegetativos y de producción más prolongados que las de mata baja.

Si deseamos una provisión de judías tiernas regular, será preciso que sembremos de forma escalonada cada tres o cuatro semanas, o como mínimo cada mes. En cuanto a los aspectos lunares, se recomienda la siembra de judías en el período comprendido entre dos días antes y dos días después de la luna llena, y en días de fruto del calendario biodinámico.

TRASPLANTE. Las judías –al igual que el resto de leguminosas– suelen cultivarse mediante siembra directa y no soportan el trasplante a raíz desnuda.

Podemos, en caso de siembra precoz en semillero, optar por sembrarlas en macetas o bandejas alveoladas, que nos proporcionarán plantitas con cepellón, que permitirán un posterior trasplante al lugar definitivo sin dañar las raíces.

CULTIVO. Se trata de plantas delicadas y frágiles que hay que tratar con mimo y cuidado. En caso de no decantarnos por un acolchado orgánico, precisarán repetidas binas y escardas, a fin de controlar las hierbas y dejar la superficie del suelo removida para evitar la evaporación del agua y mantener el suelo aireado y húmedo. No obstante, dado el frágil y superficial sistema radicular de las judías, las escardas serán muy superficiales y las evitaremos cuando la planta sea grande; ésta es la razón por la que resulta conveniente recurrir a los acolchados.

Las plantas de mata baja son de porte rígido y no necesitan tutores; en cambio, los tallos de las judías de mata alta son delicados y crecen enrollándose en los elementos rígidos cercanos, por lo que les colocaremos unas cañas o palos de unos 2 o 2,5 m para que vayan subiendo por ellos. Las cañas o tutores deberán formar una estructura sólida, a fin de evitar que el viento o el propio peso de las matas las rompan o las hagan caer.

La estructura más habitual suele ser la piramidal, que se realiza uniendo las cañas de dos líneas, inclinándolas y atándolas en el centro; a menudo se refuerza colocando otra horizontal para sujetar las distintas estructuras. Los primeros tallos que se abren camino hacia arriba a menudo necesitan ayuda para engancharse a los tutores, pues a veces no los encuentran y las plantas quedan amontonadas en el suelo.

Es importante que las judías no padezcan sed, algo esencial si deseamos judías tiernas, ya que en caso de sequía tienden a endurecerse y hacerse fibrosas. En las variedades dedicadas a granos o judías secas no resulta tan importante la escasez de agua, aunque ello mermará mucho la producción. La falta de agua y los períodos muy secos tampoco son aconsejables para las plantas de judía, pues crean las condiciones óptimas para una infestación de arañas rojas.

Recolección. Las judías tiernas conviene cosecharlas cuando están formadas sin dejarlas mucho tiempo en la mata, pues rápidamente forman granos y las vainas se ponen fibrosas. Hay que repasar las matas cada dos o tres días para evitar que muchas granen y se pongan duras. A veces cuesta distinguir las vainas entre las matas, por ser del mismo color que el resto de la planta; las judías blancas, las mantecosas y las jaspeadas de lila resultan más visibles, y no es tan fácil dejarse algunas sin cosechar y encontrárselas demasiado duras a la siguiente cosecha. La planta es frágil, por lo que cuando cosechemos, procuraremos no dañar las ramas, las flores y las vainas más tiernas. Para mantener una buena producción conviene regar copiosamente después de cada cosecha.

El tiempo que transcurre desde la siembra a la cosecha es de unos dos meses o dos meses y medio para las judías tiernas; y de cuatro a cuatro y medio para las judías secas. La recolección de las judías secas implica dejarlas en la mata hasta la completa maduración y secado de las vainas. A partir de ese momento tendremos dos opciones: o bien recoger de la mata una a una todas las judías «granadas» y secas, o bien dejar que maduren todas las vainas y arrancar las plantas, dejándolas secar al sol durante una semana como mínimo; luego, sobre una superficie plana, varearemos las matas secas golpeándolas con un mango de azada o un palo. Mediante esta operación se desmenuzan las vainas secas y quedan libres las semillas. Acto seguido, apartaremos los restos de matas y brozas y aventaremos las alubias secas, con lo que conseguiremos librarlas de hojas y briznas inútiles y las tendremos disponibles para guardar. Para las judías secas que guardamos para siembra seguiremos el mismo proceso, sólo que al guardarlas las espolvorearemos con flores de pelitre en polvo.

Problemas. Los pulgones verdes y negros suelen ser parásitos habituales en las plantas de judías en cuyo cultivo se ha abusado de la fertilización nitrogenada y del riego. Si se trata de ataques puntuales a alguna planta concreta, quizá la causa sea una debilidad genética de la misma, de forma que con arrancar la planta o las plantas afectadas será suficiente para controlar el problema. Si el ataque es generalizado, recurriremos a los sistemas antipulgón descritos en el capítulo 7.

Las arañas rojas y otros ácaros suelen atacar duramente las hojas de la judiera en tiempo seco, con las plantas y los suelos resecos por falta de riego. Procuraremos mantener la humedad al suelo, para lo que quizá sea conveniente acolcharlo. En caso de ataque general, recurriremos a los sistemas de lucha directa mencionados en el capítulo 7. Tanto para controlar la araña roja como el pulgón resulta útil remojar las plantas al atardecer en los días muy secos.

La antracnosis, enfermedad que se manifiesta por manchas oscuras sobre las hojas y sobre todo en las vainas con tiempo húmedo, puede evitarse seleccionando bien las semillas y guardando para siembra sólo las que procedan de plantas sanas. Procuraremos no tocar las plantas ni cosechar cuando estén húmedas o mojadas. Seguiremos escrupulosas rotaciones de tres años o más. Como preventivo –en épocas húmedas– podemos actuar fumigando con decocción de cola de caballo. En última instancia, arrancaremos y quemaremos las plantas afectadas.

La roya, el oídio y algunas podredumbres suelen estar relacionadas con el exceso de humedad ambiental y elevadas temperaturas, pues a menudo aparecen en los días calurosos que suceden a días lluviosos. Las prevendremos con decocciones de cola de caballo (*Equisetum aruense*) y procuraremos que las plantas dispongan de buena aireación, evitando el cultivo en matas muy densas. Los gusanos y orugas suelen roer el tallo de las plantas jóvenes y las hojas o las vainas tiernas. Para combatirlos, recurriremos a los métodos descritos en el capítulo 7 o a la fumigación con *Bacillus thuringiensis*.

Rotaciones. No se trata de plantas exigentes; al contrario: más bien fertilizan la tierra. No obstante, para evitar enfermedades o parásitos que se especialicen en ellas, será mejor dejar un lapso de dos a tres años antes de cultivar en un mismo espacio.

Asociaciones. Hacen buenas migas con el maíz y también con calabacines, zanahorias, coles, pepinos, fresales, perejil, patateras y tomateras. No conviene cultivarlas junto a ajos, cebollas, hinojos o puerros.

La colocación de botellas de plástico amarillas junto a las matas de judías las protege del ataque de la mosca blanca, alejando incluso a las que ya habían hecho acto de presencia.

Antes de guardar las judías secas, es conveniente dejarlas secar unos días a pleno sol.

El vergel junto al huerto familiar nos permite disfrutar de la majestuosidad de los árboles y de sus suculentos frutos.

No existe punto de comparación entre comer una fruta madurada en el árbol y las que hallamos en las estanterías de cualquier supermercado.

El vergel

Pocas cosas hay tan placenteras como comer una fruta jugosa y madura cogida directamente del árbol. Por ello, a partir de un terreno de 100 m^2 de extensión podemos plantearnos disponer de algunos frutales, eligiendo árboles de poca envergadura, como perales, ciruelos, naranjos o mandarinos, y evitando las higueras o los cerezos, que, si no se controlan, llegan a alcanzar portes descomunales. De hecho, si disponemos de tan sólo 30 o 50 m^2 cultivables, no tiene demasiado sentido sacrificar este espacio plantando unos árboles cuya sombra y avidez de nutrientes dificultarán o impedirán, al cabo de algunos años, el cultivo de hortalizas. Por el contrario, allí donde se disponga de una valla o una pared se pueden cultivar parras o árboles en «espaldera», es decir, podados con una distribución plana que ocupa muy poco espacio. En la medida de lo posible, situaremos los árboles en las lindes o, mejor aún, crearemos un «vergel» con un conjunto de árboles de distintas variedades, optando por la mayor diversidad posible.

Un árbol repleto de fruta ejerce una irresistible atracción sobre los niños.

Cultivar un vergel

Mi infancia está repleta de recuerdos relacionados con los árboles frutales aislados y los vergeles que rodeaban todas las casas de los agricultores de la región. Muchos días, al salir de la escuela, nos íbamos a «correr el *gínjol*», actividad que consistía en localizar en las cercanías los árboles de azufaifo (*gínjol* en catalán) que estuvieran repletos de frutos maduros y coger todos los posibles antes de salir corriendo al ser descubiertos por su dueño, que nos perseguía, gritando, durante un trecho. Esta actividad se solía repetir en estaciones distintas con frutos diferentes: higos, cerezas, albaricoques, peras, melocotones, moras, granadas o naranjas. Eran tantos los frutales que poblaban los campos, junto a las casas o en los linderos de las fincas, que estas travesuras de niños no solían suponer pérdidas sustanciales para sus dueños, a excepción de algunos casos aislados, que solían ser los más cercanos al colegio, por supuesto.

El vergel es una mágica combinación de árboles frutales, que alegran, dan vida y nutren el huerto familiar.

A los niños de hoy en día les es sumamente difícil cometer este tipo de travesuras y ello no porque se hayan vuelto más civilizados o porque la mayoría de fincas estén valladas o alambradas, sino porque son escasos los árboles frutales que crecen junto a las casas de campo y menos aún en las lindes entre fincas. Muchos piensan que ello se debe a que los agricultores se han vuelto muy prácticos y no quieren perder tiempo en ocuparse de unos pocos árboles que no les reportarán beneficios económicos y les acarrearán, en cambio, problemas de plagas –la «plaga» humana incluida–. Pero lo cierto es que, si rastreamos en la historia reciente y observamos los hechos bajo una óptica más global, nos daremos cuenta de que existen factores poco reconocidos pero decisivos a la hora de eliminar la mayoría de árboles frutales del entorno agrícola, a excepción, por supuesto, de los plantados en las grandes fincas de explotación frutícola.

Uno de estos factores ha sido el empleo de abonos químicos, sobre todo los nitrogenados. ¿Por qué? Pues porque, a diferencia de las hortalizas, que tienen ciclos de cultivo anuales y muy breves y en las que el efecto de «latigazo» y derrumbe posterior que provocan los abonos nitrogenados apenas se nota, pues se cosechan a los tres o seis meses; en cambio, los árboles acusan el *golpe de fuego*, que les otorga una gran exuberancia, pero, al mismo tiempo, les confiere una clara fragilidad y vulnerabilidad a enfermedades y parásitos, lo que obliga a los agricultores a estar continuamente tratándolos con plaguicidas, a riesgo de perder la cosecha al menor descuido.

Siguiendo con imágenes de la infancia, recuerdo la ilusión con que vigilábamos la maduración de los primeros nísperos; o cómo con cañas abiertas por un extremo, donde introducíamos una piedra, nos fabricábamos la herramienta recoge-higos ideal, y dábamos vueltas a la higuera con ella para atrapar los más maduros, que se distinguían por sus blancas grietas laterales. ¡Cuántas veces mis padres me regañaron por trepar a las ramas más altas del cerezo en busca de las cerezas más maduras; lo curioso es que apenas me acuerdo de los golpes y las magulladuras que sufría a consecuencia de caídas «tontas»! Recuerdo el inconfundible sabor y el crujido de las peras del pequeño peral que crecía junto a la casa de mi abuela, el empacho de manzanas verdes que me tuvo en cama una semana cuando apenas tenía seis años, o las panzadas de caquis o albaricoques que no podíamos parar de comer de lo maduros, dulces y sabrosos que estaban.

En aquella época, las frutas eran moneda de cambio: se regalaban cestas de naranjas al maestro de escuela, se ofrecían a los vecinos y a los familiares cercanos; se llenaba con ellas el maletero de los primos de Barcelona o de Francia, cuando venían de vacaciones en verano. Servían de excusa para reunir a familiares y vecinos a la hora de poner en almíbar los excedentes de melocotones o peras; y significaban un importante aporte nutricional y vitamínico para una dieta a base de patatas con acelgas, pan blanco con chorizo y carne guisada, platos presentes en casi todas las comidas. Como de pequeño nunca me gustó la carne, era de los que siempre se extraviaba encaramado a los frutales, ya fuese en busca de sus frutos o contemplando los pajaritos en sus nidos.

Reconozco que ésta es una introducción del vergel demasiado bucólica. Pero no podemos negar que éste es el tipo de experiencia que a uno le marca de niño y que, si tenemos hijos, tenemos que mirar las cosas a través de sus ojos y ofrecerles la oportunidad de aprender y experimentar más allá del televisor, los videojuegos y el ordenador interactivo.

Por todo lo dicho y por muchas otras razones –cada cual puede ampliar la lista con sus propias vivencias– será deseable –incluso me atrevería a decir que necesario– tener unos cuantos árboles frutales, o al menos unos arbustos de bayas, junto al huerto familiar. Es evidente que un libro como éste, de-

CUIDADO CON EL LABOREO

Un problema poco tenido en cuenta en el cultivo de frutales es el laboreo en las proximidades de los troncos, que daña las raíces superficiales de los frutales y produce heridas, a través de las cuales las enfermedades penetran con facilidad. En mi infancia, la tierra de la parcela donde crecían los frutales acostumbraba estar dura y llena de hierbas. No solía labrarse, y a menudo estaba tapizada de flores, o se elegía la protección solar que ofrecen algunas copas para almacenar patatas o cebollas. Con frecuencia, se vallaba, y se dejaban sueltos en el cercado los patos y las gallinas. Yo he procurado seguir estas prácticas y no labrar junto a los árboles frutales; el resultado de esta práctica es que –con algunas excepciones– crecen sanos y lozanos, dando frutos sin excesivos problemas. En las zonas frutícolas, como Lérida, muchos agricultores siegan la hierba entre las líneas de árboles con desbrozadoras y labran lo mínimo para no dañar las raíces.

dicado al huerto familiar, no puede ser un tratado de fruticultura ecológica, pero sí puede contener las pautas y claves principales para que quienes dispongan de suficiente espacio instalen un pequeño vergel que les permitirá abastecerse de frutas frescas la mayor parte del año.

El cultivo de frutales

Si disponemos de tan sólo 30 o 50 m² cultivables, no tiene demasiado sentido sacrificar ese espacio para plantar unos cuantos árboles cuya sombra y avidez de nutrientes dificultarán o impedirán, al cabo de algunos años, el cultivo de hortalizas. A partir de los 100 m² ya podemos plantearnos disponer de algunos frutales, sobre todo en la zona lateral al norte del huerto, para que su sombra no represente un problema grave para los otros cultivos.
Con todo, elegiremos árboles de poca envergadura, como perales, ciruelos, naranjos o mandarinos, evitando las higueras o los cerezos, que, si no se controlan, llegan a alcanzar dimensiones descomunales. Allí donde se disponga de una valla o una pared, se pueden cultivar parras o árboles de «espaldera», podados con una distribución plana que ocupa muy poco espacio.
Aunque estéticamente resulta muy agradable contemplar un manzano en flor en medio del huerto, resulta poco práctico y por ello, en la medida de lo posible, situaremos los árboles en las lindes o, mejor aún, crearemos un

Este vergel situado junto al huerto familiar proporciona una gran variedad de frutas durante casi todo el año (melocotones, nísperos, granadas...).

«vergel» con un conjunto de árboles de distintas variedades, optando por la mayor diversidad posible, ya que en el huerto familiar no debe primar la productividad monocultivos, sino la disponibilidad de fruta fresca y saludable durante la mayor parte del año.

Los problemas en los frutales

Si con el cultivo de hortalizas decíamos que es raro sufrir problemas de plagas, no podemos decir lo mismo del cultivo de frutales. El hecho de que la mayoría de árboles cultivados por sus frutos sean el resultado de continuas selecciones y del forzado por medio de podas constantes, a fin de obtener frutos grandes, dulces y jugosos, que en origen eran pequeños, amargos y duros, implica que nos hallamos ante seres debilitados en extremo, bastante alejados de sus condiciones silvestres y que dependen enormemente de los cuidados del agricultor. La desaparición de las variedades autóctonas rústicas y adaptadas, suplantadas por variedades estandarizadas, unida a las condiciones de deterioro ambiental, no hace más que agravar las cosas.

En el cultivo comercial de frutas, una manzana puede recibir de 15 a 30 tratamientos fitosanitarios diversos (insecticidas, fungicidas, etc.) mientras crece en el árbol, para luego ser sumergida en soluciones químicas, a fin de asegurar su conservación en cámaras frigoríficas hasta el momento de su distribución; ello sin mencionar los tratamientos que ya recibió el árbol en invierno y en la época de floración. Las grandes plantaciones y zonas frutícolas, con cientos de kilómetros de monocultivos de naranjas, manzanas o peras, han influido en la especialización de los patógenos, dificultando mucho su control, amén de las resistencias que los frutales han ido desarrollando hacia los plaguicidas, allí en donde se ha abusado de ellos. Además, el comercio internacional de frutas exóticas implica una transferencia de plagas hacia lugares en donde no eran conocidas y cuyos ecosistemas carecen de mecanismos de autorregulación. El minador de las hojas del naranjo es un claro ejemplo de ello.

Es una realidad difícil producir frutas sanas sin tener que esforzarse por controlar o luchar contra una serie de enemigos de los árboles y frutos que pueden resultar devastadores. Contra algunos de ellos, como los pulgones o los pájaros, tenemos medios más o menos eficaces; en cambio, existen plagas muy dañinas, como la mosca de la fruta (la ceratitis), que a partir de los meses calurosos pone huevos en toda fruta dulce y madura, y llega a impedir el disfrute de albaricoques, ciruelas, higos, melocotones, nectarinas e incluso de naranjas. La carpocapsa en manzanos y perales plantea los mismos problemas que la ceratitis para el resto de frutales. Contra estas plagas, a menudo las trampas con atrayentes o el despiste sexual con feromonas –muy caras– no bastan y deprime muchísimo ver los árboles cargados de fruta y que al morder las maduras aparecen «inquilinos» en su interior. En pequeños vergeles, la protección de los frutos con bolsas de papel y la cobertura de los árboles con mallas mosquiteras suelen dar buenos resultados, aunque resten encanto al paisaje.

COMPOSICIÓN DEL VERGEL

En un vergel de 60 m^2 podemos llegar a tener un cerezo (del que disfrutaremos sus frutos en mayo-junio), uno o dos albaricoqueros (mayo-junio), algún nectarino (junio-julio), dos melocotoneros (junio-septiembre), algún peral (junio-agosto), uno o dos manzanos (agosto-octubre), un clementino y un mandarino (septiembre-octubre), algún naranjo (octubre-marzo), un limonero (todo el año), un caqui (septiembre-noviembre) y una higuera (agosto-septiembre). La mayoría de estos árboles llegan a alcanzar proporciones considerables, por lo que podemos plantar arbustos de bayas o árboles de porte enano entre los grandes o en los márgenes; por ejemplo, algunos manzanos de San Juan, varios kiwis (noviembre-enero), frambuesos, etc.

*Para **proteger las frutas** del ataque de los pájaros podemos cubrir los árboles con mallas, mientras que el embolsado de las frutas las protege de las plagas y de las inclemencias climáticas.*

ÁRBOLES SIN PROBLEMAS

Los frutales para consumo familiar y no comercial se pueden clasificar en poco problemáticos y bastante problemáticos. Entre los que menos problemas plantean tenemos las higueras, los cerezos, los caquis y los albaricoqueros (excepto las variedades tardías que sufren el ataque de la mosca de la fruta). En contrapartida, los más delicados o problemáticos son los melocotoneros, los manzanos y los perales. Los aguacates y los chirimoyos tampoco dan demasiados problemas, aunque requieren unas temperaturas medias relativamente elevadas y acusan el frío intenso y las fuertes heladas (-6 °C), mientras que el kiwi, al contrario de lo que suele imaginarse, requiere climas húmedos y espacios sombreados –las mejores plantaciones de kiwis (en la imagen) están en Galicia y Asturias y los mayores fracasos se han dado en Almería y Málaga–; por lo demás, no se le conocen problemas o enfermedades remarcables.

Elección de los árboles

La elección de los frutales para plantar no es tarea fácil, ya que, aunque en el comercio apenas hallamos tres o cuatro variedades de peras, cinco o seis de manzanas y otras tantas de melocotones, en la práctica, existen en nuestro país varios miles de variedades de manzanos, perales o melocotoneros, algunos cientos de naranjos y otros tantos de clementinos. De hecho, cada vez que sembramos una semilla estamos dando la oportunidad a una nueva variedad de expandirse, aunque no deja de ser una pena que la estandarización de la producción y de los gustos del consumidor, en aras de una mayor productividad, rentabilidad y facilidad de distribución, ha relegado al olvido o esté haciendo desaparecer la mayoría de variedades autóctonas.

Al igual que lo descrito para las hortalizas, es importante conocer la aptitud de la tierra de que disponemos y las condiciones climáticas y microclimáticas de nuestro huerto, de cara a la elección de las variedades de los frutales, o de sus pies o portainjertos más adecuados.

También conviene conocer la mayor o menor sensibilidad de cada árbol a las alteraciones telúricas y a las corrientes de agua subterránea, procurando no plantar los frutales sobre cruces de líneas Hartmann. En la medida de lo posible, elegiremos variedades poco exóticas de frutales, adaptadas al clima del lugar, con pies o portainjertos que toleren bien la acidez o alcalinidad del suelo y sean resistentes a los problemas más habituales, incluida la sequía o el exceso de humedad.

Plantar o sembrar

La necesidad de acelerar los procesos productivos y la especialización de las tareas agrícolas ha llevado a que cada vez sea menos común realizar uno mismo la siembra directa o el plantel de árboles frutales, seleccionando las semillas de los patrones o portainjertos, estratificándolas y sembrándolas, para luego elegir las plantas más sanas y vigorosas, injertarlas en su debido momento y trasplantarlas en las mejores condiciones. Esta tarea, junto a las de reproducción de frutales por esqueje, estaca o acodo, se ha dejado en manos de los plantelistas o viveristas, que se encargan de realizar meticulosa o mecánicamente todo lo necesario hasta ofrecer el arbolito injertado y crecido, listo para el trasplante y cuyos frutos podremos comer al cabo de dos o tres años.

Evidentemente, para disponer de unos pocos árboles en el huerto no es necesario ir más allá de conocer si el pie o portainjerto es adecuado para el suelo de nuestro huerto y si la variedad de fruta es la que nos gusta. Pero, de todos modos, no estará de más aprender las cuestiones básicas sobre sus exigencias de cultivo (la reproducción, los injertos, las podas de formación o de fructificación, etc.).

Existen tantas técnicas como fruticultores –cada maestrillo tiene su librillo–, podemos optar por la plantación de árboles ya desarrollados, de dos o tres años, e injertados, o por la siembra directa de las semillas de los portainjertos que, tras su selección, injertaremos sin trasplantar ni dañar las raíces. Naturalmente, esto último supone cierto aumento del tiempo de espera para cosechar los frutos, pues en vez de los tradicionales dos o tres años de espera para conseguir las primeras frutas de los árboles trasplantados, tendremos que aguardar cinco o seis años para recoger los frutos de los árboles de siembra.

No obstante, las ventajas de la siembra directa son múltiples, pues aparte de elegir el pie más adecuado, poder seleccionar las plantitas más sanas y vigorosas también nos ofrece mayores garantías de adaptabilidad y resistencia a los parásitos y a los reveses climáticos (sequía o exceso de humedad). Pero, sobre todo, esas raíces que profundizan en la tierra y se aferran a ella, sin haber sido dañadas o mutiladas, tienen más probabilidades de alimentar y dar vida a un árbol sano, vigoroso y longevo. El esfuerzo y la espera

Con el ***trasplante de los árboles*** *se consigue cosechar fruta un par de años antes que con la siembra directa. Pero el daño sufrido por las raíces y su tendencia al desarrollo horizontal, las hace menos vigorosas y reduce su período de vida.*

La ***siembra directa del portainjertos*** *permite el correcto desarrollo y expansión de las raíces, sin que sufran daños por el trasplante: ello garantiza el desarrollo de un árbol de mayor vigor y longevidad. Además, la siembra o plantación en montículos impide el problemático encharcamiento del agua junto al tronco y propicia el correcto flujo de las energías cosmotelúricas.*

añadidos se ven recompensados con los resultados obtenidos, de modo que, en la medida de lo posible, optaremos por la siembra directa de las semillas de los portainjertos.

Para su correcta práctica, dado que se trata de una cuestión que engloba múltiples facetas y es algo compleja, es aconsejable leer el artículo de F.K. Rödelberger *Una nueva fruticultura* (aparecido en el número 19 de la revista *Integral*) y el artículo *El vergel ecológico*, del fruticultor francés Paul Moray

(*Integral* número 137). Aparte, existen numerosos libros y tratados sobre arboricultura y fruticultura, aunque por desgracia suelen presentar enfoques productivistas y desprovistos de sensibilidad hacia esos seres vivos generosos y mágicos que son los frutales. Siempre habrá quien desee optar por los árboles trasplantados, sólo por el hecho de poder cosechar antes; vaya para ellos esta frase de Elton Trueblood, que nos sitúa en una dimensión que trasciende lo inmediato: «Cuando un hombre planta árboles bajo los cuales sabe muy bien que nunca se sentará, ha empezado a descubrir el sentido de la vida».

Plantación de árboles

Estos son algunos consejos si por motivos de premura, por la dificultad del proceso o por la facilidad de obtener árboles de vivero ya injertados y listos para trasplantar, optamos por la vía de la plantación. Es preferible no elegir los árboles más grandes y desarrollados; evitaremos, por tanto, los que ya se venden con frutos y preferiremos los rústicos, que presenten formas armónicas con evidente vitalidad y con las raíces envueltas en cepellón o, si son de raíz descubierta, de aspecto sano y abundantes raicillas. La corteza no debe presentar daños y las ramas han de ser fuertes.

Cuando vayamos a destinarlos a un vergel junto al huerto y tengamos por seguro que disfrutarán de una tierra de calidad y recibirán abundancia de cuidados y riegos, podremos optar por árboles de vivero exuberantes e incluso algo forzados con riegos y abonos; pero cuando se destinan a fincas o vergeles donde no recibirán abundancia de riego o se plantarán en suelos pobres, interesan arbolitos menos exuberantes y criados de forma más rústica, o de lo contrario nos hallaremos a menudo con desagradables sorpresas y muchos fallos tras la plantación. Cuanto más joven es un árbol que se va trasplantar, más probabilidades tiene de alcanzar un buen arraigo y un adecuado desarrollo posterior. Los árboles injertados de un año suelen ser los que mejores resultados dan. Observaremos que la zona del injerto esté bien cicatrizada y no presente grietas ni abultamientos extraños.

¡Atención! Antes de cavar el hoyo para el trasplante o sembrar las semillas, conviene averiguar si el lugar es idóneo en cuanto a energías telúricas y corrientes de agua.

Plantación de un árbol paso a paso

1. Cavaremos un hoyo con un diámetro y una profundidad que sean el doble o el triple del

Cuando cavemos el hoyo para ***plantar un árbol*** *debemos separar en dos montones la capa superficial y la tierra del subsuelo. El árbol se debe colocar completamente vertical y, en zonas de fuertes vientos, colocarle un tutor.*

PROS Y CONTRAS DEL ACOLCHADO

El acolchado ayuda a los árboles trasplantados a mantenerse libres de hierbas competidoras y contribuye a mantener el suelo más fresco, por lo que requiere menos riegos. El acolchado vegetal (en la imagen, en una higuera) puede tener inconvenientes en zonas muy secas, en donde el riego dependa de lluvias esporádicas, pues la materia orgánica hará de esponja y no dejará que el agua de la escasa precipitación llegue al suelo y riegue las raíces; la rápida salida del sol o el aire seco deshidratarán con rapidez el acolchado, y el árbol padecerá sed endémica. En zonas áridas quizá convengan acolchados de piedras; en su defecto, habrá que regar de vez en cuando (las garrafas de 5 o 25 litros llenas de agua y colocadas con el gollete enterrado en el suelo son una práctica de riego muy aconsejable en el comienzo de la vida de los arbolitos).

diámetro de las raíces del árbol que se va a trasplantar. Se aconseja realizar esta operación con uno o varios meses de antelación, para que las energías cósmicas impregnen el espacio receptor y la tierra extraída de él. La tierra extraída se separa en dos partes: por un lado, la capa superficial, y por otro, la tierra del subsuelo. La profundidad del hoyo, además de tener en cuenta el tamaño de las raíces o del cepellón que se va a trasplantar, guardará una estrecha relación con las características del terreno, siendo más profundo en las zonas áridas y secas y más superficial en las húmedas, donde quizá convenga criar los árboles en montículos que eviten la asfixia de las raíces.

2. En las zonas áridas y en suelos sueltos, tal vez convenga depositar en el fondo del hoyo una capa de mantillo o compost muy descompuesto, que haga de esponja para la humedad. En los terrenos húmedos y compactos habrá que colocar una capa de grava o cantos rodados en el fondo, para facilitar el drenaje del agua y evitar la asfixia de las raíces.

3. Mezclaremos algo de mantillo con la capa de tierra del subsuelo y depositaremos la mezcla sobre el compost o la grava.

4. Colocaremos el arbolito (o árbol) apoyando sus raíces sobre la tierra del fondo y vigilando su verticalidad. Conviene recortar o podar las raíces que presenten daños visibles. Para continuar la operación, quizá precisemos la ayuda de alguien que soporte el árbol; o también podemos atarle provisionalmente cuatro cañas o tutores en forma de pirámide para mantenerlo vertical mientras terminamos de cubrir el hoyo con la tierra restante. Es importante que la zona injertada quede unos centímetros por encima del nivel del suelo. En zonas húmedas, donde realizaremos un montículo, o en las ventosas, donde recalzaremos el tronco, hay que calcular la altura de éstos y elevar un poco más todavía el nivel de la soldadura del injerto. De lo contrario, el árbol sacaría raíces por encima del mismo, anulando las funciones del pie o portainjertos, que terminaría pudriéndose.

ADVERTENCIAS

⚠ Es muy conveniente respetar la polaridad y la orientación magnética de desarrollo del árbol en el vivero; podemos marcar con pintura una señal en el lado norte del tronco a la hora de arrancarlo y respetar esta orientación –con la ayuda de una brújula– al replantarlo.

⚠ En las zonas ventosas vigilaremos la posición en que queda el injerto cuando éste es de desarrollo lateral, procurando situarlo del lado que soplan los vientos más fuertes, para que no se desgarre con facilidad.

⚠ Algunos fruticultores –y los permacultores en general– no aconsejan añadir compost o nutrientes al suelo o a la tierra de los hoyos o a la que recubre las raíces de los árboles trasplantados, ya que aunque ello supone una mejoría inicial, pues permite un rápido y exuberante desarrollo en los primeros años, el árbol acaba encontrándose con un suelo empobrecido, para el cual el sistema radicular no estará preparado, lo que inflige al árbol un profundo estrés, que lo debilitará y comprometerá su desarrollo posterior.

⚠ A tenor de lo anterior, se aconseja cubrir las raíces con la tierra del lugar (como en el caso del almendro recién plantado de la imagen) pues aunque esta práctica retrase el desarrollo inicial, a la larga da mejores resultados. Esta recomendación es más adecuada para tierras áridas o pobres, y no debe considerarse en árboles plantados en vergeles con suelos profundos, frescos y muy fértiles.

5. Se termina de rellenar el hoyo con la tierra superficial, a la que habremos añadido $^1/_3$ de compost bien descompuesto. Apretaremos la tierra y regaremos inmediatamente después.
6. En las zonas secas conviene dejar desde el principio una ligera depresión para recibir los sucesivos riegos, y que sirva de receptáculo para almacenar mejor el agua de las esporádicas lluvias. Al cabo de uno o dos años, cuando el árbol esté bien afianzado, podemos rellenar la depresión con tierra mezclada con compost, dejando la superficie del terreno nivelada. En los suelos húmedos y zonas lluviosas podemos completar el montículo con tierra traída de otra parte, a la que agregaremos algo de arena –si es muy compacta– y compost maduro.
7. En las zonas de fuertes vientos o con riesgo de tempestades, conviene clavar una estaca o un tutor y sujetar el arbolito con correas o cuerdas, sin que opriman la corteza, pues al desarrollarse podría quedar estrangulado.
8. Es aconsejable terminar la operación realizando un acolchado de materia orgánica marchita o seca (hierba cortada, paja, pinocha o hojas de consuelda) alrededor del árbol. Esta capa habrá que ir renovándola con periodicidad, pues debido a su paulatina descomposición y a la eficaz «ayuda» de las lombrices de tierra, merma con facilidad.

Otras formas reproductivas

Como la reproducción directa por semillas de frutales supone variaciones genéticas considerables y una tendencia al asilvestramiento, y existen frutas sin semillas que no permiten su reproducción por este método, deberemos utilizar las técnicas reproductivas que respeten las características fijadas en un determinado fruto: sabor, grosor o resistencia al clima o a parásitos.
Hay varios sistemas de reproducción: el acodo, consistente en cubrir de tierra parte de una rama unida al árbol, la cual sacará raíces y podrá separarse del mismo y ser trasplantada al cabo de un tiempo; la estaca, que consiste en una rama de uno o dos años, bien desarrollada y provista de yemas, que se corta de la planta madre y se entierra parcialmente, emitiendo raíces al poco tiempo;

***El injerto** (en la imagen, de corona en un manzano) permite la mejora de ciertas variedades, el rejuvenecimiento de árboles viejos, la reproducción de variedades de fruta sin semillas e incluso la correcta polinización (injertando para ello una rama que dé flores macho en un árbol hembra).*

el plantón, que es una variante de estaca, al igual que los esquejes; los acodos múltiples, típicos de las cepas de vid, que se practican en las plantas que tienen ramas largas y flexibles que puedan doblarse; o los ácodos aéreos. No obstante, dado que muchos de estos sistemas reproductivos por sí solos dan plantas menos vigorosas o demasiado sensibles a los patógenos o las inclemencias climáticas, suele optarse por su posterior injerto, o por la siembra de semillas de plantas silvestres o resistentes y su posterior injerto una vez alcanzan un determinado desarrollo.

Los injertos

Los injertos son quizás una de las formas más simples de reproducir una variedad frutal, que mantienen la mayoría de sus cualidades y aseguran que los frutos resultantes serán bastante parecidos a los elegidos. Injertar consiste en ingerir en una planta o una parte de ella alguna parte de otra planta provista de yemas, de modo que entre las dos se realice una unión íntima mediante tejidos de cicatrización en la zona en que las dos partes entran en contacto. Los *pies*, *patrones* o *portainjertos* son las plantas sobre las que se practica el injerto, y el *injerto* es la rama o la parte de la planta provista de una o varias yemas que se superponen al pie o patrón.

VENTAJAS DE LOS INJERTOS

- Fijar, difundir o multiplicar variedades interesantes o estériles (sin semillas); con ellos, incluso podremos cultivar los árboles en tierras o zonas difíciles (pies resistentes a la sequía, por ejemplo).
- Sustituir plantas sensibles a ataques de patógenos por otras más resistentes.
- Mejorar la variedad (por ejemplo, el mandarino injertado sobre limonero da frutos con antelación, de mayor tamaño, más perfumados y dulces).
- Facilitar el cultivo de plantas que no emiten raíces con facilidad.
- Ayudar a la polinización de variedades no autopolinizantes, injertando una rama de flores macho sobre un árbol de flores hembra.
- Permitir el desarrollo de distintas variedades de fruta sobre un mismo árbol (una higuera con higos blancos, negros, morados y verdes; o un naranjo con una rama de navel y otra de navelate), aunque estos árboles por lo general suelen ser más débiles.

Práctica de los injertos

Injertar es una tarea aparentemente técnica, que requiere conocimientos y experiencia, pero que está envuelta, al mismo tiempo, en un halo de magia y sensibilidad. Elegiremos un día apropiado, que no sea demasiado caluroso ni demasiado húmedo (a ser posible en días de fruto del calendario lunar); tampoco es bueno que coincida con el período en que la planta se halla en plena actividad vegetativa ni en reposo absoluto; por ello, las mejores épocas son la primavera y el otoño. Es importante que entre la parte que se va a injertar y el receptor exista parentesco y afinidad (a este respecto, así como en lo referente al tipo de injerto conveniente a cada árbol, el número 53 de *Integral* ofrece una excelente información); así, por ejemplo, existe afinidad entre un nisperero y un membrillero, entre un espino albar y un peral, entre un almendro y un melocotonero; pero un manzano y un melocotonero no se «hermanan», y mucho menos una encina y un ciruelo.

Independientemente del método de injertar que se vaya a utilizar, sea de escudo, chapa, corona, canutillo, hendidura o aproximación de yemas, siempre hay que poner en contacto las capas de *cambium*, que es el tejido situado justo debajo de la corteza y que es por donde el árbol crece. Ese contacto da origen a tejidos de cicatrización, que forman una soldadura íntima.

Para asegurar la fijación del injerto y evitar que se sequen las zonas cortadas, se ata con rafia húmeda o, mejor aún, se envuelve con cinta aislante tensa, más flexible que la ra-

TIPOS DE INJERTOS MÁS USUALES

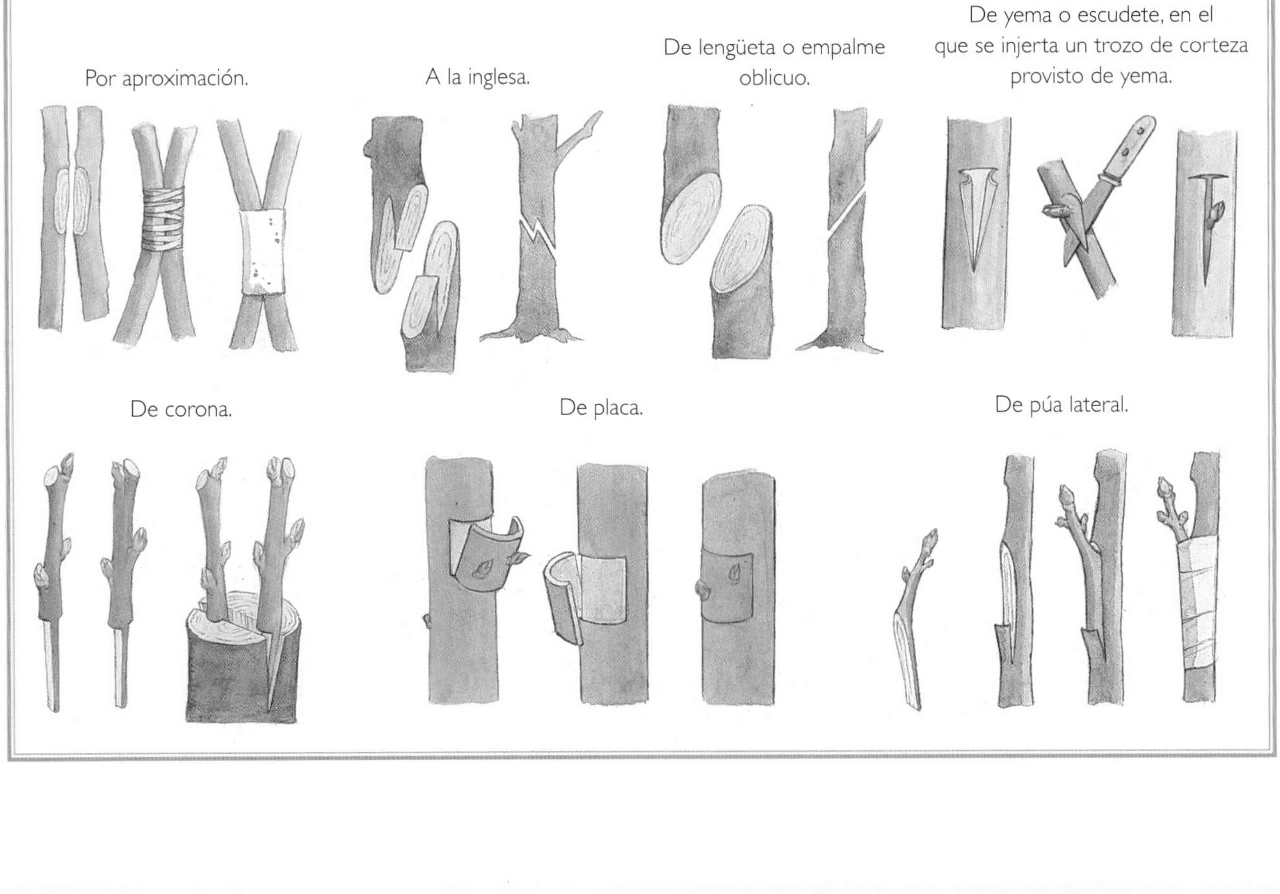

fia, el esparto o los cordeles, los cuales pueden terminar estrangulando la rama o el injerto. Sólo se dejan libres las yemas, aunque puede envolverse todo con una masilla especial para injertos, a base de cera y propóleo, o con arcilla mezclada con excremento bovino. Si envolvemos el injerto con cinta aislante, del tipo que se usa en las uniones de cables eléctricos, no suele ser necesaria la envoltura con masilla. Cuando el injerto está arraigado y la yema ha brotado, se desata con cuidado –pues la unión aún es frágil– y se procede al desbarbado (quitar las raicillas que pueden haber salido en la unión) y el despuntado del resto de yemas que no sean las elegidas en el injerto. En realidad se trata de tareas sencillas, aunque en la práctica requieren experiencia, sabiduría y la magia de la mano verde.

Aunque únicamente sea por lo gratificante de la experiencia, merece la pena practicar injertos experimentales con variedades de frutales en vías de extinción, por no ser éstos objeto de interés de viveristas, fruticultores, distribuidores y consumidores de los supermercados.

La poda

Tema controvertido donde los haya, la poda ofrece una serie de ventajas en cuanto a la consecución de un árbol de un tamaño apropiado que facilite las labores, ofrezca luz y ventilación y evite el excesivo desarrollo de la parte vegetativa (ramas y hojas) en detrimento de la producción de frutos. Algunos seguidores de las prácticas agrícolas naturales y de la permacultura están en desacuerdo con las técnicas de poda convencionales, por considerarlas antinaturales, y abogan por el desarrollo libre de los árboles. En cierta medida estoy de acuerdo con ellos, pero reconozco las limitaciones que supone dejar un árbol de huerto en crecimiento libre, ya que puede abarcar tanto espacio y proyectar tanta sombra que no deja margen al desarrollo de otros cultivos y llega a acaparar un espacio de 50 a 100 m^2. Si nuestro huerto tiene varias hectáreas, podemos permitírnoslo, sobre todo con cerezos, albaricoques, higueras, nogales o ciruelos. Pero para cultivos en pequeñas parcelas no nos quedará más remedio que recurrir a pies que limiten el desarrollo de los árboles y a podas que controlen el espacio que ocupan y aprovechen al máximo y de forma regular las posibilidades productivas de cada árbol. También se da el caso de plantas, como la viña, que precisan irremediablemente de la poda para fructificar, pues sin un control del desarrollo foliar y de las ramas la planta alcanza tal extensión que no le queda energía o reservas para dar frutos (uva); y, como, por

__La poda__, ya sea de formación o de fructificación, suscita grandes controversias entre los seguidores de la agricultura natural, pero es muy posible que en un huerto familiar de reducidas dimensiones no nos quede más remedio que recurrir a la poda de los árboles.

LA POLINIZACIÓN

La mayoría de frutales no son autopolinizantes y exigen la presencia de otros árboles en sus cercanías y el auxilio de insectos, especialmente de abejas, que realicen la tarea polinizadora, lo que puede representar un inconveniente en un vergel aislado y con muy pocos árboles. También resultan problemáticas las zonas frías y húmedas, donde las condiciones climáticas no ayudan al cuajado de las flores ni existe la intensa actividad de insectos polinizadores que hallamos en las zonas cálidas. En estas zonas difíciles habrá que elegir bien las variedades, dando preferencia a los árboles autopolinizantes o plantando juntos dos o tres ejemplares de variedades que se presten apoyo en esta tarea.

otra parte, tiene asegurada su reproducción mediante los acodos espontáneos generados por las ramas que tocan el suelo y emiten raíces, deja de sentir la necesidad de desarrollar frutos con semillas. De hecho, la mayoría de árboles que no se podan dan fruto en años alternos. Entre los dos extremos (la no injerencia por parte del hombre y la poda abusiva y desvitalizadora) existe un término medio, que sería la poda limitada y regular, que oriente el árbol hacia una forma coherente con su propia estructura de desarrollo, armónica con el entorno en que crece y, en la medida de lo posible, que incentive la producción de frutos saludables, sabrosos y abundantes.

Tengamos presente que la poda, o supresión de ramas, brotes o yemas, se produce de forma habitual en la naturaleza por la acción de las tormentas, los fuertes vientos o las mordeduras de animales que se alimentan de ciertas partes de los árboles. Lo que tal vez no sea muy corriente ni natural son las fuertes podas invernales, en donde se cortan ramas gruesas y se infligen grandes heridas que dañan seriamente el árbol y que resultan difíciles de cicatrizar. En cambio, son razonables las podas estivales de yemas terminales y de brotes y ramitas que no alcanzan los 30 o 40 cm de longitud, pues más allá de los 60 cm, la savia se vuelve irreversible, con lo que la supresión de tales ramas implicaría la aparición de «chupones» para controlar ese flujo excesivo de savia. Al respecto, os recomendamos la lectura del artículo *La poda solar*, de Paul Moray (aparecido en el número 108 de la revista *Integral*).

Tengamos en cuenta que los árboles –y, en general, casi todas las plantas– son seres «cosmotelúricos», lo que significa que la estructura de su tronco, ramas y hojas son antenas que captan las energías y radiaciones atmosféricas y cósmicas en general, al tiempo que sus raíces ejercen de «toma de tierra», captando la energía eléctrica y las radiaciones procedentes del subsuelo. Por ello, cuando destruimos de forma brusca esta disposición natural, creamos serios desequilibrios energéticos que no sólo repercutirán en una descompensación de los flujos de savia bruta y elaborada, sino que, a un nivel más sutil, alterarán el árbol o la planta a un nivel energético, incapacitándolo para relacionarse armónicamente con el cosmos y la tierra en donde crece. Estos aspectos, al igual que la elección de un buen emplazamiento atendiendo a las corrientes telúricas y los cruces Hartmann, según plantea la geobiología, no deben despreciarse si deseamos obtener árboles sanos, vigorosos y que den frutos saludables y sabrosos durante muchos años.

Poda de formación y poda de fructificación

Las sucesivas podas van encaminadas por un lado al correcto desarrollo y a la armónica formación del árbol y, posteriormente, a una fructificación adecuada y proporcional a las posibilidades de cada árbol.

La poda de formación procurará solidez al árbol, para permitir abundantes cosechas sin fatigarlo ni crear riesgo de roturas debidas al exceso de peso de los frutos, y espacios aireados que permitan un óptimo soleamiento de la masa vegetativa y de los frutos. Será equilibrada, o sea, deberá respetar en todas las etapas del crecimiento el equilibrio entre las antenas captadoras de la energía cósmica y atmosférica y las raíces captadoras de las energías telúricas; generalmente, se preferirán estructuras bajas (a la altura humana) que faciliten las intervenciones y las cosechas.

En los primeros tres o cuatro años procuraremos eliminar flores y frutos en sus primeras fases de desarrollo, primando la solidez de la estructura en detrimento de la cosecha –cuesta, pero hay que reprimirse y desarrollar nuestra paciencia–, pues ello favorecerá el vigor, la salud y la fertilidad del árbol a largo plazo.

La poda de fructificación se realiza en cuanto las ramas principales están bien formadas, pues, de realizarla antes, induciríamos un envejecimiento prematuro de los árboles. Las sucesivas podas de fructificación garantizan la regularidad de las cosechas, evitando años de cosecha excesiva y años sin cosecha o la llamada *alternancia* (un año de producción y dos de reposo); para ello se renuevan las ramas agotadas, con un trabajo inteligente que respete la estructura general y no extenúe el árbol. A menudo, el arqueado o doblado de las ramas es suficiente para estimular la producción de frutos, sin necesidad de cortar –las ramas verticales chupan savia y no suelen fructificar–.

Tanto en el tema de podas de formación como en el de podas de fructificación, existen tantas posibilidades y variantes que no pueden abarcarse en una obra de carácter divulgativo como ésta, por lo que os remitimos a libros más técnicos y específicos sobre la poda, recomendándoos encarecidamente que primero leáis el artículo citado de Paul Moray, *La poda solar*, donde se exponen con sabiduría las claves y técnicas de una poda respetuosa con la vida y la armonía global de los árboles. Aunque requiere algo más de dedicación por nuestra parte, este tipo de poda evitará problemas y sufrimientos innecesarios y permitirá conseguir los resultados óptimos a largo plazo.

La poda de copa y la de espaldera son dos de las más comunes. *La* ***poda de copa*** *abierta consiste en cortar el tallo principal del árbol a la altura más conveniente; así se propicia el desarrollo de tres o cuatro ramas laterales, que pasarán a ser las ramas principales, distribuyéndose de forma radial. Esto permitirá un desorrollo esférico o en forma de copa de la masa foliar. Deben eliminarse la mayoría de las ramas que crecen hacia el interior para favorecer la adecuada ventilación y la penetración de la luz.* ***La poda en espaldera*** *se realiza siguiendo un patrón de desarrollo plano o en forma de raspa de pescado. Está indicada especialmente para el cultivo de árboles cuyas ramas serán soportadas por cables y tutores; también es habitual cuando el árbol crece apoyado en un muro o una pared de la casa. Resulta muy adecuada para aprovechar la luz y el calor absorbido por la pared en los climas fríos o con poca exposición solar.*

Frutales más populares

Agrios y cítricos

Esta familia engloba a naranjos, mandarinos, limoneros, pomelos... Estos árboles, tan característicos del Levante español, en donde existen verdaderas extensiones de monocultivo, al igual que sucede en California, Israel, Brasil, Sudáfrica o Marruecos, provienen de países asiáticos y llegaron a Europa a partir de las expediciones de Alejandro Magno, las cruzadas y las ventas comerciales marítimas que en la edad media encabezaron españoles y portugueses. La mayoría de los frutos de estos árboles tienen un ligero o acentuado sabor ácido, agrio o agridulce, de donde procede su calificación, más común, de *agrios*. El nombre de *cítricos* les viene porque el primer fruto que conocieron los europeos (hacia el 210 a.C., en Grecia) fue el limón, *citrus* en latín. Las mandarinas, por su parte, no llegaron a Europa hasta principios del siglo XIX.

Unos cuantos naranjos de variedades distintas permitirán disponer de fruta fresca rica en vitamina C durante todo el invierno.

Dentro de la clasificación de agrios hallamos el naranjo dulce (*Citrus sinensis*), el mandarino (*Citrus reticulata*), el pomelo (*Citrus paradisi*), el naranjo amargo (*Citrus aurantium*), el limonero (*Citrus limon*), el limero (*Citrus aurantifolia*), el limonero dulce (*Citrus limetta*), el cidro (*Citrus medica*), el kumkuat (*Fortunella*), la pampelmusa (*Citrus grandis*), la papeda (*Citrus hystrix*), el bergamoto (*Citrus bergamia*) –del que se extraen esencias–, el ugli (*Citrus reticulata paradisi*), y una enorme gama de híbridos que, año tras año, se va ampliando.

En las zonas cálidas resulta extraño un vergel o jardín sin su naranjo o limonero, y el uso de sus frutos resulta muy popular en nuestras latitudes, sobre todo por madurar en las estaciones frías y contener una abundante proporción de vitaminas, entre las que destaca la vitamina C, tan necesaria para reforzar el sistema inmunitario en otoño e invierno, por lo que resulta un excelente preventivo de gripes y resfriados.

NARANJAS. Entre las variedades de naranjas de maduración temprana más conocidas en nuestro país hallamos las navel, reconocibles por su marcado ombligo (*navel* es ombligo en inglés); las Washington navel, de color anaranjado intenso sin semillas y que, aun siendo de maduración temprana, permiten su recolección desde noviembre; las navel Thomson, que tampoco tienen semillas y maduran unos diez días antes que las Washington, siendo de un color más claro, algo más pequeñas y de pulpa menos jugosa y basta; y las navelinas, que tienen un color naranja muy intenso, siendo su tamaño similar al de las Washington, pero con forma aperada, de pulpa más jugosa e igualmente sin semillas.

Entre las naranjas de media temporada están las sanguinas, agradables y jugosas, que se caracterizan por su color rojo, tanto en la piel como en la pulpa y el jugo, y que suelen madurar de enero a mayo; y las imperiales o «sucreñas», una variedad de naranjas dulces (carentes de acidez) que está desapareciendo del mercado por su escasa aceptación o por ser desconocidas para los consumidores, a pesar de ser muy jugosas e ideales para zumos de bebés y de personas que no toleran el sabor ácido; acostumbran a tener pepitas.

Entre las naranjas semitardías figuran las navel-late, más pequeñas que las navel, y de ombligo cerrado y un poco salido, siendo muy jugosas y dulces y cuya maduración se escalona entre febrero y abril; y las salustianas, que son de piel fina y lisa, de un anaranjado intenso y con formas redondas u ovaladas; como las navel, tampoco tienen semillas y se cosechan desde noviembre hasta finales de marzo, aguantando bien en el árbol.

Entre las naranjas tardías tenemos la Berna, una variedad que madura a partir de abril y se puede cosechar hasta junio; y las Valencia-late, que son similares pero más apreciadas, pues, aunque presentan algunas semillas por fruto, son muy jugosas, y su piel es suave o ligeramente granulada.

MANDARINAS Y POMELOS. Entre las mandarinas también hallamos un amplio abanico de posibilidades. Por desgracia las auténticas mandarinas, de peculiar aroma y piel fina y con semillas, han sido desplazadas –hasta desaparecer en muchos sitios– por las variedades de clementinas o mandarinas satsumas, de tamaño más grande, piel a menudo gruesa y «despegada» de los gajos, y sin semillas –algo que al parecer molesta mucho a los consumidores–. Los pomelos también tienen sus variedades, pero son frutas menos populares en nuestro país, aunque gozan de gran prestigio y consumo en América.

Limones y limas. Los limoneros también nos permiten elegir entre una amplia gama de variedades, existiendo limones dulces, más grandes y cuya piel incluso resulta agradable al paladar, y limones de un tamaño más normal y más ácidos. Se dan variedades de cosecha estacional (otoño-invierno) y de floración y cosecha casi perpetua. Estas últimas variedades (de todo el año) son las más interesantes para el vergel familiar, en donde lo que cuenta no es la producción, sino la disponibilidad de frutos que abastezcan el consumo regular.

También existen variedades de lima, que son limoncitos de piel verde y mucho más ácidos que el limón clásico, que aun siendo populares en América, resultan casi desconocidos en Europa.

Clima. Son árboles de climas cálidos, que no soportan ni los fríos intensos –con heladas–, ni las temperaturas superiores a 40 °C. Por ello no resultan fáciles de cultivar en todas las regiones, siendo el Levante la zona más apropiada para ello por sus suaves inviernos y sus veranos no excesivamente calurosos.

Las mandarinas suelen ser algo más resistentes al frío que el resto de los cítricos; la siguen en resistencia los naranjos amargos, los dulces, el limonero, el bergamoto y el cidro. En algunas regiones frías –sobre todo en Inglaterra– les gusta cultivar naranjos y limoneros por sus características ornamentales, aunque se ven obligados a resguardarlos en invernaderos o a plantarlos en grandes macetas que se colocan sobre plataformas con ruedas para poder entrarlos al abrigo en las noches frías y sacarlos al sol cuando hace buen tiempo.

En Galicia y Asturias podemos contemplar algunos naranjos, pero sus frutos tienen dificultades para madurar y siempre permanecen bastante ácidos, dado que les faltan horas de luz para sintetizar los azúcares necesarios. El viento también los castiga mucho, sobre todo en la época de maduración de los frutos, obligando a protegerlos con setos y cortavientos para evitar la pérdida de la cosecha.

Suelo. Se adaptan a casi todo tipo de suelos, aunque prefieren los de composición media (ni muy sueltos, ni pesados), frescos, profundos y fértiles (ricos en humus). La mayoría de naranjos son sensibles a las alteraciones telúricas de cierta intensidad, por lo que les procuraremos zonas neutras.

Riego. En las zonas con precipitaciones escasas requieren un riego regular. Tradicionalmente se regaban por inundación o a manta, con riegos abundantes y espaciados. Hoy día se está imponiendo el riego localizado por goteo y con programador, que se ajusta a las condiciones climáticas, e incluso conectado con sensores de humedad clavados junto a los árboles. Es conveniente que los troncos de los árboles no se mojen. Las raíces de los naranjos y demás cítricos son muy superficiales, y estos árboles pueden sufrir si no se riegan en épocas de sequía.

Reproducción. Aunque se pueden reproducir por estaca o acodo, lo más habitual –lo que da mejores resultados– es la siembra de semillas de naranjas amargas, que a los dos o tres años se injertan –de escudete entre junio y agosto– con la variedad de cítrico deseada. Las semillas para siembra deben permanecer en el fruto hasta poco antes de ser sembradas, pues fuera de él se secan y pierden su poder germinativo a las pocas semanas.

En el cultivo ecológico obtendremos árboles más sanos y vigorosos con la siembra directa en el lugar donde crecerá el árbol. Para ello, pondremos varias semillas en una línea y elegiremos los brotes más sanos y vigorosos para injertar. Entre los injertos que prendan bien, elegiremos de nuevo los más sanos y vigorosos, dejando finalmente un árbol cada 4 o 5 m, y arrancando el resto, que pueden ser transplantados, regalados o vendidos.

La ventaja de los cítricos es que si no nos gusta la variedad de naranjas o limones de un árbol determinado, podemos injertarlo incluso cuando es adulto, por otra especie o variedad de cítrico, pudiendo transformar un naranjo en limonero o mandarino y viceversa. También pueden injertarse distintas variedades de agrios sobre las ramas de un mismo patrón, consiguiendo que un

La producción de pomelos suele ser abundante; con un solo árbol resulta fácil abastecer las necesidades familiares.

Existen variedades de limoneros que florecen y fructifican durante las cuatro estaciones. Son ideales para el vergel familiar, ya que un solo árbol nos proveerá de saludables limones en cualquier época del año.

Disfrutar del penetrante e inconfundible aroma de las flores de azahar es una de las mayores delicias de la presencia de cítricos en el vergel familiar.

Cualquier material orgánico puede servir para realizar un acolchado alrededor de los naranjos, lo que permitirá retener mejor la humedad del suelo, manteniendo la tierra mullida y evitando la proliferación de hierbas competidoras.

solo árbol dé frutas de maduración temprana, de entre tiempo y tardías.

Plantación. Si elegimos plantar árboles de vivero que ya estén injertados con la variedad deseada, conviene decidirse por árboles que se venden en cepellón o maceta, pues, aunque resultan más caros, dan mejores resultados que los que se trasplantan a raíz desnuda; y para pequeñas cantidades la diferencia no es notable.

El trasplante puede hacerse en primavera u otoño –nunca en pleno verano o en invierno–. Procuraremos proteger los troncos de los jóvenes arbolitos del frío y de las insolaciones, recubriéndolos con tela de arpillera o plástico oscuro.

Injerto. El injerto suele realizarse a los dos o tres años del nacimiento, entre junio y agosto –es la mejor época–, indistintamente en el plantel del vivero o en los sembrados en su lugar definitivo; habitualmente se usa el sistema de escudete o «T».

Poda. La poda de formación de los naranjos y de la mayoría de cítricos tiende hacia formas esféricas o de globo, e incluso de vaso abierto, que consiste en un tronco central recto con ramificaciones oblicuas y numerosas ramillas que cuelgan hacia el exterior. Las podas de producción suelen ser ligeras y se limitan a eliminar las ramillas secas y las ramas que se entrecruzan en el interior, impidiendo una correcta aireación; también se eliminan todos los chupones o brotes de crecimiento vertical, tanto los que parten del tronco como los que surgen de las ramas centrales. La mejor época para la poda de los cítricos es en primavera, después de la recogida de los frutos y justo antes de la floración o en su inicio. Las ramas de poda de los naranjos con abundantes hojas suelen darse de comida a conejos, ovejas y cabras.

Cuidados. Los cítricos son árboles que no precisan de muchos cuidados cuando crecen en un suelo y un clima adecuados; en climas fríos reciben un trato de plantas ornamentales, que requieren protección o cobijo en invernaderos. En las zonas productoras existe la tendencia al desherbado con sucesivas cavas o al desherbado químico con herbicidas. Las dos opciones son desaconsejadas; la primera, porque las raíces de los cítricos son muy superficiales y se dañan con facilidad al cavar la tierra; la segunda por los efectos tóxicos y residuales de tales productos. Las mejores opciones para el control de hierbas competidoras son la siembra de leguminosas, como el trébol, y la siega con segadora de césped –potente– o desbrozadora, o el acolchado permanente. He visto algunas fincas de naranjos que combinan el no laboreo, a base de acolchados orgánicos y esparcido regular de paja y algo de estiércol en años alternos, con el crecimiento de leguminosas como el citado trébol blanco o el trébol encarnado, que son segados cada vez que florecen, sirviendo de abono verde y resultando unos excelentes nitrificadores de los árboles.

Se vigilará la humedad del suelo, evitando encharcamientos de agua que producirían clorosis, y regando en épocas secas. El acolchado minimiza las necesidades de riego.

Para evitar un exceso de acidez del suelo deberán recogerse los frutos caídos por acción de un exceso de humedad, del viento o de los parásitos; podemos echarlos al compost o dárselos a los conejos, cabras u ovejas. Algunas variedades de clementina sufren una sobrecarga de frutos que va en detrimento de su tamaño y que agota el árbol, limitando su producción a años alternos; podemos realizar un aclareo de los frutos cuando tengan el tamaño de una canica.

Recolección. Conviene cosechar las naranjas, las mandarinas o los limones en su óptimo punto de maduración, que es cuando resultan más exquisitos y contienen mayor cantidad de vitaminas. En la producción comercial suelen cosecharse algo verdes –e incluso muy verdes– y gasearse en cámaras con gas etileno que cambia el color de la piel de verde a naranja pero sin restarles acidez e incluso dándoles un sabor algo desagradable. Las naranjas y mandarinas son muy sensibles al roce y los golpes, y aunque no se pudren por ello, este tipo de percances sí hace que se alteren sus ácidos y principios organolépticos, cambiando con facilidad de sabor cuando pasan por el proceso de cepillado, clasificación mecánica y aplicación de parafinas y fungicidas que se realiza para su comercialización.

En mi casa siempre hubo naranjas, y os puedo asegurar que no existe punto de comparación entre saborear una naranja madurada en el árbol y recién cogida, y comer esas naranjas o mandarinas lustrosas y brillantes –a base de parafina– que se hallan en las tiendas. Esas naranjas comerciales, personalmente, me cuesta comerlas, en parte porque las comparo con las del huerto y en parte porque tienen sabor de medicina.

Problemas. Aparte del frío, el exceso de calor y el viento, que nos obligarán a proteger adecuadamente los árboles, muchas de las variedades de cítricos suelen ser resistentes a enfermedades y plagas, sobre todo los naranjos Washington navel y la mayoría de limoneros. Con el cultivo ecológico de árboles que crecen en un vergel junto a otras especies, no se suelen dar los graves problemas comunes en las explotaciones citrícolas con grandes superficies de monocultivo, en las que se especializan determinados parásitos y en donde los sucesivos tratamientos con plaguicidas destruyen a sus depredadores naturales.

La mayoría de problemas criptogámicos, como la podredumbre de las raíces o la podredumbre peduncular, son debidos a un exceso de humedad en el suelo o en el ambiente. Ello deberá evitarse con un buen drenaje en suelos húmedos y pesados, y evitando también el exceso de abonado nitrogenado –incluso el de procedencia natural–. En épocas da lluvias prolongadas, las frutas que se hallan a menos de un metro del suelo tienden a pudrirse con la llamada *podredumbre blanca* o *aguado*, pero no reviste demasiada importancia y nos limitaremos a ir cosechando primero las frutas más bajas. En cultivos intensivos también aparecen enfermedades víricas, como la tristeza y otras virosis degenerativas, pero son poco frecuentes en cultivos ecológicos y se considera que están en relación directa con el desequilibrio y desvitalización de los árboles provocado por incorrectas prácticas de abonado y un exceso de tratamientos químicos.

Entre los parásitos más comunes podemos hallar los caracoles, a los que les encantan las hojas, y los roedores, que pueden dañar seriamente los troncos de los árboles jóvenes al roer su piel y dejarlos pelados. Otros parásitos comunes son los pulgones, el pulgón lanígero, la cochinilla (o serpeta), los piojos rojos, blancos o negros, la mosca blanca de los naranjos, la mosca de la fruta y el minador de las hojas, que recientemente ha aparecido como plaga dura.

En el cultivo ecológico, con árboles sanos y bien cuidados, no tienen por qué preocuparnos la mayor parte de estos parásitos, cuya presencia esporádica puede apreciarse en determinadas épocas y que suelen ser controlados por sus depredadores naturales, que en cultivos no intensivos y vergeles familiares suelen estar presentes en suficiente proporción. Ante problemas graves, da buenos resultados la pulverización con vapor –con una máquina de vapor para limpieza doméstica–. En algunos casos se puede recurrir a insecticidas naturales, cuyo peligro reside en que pueden destruir a los preciados depredadores de estos parásitos. No obstante, contra el minador de las hojas no se conocen de momento depredadores naturales eficaces, aunque, como su ciclo reproductivo y de infestación se produce a partir de los calores intensos, sólo suele afectar a las hojas tiernas de la segunda brotación, por lo que su ataque no supone mermas significativas en el desarrollo global y la producción de los árboles. En los arbolitos jóvenes sí puede resultar problemático, y podemos protegerlos envolviéndolos con mallas *antitrip* o mosquiteras –si no todo el año, por lo menos sí en las épocas de vuelo del minador, a partir de abril o mayo–.

En el cultivo ecológico de cítricos son raras las plagas o enfermedades. Los mandarinos son algo más delicados y suelen tener más problemas que naranjos, limoneros y pomelos.

Aguacates

El aguacate (*Persea americana*) es uno de esos frutos tropicales o semitropicales cuyo consumo en las últimas décadas ha ido ganando muchos adeptos, y ello a pesar de que en el comercio suele alcanzar casi siempre unos precios más bien elevados. Tal vez sea porque el aguacate, aparte de sus múltiples vitaminas, es una de las frutas con mayor proporción de proteínas y grasas, algo poco común en las frutas de consumo en fresco. El aguacate maduro resulta un buen complemento de ensaladas, permite la preparación de salsas y guacamole, y puede emplearse solo, untado sobre el pan, a modo de mantequilla vegetal, aliñado tanto con sal y aceite como con dulce miel.

En las zonas con climas templados o cálidos, el aguacatero resulta un árbol majestuoso que, a partir del otoño, ofrece un alimento rico en vitaminas, proteínas y grasas de elevada calidad nutricional.

En condiciones climáticas favorables, con una tierra bien cuidada y la adecuada polinización, los aguacateros proporcionan abundantes cosechas a los pocos años de ser plantados.

No deja de resultar curioso que un horticultor de la cuenca mediterránea decida cultivar en su huerto manzanos, aún a sabiendas de que le van a dar muchos problemas, y ni siquiera se plantee la posibilidad de probar con el cultivo de uno o varios aguacates, que probablemente no le dé casi problemas y sí, en cambio, muchas satisfacciones. Y es que, a pesar de tener fama de fruto tropical y pensar que sólo puede desarrollarse en el sur o sureste de la península, lo cierto es que allí donde crecen y fructifican los naranjos, allí crecerán y fructificarán también los aguacates –o alguna de sus muchas variedades–. De hecho, existen múltiples clases que suelen distinguirse por la forma o tamaño del fruto, la textura de su piel (lisa o rugosa), sus orígenes (guatemalteco, mexicano, antillano), o por su resistencia al frío, a la alcalinidad o a la acidez del suelo, etc. Esta diversidad nos permite elegir la variedad o variedades que mejor se adaptarán a las condiciones climáticas y de suelo de nuestro huerto.

Tal vez el problema más frecuente que podemos sufrir con la plantación de un solo aguacatero en el huerto familiar sea que algunos árboles no son autopolinizantes y precisan de un árbol de flores macho en las inmediaciones. En principio, es difícil saber a priori si nuestro árbol es autopolinizante o no, excepto si lo compramos a un viverista con garantías; de todos modos, a partir del primer año de floración saldremos de dudas, y siempre nos quedará la solución de injertar una rama de un árbol con flores masculinas.

Otras ventajas del aguacatero son su gran productividad y su temprana fructificación: produce frutos cuya recolección se escalona desde octubre hasta marzo, épocas en las que no abundan las densas frutas frescas de temporada.

Clima. El aguacate ama ante todo el sol y los climas cálidos y teme el frío, las heladas y los fuertes vientos. Por ello, las zonas del litoral y todas aquellas que tengan un microclima privilegiado serán aptas para su cultivo. Recordamos lo dicho: donde crecen naranjos crecen aguacates; aunque así como los naranjos tienen hojas y ramas resistentes, las ramas y hojas de los aguacateros son más frágiles y tiernas, por lo que deberemos protegerlas de los fríos del norte y de los fuertes vientos mediante setos, paravientos de cañas, etc. En cuanto a su resistencia a las heladas, depende de la variedad cultivada; las mexicanas son las más resistentes (soportan entre -3 °C y -7 °C), y la antillanas son las más frágiles, pues sufren daños con temperaturas por debajo de -1 o -2 °C.

Suelo. Le convienen más los suelos ácidos, con un pH de entre 6 y 7. En las tierras muy alcalinas suelen presentar problemas de clorosis, con carencias de hierro y cinc. En la medida de lo posible, les buscaremos una tierra profunda y de textura media, ni suelta, ni compacta. Los suelos pesados y que drenan mal no le convienen, pues el encharcamiento de las raíces le resulta muy perjudicial, y llega incluso a provocar la podredumbre de la raíz. Tampoco le convienen los terrenos arenosos ni los salinos. Por lo general, el aguacate crece bien en zonas alteradas telúricamente, y, por lo tanto, no nos preocuparemos demasiado al respecto.

Abonado. Dado el gran porte de los árboles y la gran producción que alcanzan, interesa no descuidar la fertilidad del suelo en el que crezcer. Esparciremos en otoño o primavera entre 1 y 3 kg/m² de compost, alrededor del tronco en todo el espacio que ocupe la copa. Dada la superficialidad de las raíces y su fragilidad, procuraremos realizar un acolchado de hierba o paja por encima del compost y no recurriremos al cavado para incorporarlo en la tierra, dejando esta tarea a las eficientes lombrices de tierra.

Riego. Dada la abundante masa foliar de los aguacates y su gran evotranspiración, precisan de riegos regulares, siempre procurando, como ya dijimos, que no se produzcan encharcamientos en la tierra. Los sistemas de riego por goteo son, tal vez, los más indicados.

Reproducción. Si se nos ocurre sembrar las semillas de los aguacates que compramos en el comercio, tendremos que tener claro que es muy probable que el árbol no viva muchos años; son pies poco resistentes. Y si tenemos la suerte de que no desfallece, al cabo de cuatro o cinco años descubriremos con sorpresa una nueva variedad de aguacate, la cual puede ser excepcional o simplemente incomestible. Además, producirán en años alternos (uno de producción y uno de descanso). Los viveristas suelen usar semillas de variedades resistentes como topa-topa, mexicola (la más resistente al frío y a los ataques criptogámicos), lula (soporta mejor la salinidad y los suelos calcáreos) y aguacate del país.

Aunque sea un poco arriesgado, por su escasa resistencia o longevidad, podemos probar a sembrar las semillas de aguacates de compra e injertarlos. A la hora de sembrar tendremos presente que la semilla pierde su capacidad germinativa a las dos semanas de haber sido extraída del fruto. Hay que limpiarla y quitarle la cubierta marrón que la envuelve; la desinfectaremos dejándola en remojo durante media hora con agua caliente a una temperatura nunca superior a 49 °C, y elegiremos las semillas más grandes y de frutos sanos y bien formados.

Podemos sembrar la semilla directamente en una maceta mediana o grande, llena de una mezcla de compost muy fermentado y turba que nos facilite su trasplante posterior sin dañar las raíces. Pondremos la parte puntiaguda hacia arriba, asomando un poco por encima del mantillo.

Plantación. Si hemos realizado la siembra en una maceta grande o compramos un arbolito con buen cepellón, podemos trasplantarlo a la tierra en cualquier época del año, excepto en los meses más fríos; lo más aconsejable es efectuar el trasplante en los meses de marzo o abril. Hay que recordar que el aguacate puede alcanzar sin problemas los 10 o 12 m de diámetro, y ello en pequeños vergeles puede ser problemático.

Injerto. Puede injertarse de escudete, corona o de púa lateral; aunque el más práctico y el que da mejores resultados es el injerto clásico de púa o cachado. La mejor época para injertar es el mes de marzo.

Poda. Es un árbol que estructura su forma y fructifica bien sin necesidad de poda. Nos limitaremos a quitar alguna rama mal situada al principio de su formación, y no nos preocuparemos porque sus ramas crezcan con formas torcidas o sinuosas; el aguacatero es así.

Cuidados. Excepto en lo que respecta a su susceptibilidad al frío intenso o a los fuertes vientos, por lo demás se trata de un árbol rústico que tan sólo precisa de un riego regular y, a poder ser, de un buen acolchado en los primeros años. En algunos suelos pobres o muy alcalinos puede presentar problemas de clorosis, con carencia de hierro o cinc. Si le aportamos abundante compost o estiércol descompuesto y renovamos el acolchado con regularidad, no tendremos de qué preocuparnos.

Recolección. Empieza a dar frutos a los pocos años de su plantación, y podemos comenzar a cosecharlos en cuanto estén bien formados, cuando alcancen un buen tamaño, lo que sucede desde octubre. La mayoría de los frutos del aguacate no maduran en el árbol, sino que lo hacen a los pocos días de ser cosechados; ello nos permitirá escalonar la recolección hasta abril o mayo, poniendo cuidado en coger primero aquellos que empiecen a colorearse de marrón oscuro o cuya piel ennegrezca. Algunas variedades, cuando están maduras, cambian el tono de la piel hacia el morado o se vuelven más claras. Los frutos recogidos antes de tiempo tienden a arrugarse y resultan más bien insípidos. Al cosechar dejaremos siempre un poco de rabo con el fruto, pues, sin él, tendería a pudrirse rápidamente.

Problemas. Hasta la fecha, aparte de los problemas de carencias de hierro o cinc, la excesiva salinidad del suelo o el encharcamiento y compactación de la tierra, los aguacateros no plantean muchas complicaciones, ya que, de momento, no se les han detectado plagas o enfermedades que puedan afectarlos seriamente. La competencia de las hierbas en los primeros años se controla fácilmente con la práctica del acolchado, hasta que el follaje cubra el suelo y la sombra dificulte su desarrollo.

Albaricoqueros

El albaricoquero (*Prunus armeniaca*) es un árbol de hoja caduca que a menudo crece libre en fincas de secano abandonadas. Suele ser relativamente rústico, y sus frutos son muy apreciados por su riqueza en azúcares. Aunque el período de maduración y cosecha es breve, la posibilidad de ser secados y guardados co-

El albaricoquero es un árbol rústico y fácilmente adaptable a las condiciones del vergel familiar. Sus frutos son deliciosos y parte de su cosecha puede ser transformada en sabrosas mermeladas.

El albaricoque conviene cosecharlo en su punto óptimo de maduración y, a ser posible, comerlo maduro recién arrancado del árbol.

mo orejones, para su consumo durante el resto del año, los hace muy interesantes.

Es un árbol muy adaptado al clima mediterráneo, que sufre con las heladas y el exceso de humedad ambiental, por lo que resulta difícil su cultivo en zonas frías y húmedas –en algunos países los cultivan en invernaderos–. En crecimiento libre alcanza portes espectaculares, superando los 7-8 m de altura, aunque en terrenos pobres mantiene proporciones reducidas. Suele ser autopolinizante, por lo que en el huerto podemos destinarle un espacio junto a otros árboles, o dejarle crecer solo en un lateral o en un rincón bien soleado.

Clima. Requiere un clima templado o cálido y no soporta las heladas tardías ni las escarchas matinales, debido a su temprana floración. Por el mismo motivo, no le favorece el exceso de humedad ambiental.

Suelo. Prefiere suelos ligeros, fértiles, cálidos y que drenen bien; los arcilloso-calcáreos o calcáreo-pedregosos le convienen bastante, mientras que los suelos pesados, fríos, húmedos y que drenen mal le resultan contraproducentes. Bastante sensible a las alteraciones telúricas, conviene buscarle una zona neutra.

Riego. No suelen precisar riegos, e incluso el exceso de humedad puede perjudicarles.

Reproducción. Los árboles desarrollados directamente a partir de semillas pueden dar frutos interesantes y sabrosos, pero, a menudo, son demasiado ácidos o incluso amargos, por lo que recurriremos a los portainjertos. Podemos sembrar directamente en el lugar elegido las semillas de albaricoques silvestres –que son ideales para terrenos ligeros y secos–, de almendras amargas –indicadas para terrenos profundos y calcáreos– o de ciruelos, que dan buen resultado en terrenos húmedos. Injertaremos la variedad elegida, de escudete, en el mes de agosto.

Plantación. Si optamos por árboles de vivero, los plantaremos cuando tengan dos o tres años, en distancias de separación de 4 a 8 m, según variedades.

Poda. Los albaricoqueros son de esos árboles que se desarrollan estupendamente sin apenas intervención humana, por lo que nos limitaremos a cortar las ramas viejas y secas o aquellas que resulten molestas, evitando los grandes cortes, que provocarían la aparición de gomosis.

Cuidados. Los albaricoqueros no precisan –ni les convienen– las labores del suelo cerca de sus troncos. Durante los primeros años será interesante el acolchado vegetal permanente, que evite la proliferación de hierbas competidoras y mantenga el suelo mullido, fresco y abonado.

Recolección. Según variedades o zonas, podemos cosechar en su punto de maduración a partir de mayo, hasta julio, pudiendo consumirlos en fresco o secarlos cuando aún no están del todo maduros, mediante secador solar. En algunos árboles de secano, los frutos empiezan ya a secarse en el árbol o al caer al suelo. De todos modos, conviene escaldarlos con agua hirviendo antes de introducirlos en el secador, para su desparasitado y para evitar que se estropeen con facilidad. Cuidado con darse atracones de albaricoques, a los que se prestan por su agradable sabor y su jugoso dulzor. El abuso suele producir parada intestinal. Beber agua fría tras comer albaricoques también puede acarrear consecuencias desagradables.

Problemas. Suele ser un árbol rústico y poco problemático. Lo más preocupante suele ser la goma que se produce en los árboles mal podados o, simplemente, por ser podados.

En las zonas húmedas puede aparecer la niebla del albaricoque, enfermedad criptogámica que produce manchas blancas sobre hojas y frutos y que puede controlarse mediante la aplicación de caldo bordelés y procurando recoger y quemar las hojas y frutos afectados.

Tiene algunos parásitos, como la carcoma roja y la falena, similares a las de los perales; pero el más problemático en nuestras latitudes es la ceratitis, o mosca de la fruta, insecto que aparece a partir de las épocas calurosas y que pone sus huevos en los frutos a punto de madurar; los frutos se llenan de larvitas y se pudren con facilidad, pudiendo echarse a perder cosechas enteras.

La mejor prevención consiste en elegir variedades de albaricoques tempranos –que se cosechan en mayo–, pues a partir del mes de junio la mosca se convierte en una plaga implacable. También podemos minimizar el problema colgando en la cara sur de los árboles trampas de color amarillo impregnadas de azúcar y sustancias insecticidas (naturales) o con sustancias pegajosas.

Cerezos

Existen infinidad de variedades de cerezo (*Prunus avium*), desde los silvestres y las guindas, que resultan algo ácidas, hasta los que producen grandes cerezas (corazón de pichón) o las duras y carnosas picotas. La cereza es todo un símbolo de dulzura, color y sabor, muy explotado por las imágenes gráficas de la publicidad. Disponer de uno o varios cerezos en un huerto resulta sencillamente agradable y mágico, sobre todo para los niños, que disfrutan consumiendo los maduros ramilletes de cerezas y se aúpan a sus ramas, para placer propio y disgusto de mayores, preocupados por su seguridad –yo recibí muchas broncas por empinarme a las ramas más inaccesibles de los cerezos familiares (y de algún que otro vecino)–. Su único inconveniente es el gran espacio que abarcan, ya que, por lo general, se trata de árboles de gran porte, que alcanzan alturas de hasta 10 m y pueden llegar a ocupar una superficie de 45 a 50 m^2.

Clima. El cerezo puede desarrollarse bien en climas templados e incluso fríos, siempre que no se produzcan heladas tardías ni bolsas de frío en primavera. Por eso es preferible plantarlo en zonas resguardadas o en pendientes y no en el fondo de valles o llanuras.

Suelo. Existen variedades y pies adaptados a todos los suelos. Los portainjertos más comunes para suelos calcáreos son el mahaleb o cerezo de Santa Lucía; el cerezo silvestre –e incluso el común– da buenos resultados en suelos silíceos y para terrenos frescos, profundos y fértiles suele usarse el amarasco. Los cerezos, dado que suelen crecer erectos y con ramas verticales, toleran la presencia de corrientes telúricas de poca intensidad y venas de agua débiles. El exceso de radiación telúrica puede inducir gomosis.

Riego. Aparte del riego regular en los primeros meses de siembra o plantación, una vez bien arraigado el cerezo no precisa de riegos, excepto en regiones muy secas o cuando lo cultivamos en suelos arenosos o pedregosos que drenan el agua muy rápidamente.

Reproducción. Si bien las guindas y las cerezas ácidas pueden sembrarse de semilla o por trasplante de los brotes que crecen al pie de los cerezos, sin necesidad de injerto, lo ideal es reproducir por esta vía las características del árbol seleccionado y sobre los pies ya mencionados. El injerto puede realizarse de escudete en primavera o a finales de julio. También suelen practicarse los injertos de púa y de corona. El uso de pies silvestres permite el desarrollo de cerezos de porte enano. También tenemos la opción de plantar estaquillas, aunque suelen dar árboles más débiles.

Plantación. Cuando plantemos árboles de vivero ya injertados, lo haremos dejando entre ellos una distancia de entre 8 y 12 m, según el porte de la variedad elegida.

Poda. Es otro de los árboles que, en principio, no precisa de poda alguna –suele ser muy sensible y reacciona mal a las podas, sobre todo cuando se cortan ramas gruesas–. Puede practicarse el pinzado de la yema principal a una altura de 1 m (o 1,5 m), para que crezcan varias ramas principales, creando una estructura en forma de copa. Nos limitaremos a cortar las ramas secas o molestas, tarea que es preferible realizar justo después de la recogida de las cerezas, que es cuando el árbol mejor acepta cortes y roturas.

Cuidados. Los primeros años de desarrollo interesa mantener un acolchado de material orgánico seco que evite la presencia de hierbas competidoras y mantenga el suelo fértil, mullido y fresco. Los cerezos dan fruto sobre pequeñas ramas cortas, que cada año van alargándose un poco, por lo que, durante la recolección, procuraremos no romperlas o dañarlas.

Recolección. Como no todas las cerezas del mismo árbol maduran al mismo tiempo, podemos realizar una cosecha escalonada. A menudo, las más altas resultan inaccesibles y terminan siendo devoradas por los pájaros, que también merecen su parte –siempre y cuando nos dejen algo–. Las abundantes cosechas pueden transformarse en mermeladas o confituras.

Problemas. El mayor problema –después de los parásitos de dos patas y largas manos– son los pájaros, que pueden darse más prisa que nosotros en «cosechar»

El cerezo es un árbol que da pocos problemas de cultivo y puede alcanzar una gran exuberancia.

Cerezas a punto de ser recogidas. La pronta producción de los cerezos permite realizar las primeras cosechas a los pocos años de ser plantados.

hasta las cerezas más inaccesibles. En casos graves habrá que cubrir el árbol con una red; también se pueden poner en práctica las recomendaciones del capítulo 7.

La gomosis es uno de los problemas más serios que padecen los cerezos; en algunos casos se les practican incisiones en la cara norte del tronco para equilibrar las descompensaciones de savia bruta y savia elaborada, y minimizar el problema. Los pulgones pueden atacar los brotes tiernos, por lo que hay que controlar los aportes nitrogenados y el exceso de riego, usando algún insecticida vegetal en caso de ataque generalizado. Los frutos de las variedades tardías que maduran en épocas calurosas pueden verse atacados por las larvas de la mosca del cerezo. Para su control usaremos trampas con melazas atrayentes e insecticida o pastas pegajosas.

La mayoría de ciruelos son de porte pequeño o mediano y, dado el gran número de variedades existente, resultará fácil disponer de varios de estos árboles en el vergel familiar.

Ciruelos

Las ciruelas (*Prunus domestica*) son frutas veraniegas y de principios de otoño, que se pueden desecar o convertir en mermeladas y confituras.

Son muy nutritivas y algo laxantes y existen tantas variedades distintas en forma, color, sabor o tamaño que podemos tener varios árboles y realizar cosechas escalonadas. Se trata de árboles rústicos, de porte generalmente mediano, con ramas normalmente rectas que parten del tronco.

Clima. Los ciruelos son árboles de hoja caduca que soportan los fríos invernales, pero temen las heladas tardías, las bolsas de aire frío y los excesos de humedad. Prefieren climas templados y cálidos, aunque tampoco les gustan los excesivamente secos.

Suelo. Son árboles poco exigentes en cuanto a suelo, aunque, por su naturaleza, prefieren los terrenos de textura media y no demasiado arcillosos y los muy húmedos. Es frecuente ver ciruelos creciendo en lugares aislados, abiertos y bien ventilados, en los márgenes de las parcelas o de grandes fincas y en fincas de secano.

Dependiendo de la poda que practiquemos tolerarán mejor o peor la presencia de alteraciones telúricas en el suelo donde crecen; a más poda, mayor sensibilidad y problemas de salud, pulgones, gomosis...

Riego. No precisa de grandes riegos, pero procuraremos que no padezca sed, sobre todo en los calurosos veranos.

Reproducción. Los ciruelos pueden propagarse tanto por semilla como por estaca o injerto. La reproducción por semilla es similar a la empleada para albaricoqueros, almendros o melocotoneros. La reproducción de las ciruelas claudias por este sistema no comporta grandes degeneraciones y resulta factible. Para las demás variedades, los injertos pueden realizarse sobre pie franco, ciruelo de San Julián o sobre ciruelo mirobalano, cuando deba crecer en suelos calcáreos. Los injertos sobre almendro amargo o melocotonero son posibles, pero no recomendables, pues dan árboles débiles. Pueden practicarse injertos de escudete, púa o corona, ya sea en primavera o a mediados de agosto.

Plantación. La distancia de plantación entre arbolitos de vivero injertados debe ser de unos 4 a 8 m, según se trate de variedades de pequeño porte o de gran desarrollo.

Poda. Lo más importante es ir suprimiendo los numerosos vástagos que suelen brotar al pie de los ciruelos y que pueden terminar ahogándolos o absorbiendo todos los nutrientes del suelo. Son árboles de desarrollo arbustivo, que conviene dirigir hacia formas de palmeta horizontal. Producen frutos en las ramas de dos años, por lo que las podas –de hacerse– serán ligeras. A menudo conviene un aclareo de yemas y de pequeños frutos, para limitar la producción y no sobrecargar o agotar los árboles por exceso de frutos, que tampoco desarrollarían un buen tamaño.

Cuidados. Serán similares a los prodigados a albaricoqueros, cerezos o perales.

Recolección. Cuando los frutos se desprendan del árbol con facilidad y resulten blandos al tacto, podremos decir que están en su punto óptimo de maduración. Si deseamos comercializarlos frescos, habrá que recolectar los ciruelos o ciruelas un poco antes de ese punto óptimo, pues tenderían a estropearse con facilidad a causa del elevado porcentaje de agua y azúcares que contienen. Las ciruelas destinadas al secado, una vez maduras pueden dejarse algunos días en el árbol, para que inicien el marchitado y se facilite así su posterior deshidratación, siempre y cuando no haya enemigos evidentes, como pájaros, avispas, escarabajos fruteros, ceratitis o bípedos de «largos brazos» y «gráciles manos». Con la fruta muy madura se preparan las mejores mermeladas.

Problemas. Entre sus parásitos hallamos el gorgojo de las ciruelas, que daña los brotes y las frutitas; podemos combatirlo con insecticidas vegetales o sacudiendo el árbol para hacer caer las larvas, que recogeremos y destruiremos.

Los pulgones son verdaderos adictos a ciertas variedades de ciruelo, que llegan a invadir hasta el punto de mermar su desarrollo o destruirlo por completo; elegiremos variedades menos sensibles y vigilaremos los riegos copiosos y el exceso de nitrógeno en el suelo. En caso grave, fumigaremos con algún insecticida vegetal.

La roya forma bajo las hojas manchas de color de herrumbre; es aconsejable recoger las hojas afectadas y quemarlas. El hongo yesquero destruye el tejido leñoso del árbol. Es una enfermedad similar a la que ataca el olivo, y precisa de acciones contundentes, como cortar las ramas o leños atacados y desinfectar las heridas con una solución de sulfato de hierro o tintura de propóleo; conviene aplicar una masilla a base de propóleo como cicatrizante y desinfectante.

Granados

La granada (*Punica granatum*), siendo una fruta clásica en nuestras tierras, tiene algo de mágico o exótico que la diferencia del resto de frutas mucho más populares y conocidas, como los melocotones o las naranjas. Me pregunto si no se ha desarrollado más su cultivo y consumo debido a la pereza que nos suele caracterizar, ya que, ciertamente, el proceso de pelado y desgranado previo a su ingesta, sólo es apto para personas de gran paciencia. Superado este obstáculo, nos hallamos ante una fruta rica en sabor y propiedades nutritivas y terapéuticas. Recientemente se ha descubierto que, aparte de ciertas vitaminas y un alto contenido en hierro, las granadas poseen una sustancia de gran poder antibiótico y desinfectante, lo que las hace idóneas para practicar una cura otoñal a base de zumo de granada.

Clima. Prefiere los climas templados, habituales en el litoral mediterráneo. En las zonas algo frías y en las ventosas, interesará plantarlos bien expuestos al sur y algo protegidos del norte.

Suelo. No es muy exigente, aunque prefiere suelos profundos, fértiles y semicompactos. Le perjudican los suelos muy húmedos y demasiado compactados, con tendencia a encharcarse. Tolera medianamente bien las alteraciones telúricas que no sean muy intensas.

Reproducción. Los árboles nacidos de semilla, si no se injertan, dan frutos amargos. Lo más habitual es recurrir a las estacas, aunque también hay quien los reproduce mediante acodos y con los rebrotes que crecen junto al tronco, aporcándolos con tierra y dejando que saquen raíces. La siembra de semillas directamente en el lugar definitivo y su posterior injerto suele ser una buena opción para conseguir árboles sanos y vigorosos. Los injertos se hacen al año y por el sistema de escudete o púa.

Poda. No es muy amante de podas, aunque como el granado presenta un desarrollo irregular y enmarañado, se le suele realizar una poda inicial de formación, generalmente en forma de vaso abierto. A menudo se crían también como arbustos de desarrollo libre, característica que lo hace muy indicado para intercalarlo en los setos. Cuando el árbol es grande no conviene podarlo, pues los cortes en ramas gruesas cicatrizan con dificultad.

Cuidados. No requiere cuidados especiales, por ser un árbol bastante rústico. Lo regaremos sólo en épocas de sequía intensa y, si el suelo es profundo y fértil, no nos preocuparemos por su abonado. De todos modos, un acolchado durante los primeros años de vida limitará la competencia de hierbas, mantendrá el suelo más fresco y mullido y aportará un suplemento de nutrientes.

Recolección. Las primeras granadas suelen madurar en sep-

El granado es un árbol rústico que puede cultivarse enmarañado como arbusto en medio de un seto o darle forma de árbol de majestuosa presencia.

El punto de maduración óptima de los granados se distingue por la coloración rojiza de alguna de sus caras. Cuando empiezan a abrirse, mostrando los brillantes y rojos granos, habrá que darse prisa en consumirlos.

tiembre, y lo seguirán haciendo hasta bien entrado octubre; en algunas regiones incluso tendremos granadas en los árboles aún en noviembre. Cuando empiezan a agrietarse y abrirse conviene recogerlas y guardarlas en cajas con paja, para ir comiéndolas poco a poco. En caso de fuertes vientos, conviene recogerlas anticipadamente y dejar que maduren guardadas en un lugar fresco que evite la excesiva deshidratación y secado de la piel.

Problemas. Los problemas que sufre son mínimos, aparte de los derivados de un exceso de humedad, que incluso pueden conllevar ataques masivos de pulgones en los brotes más tiernos. Los roedores pueden hacer estragos, ya que les encantan las granadas; dispondremos de algún sistema alrededor de los troncos que evite su escalada hasta los frutos.

Higueras

Las higueras alcanzan portes descomunales si disponen de buena tierra y si no les falta el agua y el calor del sol. Por este motivo, en los pequeños vergeles habrá que limitar su desarrollo o prescindir de estos árboles.

Árbol rústico donde los haya, la higuera (*Ficus carica*) crece en cualquier parte donde se disfrute de unos meses cálidos al año. A pesar de que los macrobióticos lo consideran un fruto excesivamente yin y poco recomendable para el consumo, lo cierto es que muchos pueblos han sobrevivido gracias al consumo de los higos desecados en verano y principios de otoño. En algunos pueblos del interior del Maestrazgo, en donde vivo, los higos secos servían de alimento invernal para personas, conejos, cabras, mulos, burros e incluso perros. Hoy en día el consumo de higos secos ha descendido mucho, aunque se mantiene, e incluso aumenta, el de higos frescos de temporada.

Las higueras son árboles que, en condiciones precarias y áridas, se mantienen con portes pequeños y estructuras casi arbustivas, mientras que, con tierras profundas y frescas, pueden alcanzar proporciones exageradas. Existe infinidad de variedades de higos, con tamaños diversos y colores que oscilan del verde claro al negro oscuro, con tonos violetas intermedios.

Las higueras suelen dar frutos una vez al año, de agosto a octubre, y cuando están en un lugar más cálido también producen una cosecha de higos tempranos en junio-julio, las conocidas brevas, que maduran en yemas formadas el año anterior y que han sobrevivido durante el invierno. Las raíces de las higueras penetran en la tierra en profundidad en busca de agua, pudiendo dañar depósitos enterrados o cisternas e incluso secar algún pozo de infiltración cercano al árbol.

Clima. Es un árbol rústico, que prefiere los climas cálidos y templados, y soporta bien el exceso de calor, aunque no tolera el exceso de humedad ambiental.

Suelo. Se adapta a casi todos los suelos y no es muy exigente en nutrientes; cuanto más fértil y profundo sea el terreno, más exuberante será el árbol, mientras que en suelos áridos, pedregosos o compactos tendremos higueras endurecidas y de pequeño porte. No sólo soporta bien las zonas alteradas telúricamente, sino que suele crecer o desarrollarse mejor sobre corrientes de agua. Quizá por ello no sean buenas las siestas bajo una higuera.

Riego. No suele requerir riegos y soporta veranos tórridos y sequías prolongadas. En épocas muy secas se le puede ayudar con riegos muy moderados, pero siempre fuera del período de maduración de los frutos, pues, de lo contrario, éstos tenderían a abrirse o a aguarse y se pudrirían con facilidad. Esto es algo que sucede con frecuencia después de las tormentas estivales o con las lluvias otoñales.

Reproducción. Podemos multiplicar las higueras mediante semillas, estacas, acodos, vástagos o injertos de yema, pues se trata de una planta fácil de reproducir.

Poda. La higuera puede desarrollarse bien sin necesidad de podas, aunque quizá convenga despuntar la yema central cuando es joven, para que adquiera una forma ovalada y no crezca demasiado en vertical. Las podas de fructificación consisten en operaciones de poda en verde (es decir, despuntando y aclarando las ramas fructíferas), evitando cortes grandes –que suelen afectarle negativamente– y teniendo en cuenta que los frutos aparecen en las ramas del año y del año anterior.

Cuidados. Por lo general se trata de un árbol rústico que no requiere demasiadas atenciones.

Conviene controlar la hierba de su alrededor y evitar el exceso de humedad del suelo, sobre todo en las épocas de fructificación.

Recolección. El placer de disfrutar de las primeras brevas estivales y de comer higos maduros, jugosos y frescos al final del verano es incomparable. Reconoceremos su punto de maduración por la textura blanda a la presión y, en muchas variedades, por las inconfundibles grietas blanquecinas, signo de que se han hinchado al máximo. En el mercado existen artilugios «cosechahigos» que se instalan en el extremo de un palo largo o de una caña resistente. Tradicionalmente eran de fabricación casera y consistían en astillar el extremo de una caña larga e introducir en ella una piedra que quedaba bloqueada en la estrechez de un nudo, de forma que quedaban tres o cuatro trozos de caña partida a modo de receptáculo y de elementos de corte; se introducía entonces el higo en la caña y se realizaba un giro con gracia para desprender el fruto.

Problemas. Los pájaros son nuestro peor rival a la hora de consumir los higos maduros, por lo que se tomarán contra ellos las medidas necesarias. No suele –o no tiene por qué– padecer otros problemas graves, aparte de algunas cochinillas localizadas, algunos hongos en ambientes o épocas húmedas y las insidiosas larvas de la mosca de la fruta, en zonas muy calurosas. En caso de problemas graves, ver las recomendaciones dadas en el capítulo 7.

Kiwis

Este fruto de apariencia exótica y tropical es en realidad un arbusto de crecimiento similar al de las parras, que tiene su origen en los sombreados sotobosques de China. Los neozelandeses descubrieron las múltiples posibilidades de cultivo que tenía el kiwi (*Actinidia chinensis*) en sus islas y promocionaron su consumo a base de glorificar su peculiar sabor y múltiples propiedades nutricionales, sobre todo su alto contenido en vitaminas, especialmente en vitamina C. El hecho es que los kiwis se han convertido en una fruta de consumo generalizado y hoy se cultivan en casi todos los países con unas condiciones climáticas adecuadas. En este sentido, se pensaba al principio que era una planta tropical y se intentó su cultivo en zonas costeras de Málaga o Granada, con rotundos fracasos, pues el exceso de calor y la sequedad ambiental no le favorecen en absoluto; por contra, prefiere climas frescos y con cierta humedad ambiental, que gocen, sin embargo, de suficiente luz y sin inviernos excesivamente fríos. La franja litoral de Galicia, Asturias, Cantabria y el País Vasco es la más agraciada para su cultivo; Gerona y las zonas montañosas con cierta pluviometría también le resultan favorables.

Por lo demás, es una planta que no requiere excesivos cuidados. Le basta con una humedad regular –sin ser excesiva–, protección del exceso de radiación solar, un buen abonado orgánico, un emparrado donde enredarse y una poda de fructificación similar a la de las viñas. El kiwi requiere la presencia de una planta macho por cada cuatro o cinco plantas hembra o, en su defecto, injertar una rama macho en las plantas hembra.

Clima. El clima que mejor le sienta –como ya dijimos– es el templado, con temperaturas que ronden los 25 °C y sin fuertes heladas primaverales –en la época invernal de paro vegetativo soporta hasta -12 °C–. No requiere excesivas horas de sol; más bien teme el exceso de radiación solar, porque le provoca una fuerte evapotranspiración y la deshidratación de sus anchas hojas. Hay que protegerlo también de los vientos fuertes, que no sólo lo deshidratan, sino que, además, dañan sus hojas y el resto de la planta. Podemos plantarlo en zonas o parcelas orientadas al este, o a la sombra de árboles de gran porte.

Suelo. Prefiere suelos fértiles, sueltos y arenosos, que no se encharquen con facilidad. Los suelos pesados y arcillosos suelen provocar la asfixia de las raíces. Los suelos pedregosos y calcáreos drenan muy rápido y se resecan con facilidad. Tanto en un caso como en el otro, el aporte de grandes cantidades de materia orgánica descompuesta puede remediar en parte el problema. Conozco poco su sensibilidad a las radiaciones telúricas, aunque

Los frutos del kiwi cuelgan al alcance de la mano y permiten una cosecha escalonada desde noviembre hasta enero.

Los kiwis se cultivan emparrados debido a que se desarrollan como una planta enredadera. Para su correcta polinización y fructificación se necesita una planta macho por cada cuatro o seis hembras.

en condiciones de desarrollo favorables creo que las toleran bien. No hay que plantarlos en ningún caso sobre cruces de líneas Hartmann.

Riego. Deberán ser regulares y, a poder ser, por aspersión o nebulización; en última instancia, también podemos recurrir al goteo. No le convienen los riegos por inundación, y hay que evitar los encharcamientos del suelo. En tierras húmedas y arcillosas conviene instalar un buen sistema de drenaje.

Reproducción. Lo más habitual es sembrarlo e injertarlo, aunque resulta fácil reproducirlos por estacas o acodos –al igual que las viñas–. Las semillas de los frutos comerciales dan casi siempre plantas macho que no fructifican, pero que resultan necesarias para polinizar las plantas hembra. Si tenemos algún vecino o amigo que disponga de buenas plantas hembra, podremos obtener ramitas e injertarlas sobre las plantitas de semilla.

El injerto suele ser de escudete o T, realizado en septiembre, o de púa, a primeros de marzo. También podemos comprar las plantas ya injertadas en viveros especializados; son plantas caras, pero para un huerto familiar bastará con cuatro o cinco hembras y un macho.

Plantación. Es conveniente trabajar la tierra en profundidad e incluso haber realizado un abonado verde que se rotura uno o dos meses antes de la plantación. Cavaremos un hoyo de 60 cm de diámetro por 60 de profundidad y plantaremos en él los arbolitos con cepellón, cubriéndolos con la tierra, a la que habremos añadido varias paladas de compost bien descompuesto (mantillo); posteriormente, realizaremos un acolchado.

Suelen plantarse en líneas, con separaciones de 6 m entre plantas; en grandes cultivos se deja de 4,5 a 5 m de separación entre líneas. En caso de plantar uno o dos árboles solamente, procuraremos que sean hembras y les injertaremos alguna rama de árbol macho, para asegurar su polinización.

Poda. Es muy similar a la que se efectúa con las parras. De hecho, al igual que en las viñas, los frutos sólo salen de las ramas nacidas el mismo año, por lo que bastará con dejar unas guías centrales, y realizar dos podas anuales (tras la cosecha o una vez pasado el riesgo de heladas). Según el vigor de la planta y el espacio disponible, se pueden dejar de cinco a ocho yemas para que los respectivos brotes de fructificación se desarrollen. Cuando una rama se extiende demasiado y tiene más de dos o tres años, deberá renovarse –a ser posible– con un brote de la base.

Cuidados. Los primeros años son los más difíciles, pues las plantas son extremadamente sensibles a la radiación solar y al calor excesivo, por lo que, en caso de cultivarlos en zonas expuestas, los protegeremos con cañizos o mediante cualquier forma de sombreado. Vigilaremos el riego regular y evitaremos la invasión de hierbas competidoras. Lo ideal es efectuar un buen acolchado e ir reponiendo la materia orgánica a medida que las lombrices den cuenta de ella, evitando que el suelo quede al descubierto. Esta práctica es preferible a las técnicas de cavado y desherbado mediante escardas, que no le convienen, pues sus raíces son muy superficiales.

El guiado y la colocación de soportes resultan imprescindibles, pues se trata de una enredadera, comúnmente llamada *parra china*, cuyos tallos crecen entramados de uno a varios metros al año, enredándose allí donde pueden. Los soportes más clásicos son los postes de 2 m en cruz; el horizontal se clava a 1,70 de altura y se le tienden unos alambres (tres o cuatro) fuertes y tensos. Con el cable (o los cables) centrales se soportan los brazos principales de la planta, mientras que las ramas de fructificación se apoyan en los de los extremos. Otras opciones son la contraespaldera, con tres niveles distanciados 0,5 m el uno del otro, o también la típica parra de los emparrados de uva de mesa. Quizás el emparrado sea el sistema ideal para un huerto familiar; la imagen del cobertizo del que cuelgan numerosos frutos peluditos resulta muy atractiva, aunque este sistema suele tener el problema de exponer excesivamente el follaje al sol. Durante los tres primeros años guiaremos los brotes hasta formar la planta estructurada armónicamente y bien repartida por los soportes. A partir del tercer año, las podas se encargan de su control y desarrollo.

Recolección. Suele realizarse entre noviembre y diciembre, teniendo en cuenta que los frutos terminan de madurar una vez recogidos –como ocurre con el aguacate–, y pueden conservarse hasta dos o tres meses en lugares muy frescos y hasta cinco meses en frigoríficos, a 1 °C. Según zonas, podemos dejar los frutos en la planta y cosecharlos a medida que van madurando.

Problemas. De momento no se le conocen más problemas que el que supone un suelo inadecuado (demasiado húmedo o seco), el exceso de calor y las heladas primaverales tardías –la actinidia brota unos quince días antes que las viñas–. No se le conocen parásitos, aparte de los caracoles y los seres humanos, ni enfermedades remarcables, de momento.

Manzanos

Las manzanas (*Malus sylvestris*) tienen numerosas virtudes nutricionales e incluso terapéuticas, pero siempre que sean manzanas sanas y cultivadas ecológicamente, ya que su cultivo comercial supone un uso y abuso de abonos químicos y plaguicidas que, sinceramente, dan bastante miedo. De hecho, la rentabilidad del cultivo de manzanas se evalúa en función de los tratamientos fitosanitarios que se les aplican, considerándose que, de forma general, no resulta rentable un cultivo que suponga tener que aplicar más de quince tratamientos al árbol. Esto, que para cualquier fruticultor de manzanas –que no se ruboriza al decirte que en años «malos» ha llegado a efectuar hasta treinta tratamientos en una temporada–, parece algo normal, debería preocuparnos seriamente a la hora de adquirir manzanas comerciales. El que estos árboles requieran tantos tratamientos se debe en parte a los desequilibrios ecológicos producidos en las grandes fincas y extensiones de monocultivo de manzanas, y en parte a los desequilibrios del suelo que provocan el abonado químico sintético y la constante y debilitadora poda a la que se ven sometidos, encaminada a forzar al máximo su producción.

Otro problema común es su cultivo en zonas inapropiadas, ya que los manzanos precisan parones y letargos invernales, con heladas fuertes, que les permitan vigorosos rebrotes primaverales y, al mismo tiempo, controlen las poblaciones de patógenos. Cuando cultivamos manzanos en el cálido o templado clima mediterráneo, nos encontramos con plantas perpetuamente débiles que requerirán numerosos cuidados para sobrevivir. Con todo, existen variedades muy adaptadas –pero, a menudo, poco comerciales–, como las del ciri (alargadas y de piel resistente), que se desarrollan bien en climas templados y apenas sufren los ataques de parásitos. Lo expuesto nos plantea algunos límites para su cultivo, pero también nos anima a intentar criar algún que otro ejemplar en el huerto familiar, aunque sólo sea por la gratificante experiencia de contemplar en primavera un esplendoroso y mágico manzano en flor. Con un poco de gracia y algo de suerte, podremos deleitarnos con una incomparable fruta saludable, nutritiva, sabrosa e incluso medicinal.

Clima. Ya hemos comentado que el manzano prefiere los climas fríos y resiste heladas invernales de hasta -20 °C. Es por ello que en la península se cultiva especialmente en la zona septentrional y en las regiones montañosas centrales y meridionales. Necesita un parón o letargo invernal, lo que no es posible en las zonas costeras del Levante y del sur peninsular.

Suelo. Al manzano le gustan los suelos fértiles, frescos, profundos y permeables. No le convienen ni los suelos muy compactos y pesados, ni los demasiado sueltos o arenosos; tampoco es amigo de los suelos superficiales y excesivamente calcáreos. Naturalmente, podemos mejorar las condiciones de un suelo determinado aportándole grandes cantidades de compost y materia orgánica. Los injertos de ciertas variedades sobre pies específicos son otra de las formas de adaptar un manzano a un suelo con características poco idóneas para su cultivo. Por lo general, los manzanos son sensibles a las cruces Hartmann y a las alteraciones telúricas intensas.

Riego. Aparte de los riegos necesarios en las primeras fases de siembra o plantación, los manzanos suelen crecer en zonas de frecuentes lluvias que permiten prescindir de la irrigación durante la mayor parte del año. En caso de cultivar manzanos en zonas áridas y en terrenos pedregosos o que drenen demasiado rápido el agua, conviene ins-

El manzano crece esplendoroso plantado a pleno viento y podado en copa abierta.

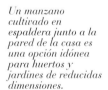

Un manzano cultivado en espaldera junto a la pared de la casa es una opción idónea para huertos y jardines de reducidas dimensiones.

talar un sistema de riego por goteo y mantener un acolchado permanente.

Reproducción. La reproducción por semillas da origen a manzanos silvestres y, alguna que otra vez, a variedades de manzano nuevas e interesantes, multiplicables mediante el sistema de injertos. La fructificación de los árboles nacidos de semilla sólo se produce a los seis o siete años de la siembra, lo que limita bastante la elección de este sistema, excepto entre los viveristas.

Aparte de las nutritivas y saludables manzanas, existe el placer adicional de quedarnos absortos observando los manzanos en flor.

Entre los patrones o portainjertos más clásicos, tres son los más habituales: el franco (con vástagos de variedades resistentes y vigorosas), que posibilita el desarrollo de árboles de gran porte que se adaptan muy bien a suelos profundos; el Doucin, que se usa para obtener árboles de porte medio y que permite su crecimiento en terrenos ácidos o calcáreos; y el Paradís, que se emplea para las formas enanas y precisa de terrenos fértiles y frescos.

El Doucin también puede emplearse para formas enanas en terrenos áridos. Los árboles injertados sobre esta variedad suelen fructificar al tercer o cuarto año, mientras que la variedad Paradís inicia la fructificación más precozmente –al segundo o tercer año del injerto–, aunque los árboles viven menos años que los injertados sobre Doucin.

Los pequeños manzanos de porte arbustivo (en la ilustración, variedad de San Juan) pueden plantarse entre los árboles de mayor envergadura, en los lindes del huerto o en medio de un seto.

Los pies portainjerto de membrillero, espino albar o peral no son tan aconsejables como el pie franco y los descritos. El injerto suele hacerse de escudete o T, en agosto, pudiéndose realizar también en púa o en corona.

Plantación. La práctica más idónea es la siembra de semilla o el plantado de vástagos de árboles sanos y resistentes en el lugar de crecimiento definitivo, y su posterior injerto con las variedades deseadas.

En caso de que optemos por árboles de vivero ya injertados, procuraremos que dispongan de un buen cepellón, es decir, que no tengamos que plantarlos a raíz desnuda, ya que esto ocasionará un gran estrés al árbol y, posiblemente, lo debilitaría de por vida.

Los hoyos se preparan con meses de antelación, para que la tierra extraída se dinamice con las energías solares y cósmicas. Los manzanos de porte alto suelen separarse unos 5 m; los árboles de porte medio pueden plantarse cada 3 m, y las variedades enanas y arbustivas podemos acercarlas cada 1,5 o 2 m. Estas variedades pequeñas se prestan a ser cultivadas en medio de un bancal profundo, y permiten cultivar hortalizas en sus laterales.

Poda. Las podas son muy similares a las que se efectúan en los perales. En las grandes plantaciones se opta por las podas de formación a pleno y medio viento, y entre las formas con soporte la más adecuada quizá sea la de cordón horizontal. Para la fructificación optaremos en principio por el arqueo de las ramas, el despunte de las yemas terminales y la renovación a partir de las yemas superiores –arqueándolas– y de los brotes jóvenes. Las brindillas presentan yemas de fructificación al segundo año; después de la fructificación pueden cortarse tres yemas para que formen nuevas ramas fructíferas.

Cuidados. Durante los tres o cuatro primeros años de vida de los manzanos –y de la mayoría de árboles– conviene mantener un acolchado de cobertura permanente alrededor del tronco y cavar o escardar periféricamente (nunca a menos de 1 m de distancia del tronco), para que se mantenga el suelo fresco y libre de hierbas competidoras. En las zonas no acolchadas también podemos sembrar abonos verdes invernales u otoñales, para su incorporación al suelo en primavera.

A partir del quinto año, o cuando el árbol –o los árboles– esté bien desarrollado, podemos optar por la cobertura verde en permanencia, eligiendo para ello, según la zona, especies leguminosas, como el trébol blanco u otras. Aunque hay quien no lo recomienda, durante los primeros años se puede cultivar hortalizas en las zonas libres –las que no abarcan las copas de los árboles–; cuando los árboles son grandes, esto no conviene ni a los árboles, porque el laboreo puede dañar las raíces, ni a las hortalizas, pues los árboles les restringen la disponibilidad de nutrientes y, además, su sombra les reduce la luz disponible.

Recolección y almacenamiento. Las manzanas suelen cosecharse al inicio de su maduración; las variedades precoces pueden recogerse en julio-agosto y las tardías en septiembre-octubre. La recolección es manual, y procuraremos arrancarlas del árbol guardando los peciolos (el rabito) y procurando no dañar las ramitas a las que están ancladas.

Las manzanas son frutas que se prestan a ser guardadas para ir consumiéndolas a medida que terminan de madurar. Si apenas disponemos en el huerto de un par de manzanos, esto no supondrá demasiado problema, pues bastará con ir comiendo las más maduras y guardar las otras en cajas planas con paja (una sola capa por caja) en un lugar fresco y oscuro. Procuraremos no guardar frutas dañadas o sin peciolo. Aunque la temperatura ideal para su conservación es la de 4 °C, con temperaturas superiores el único inconveniente es que madurarán más deprisa, pero si no tenemos muchas no hay peligro de que se echen a perder. Para la conservación de grandes cosechas hay que planteárselo mejor e incluso buscar a alguien que nos ceda un espacio en su cámara frigorífica. Con las manzanas muy maduras, las feas y las rajadas o agrietadas podemos preparar excelentes compotas que, en caso de tratarse de grandes cantidades, pueden pasteurizarse al baño maría, o guardarse en el frigorífico o el congelador.

Problemas. El cultivo de manzanos con técnicas de agricultura ecológica y en condiciones climáticas y de suelo que les sean favorables no tiene por qué resultar problemático, y tanto las plagas como las enfermedades, quedan minimizadas con respecto a los grandes problemas del monocultivo convencional. El manzano tiene problemas similares a los del peral en lo referente a las adversidades climáticas y las enfermedades como la roya y el moteado.

En cuanto a los parásitos, son atacados por los gusanos del manzano y la carpocapsa, que depositan sus huevos junto a los brotes tiernos o las flores y terminan atacando a los frutos.

La siembra de espárragos silvestres debajo de las manzanas mantiene alejada a la carpocapsa. Pueden realizarse tratamientos preventivos con caldo bordelés, así como colocar a finales de verano tiras de cartón ondulado atadas alrededor de los troncos y de las ramas principales, para que las orugas se refugien allí a pasar el invierno; a mediados o finales de otoño retiraremos los cartones y los quemaremos.

El pulgón verde puede atacar los brotes tiernos del manzano en mayo; vigilaremos los excesos de riego y de nitrógeno y, en caso grave, aplicaremos algún insecticida natural. El pulgón lanígero es uno de los más problemáticos, pues está recubierto de una pelusilla blanca y esponjosa; sus huevos pasan el invierno en las grietas y bajo la corteza del manzano, y en primavera aparecen las larvas, que pueden multiplicarse con gran rapidez y en poco tiempo e invadir todo el árbol, que queda recubierto de protuberancias y puede llegar a morir. Cuando se produce el ataque hay que intervenir pronto para evitar grandes daños. Aunque no es fácil acabar por completo con este parásito, los tratamientos con insecticidas vegetales pueden ser útiles. Lo preferible sería potenciar la presencia de su depredador natural, el insecto *Aphelinus mali*, y realizar acciones preventivas, como el cepillado de troncos y ramas principales y su embarrado con una pasta de arcilla, cal y algas *litothamne* en polvo, que permiten un buen desparasitado y vigorizan los árboles.

Melocotoneros

Englobadas bajo el nombre de melocotoneros (*Prunus persica*) hallamos infinidad de variedades con características particulares y, a menudo, muy diferenciadas; desde el melocotón redondo y de carne amarilla, a las jugosas fresquillas, pasando por las variedades de carne blanca y dura y sin olvidarnos de las achatadas paraguayas o las deliciosas nectarinas. De hecho, las nectarinas recuerdan a las ciruelas por su piel fina y lisa, tan diferente de la clásica aterciopelada del melocotón normal, pero, aun así, tanto el árbol como la semilla dejan claro que son, en realidad, variedades de melocotón; por consiguiente, comparten pies, injertos y cuidados de cultivo.

Los melocotoneros son árboles relativamente delicados que en los cultivos comerciales apenas alcanzan vidas medias de diez a doce años, mientras que en vergeles bien cuidados y de forma semiasilvestrada –márgenes de fincas y huertos– pueden llegar a vivir veinte o treinta años. Lo cierto es que en el cultivo convencional sufren mucho estrés, debido a las podas intensas a que se los somete, en aras de obte-

Los melocotoneros, al igual que sus primas las fresquillas, las paraguayas y las nectarinas, son árboles delicados que requieren buenos cuidados.

El vigor y la lozanía del melocotonero cargado de frutos contrasta con su fragilidad y necesidad de atención constante.

El embolsado de los melocotones les protege del ataque de pájaros y avispas, pero, sobre todo, de la insidiosa mosca de la fruta (Ceratitis capitata) que pone sus huevos en el interior del fruto, agusanándolo y volviéndolo inservible.

ner los máximos rendimientos posibles. Estas prácticas los vuelven plantas débiles y vulnerables, que requerirán constantes cuidados y atenciones. Aunque, dada la gran variedad de opciones que ofrecen los melocotoneros, con texturas, sabores, tamaños y épocas de maduración tan diferentes, quizá valga la pena cultivar más de uno en el vergel ecológico. Además, se trata de árboles de porte medio o pequeño, por lo que no ocupan mucho espacio.

CLIMA. Los melocotoneros –incluidas fresquillas, nectarinas y paraguayas– requieren climas templados y cálidos, con cierta estabilidad climática en primavera. Soportan bien, e incluso los favorecen, las heladas invernales y, si no les falta riego, pueden resistir veranos muy tórridos. Les perjudican las escarchas y las heladas primaverales, pues suelen florecer muy temprano.

SUELO. Prefiere suelos fértiles y ligeros, arenosos o arcillo-calcáreos, que sean profundos y con una humedad adecuada pero no excesiva. Injertado sobre almendro tolera mejor los suelos secos y calcáreos, e injertado sobre ciruelo soporta mejor los suelos húmedos.

Los melocotoneros, nectarinas y demás parientes, como almendros o paraguayas, son muy sensibles a las alteraciones telúricas, corrientes de agua subterránea y cruces Hartmann.

RIEGO. En suelos húmedos y zonas lluviosas no precisa riegos. Pero en las plantaciones en zonas áridas o calurosas necesita riegos moderados en las épocas más secas. Un exceso de riego puede inducir la proliferación de ataques masivos de pulgones y, en la época de maduración de los frutos, les resta dulzor y sabor.

REPRODUCCIÓN. La reproducción mediante semillas es posible para algunas variedades de melocotón, pero, al no ser una especie estable en términos generales, se prefiere el injerto de la variedad elegida sobre pie franco o sobre portainjertos procedentes de almendro, ciruelo o albaricoquero. El pie franco se adopta preferiblemente para el cultivo en terrenos sueltos, frescos y profundos, y con él se obtienen plantas robustas y longevas.

El almendro amargo –y en algunos casos el albaricoquero– es el patrón más usado para el cultivo de melocotoneros en terrenos secos y calcáreos; con él se obtienen plantas vigorosas, pero de vida más corta que las obtenidas mediante pies francos. El pie de ciruelo suele usarse para cultivos en terrenos húmedos y pesados. El trasplante suele realizarse desde el otoño en zonas cálidas y en primavera en las zonas y regiones más frías. Según variedades y sistemas de poda, suele guardarse una distancia de 4 a 6 m entre árboles.

PLANTACIÓN. Ver las recomendaciones generales sobre plantación al inicio de este capítulo. Es aconsejable el acolchado posterior.

PODA. La poda de formación del melocotonero se realiza en forma de vaso abierto, iniciándose a unos 50 cm del suelo. Como las ramas de fructificación en los melocotoneros son las de uno o dos años, debe estructurarse bien la poda para permitir la continuidad de la fructificación, evitando el desguarnecimiento que deriva de la dificultad de que nazcan yemas a partir de madera vieja.

En el melocotonero se distinguen los ramilletes de mayo y las ramas mixtas. El objetivo de la poda es sustituir cada año la rama fructífera –que fructificó– por otra también fructífera. Con el paso de los años, los frutos tienden a alejarse del centro del árbol. La poda de las ramas de fructificación se realiza en forma de raspa de pescado, consistente en podar la rama que ha producido dejando dos yemas alternas en uno y otro lado. La poda en verde es muy aconsejada y consiste en despuntar y aclarar las ramas fructíferas.

CUIDADOS. Suelen efectuarse cavados o labranzas primaverales no muy profundas, aunque se prefieren los acolchados alrededor del tronco y los abonos verdes o la cobertura verde (con leguminosas) en permanencia para el resto del espacio del vergel. Si realizamos y renovamos periódicamente el acolchado con materia orgánica, no precisará abonados periódicos; de no ser así y optar por el desherbado manual o mecánico, aportaremos, en las labores de primavera, de 5 a 10 kg de estiércol o compost bien descompuesto por árbol. En las zonas áridas y en épocas muy secas, se efectuarán riegos moderados y espaciados, evitando los encharcamientos de agua.

RECOLECCIÓN. Hay cosas sencillas que a menudo resultan sumamente gratificantes, como coger un melocotón en su punto óptimo de maduración, que cuelga de una verde rama invitándonos a hincarle el diente; cuando lo haces, disfrutas de todo el dulzor y sabor mágicamente concentrados por el árbol a partir de radiaciones solares y energías telúricas. Bucolismos aparte, el melocotón es un fruto de temporada, e interesa disponer de diversos árboles de variedades distintas para poder escalonar su recolección. En un mismo árbol, podemos empezar a consumirlos algo duros y, si no hay problemas, terminar al cabo de quince o veinte días con los últimos, que ya empiezan a marchitarse y resultan muy melosos –tal vez de ahí venga su nombre: «miel envuelta en piel de algodón»–.

También podemos recogerlos un punto verdes para que maduren en casa. Las fresquillas y las pavías deberán consumirse en el momento en que la piel se levante con facilidad y antes de que se pasen, pues pierden mucho sabor cuando no están en su punto. Las nectarinas, una vez cosechadas, aguantan bastantes días antes de echarse a perder. Con las variedades de carne dura podemos hacer conserva y melocotón en almíbar. También podemos trocearlos y desecarlos mediante secador solar. Cuando tenemos abundancia de melocotones muy maduros, podemos elaborar con ellos excelentes mermeladas.

Problemas. La gomosis, esa especie de pegamento ambarino que sale por grietas en las ramas, es una enfermedad muy común entre la mayoría de rosáceas (cerezos, almendros, ciruelos...). Al parecer es consecuencia de ataques bacterianos que se inician en alguna rama y pueden llegar a extenderse por todo el árbol, provocándole un debilitamiento general y, a menudo, la muerte. Quizá sea conveniente cortar las ramas profundamente afectadas con un cuchillo afilado, desinfectando la herida con tintura de propóleo y recubriendo los cortes con masilla de propóleo. Los cuchillos y herramientas de corte se desinfectarán antes de emplearlos en otro árbol. Las ramas cortadas es conveniente quemarlas de inmediato. De todos modos, los árboles sanos y vigorosos, los que crecen en suelos adecuados y fértiles y los que no sufren la práctica de podas abusivas no suelen tener muchos problemas con la gomosis.

La abolladura o lepra del melocotonero provoca que las hojas se abarquillen y deformen, presentando unas peculiares ampollas, y adquieran un color rojizo. Se aconseja cortar las hojas afectadas y realizar tratamientos preventivos en invierno con caldo bordelés. Los tratamientos con purín de ortigas, realizados como abonos foliares, revigorizan el árbol y minimizan los problemas de la abolladura.

El oídio afecta, sobre todo, a las hojas y, en ocasiones, a los frutos jóvenes, que aparecen recubiertos de una capa blanquecina; el azufre en polvo es un buen preventivo. Los gusanos barrenadores pueden atacar las ramas y el tronco; intentaremos eliminarlos con un alambre flexible introducido a lo largo de la galería. Los pulgones del melocotonero atacan los brotes y las hojas tiernas, que terminan por desecarse; hay que controlar los excesos de riego y de abonos nitrogenados y, en caso de problema grave, recurrir a fumigaciones con insecticidas vegetales, plantas repelentes o espolvoreos de algas *lithotamne* –si las mezclamos con azufre en polvo, prevendremos los oídios–. Una venda engomada o engrasada circundando el tronco evitará el transporte de pulgones por parte de las hormigas hacia los brotes tiernos.

La ceratitis o mosca de la fruta es uno de los problemas más graves en las variedades que maduran en las épocas estivales y a finales de primavera. En zonas de alto riesgo, colgaremos paños amarillos impregnados de melaza azucarada y una dilución de insecticida vegetal. También podemos recurrir a trampas hechas con círculos de plástico o chapa de color amarillo o naranja, y cubiertos de sustancias pegajosas.

Los brotes primaverales del melocotonero pueden verse fácilmente invadidos por pulgones, por lo que controlaremos los excesos de agua o abonos ricos en nitrógeno y mantendremos a raya a las hormigas que pastorean los pulgones llevándolos a los brotes más frágiles y tiernos.

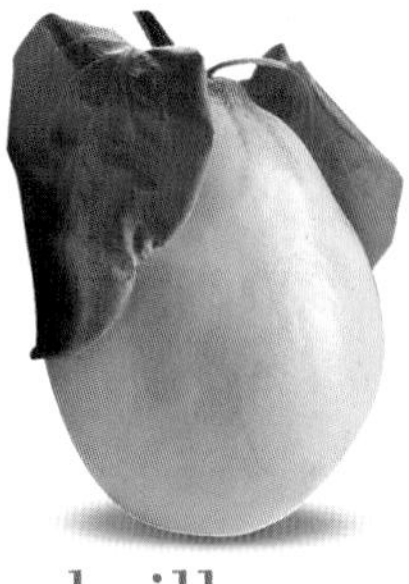

Membrilleros

El membrillero es un árbol rústico que se desarrolla sin muchos cuidados. Sus ásperos frutos servirán para elaborar confituras o dulces como la típica «carne de membrillo».

Los membrilleros (*Cydonia vulgaris*) son frutales que tienden a desaparecer de los vergeles, tal vez porque, al ser sus frutos de sabor áspero y que sólo se consumen en mermeladas y confituras, no resultan tan apetecibles como otras frutas dulces y jugosas. Tratándose de parientes de manzanos y perales, las varas o esquejes de membrillero suelen usarse habitualmente como pie para el injerto de perales o nísperos (del tipo japónica); los árboles que crecen con estos pies de membrillero se desarrollan y fructifican rápidamente, pero al cabo de pocos años se estancan. conservando un porte pequeño, lo cual es apreciado en ciertos vergeles y huertos donde no interesan los árboles de grandes dimensiones.

Clima. Aunque pueden crecer en la mayoría de climas, los prefieren templados; podemos decir que sus exigencias son muy similares a las de los manzanos, aunque no les gusta demasiado el frío intenso en invierno.

Suelo. Será similar al de los manzanos, aunque el membrillero resulta algo menos sensible a las alteraciones telúricas.

Reproducción. Lo más habitual consiste en plantar esquejes de ramas del año. En otoño cortaremos trozos de aproximadamente un palmo de longitud y los enterraremos dos tercios en un sustrato de arena y compost muy fermentado, para que enraícen. Al año siguiente ya podrán ser injertados o trasplantados al lugar definitivo. Si no les ha de faltar humedad, también podemos plantar los esquejes directamente en el lugar de desarrollo del árbol.

Cuidados. Son árboles rústicos que no requieren cuidados especiales y aceptan cualquier forma de poda, aunque las más habituales son las formas arbustivas, que permiten que se desarrollen a su aire.

Recolección. Los frutos se mantienen en el árbol hasta que están bien formados y tienen una coloración amarilla pálida o intensa, según variedades. Procuraremos cosecharlos ante de la llegada de los fríos intensos, ya que pueden guardarse durante unos tres meses hasta consumirlos.

Problemas. Dada su rusticidad, no suelen tener problemas apreciables, exceptuando en los suelos pesados y muy húmedos, que procuraremos drenar bien.

El nisperero es uno de los pocos árboles frutales de hoja perenne y, debido a que en épocas invernales mantiene un exuberante follaje, puede desempeñar funciones estéticas plantado en medio del jardín.

Níspero dulce

El cultivo y la comercialización de nísperos dulces (*Eriobotrya japonica*) se ha desarrollado mucho en los últimos años, existiendo incluso algunas denominaciones de origen, como los nísperos de Callosa, en zonas donde se han especializado en su cultivo y llegan a protegerlos con grandes estructuras paravientos similares a enormes invernaderos, que evitan el roce de los frutos y su pérdida de calidad (estética sobre todo).

Pero lo interesante del níspero japonés es que se trata de un árbol rústico poco exigente en cuanto a suelos y cuidados, por lo que es tradicional su presencia en el vergel de los huertos familiares, en solitario junto a las casas –de campo y de pueblo– o en las lindes de las fincas. Tiene la ventaja de que, junto con los albaricoques, es una de las primeras frutas frescas de que podemos disfrutar desde principios de la primavera.

Clima. Dado que florece en invierno, necesita irremediablemente climas templados o cálidos en los que no se produzcan heladas o escarchas invernales.

Suelo. Se desarrolla bien en casi todo tipo de suelo, aunque los prefiere de tipo medio y neutros, ni muy ácidos ni excesivamente calcáreos. Es sensible a las alteraciones telúricas intensas; le buscaremos, por lo tanto, una zona neutra, aunque en condiciones óptimas de cultivo tolera las de intensidad leve o media.

Reproducción. Puede reproducirse con facilidad de semilla, pues, aunque no tendrá las mismas características que la planta madre, suelen producir frutos dulces y comestibles. También podemos injertar con la variedad deseada (de escudete o púa) sobre pies francos de arbolitos nacidos de semilla de níspero, o hacerlo sobre pie de membrillero. Esta última opción acelerará el desarrollo inicial y acortará la espera hasta la producción de frutos, pero tiene el inconveniente de que a los tres o cuatro años el árbol dejará de crecer y se mantendrá en ese tamaño –generalmente reducido– durante el resto de su vida, que suele acortarse.

Cuidados. No precisa de grandes cuidados; se trata de un árbol rústico, que nos permitirá olvidarnos del riego –salvo en épocas de gran sequía o en climas muy calurosos–; no necesita poda, ya que se autorregula solo, y no tiene demasiados parásitos o enfermedades que requieran nuestra atención, a excepción de los pájaros y los «bípedos» de largos brazos y hábiles manos.

Recolección. En cuanto los frutos adquieran su característico color amarillo –mate o brillante, según variedades– y cedan ligeramente a la presión, podremos cosecharlos. Es una fruta que, una vez recogida, conviene consumir con suma rapidez; por suerte, la maduración en el árbol es progresiva, y la cosecha puede escalonarse durante varias semanas.

Níspero europeo

El níspero europeo (*Mespilus germanica*) es un árbol o arbusto muy similar al membrillero, que da unos peculiares frutos marrones, redondos y abiertos en el extremo opuesto al pedúnculo en forma de corona, mostrando las semillas al exterior. El fruto resulta ácido y áspero cuando se consume verde, y alcanza su punto de sazón en otoño, cuando empiezan los fríos intensos y aparenta pudrirse, ablandándose y presentando una pulpa muy dulce que recuerda a la compota de manzana.

Su reproducción, necesidades, cultivo y cuidados son similares a los del membrillero y a los de los manzanos, de los que es pariente próximo. Suele injertarse sobre espino albar o membrillero. En condiciones óptimas de cultivo tolera las alteraciones telúricas del suelo donde crece.

Perales

Siempre podemos hallar un hueco en el huerto para uno o varios perales (*Pyrus communis*), dado que, a menudo, son árboles de porte pequeño o que crecen rectos, ocupando poco espacio. La gran multitud de variedades de peras y perales nos permite elegir las más apreciadas por la familia o las que mejor se adapten al clima o al suelo de nuestro huerto. Existen peras que se cosechan a inicios del verano y peras otoñales, por lo que podemos disponer de distintos árboles que nos proporcionen cosechas escalonadas, que permitan abastecernos a medida que la fruta madura, sin tener que recurrir a las cámaras de conservación ni tener que elaborar mermeladas o confituras –que no suelen ser las más gustosas–. Las peras, crudas o cocidas, son excelentes tónicos pectorales que nos ayudan a mantener las vías respiratorias en buen estado en la época otoñal, cuando tan sensibles son a irritaciones y resfriados.

Clima. Los perales prefieren climas templados y frescos, aunque resisten mejor los fríos intensos –e incluso el hielo invernal– que el excesivo calor y las sequías. Por eso su cultivo está muy extendido y da menos problemas en la zona central y meridional del país, así como en zonas de montaña. En cambio, resulta algo problemático en zonas costeras y en las muy calurosas. Los perales, al igual que los manzanos, necesitan un parón invernal y, en esa época, les convienen las heladas, para controlar enfermedades y parásitos, y rebrotan en primavera con mayor vigor. Como esto no ocurre en las zonas cálidas, los árboles suelen vivir menos tiempo y estar siempre algo más débiles.

Suelo. Les convienen terrenos fértiles, profundos, no muy calcáreos y con un subsuelo permeable; no soportan la asfixia de las raíces por compactado del suelo o el encharcado, que les provoca clorosis (amarilleamiento de las hojas). De todos modos, podemos elegir pies o portainjertos que permitan su adaptación a cualquier terreno o clima. Es muy sensible a las alteraciones telúricas, por lo que le buscaremos zonas bien neutras.

Riego. El riego se hace necesario sólo en zonas secas o en épocas de persistente sequía. Conviene evitar los encharcamientos de agua.

Reproducción. Puede realizarse directamente por semillas, pero en vista de las variaciones genéticas que se producen y de que las semillas no deben tener más de seis meses, lo más habitual es recurrir a los injertos. El portainjerto puede ser el pie nacido de semilla de pera, o un pie franco, a partir de estacas de peral; también es habitual injertar sobre estacas enraizadas de membrillero o de espino albar.

Los perales injertados sobre pie franco demandan un suelo fértil,

El olvidado y rústico níspero europeo, de frutos ácidos y ásperos cuando están verdes, desarrolla una masa arbustiva idónea para ser plantado en los setos comestibles.

Incluso los árboles más adultos de peral suelen tener una envergadura media o pequeña. Este factor hace de los perales unos árboles idóneos para el vergel familiar, en donde podrán combinarse distintas variedades para obtener cosechas escalonadas durante varios meses.

La poda en espaldera y el cultivo en líneas permiten aprovechar al máximo el espacio disponible en el huerto familiar.

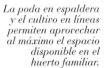

fuerte y profundo, y no toleran el exceso de humedad ambiental; por contra, soportan mejor las sequías, y, aunque con ellos conseguimos plantas muy vigorosas y de gran longevidad, tienen el inconveniente de que no fructifican hasta el sexto o séptimo año. Los perales injertados sobre pie de membrillero viven mejor en zonas frescas y aman las tierras ligeras y húmedas, siempre que no sean compactas. El inconveniente es que este injerto, aunque permite una fructificación más temprana, da árboles menos resistentes y de vida más corta que los obtenidos con pie franco.

Para cultivar perales en terrenos calcáreos y relativamente áridos, conviene injertar sobre espino albar y, aunque el árbol vivirá pocos años (quince o veinte), fructificará muy precozmente. La forma de escudete o T es la más habitual para los injertos de peral, aunque también se practica la de corona. Aunque el membrillero es el pie más habitual para realizar injertos de peral, algunas variedades no se desarrollan bien directamente sobre él, por lo que suele realizarse un primer injerto con variedades compatibles y un «sobreinjerto» con la variedad deseada.

Plantación. Similar a la del resto de frutales. La distancia de separación o el marco de plantación dependerán del porte de la variedad elegida y de la forma de desarrollo y la poda que se desee realizar.

Poda. La poda de formación estará en función del desarrollo y la forma elegida para el crecimiento del peral, pudiendo adoptarse cualquier forma: en vaso, piramidal, huso, columna, arbolillo, medio viento, pleno viento, en espaldera, cordón, etc. Para la poda de fructificación tendremos en cuenta que cada rama de madera lleva, en su parte media, dardos y brindillas, bolsas y lamburdas y, en el ápice, lleva siempre yemas de madera. Despuntando éstas se estimula la producción de otras yemas, que podrán producir otras formaciones fructíferas. Esta tarea es muy interesante, aunque requiere gran habilidad y experiencia por parte del podador. Interesa complementar el despunte de las yemas con el arqueado de las ramas, que, por naturaleza, tienden a crecer verticalmente.

Cuidados. Precisa de atenciones similares a las que se procuran al resto de los árboles, especialmente a los manzanos y los ciruelos. Resulta muy interesante la práctica del acolchado.

Recolección. En los años de poca producción, la recolección puede realizarse en el punto óptimo de maduración, que se reconoce por el cambio de coloración de los frutos y porque se desprenden con facilidad con sólo tocarlos. Si las peras deben ser transportadas o comercializadas, conviene cosecharlas justo antes de su completa maduración, pues, de estar muy maduras, se estropearán con suma facilidad.

Problemas. Uno de los problemas más temidos por el peral es el exceso de humedad, tanto en el suelo, caso que le provoca clorosis, como en el ambiente (nieblas o lluvias persistentes); las escarchas y el granizo también lo dañan seriamente.

La antracnosis del peral es una enfermedad producida por un hongo que ataca las ramas y forma sobre ellas manchas de color gris oscuro y bordes rojizos, deformando las ramas y provocando su fácil rotura; podemos recurrir a tratamientos preventivos y curativos con caldo bordelés. El chancro del peral se manifiesta con granos y manchas sobre el tallo y las ramas –sobre todo en las zonas cortadas– y suele deberse al exceso de humedad del terreno, por lo que procuraremos realizar un buen drenaje del mismo; deberemos eliminar todas las partes afectadas y efectuar tratamientos curativos con caldo bordelés.

La roya del peral ataca las hojas, haciendo que se caigan al cabo de poco tiempo. Este hongo se reconoce porque las hojas presentan manchas redondas de color herrumbroso. Deberá combatirse la infección con cierta premura, pues la planta puede sucumbir a su ataque. Es aconsejable recoger y quemar las hojas, aparte de alejar los enebros de las proximidades de los perales, pues éstos hospedan a los hongos durante la parada invernal.

El moteado lo produce otro hongo y se manifiesta con manchas pardas en las hojas, ramas y frutos, que terminan agrietándose; serán precisos tratamientos preventivos en otoño con caldo bordelés.

Otro hongo que ataca las frutas del peral es el carbón del peral; los frutos ennegrecen y se estropean y el único remedio será recoger lo antes posible toda la fruta atacada, a fin de que no se propague la infección.

Entre los parásitos hallamos los chinches del peral, que atacan las hojas dejando en ellas unos puntitos y manchas, que amarillean y terminan por secarse; embadurnar los troncos y ramas principales de arcilla y cal, así como su cepillado enérgico, reduce el problema, aunque puede recurrirse a insecticidas vegetales en caso grave. Las hojas afectadas se recogerán y quemarán.

El gusano de la carpocapsa es la larva de una mariposa que aparece y pone sus huevos a primeros de mayo y se desarrolla en la pulpa de los frutos, haciéndolos caer sin que lleguen a madurar. En caso de problema grave recurriremos a trampas con atrayente de feromonas y a pulverizaciones preventivas de caldo bordelés, aplicado al final de la floración y otras dos o tres veces cada quince días. Si disponemos de pocos árboles quizá convenga cubrirlos con malla antitrip en la época de vuelo de la carcocapsa.

El gorgojo del peral, similar al de los ciruelos, es un insecto que penetra en las ramas, hojas y frutos; deberá combatirse con la fumigación de insecticidas vegetales. El gusano taladrador penetra en la madera y excava largas galerías; detectaremos los orificios porque exudan jugo y algunas virutillas e introduciremos por ellos un alambre fino y largo con la punta en forma de gancho. La falena pone sus huevos en el suelo, de los que en primavera salen larvas que suben por el tallo y devoran las hojas, las yemas y las flores; podemos controlarlas con bandas pegajosas enrolladas a los troncos, las cuales, al mismo tiempo, evitarán que las hormigas acarreen colonias de pulgones hacia los brotes jóvenes.

Vides y parras

En valenciano el *parral* es lo que comúnmente se llama en castellano *porche*. Ello explica hasta qué punto está asociada la presencia de una parra –o de varias– frente a la vivienda, con la imagen de la típica casa mediterránea. La vid (*Vitis vinifera*) de hoja caduca que desarrolla abundante follaje a partir de su brotación primaveral, y al situarla en forma de pérgola en la cara sur de la vivienda, resulta una excelente protección solar en los meses más tórridos. Esta función bioclimática, que aporta sombra y frescor en verano, se complementa con la caída de la hoja en otoño, que posibilita el paso de los rayos solares y el caldeamiento de la vivienda en los meses fríos. Entre tanto, se desarrollan los racimos de uva, que madurarán a finales del verano para regocijo de niños y grandes, y disgusto de zorras hambrientas que, según la fábula de Esopo, preferirán pensar que están demasiado verdes antes que reconocer que están demasiado altas. El sistema de desarrollo de la vid permite su cultivo con formas muy distintas; y si bien en el cultivo comercial para vinificación se opta por las cepas redondeadas y arbustivas o por el enramado en cordón horizontal sobre tutores y alambradas, en el del huerto familiar y el vergel lo más adecuado probablemente sea el emparrado, o en zonas frías, el cultivo en espaldera junto a una pared orientada al sur. De hecho, las uvas, para madurar bien y concentrar los azúcares suficientes para conferirle un sabor dulce y agradable, necesitan largas horas de exposición solar, con temperaturas más bien altas.

Las vides se caracterizan por tener tallos retorcidos, y sus sarmientos crecen de forma ascendente cuando sus zarcillos tienen donde agarrarse. Tanto el tallo como las ramas laterales están subdivididas en nudos, los cuales presentan yemas en sus axilas. En estas yemas se forman hojas, y en las axilas de las hojas brotan otras yemas que producen sarmientos fructíferos en el período de un año. Estos sarmientos alcanzan hasta un metro de longitud, son muy flexibles y aparecen subdivididos en nudos y entrenudos. En los nudos se esconden las yemas invernantes que se desarrollarán en la primavera siguiente; lateralmente a estas yemas se encuentran otras que pueden desarrollarse en el mismo año, si la planta es lozana y tiene suficiente vigor, o que también se desarrollan cuando el sarmiento que procede de una yema invernante es cortado. Estas yemas forman unos sarmientos que se denominan *hijuelos*, y en ellos aparecen pequeños racimos de maduración muy tardía.

El cultivo de vides aisladas o en líneas resulta idóneo para ocupar espacios marginales, poco indicados para el desarrollo de árboles más frondosos. La condición esencial para disfrutar de una uva suculenta es que no le falte una buena exposición solar.

Los parrales pueden tener muy diversas formas, ya que la vid es una planta muy adaptable que puede cultivarse tanto en un rincón del vergel como en el jardín.

Para obtener uva de excelente calidad y evitar el ataque de parásitos –incluidas las avispas y los pájaros–, lo ideal es el embolsado de los racimos, pues, aunque dé algo de trabajo, ahorra disgustos por las numerosas pérdidas de cosecha a las que se hallan expuestas muchas parras.

En la base de los sarmientos de un año se encuentran yemas que dan origen con facilidad a chupones y vástagos, ramas de madera de gran desarrollo que no producen frutos. Este embrollo se reduce a yemas mixtas, que son más abultadas, blandas y cuadrangulares, y que son las que producen brotes y frutos; y las yemas de madera, más delgadas y duras, que sólo producen ramas. Todo ello debe conocerse bien y tenerse en cuenta a la hora de la poda de formación y fructificación.

Clima. Podemos cultivar vides en numerosos climas, a condición de que en invierno la temperatura no descienda de -15 °C, aunque las vides cultivadas en parral necesitan mayores dosis de insolación y climas más calurosos que las criadas en cepas. La uva de mesa, para resultar sabrosa, debe concentrar más azúcares que las uvas destinadas a vino.

Las viñas exigen, para su correcto desarrollo vegetativo, fecundación y maduración, una cierta cantidad de calor y de horas de insolación. En las zonas frías suelen cultivarse en las laderas de montaña expuestas al sur y con fuerte pendiente, ya que ello permite mayor incidencia de los rayos solares. Con cultivos de espaldera apoyados a una pared se consiguen resultados parecidos. No tolera demasiado el exceso de humedad ambiental, ya que le suelen perjudicar los oídios y el mildiu. El régimen de lluvias ideal sería el de inviernos lluviosos, primaveras secas, lluvias desde mitad de julio hasta finales de agosto y tiempo seco antes y durante la vendimia.

Suelo. Suele desarrollarse en la mayoría de suelos, aunque los prefiere pedregosos y de textura gruesa, cálidos y secos, con un pH neutro o ligeramente ácido. No soporta bien los suelos compactos y húmedos, ni los excesivamente calcáreos. Las viñas para vinificación no precisan de excesivo abonado orgánico, mientras que las parras, dada su elevada producción, necesitarán un aporte regular de compost, a fin de mantener el suelo rico en humus. Existen variedades de viña más resistentes que otras a las alteraciones telúricas del suelo; por precaución, las plantaremos en zonas neutras.

Riego. Si bien las vides son plantas resistentes a la sequía, el gran porte de las parras obliga a regar en períodos secos, sin excederse, pues mermaría mucho la calidad y dulzura de la uva.

Reproducción. Excepto en los centros de experimentación, no es normal la reproducción de vides mediante semillas, siendo lo más habitual injertar la variedad deseada sobre esquejes, estacas o acodos de vides resistentes a la filoxera. Esta plaga causada por un pulgón procedente de América arrasó las vides europeas a finales del siglo pasado y principios de éste por motivos no muy claros. Los pies de cepas americanos son resistentes a esta plaga.

Plantación. La plantación de los barbados (sarmientos injertados o no, con abundantes raíces) no debe ser muy profunda, y el procedimiento será el mismo que para el resto de árboles, con la salvedad de que el agujero será de dimensiones más reducidas. La mejor época de plantación es entre finales de invierno y principios de primavera.

Injertos. Los más usuales son el de púa, el inglés y el de corona efectuado bastante profundo, cerca de las raíces, a fin de que quede enterrado.

Poda. Las cepas y las parras precisan podas regulares y sistemáticas; de lo contrario, desarrollarán una enorme masa foliar y no producirán racimos de uva, o los que se produzcan serán minúsculos. En la poda de formación de las parras, los dos o tres primeros años se efectuarán podas cortas, a fin de dejar pocas yemas y favorecer el vigor de los sarmientos, que servirán de guía central de la parra. La poda en seco de la vid se realiza durante el reposo vegetativo de las cepas, el cual empieza unos quince días después de la caída de las hojas y termina, aproximadamente, unos diez días antes de que empiecen a brotar las yemas (el desborre).

La poda en verde y de fructificación comprende toda una serie de operaciones que se realizan en el período de vegetación activa de la planta, realizándose el despampanado, los despuntes, la supresión de hijuelos y chupones, el aclareo de racimos y de brotes y el deshojado. Para ello conviene consultar algunos libros especializados y, sobre todo, practicar con ayuda de una persona entendida y con suficiente experiencia.

Cuidados. Con las parras podemos evitarnos las tradicionales labores de desherbado, aporcado y descalce, típicas de los viñedos, realizando un desherbado manual o, mejor aún, con un acolchado permanente cerca de los tallos principales. La descomposición y reposición regular del acolchado orgánico servirá de abonado, aunque siempre podemos añadir algo de compost descompuesto al reponer las capas de acolchado en primavera. Con una poda adecuada no serán necesarios el aclareo de racimos ni de granos, práctica habitual en algunas zonas.

Recolección. Se efectúa de julio a octubre, según las variedades. En cuanto los racimos presenten un buen tamaño y color, iremos probando granos aislados hasta comprobar que la uva está en su punto de maduración y dulzor. El embolsado con bolsas de papel protege los racimos y las uvas de parásitos y, en parte, también de la humedad ambiental, que provocaría podredumbres. Si lo que deseamos es elaborar mosto –o vino– conviene cosechar justo antes del punto óptimo de maduración de la uva, pues de estar muy madura fermentaría con demasiada facilidad, incluso en los racimos.

Problemas. Las heladas y escarchas primaverales, sobre todo las tardías, pueden hacer mucho daño a las vides en brotación incipiente. A finales del verano suelen ser temibles las tormentas con pedrisco, contra las que poco podemos hacer.

Entre las enfermedades, la más común son los problemas causados por el mildiu y los oídios. Tanto el oídio como el mildiu suelen verse favorecidos por un exceso de humedad ambiental intensa en épocas calurosas, en primavera y a principios de verano. Para prevenir o luchar contra el mildiu se realizarán tratamientos a base de caldo bordelés; para el oídio realizaremos espolvoreos de azufre, aprovechando para su fijación los rocíos matinales, o también pulverizaremos con azufre mojable al atardecer.

Existen otras podredumbres de los racimos o raíces que también se controlan con el caldo bordelés. Entre los parásitos está la filoxera o pulgón de la vid, que ha dejado de ser problema grave, al introducir los pies portainjertos de variedades americanas resistentes. En cambio, la polilla de los racimos daña directamente el racimo en vías de maduración; en caso de aparición, quizá convenga tratar la vid con algún insecticida natural. Existen otros parásitos que, en el cultivo ecológico, raramente resultan preocupantes, por lo que nos ocuparemos más de las buenas prácticas agrícolas que de ir buscando enemigos que combatir.

Las parras no sólo nos aportarán una buena cosecha de uva, sino que también pueden constituir una excelente protección solar en los meses de verano.

Cualquier pequeño rincón del jardín o del huerto puede servir para crear un espacio mágico y terapéutico.

Vitalidad, luz, color, salud..., son algunos de los múltiples aspectos que se reúnen magistralmente en torno a cualquier planta medicinal que cultivemos en el huerto.

12 El huerto medicinal

«Que el alimento sea tu mejor medicina», reza la máxima hipocrática. Por ello, este libro intenta ser una herramienta para conseguir, mantener o mejorar la salud. Pero cuando la salud se ha perdido o se ve mermada, la naturaleza nos ofrece soluciones a casi todos los problemas que podamos padecer. Las plantas medicinales fueron, desde los mismos inicios de la humanidad, las mejores aliadas de la salud del ser humano. La observación metódica, la experimentación y la transmisión oral y escrita han permitido el reconocimiento, la selección y la pervivencia del uso de las plantas medicinales en casi todas las culturas y continentes. Nosotros podemos crear nuestro propio huerto medicinal y aromático o simplemente cultivar entre parterres de flores, en los márgenes o hasta entre las hortalizas, una selección de plantas medicinales que pongan a nuestro alcance remedios sencillos y efectivos para buena parte de los trastornos más comunes y que incluso pueden ayudar a mejorar la salud de nuestros cultivos.

Las plantas medicinales

Parte del secreto de que las vacas y ovejas que pastan libremente en praderas y montañas no padezcan tantos trastornos y enfermedades como sus primas estabuladas en granjas, quizás estribe en que los animales libres, además de vivir más plácidamente y comer hierbas nutritivas, consumen grandes cantidades de hierbas medicinales que crecen junto al forraje o en los márgenes de los prados. La observación metódica, la experimentación y la transmisión oral de padres o abuelos a hijos y nietos han permitido el reconocimiento, la selección y la pervivencia del uso de las plantas medicinales en casi todas las culturas y continentes.

Las plantas medicinales pueden armonizarse en el huerto con los cultivos hortícolas, ayudando a su desarrollo y protegiéndolos. Al mismo tiempo, estas plantas nos aportan excelentes remedios curativos.

Los primeros textos escritos sobre plantas medicinales tienen una antigüedad de cerca de cinco mil años y están recogidos en tablillas de arcilla, grabadas por los sumerios. Allí se recopilaron todos los conocimientos de la época sobre las propiedades curativas de las plantas. La gran sabiduría natural, expresada en las sustancias bioquímicas vegetales, presentes en pequeñas dosis y en complejas combinaciones, en las miles de plantas medicinales aptas para infinidad de usos terapéuticos, ha querido ser sustituida en el último siglo por los fármacos químicos sintéticos, de la mano de una peculiar sabiduría científica. Hoy en día, el comercio internacional, los medios de comunicación y los libros nos permiten conocer las propiedades terapéuticas de plantas exóticas que crecen en lugares remotos del planeta. No obstante, si investigamos en nuestro entorno cercano, descubriremos gran cantidad de plantas –algunas de las cuales son poco conocidas– con propiedades similares e igual de eficaces, aunque no vengan avaladas por costosas campañas publicitarias.

Podemos llevar a cabo nuestro propio trabajo de investigación y recorrer la región en donde vivimos, provistos de un buen manual de plantas medicinales. Quedaremos gratamente sorprendidos por la enorme farmacopea natural a la que tenemos acceso. La principal ventaja de la fitoterapia (curación mediante las plantas) es su nula o escasa presencia de efectos secundarios, algo muy perjudicial y corriente en la medicina farmacoquímica. Si exceptuamos algunas plantas tóxicas o peligrosas cuando no se emplean correctamente, la gran mayoría no suele exigir más precaución que su uso en las dosis y formas recomendadas por los textos, los herbolarios o los fitoterapeutas. Quizá lo más interesante de las plantas medicinales sea su mecanismo de acción sobre el organismo al estimular las defensas y los sistemas naturales de autocuración o autorregeneración del propio cuerpo, en vez de sustituir estas capacidades, como sucede habitualmente con los fármacos de síntesis.

CULTIVAR EL PROPIO HUERTO MEDICINAL

Las propiedades de una planta que crece en un medio silvestre y natural posiblemente sean mayores o cualitativamente mejores que las de las plantas que podamos cultivar en nuestro huerto. Pero qué duda cabe de que, a menudo, lo que cuenta es la rápida disponibilidad de una hierba, que ayude a aliviar una situación crítica de estrés –algo que conseguiremos con la renombrada valeriana– o a calmar el dolor de tripa provocado por una indigestión –lo cual resultará sencillo con una infusión de humilde manzanilla o de milenrama–. En casos de trastornos crónicos que requieren largos períodos de tratamiento, como los problemas circulatorios, reumáticos o la hipertensión, se requerirá una gran cantidad de plantas para su uso continuado, lo cual también justifica su cultivo –de paso que ayuda a la economía doméstica–.

En última instancia, aunque gocemos de buena salud porque llevamos una vida saludable y no sintamos la necesidad de cultivar un huerto medicinal, siempre podemos tener nuestro espacio de plantas terapéuticas para ofrecerlas a familiares y amigos menos afortunados que nosotros. O incluso podemos cultivarlas por sus características ornamentales y el bonito colorido de sus flores, el verdor de sus hojas o el agradable aroma que algunas desprenden.

Plantas cultivadas y plantas que se cultivan solas

Cultivar un pequeño huerto medicinal es algo gratificante y relativamente sencillo, ya que estas plantas, de origen silvestre suelen dar pocos problemas y requieren muchos menos cuidados que las hortalizas o las plantas ornamentales más clásicas.

En este capítulo hemos optado por una clasificación de las plantas medicinales en tres partes complementarias. En la primera incluimos las plantas cultivadas como condimento, y que estarían a medio camino entre las plantas medicinales y las hortalizas. En la segunda describiremos cada una de las plantas medicinales cultivables, con sus características y cualidades terapéuticas, sus exigencias y sus formas de cultivo más adecuado. En la tercera parte nos referiremos a las plantas silvestres y hierbas medicinales que crecen espontáneamente en el huerto como malas hierbas, pues algunas de ellas pueden resultar muy útiles e incluso terapéuticas. En vez de arrancar y echar al montón de compost el diente de león, podemos usarlo para la elaboración de excelentes ensaladas, o la ortiga menor en sopas o tortillas, ya que además de recordarnos por su sabor a las espinacas, mejora la circulación sanguínea, es buena para los riñones y favorece la desintoxicación general del cuerpo. En esta síntesis de plantas medicinales cultivables en el huerto no se halla la descripción de la planta, algo clásico en los tratados y libros de plantas, pues casi todas son ampliamente conocidas y su imagen a menudo es más elocuente que mil palabras. De todos modos, conviene introducirse y profundizar en el apasionante y beneficioso mundo de la fitoterapia de la mano de personas expertas o consultando obras de reconocido prestigio, como puede ser el clásico *Dioscórides*.

Uso de las plantas medicinales

Antes de pasar a la descripción de las plantas medicinales que podemos cultivar en nuestro huerto, creemos interesante explicar las formas más habituales de aplicación de la fitoterapia, dejando antes bien claro que ésta es una obra de divulgación y que no es nuestra intención suplantar tratados más específicos, entre los que podréis hallar un gran número de excelentes libros de plantas medicinales. A grosso modo podríamos decir que hacemos uso de las plantas para beneficiarnos de unos principios activos que suplen carencias biológicas en nuestro organismo, o también para que faciliten o activen algún mecanismo metabólico o neurobiológico.

Un poco de agua caliente y unas hojas recién cogidas en el huerto medicinal nos ayudarán a mantener la salud y aliviar los trastornos pasajeros.

Sea como fuere, es importante que tengamos claro que el objetivo de su uso se centra en absorber los principios activos (estimulantes, carminativos, circulatorios, desinflamantes, antisépticos, etc.) de las plantas medicinales y que para ello tenemos varias opciones, las cuales estarán en función de la planta usada o de las partes de la misma que empleemos (raíces, hojas, sumidades floridas, corteza, etc.). No procederemos igual para aprovechar las propiedades de una dura corteza o una reseca raíz, que si lo que deseamos es sacarles partido a unas tiernas hojas o a unas delicadas florecillas. Para aprovechar al máximo las propiedades terapéuticas de cada planta medicinal quizá sea bueno conocer las diferentes posibilidades de uso que tenemos a nuestra disposición.

Formas habituales de uso

Ingestión directa

Es la forma más sencilla, aunque quizá no la más agradable, ya que la mayoría de estas plantas suelen ser amargas o de fuerte sabor (como dice la frase naturista, «lo dulce enferma; lo amargo cura»). Pero siempre podremos masticar unas hojas de menta y disfrutar del refrescante sabor de boca que dejan, sin necesidad de calentar agua y preparar una infusión. Lo mismo podemos hacer con las hojas de melisa, tomillo, salvia –un poco amarga– o de cualquier planta que se tercie; siempre y cuando tengamos la certeza de que no es tóxica. ¡Cuidado con el ajenjo! Su amargo y desagradable sabor puede persistir más de media hora.

Las posibilidades de la ***fitoterapia*** *son ilimitadas: con las plantas medicinales podemos preparar desde una mezcla magistral de varias plantas para curar una dolencia crónica hasta una sencilla infusión relajante.*

Otra forma de ingerir plantas medicinales es usándolas como aliño de las ensaladas; como es el caso del diente de león, la menta o el hinojo. En esta lista entran todas las plantas aromáticas de uso culinario que ya describimos, como es el caso de las flores de capuchina y las de caléndula.

Infusión

Quizá sea la forma más tradicional de usar las plantas medicinales. Lo más frecuente es verter agua hirviendo en el recipiente en el que hemos depositado las plantas que se van a emplear, y dejar reposar la mezcla durante unos minutos. La infusión aprovecha bien los principios activos de las hojas frescas o secas (manzanilla, menta, tila, salvia, tomillo, té negro, etc.); en cambio, no basta para extraer los principios de ramas, cortezas y raíces, para lo cual será preferible recurrir a la decocción.

Decocción

Consiste en hervir las plantas o sus sumidades durante varios minutos (de tres a quince según las plantas) y dejar macerar la mezcla otro tanto. Se recomienda para extraer los principios de las partes más duras y leñosas de las plantas (cortezas, raíces o ramas secas), ya que con ella se consigue, por lo general, una mayor concentración de principios activos. Empleamos a menudo la decocción, con posterior maceración, para extraer las propiedades de las plantas usadas en el huerto como insecticidas o estimulantes de ciertos procesos vegetales (como ajenjo, cola de caballo, etc.).

Cataplasma

Es otra forma de uso directo de las plantas, consistente en machacarlas o triturarlas y aplicarlas sobre la parte afectada en caso de luxaciones, congestiones, eccemas, etc. Son clásicas las cataplasmas de cebolla machacada o de hojas de col. Para fracturas y luxaciones son excelentes las cataplasmas de raíces y hojas de consuelda machacadas. Cuando deseemos aplicar una terapéutica cataplasma de arcilla, podemos prepararla con una decocción de plantas en vez de con agua sola.

La cataplasma es la forma más rápida de aliviar una parte del cuerpo que haya sufrido un golpe, una luxación o aparezca inflamada.

La tintura es una forma sencilla y eficaz de extraer los principios medicinales de numerosas plantas.

Tintura
Consiste en dejar en remojo las plantas en alcohol. El proceso de transferencia de los principios activos suele ser más rápido que en el caso del aceite (unos ocho o diez días). Por este procedimiento conseguimos las tradicionales ratafías (bebidas alcohólicas hechas con hierbas silvestres y que popularmente se usan como tónico digestivo) y las tinturas de romero (alcohol de romero).

Maceración
Se entiende por *macerar* el procedimiento que consiste en dejar en remojo durante un cierto período de tiempo alguna planta o sus sumidades. Se puede acelerar la transferencia de los principios activos al agua –u otro líquido empleado, como el aceite– machacando o triturando las plantas o sus partes. El tiempo de maceración dependerá del uso específico y del tipo de principios activos que deseamos extraer.

CONSERVACIÓN

Todos los preparados de plantas que deban guardarse, los mantendremos en lugares secos, frescos y oscuros, o al menos no expuestos a la luz directa. Los frascos deberán ser lo más opacos posible (cristal marrón o verde oscuro).

Una maceración simple consiste, por ejemplo, en poner unas ramitas de melisa, menta o hierbaluisa en una jarra de agua, para beberla cuando tengamos sed; con ello sólo se transfieren algunas esencias hidrolizadas, suficientes para dar un ligero sabor al agua fresca en verano. Tradicionalmente, en nuestra región se maceraban los estambres de la flor del cardo o de las alcachofas, para usar la preparación resultante como cuajo en la elaboración de queso fresco. Cuando se

Las vías respiratorias inflamadas o congestionadas hallan gran alivio con las inhalaciones del vapor de las decocciones de plantas como la menta o el eucaliptus. De este modo se absorben los principios activos más volátiles de las plantas.

hace con estambres desecados hay que dejarlos doce horas en maceración, mientras que con estambres frescos es suficiente un par de horas.
En la crema de caléndula, el aceite de oliva actúa como receptor de los principios activos de las flores de caléndula. Al ser más lenta la transferencia al aceite que al agua, la maceración suele durar de treinta a cuarenta días. Algo similar se consigue con las flores de San Juan o corazoncillos, con los que obtenemos, por maceración con aceite de oliva virgen, el aceite de hipérico, ideal para quemaduras y problemas de la piel. Producto de la maceración también es la salsa pesto, con aceite de oliva, albahaca, ajo y nueces.

Inhalación
Son los típicos vahos descongestionantes de las vías respiratorias, en los que se emplean hojas de eucalipto y aceite esencial de menta. El proceso es simple: consiste en hervir las plantas y respirar su vapor, cubriéndonos la cabeza con toallas grandes o con una manta.

Destilación
El proceso de destilación permite extraer de la mayoría de plantas medicinales hidrolatos y aceites esenciales. Los hidrolatos son los principios activos y las esencias de las plantas solubles en agua. Los aceites esenciales son los compuestos más volátiles, donde se halla la mayor concentración de principios activos, generalmente solubles en lípidos (grasas y aceites). Podemos recurrir a las esencias comercializadas o fabricarnos sencillos alambiques de destilación para obtener nuestras propias esencias caseras. Dadas las múltiples prestaciones de los aceites esenciales y su elevado precio –si son auténticos–, creemos que vale la pena elaborar nuestros propios destilados.

Plantas condimentarias

Posiblemente la forma más sana de alimentarse sea al mismo tiempo la más sencilla y menos elaborada. Pero qué duda cabe de que existe el arte culinario, encargado de sacarles el máximo partido a humildes verduras o de dar ese toque especial que resalta el plato principal en la celebración de una fiesta. Nuestro país no destaca por el uso de especias y condimentos en las comidas; aparte del ajo, la cebolla, el perejil, el tomillo o el laurel, poco más podemos ensalzar sin recurrir a recetas foráneas. En cambio, la cocina europea –especialmente la francesa– es conocida por su amplio uso de especias condimentarias, y la asiática y la sudamericana, por el uso y abuso de picantes.

La popular albahaca suele cultivarse entre matas de pimientos para ahuyentar los pulgones y, en macetas, como repelente de mosquitos; asimismo, es muy apreciada en la cocina como condimento e ingrediente base de salsas, como el «pesto» italiano.

Tal vez sea la posibilidad de disponer de excelentes frutas y verduras en cualquier época del año, con agradables e intensos sabores propios, lo que no agudiza en exceso la imaginación en nuestra cocina. La dieta mediterránea –tan de moda en la actualidad– es sabrosa y exquisita en su propia sencillez y frugalidad. De todos modos, no está de más tener al alcance de la mano hierbas, especias y plantas aromáticas que siempre podrán socorrernos a la hora de realzar unos espaguetis con salsa pesto (a base de albahaca, nueces, ajos y aceite de oliva) o dar un toque sublime a las patatas con acelgas añadiendo unas ramitas de hinojo. Incluso, de vez en cuando, el condimento pasa a ser el ingrediente base de una excelente comida, como es el caso de las sopas de pan con tomillo y ajo o el imprescindible perejil de croquetas y albóndigas.

Albahaca

La albahaca (*Ocinum basilicum*) es una planta anual procedente de la India o Persia, de unos 30 cm de altura e inflorescencias blancas. Es muy popular en el medio rural y frecuente también en balcones y ventanas de muchos pueblos e incluso en plena ciudad. Se la cultiva con numerosas finalidades: ahuyentar los mosquitos hogareños, proteger de los ataques de pulgones cuando se cultiva intercalada entre pimientos o berenjenas, como condimento en la cocina y con fines ornamentales.

Existen numerosas variedades de albahacas: las verdes, entre las que se encuentran las de hoja fina y las de hoja ancha e incluso las llamadas de hojas de lechuga, la rizada, la violeta, etc.

Usos. Sus usos son muy variados: picada muy fina y esparcida por encima, resulta un excelente condimento de ensaladas; también forma parte de los ingredientes básicos del pisto provenzal o de la salsa pesto italiana, exquisito aliño de espaguetis y ensaladas.

Cultivo. Su cultivo es fácil y poco problemático. Es habitual disponerla en macetas, cerca de puertas y ventanas. Le gusta una tierra rica en humus y con una humedad regular, pero sin encharcamientos. Necesita sol y luz, y debemos protegerla del viento y del frío diurno o nocturno.

Se siembra en semillero a partir de febrero-marzo en las zonas más cálidas y a partir de abril en las zonas templadas y frías. Su trasplante a la intemperie suele efectuarse en los meses de abril-mayo, y podemos hacer uso de ella a partir del mes de trasplante. El marco de plantación suele oscilar según variedades, aunque lo más normal es trasplantarlas de 25 o 40 cm en todas las direcciones. Es habitual ver la albahaca plantada de forma aislada entre cultivos de pimientos o tomates o en macetas.

Conservación. Podemos secarla a la sombra (o en un secador solar) y guardar las hojas en tarros herméticos, a fin de disponer de ella en pleno invierno. El sistema que mejor conserva las cualidades y el aroma de la albahaca es la congelación; existe una técnica sencilla para ello, consistente en rellenar cubiteras con hojas frescas bien prensadas y guardarlas inmediatamente en el congelador. Al descongelar los cubitos dispondremos de la planta con casi todas sus propiedades; además, este sistema permite una buena dosificación a la hora de usarla.

Salsa pesto. Para elaborar esta salsa sólo necesitamos 3 ramitas de albahaca, 4 ajos, 7 nueces (u otros frutos secos) y 1 litro de aceite de oliva virgen. Se trincha todo y se deja macerar en el aceite una semana como mínimo.

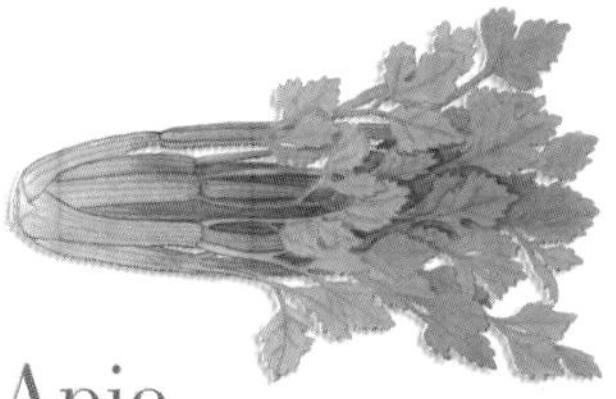

Apio

El apio (*Apium graveolens*) resulta difícil de clasificar, pues se halla a mitad de camino entre las hortalizas y los condimentos. Aquí lo hemos incluido en el segundo grupo pues, a excepción de algunas zonas, suele emplearse más como complemento de sopas y potajes, en los que destaca por su aroma y sabor. También se emplea como ingrediente en ensaladas y zumos multivitamínicos.

Propiedades. El apio tiene propiedades antirreumáticas, carminativas, digestivas, diuréticas, aperitivas, remineralizantes, tónicas e incluso afrodisíacas. Contiene vitaminas A, B, C, y PP, así como muchos elementos minerales, entre los que destacan el calcio, el cobre, el bromo, el hierro, el magnesio, el manganeso, el yodo, el fósforo, el potasio y el sodio.

Características. Como la zanahoria o el hinojo, se trata de una planta bianual de la familia de las umbelíferas, que suele alcanzar una altura de entre 40 y 60 cm.

Cultivo. Prefiere suelos frescos y ricos en humus, con un pH neutro. Las siembras se realizan en semillero protegido o al aire libre, según la época y las condiciones climáticas de la región. Se siembra de marzo a junio. Es importante que la temperatura del suelo sea como mínimo de 14 °C para asegurarnos una buena germinación y evitar que posteriormente las plantas se espiguen y florezcan demasiado rápido. Las semillas deberán quedar muy poco cubiertas para que germinen bien.

Pasados dos meses, las plantas son suficientemente fuertes como para trasplantarlas a su lugar definitivo. Procuraremos realizar esta operación en la luna descendente o en días de hoja según el calendario biodinámico. El marco de plantación suele ser de 30 x 40 cm. En tiempo seco, es muy exigente en agua, requiriendo un buen acolchado o binas y escarchas frecuentes. El aporcado se emplea para el blanqueo de las pencas, aunque sus propiedades se concentran especialmente en las hojas más verdes.

Asociaciones. Congenia con judías, pepinos, coles, puerros, guisantes, tomates, lechugas y rábanos.

Borraja

La borraja (*Borago officinalis*) era una planta anual muy popular en épocas pasadas que, por desgracia, ha caído en desuso en nuestros días. ¿Quién no ha oído hablar del agua de borraja? Se trata de una sopa hecha con hojas de borraja, que en épocas de hambruna era de las pocas verduras disponibles para cocinar, dado su cultivo semisilvestre.

Existen dos variedades bien definidas de *Borago officinalis*: la de flores azules, más silvestre, y la de flores blancas, más frecuentemente cultivada, ya que suele tener las hojas más tiernas. Se pueden usar las hojas y las flores troceadas en las ensaladas, las hojas tiernas para sopas y como verdura, como si de espinacas o acelgas se tratase. En crudo, el sabor de sus hojas recuerda un poco al de las espinacas.

Propiedades. Las flores de borraja son muy apreciadas como infusiones sudoríficas. Las hojas tienen propiedades emolientes, aperitivas, béquicas, calmantes, depurativas, diuréticas y refrescantes. Es muy rica en vitamina C, magnesio y potasio. El alto contenido en potasio de sus hojas las hace recomendables para añadir al compost o usar en acolchados.

Cultivo. La borraja crece en la mayoría de suelos, aunque los prefiere ligeros y ricos en humus. Se siembra de marzo a junio directamente al aire libre y se aclarea en un marco de 25 x 40 cm. También podemos sembrarla en semillero para luego trasplantarla. Si la dejamos florecer y fructificar, ella misma se autosiembra. Es muy común su cultivo en márgenes y bordes de caminos, en donde, una vez instalada, rebrotarán cada año nuevas y decorativas plantas. Sus flores atraen a las abejas y son bastante melíferas.

Las hojas de borraja son un buen ingrediente para sopas, y rebozadas resultan exquisitas. Por su parte, las infusiones de flor de borraja son un buen remedio anticatarral y expectorante.

Cebolleta

La cebolleta (*Allium fistulosum*) es muy similar al cebollino, excepto en que se desarrolla en matas plurianuales, de las que se van cortando hojas y entresacando brotes con sus casi inexistentes bulbos.

Al ser una planta plurianual, suele cultivarse en los bordes de los caminos o en parterres junto a otras plantas medicinales. Sin embargo, dado el restringido uso que suele hacerse de las cebolletas, unas pocas matas son más que suficientes para abastecer las necesidades de consumo de una familia.

Propiedades. Antisépticas, carminativas, digestivas, aperitivas, diuréticas y estimulantes.

Contiene vitaminas A, B, C y PP, así como elementos minerales como el calcio, el hierro, el fósforo, el potasio, el sodio, etc.

Cultivo. Puede sembrarse en semillero de marzo a abril y se trasplanta unas seis o siete semanas más tarde. Lo más habitual es el trasplante por división de mata, que se realiza en marzo o en octubre. No suele tener parásitos ni enfermedades, y el único cuidado que requieren consiste en cortarlas todos los meses a 1 cm del suelo, incluso cuando no se consumen.

Asociaciones. No es conveniente plantarla cerca de leguminosas, como las judías, los guisantes o las habas; en cambio, se asocia muy bien con el cultivo de zanahorias.

Cebollino

El cebollino (*Allium schoenoprasum*) es una planta vivaz, pariente de la cebolla, que se cultiva para su empleo en sopas, como ingrediente de quesos frescos a las finas hierbas, tortillas y salsas. A menudo suele emplearse el mismo cebollino que sirve como plantel de cebolla, aunque el cebollino condimentario no desarrolla bulbos y tiene un sabor ligeramente diferente.

Propiedades. Muy similares a las de la cebolleta.

Siembra. Se siembra en marzo-abril para obtener buenas hojas, las cuales pueden ir cosechándose al cabo de tres meses durante todo el verano. Al ser una planta que soporta mal el invierno, se la renovará cada año mediante siembra directa.

Guindilla

La guindilla (*Capsicum frutescens*) es un pimiento con un fuerte sabor picante, muy apreciado en la gastronomía, sobre todo en los pueblos de Hispanoamérica, donde la llaman *chile picón*.

Propiedades. Se trata de una planta solanácea, que se caracteriza por sus cualidades antiescorbúticas, diuréticas y sudoríficas; contiene un aceite esencial muy intenso y vitaminas A, C, B, E y PP, así como hierro y manganeso.

Cultivo. Se seguirán las mismas recomendaciones de cultivo sugeridas para los pimientos dulces. Conviene alejar el cultivo de guindillas a bastante distancia de las plantas de pimiento dulce, ya que, de lo contrario, los insectos –en especial las abejas– los cruzarían y tendríamos guindillas menos picantes y pimientos dulces con «sorpresa», por lo picantes que saldrían algunos.

Recolección. Se cosechan y consumen verdes, maduros o secos. Para secarlos, suelen ensartarse en ristras pasando un hilo a través de los pedúnculos (rabos) y exponerse al sol en paredes orientadas al sur o en terrazas soleadas y bien aireadas. En climas húmedos y con grandes cosechas podemos usar secadores solares.

Para los amantes de la cocina picante las guindillas son imprescindibles. Pero cuidado de no cultivar las matas de guindilla cerca de matas de pimiento dulce, ya que se producirán cruces de pólenes y sus semillas darían, al azar, algunas plantas de pimientos de gran tamaño, pero picantes.

Laurel

Las hojas de laurel (*Laurus nobilis*) son casi imprescindibles en algunos estofados y dan un toque especial a sopas y sofritos. El laurel es un árbol de hojas perennes que, en zonas cálidas, llega a tener porte alto. No soporta las heladas intensas, por debajo de -10 °C, pues dañan sus hojas y sus brotes, pero en las zonas frías puede cultivarse en macetas grandes o medianas, lo que permite ponerlo a resguardo en invierno.

Cultivo. Se reproduce por medio de esquejes en julio-agosto, o por semillas y acodos. Es fácil de conseguir en viveros, aunque también podemos trasplantar la multitud de hijuelos que crecen cerca de cualquier laurel adulto. Es importante plantar el laurel cerca de la casa, especialmente cerca de la cocina, para poder tener sus hojas siempre a mano, aunque también podemos cortar alguna ramita y colgarla en un lugar accesible; de este modo, las hojas se irán secando poco a poco y mantendrán casi intactas sus propiedades aromáticas. Los setos vivos se benefician con la presencia de algunos laureles.

Mejorana

La mejorana (*Origanum majorana*) es una prima cercana del orégano, de aroma más penetrante pero menos intenso. Las hojitas secas de orégano que hallamos en el comercio son, en realidad, de mejorana cultivada; por lo tanto, es con mejorana con lo que se condimentan las pizzas y la mayoría de guisos.

Propiedades. Tiene propiedades antisépticas, antiespasmódicas, aperitivas, carminativas, diuréticas, digestivas, emenagogas, expectorantes, estimulantes, tónicas y estomacales. Por ello se podría clasificar más bien como planta medicinal que como aromática o condimentaria; aunque, sabiéndolo, podemos procurar hacer mayor uso de la mejorana y de su prima cercana, el orégano.

Cultivo. Es de crecimiento más rápido que el orégano, por lo que podemos empezar a cortar sus ramitas a los dos o tres meses de la siembra. Al estar aclimatada al cultivo hortícola, es algo más exigente en abonado y riego. Tanto la mejorana como el orégano son plantas plurianuales, que pueden permanecer en un mismo lugar hasta diez años consecutivos.

Recolección y conservación. Es preferible recolectar la mejorana y el orégano cuando están bien desarrollados y justo al inicio de su floración. Para preservar mejor su aroma, dejaremos secar las ramitas colgándolas boca abajo en un lugar ventilado y a la sombra. Una vez secas, guardaremos las hojas en tarros herméticos, al resguardo de la luz.

Orégano

El orégano (*Origanum vulgare*) es un sazonador de excelentes propiedades y múltiples usos en la cocina. Además, se trata de una planta muy melífera, por lo que resulta interesante disponerla en arriates por el huerto.

Propiedades. Las mismas que la mejorana, destacando sus cualidades para combatir las afecciones respiratorias, los problemas digestivos y los dolores articulares.

Siembra. Se siembra de marzo a abril, para trasplantarse en otoño o la primavera del año siguiente.

Cultivo. Es una planta silvestre, por lo que no requiere excesivos cuidados. Se desarrolla bien en suelos fértiles, algo mullidos y frescos; le gustan las tierras calcáreas y soporta bien la sequía y los fríos invernales. En las zonas

El laurel debe estar presente en todo huerto familiar. Sus hojas dan un toque singular y muy apreciado a numerosos guisos tradicionales.

extremadamente frías, en invierno, es conveniente podar los tallos y proteger las plantas.

El humilde y multivitamínico perejil puede cultivarse incluso en macetas cerca de la cocina, ya que conviene tenerlo siempre a mano.

Perejil

El perejil (*Petroselinum hortense*) es una humilde planta casi indispensable en la cocina tradicional: en sopas, tortillas, sofritos, estofados o albóndigas no pueden faltar unas hojitas frescas de perejil. Existen numerosas variedades de perejil, siendo los más populares el *común* en nuestras latitudes, y el *rizado* en los países y zonas frías. Para el consumo familiar bastará con unas pocas matas plantadas en algún rincón o incluso en macetas cerca de la cocina.

Propiedades. Antianémicas, antirraquíticas, aperitivas, digestivas, tónicas, estimulantes y sedantes. Contiene gran cantidad de vitaminas A y C, y también vitaminas B_1, B_2, E, PP. Es rico en elementos minerales, como sodio, magnesio, cobre, hierro, manganeso, yodo, fósforo, potasio o azufre.

Cultivo. Para su cultivo comercial requiere una siembra generalmente directa y en bancales, que suelen regarse por inundación; también es factible su cultivo en bancales elevados, regados por aspersión o goteo. Necesita suelos frescos y mullidos, bien abonados y ricos en humus. No le convienen los suelos arcillosos o muy ácidos. Tampoco le gusta el compost poco descompuesto. En zonas cálidas podemos sembrarlo a partir de finales de febrero o marzo; en climas más fríos, en abril. En verano le convienen zonas sombreadas y abundantes riegos. Si deseamos tener perejil en invierno, lo sembraremos entre finales de agosto y septiembre. Florece y produce semillas a partir del segundo año de su siembra; en el mes de agosto podemos recoger las semillas. Para su siembra elegiremos el período de luna menguante o un día de hoja del calendario biodinámico. Su marco de plantación es de 20 x 20 cm.

Rotaciones. La rotación sobre la misma parcela será como mínimo de unos tres o cuatro años.

Asociaciones. Es favorable su asociación con los tomates, las cebollas y los espárragos, y desfavorable su combinación con las lechugas.

Plantas medicinales

Ajedrea

La ajedrea (*Satureja hortensis, S. montana*) es más conocida como *hierba de las olivas*, pues desde antiguo se ha empleado para dar sabor a la preparación de aceitunas verdes o partidas. Su nombre científico proviene del uso culinario que desde siempre se hizo de ella, ya que viene del latín *satura*, «guiso» o «salsa». Entre infinidad de propiedades terapéuticas y múltiples usos en medicina natural, se la considera afrodisíaca y se recomiendan sus infusiones para prevenir problemas prostáticos. Existen diversas especies de ajedrea, pero las cultivadas son dos: la de jardín y la silvestre o de monte. Sus propiedades son parecidas, aunque se hallan más intensificadas en la segunda.

Propiedades y usos. Aparte de su uso culinario y como aliño de aceitunas, la ajedrea tiene numerosas propiedades terapéuticas. Es empleada en afecciones de las vías respiratorias y en las ginecológicas, ayuda a combatir el cansancio físico, alivia las picaduras de insectos, es afrodisíaca, digestiva, colagoga, colerética, carminativa, antiespasmódica, tónica, estimulante, antiviral, fungicida, antioxidante y conservante (por la acción de los ácidos fenólicos que contiene) y su aceite esencial tiene efectos bactericidas. Suele emplearse en infusión (uso interno), y en decocción o cataplasmas para desinfección y cicatrización de heridas y llagas (uso externo).

Clima. Gusta del clima templado, más bien seco, y crece bien en zonas secas de montaña, por debajo de los 1.000 m.

Suelo. Prefiere tierras calizas y pedregosas con elevado pH (de 7 a 8,5), aunque también se desarrolla en las arcillosas, ligeras y arenosas e incluso en las ácidas, siempre y cuando estén bien expuestas al sol. En el huerto, le ofreceremos una tierra suelta, fértil y profunda.

Reproducción. Es una planta plurianual que, una vez establecida en el huerto, se mantendrá en él durante varios años, aunque algunas variedades de la ajedrea de jardín son anuales y habrá que sembrarlas cada año. Podemos sembrar sus semillas o reproducirla por esquejes o por división de pies. La siembra directa suele ser problemática, por lo que se recurrirá al semillero, a ser posible, en macetas. Se siembra en el semillero protegido en febrero-marzo, y se trasplanta al lugar definitivo desde mayo, cuando las plantas han alcanzado los 10 o 12 cm.

Si disponemos de alguna planta de ajedrea, podemos practicar la división de pies, arrancando con cuidado alguna rama que tenga raíces en su base, que enterraremos en el lugar de cultivo, a media altura, procurando que al principio no les falte riego. Esta operación podemos realizarla desde el mes de marzo, o, si no es posible, en otoño.

Recolección. Podemos recortar sus ramas cada vez que lo necesitemos. Si deseamos secarlas, convendrá cortarlas justo antes de la floración. Para la preparación de licores se suelen cortar las ramas floridas. Su época de floración es a partir del verano y dura hasta septiembre-octubre. El secado deberá efectuarse a la sombra.

Ajenjo

El ajenjo (*Artemisia absinthium*) es una planta vivaz, cuyo nombre científico es lo suficientemente claro y expresivo (*ab* = sin; *sinthium* = dulzor), es una de las plantas más amargas que podemos tomar como remedio de problemas intestinales y para regular la menstruación. Su mejor uso, si la cultivamos en el jardín, será como eficaz insectífugo e insecticida vegetal (sobre todo contra pulgones). Durante años fue uno de los ingredientes aromáticos principales del popular *vermut*, término que procede del nombre alemán de la planta, *Wermut*, el cual puede venir del inglés *Wormwood* («monte» y «gusano»), pues no en vano es vermífuga. La absenta se elabora con ella.

Propiedades y usos. Tiene propiedades aperitivas, tónico-digestivas, diaforéticas y vermífugas. Puede usarse en forma de polvo, extracto, infusión, decocción o tintura. En el huerto, sus mejores aplicaciones serán como protector vegetal de las plantas cultivadas –ver las referencias a esta planta en el capítulo 7–.

Clima. Le gustan los climas templados y resiste bien las sequías y las heladas. Aunque la cultivaremos sin problemas en el huerto, suele preferir las zonas montañosas de cierta altitud (hasta los 2.000 m).

Suelo. Es una planta rústica que se adapta a la mayoría de suelos; tal vez los muy arcillosos o húmedos no le convengan.

Reproducción. Se reproduce por semillas –ya sea en semilleros o macetas–, o directamente en la tierra. La semilla es muy fina y suele mezclarse con arena para mejorar su reparto. También podemos recurrir a los esquejes –en el mes de febrero– o a la división de matas de plantas adultas y bien desarrolladas, separando los rebrotes con raíz a finales del invierno y plantándolos directamente en el lugar definitivo.

Áloe

En los últimos años, se ha popularizado muchísimo el uso de los extractos del áloe para toda clase de tratamiento y aplicaciones.

Las propiedades medicinales del ajenjo son bien conocidas, pero, dada su amargura, tal vez decidamos reservar sus infusiones para su uso como eficaz insectífugo protector de cultivos. Existen variedades de artemisas –parientes cercanos del ajenjo– muy ornamentales, que resultan idóneas para su cultivo en el jardín o el huerto medicinal.

Hallamos extractos de esta planta en cremas, jabones, champús, jarabes o en complementos dietéticos. Lo que surge como el descubrimiento del siglo y el remedio milagroso para infinidad de dolencias y problemas, es en realidad un remedio ancestral, popular y muy empleado hasta la aparición de los fármacos de síntesis y los antibióticos. Es una planta plurianual, que pertenece a la familia de las liliáceas, al igual que los ajos o las cebollas. Es originaria de África y se cultiva en muchos países cálidos, tropicales y subtropicales. Su nombre científico es *Aloe vera* (y tiene un sinónimo: *A. barbadensis*), siendo ésta la principal especie medicinal.

El áloe está cobrando merecidamente una gran popularidad. Se trata de una planta considerada mágica por sus particulares características y sus amplias aplicaciones terapéuticas. Resulta fácil de cultivar en cualquier rincón del huerto o en macetas.

Existen numerosas especies de áloes empleadas en jardinería por su vistosidad y resistencia a la sequía. Son corrientes en nuestro país el *A. tigra*, el *A. arborescens*, el *A. extrusiata* o el *A. saponaria*. Todos los áloes pueden tener propiedades terapéuticas y son fáciles de cultivar en el huerto o el jardín para aprovecharlos como remedio casero o como planta ornamental. En Centroamérica –donde fue introducido por los españoles– se lo conoce con el nombre árabe de *sábila* y se le atribuyen no sólo propiedades medicinales, sino también mágicas, como planta protectora de personas y viviendas. En México y América Central es muy frecuente su uso como planta protectora. Consideran que tiene conciencia y se encarga de proteger y dar buena suerte a quienes lo cuidan. Suele plantarse junto al camino de acceso a la casa y cerca de la puerta de entrada, para absorber y neutralizar las energías extrañas o negativas. Más prosaicas y racionales son las investigaciones de laboratorio que durante años ha realizado la NASA. Las conclusiones a las que han llegado son que el áloe es capaz de absorber en ocho horas hasta el 90% de los gases y compuestos tóxicos presentes en una habitación cerrada, sea en una galería soleada o en un invernadero. Filtra sustancias como el benceno, el formaldehído o el tricloroetileno, todas ellas frecuentes en el hogar, al formar parte de fibras sintéticas, plásticos, pinturas, muebles de madera aglomerada, algunos aislantes y materiales de construcción modernos.

Las hojas de las plantas muy expuestas al sol tienden a ponerse marrones, mientras que las que viven en zonas sombreadas suelen presentar una coloración verde claro, azulado o un verde más intenso. Durante las primeras etapas de vida, las hojas tienen unas rayas blancas, que desaparecen a medida que la planta se hace adulta. Estas rayas o puntos blancos son típicas de la especie *A. tigra*, por lo que, cuando las plantas son pequeñas, es posible confundirlas. El *A. tigra* también se diferencia del *A. vera* por su color verde oscuro y una mayor presencia de espinas en los bordes de las hojas, que son más cortas y anchas en su base. El *A. tigra* es más resistente al frío y a las heladas, lo que lo hace más apropiado para los jardines y huertos de climas fríos. Y aunque posea menos principios activos que el *A. vera*, presenta casi las mismas propiedades terapéuticas que su primo. Mi madre siempre emplea el *A. tigra* para golpes y heridas infectadas, obteniendo excelentes y sorprendentes resultados –aunque tal vez la fe también contribuya a ello–.

Propiedades. Todas las especies de áloe presentan propiedades terapéuticas de amplio uso, aunque la más preciada y eficaz es el *A. vera*. Contiene enzimas, proteínas, una sustancia activa llamada aloína, vitaminas B_{12}, B_6, B_5, A y C, así como numerosos elementos minerales (magnesio, azufre, germanio, calcio, potasio, manganeso, sodio, aluminio, cinc, cobres, hierro, plata, cromo y fósforo, entre otros).

Se emplea terapéuticamente como cicatrizante, antiséptico, antiinflamatorio, antibiótico, bactericida, calmante, digestivo, fungicida, depurativo, regenerador celular, tónico, coagulante y desintoxicante. Para tal fin se emplean las hojas de las plantas de más de tres años de edad a partir de su florecimiento. Aunque las plantas jóvenes también pueden usarse, no contienen tantos principios activos y su eficacia es algo menor. Arrancaremos o cortaremos siempre las hojas más grandes y más bajas (las que crecen junto a la tierra). El corte cicatriza sin problemas y no afecta al crecimiento ulterior de la planta.

Usos. Para uso tópico, sobre heridas, cicatrices infectadas, quemaduras o contusiones, se parte por la mitad un trozo de hoja de áloe y se aplica la cara interior mucilaginosa sobre la parte afectada. Podemos dejar actuar al áloe durante un tiempo, envolviéndolo con una venda, sujeta con gasa y esparadrapo. En heridas de consideración y quemaduras, habrá que renovar regularmente la hoja aplicada cada vez que veamos que la piel ha absorbido el líquido gelatinoso de la hoja. También podemos aplicarlo como crema regeneradora de la piel, frotando el trozo de hoja partida por la mitad hasta que sintamos que la piel ha absorbido el mucílago. En algunos casos, la piel queda reseca y tirante; para evitarlo, podemos extender una crema hidratante después de la aplicación del áloe (la crema de caléndula es ideal).

Para uso interno, eliminaremos los bordes espinosos y las pieles que recubren la parte carnosa, ingiriendo esa pulpa, chupándola y masticándola hasta deshacerla en la boca y después tragándola. Aparte de muy terapéutica, es un excelente alimento –ya comentamos sus propiedades digestivas, antibacterianas, cicatrizantes (lo que la hace ideal para úlceras de estómago), depurativas, etc.–. Al principio da reparo masticar una pulpa mucilaginosa, algo babosa y un poco amarga; pero cuando te acostumbras, la encuentras incluso deliciosa. Si no nos vemos capaces de masticarla o tragarla, podemos triturarla o licuarla y tomarla disuelta en zumo de frutas. El primer líquido que aparece al cortar la hoja es más amarillo, de olor fuerte y muy amargo; se llama *acíbar* y es muy laxante. Cuando la hoja exude este líquido amarillento –cuyas manchas en la ropa son difíciles de eliminar–, la lavaremos con agua hasta que obtengamos una pulpa transparente, brillante y cristalina. La pulpa comestible del áloe se llama *cristal de áloe*.

Reproducción. Las plantas de áloe, gracias al agua que retienen sus hojas, pueden vivir largos períodos de tiempo arrancadas de la tierra o sin apenas riego.

Al cabo de varios años de vida, suelen brotar hijos o vástagos, los cuales podremos trasplantar cuando tengan unos 10 o 15 cm de altura (con cuatro o seis hojas). Cuando los trasplantemos, convendrá no regarlos en una o dos semanas para que las heridas de las hojas y de las raíces cicatricen bien; con ello evitaremos posibles podredumbres. Debemos recordar que estamos ante una planta con un cierto nivel de conciencia, lo que implica que habrá que tratarla con un cariño especial si deseamos que se desarrolle correctamente y nos dé lo mejor de sí misma.

Cultivo. El áloe es una planta vigorosa y resistente que tiene pocos enemigos o parásitos. Le va mal el frío intenso (las heladas) y el exceso de agua; soporta bien la sequía y el calor, pero se pudre con demasiada agua; le gustan los lugares cálidos y soleados, aunque crece bien allí donde haya buena iluminación, incluso a la sombra. Podemos plantarla al aire libre si vivimos en climas templados o calurosos, y en el caso de vivir en climas fríos, en invernáculos o en macetas que podamos resguardar durante el invierno.

No precisa de un suelo especialmente rico, aunque se desarrolla mejor en tierras francas, a las que podemos añadir turba y un poco de compost bien descompuesto. En el cultivo en macetas, conviene colocar arena en el fondo de las mismas para que la planta tenga siempre un buen drenaje.

Anís verde

El anís verde (*Pimpinella anisum*) es una planta anual, de la que conocemos particularmente sus semillas, por usarse ampliamente en cocina, panadería, repostería y para mejorar las digestiones o aliviar los trastornos gástricos, sobre todo infantiles por su gran efecto carminativo, que ayuda a la expulsión de los gases intestinales.

Por ser sus semillas relativamente fáciles de conseguir y por tratarse de una planta que deberemos sembrar cada año, quizá no esté muy justificado su cultivo en el huerto medicinal, excepto si deseamos tener la seguridad de que, para la obtención de las semillas que usaremos en la infusión o en las rosquilletas de anís, no se han empleado abonos ni plaguicidas químicos, ni tampoco han sido sometidas a radiación para su larga conservación. Aparte, tendremos el placer de relacionarnos con una planta que ya era cultivada por los egipcios hace más de cuatro mil años.

Propiedades. Entre las virtudes de esta planta, destacan sus propiedades carminativas, estomacales, antiespasmódicas, germicidas, expectorantes y galactógenas –aumenta la producción de leche materna–; también es li-

Las semillas de anís verde son muy apreciadas en la elaboración de rosquillas y dulces. Conviene tenerlas siempre a mano para aliviar problemas digestivos y calmar dolores intestinales, ya que facilitan la evacuación de gases.

geramente afrodisíaca. La esencia de anís, muy empleada en repostería y como saborizante de caramelos, puede emplearse para usos similares, aunque su ingestión directa puede ser peligrosa. Se emplea también externamente, contra los piojos y la sarna.

Clima. Prefiere climas templados, cálidos y secos. Le procuraremos, por tanto, una buena exposición solar.

Suelo. Le gustan los suelos ricos en humus, bien cavados, mullidos, profundos y permeables. Le perjudican los suelos arcillosos, húmedos y con poca luz.

Reproducción. Se cultiva, básicamente, por siembra directa en el lugar definitivo, desde febrero hasta mayo. Cuando las plantitas alcancen entre 5 y 8 cm, practicaremos un aclareo, dejando una cada 30 o 40 cm. Si las sembramos en líneas, el marco de cultivo podría ser de 20 x 50 cm.

Cultivo. Precisará de riegos en tiempo seco, evitando, empero, encharcar la tierra. Practicaremos las binas y escardas que necesite para no ser avasallada por otras hierbas. Es susceptible de ser atacada por pulgones; hay que vigilar su presencia y, de producirse, actuar en consecuencia.

Recolección. La maduración de las semillas tiene lugar en agosto-septiembre; segaremos entonces las plantas con hoz y las pondremos a secar en un lugar ventilado –puede ser al sol– y protegido de la humedad nocturna. Cuando las semillas estén bien secas, procederemos a su desgranado golpeando enérgicamente los manojos sobre una superficie dura y aventando luego las semillas para limpiarlas.

Las flores de caléndula pueden consumirse frescas en ensaladas; secas maceradas en aceite, permiten elaborar la maravillosa crema de caléndula, que se utiliza para proteger la piel y combatir los eccemas.

Caléndula

Esta humilde planta, que alegra los jardines con sus flores de intenso color amarillo o naranja vivo, de aspecto parecido a las margaritas, es una planta medicinal de múltiples usos y muy apreciada. Vale la pena tener caléndula (*Calendula officinalis* es su nombre científico) en el huerto medicinal o en cualquier rincón del huerto hortícola o el vergel.

Es originaria de Egipto, llegó a Europa en la época de las cruzadas y empezó a cultivarse en los huertos y jardines de conventos y monasterios, hasta el punto de que en algunas regiones se las llama «pedos de fraile».

Propiedades y usos. Las flores frescas suelen usarse para sazonar y dar color a las ensaladas. Tanto frescas como secas también pueden usarse como condimento y colorante de guisos, en sustitución del azafrán, aunque su sabor es diferente. La caléndula es antiespasmódica, colerética, sudorífica, emenagoga, hipotensora, antiinflamatoria, vulneraria, cicatrizante, antibiótica, antiséptica y antivenenosa (contra las picaduras de insectos).

Es muy conocida y apreciada su capacidad de protección cutánea, y está muy extendido el uso del aceite y la crema de caléndula. Para curar heridas infectadas o de difícil cicatrización, así como eccemas rebeldes, se aconseja el uso de la planta fresca machacada y aplicada en cataplasmas.

Clima. Se adapta a cualquier clima y, aunque prefiere los templados, resiste tanto las sequías como las heladas (hasta -15 °C). En veranos calurosos habrá que regarla con cierta frecuencia.

Suelo. Es muy poco exigente en cuanto a suelo, y aunque le gustan los terrenos calizos, arenosos e incluso pedregosos, se desarrolla muy bien siempre que se le procuren suelos fértiles, profundos, frescos y bien abonados.

Reproducción. Es una planta anual –excepcionalmente bienal– que se reproduce por semillas que deben sembrarse cada año, aunque en la mayoría de huertos donde no se recogen las flores se autosiembra con las semillas que produce cada año. Les buscaremos parcelas o zonas soleadas y las sembraremos en marzo o abril en las zonas templadas –florecerán a partir de julio–, y de mayo a junio en las frías. En las zonas templadas y cálidas también pueden sembrarse en otoño (septiembre u octubre). Podemos sembrarlas directamente al aire libre o en semilleros; lo ideal quizá sean las bandejas alveoladas que permiten su trasplante sin dañar las raíces.

Cultivo. No requiere grandes cuidados; es una planta frágil y rústica a la vez. En cuanto a plagas, sólo suele ser atacada esporádicamente por el pulgón y, en otoño o en zonas húmedas, puede tener problemas con el oídio.

Capuchina

La capuchina (*Tropæolum majus*) es una exuberante planta medicinal venida de América (Perú, México y Chile) que se ha aclimatado bien a nuestras latitudes y, aunque aquí no hagamos el amplio uso que de ella se hace en sus países de origen, que incluso son culinarios, conviene cultivarla en el huerto por sus propiedades como ahuyentadora de insectos y reforzante de las plantas cultivadas en el huerto.

Propiedades y usos. Su uso más común, aparte de como protectora de cultivos, es en la cocina, incluyendo sus hojas y flores en ensaladas, a las que otorgan un mágico toque de colorido y un sabor picante que recuerda al de la pimienta. Las semillas tiernas se suelen encurtir como las alcaparras.

Sus propiedades terapéuticas son múltiples: afrodisíacas, antianémicas, antibióticas, antiescorbúticas, antiescrofulosas, antinefríticas y aperitivas; además, alivia las afecciones bronquiales, la bronquitis crónica, la cistitis, y puede usarse como tónico capilar, como depurativa, diurética y emenagoga.

Clima. Le gustan los lugares soleados, aunque crece muy bien medio sombreada y soporta fríos intensos (hasta -15 °C).

Suelo. Prefiere suelos fértiles, profundos, arenosos o ligeros y frescos, aunque no deben encharcarse.

Reproducción. Es fácil tanto por semilla como por división de mata o por esquejes. Suele ser una planta plurianual, y sus propias semillas la resiembran, asegurando su pervivencia y facilitándonos plantitas para trasplantar bajo los árboles o junto a las plantas que deban protegerse de los insectos.

Cultivo. Conviene regarla en épocas calurosas, pero no en invierno, como tampoco es aconsejable mojar las hojas en esa época. La atacan algunos pulgones, pero sobre todo son las orugas de varias mariposas (especialmente las de la col) que la devoran con fruición.

Consuelda

Hemos expuesto en el apartado dedicado a los abonos verdes las enormes propiedades de la consuelda (*Symphytum officinale*) como fertilizante orgánico muy empleado por numerosos horticultores ecológicos. A continuación describiremos las propiedades terapéuticas y medicinales de una planta común, e incluso invasora en las tierras húmedas, de la mayoría de países europeos, pero poco conocida en los climas secos y mediterráneos. Su nombre viene de la expresión latina *consolida* y significa «que suelda», en alusión a sus conocidas propiedades para soldar huesos rotos y cicatrizantes.

Propiedades y usos. La consuelda tiene propiedades cicatrizantes y soldadoras de huesos rotos y da buenos resultados en las afecciones crónicas de las articulaciones y los huesos; también se usa para combatir los trastornos crónicos de las vías respiratorias (anginas y catarros); además, es antieccematosa, antiflebítica, antihemorroidal, antiulcerosa, antivaricosa, antinefrítica, béquica y antidiarreica, y alivia las contusiones, las dislocaciones y las quemaduras.

La decocción de las raíces sirve para practicar lavados con el preparado resultante o aplicarla en compresas para curar úlceras, heridas, contusiones o quemaduras; también se puede emplear la planta fresca rallada o machacada en el mortero. Las cataplasmas de la planta machacada han sido usadas desde antiguo para curar las fracturas y lesiones óseas. Para los problemas de anginas, faringitis y flemones podemos hacer gargarismos con una infusión de sus raíces.

Clima. Se adapta a casi todos los climas, siempre y cuando mantengamos una humedad regular en el suelo. Tolera los fríos intensos, hasta -15 °C.

Las hojas tiernas de consuelda pueden emplearse en cocina de modo similar a las borrajas o las espinacas, aunque, gracias a sus virtudes terapéuticas, su cultivo en el huerto medicinal está indicado para aliviar los problemas derivados de golpes o contusiones, y como reza la expresión latina de la que viene su nombre, para «consolidar» los huesos rotos. En horticultura la emplearemos como acolchado y para elaborar el purín de consuelda.

La equinácea es una planta silvestre de las praderas norteamericanas cuyas propiedades terapéuticas fueron ampliamente conocidas por las poblaciones indígenas. Conviene cultivarla y tenerla a mano para reforzar el sistema inmunológico en los cambios estacionales, ya que ayuda a aliviar los procesos gripales y los resfriados.

Suelo. Favorecen su desarrollo los suelos muy fértiles y húmedos, incluso los pesados.

Reproducción. Aunque es posible, no resulta frecuente su reproducción por semillas; lo más corriente es propagarla mediante división de raíces o cepas, en primavera u otoño. Se trata de una planta plurianual de gran porte y muy rústica, que, una vez establecida, resulta difícil de erradicar, pues, al intentarlo, cualquier trozo de rizoma que quede en el suelo enraizará y brotará de nuevo.

Cultivo. En los suelos pobres o secos tendremos que regarla a menudo y abonarla regularmente con estiércol, aunque no esté muy descompuesto (la gallinaza puede ser una buena opción). Pueden realizarse varias siegas de sus hojas al año, sea para uso medicinal, para forraje o para emplearlas como acolchado o echarlas al compost. Suele florecer de mayo a junio.

Equinácea

En los últimos años hemos asistido al *boom* de la equinácea (*Echinacea angustifolia, E. purpurea*), una planta medicinal casi desconocida para el público hace sólo unas décadas. Procede de las praderas de América del Norte, donde desde muy antiguo los pueblos indígenas que allí habitaban hicieron un amplio uso. Su popularidad se debe, en parte, a sus múltiples virtudes como reforzador del sistema inmunitario o descongestionante de las vías respiratorias, lo que la hace muy útil para aliviar procesos gripales y el resfriado común; incluso es empleada para aumentar las defensas de los seropositivos.

Quizá nunca la hubiéramos conocido –como ocurre con multitud de plantas medicinales– si un sanador (o curandero) americano del siglo pasado no hubiese preparado, siguiendo las indicaciones de terapeutas indígenas, un brebaje «purificador de la sangre», indicado para combatir todo tipo de afecciones, incluidas las picaduras de serpiente de cascabel. El tal doctor Meyer –que no era médico– quiso saber más sobre su planta milagrosa y envió muestras a investigadores, como el profesor J.U. Lloyd o el doctor King, quienes observaron que la raíz de esta planta era muy eficaz para combatir catarros nasofaríngeos, el reumatismo, el cólera y las úlceras de las piernas, y como antiséptico y desinfectante general. A principios de siglo empezó a ser ampliamente conocida en Estados Unidos y su fama llegó a Europa. El doctor alemán Gerard Madaus fue expresamente a buscar la planta y se trajo semillas de la *E. purpurea*, que allí era conocida como *equinácea de jardín*. Aunque todos los estudios realizados en América se centran en la *E. angustifolia*, que crece espontánea en las praderas, los europeos han centrado sus investigaciones en la *E. purpurea*. Sus propiedades no difieren mucho, y cualquiera de las variedades conocidas puede cultivarse y usarse para fines terapéuticos. No es necesario consumir exclusivamente las raíces, pues toda la planta tiene propiedades similares.

Propiedades y usos. Entre las aplicaciones más conocidas de las equináceas están sus cualidades antiinfecciosas –sobre todo de las vías respiratorias, con un claro efecto descongestionante–, estimulantes de la fagocitosis, antiartríticas y antirreumáticas. Resultan también un buen remedio para las afecciones de la piel (eccemas, alergias, psoriasis); y se usan como terapia para los cánceres digestivos (hepático, colonrectal y pancreático) y como cicatrizante y regenerador en caso de congelación.

Suele usarse la planta entera o sus raíces y los mejores resultados se obtienen con el jugo fresco que podemos obtener licuándola. También podemos conseguir un excelente desinfectante de heridas y antiséptico de uso externo preparando una tintura alcohólica.

Clima. Se adapta bien a casi todos los climas. Los grandes fríos invernales le producen un parón vegetativo que le permite rebrotar con más fuerza en primavera.

Suelo. Se adapta a la mayoría de suelos, soportando los calcáreos y creciendo bien en los suelos fértiles de los huertos y jardines.

Reproducción. Es una planta plurianual que se reproduce por semillas y que, una vez enraizada, brota cada año sin mayores problemas. La siembra puede realizarse directamente al aire libre unos meses antes de la primavera, para que el frío produzca un proceso de maduración de las semillas –hay quien guarda las semillas húmedas envueltas en turba en la parte baja del frigorífico, creando así un proceso de hibernación artificial–.

Cultivo. Es una planta rústica y muy ornamental, con flores parecidas a las margaritas, pero más grandes y coloridas. No precisa de cuidados especiales, y su cultivo es similar al de las margaritas.

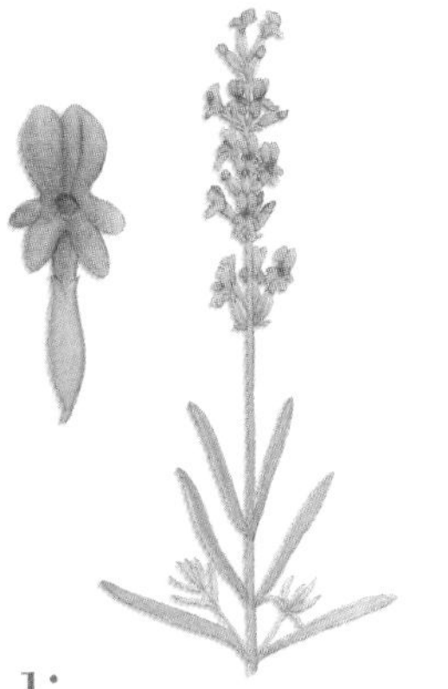

Espliego

El espliego (*Lavandula spica* = *L. latifolia*) es una variedad de lavanda mucho más rústica que la *Lavandula officinale*. Suele crecer en montes incultos y terrenos abandonados, áridos y a menudo pedregosos, de preferencia calizos. Los romanos le dieron el nombre de *Lavandula* (*lavare* = lavar) por ser el uso que se daba a sus flores para perfumar las aguas de los baños. Popularmente las flores de espliego se emplean para perfumar los armarios y para hacer saquitos perfumados que se suelen colocar bajo la almohada con objeto de conseguir dulces sueños. El espliego se distingue del resto de lavandas por sus tallos erectos y cuadrados de entre 40 y 60 cm de altura, con hojas opuestas, alargadas y de un color verde azulado, de los que arrancan dos ramas laterales y una central en forma de tridente, coronadas por unos glomérulos florales con la característica forma de espiga que le da el nombre científico.

Propiedades y usos. Las flores secas sirven como ambientador, relajante o somnífero, en saquitos bajo la almohada, pero lo más habitual es emplearlas en infusiones o tinturas, aunque, sobre todo, se hace bastante uso del aceite esencial de espliego, con propiedades similares a las del aceite de lavanda, pero algo más alcanforado y de aroma penetrante. El espliego destaca como antirreumático, antiespasmódico, antiséptico, colagogo, colerético, carminativo, diurético, activador de la circulación y tónico.
Generalmente, para estos usos se emplea en forma de infusión o decocción. La esencia de espliego tiene altas propiedades antirreumáticas, pero, sobre todo, es antiséptica y desinfectante de heridas y llagas, cuya cicatrización estimula –para este fin también puede usarse la decocción–. El alcoholato (la parte acuosa resultante de la destilación) se emplea como loción antirreumática y como insecticida. Mezclado con terebentina se emplea en veterinaria como parasiticida, desinfectante y cicatrizante.

Clima. Es una planta típica de climas cálidos y secos y soporta bien las sequías prolongadas, aunque ello redunde en una menor proporción de aceite esencial. Resiste las heladas, llegando a soportar hasta -15 °C. No le perjudica la humedad, aunque prefiere lluvias esporádicas, sobre todo en primavera.

Suelo. Prefiere pobres, secos y calcáreos, no tolera los ácidos ni los pesados y teme los encharcamientos de agua. En suelos fértiles y profundos crece espectacularmente, pero con pocos compuestos aromáticos y da poco aceite esencial.

Reproducción. Suele ser una planta silvestre, que se adapta bien al huerto si le proporcionamos una exposición bien soleada. Podemos sembrar sus semillas en semillero protegido o en macetas. Generalmente se siembra en otoño o en febrero con semillas de menos de un año, pues pierden con facilidad su poder germinativo; conviene estratificarlas en arena hasta el momento de la siembra. Su germinación es lenta y precisa riegos o humedad regulares. Se trasplanta a partir de abril o cuando la planta está bien desarrollada.
Dado el bajo porcentaje germinativo de las semillas de espliego, también podemos recurrir a plantar esquejes o dividir los pies, procurando en este caso proporcionar riego regular hasta su enraizamiento completo. Los esquejes se cortarán de ramas jóvenes de plantas adultas (de seis a ocho años), con una longitud de 12 a 15 cm y un grosor de 5 mm. Conviene cortarlos en otoño y estratificarlos en arena, guardándolos en la parte baja del frigorífico, para plantarlos en primavera. La división de pies puede hacerse desde noviembre hasta marzo.

El espliego es muy decorativo, tanto allí donde crece como dispuesto en ramilletes por los rincones de la casa. Las flores secas sirven de ambientador natural y se colocan en las almohadas para facilitar dulces sueños. Comparte la mayoría de estas propiedades con sus parientes próximos, lavandas y lavandines, que también pueden ser fácilmente cultivados en el huerto medicinal.

La ornamental hierbaluisa, también conocida como «marialuisa» o «verbena olorosa», merece un espacio propio en todo jardín o huerto medicinal. Conviene tener siempre a mano hojas frescas o secas de hierbaluisa, planta que posee propiedades tónicas, estomacales y digestivas.

Cultivo. Una vez enraizada la mata de espliego, no tendremos que ocuparnos demasiado de ella, aparte de impedir que la asfixien las hierbas. Florece a partir de mayo o junio. En las plantas adultas pueden cortarse en junio las ramificaciones florales; y vuelven a emitir flores, que permanecen hasta finales del verano.

La recolección de las flores se hará en tiempo seco y lo más temprano posible, pero cuando se haya secado el rocío matinal. Conviene hacer un corte anual para que rebrote con más fuerza. Es una planta especialmente apta para destilarla en alambiques caseros y procurarse así aceite esencial de alta calidad.

Secado. Se secará a la sombra sin que la temperatura exceda los 35 °C.

Lavandas y lavandines. Existen varias especies de lavanda (*Lavandula angustifolia*) y algunas más de lavandines (*L. hybrida*), que son las plantas fruto de los cruzamientos realizados por las abejas, que transportan polen de flores de lavanda hasta flores de espliego, o viceversa. Los lavandines, por tratarse de plantas híbridas, suelen ser estériles. Hay también lavandines fruto de hibridaciones artificiales, que se cultivan para obtención de esencias o para jardinería. La lavanda tiene propiedades similares a las del espliego, aunque sus matas suelen ser mucho más grandes.

Sus necesidades de clima, suelo y cultivo también son similares, aunque las lavandas toleran mal los suelos ácidos y prefieren los más calcáreos, mientras que los lavandines se adaptan mejor a la acidez de la tierra y suelen ser muy empleados en decoración y jardinería. También hay algunas variedades de lavanda que toleran mejor una elevada humedad ambiental, aunque a la mayoría les va mal, y soportan bastante bien las sequías. Las esencias de espliego y de lavandines suelen ser más canforadas, lo que las hace más útiles como analgésico de uso tópico y antirreumático; en cambio, las esencias de lavanda son más suaves y mucho más aptas para usos de aromaterapia y perfumería.

Hierbaluisa

La hierbaluisa (*Lippia citriodora*) es una planta arbustiva y caducifolia de la familia de las verbenáceas. Es de origen americano y fue introducida en Europa a finales del siglo XVIII. El sabor y el aroma de sus hojas recuerda al del limón o la melisa, aunque su cultivo, desarrollo y propiedades terapéuticas son muy diferentes. Quizá debido a su tardía introducción en Europa, es una planta poco usada terapéuticamente, aparte de las clásicas infusiones de después de las comidas.

Propiedades y usos. Ayuda a elevar el ánimo y combatir la depresión. Es una planta con propiedades tónicas, estomacales, digestivas, antiespasmódicas y carminativas. Suelen emplearse sus hojas en infusión, solas o mezcladas con otras plantas.

Clima. Es una planta termófila que se desarrolla bien en climas templados y cálidos, pero tiene problemas a partir de los 800 m de altitud y en las zonas muy frías.

Suelo. Le gusta un suelo fértil, profundo, de consistencia media, mullido y perfectamente fresco, donde puede alcanzar los 2 m de altura. En suelos pobres también se desarrolla, pero su porte es más pequeño.

Reproducción. La forma más habitual de multiplicarse es por medio de esquejes, a partir de ramas jóvenes, del año, que cortaremos en el mes de agosto, procurando mantener un pequeño fragmento de tallo viejo (talón); las enterraremos unos 5 cm en macetas con sustrato en el semillero y les cortaremos las hojas. Para un buen arraigo, procuraremos que no les falte humedad en ningún momento. También pueden realizarse acodos enterrados y acodos aéreos. En primavera realizaremos su trasplante al lugar definitivo.

Cultivo. No requiere más cuidados que otra planta de jardín, aunque, dado su porte arbustivo, quizá convenga mantener un acolchado orgánico permanente en su base, que evite riegos y controle las hierbas. Le perjudican los vientos fríos, por lo que la plantaremos al socaire y con buena exposición solar. Se trata de una planta muy ornamental, típica de las proximidades de las casas de campo mediterráneas. Conviene podarla de vez en cuando, eliminando las ramas viejas y secas y dándole la forma más apreciada. Llega a superar los quince años de vida.

Su secado es fácil: cortaremos ramas enteras, que colgaremos a la sombra hasta que se sequen por completo, tras lo cual les quitaremos las hojas y las guardaremos en frascos herméticos.

Manzanilla

Sus nombres científicos (*Chamomila recutita* = *Matricaria chamomilla*) proceden del vocablo griego *Chumai-melon* (pequeña manzana de tierra), y su nombre común también hace referencia a la forma y al olor del botón floral. Es anual y crece silvestre en numerosos prados, riberas herbosas, lindes de bosque, tierras secas no cultivadas, bordes de los caminos y otros lugares del litoral mediterráneo. Aunque quizá podamos recogerla silvestre cerca de donde vivimos, su cultivo es fácil y no requiere ningún cuidado especial, por lo que siempre tendremos a mano una planta de conocidos usos como digestivo y calmante de las irritaciones oculares.

Existe registro histórico que las infusiones de manzanilla se vienen tomando desde el siglo I a.C. por sus reconocidas propiedades sedantes, antiinflamatorias y carminativas, muy apreciadas tras las comidas pesadas y entre las personas con el estómago delicado. En agricultura ecológica suele emplearse, sola o junto a la cola de caballo, para reforzar la planta contra los hongos.

Propiedades y usos. Se utilizan los botones florales, no las hojas ni los tallos, pues el contacto con su savia puede resultar irritante para las pieles sensibles. Es un buen sedante, que se usa para calmar el dolor, para las indigestiones, los gases o la gastritis; alivia los dolores menstruales –de ahí su sobrenombre de *matricaria*– y se usa para combatir el asma y ayudar a conciliar el sueño infantil. Es muy popular el empleo de la infusión de manzanilla para lavar los ojos irritados y de la decocción para el lavado del cabello rubio, al que aclara y da brillo. Se le conocen propiedades antiinflamatorias, estimulantes, tónicas, antiespasmódicas, antiflogísticas, sedantes, antialérgicas, vermífugas, emenagogas y colorantes del cabello.

La manzanilla amarga (*Chamaemelum nobile* = *Anthemis nobilis*) tiene usos y propiedades similares a los de la manzanilla común, pero es más amarga y da mejores resultados en trastornos digestivos (indigestión, náuseas, vómitos y pérdida del apetito).

Clima. Le gustan los climas templados, aunque se desarrolla bien en los templado-fríos; soporta el frío intenso y la humedad.

Suelo. Es poco exigente respecto a los suelos en donde crece, aunque los prefiere areno-arcillosos, ricos en humus y francos. Procuraremos cultivarla en tierra permeable pero fresca, e incluso algo húmeda.

Reproducción. Al ser una planta anual, la sembraremos, ya sea directamente en el lugar a partir de febrero, o en semilleros para su trasplante posterior.

Cultivo. Tratándose de una planta rústica y poco exigente, le retiraremos las hierbas competidoras y procuraremos que no falte humedad en el suelo.

Melisa

La melisa (*Melissa officinalis*) es una planta rústica y de muy recomendable cultivo en los huertos familiares, pues aunque como planta medicinal no sea muy popular, en cambio, como su nombre indica, resulta beneficiosa para las abejas, por ser muy melífera. Crece formando matas y, una vez establecida, si no se la controla puede llegar a ser invasora. El aroma que emite al tocarla o al morderla recuerda al del limón. Es una planta muy empleada, junto a la hierbaluisa y la menta, para preparar infusiones digestivas y calmantes, muy indicadas en verano para después de las comidas, justo antes de la siesta.

Existe una gran variedad de manzanillas, tanto silvestres como cultivadas. Su presencia en el huerto medicinal es inevitable si deseamos disponer del mejor remedio para aliviar los trastornos de las digestiones pesadas y las gastritis.

Propiedades y usos. La melisa tiene propiedades antiespasmódicas, sedantes, estomacales, branquicárdicas, algo somníferas, carminativas, coleréticas, diaforéticas, cicatrizantes, antivirales, germicidas y antioxidantes de alimentos. Se usa generalmente en infusión de planta fresca u hojas secas; también pueden usarse extractos, decocciones o licores. La melisa entra en la composición de elixires tan característicos como el Agua del Carmen y en licores como el Chartreuse.

Clima. Necesita climas templados o cálidos; teme las heladas fuertes y prefiere una buena exposición solar, aunque a media sombra o en lugares protegidos del sol intenso.

Suelo. Es una planta rústica y poco exigente, aunque si la cultivamos en suelos ricos en humus y profundos desarrollará una gran masa foliar y floral.

Reproducción. Aun pudiéndose obtener plantas a partir de semillas, no vale la pena preocuparse demasiado por esta opción un tanto lenta y laboriosa, pues arraiga muy bien por división de mata: los tallos jóvenes de las partes externas de la planta que dispongan de algunas raíces se plantarán en macetas o directamente en la tierra, procurando que no les falte humedad.

Cultivo. No precisa más cuidados que su protección inicial de los caracoles y las babosas, y un riego mantenido si estamos en una zona seca. Conviene realizar una siega o corte generalizado cada año (en otoño o primavera) para que rebrote con mayor vigor y evitar la presencia de ramas y hojas viejas y secas.

Pocas infusiones hay tan refrescantes como las preparadas con menta. Las hojas de esta planta también se pueden usar troceadas para dar sabor y frescura a las ensaladas veraniegas. En el huerto medicinal podemos cultivar igualmente la popular hierbabuena (Mentha viridis), con la que se prepara el famoso té moro. Con sus hojas también podremos sazonar sabrosos guisos y estofados.

Menta

La popular menta (*Mentha piperita*), cuyo refrescante sabor está presente en artículos tan dispares como los chicles, los dentífricos o los caramelos calmantes de la tos, al parecer es una hibridación entre la menta acuática (*M. aquatica*) y la menta romana, la popular hierbabuena (*M. viridis*).

Esta planta vivaz se cultiva ampliamente para su comercialización en forma de hojas para infusión y, sobre todo, para esencias. En el huerto familiar será difícil cultivarla en suficiente cantidad como para poder destilarla y extraerle el aceite esencial, pero siempre la tendremos a mano para prepararnos una digestiva y estimulante infusión, especialmente eficaz si se mezcla con hojas de hierbaluisa, o para añadirla como condimento en refrescantes ensaladas veraniegas o usarla en la preparación de platos típicos, como el *tabute*.

Existen muchas variedades de menta. Entre ellas las más conocidas son la menta negra, más alta, con tallos violáceos, hojas oscuras y flores violeta; y la menta blanca, más pequeña y con tallos y hojas más claros y flores blanquecinas, más aromática y penetrante que la menta negra, aunque no tan rústica.

Propiedades y usos. Las infusiones de menta son excelentes para la digestión, ya que incrementan el flujo de secreciones digestivas y bilis y relajan los músculos intestinales. También calman las jaquecas y el dolor de cabeza asociado a problemas digestivos. Tienen propiedades antiespasmódicas, colagogas, coleréticas, estomáquicas, carminativas, eupépticas, antifúngicas y antivirales. El aceite esencial de menta forma parte de algunos preparados estimulantes de las defensas vegetales. A nivel terapéutico, podemos usarla para fricciones estimulantes y para aliviar dolores reumáticos y neuralgias. Es muy frecuente su uso en inhalaciones –junto al eucalipto– para combatir resfriados y problemas de laringe. Las personas con problemas respiratorios y asmáticos hallan un gran alivio en la aromaterapia a base de esencia de menta.

Clima. Se trata de un planta rústica, que requiere una humedad alta y a la que le encanta la luz. Prefiere los climas templados, aunque resiste bien el frío; no ocurre lo mismo con el viento, por lo que habrá que protegerla de él.

Suelo. Le gustan los suelos francos, profundos, fértiles y muy frescos. Crece mal en los suelos excesivamente arcillosos y compactos, y no la favorece el encharcamiento del agua.

Reproducción. Lo más fácil y común es recurrir a la división de pies, ya que la menta agarra con facilidad si cuando la plantamos no le falta humedad en la tierra, el sustrato del vivero o la maceta. Procuraremos cortar ramas con algunas raíces y las despuntaremos antes de plantarlas para reducir la evapotranspiración a través de las hojas.

Cultivo. Intentaremos mantenerle suelo húmedo. En un entorno favorable puede convertirse en invasora, y habrá que arrancar periódicamente los brotes más viejos o limitarle el espacio con piedras u otros objetos.

Milenrama

La milenrama (*Achillea millefolium*) es una planta plurianual, que ha sido comunmente usada para paliar los desarreglos menstruales, pues ayuda a regular el ciclo y reduce el exceso de flujo sanguíneo. Su nombre botánico le viene del amplio uso que el gran guerrero griego Aquiles hacía de ella para sanar sus heridas de guerra. Durante mucho tiempo sus hojas se han usado para cortar o bloquear las hemorragias nasales. También se la denominó *herba militaris* por ser muy aplicada para curar heridas de combate. Como, aunque no queramos, siempre puede darse el caso de cortes o heridas sangrantes durante las labores del huerto, conviene tenerla a mano.

Propiedades y usos. Podemos usar tanto las flores como las hojas en infusión, cataplasma o aplicadas machacadas frescas sobre la herida o la parte afectada. A las virtudes antihemorrágicas y cicatrizantes se añaden las propiedades antiespasmódicas, antiinflamatorias, vulnerarias, astringentes, tónicas, vermífugas, diuréticas y carminativas. Combinada con otras plantas se usa para aliviar los resfriados y la gripe.

Clima. Prefiere los climas templados o templado-fríos, y es resistente a las sequías.

Suelo. Es una planta muy rústica, que se adapta a todas las tierras.

Reproducción. Podemos sembrarla con semillas, si las hallamos en alguna planta existente, pues son poco frecuentes en el comercio, por lo que resulta más fácil reproducirla por división de pies o rizomas.

Poleo

El poleo (*Mentha pulegium*) es una planta plurianual, popular en los huertos familiares de la cuenca mediterránea y muy apreciada tanto por el agradable sabor de sus infusiones como por sus virtudes digestivas, estomacales y carminativas.

El nombre de *pulegium* deriva de la palabra latina que significa «pulga», ya que fue muy empleada como ahuyentadora de estos insectos. Sus hojas frescas frotadas sobre la piel nos protegen de los mosquitos. Florece desde julio hasta octubre.

Propiedades y usos. Sus usos son muy similares a los de la menta, al ser un buen tónico digestivo. También se emplea para aliviar jaquecas e infecciones respiratorias menores, controlar la fiebre y curar los catarros. Además, tiene propiedades antiespasmódicas, colagogas, antisépticas y carminativas.

Clima. Es una planta bastante resistente, que puede cultivarse en climas templados y cálidos. Se resiente un poco con las heladas fuertes.

Suelo. Se adapta bien a los suelos silíceos y le gustan los calizos, aunque prefiere los ligeros, profundos, fértiles y frescos, o sea, los de regadío y los de los huertos bien llevados.

Reproducción. Se reproduce por semillas, que sembraremos en semillero desde el mes de febrero o principios de marzo. Las trasplantaremos a su lugar definitivo una vez haya pasado todo riesgo de heladas. Es fácil adquirir plantas en viveristas y centros de jardinería.

Cultivo. Requiere una humedad regular, por lo que, sin llegar al encharcamiento, la regaremos a menudo. Podemos acolchar las matas para mantener mejor la humedad del suelo y evitar el deseherbado.

La milenrama se caracteriza por sus poderes cicatrizantes y antihemorrágicos. Es una planta que crece en los prados y los bordes de los caminos, pero nosotros podemos cultivarla en algún rincón del huerto medicinal, teniendo en cuenta que sus tallos pueden alcanzar el metro y medio de altura.

Regaliz

El regaliz (*Glycyrrhiza glabra*) es una leguminosa conocida por sus rizomas o raíces dulces que se mascan o de los que se preparan las populares barritas o pastillas de regaliz, tan empleadas como golosina y para aliviar catarros o faringitis.

Es una planta interesante para cultivar en el huerto familiar, pues, aparte de ser una golosina para los niños, la raíz fresca de regaliz es una verdadera fuente de salud, muy eficaz como antiinflamatorio y en dolencias tan dispares como las artritis o las infecciones bucales; además, cuando añadimos trozos de raíz de regaliz a cualquier infusión, reforzamos su aroma y la endulzamos hasta el punto de poder prescindir de la miel o el azúcar.

Su forma arbustiva la hace ideal para setos y lugares con abundante humedad. Como leguminosa, no esquilma la tierra y se asocia bien con otros arbustos o plantas.

Propiedades y usos. Algunas investigaciones muestran la eficacia del regaliz en la hepatitis crónica y la cirrosis hepática. El regaliz disminuye las secreciones gástricas, pero recubre el estómago de un mucus espeso y protector que resulta muy útil en las afecciones inflamatorias del estómago.

Se ha empleado mucho para combatir el asma y los trastornos bronquiales. También es un laxante suave y, además, tiene propiedades antiespasmódicas, calmantes, béquicas, diuréticas, emenagogas, emolientes, expectorantes y sudoríficas. En uso externo, se administra en pomada como antiinflamatorio.

Clima. Debemos buscarle una exposición soleada, aunque le gustan los climas templados y soporta los fríos intensos (hasta -15 °C).

Suelo. Conviene que el suelo donde crece el regaliz sea húmedo, suelto, de consistencia media y rico en humus. De todos modos, soporta bien las tierras secas, aunque en ellas no se desarrollará tanto.

Reproducción. Es fácil de multiplicar mediante semillas, aunque suele ser común plantar vástagos provistos de yemas procedentes del arranque de raíces de tres años o más. También podemos recurrir a los rizomas, que se cortan en otoño y se entierran en arena durante el invierno; en febrero o marzo los sacamos y cortamos en pedazos de unos 40 cm que tengan al menos dos retoños.

Cultivo. Conviene plantarlos en caballones, para que la extracción de sus raíces sea más fácil. Las plantas se desarrollan poco el primer año y están listas para ofrecer sus raíces a partir del tercer año. Si están bien cuidadas, pueden alcanzar los veinte años de vida.

Romero

Probablemente el romero (*Rosmarinus officinalis*) sea una de las plantas medicinales y aromáticas más populares y características de la cuenca mediterránea. Al parecer, su nombre proviene de la unión de dos vocablos griegos: *rhos* (arbusto) y *myrinos* (aromático), algo que define muy bien las características de esta planta que crece formando pequeños arbustos que llegan a tapizar montes y a menudo jalonan los bordes de caminos y senderos de las regiones más cálidas de la península, sur de Europa, norte de África y suroeste de Asia. Escasea y casi desaparece en el norte y noroeste de la península.

Las virtudes medicinales y condimentarias del romero en sus múltiples aplicaciones son muy apreciables; popularmente se utiliza desde la antigüedad para mejorar y fortalecer la memoria. Aún hoy, en Grecia se quema romero en las casas de los estudiantes cuando preparan exámenes. Este efecto es probable que se deba a la acción estimuladora de la circulación sanguínea, que permite una mayor irrigación del cerebro.

El romero es una planta típicamente mediterránea que se utiliza mucho en jardinería como planta ornamental; también se usa para realizar espesos setos de separación de parcelas. Sus flores son muy apreciadas por las abejas, y sus amplias propiedades medicinales y culinarias hacen del romero una planta ideal para su cultivo en el huerto familiar.

También resulta conocido el alcohol de romero, remedio popular para aliviar golpes y contusiones, en parte por sus efectos analgésicos y antiinflamatorios. En decocción, junto con salvia y tomillo, se usa en el lavado y los enjuagues del cabello, deteniendo de forma espectacular la caída del mismo.

Propiedades y usos. Las hojas tienen propiedades antiinflamatorias, colagogas, coleréticas, espasmolíticas, diuréticas, vulnerarias, tónicas, emenagogas, antioxidantes y culinarias, siendo muy empleadas en la paella valenciana y otros muchos guisos populares.

Suele usarse directamente o en infusión y extracto fluido, como estomacal, en casos de insuficiencia hepática y como tónico vigorizante.

De este modo, las infusiones de romero son muy digestivas, favorecen la circulación sanguínea, y también son útiles en caso de padecer estados de estrés o depresión. Tanto las tinturas como el aceite esencial tienen amplios usos tópicos: son antisépticos, antiinflamatorios, antirreumáticos, antiparasitarios, desinfectantes, cicatrizantes, analgésicos y estimulantes del cuero cabelludo.

En veterinaria se usa el alcoholato derivado de la destilación del romero como antiparasitario y para evitar la caída del pelo de los animales.

Clima. Aunque se adapta bien y de hecho se cultiva en casi todo el mundo, prefiere los climas templados y los cálidos. Es muy amante del sol, de modo que lo plantaremos en un lugar con buena exposición.

Suelo. Es una planta rústica que se adapta bien a la mayoría de tierras, aunque las prefiere calcáreas, creciendo sin problemas en suelos pedregosos y áridos.

Reproducción. Tenemos varias opciones reproductivas: por semillas, mediante esquejes o por división de pies. Las semillas se siembran en primavera en semilleros; suelen tener un poder germinativo del 40%, por lo que, cuando tengan unos 5 cm, repicaremos las plantitas nacidas a macetas; una vez arraigadas, podremos trasplantarlas al lugar definitivo. Recordemos que estas plantas crecen con mayor vigor en las zonas con alteraciones telúricas y sobre cruces de líneas Hartmann.

El medio más rápido y seguro de reproducir el romero es por esquejes. Para ello, en el mes de marzo, usaremos ramitas de unos 15 cm que estén bien desarrolladas, enterrándolas a media altura. El enraizamiento tarda unos dos meses y podemos trasplantarlas en otoño o en la primavera siguiente. La división de pies, aunque es posible, resulta difícil y poco empleada.

Cultivo. Es una planta poco exigente que con abundante riego y en suelos fértiles alcanza grandes dimensiones, aunque concentra menos principios activos. Nos limitaremos a cortar las ramas que necesitemos y podar las ramas viejas y las resecas. La mejor época para cortar el romero de cara a su secado es tras su floración (en verano); después de cortarlo, lo dejaremos secar a la sombra. Para su destilación, lo cortaremos en plena floración y en tiempo seco y soleado.

Salvia

Reza el dicho popular: «¿Tienes salvia en el huerto y, a tu hijo, muerto?», en un juego de palabras derivado de su etimología latina (*salvia* viene del verbo latino *salvare*, que significa «salvar»). Y es que a la salvia (*Salvia officinalis*) se le atribuyen, con razón, numerosas propiedades medicinales y terapéuticas. Es una planta vivaz y plurianual, que se desarrolla en enormes matas que, al florecer, desde finales de mayo, ofrecen un increíble espectáculo de intenso color y penetrante aroma.

Existen numerosas variedades de salvia: de hojas pequeñas, estrechas o grandes, e incluso gigantes (salvia real), aunque, de hecho, la mayoría tienen propiedades terapéuticas similares; las diferencias entre salvias suelen estar muy ligadas a los distintos suelos y climas en donde crecen. Con un poco de afición, podemos llegar a establecer en el huerto medicinal una colección de salvias, que se distinguirán unas de otras por su tamaño, formas y colores, tanto de las hojas como de las flores.

Propiedades y usos. La salvia tiene propiedades antisépticas, cicatrizantes, estrógenas, tónicas, coleréticas, antisudorales, anti-

Consideradas como plantas salvadoras y «curalotodo», las múltiples variedades de salvia crecen bien en cualquier jardín o huerto, y resultan tan terapéuticas como ornamentales.

La blanquísima flor del saúco crea un agradable contraste con el verde oscuro de sus hojas; sin embargo, lo más interesante es que podemos usarla para la preparación de infusiones sudoríficas, febrífugas y anticatarrales.

espasmódicas, hipoglucemiantes, emenagogas, astringentes y antioxidantes.

Podemos hacer un uso interno, en infusiones, extractos fluidos y tinturas, para combatir los sudores nocturnos –muchas veces tales sudores son provocados por la presencia de agua subterránea o alteraciones telúricas en la vertical donde está situada la cama del afectado–. La salvia también es un condimento alimentario ampliamente usado para sazonar carnes y embutidos. De hecho, da un agradable sabor a los patés vegetales.

CLIMA. Se desarrolla bien en climas templados y cálidos. Resiste las sequías –siempre y cuando no sean muy persistentes– y tolera algo las heladas de hasta -5 °C.

SUELO. Se trata de una planta muy rústica, que se adapta bien a la mayoría de suelos, tanto ácidos como muy calcáreos. Prefiere las tierras de consistencia media, algo ligeras, fértiles, profundas y bien expuestas al sur. No tolera el exceso de arcilla en la tierra porque tiende a retener el agua, se encharca y asfixia las raíces.

REPRODUCCIÓN. Es fácil de reproducir por semillas (en semillero de febrero a marzo y en plena tierra en abril-mayo), aunque también prenden bien los esquejes (en marzo). A menudo se efectúan acodos espontáneos; las ramas que tocan el suelo desarrollan raíces y podemos separarlas y plantarlas allí donde nos interese. La mejor época para enraizar acodos es a finales del invierno. Dado que la salvia desarrolla grandes matas, podemos dividir sus pies y trasplantarlos con facilidad –esta operación es factible a finales del invierno o en los inicios de la primavera–.

CULTIVO. No requiere demasiados cuidados; si no recibe abonado ni demasiado riego concentrará mayores propiedades medicinales que si crece demasiado exuberante. La salvia, junto al romero, el tomillo y otras plantas medicinales, crece bien y aumenta sus principios terapéuticos si es plantada sobre cruces de líneas Hartmann.

Cortaremos las ramas o algunas hojas a medida que las necesitemos. Podemos efectuar un corte general poco antes de la floración o al inicio de la misma, dejando secar las ramas a la sombra, sin que la temperatura supere los 35-40 °C. Una vez bien secas las hojas, se separan de las ramillas y se guardan en frascos herméticos. Procuraremos tratar con cuidado las matas a la hora de cortar sus ramas, pues si las removemos mucho, la planta puede morir. Para su destilación y extracción de aceite esencial se siegan las ramas una vez florecidas.

Saúco

El saúco (*Sambucus nigra*) es un arbusto que, bien cuidado, llega a formar espléndidos árboles que, desde antiguo, han crecido junto a las casas de campo. También crece espontáneo en bosques claros, a la orilla de ríos y arroyos y en barrancos o ribazos. Sus flores han sido empleadas desde antiguo como sudoríficas para combatir las afecciones bronquiales y respiratorias; con sus frutos se prepara un jarabe, y se ha usado con frecuencia para teñir la lana, a la que da un color violeta. En las zonas cálidas, florece desde abril, y hasta julio en las montañosas y frías.

PROPIEDADES Y USOS. Desde tiempos inmemoriales, al saúco de le atribuyen numerosas propiedades terapéuticas. Las flores, usadas generalmente en infusión o decocción, tienen propiedades sudoríficas, calmantes de la tos, anticatarrales, febrífugas, antiinflamatorias, antirreumáticas –en baños–, diuréticas y depurativas, y en infusión fría se usa como colirio para lavar los ojos.

Los frutos se comen cocidos y confitados, aunque algunas variedades contienen sustancias que pueden resultar algo tóxicas. Las cortezas que se hallan tras el raspado de las partes rugosas externas se usan como diuréticas y purgantes. Las hojas son sudoríficas y purgantes.

CLIMA. Se aclimata bien en casi todas partes, crece sin problemas en cotas de 1.000 a 1.500 m, y prefiere buenas exposiciones solares o semiumbrías. Resiste bien en los climas fríos y soporta heladas fuertes.

SUELO. Le gustan los suelos húmedos y fértiles, frescos, sueltos e incluso los arcillosos, tolerando tanto su acidez (pH de 5,5) como su alcalinidad (pH de 8,5).

Reproducción. La reproducción por semillas es posible, aunque algo difícil, pero es fácil en cambio su reproducción por esquejes o estacas de madera tierna, en verano; en otoño usaremos ramas agostadas duras, y en invierno las de madera dura. También podemos arrancar en marzo los vástagos o renuevos que crecen junto al tronco y que disponen de algunas raíces; les procuraremos riego regular, para que no falte nunca humedad en el suelo donde las plantamos, hasta que hayan arraigado bien.
Cultivo. Se trata de una planta rústica, que requiere pocos cuidados y prospera bien si no le faltan lluvias o riegos periódicos. Tiene una tendencia a la excesiva ramificación, y conviene cortar todos los troncos que estorben, dejando sólo tres o cuatro centrales los primeros años, para ir eliminándolas en años sucesivos hasta quedarnos con un tronco central.
Es ideal para cultivarla en crecimiento libre, junto a otros arbustos, en los setos vivos.

Tanaceto

El tanaceto (*Chrysanthemum vulgare* o *Tanacetum vulgare*) es una planta medicinal que crece espontánea en la península y es frecuente encontrarla en jardines y junto a ribazos, setos, taludes o acequias, tiene un sabor fuerte y desagradable y, a pesar de haber sido usada en la antigüedad para expulsar las lombrices intestinales, hoy no suele emplearse por ser ligeramente tóxica. Su mayor uso es en el huerto, como ahuyentadora de parásitos e incluso como insecticida vegetal.
Usos. A nivel terapéutico ha sido empleada como antihelmíntica –contra parásitos intestinales– pero dada su toxicidad ha dejado de usarse. Yo recuerdo que mi madre, cuando nos dolía mucho la tripa, nos daba una infusión de *treólica* –que es el nombre que recibe el tanaceto en mi región–; siempre la preparaba con tres, cinco o siete hojas (impares), y recuerdo que era un remedio muy eficaz, aunque con un sabor amargo y desagradable que echaba para atrás. En el huerto, como insecticida vegetal y antiparasitario, es donde mayor partido le sacaremos; además, tratándose de una planta hermosa con una bella floración de botones de un vivo color amarillo, mejorará el aspecto general de nuestro jardín.
Clima. Crece bastante bien en climas cálidos y fríos e incluso soporta temperaturas invernales de -15 °C.
Suelo. Es una planta poco exigente, que se conforma con cualquier suelo, aunque no le convienen los muy arcillosos ni los compactos. Le gustan los lugares frescos y húmedos.
Reproducción. Puede reproducirse por semillas, sembrándolas directamente en tierra a partir de la primavera. También podemos sembrarlas en semilleros protegidos en otoño y trasplantarlas en primavera, aunque contamos con otras opciones para su propagación: por esquejes, trasplantando los tallos que tengan raíces rastreras, por división de matas y por trozos de rizoma. Estas operaciones se realizan de preferencia en otoño.
Cultivo. No requiere cuidados especiales.

Tomillo

El tomillo (*Thymus vulgaris*) es una pequeña planta vivaz que no necesita carta de presentación, por ser ampliamente conocida y estar muy extendida –la hallamos en montes y senderos de toda la geografía hispánica–. Tal vez por su abundancia, no tenga sentido cultivarla en el huerto, pero en la práctica son muchas las ocasiones en que necesitamos tener a mano un manojito de tomillo para prepararnos una infusión anticatarral que alivie la irritación de faringe –para lo que le añadiremos el jugo de medio limón y una cucharada de miel–, o para usarlo de condimento. Por ello, unas pocas matas plantadas en los rincones más soleados de nuestro huerto nos aprovisionarán de este remedio y condimento popular en cualquier ocasión.

Son tan numerosas las variedades de tomillo que podemos llegar a coleccionarlas en el huerto medicinal. De este modo, en cada ocasión podremos elegir la variedad más adecuada en función de sus propiedades medicinales o condimentarias.

Existen muchas variedades de tomillo, con aromas, sabores e incluso propiedades particulares, aunque, por lo general, son bastante parecidas. Son identificables tanto por el color de sus flores como por el porte de la planta y la coloración de sus hojas (más verdosas o más azuladas).

PROPIEDADES Y USOS. Es una de las plantas a las que tenemos fácil acceso con mayores propiedades antisépticas y desinfectantes. También suele usarse como vermífugo, para eliminar las lombrices intestinales de los niños. Las virtudes del tomillo son enormes, conociéndosele propiedades antisépticas, cicatrizantes, estimulantes, antiespasmódicas, coleréticas, diaforéticas, balsámicas, antioxidantes, vermífugas y condimentarias.

Las infusiones de tomillo son uno de los remedios más populares de las infecciones bucolaríngeas y de la faringitis. El aceite esencial de tomillo es estimulante, expectorante, eupéptico, colerético, antiséptico, antiviral, antifúngico y antihelmético. En agricultura ecológica podemos hacer amplio uso de esta maravillosa planta –ver el capítulo 7–.

CLIMA. Le gustan los climas templados, cálidos y secos y de montaña; resiste bien las heladas, pero no soporta el exceso de humedad ambiental.

SUELO. Prefiere los suelos ricos de aluvión y calcáreos, pero también se adapta a los arcillosos, a los ligeros e incluso a los silíceos, a condición de que estén bien expuestos al sol y que no se encharquen con el agua del riego o de la lluvia.

REPRODUCCIÓN. Es fácil de reproducir por semilla, por lo que podemos sembrarlo en macetas de abril a mayo (o incluso después). Cuando las plantitas tengan más de 10 cm, podremos trasplantarlas a su lugar definitivo. La mejor época es desde noviembre hasta abril.

Resulta común su reproducción por división de pies, ya que es un sistema más rápido que por semillas y garantiza plantas de características similares a las madres, mientras que por semillas se producen variaciones.

Dividiremos las matas sanas y vigorosas y las enterraremos hasta la base de las hojas, de noviembre a marzo, procurando que no les falte riego. También podemos recurrir a los esquejes, siempre y cuando los plantemos en la época vegetativa del tomillo (de primavera a otoño) y procuraremos que no les falte riego hasta su correcto enraizado, que se producirá transcurridos unos dos meses.

CULTIVO. Planta rústica donde las haya, sólo le perjudica el exceso de humedad, tanto ambiental como en el suelo donde crece. Le elegiremos el lugar más soleado del huerto. Una vez establecida la mata, vive por muchos años y nos permite ir cortando ramas en cualquier época del año, aunque es preferible dejarla tranquila en invierno.

Florece a partir de marzo y más intensamente en abril-mayo; realiza una segunda floración en octubre. Los cortes del tomillo destinado a su secado y conservación es preferible efectuarlos en plena floración, aunque también suelen hacerse durante el resto del período vegetativo, hasta finales de noviembre.

Valeriana

La valeriana (*Valeriana officinalis*) se ha popularizado mucho en las últimas décadas dados sus efectos sedantes y relajantes, tan precisos en nuestra estresada y estresante sociedad. Para tales fines viene usándose desde la época clásica. Aunque contiene principios hipnóticos, es un relajante no adictivo y seguro que disminuye la tensión nerviosa y la ansiedad, favoreciendo un sueño reparador.

PROPIEDADES Y USOS. Sus propiedades son múltiples, aunque se suele usar sobre todo para aliviar el estrés. De hecho, la valeriana reduce la hiperactividad mental y la excitabilidad nerviosa, por lo que resulta especialmente beneficiosa para aquellos a quienes les resulta difícil relajarse o desconectarse. Suele emplearse como sedante y somnífero, siendo útil para combatir los insomnios producidos por ansiedad o sobreexcitación. Relaja los músculos agarrotados y alivia la tensión en cuello y hombros.

Se emplean la raíz y los rizomas, que se recolectan en otoño, momento en el que presentan la mayor cantidad de principios activos. Una vez secos se pueden reducir a polvo o trocearlos para usarlos en decocción.

La valeriana se ha convertido en una de las plantas medicinales más vendidas en herbolarios y farmacias debido a sus innegables propiedades relajantes y antiestrés; además, es un excelente sedante y un somnífero natural.

Clima. Se adapta bien a casi todos los climas, aunque prefiere los templados y los de montaña.

Suelo. También se adapta con facilidad a casi todos los suelos, aunque prefiere los frescos, húmedos y fértiles. En los suelos secos de montaña, la raíz es mucho más aromática.

Reproducción. Se reproduce por semillas, que se siembran en semilleros o en recipientes inmediatamente después de su recolección (desde el mes de julio). Se elegirán las semillas de plantas de más de dos años; es importante tener en cuenta que las semillas de valeriana pierden su poder germinativo con facilidad y no suelen conservarse.

La división de pies o matas, arrancando parte de la planta con raíces y yemas bien constituidas es una de las formas más sencillas y seguras de reproducirla. Pueden plantarse directamente a partir de octubre.

Cultivo. Los mayores cuidados hay que prodigárselos en el vivero o tras su trasplante, procurando que no le falte agua. Puede ser atacada por pulgones (ver su control en el capítulo 7). Le gusta la humedad ambiental, aunque un exceso puede acarrearle alguna enfermedad criptogámica.

Plantas silvestres

Achicoria

La achicoria (*Cichorium intybus*) es una planta perenne, de raíz profunda y preciosas flores azuladas, es conocida sobre todo por el preparado que se hace con sus raíces tostadas como sucedáneo del café. De hecho, más nos valdría tomar achicoria en vez de café, pues, aparte de no contener alcaloides excitantes, tiene efectos fortalecedores de la acción estomacal y hepática, y limpia el tracto urinario.

Podemos usar de forma terapéutica tanto sus hojas como sus flores o sus raíces. En sí, la planta resulta un suave tónico amargo, excelente para el hígado y el tracto digestivo. También se toma para afecciones reumáticas y gota, y como laxante suave, especialmente indicado para los niños. La raíz contiene hasta un 58% de inulina y lactonas, así como vitaminas y minerales.

Cardo silvestre

Los cardos *Carduus marianus* y *Carduus benedictus* son los parientes silvestres de las alcachofeeras y de los cardos de pencas, y suelen crecer en terrenos baldíos y junto a los caminos. Tanto el cardo mariano –el más terapéutico– como el cardo santo poseen excelentes virtudes medicinales y han sido empleados en Europa desde hace siglos para remediar los problemas de hígado y para combatir la depresión. De hecho, son un buen tónico amargo, que estimula las secreciones estomacales, intestinales y biliares. Se han empleado para el tratamiento de fiebres intermitentes, pues, además de ser expectorantes suaves, tienen propiedades antibióticas. También constituyen un buen cicatrizante de heridas y llagas. Hoy en día, el cardo mariano es el principal remedio fitoterapéutico para las dolencias hepáticas.

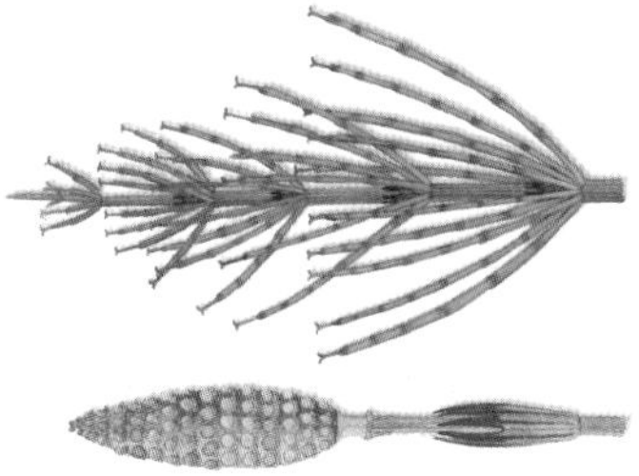

Cola de caballo

La cola de caballo (*Equisetum arvense*) es una planta cuyos usos y

Su gran contenido en sílice confiere a la cola de caballo propiedades cicatrizantes; esta planta también es usada en el cultivo de hortalizas para prevenir el ataque de hongos.

propiedades son muy apreciados tanto en fitoterapia como en la agricultura ecológica. Resulta frecuente hallarla en zonas húmedas y umbrías. Contiene grandes cantidades de ácido silícico y silicatos y también flavonoides, ácidos fenólicos, alcaloides y esteroles. Parte de sus excelentes propiedades están ligadas a su alto contenido en sílice, una buena parte del cual es soluble y puede ser absorbido.
Históricamente se ha empleado como planta cicatrizante y regeneradora de las heridas, para lo cual se usa tanto en cataplasma de planta fresca machacada, aplicada sobre la herida, o en lavados y compresas a partir de su decocción –requiere media hora de decocción–.
También posee efectos diuréticos, empleándose a tal fin junto a los estigmas de maíz homeostaticos y remineralizantes. En agricultura ecológica empleamos su decocción como tratamiento preventivo –e incluso curativo– de los ataques de hongos.

Planta invasora donde las haya, la correhuela tiene su lado positivo empleada como planta medicinal purgante, a la que podemos recurrir en caso de estreñimiento agudo.

Correhuela

La correhuela (*Convolvulus arvensis*) –pariente lejana de los boniatos– resulta una verdadera pesadilla para muchos horticultores, por su capacidad invasora y su difícil erradicación. Por ello, quizá sea interesante conocer algunos de sus usos y propiedades terapéuticas, para que así su presencia en el huerto nos resulte menos ingrata. Tanto las raíces como las hojas de la correhuela tienen propiedades purgantes y suelen emplearse en casos de estreñimiento agudo; al no producir irritación ni vómitos, puede darse también a los niños.
Como la mayoría de plantas amargas, también tiene propiedades colagogas. Para su uso preparamos una infusión (durante diez minutos) con una cucharada de planta por taza de agua hirviendo, a la que se puede añadir unos granos de anís para que su sabor resulte más agradable.

Culantrillo

Este humilde helecho (*Adiantum capillus-veneris*), que también recibe el nombre de parietaria, crece en los lugares sombríos y húmedos, especialmente cerca de los pozos, así como en las paredes con humedad.
El culantrillo ha sido empleado desde la antigüedad para aliviar y tratar la bronquitis, los catarros y la inflamación de garganta. También se considera un buen remedio para los problemas del cabello y el cuero cabelludo.

Diente de león

El diente de león (*Taraxacum officinaleis*) es una planta silvestre, bien conocida por casi todos, y también llamada *amargón* por su sabor amargo. Puede hallarse en casi todas partes: en praderas, terrenos abandonados o en los bordes de los caminos.
Aunque hay variedades cultivables (que descubrimos en el capítulo 10, dedicado a las plantas hortícolas), lo cierto es que resulta relativamente fácil hacerse con él siempre que lo requiramos para aliñar ensaladas o como planta medicinal. En su composición se hallan varios principios amargos e inulina, y es muy rico en potasio.
Entre sus propiedades terapéuticas destacan sus virtudes como diurético, desintoxicante y tónico amargo, siendo usado como aperitivo y purificador de la sangre. Actúa como colagogo, estimulando las contracciones de la vesícula biliar, activando la expulsión de la bilis y previniendo los cálculos biliares. Principalmente

se usan las hojas crudas y frescas en ensaladas, aunque también podemos añadir las hojas a los cocidos o hacer decocciones depurativas con 60 g de raíces y hojas por litro de agua.

Fumaria

A la frágil fumaria (*Fumaria officinalis*) se la considera una buena indicadora de tierras fértiles, e incluso ella misma fertiliza la tierra en su descomposición, por lo que es conveniente incorporarla al compost. En francés se la denomina *fumaterre*, que viene a significar algo así como «estercolatierra».

Aunque como planta medicinal quizá tenga el problema de que en dosis excesivas es algo tóxica, lo cierto es que usada con moderación puede ayudarnos en uso externo para el tratamiento de eccemas, y en uso interno puede resultar útil por sus efectos estimulantes sobre el hígado y la vesícula, o como diurético y aperitivo.

De hecho, sus mayores aplicaciones las hallamos en el tratamiento de problemas de la piel y eccemas, aunque también son interesantes sus propiedades desintoxicantes, laxantes y diuréticas.

Genciana

La genciana mayor (*Gentiana lutea*) prefiere los lugares húmedos y de una cierta altitud, por lo que la podemos encontrar frecuentemente a partir de los 700 m creciendo en los prados y las laderas soleadas de las montañas.

Se trata de una planta silvestre con magníficas propiedades digestivas que está siendo catalogada como planta protegida en numerosos países debido a su paulatina desaparición a causa de una recolección abusiva y poco cuidadosa. Por ello, quizá sea interesante su cultivo en el huerto medicinal.

Tiene propiedades estimulantes y reforzantes del sistema digestivo y suele emplearse habitualmente en la preparación de licores amargos y aperitivos. Su poder estimulante de la actividad digestiva permite a la genciana aliviar muchos de los síntomas asociados a las malas digestiones: gases, indigestión y falta de apetito. De hecho, la genciana mejora las funciones digestivas en general y aumenta la absorción de nutrientes (hierro y vitamina B_{12} sobre todo) a través de las paredes intestinales, por lo que su ingestión también está indicada en los casos de anemia.

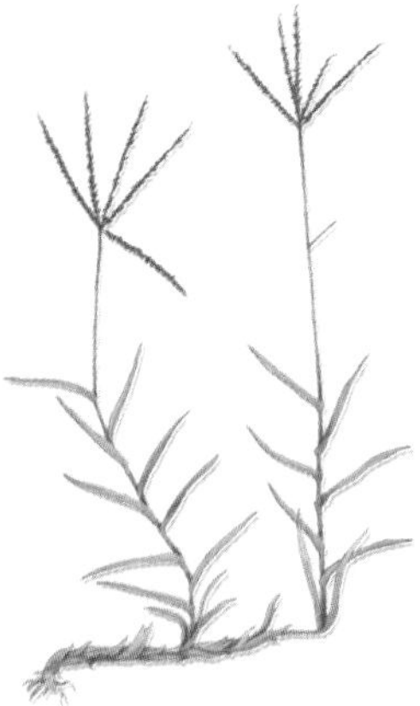

Grama

La grama (*Agropyron repens*), insidiosa y difícil de erradicar del huerto una vez bien establecida, puede sernos de gran utilidad en más de una ocasión. De hecho, en 1597, el herbolario británico John Gerard escribía: «La grama es un huésped mal recibido en campos y jardines, aunque sus virtudes médicas recompensan esos males, ya que abre las obstrucciones del hígado y la uretra sin calor». En tiempos de hambruna se tostaban las raíces de esta planta y se molían, usándose como harina y también como sustituto del café.

La infusión o decocción de la grama es un emoliente y diurético suave, empleándose sobre todo en infecciones del tracto urinario, como la cistitis y la uretritis. Protege las vías urinarias de infecciones y agentes irritantes, aumentando el volumen de orina y diluyéndola.

También se cree que disuelve los cálculos renales; y aunque no lo consiga, en cualquier caso ayuda a que no aumenten de tamaño. También tiene efectos favorables sobre el bazo, el hígado y la vesícula biliar.

La frágil fumaria resulta muy útil en el tratamiento de eccemas de piel; asimismo, tiene propiedades laxantes y diuréticas, aunque hay que tener cuidado, pues en dosis excesivas puede resultar tóxica.

Hipérico

El hipérico (*Hypericum perforatum*) florece en el solsticio de verano, por lo que también recibe el nombre de *hierba de San Juan*. Suele crecer espontáneamente al lado de los caminos, y ya en la edad media constituía un remedio popular contra la locura. Hoy se conocen y aplican sus excelentes propiedades antidepresivas. También se utiliza como magnífico tónico para el hígado y la vesícula, mientras que la maceración de sus flores se usapara cicatrizar heridas y quemaduras leves.

El hipérico, también conocido con los nombres de «corazoncillo» y «hierba de San Juan», es una planta medicinal cuyas maravillosas propiedades antidepresivas avalan su merecida fama. La maceración de flores de hipérico en aceite de oliva virgen da un característico aceite de color rojo, muy popular como cicatrizante de heridas y quemaduras.

Llantén

El llantén (*Plantago major*) es una humilde planta silvestre, también llamada en gaélico «planta curadora» dadas sus múltiples propiedades medicinales. La mejor época para recoger y guardar las hojas de llantén es a finales de la primavera y en verano.

Entre sus propiedades destacan su capacidad para cortar rápidamente las hemorragias, al tiempo que favorece la reconstrucción del tejido dañado, pudiendo usarse en sustitución de la consuelda para el tratamiento de magulladuras y huesos rotos. La pomada de llantén se emplea para tratar hemorroides, fístulas y úlceras. El jarabe es un buen expectorante y anticatarral, para lo cual se usa el jugo de planta fresca. Además, el llantén tiene aplicaciones como remedio de los problemas de gastritis, úlcera péptica, diarrea, disentería, síndrome de colon irritable, catarro bronquial y afonía.

Malva

Un viejo refrán español reza: «Con un huerto y un malvar hay medicinas para el hogar». Con ello queda claro que las medicinas básicas se encuentran en los alimentos sanos del huerto y, a continuación, en las malvas que crecen espontáneamente en los bordes, zonas incultas y al lado de los caminos. Durante siglos la malva (*Malva silvestris*) fue cultivada para el consumo humano. El elemento más importante que hallamos en toda la planta es el mucílago, el cual da cierta viscosidad a las preparaciones a base de malva. Este mucílago tapiza las paredes de los órganos y recubre las mucosas, atenuando las irritaciones del aparato digestivo, regularizando las funciones intestinales y también las del aparato respiratorio, al aplacar la tos.

Ortiga

Las ortigas (mayor: *Urtica dioica*; menor: *Urtica urens*) son otras de las maravillosas «malas hierbas» que suelen crecer en el huerto y en las zonas umbrías, cerca de casas, caminos y ribazos. Las propiedades culinarias y terapéuticas de las ortigas son interminables. Es una planta depurativa por excelencia, y puede emplearse en la cocina en la preparación de sopas, en tortilla y como sustituto de las espinacas, ya que recuerdan mucho su sabor.

Las ortigas tienen conocidas propiedades diuréticas, tónicas, astringentes, antihemorraicas y antialérgicas. Si se consumen durante la lactancia, producen un aumento de la producción de leche materna, y se ha podido comprobar su efecto reductor del agrandamiento o la hipertrofia benigna de la próstata. Hoy en día, algunos naturistas –al igual que los antiguos romanos– se golpean las piernas –y la piel– con ortigas, para activar la circulación sanguínea y desintoxicar el cuerpo.

La ortiga seca molida se da a las gallinas como complemento mineral para aumentar la puesta de huevos y conseguir cáscaras de mayor dureza, ya que las ortigas son ricas en calcio.

Verbena

La verbena (*Verbena officinalis*) era considerada en la antigüedad como una planta mágica, y fue muy usada por los druidas de Gran Bretaña y la Galia. Crece espontáneamente en la mayor parte de Europa, China y Japón, siendo otra de las plantas silvestres que está considerada como un auténtico «curalotodo».

La verbena es una planta amarga que estimula la digestión, pero hay que ir con cuidado, pues a altas dosis provoca vómitos. Se le conocen propiedades tónicas y restauradoras, y es un buen remedio para combatir el estrés y la ansiedad. También alivia las jaquecas relacionadas con la menstruación.

Verdolaga

Esta «mala hierba» presente en muchos huertos es en realidad una planta sumamente interesante desde los puntos de vista culinario y medicinal. En la antigüedad, la verdolaga (*Portulaca olearacea*) era consumida como hortaliza, y actualmente forma parte de algunas ensaladas exóticas, aunque a muchos no les acabe de gustar el jugo mucilaginoso que desprenden las hojas (o los tallos) al ser masticados. La variedad *Sativa* también se puede tomar cruda, simplemente aliñada con un buen aceite.

Se ha comprobado que contiene sustancias antibióticas, y durante mucho tiempo se ha empleado para tratar problemas digestivos e infecciones urinarias.

Tiene además un efecto diurético, que la hace excelente para mitigar dolencias de la vejiga, como la dificultad para orinar.

Sus propiedades mucilaginosas la convierten en un buen calmante de los problemas gastrointestinales, como la diarrea o la disentería, y de las irritaciones de la vegija y las vías urinarias.

En la antigua Roma se usaba para combatir las jaquecas, el dolor de estómago, la disentería y las lombrices intestinales.

En los centros de jardinería podemos encontrar fácilmente los sobres de semillas de una variedad de verdolaga de carácter ornamental. Se trata de una planta híbrida seleccionada por sus bonitas flores multicolor, pero cuyas posibles propiedades todavía son desconocidas.

Considerada como una detestable «mala hierba» por la mayoría de hortelanos, la verdolaga tiene propiedades medicinales y aptitudes culinarias que conviene conocer y aprovechar.

Apéndices

Glosario

Abonar: aportar a la tierra de cultivo elementos orgánicos descompuestos o minerales en estado simple, a fin de activar la vida del suelo, nutrir las plantas o compensar ciertas carencias o desequilibrios.

Abono verde: cultivo destinado para ser segado, triturado e incorporado superficialmente a la tierra, a fin de fertilizarla y enriquecerla.

Aclareo: labor consistente en quitar plantas que crecen muy juntas, dejando únicamente las que pueden desarrollarse correctamente sin molestarse entre sí.

Acolchado (o *mulching*): capa de materiales orgánicos (paja, hierba segada, hojas, etc.) esparcida sobre la tierra y junto a las plantas cultivadas, a fin de protegerlas de la radiación solar, de los rigores del clima, reducir la evaporación del agua, controlar la presencia de hierbas y nutrir los microorganismos del suelo.

Aerobio: dícese del microorganismo que sólo puede desarrollarse en presencia de aire, o del modo de descomposición de las materias orgánicas que necesitan a estos microorganismos. En la horticultura biológica todas las materias orgánicas deben seguir una descomposición aerobia.

Aporcar: labor consistente en desplazar o acumular tierra junto a los tallos de las plantas cultivadas (tomateras, patateras, etc.), a fin de darles soporte, estimular el desarrollo de nuevas raíces o permitirles el acceso a más nutrientes.

Arar: remover la tierra mediante aperos (arados) tirados por un motocultor, tractor o animal de tiro.

Barbecho: dícese de aquellos campos que tras la siega se dejan una temporada sin labrar.

Binado: labor mecánica consistente en remover superficialmente la tierra, a fin de desherbar, activar la descomposición orgánica y reducir la evaporación del agua retenida en la tierra.

Cavar: acción de remover la tierra en profundidad.

Compost: es el resultado de la fermentación en montón (o en compostero) de la mezcla de materiales orgánicos diversos a la que puede haberse añadido enmiendas minerales, cenizas, etc.

Criptogámico: enfermedad o trastorno en los cultivos provocado por hongos.

Desbarbado: acción de cortar el exceso de raíces de algunas plantas en el momento de su repicado o trasplante para facilitar su correcto enraizado.

Desherbar: eliminar las hierbas no deseadas de forma manual, mecánica o mediante calor.

Despedregar: recoger y sacar fuera de los bancales o las parcelas todas las piedras a partir de cierto tamaño que pueden dificultar las labores hortícolas.

Enmiendas: aportes de elementos orgánicos o minerales con la finalidad de compensar posibles desequilibrios o carencias en el suelo o en las plantas.

Escardar: *ver* binado.

Fungicida: sustancia destinada a destruir hongos.

Gradeo: labor consistente en remover la tierra superficialmente, realizada con un apero de arrastre (grada) provisto de numerosas puntas.

Hibridación: resultado del cruce voluntario o espontáneo de pólenes.

Humus: sustancia o elemento vivificador de la tierra que resulta vital para el buen desarrollo de las plantas y es el resultado de la descomposición de la materia orgánica y de la actividad de los microorganismos del suelo.

Laboreo: toda acción mecánica (cavado, gradeo, escardo, aporcado, etc.) destinada a conseguir las condiciones ideales de la tierra para el óptimo desarrollo de las plantas que en ella crecen.

Lixiviación: proceso en el que son arrastrados o lavados los nutrientes y compuestos químicos de la tierra debido a la carencia de materia orgánica que ayuda a su retención.

Mantillo: suele decirse de la capa orgánica en descomposición que se halla en los bosques –tierra de bosque–. Por analogía se designa como mantillo al compost viejo y muy fermentado.

Manto vivo: capa orgánica en descomposición que cubre el suelo y sirve de alimento a los microorganismos de la tierra, las lombrices y las plantas. Precisa de humedad regular para mantener viva la vida microbiana.

Mullir: labor consistente en remover la tierra para airearla, activando la vida microbiana y facilitando el desarrollo de las raíces de las plantas.

Nutrientes: elementos o sustancias vitales para el desarrollo de los seres vivos.

Parásitos: dícese de todo ser (animal, planta, microrganismo, etc.) que vive o se alimenta a expensas de otro. Existen parásitos de las plantas cultivadas y parásitos de tales parásitos –estos últimos suelen llamarse depredadores–.

Plaga: daños masivos y devastadores causados por parásitos (un ataque esporádico de pulgones, ácaros, hongos, pájaros, etc., no puede considerarse una plaga).

Poda: limpieza somera que desembaraza a los árboles o arbustos de sus ramas muertas o superfluas, aligera la ramificación e incluso sirve para dar forma a la cima del árbol.

Purín: líquido resultante de la maceración y/o fermentación de elementos ricos en materia orgánica (plantas, estiércol...) capaz de aportar nutrientes fácilmente asimilables por las plantas y en ocasiones sustancias vitalizadoras o reforzantes.

Recalzar: *ver* aporcar.

Repicado: acción intermedia entre la siembra y el trasplante definitivo a la tierra, consistente en trasplantar las plantitas en sus primeras fases de desarrollo a recipientes con sustrato orgánico, a fin de que desarrollen raíces y se fortalezcan.

Sazón: dícese del estado óptimo de la tierra en cuanto a nivel de humedad que permite el correcto laboreo y la germinación de las semillas. También suele denominarse tempero.

Suelo: sinónimo de tierra. Los agrónomos suelen abusar del término suelo, en tanto que elemento inerte al que hay que aportar los nutrientes de las plantas a las que sirve de soporte, y suelen desdeñar a la tierra en tanto que elemento vivo y vivificador.

Trasplante: acción de emplazar una planta en un lugar concreto tras sacarla del semillero o del recipiente que posibilita sus primeras fases de desarrollo.

Voltear: dar la vuelta al compost del montón o a la tierra –acciones poco aconsejables–.

Índice analítico

Bibliografía

Horticultura ecológica

Alonso de la Paz, Francisco Javier. *El huerto ecológico.* Libsa-Ágata, Madrid, 1998.
Aubert, Claude. *El huerto biológico.* Integral, Barcelona, 1987.
Bruns, Annelore; Bruns, Herbert y Schmidt, Gertrud. *El cultivo biológico.* Blume-Naturart, Barcelona, 1990.
Caballero, Gaspar. *Iniciació a l'horticultura ecològica familiar i escolar.* AFAE, Mallorca.
Dominé, André. *Del campo a la cocina. Alimentación natural.* Könemann, Colonia, Alemania, 1997.
El balcón comestible, guía práctica. Diseños Sostenibles (ver direcciones de interés).
Florin, Xavier. *Cultivar en armonía con la luna y el cielo.* Susaeta, Madrid, 1998.
Hamilton, Geoff. *Pequeña enciclopedia de la horticultura biológica.* El País/Aguilar, Madrid, 1992.
Heck, Irmgard y Kunkel, Mary Anne. *Agricultura ecológica para jóvenes.* Integral, Barcelona, 1990.
Jeavons, John. *Cultivo biointensivo de alimentos.* Ecology Action, Nillits, California, 1991.
Kreuter, Marie Luise. *Jardín y huerto biológicos.* Mundi-Prensa, Madrid, 1994.
Kruger, Anna; Dudley, Nigel y Stickland, Sue. *EcoHogar y EcoJardín.* RBA Libros-Integral, Barcelona, 1999.
Kunkel, Günther y Kunkel, Mary Anne. *Jardinería en zonas áridas.* Alternativas, Almería, 1998.
Mainardi, Fausta. *El cultivo biológico de hortalizas y frutales.* De Vecchi, 1999.
Papon, René. *Huerto revolucionario.* Mandala, Madrid, 1991.
Pfeiffer, Ehrenfried y Riese, E. *Agricultura biológico-dinámica. Boletín 11-12.* Rudolf Steiner, Madrid, 1986.
Seifert, Alwin. *Agricultura sin venenos o el nuevo arte de hacer el compost.* Integral, Barcelona, 1988.
Silguy, Catherine de. *La agricultura biológica, técnicas eficaces y no contaminantes.* Acribia, Zaragoza, 1999.
Tringale, Mimmo. *El balcón biológico.* Ibis, Barcelona, 1992.

Agricultura ecológica

Arman, Kjell. *La dinámica de lo vivo.* Rudolf Steiner, Madrid, 1986.
Arman, Kjell. *La granja y el huerto biodinámicos –consejos prácticos–.* Rudolf Steiner, Madrid, 1985.
Cánovas, Hilgers, Jiménez, Mendizábal, Sánchez. *Tratado de agricultura ecológica.* Instituto de Estudios Almerienses. Cuadernos monográficos nº 23.
Cozzo, Caporali, Ott, Loner, Intinoldi, Totti, Guet, Nicoli, Garofalo. *Lecciones de agricultura biológica.* Mundi-Prensa, Madrid, 1989.
Fukuoka, Masanobu. *La senda natural del cultivo.* Terapión, Valencia, 1995.
Koepf, Herbert. *¿Qué es la agricultura biodinámica?* Rudolf Steiner, Madrid, 1996.
Lampkin, Nicolas. *Agricultura ecológica.* Mundi-Prensa, Madrid, 1998.
Lievegoed, Bernard. *La acción de los planetas en los cultivos y en el hombre.* Rudolf Steiner, Madrid, 1998.
Mollison, Bill. *Introducción a la permacultura.* Tagari, Australia, 1994.
Pfeiffer, Ehrenfried. *El semblante de la tierra.* Integral, Barcelona, 1983.
Pfeiffer, Ehrenfried. *La fertilidad de la Tierra.* Antroposófica, Buenos Aires, 1995.
Roger, Jean-Marie. *El suelo vivo. Manual práctico de agricultura natural.* Integral, 1985.
Schuhmann, W. *Alimentación y agricultura.* Rudolf Steiner, Madrid.
Steiner, Rudolf. *Curso de agricultura biológico-dinámica.* Rudolf Steiner, Madrid, 1988.
Stoll, Gaby. *Protección natural de cultivos.* 1989.
Thun, Maria y Thun, Matthias K. *Calendario de agricultura biodinámica.* Rudolf Steiner, Madrid, Anual.
Thun, Maria. *Constelaciones y agricultura biológico-dinámica.* Rudolf Steiner, Madrid, 1986.
Wistinghausen, C. y E. von, Scheibe, W y König, U.J. *El empleo de los preparados biodinámicos.* Rudolf Steiner, Madrid, 1998.
Wistinghausen, C. y E. von, Scheibe, W. y König, U.J. *La elaboración de los preparados biodinámicos.* Rudolf Steiner, Madrid, 1999.
VVAA. *Volver a la tierra.* Integral, Barcelona, 1978.

Revistas

Agrocultura. Editado en catalán por Amics de l'Escola Agraria de Manresa (ver direcciones de interés).
Boletín *Vida Sana* (ver direcciones de interés).
Ecology and Farming y *Biomed.* Agricultura ecológica en el área regional mediterránea. Revistas del IFOAM –Federación Internacional de Movimientos de Agricultura Ecológica– (ver direcciones de interés).
Humus. Revista de la Asociación Aula de Agricultura de Sevilla (ver direcciones de interés).
Integral. Existe un listado de artículos de agricultura, ecología y temas afines aparecidos en la revista *Integral* desde sus inicios, aunque dada su extensión

nos es imposible incluirlo en estas reseñas bibliográficas. Se puede consultar en las páginas de bibliografía que aparecen en *El libro del jardín natural* o en el *Huerto biológico* de Claude Aubert, editados por Integral.

Les Quatre Saisons du Jardinage. Revista bimestral de agricultura y horticultura ecológicas que publica la Asociación Terre Vivante BP 20, 38710 Mens-Cedex, Francia.

La Fertilidad de la Tierra. Revista de la Federación de Agricultura Ecológica Fanega, Ap. 10, 31300 Tafalla.

Publicaciones autoeditadas

Arbuniés, Javier; Garde, Mariví y Herranz, Enrique. *Los setos en el medio rural. Manual para su conservación y plantación*. Bio Lur Navarra.

Chaudière, Maurice. *Forets frutieres*. Du Dragon Vert.

Chaudière, Maurice. *Genèse d'une ruche*. Du Dragon Vert. Iniciación a la apicultura solar; pedidos a Maurice Chaudière, 07460 Berrias, Francia.

Fukuoka, Masanobu. *La revolución de una brizna de paja*. Permacultura Montsant.

Glöckler, Michaela; Bockemühl, Jochen y Tesson, Marie Françoise. *La calidad de los alimentos*. Asociación de Agricultura Biodinámica de España.

Herrmannstorfer, Udo. *La protección del consumidor*. Asociación de Agricultura Biodinámica de España.

Legasa Laguru, Ángel María. *Agroecología y sistemas agrarios*. Bio Lur Navarra.

Legasa Laguru, Ángel María. *La protección vegetal en la agricultura ecológica*. Bio Lur Navarra.

Permacultura Montsant. *Aldeas en permacultura*.

Permacultura Montsant. *Alternativas al inodoro hidráulico*.

Permacultura Montsant. *Aplicaciones de las energías renovables*.

Permacultura Montsant. *El agua en permacultura*.

Permacultura Montsant. *Lets, redes de ayuda mutua y trueque local*.

Permacultura Montsant. *Lo mejor de los cuadernos de permacultura*.

Permacultura Montsant. *Los bosques en permacultura*.

Permacultura Montsant. *Manual de aprendizaje en la acción*.

Permacultura Montsant. *Permacultura en zonas áridas*.

Permacultura Montsant. *¿Por qué ecoaldeas?*

Permacultura Montsant. *Temas claves sobre sostenibilidad*.

Pfeiffer, Ehrenfried. *Introducción al método agrícola biodinámico*. Asociación de Agricultura Biodinámica de España.

Uranga, José. *El compostaje*. Bio Lur Navarra.

VVAA. *Catálogo de recursos de la agricultura biodinámica*. Asociación de Agricultura Biodinámica de España.

VVAA. *Textos del curso de formación en agricultura biodinámica*. Asociación de Agricultura Biodinámica de España.

Wistinghausen. *Cursillo de iniciación a los preparados biodinámicos*. Asociación de Agricultura Biodinámica de España.

Botánica

Kunkel, Günter y Mary Anne. *El libro de las malas hierbas*. Cajal, Almería, 1987.

Villarias, Jose Luis. *Atlas de malas hierbas*. Mundi-Prensa, Madrid, 1986.

Otros campos agrícolas

Muñoz, Fernando. *Plantas medicinales aromáticas*. Mundi-Prensa, Madrid, 1993.

Rivero, Rufino. *La lombricultura y sus fundamentos*. SAPT Publicaciones Técnicas, Costa Rica, 1993.

VVAA. *Catálogo del libro agrario*. Ministerio de Agricul-tura, Pesca y Alimentación. Secretaría General Técnica.

Otros libros interesantes

Bueno, Mariano. *El gran libro de la casa sana. Geobiología y bioconstrucción*. Martínez Roca, 1992.

Bueno, Mariano. *Fluir con la vida*. Martínez Roca, 1997.

Bueno, Mariano. *Vivir en casa sana. Introducción a la geobiología*. Martínez Roca, 1988.

Embacher, Franz. *Relojes de sol. Teoría y construcción*. Progensa, Sevilla, 1992.

Equipo Análisis Ecológicos. *Evite los nitratos*. Integral.

Fölsch, Dotlef W. *Guía para la avicultura ecológica*. GEA (ver direcciones de interés).

Rosa, Raúl de la. *El lugar y la vida*. RBA Libros-Integral, 1998.

Rosa, Raúl de la. *Radiestesia*. RBA Libros-Integral, 1998.

Schwenk, Theodor. *El caos sensible*. Rudolf Steiner, Madrid, 1988.

Tompkins, Peter y Bird, Christopher. *La vida secreta de las plantas*. Diana. México.

Val, A. del. *El libro del reciclaje*. Integral.

Direcciones de interés

Consejos reguladores de agricultura ecológica

Comité Andaluz de Agricultura Ecológica
C/ Cortijo de Cuarto s/n. 41014 Sevilla
T. 95 468 06 73
Comité Aragonés de Agricultura Ecológica ECA.
Chalet nº 1. Barrio de Movera s/n. 50194 Zaragoza
T. 976 58 69 04
Comitè d'Agricultura Ecològica del País Valencià
C/ Camí de la Marjal s/n. 46470 Albal
T. 96 126 27 63
Comité de Agricultura Ecológica de la Comunidad Autónoma de Madrid
Ronda de Atocha 17, Bajo. 28012 Madrid
T. 91 580 16 61
Consejo de la Producción Agraria Ecológica de Navarra
Avda. San Jorge 81, entl. dcha. 31012 Pamplona
T. 498 17 83 32
Consejo de la Producción Agraria Ecológica del Principado de Asturias
C/ Coronel Aranda s/n. 33071 Oviedo
T. 98 510 56 26
Consejo Extremeño de la Producción Agraria Ecológica
Avda. Portugal s/n. 06800 Mérida
T. 924 38 27 74
Consejo Regulador de Agricultura Ecológica de Canarias
C/ Valentín Sanz 4, 3º. 38003 Tenerife
T. 922 24 62 80
Consejo Regulador de Agricultura Ecológica de Cantabria
C/ Héroes 2 de Mayo s/n. 39600 Muriedas
T. 942 25 40 45
Consejo Regulador de Agricultura Ecológica de Castilla y León
C/ Pío del Río Hortega 1, 5º A. 47014 Valladolid
T. 983 34 26 40
Consejo Regulador de Agricultura Ecológica de Galicia
C/ Pescadería 1. Apdo. Correos 55. 27400 Monforte de Lemos
T. 982 40 53 00
Consell Balear de la Producció Agrària Ecològica
C/ Eusebi Estada 145. 07009 Palma de Mallorca
T. 971 17 71 08 Fax: 971 17 71 08
Consell Català de la Producció Agrària Ecològica
C/ Gran Vía 612. 08007 Barcelona
T. 93 304 67 00
Dirección de Política e Industria Agroalimentaria. Departamento de Industria, Agricultura y Pesca de la Comunidad Autónoma Vasca
C/ Duque de Wellington 2. 01010 Vitoria
T. 945 18 82 01
Dirección General de Alimentación de Investigación y Desarrollo Rural. Consejería de Agricultura, Ganadería y Departamento Rural de La Rioja
C/ Gran Vía 56. 26002 Logroño
T. 941 29 11 50
Dirección General de Alimentación y Cooperativas. Consejería de Agricultura y Medio Ambiente de Castilla la Mancha
C/ Pintor Matías Moreno 4. 45002 Toledo
T. 925 26 67 51
Dirección General de Estructuras e Industrias Agroalimentarias. Consejería de Medio Ambiente, Agricultura y Agua de Murcia
Plaza Juan XXIII s/n. 30071 Murcia
T. 968 36 27 10

Asociaciones de agricultura ecológica

ANDALUCÍA

Asociación Sierra de las Cumbres
C/ Majuelo, 36. 29350 Arriate (Málaga)
Aula de Agricultura Ecológica de Sevilla. Escuela UIT Agrícola.
Cortijo del Cuarto. Apdo. 11043 Bellavista. 41013 Sevilla
T. 95 469 07 54/50
Bio Indalo.
Apdo. 2011. 04080 Almería
Escuela de Agricultura Ecológica Sierra de Segura
23350 Puente de Génave (Jaén) T. 953 43 60 66

ARAGÓN

Asociación Eléboro de Agroecología. EU Politécnica.
Ctra. Cuarte s/n. 22071 Huesca T. 974 21 01 74
Asociación Medioambiental Osca Natura
C/ Berenguer 8, 1º. 22002 Huesca

ASTURIAS

Coordinadora de Agricultura Ecológica de Asturias
Apdo. 36. 33300 Villaviciosa T. 985 89 13 67

BALEARES

Associació per al Foment de l'Agricultura Ecològica
Apdo. 1595. 07080 Ciutat de Mallorca
T. 971 71 95 13

Grup d'Agricultura Ecològica.C/ Jaume I, 16b. 07320 Santa Maria del Camí (Mallorca)

CANARIAS

Asociación Achorón. C/ Los Guanches s/n. 38787 Villa de Garafia (Tenerife)
Asociación de Desarrollo Rural El Jable
Centro Cultural de San Isidro C/ Los panaderos s/n. 38600 Granadilla de Abona (Tenerife)
Cultivo Limpio
C/ El Taro 1. El Carretón. 38509 Arafo (Tenerife)
Seminario Permanente de Agricultura Ecológica
Delegación Alumnos Agrícolas
Ctra. Géneto, 2. 38200 La Laguna
T. 922 31 85 42

CASTILLA

Asociación Castellana de Agricultura Biológica Acacia
C/ Unión 82, bis. 13300 Valdepeñas (Ciudad Real)
T. 926 31 32 48
Colectivo Kybele de Agroecología. ETSI Agrónomos
Avda. de la Complutense s/n. 28040 Madrid
T. 91 336 56 05
Materia Activa (Grupo Naturaleza) EUIT Agrícola.
Avda. Complutense s/n. 28040 Madrid
T. 91 544 58 00 ext. 246

CATALUÑA

Amics de la Escola Agrària de Manresa
C/ Sant Joan d'en Coll, 9. 08240 Manresa
T. 93 873 31 12
Asociación de Agricultura Biodinámica de España
Can Ricastell
08490 Tordera (Barcelona)
T.93 765 03 90
Asociación Vida Sana para el Fomento de la Cultura y el Desarrollo Biológicos
C/ Clot, 39, 2º. 08018 Barcelona
T. 93 580 08 18

COMUNIDAD VALENCIANA

Asociación para el Desarrollo de la Agricultura Ecológica
C/ Aldea alta 14. 46160 Lliria (Valencia)
Asociación para el Desarrollo de la Agricultura Ecológica (La Ribera)
C/ Colom 37, 3º. 46600 Alzira
Cadena Ecològica Espanyola
Granja La Peira s/n. 46450 Benifaió
T. 96 179 42 56

EUSKADI

Biolur Gipuzkoa
C/ Urteaga 23. 20570 Bergara
T. 943 76 18 55
Bio Nekazaritza Araba
C/ La Paloma 6, bajo. 01002 Vitoria
T. 945 26 10 47
Ekolur Bizkaia
C/ Garaioltza 23. 48196 Lezama (Bizkaia)
T. 94 455 50 63
Instituto Alavés de Agricultura Ecológica
Avda. Gasteiz 33, 2º. 01008 Vitoria

EXTREMADURA

Tierra Sana. Asociación para el fomento y desarrollo de la Agricultura Ecológica
C/ Costa Rica 6. 10615 Piornal (Cáceres)

GALICIA

Asociación de Agroecoloxia Alberte Rodríguez Pérez
Apdo. 336. 27080 Lugo
T. 982 22 60 19

LA RIOJA

Asociación Riojana de Agricultura Biológica
Apdo. 1561. 26004 Logroño
Colectivo ecologista
Apdo. 115. 26580 Arnedo

NAVARRA

Bio Lur Navarra
Apdo. 10. 31300 Tafalla
T. 948 70 28 05

Asociaciones de consumidores

ANDALUCÍA

Almocafre
C/ Sto. Domingo de Guzmán, 28.14009 Córdoba
T. 957 27 92 40
La Breva
C/ Huerta del Conde 7. 29012 Málaga
T. 95 222 59 51
Cooperativa de consumidores de productos biológicos
C/ Carretería 82, 1º. 29008 Málaga
El Encinar
C/ Ebro 21. 18007 Granada
Federación andaluza de asociaciones y coop. de consumidores ecológicos
C/ Procurador 19. 41010 Sevilla

Direcciones de interés

El Manantial
Ayto. de Loja. 18300 Loja (Granada)
La Ortiga
C/ Procurador 19. 41003 Sevilla
T. 95 570 01 24
Tagarnina
Avda. San Severiano 19 bajo A. 11007 Cádiz
Vida Sana Vital
C/ Juan Montilla 30, 3º izda. 23002 Jaén
T. 953 23 11 89

ASTURIAS
Ecoastur
Mercado El Fontán, puesto nº 6. 33009 Oviedo.
Sede: La Campana Pruvia. 33192 Llanera
T. 98 526 27 65

BALEARES
Es Lledoner
C/ Barrera 24. 07014 Palma de Mallorca
T. 971 45 16 42

CASTILLA LA MANCHA
Germinalia
C/ Blasco Ibáñez 66. 02004 Albacete
T. 967 50 58 64

CATALUÑA
El Brot
C/ Prósper de Bofarull 26. 43202 Reus
T. 977 33 16 47
Cooperativa naturista vegetariana de Catalunya
C/ Casp 78 pral. 08013 Barcelona
T. 93 265 85 07
Germinal
C/ Rossend Arús 47, bajo. 08014 Barcelona
T. 93 485 55 96
El Rebost
Pça. Bell Lloc 4, bxos. 17004 Girona
T. 972 20 20 70
Saó
C/ Dr. Zamenhoff 3. 25001 Lleida
T. 973 20 69 39
Serveis Interprofessionals d'AgroEcologia
Gerona: T. 972 22 45 25
Lérida: T. 973 43 76 76
Tarragona: T. 977 63 83 31
Sinergia. Asociación para la difusión de la permacultura
C/ Zurbano 1, esc. A, 2º 5ª.
08201 Sabadell (Barcelona)
Turbant Roig
C/ Sant Lietzer 39, 3º 1ª. 17600 Figueres
T. 972 52 84 04

COMUNIDAD VALENCIANA
L'Ajup
C/ Tomás Valle 41,izda. 48870 Ontiyent
T. 96 238 13 33
Asociación Valenciana de Consumidores y Usuarios
Pza. Alfonso El Magnánimo s/n.
46003 Valencia
Ecomediterrània coop. v. Agricultura ecològica
C/ Perolers, s/n. 46970 Alaquàs (País Valencià)
T. 96 151 44 01
La Llavoreta
C/ Azkárraga 10. 46008 Valencia
T. 96 385 05 46
El Lledoner
C/ Ros de Ussinos 32 Castellón
T. 96 423 36 77
Senda Verde
C/ Vicente Aleixandre 45. 03205 Elche
T. 96 549 50 49, 96 544 34 39

GALICIA
Bioconsumo Sociedad Cooperativa
Urbanización Hortensia. C/ Os anxeles, chalet nº 6.
15702 Brión de Santiago de Compostela
T. 981 88 76 55

MADRID
La Espiga
Avda. Atenas s/n. Centro Comercial Las Rozas 18.
28230 Las Rozas (Madrid)
T. 91 631 76 59

EUSKADI
Bio Alai
C/ Guatemala 13, bajo. 01012 Vitoria
Bizigai
C/ Via vieja de Lezama 55 L. 48007 Bilbao
T. 94 446 55 93
Landare
Pza. Virgen del Perdón 3, bajo. 31001 Pamplona
T. 948 17 55 35
Otarra
C/ Elizatxo 61, bajo. 20120 Hernani
T. 943 33 25 47
Sumendi
C/ Ávila 1. 48012 Bilbao
T. 94 410 06 44

Trigo limpio. Sociedad Cooperativa
31395 Artariain (Navarra)

Otras asociaciones

ARBA, Asociación para la recuperación del bosque autóctono
Albergue Juvenil Richard Schirmann
Casa de Campo s/n, Apdo. 6001, 2808 Madrid
Asociaciones Red Global de Eco-Aldeas
http://www.gaia.org
Asociación para el Desarrollo de la Sierra de Segura.
Colectivo ecologista Segura Verde/CODA
C/ Mayor s/n. 23370 Orcera
T. 953 48 21 31/85
GEA. Asociación de Estudios Geobiológicos
Apdo. 11041. 46006 Valencia
T. 96 374 36 87

Asociaciones de otros paises

La Federación Internacional de Movimiento de Agricultura Ecológica (IFOAM) publica un directorio anual en el que aparecen la mayoría de grupos y asociaciones dedicadas a la práctica, divulgación e investigación de la agricultura ecológica.
Puede pedirse a: Ökozentrum Imsbach.
D-66636 Tholey-theley (Alemania).

Servicios

Agricultors i ramaders. Indústries transformadores. Consumidors. Organismes oficials
C/ Coromines 3, 3ª A. 08201 Sabadell (Barcelona)
T. 93 726 97 53
Agro-Aula Can Ricastell
08490 Tordera (Barcelona)
Semillas biodinámicas.
Bioagrícola Manchega S.L.
C/ Horno 22. 13300 Valdepeñas (Ciudad Real)
T. 926 31 32 48
Enmiendas minerales y orgánicas.
Biohábitat
C/ Dolors 7, 12540 Vila-Real (Castellón)
T. 964 52 70 71
Distribución por correo de las semillas de Terre de Semences. En su catálogo también hay composteros de jardín, plaguicidas biológicos, cocinas solares y publicaciones difíciles de conseguir.

Mariano Bueno
T. 964 73 03 27
www.mariano-bueno.com
Estudios geobiológicos. Cursos de huertos escolares. Horticultura ecológica, geobiología y bioconstrucción.
Gaspar Caballero de Segovia
Lista de correos. 07144 Costix (Mallorca)
T. 971 51 33 05
Práctica, enseñanza y asesoramiento en huertos escolares y familiares.
Cal Valls
Camí la Plana s/n. 25624 Vilanova de Bellpuig (Lleida)
T. 973 32 41 25
Productos de agricultura ecológica.
Centro Rural de Información Europea de la Comunidad Valenciana
Mas de Noguera 12440 Caudiel-Benafer (Castelló)
T. 964 13 12 60
Cerai
C/ Conde de Montornés, 28, 1º. 46003 Valencia
T. 96 352 18 78/ 96 352 75 36
Calendario lunar biodinámico Artús Porta Manresa
C/ Les Serres 58. 43392 Castellvell del Camp
T. 977 76 22 32
Daiqui. Cooperativa de productores de Galicia
33654 Rairiz da Veiga T. 988 30 21 71
Diseños Sostenibles
C/ Argensola nº 14, 1º Izq. 28004 Madrid
T. 91 700 08 10
Asesoría y gestión medioambiental a empresas, jardinería y horticultura ecológicas.
Ecollavors (Ecosemillas)
Castell de Sales, 17853
Sales de Llierca, Gerona
Granero de semillas ecológicas
Elafos
C/ Industria 22. 55793 Fabara (Zaragoza)
T. 976 63 53 81
Productos de la agricultura biodinámica; esencias naturales para repeler plagas; abono foliar de algas y jabones.
Elafos Mercabarna
T. 93 262 15 15
François-Luc Gauthier
Apartado 233. 20300 Irún (Guipúzcoa)
Vivero de plantas aromáticas y medicinales.
Venta por correspondencia, creación de jardines aromáticos, huertas culinarias, etc.
ECOPRAC
T. 973 32 40 31
Horcas de doble mango y azadas de rueda.

Direcciones de interés

Ministerio de Agricultura, Pesca y Alimentación
Subdirección General de Denominación de Calidad.
Guía directorio de elaboradores de agricultura ecológica.
Paseo Infanta Isabel 1, 28071 Madrid
T. 91 347 54 10
Multiservicios Depuración verde. Ismael Caballero
C/ Julián Gayarre 2, 31240 Ayegui (Navarra)
T. 948 54 65 36
Permacultura Montsant
C/ Nou nº 6. 43360 Cornadella (Tarragona)
T. 977 82 11 97
Proyecto Forestal Ibérico
C/ Sol nº.7. 02270 Villamalea (Albacete)
T. 967 48 35 49
Red de semillas en Euskal Herria
ENHE T.945 275477
Semillas Silvestres
C/ Anlaga nº 24. 14002 Córdoba T. 957 33 03 33
Viveros y catálogo de semillas y todo tipo
de plantas con certificado de cultivo ecológico.
El Semillero
Vicente Solana.
T. 608 32 08 60
Cursos de huerta ecológica cerca de Alcalá de Henares, Madrid.
Servicio de Publicaciones de la Dirección General de Investigación, Producción y Capacitación Agraria
Apdo. 217, 06071 Badajoz.
Guía de productos utilizables en agricultura ecológica.
Sistemes naturals
C/ Jovellanos 28, 1º, 08201 Sabadell
T. 93 725 76 40
Sistemas de gestión y tratamiento natural de
las aguas (depuradoras verdes).
Sociedad Española de Agricultura Ecológica
Apdo. Oficial IVIA, 46113 Moncada (Valencia)
Inventario de plantas autóctonas.
Tecma S.A.
C/ Ciclón 20. Polígono Industrial S.J. de Valderas II
28 918 Leganés (Madrid) T. 91 611 04 61
Desherbadores térmicos de gas e infrarrojos.
Técnicas Agrobiológicas
Dionisio de Nova
C/ Unión 82. 13300 Valdepeñas (Ciudad Real)
T. 926 31 32 48
Cursos y asesoramiento.
Vikra
Mas Els Saiols 17800 Girona
T. 972 19 50 80
Servicios de arboricultura y agricultura. Vivero de plantas autóctonas. Creación y mantenimiento de setos vivos.
Isidoro Zudaire
C/ Toledo, 40, 7º B. Guadalajara
T. 949 21 27 74
Cursos de agricultura ecológica.

FRANCIA
La Chichourle
20, rue du Moulin à Huile. 34460 Cessenon
T. 67 89 51 57
Permaculture Pyrénées
Emilia Hazelip
T. 3 304 68 31- 330 46 51 11
Terre Vivante
BP 2038710 Mens
T. 03 304 76 34 80 80

Centros de investigación

Centro Andaluz de Apicultura Ecológica
Campus universitario de Rabanales
Ctra. NIV km. 396 14071 Córdoba
T. 957 21 86 97
Centro de Investigación Aplicada y Tecnología Agroalimentaria
Apdo. 13 33300 Villaviciosa (Asturias)
Centro de Investigación y Formación Agraria
"Las Torres-Torrejil"
Dirección General de Investigación Agraria
Alcalá del Río (Sevilla)
T. 95 565 08 08
Departament de Biologia Ambiental
Universitat de les Illes Balears
Ctra. de Valldemosa km 7,5 07071 Palma de Mallorca
Departamento de Agroecología
Centro de Ciencias Medioambientales
CSIC Serrano, Apdo 115 28006 Madrid
Instituto Canario de Investigaciones Agrarias
Departamento de Protección Vegetal
Ctra. El boquerón s/n Valle Guerra
38270 La Laguna (Tenerife)
Instituto Nacional de Investigaciones Agrarias CIT-INIA
Ctra. de la Coruña km 7 28040 Madrid
Instituto Valenciano de Investigaciones Agrarias
Apartado oficial 46113 Moncada (Valencia)
Servicio de Investigación y Desarrollo Tecnológico
Apdo, 22 06080 Badajoz
T. 924 28 81 00
Servicio de Sanidad y Certificado Vegetal
Conselleria d'Agricultura i Medi Ambient
Apdo.125, 46460 Silla (Valencia)

Procedencia de las ilustraciones y agradecimientos a los colaboradores

Reza el dicho popular: «más vale una imagen que mil palabras»; por lo que cuando en una obra que pretende ser teórico-práctica como esta consigues apoyar miles de palabras con más de quinientas imágenes, el resultado es tan pedagógico como ilustrativo.

Ello no hubiera sido posible sin la colaboración desinteresada de quienes no han dudado en aportar sus puñaditos de tierra (o compost, semillas...) para crear este espléndido huerto impreso.

El conseguir, seleccionar y amalgamar las imágenes que mejor ilustran cada tema abordado, ha supuesto una titánica labor dirigida con la sabiduría y paciencia infinita que caracteriza a Juan Carlos García –de RBA Realizaciones Editoriales–.

Si bien una gran parte de las fotografías son de cosecha propia –tomadas aquí y allí, en nuestros huertos y en las visitas a huertos de amigos o de desconocidos– muchas otras han sido cedidas expresamente por sus autores para poder ilustrar lo mejor posible cada aspecto tratado en la obra.

Mis sinceros agradecimientos a todos los que han contribuido remarcablemente a que el libro pueda mostrar ejemplos reales y prácticos que nos invitan a imitar.

Gaspar Caballero de Segobia ha aportado las imágenes de los huertos mallorquines realizados con su sistema de parades en crestall, páginas 16i, 17s, 25, 26, 40, 41, 44i, 56, 59, 62, 62-63, 63, 66, 68, 109s, 172i, 211i, 212, 321s.

Rosa Herrero del Mas de Noguera nos brindó las imágenes 94i, 160i, 195i, 209, 230-231 Del Mas de Noguera también son las fotos 162s, 171, 207.

Las diapositivas de Dominique de "Terre de Semences" por la mediación de Manolo Vilchez, ilustran las páginas 202, 211s, 250, 261i.

Los amigos de "Diseños Sostenibles", las páginas 17c, 72, 229, 367s, 367c.

Toni Mavin i Miracles ilustran las páginas 29, 34, 35, 80.

Maurice Chandiève, el agricultor romántico amante de la apicultura solar, nos ha cedido las imágenes 240, 241s, 241i, 242s, 242c, 242i, 243, 244, 245.

Guillem Ferrer nos envió fotos de su huerto mallorquín, páginas 42, 232, 366.

De Álvaro Año son las fotos 124, 166, 204i, 342s, 342i.

Marie Françoisse Tesson y Miguel Ángel Brabo de la asociación Kristalle ilustran las cristalizaciones sensibles con las imágenes de las páginas 38 y 39.

Ángeles Parra de la Asociación Vida Sana nos brindó la imagen de Claude Aubert, página 32s.

José Luis Porcuna rebuscó en su archivo para facilitarnos las diapositivas que tan bien ilustran el capítulo de problemas en el huerto, páginas 46i, 47, 155, 159s-iz, 159s-dch, 170.

Pepe Barrachina abrió las puertas de su huerto y aportó sus imágenes y su presencia en las páginas 14, 49, 69s, 98i, 98s, 114, 145s, 187.

Xema y Carmen de Escaleva nos enviaron su azada de ruedas, página 120.

Tecna, S.A. de Motores aportan las imágenes del desherbador térmico, páginas 191s-iz, 191s-dch.

A Mariano Bueno, autor del libro, le ha correspondido realizar y aportar las siguientes fotos: 10, 15s, 15i, 17i, 24i, 33, 44 s, 57i, 58, 63 secuencia 4 imágenes lateral, 67, 69i, 70, 71, 73s, 73i, 74, 76s, 76i, 77, 79s, 82, 86, 88, 92, 94-95, 95, 96, 97, 99, 100-101, 103, 104, 105, 106, 111c, 111i, 112i, 122, 125c, 125i, 130s, 131, 132s, 132i, 133i, 134s, 134i, 136, 139i, 140s, 146, 149, 151, 153, 156i, 162i, 167i, 172s, 175s, 175i, 176s, 176i, 179, 186, 189s, 190, 191i, 203, 206s, 213, 217, 219, 222, 223, 227, 228s, 231,235i, 236, 246, 247s, 247i, 248s, 248i, 249s, 249i, 252c, 252i, 253c, 254i, 255s, 255i, 257s, 259s, 261s, 262s, 262i, 263s, 263i, 264s, 265s, 265i, 267i, 268i, 270s, 270i, 271s, 272, 275i, 277s, 277i, 278s, 278i, 281i, 287i, 288c, 288i, 289s, 289i, 293s, 293i, 295s, 298i, 299i, 300i, 301i, 302iz., 303s, 303i, 305s, 305i, 306i, 307s, 307i, 309c, 310c, 311c, 312i, 315c, 317s, 317i, 319s, 321s, 321i, 322i, 323s, 326s, 326i, 327s, 328, 329i, 330, 333, 334, 344s, 344i, 350s, 352, 354i, 356s, 356i, 357s, 358i, 362s, 362i, 363, 364, 375, 376, 380, 383, 384, 385, 386, 387, 389, 390, 396

Asimismo, las agencias, fotógrafos o instituciones siguientes han aportado las fotos que se detallan a continuación.

AGE FOTOSTOCK: 12s, 23, 79i, 125s, 152, 160s, 161s, 163, 164, 165s, 167s, 168, 177, 239, 251, 254s, 260s, 273i, 276, 292s, 292i, 324, 341i, 347i, 348s, 351i, 359s, 359c, 395; A.J.J. ESTUDI, S.C..P./RBA: 310s; ALFA OMEGA: 169, 397; ASA: 18; ASOCIACIÓN VIDA SANA: 37; BECKY LAWTON/RBA: 183; CALENDARIO LUNAR/ARTÚS PORTA: 205; CD GALLERY: 192; EDITORIAL RUDOLF STEINER: 198i; FIRO-FOTO: 123, 128, 150, 165i, 204s, 208, 221, 226, 237i, 252s, 257i, 258s, 259i, 266, 271c, 275s, 285i, 296, 311i, 314, 316s, 318s, 319i, 320, 340s, 353s, 353c, 357c, 369s, 393; FOTOTECA STONE: 8, 9, 11s, 46s, 116, 126, 127, 220, 355s; FRANCIS GÓMEZ: 48, 57s, 102i, 119s, 119 c-dch, 178; GODO FOTO: 108, 110; Doug Archer/ILLUSTRATION STOCK: 32i; INDEX: 158, 195s, 198-199, 206i, 347 iz.; ISARD ALFONSO: 119c-iz.; JAUME BALANYÀ/RBA: 370 dch.; JORDI GARCÍA/ RBA: 214, 267c, 279s-iz., 279i, 280i, 282s, 283, 286, 290c, 298s, 302dch., 368, 369i, 370 iz., 370 dch., 371; JOSEP Mª BARRES: 43, 81, 101, 102s, 117, 135, 174, 184, 189i, 193, 210, 256s., 258i, 268s, 269, 271i, 273s, 274, 280s, 281s, 282i, 285s, 290i, 316i, 325, 329s, 340i, 341s, 343i, 345i,345s, 348i, 349s, 349i, 350i, 355i, 357i, 359i, 360i, 361i, 372, 373, 374, 377, 378, 379, 381, 382, 388, 391, 392; JOSEP PEDROL/RBA: 91, 130i; JUAN CARLOS MARTÍNEZ/RBA: 185; LLUÍS CARBONELL/RBA: 257c, 264i; PEDRO CARRIÓN: 13, 16s, 75, 109i, 115, 118s-i, 118s-d, 133s, 141, 156-157, 215, 256i, 260i, 267s-dch., 279 s-dch., 299s, 301s, 308, 323i, 346, 347s-d, 350c, 351s, 358s, 360i, 365, 371; PICTOR UNIPHOTO: 137, 228i, 290s, 309s, 361i; PRISMA: 24c, 194; REVISTA INTEGRAL: 36; REVISTA SAVIA: 37dch.; ROBERT KOURIK pp: 30; STOCKPHOTOS: 12i, 19, 20, 22, 27, 45, 46s, 118dch., 119i-iz, 129, 234, 237s, 273c, 277c, 300s, 306s, 337, 338; SUPERSTOCK: 85; VISION: 118i-iz., 119i-dch., 161i, 216, 218, 225,295i, 335, 343s, 354s; XAVIER FERRER: 21, 394; ZARDOYA: 31, 235s, 238, 353i

Los dibujos, han sido realizados por los siguientes ilustradores.

Lola Besses: 29, 50, 51, 53, 54, 55, 60-61, 64-65, 78, 83, 89, 90, 93, 95, 106, 107, 112, 113, 120, 121, 134, 135, 137, 138, 139, 140, 142, 143, 144, 145, 147, 148, 149, 214, 224, 233, 269, 283, 284, 286, 287, 291, 294, 297, 304, 312, 313, 318, 320, 322, 331, 332, 336, 339, 391i, 397.

Carles Puche: 372, 373, 374, 375, 376, 377, 379, 380, 381, 382, 383, 384, 385, 386, 387, 388, 389, 390, 391, 392, 393, 394, 395, 396, 397.

s = uso superior; c = uso central; i = uso inferior; iz = izquierda; dch = derecha.